图书在版编目（CIP）数据

中国绿色农业发展报告．2021／刘连馥主编．—北京：中国农业出版社，2022.1
ISBN 978-7-109-29012-9

Ⅰ.①中…　Ⅱ.①刘…　Ⅲ.①绿色农业－农业发展－研究报告－中国－2021　Ⅳ.①F323

中国版本图书馆CIP数据核字（2022）第005813号

中国农业出版社出版
地址：北京市朝阳区麦子店街18号楼
邮编：100125
责任编辑：陈　瑨
版式设计：杜　然　　责任校对：吴丽婷
印刷：北京通州皇家印刷厂
版次：2022年1月第1版
印次：2022年1月北京第1次印刷
发行：新华书店北京发行所
开本：787mm×1092mm　1/16
印张：32.75　　插页：10
字数：1000千字
定价：600.00元

呼伦贝尔草原羊肉

The Mutton of Hulunbuir Prairie

世界的大草原　中国的好羊肉

呼伦贝尔总面积25.3万千米^2，地域辽阔，旅游资源极其丰富。境内有13万多千米^{2}的大兴安岭林海，8万多千米^{2}的呼伦贝尔草原，近3万千米^{2}的湿地，3 000多条河流，500多个湖泊，素有“绿色净土”“北国碧玉”之美称。完整的生态系统随四季变换而五彩斑斓，“红春绿夏金秋白冬”让人流连忘返。

呼伦贝尔独特的自然环境、气候和游牧历史，造就了草原羊肉卓越的品质。经过长期自然选择和人工选育的本地优质羊种呼伦贝尔羊，在呼伦贝尔大草原上生态放养，每天行走数十千米，采食草原优质牧草，因此羊肉肉质鲜美、无膻味，高蛋白、低脂肪，瘦肉率高，肌间脂肪分布均匀，富含人体所需氨基酸和脂肪酸，其干物质的含量最高可达51.97%。为了保证呼伦贝尔大草原的生态平衡，呼伦贝尔草原羊的养殖以草原生态为底线，以草定畜，平均15亩草养一只羊，又因一年只生一胎，一胎多产一羔，每年羔羊出栏不足200万只，呼伦贝尔草原羊肉由于产量有限而更显珍贵。

嫩江大豆

黑龙江省嫩江市农业农村局

嫩江市地处松嫩平原连接大兴安岭、小兴安岭的过渡地带，位于黑龙江省西北部、黑河市西部，因境内的嫩江而得名。嫩江市属寒温带大陆性季风气候，无霜期短，年平均降水量480～512毫米。冬季漫长干燥，最低气温为−47.3℃；夏季雨热同期，光照充足。嫩江市土地肥沃、林海浩瀚、水草丰富，是农牧业生产的黄金地带。域内耕地面积1 200万亩，是著名的麦豆生产基地、中国大豆之乡、全国粮食生产先进县，素有“北国粮仓”之美誉。

嫩江市大气、土壤、水资源无污染，是黑龙江省生态农业市。耕地开发年限短，土壤以暗棕壤和黑土为主，潜在肥力高，有机质含量达3%～10%，所产大豆产量高、品质好。独特的土地资源和环境优势，为建设优良的非转基因大豆基地奠定了坚实的基础，为嫩江发展绿色、有机大豆产业提供了得天独厚的条件。

作为中国大豆生产重中之重的核心地带，嫩江市一直致力于打造“嫩江大豆”品牌，建立了从种植收获到加工销售的产业链，大豆生产已达到世界同纬度高寒地区的先进水平。2020年，全市大豆种植面积达到803.66万亩，产量99.8万吨。嫩江市大豆种植面积占全国的10%，是中国大豆种植面积、总产量最高的县（市），且全部为非转基因功能性食用大豆。嫩江市拥有100万亩国家级绿色食品大豆原料生产基地。

2013年2月，“嫩江大豆”地理标志商标经国家工商行政管理总局核准注册，逐步发展成为嫩江市农业的一个靓丽品牌。2018年，嫩江市被财政部、国家粮食和物资储备局确定为“中国好粮油大豆示范县”；2019年，“嫩江大豆”荣获“黑龙江省十大农产品区域公共品牌”称号；2020年，“嫩江大豆”荣获“全国绿色农业十大最具影响力地标品牌”称号。

地理标志证明商标　商标注册号：11372033/11372034

北大荒农垦集团有限公司九三分公司

九三分公司隶属于北大荒农垦集团有限公司，始建于1949年9月，为纪念抗日战争胜利而得名。辖区总控制面积5 645千米^2，其中耕地402万亩、草原140.2万亩、林地127.2万亩、水面14.2万亩，总人口15万人。九三分公司下辖11个国有农场、80个农业管理区、112个工业企业和1所三级乙等综合性医院。九三分公司先后荣获“国家现代化大农业示范区”“国家级生态示范区”“中国绿色大豆之都”“中国大豆油之乡”等称号。

九三分公司共经历了国营农场、九三人民公社、九三农垦局、兵团五师、九三国营农场管理局、九三分局、九三管理局（管委会）等10次较大变革。2019年6月27日，北大荒农垦集团有限公司九三分公司正式成立。经过70多年的开发建设，公司已成为国家重要商品粮基地之一，为保障国家粮食安全、支援国家建设做出了巨大贡献，成为我国旱作农业的一面旗帜。

近年来，九三分公司通过大力实施大豆品种专用化、大豆种植规模化、大豆生产标准化、大豆发展产业化、大豆产业品牌化、大豆经营市场化的“六化”战略，全面推进大豆产业高质量发展。现有大豆加工企业21家，年可加工大豆10万吨，以绿色腐竹、休闲食品、笨榨豆油、豆粉等为主的大豆产业格局初步形成，腐竹产能达1万吨，已成为黑龙江省规模最大的绿色腐竹生产基地。

“九三大豆”是国家地理标志保护产品和农产品地理标志，2019年品牌价值达22.91亿元，名列全国地理标志产品大豆类第一，成为北大荒最具影响力的农产品区域品牌。“九三大豆”先后荣获“全国绿色农业十大最具影响力地标品牌”“中国百强农产品区域公用品牌”等称号，并入选中国农业品牌目录、首届中国农民丰收节推荐品牌。

兴化香葱

江苏省兴化市农业农村局

兴化香葱是20世纪50年代从传统种植的香葱中选培出的优良品种，2002年经江苏省泰州市农作物品种审定后定名为“兴化香葱”。兴化市于2005年被国家标准化管理委员会授予“香葱栽培国家农业标准化示范区”，兴化香葱于2018年经国家质量监督检验检疫总局考核评定为“生态原产地保护产品”，2020年入选第三批中国特色农产品优势区，并成为首批受欧盟保护的100个中国地理标志产品。

兴化香葱株高400～500毫米，根为白色弦状须根，无根毛，入土浅，主要分布在20厘米的土层中；分蘖性强，较少抽薹开花，采用分株繁殖；叶鞘圆管形、白色，叶身管状，新叶青绿色，成龄叶深绿色；越冬、越夏不休眠，生长缓慢，春秋两季生长快。兴化香葱主要生长于垛田中，垛田是兴化先民在湖荡沼泽地区通过人工开挖网状深沟、扒取湖荡和沼泽泥土堆垒形成的，是多面环水、水田交错、形态各异的垛状农田，形成了传统农业系统、生态系统和文化自然景观。兴化垛田传统农业系统于2013年成为首批中国重要农业文化遗产，于2014年被联合国粮食及农业组织列入全球重要农业文化遗产名录。

2020年，兴化香葱种植面积15.3万亩次，总产量75万吨，其中经脱水加工的数量为40万吨，成品2.8万吨，实现年销售收入15亿元；脱水香葱产品畅销欧盟、美国、韩国、日本、俄罗斯等五大销售市场的50多个国家和地区，年出口量1万多吨，出口额8 000多万美元。以脱水香葱为主的兴化脱水蔬菜销量占全国脱水蔬菜总销量的40%以上，年出口量占江苏省出口蔬菜总量的60%以上。兴化市已成为全国乃至亚洲最大的香葱种植、加工、出口基地，被评为“全国果蔬脱水加工第一县”。2020年，“兴化香葱”荣获“全国绿色农业十大最具影响力地标品牌”称号。

地理标志保护产品　批准文号：2006年第194号

地理标志集体商标　商标注册号：6020918

秸秆太阳能沼气循环利用的“徐州模式”

徐州市环能生态技术有限公司

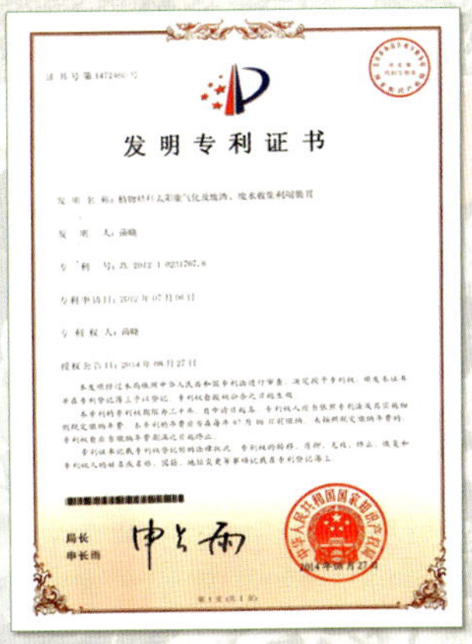
发明专利证书

局长
申长雨

证　书

为表彰你单位在促进建设事业科学技术进步中做出的突出贡献，特颁发二〇一九年“华夏建设科学技术奖”奖励证书，以资鼓励。

获奖项目：农村居民集中居住区现代化人居环境构建关键技术研究

获奖单位：徐州市环能生态技术有限公司

奖励等级：三等奖

奖励年度：2019年

证 书 号：2019-3-9403

江苏省徐州市是全国秸秆太阳能沼气技术的发源地。2001年，徐州市环能生态技术有限公司研究秸秆、垃圾、粪便、厕所粪污等循环利用技术获得成功；2011年，在徐州市贾汪区马庄村建成全国首家秸秆太阳能沼气集中供气工程；2016年，建成贾汪区江庄镇秸秆太阳能沼气示范工程；2017年，结合集中区建设，分别在睢宁县魏集镇湖畔槐园和铜山区棠张镇棠张村建成两处供气1 000户的秸秆太阳能沼气循环利用示范工程。即使在冬季–15℃的寒冷天气，该技术也能确保正常供气。研究、示范的20多年来，该技术已先后4次通过江苏省级鉴定和验收，获得国家知识产权局授予发明和实用新型专利8项，4次被评为国家、江苏省和淮海经济区科技进步奖。

2013年12月，“马庄村二期秸秆、废弃物、太阳能高效利用沼气与稳定可靠供气技术示范工程”被列入科技部、住建部“十二五”国家科技支撑计划课题“村镇建筑低品位能利用关键技术研究与工程示范”。2018年4月，公司代表江苏省在湖北省荆州市召开的全国可再生能源长效运行机制培训会上，介绍徐州市推广秸秆太阳能沼气集中供气循环利用技术的经验，受到与会人员的高度评价。2018年6月12日，农业农村部在徐州市睢宁县召开了华东片区夏季小麦秸秆综合利用现场观摩会，并观摩了魏集镇湖畔槐园1 000户集中居住区秸秆太阳能沼气集中供气工程，收到了较好的示范效果。2019年8月29日，徐州市人民政府发文向全市推广太阳能沼气集中供气循环利用技术。2020年7月，“徐州市美丽乡村配套建设沼气集中供气模式”被农业农村部农业生态与资源保护总站遴选为向全国推广的五大农村能源典型技术模式之一。

公司首席专家苗瑞福　15366781606

高邮市鸭蛋行业协会

高邮市鸭蛋行业协会（原高邮鸭蛋行业协会）于2001年7月成立，2017年8月第三次改选并在高邮市民政局登记注册。协会是由高邮市蛋品生产加工企业及个人自愿组成的行业性、非营利性组织，以“提高产品质量、提倡有序竞争、促进高邮地方经济建设、树立高邮鸭蛋品牌形象”为宗旨。2002年6月24日，国家质量监督检验检疫总局批准对高邮鸭蛋（即高邮咸鸭蛋）实施原产地域产品保护；2007年11月20日，“高邮鸭蛋”被国家工商行政管理总局批准注册为地理标志证明商标；2020年12月25日，“高邮鸭蛋”获得农业农村部农产品地理标志登记保护。

协会始终坚持以规范行业管理、打造行业特色、提升蛋品核心竞争力为目的，维护高邮鸭蛋对外声誉，促进高邮鸭蛋行业经济腾飞，实现了“兴一方产业、富一方百姓”的目标。2020年，协会拥有会员企业56家、个人会员186人。会员企业拥有中国驰名商标1个、中国名牌农产品1个、江苏省著名商标3个、江苏省名牌产品4个，绿色食品证书11件、有机食品证书2件，以及自有注册商标126件。会员企业年加工各类蛋品11.5亿只，实现产值18.55亿元，利税3.5亿元。

2015年，在中国农产品区域公用品牌价值评估中，“高邮鸭蛋”列第25位，品牌价值达40.76亿元；2017年，“高邮鸭蛋”被评选为江苏省地理标志产品食品类第一名；2019年，荣登首届江苏省十强农产品区域公用品牌大赛榜首；2020年，荣获“全国绿色农业十大最具影响力地标品牌”称号。

地址：江苏省扬州市高邮市城南新区中心大道86号
电话：0514—84610538

农晨
NONG CHEN
给您的作物 另一道阳光

福州钧鼎生物科技有限公司

福州钧鼎生物科技有限公司是一家专业从事农用高科技微生物产品研究、开发、推广、利用的高新技术台资企业。公司设有技术开发部、销售部、设备制造车间、制菌车间、发酵车间、制肥车间等部门，拥有一流的生产设备和与其配套的检测、化验中心，在北京、深圳、昌吉设有分公司，服务面向全国各地。

公司吸收当前国际领先的微生物菌种及混菌发酵技术，经长期开发研制出“农晨”牌微生物菌肥、氨基酸水溶肥、植物保护剂等系列产品。“农晨”牌微生物菌肥是一种具有高效、环保、安全特性的高科技生物增产制剂，主要作为滴灌肥和叶面喷施肥。该产品含有多种有益微生物菌群、抵抗植物病虫害的拮抗物质，以及植物所需的各种氨基酸、微量元素、中量元素等，具有培土增肥、改良土壤、解磷固氮、增加养分、增强抗性、提早成熟、高效高产、改善品质、预防病虫害、降低成本等优点，可有效解决农产品化肥和农药残留、产地环境污染等问题，在施足基肥的情况下可减少化肥用量。

近年来，“农晨”牌微生物菌肥的试验示范和推广应用已遍及福建、广东、浙江、湖南、山西、甘肃、新疆、吉林等20多个省份，取得了良好的市场反应。在葡萄、棉花、蔬菜、玉米等作物上的应用效果，先后被《农业新技术》《农业科技》等杂志刊发。

公司多项科研成果被中国农村专业技术协会列为全国重点推广产品。2007年，“农晨”牌生物菌肥荣获昌吉回族自治州科学技术进步奖。2009年，“农晨”牌生物菌肥被列为福建省星火项目重点推广产品。2009—2010年，“农晨”牌微生物菌肥显著的增产和防冻救灾功效，被巴音郭楞日报及当地广播媒体连续报道。

恩施土豆

湖北省恩施土家族苗族自治州农业技术推广中心

恩施土豆又称恩施小土豆、恩施马铃薯，达到含硒标准的也称恩施硒土豆，是利用恩施土家族苗族自治州境内良好的生态及含硒、富硒土壤优势生长的新鲜土豆，主要品种有米拉、鄂马铃薯10号、鄂马铃薯13、鄂马铃薯16等。恩施土豆生长期长，个体适中，一般单薯重50～200克，呈长椭圆形，薯块芽眼较浅，表皮较光滑，黄皮黄肉，口感软糯香绵，适宜主食加工、鲜食菜用及与更多食材混搭。恩施土豆内在营养丰富，维生素C含量大于80毫克/千克，蛋白质含量1.3%～2.5%，淀粉含量10.0%～21.9%，可溶性糖含量0.3%～0.8%，硒含量0.015～0.15毫克/千克。

2020年，恩施土豆种植面积达157.5万亩，总产量147.5万吨，综合产值达70亿元，居湖北省第一位；全州从事土豆种植、加工、市场营销的企业（含专业合作社、家庭农场）达到248家，获得“恩施土豆”农产品地理标志授权的有95家。恩施土豆已成为恩施稳定粮食生产、增加农民收入、助力乡村振兴的支柱产业，逐步成为恩施最具标志性的地标名片。

2015年12月，“恩施硒土豆”被中国优质农产品开发服务协会评为2015最受消费者喜爱的中国农产品区域公用品牌。恩施土豆授权企业子品牌“小猪拱拱”连续在第18、19届中国绿色食品博览会上获得金奖，并于2019年成为中国农产品百强标志性品牌。2019年9月，“恩施硒土豆”在首届湖北地理标志大会暨品牌培育创新大赛中获得金奖，成为湖北地理标志名片。2021年1月，“恩施土豆”荣获2020我最喜爱的湖北品牌电视大赛金奖、2020全国绿色农业十大最具影响力地标品牌。2021年，恩施土豆品牌广告免费在中央电视台多个频道和铁路12306平台上宣传，品牌影响力和产品竞争力得到大幅提升。

农产品地理标志　恩施土豆　登记证书编号：AGI02562

地理标志保护产品　恩施马铃薯　批准文号：2017年第98号

地理标志证明商标　恩施土豆　商标注册号：36072582

湖南金福元食品股份有限公司

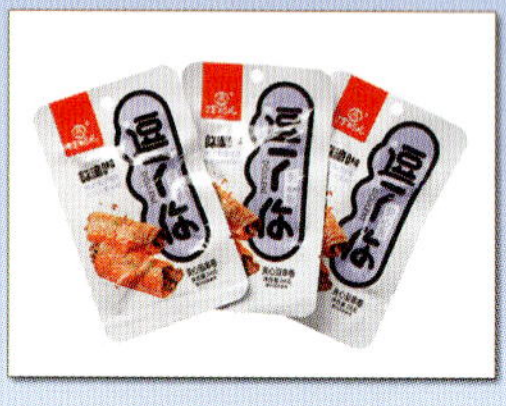

湖南金福元食品股份有限公司是一家专门从事豆制品和卤制品生产、销售、研发、原材料种养于一体的大型综合性农业企业，成立于2004年6月，座落在武冈市工业园春光路。现拥有工业园和湾头桥镇两个生产基地，总占地面积62亩，生产厂房面积3万余米^{2}；拥有资产1.3亿元，职工712人，形成了年产3万吨卤豆制品、5 000吨卤肉制品、加工30万羽铜鹅的生产能力。2020年实现销售收入3.3亿元、利税1 927万元，是湘西南最大的豆制品和卤制品生产及研发基地、省级非物质文化遗产——武冈卤菜制作技艺传承单位、湖南省农业产业化龙头企业。

公司的主要产品有卤香干系列、卤铜鹅系列、手撕豆干系列、卤肉制品系列等100余个品种，销售网点遍及全国各地，产品深受广大消费者青睐，同时还得到东南亚、东欧及北美市场的关注。在2008年3月全国两会期间，公司产品进入人民大会堂，得到了与会代表的高度评价。

公司拥有较先进的卤制品生产设备120多台（套）和较为先进的生产线，连续10多年顺利通过了ISO9001质量管理体系认证和HACCP国际质量安全体系认证，从原材料的投入到产品的产出，整个生产流程的每个工段、每项工艺都依靠自己的力量来完成，实现了卤制食品全过程一体化。公司通过与农户结成产销联结关系，基地建设得到了长足的发展，现已与8 496户农户签订了14 560亩大豆、辣椒种植回收合同，实现了原材料产品产供销一体化。

公司以质量为口碑建立的“陈氏金福元”品牌，先后获得“湖南省著名商标”“湖南省名牌产品”“CCTV央视网商城优选品牌”“湖南省质量信用AAA企业”等称号。2019年，“陈氏金福元”商标通过了国际马德里商标的注册申请。2021年1月，公司荣获“2020全国绿色农业十佳示范企业”称号。

西充
黄心苕
四川省西充县农业科学研究所
西充县位于四川盆地东偏北部，属浅丘地貌，自然生态好。甘薯是西充县的传统粮食作物，种植历史悠久，品质上乘，远近闻名。因此，西充有“苕国”之称，素有“以一县而享一国之称，对西充是一种荣耀，更是一种偏爱”之说，已成功注册“苕国”商标。西充县水资源丰富，水质优良无污染；日照充足，昼夜温差大。独特的地理环境和气候条件为性喜温、喜光、适应性强的西充黄心苕提供了优越的生长环境；富含有机质、矿物质的土壤为西充黄心苕提供了天然无污染、肥力充足、营养丰富的土壤资源。西充县独特的生态禀赋、优良的自然资源，孕育了西充黄心苕早熟质优、薯皮光滑、皮红肉黄、肉质柔和、绵软味甜、富含β-胡萝卜素和膳食纤维含量适中的独特品质。西充黄心苕是西充人的骄傲和自豪，已成为一张靓丽的名片。
2011年，“西充黄心苕”获农业部农产品地理标志登记；2013年，获中国绿色食品2013青岛博览会畅销产品奖，入选全国名特优新农产品目录，成为国内享有盛名的农产品区域公用品牌；2017年，成功注册国家地理标志证明商标，荣获2018中华品牌商标博览会金奖和2018全国绿色农业十佳粮油地标品牌。
农产品地理标志　登记证书编号：AGI00696
地理标志证明商标　注册号：20436830

商洛核桃

陕西省商洛市林业局

商洛市位于陕西省东南部、秦岭东段南麓，是中国核桃最佳适生区之一，面积和产量位居全国地市级前列、陕西省首位。2020年，全市核桃产业基地面积达348.6万亩（其中核桃良种基地面积215万亩、核桃挂果面积196万亩），年产量达16.5万吨，综合产值达50亿元，重点基地镇达50多个，产业覆盖90%以上的农户。全市农民核桃年收入人均3 640元，占人均总收入的33.8%。

目前，商洛市有洛南、丹凤、山阳等4个国家级核桃示范基地，12个省级核桃示范基地，示范基地面积达1.7万亩，水、电、路、讯、网等基础设施齐全。核桃标准化管理基地面积达100万亩，占总面积的29.3%；良种面积达215万亩，占总面积的63%；核桃产业总产值达50亿元。全市已发展核桃加工企业12家，加工产品10多个系列40多个品种，年加工能力达10万吨。洛南、丹凤、商州等集散交易市场已逐渐成为陕西乃至西北地区颇具影响力的核桃原产品流通、交易的枢纽，年核桃原果交易量达50万吨。

2011年8月，《中国核桃种质资源》（中国林业出版社出版）中收录了商洛1号至商洛6号等6个地方核桃品种。2013年8月，国家工商行政管理总局核准注册“商洛核桃”地理标志证明商标。2015年，商洛通过区域核桃气候品质特优基地认证。商洛市先后被中国经济林协会命名为“中国核桃之都”，被陕西省林业厅命名为“陕西省核桃产业强市”；“商洛核桃”被中国优质农产品开发服务协会授予“2015最受消费者喜爱的中国农产品区域公用品牌”称号，2017年被农业部、国家发展和改革委员会、财政部等九部委认定为首批中国特色农产品优势区。2019年，在洛南县建成了中国·商洛核桃文博馆，是全国唯一的核桃主题博览馆。2020年，“商洛核桃”荣获“全国绿色农业十大最具影响力地标品牌”称号。

地理标志证明商标　注册号：11421789

周至猕猴桃

陕西省周至县农业农村局

周至县是陕西秦岭北麓百万亩猕猴桃产业带的核心区，是驰名海内外的“中国猕猴桃之乡”。目前，全县猕猴桃种植面积达43.2万亩，鲜果产量达53万吨，猕猴桃一二三产业总收入达42亿元，果区农民人均猕猴桃年收入达1.2万元。全县已建成县级以上现代农业园区16个（其中省级2个、市级9个、县级5个），10万亩猕猴桃获得绿色食品认证，1万亩猕猴桃获得欧盟良好农业操作规范认证，5 600亩猕猴桃获得有机食品认证。

周至县现有猕猴桃加工企业38家，其中省级以上产业化龙头企业2家、市级以上龙头企业7家；产品以果脯、果酒、果汁为主，年可加工35万吨，加工能力占陕西省的90%、西安市的95%。全县拥有猕猴桃贮藏库2 680座（其中千吨以上高档气调库26座），贮藏能力35万吨；深加工企业22家，年加工能力10万吨。周至猕猴桃远销东南亚、俄罗斯等26个国家和地区，引领全国猕猴桃产业的发展，国际市场上有“南有新西兰，北有周至县”之说。

周至县先后荣获“中国猕猴桃之乡”“猕猴桃标准化管理示范县”“陕西省果业强县”“中国航天事业支持商”等称号。2007年，“周至猕猴桃”被国家质量监督检验检疫总局认定为地理标志保护产品。2018年，“周至猕猴桃”获得农业部农产品地理标志登记；4月，入选中央电视台“国家品牌计划—广告精准扶贫”项目。2019年，周至县获中国县镇经济交流促进会“全国特色产业百佳县”称号。在2020中国农产品区域公用品牌价值评估中，品牌价值达51.74亿元，连续7年位列猕猴桃类第一位。2020年，荣获“2020全国绿色农业十大最具影响力地标品牌”称号。

农产品地理标志　登记证书编号：AGI02513

地理标志保护产品　批准文号：2007年第44号

地理标志证明商标　商标注册号：27653043

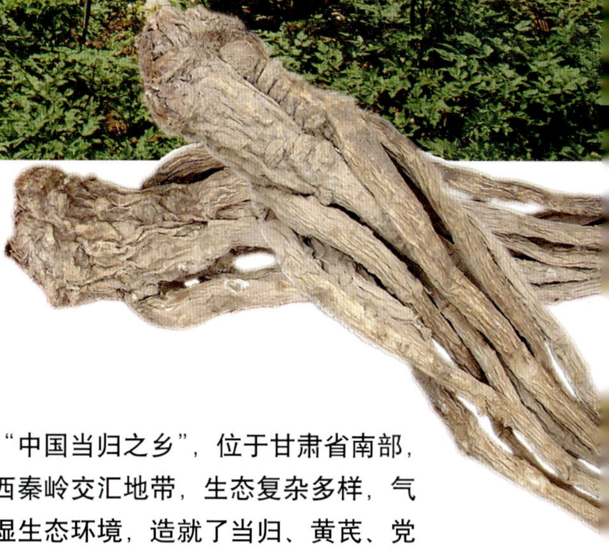

岷县当归

甘肃省岷县中药材技术推广站

岷县是“千年药乡”和“中国当归之乡”，位于甘肃省南部，地处青藏高原、黄土高原和西秦岭交汇地带，生态复杂多样，气候复杂多变，特殊的高寒阴湿生态环境，造就了当归、黄芪、党参等300多种优质中药材。尤其是岷县当归，俗称“岷归”，品质最优、产量最大，有1 700多年的药用历史和1 500多年的种植历史，远销东南亚、欧美等30多个国家和地区，素有“中华当归甲天下，岷县当归甲中华”和“妇科圣药”之美誉。“岷县当归”先后获得中国驰名商标、国家农产品地理标志登记等24项殊荣。

2020年，岷县中药材种植面积达62.58万亩，其中当归30.5万亩、黄芪19.4万亩、党参11.6万亩、其他中药材1.08万亩；全县中药材总产量17万吨，其中当归8万吨、黄芪6万吨、党参3万吨。按照目前市场价格计算，全县中药材总产值42亿元（其中当归产值达21亿元），人均中药材纯收入6 155元；中药材收入占贫困户人均纯收入的60%以上，主产区中药材收入占人均纯收入的90%以上。以岷县当归为主的道地中药材产业已经成为岷县增加农民收入的战略性主导产业、促进县域经济发展的首位产业和富民强县的支柱产业。

农产品地理标志　登记证书编号：AGI02003

地理标志证明商标　商标注册号：33520374

平凉苹果

甘肃省平凉市林业和草原局

平凉市位于陕甘宁三省份交汇处，地处北纬35°的苹果“黄金生产带”上，具备得天独厚的地理优势和良好的光、热、水、土条件，具有生产优质苹果的资源禀赋。2020年，全市苹果栽植面积达到200万亩，年产量210万吨，年产值95亿元以上。

平凉苹果产业已形成优生区全覆盖、适宜区适度发展、乔矮互补、早中晚品种搭配的格局，发展果园万亩乡镇85个、千亩村1 063个，建成了西部葫芦河流域、东部泾汭河流域2个百万亩优质果品生产带；已建成标准化生产基地160万亩，创建国家级标准园4个，认证绿色食品原料（苹果）标准化生产基地累计112.83万亩，出口创汇基地累计26.47万亩，良好农业规范标准化生产基地累计3.22万亩。

全市建设分拣、清洗、包装等商品化处理生产线23条，培育保鲜贮藏企业180家，果品年仓储能力106万吨；已建成果品加工企业24家，年加工果汁、果酒、果醋、果片等系列产品16.4万吨；兴建果品包装企业28家，年生产纸箱2亿米^2、发泡网180亿个、果袋100多亿个；建成静宁35度苹果谷等以苹果为主题的景区景点和乡村旅游示范村，采摘体验、休闲观光等衍生经济蓬勃发展。

“平凉苹果”先后取得国家地理标志产品保护、中国驰名商标、全国出口苹果质量安全示范区等7张国家级名片，荣获“中国果品区域公用品牌最有价值10强”“全国绿色农业十大最具影响力地标品牌”等称号；“静宁苹果”进入首批中国100个地理标志受欧盟保护名单，评估价值达158.95亿元。

通过40年的努力，“小苹果”变成了“大产业”，为决战脱贫攻坚、决胜全面小康、推进乡村振兴提供了有力支撑。平凉苹果主产区农民人均果品年收入达6 000元以上，20万农家子弟依靠苹果圆了大学梦，70万贫困人口依靠苹果实现了脱贫致富。

地理标志保护产品　批准文号：2006年第208号

地理标志证明商标　商标注册号：4242078

环县羊羔肉产业发展集团有限公司

环县羊羔肉产业发展集团有限公司是以肉羊养殖、繁育、销售、品牌打造，饲草料加工与销售，肉羊产业开发项目的投资、建设、管理、抵押担保等经营项目为主的国有企业，成立于2018年8月，位于甘肃省庆阳市环县环城镇南滨河路金羊大厦。

公司成立两年以来，积极参与产业脱贫，累计为33 081户贫困户完成配股4.22亿元，重点用于支持环县草畜产业发展，代贫困户持股并负责分红。2019年4月实施的环县千只湖羊标准化扶贫示范合作社建设项目已全面投产，项目总投资4.72亿元，在全县20个乡镇建成124个湖羊养殖示范合作社（204个标准化养殖场），项目带动200个贫困村和6 211户贫困户入股分红，带动400名贫困群众务工增收，帮助1 000名大学生就业，每年可实现利润5 000万元以上。2019年9月实施的环县车道镇双庙村年出栏20万只育肥场项目已建设完成，全面投产后每年可出栏20万只优质肉羊，每年实现利润3 000万元。

2020年，公司完成了3 252户贫困户配股任务，确保10%分红；协调完成了158个村集体24 800万元村集体资金入股到肉羊产业龙头企业并确保10%分红，发展壮大村集体收入。公司负责筹建了车道镇双庙村年出栏60万只育肥场、山城乡八里铺村年出栏10万只育肥场、木钵镇殷家桥村6万只肉羊繁育场3个重点项目，并已全部投入运营。

2020年，以公司作为主体，发起成立环县羊产业联合会，团结联合了会员企业13家、个人会员56人，对内整合肉羊资源，对外宣传“黄土地、天然草、童子羊”理念，扩大产品销售渠道，共同做大做强环县羊产业。公司将金羊大厦打造成全县草畜产业综合服务中心和对外交流窗口，并做好服务工作。截至2020年年底，金羊大厦已入驻中盛、伟赫、庆环等21家草畜产业相关企业、服务机构及科研团队。

中国绿色农业发展报告 2021

编 纂 委 员 会

前　言

2020年，我们经历了太多的困难和挑战，注定是不平凡的一年。面对国内国外错综复杂的严峻形势和重大困难，我们党和国家始终保持战略定力，积极应对各种风险和挑战，在全球主要经济体中实现了唯一的经济正增长，“十三五”时期经济社会发展规划的各项战略目标完美收官，832个国家级贫困县全部脱贫摘帽，脱贫攻坚战取得全面胜利，中华民族伟大复兴向前迈出了新的一大步。

绿色农业助力脱贫攻坚圆满收官

党的十八大以来，在习近平总书记提出的“绿水青山就是金山银山”指引下，各地践行绿色发展理念，探索出绿色农业与扶贫脱贫的双轨交融、互促互进的可持续发展模式，为高质量完成脱贫攻坚任务，助力中国全面脱贫画下浓墨重彩的一笔。

发展绿色农业是贫困地区脱贫致富的长久之策，更是深度贫困地区精准脱贫的必由之路。我国14个集中连片深度贫困地区大多与重点生态功能区、生态脆弱区高度重合，具有位置“深”、贫困“深”、资源潜力“深”等特殊性，常规性扶贫措施受限条件多、见效慢。牢牢抓住深度贫困地区“绿水青山”资本，采用小而精、稳而久的可持续发展路子，将其绿色资源的经济价值转化，发展绿色生态农产品，打造具有内涵的绿色品牌，成为深度贫困地区稳定脱贫及后续可持续发展的强大内力。

本书地区篇、案例篇收录了陕西省留坝县、旬邑县，甘肃省徽县、静宁县、天水市麦积区，青海省黄南藏族自治州等部分地区发展绿色农业、打赢脱贫攻坚战的典型经验和成熟做法，这是全国832个贫困县脱贫摘帽之路的精彩写照。《扶贫832平台：依托政府采购助力消费扶贫》《中粮集团：发挥全产业链优势，打造精准扶贫样板》则反映了中直机关、央企践行绿色发展理念，扎根乡村田园，助力脱贫攻坚的时代风采。

绿色发展成为小康社会建设的坚实底色

“小康不小康，关键看老乡”，2013年4月习近平总书记考察海南省三亚市吉阳区博后村时阐发的这一重要论述，道出了我国全面建成小康社会与解决好“三农”问题的关系——全面建成小康社会，基础在农业，难点在农村，关键在农民。“三农”不稳，天下难安；老乡不富，小康难全。实施乡村振兴战略，是决胜全面建成小康社会、全面建设社会主义现代化国家的重大历史任务，是新时代“三农”工作的总抓手。

乡村振兴的总要求是产业兴旺、生态宜居、乡风文明、治理有效、生活富裕，其实现手段是农业与农村绿色发展，其中农业的绿色发展是基础。农业绿色发展包含四个部分的内容：资源利用节约高效、产地环境清洁、生态系统稳定和绿色供给能力提升。资源利用节约高效是农业绿色发展的基本特征，是要依靠科技创新和劳动者素质提升，提高土地产出率、资源利用率、劳动生产率，实现农业节本增效、节约增收。产地环境清洁是农业绿色发展的内在属性，要大力推广绿色生产技术，加快农业环境突出问题治理，重显农业绿色的本色。生态系统稳定是农业绿色发展的根本要求，山水林田湖是一个生命共同体，要加快推进生态农业建设，培育可持续、可循环的发展模式，将农业建设成为美丽中国的生态支撑。绿色供给能力提升是农业绿色发展的重要目标，要增加优质、安全、特色农产品供给，促进农产品供给由主要满足"量"的需求向更加注重"质"的需求转变。

本书地区篇、案例篇收录了天津、河北、山西、黑龙江、江苏、江西、安徽、福建、湖北、广西、四川、云南、陕西、甘肃、新疆等15个省份绿色农业发展的最新成就，崇明、丽水、寿光、荆州等30多个地市、县（市、区）推进农业农村绿色发展的崭新风貌，以及中粮集团、九三农垦、条山集团、天山面粉等龙头企业发展绿色农业、增加绿色产品有效供给的典型经验，为全国小康社会的全面建成提供了现实注脚。

《中国绿色农业发展报告》的编纂出版

在中国绿色食品发展中心和各地农业农村部门的支持下，《中国绿色农业发展报告》已经出版发行了2018、2019两卷，人民网、新华网、中国网、中经网、科技日报、农民日报、凤凰网、大公网等各大媒体及平台相继做了宣传报道。舆论普遍认为，该报告为中国农业的绿色发展搭建了一个很好的理论阵地和宣传平台，对助力脱贫攻坚圆满收官、推动小康社会全面建成，具有较强的指导作用和很高的参考价值。迄今为止，该报告已发行到全国农业农村相关主管部门，各大农业院校、科研院所及800多个重点农业县（市、区）、知名地理标志农产品产区，受到社会各界广泛好评。

《中国绿色农业发展报告2021》的编纂工作一如既往地得到了各地农业农村部门的大力支持，以及何康、刘成果、路明、张延禧、韩德乾、周明臣、马爱国等领导同志的关心帮助；中国工程院院士张福锁专门撰文《突破瓶颈，走出农业绿色发展新路子》，极大提升了该报告的学术品位；葛祥书、罗斌、孙君茂、杨志华等同志应约担任副主编，热情参与了该报告的编纂事务。

2020年是中国绿色食品事业创立30周年。中国绿色食品发展中心主任张华荣为本书撰稿《绿色食品事业30年发展成效与经验启示》，回顾过往、展示成果、总结经验、谋划未来，在新的历史起点上进一步推动绿色食品事业和绿色农业的高质量发展。

《中国绿色农业发展报告2021》付梓之时，正值伟大的中国共产党成立100周年。2021年7月1日，习近平总书记庄严宣告：我们在中华大地上全面建成了小康社会！在此，谨向关心和支持《中国绿色农业发展报告2021》编辑出版的社会各界人士表示感谢，并祝愿伟大祖国更加繁荣昌盛，祝福我们的农业更强、农村更美、农民更富裕！

2021年7月

目　　录

十、案例篇

十一、附录

一、特 载 篇

中共中央　国务院关于抓好“三农”领域重点工作确保如期实现全面小康的意见①

（2020 年 1 月 2 日）

党的十九大以来，党中央围绕打赢脱贫攻坚战、实施乡村振兴战略作出一系列重大部署，出台一系列政策举措。农业农村改革发展的实践证明，党中央制定的方针政策是完全正确的，今后一个时期要继续贯彻执行。

2020 年是全面建成小康社会目标实现之年，是全面打赢脱贫攻坚战收官之年。党中央认为，完成上述两大目标任务，脱贫攻坚最后堡垒必须攻克，全面小康“三农”领域突出短板必须补上。小康不小康，关键看老乡。脱贫攻坚质量怎么样、小康成色如何，很大程度上要看“三农”工作成效。全党务必深刻认识做好 2020 年“三农”工作的特殊重要性，毫不松懈，持续加力，坚决夺取第一个百年奋斗目标的全面胜利。

做好 2020 年“三农”工作总的要求是，坚持以习近平新时代中国特色社会主义思想为指导，全面贯彻党的十九大和十九届二中、三中、四中全会精神，贯彻落实中央经济工作会议精神，对标对表全面建成小康社会目标，强化举措、狠抓落实，集中力量完成打赢脱贫攻坚战和补上全面小康“三农”领域突出短板两大重点任务，持续抓好农业稳产保供和农民增收，推进农业高质量发展，保持农村社会和谐稳定，提升农民群众获得感、幸福感、安全感，确保脱贫攻坚战圆满收官，确保农村同步全面建成小康社会。

一、坚决打赢脱贫攻坚战

（一）全面完成脱贫任务。脱贫攻坚已经取得决定性成就，绝大多数贫困人口已经脱贫，现在到了攻城拔寨、全面收官的阶段。要坚持精准扶贫，以更加有力的举措、更加精细的工作，在普遍实现“两不愁”基础上，全面解决“三保障”和饮水安全问题，确保剩余贫困人口如期脱贫。进一步聚焦“三区三州”等深度贫困地区，瞄准突出问题和薄弱环节集中发力，狠抓政策落实。对深度贫困地区贫困人口多、贫困发生率高、脱贫难度大的县和行政村，要组织精锐力量强力帮扶、挂牌督战。对特殊贫困群体，要落实落细低保、医保、养老保险、特困人员救助供养、临时救助等综合社会保障政策，实现应保尽保。各级财政要继续增加专项扶贫资金，中央财政新增部分主要用于“三区三州”等深度贫困地区。优化城乡建设用地增减挂钩、扶贫小额信贷等支持政策。深入推进抓党建促脱贫攻坚。

（二）巩固脱贫成果防止返贫。各地要对已脱贫人口开展全面排查，认真查找漏洞缺项，一项一项整改清零，一户一户对账销号。总结推广各地经验做法，健全监测预警机制，加强对不稳定脱贫户、边缘户的动态监测，将返贫人口和新发生贫困人口及时纳入帮扶，为巩固脱贫成果提供制度保障。强化产业扶贫、就业扶贫，深入开展消费扶贫，加大易地扶贫搬迁后续扶持力度。扩大贫困地区退耕还林还草规模。深化扶志扶智，激发贫困人口内生动力。

（三）做好考核验收和宣传工作。严把贫困退出关，严格执行贫困退出标准和程序，坚决杜绝数字脱贫、虚假脱贫，确保脱贫成果经得起历史检验。加强常态化督导，及时发现问题、督促整

① 资料来源：新华社网站，2020 年 02 年 05 日。

改。开展脱贫攻坚普查。扎实做好脱贫攻坚宣传工作，全面展现新时代扶贫脱贫壮阔实践，全面宣传扶贫事业历史性成就，深刻揭示脱贫攻坚伟大成就背后的制度优势，向世界讲好中国减贫生动故事。

（四）保持脱贫攻坚政策总体稳定。坚持贫困县摘帽不摘责任、不摘政策、不摘帮扶、不摘监管。强化脱贫攻坚责任落实，继续执行对贫困县的主要扶持政策，进一步加大东西部扶贫协作、对口支援、定点扶贫、社会扶贫力度，稳定扶贫工作队伍，强化基层帮扶力量。持续开展扶贫领域腐败和作风问题专项治理。对已实现稳定脱贫的县，各省（自治区、直辖市）可以根据实际情况统筹安排专项扶贫资金，支持非贫困县、非贫困村贫困人口脱贫。

（五）研究接续推进减贫工作。脱贫攻坚任务完成后，我国贫困状况将发生重大变化，扶贫工作重心转向解决相对贫困，扶贫工作方式由集中作战调整为常态推进。要研究建立解决相对贫困的长效机制，推动减贫战略和工作体系平稳转型。加强解决相对贫困问题顶层设计，纳入实施乡村振兴战略统筹安排。抓紧研究制定脱贫攻坚与实施乡村振兴战略有机衔接的意见。

二、对标全面建成小康社会加快补上农村基础设施和公共服务短板

（六）加大农村公共基础设施建设力度。推动“四好农村路”示范创建提质扩面，启动省域、市域范围内示范创建。在完成具备条件的建制村通硬化路和通客车任务基础上，有序推进较大人口规模自然村（组）等通硬化路建设。支持村内道路建设和改造。加大成品油税费改革转移支付对农村公路养护的支持力度。加快农村公路条例立法进程。加强农村道路交通安全管理。完成“三区三州”和抵边村寨电网升级改造攻坚计划。基本实现行政村光纤网络和第四代移动通信网络普遍覆盖。落实农村公共基础设施管护责任，应由政府承担的管护费用纳入政府预算。做好村庄规划工作。

（七）提高农村供水保障水平。全面完成农村饮水安全巩固提升工程任务。统筹布局农村饮水基础设施建设，在人口相对集中的地区推进规模化供水工程建设。有条件的地区将城市管网向农村延伸，推进城乡供水一体化。中央财政加大支持力度，补助中西部地区、原中央苏区农村饮水安全工程维修养护。加强农村饮用水水源保护，做好水质监测。

（八）扎实搞好农村人居环境整治。分类推进农村厕所革命，东部地区、中西部城市近郊区等有基础有条件的地区要基本完成农村户用厕所无害化改造，其他地区实事求是确定目标任务。各地要选择适宜的技术和改厕模式，先搞试点，证明切实可行后再推开。全面推进农村生活垃圾治理，开展就地分类、源头减量试点。梯次推进农村生活污水治理，优先解决乡镇所在地和中心村生活污水问题。开展农村黑臭水体整治。支持农民群众开展村庄清洁和绿化行动，推进“美丽家园”建设。鼓励有条件的地方对农村人居环境公共设施维修养护进行补助。

（九）提高农村教育质量。加强乡镇寄宿制学校建设，统筹乡村小规模学校布局，改善办学条件，提高教学质量。加强乡村教师队伍建设，全面推行义务教育阶段教师“县管校聘”，有计划安排县城学校教师到乡村支教。落实中小学教师平均工资收入水平不低于或高于当地公务员平均工资收入水平政策，教师职称评聘向乡村学校教师倾斜，符合条件的乡村学校教师纳入当地政府住房保障体系。持续推进农村义务教育控辍保学专项行动，巩固义务教育普及成果。增加学位供给，有效解决农民工随迁子女上学问题。重视农村学前教育，多渠道增加普惠性学前教育资源供给。加强农村特殊教育。大力提升中西部地区乡村教师国家通用语言文字能力，加强贫困地区学前儿童普通话教育。扩大职业教育学校在农村招生规模，提高职业教育质量。

（十）加强农村基层医疗卫生服务。办好县级医院，推进标准化乡镇卫生院建设，改造提升村卫生室，消除医疗服务空白点。稳步推进紧密型县域医疗卫生共同体建设。加强乡村医生队伍建设，适当简化本科及以上学历医学毕业生或经住院医师规范化培训合格的全科医生招聘程序。对应

聘到中西部地区和艰苦边远地区乡村工作的应届高校医学毕业生，给予大学期间学费补偿、国家助学贷款代偿。允许各地盘活用好基层卫生机构现有编制资源，乡镇卫生院可优先聘用符合条件的村医。加强基层疾病预防控制队伍建设，做好重大疾病和传染病防控。将农村适龄妇女宫颈癌和乳腺癌检查纳入基本公共卫生服务范围。

（十一）加强农村社会保障。适当提高城乡居民基本医疗保险财政补助和个人缴费标准。提高城乡居民基本医保、大病保险、医疗救助经办服务水平，地级市域范围内实现“一站式服务、一窗口办理、一单制结算”。加强农村低保对象动态精准管理，合理提高低保等社会救助水平。完善农村留守儿童和妇女、老年人关爱服务体系。发展农村互助式养老，多形式建设日间照料中心，改善失能老年人和重度残疾人护理服务。

（十二）改善乡村公共文化服务。推动基本公共文化服务向乡村延伸，扩大乡村文化惠民工程覆盖面。鼓励城市文艺团体和文艺工作者定期送文化下乡。实施乡村文化人才培养工程，支持乡土文艺团组发展，扶持农村非遗传承人、民间艺人收徒传艺，发展优秀戏曲曲艺、少数民族文化、民间文化。保护好历史文化名镇（村）、传统村落、民族村寨、传统建筑、农业文化遗产、古树名木等。以“庆丰收、迎小康”为主题办好中国农民丰收节。

（十三）治理农村生态环境突出问题。大力推进畜禽粪污资源化利用，基本完成大规模养殖场粪污治理设施建设。深入开展农药化肥减量行动，加强农膜污染治理，推进秸秆综合利用。在长江流域重点水域实行常年禁捕，做好渔民退捕工作。推广黑土地保护有效治理模式，推进侵蚀沟治理，启动实施东北黑土地保护性耕作行动计划。稳步推进农用地土壤污染管控和修复利用。继续实施华北地区地下水超采综合治理。启动农村水系综合整治试点。

三、保障重要农产品有效供给和促进农民持续增收

（十四）稳定粮食生产。确保粮食安全始终是治国理政的头等大事。粮食生产要稳字当头，稳政策、稳面积、稳产量。强化粮食安全省长责任制考核，各省（自治区、直辖市）2020年粮食播种面积和产量要保持基本稳定。进一步完善农业补贴政策。调整完善稻谷、小麦最低收购价政策，稳定农民基本收益。推进稻谷、小麦、玉米完全成本保险和收入保险试点。加大对大豆高产品种和玉米、大豆间作新农艺推广的支持力度。抓好草地贪夜蛾等重大病虫害防控，推广统防统治、代耕代种、土地托管等服务模式。加大对产粮大县的奖励力度，优先安排农产品加工用地指标。支持产粮大县开展高标准农田建设新增耕地指标跨省域调剂使用，调剂收益按规定用于建设高标准农田。深入实施优质粮食工程。以北方农牧交错带为重点扩大粮改饲规模，推广种养结合模式。完善新疆棉花目标价格政策。拓展多元化进口渠道，增加适应国内需求的农产品进口。扩大优势农产品出口。深入开展农产品反走私综合治理专项行动。

（十五）加快恢复生猪生产。生猪稳产保供是当前经济工作的一件大事，要采取综合性措施，确保2020年年底前生猪产能基本恢复到接近正常年份水平。落实“省负总责”，压实“菜篮子”市长负责制，强化县级抓落实责任，保障猪肉供给。坚持补栏增养和疫病防控相结合，推动生猪标准化规模养殖，加强对中小散养户的防疫服务，做好饲料生产保障工作。严格落实扶持生猪生产的各项政策举措，抓紧打通环评、用地、信贷等瓶颈。纠正随意扩大限养禁养区和搞“无猪市”“无猪县”问题。严格执行非洲猪瘟疫情报告制度和防控措施，加快疫苗研发进程。加强动物防疫体系建设，落实防疫人员和经费保障，在生猪大县实施乡镇动物防疫特聘计划。引导生猪屠宰加工向养殖集中区转移，逐步减少活猪长距离调运，推进“运猪”向“运肉”转变。加强市场监测和调控，做好猪肉保供稳价工作，打击扰乱市场行为，及时启动社会救助和保障标准与物价上涨挂钩联动机制。支持奶业、禽类、牛羊等生产，引导优化肉类消费结构。推进水产绿色健康养殖，加强渔港建设和管理改革。

（十六）加强现代农业设施建设。提早谋划实施一批现代农业投资重大项目，支持项目及早落地，有效扩大农业投资。以粮食生产功能区和重要农产品生产保护区为重点加快推进高标准农田建设，修编建设规划，合理确定投资标准，完善工程建设、验收、监督检查机制，确保建一块成一块。如期完成大中型灌区续建配套与节水改造，提高防汛抗旱能力，加大农业节水力度。抓紧启动和开工一批重大水利工程和配套设施建设，加快开展南水北调后续工程前期工作，适时推进工程建设。启动农产品仓储保鲜冷链物流设施建设工程。加强农产品冷链物流统筹规划、分级布局和标准制定。安排中央预算内投资，支持建设一批骨干冷链物流基地。国家支持家庭农场、农民合作社、供销合作社、邮政快递企业、产业化龙头企业建设产地分拣包装、冷藏保鲜、仓储运输、初加工等设施，对其在农村建设的保鲜仓储设施用电实行农业生产用电价格。依托现有资源建设农业农村大数据中心，加快物联网、大数据、区块链、人工智能、第五代移动通信网络、智慧气象等现代信息技术在农业领域的应用。开展国家数字乡村试点。

（十七）发展富民乡村产业。支持各地立足资源优势打造各具特色的农业全产业链，建立健全农民分享产业链增值收益机制，形成有竞争力的产业集群，推动农村一二三产业融合发展。加快建设国家、省、市、县现代农业产业园，支持农村产业融合发展示范园建设，办好农村“双创”基地。重点培育家庭农场、农民合作社等新型农业经营主体，培育农业产业化联合体，通过订单农业、入股分红、托管服务等方式，将小农户融入农业产业链。继续调整优化农业结构，加强绿色食品、有机农产品、地理标志农产品认证和管理，打造地方知名农产品品牌，增加优质绿色农产品供给。有效开发农村市场，扩大电子商务进农村覆盖面，支持供销合作社、邮政快递企业等延伸乡村物流服务网络，加强村级电商服务站点建设，推动农产品进城、工业品下乡双向流通。强化全过程农产品质量安全和食品安全监管，建立健全追溯体系，确保人民群众“舌尖上的安全”。引导和鼓励工商资本下乡，切实保护好企业家合法权益。制定农业及相关产业统计分类并加强统计核算，全面准确反映农业生产、加工、物流、营销、服务等全产业链价值。

（十八）稳定农民工就业。落实涉企减税降费等支持政策，加大援企稳岗工作力度，放宽失业保险稳岗返还申领条件，提高农民工技能提升补贴标准。农民工失业后，可在常住地进行失业登记，享受均等化公共就业服务。出台并落实保障农民工工资支付条例。以政府投资项目和工程建设领域为重点，开展农民工工资支付情况排查整顿，执行拖欠农民工工资“黑名单”制度，落实根治欠薪各项举措。实施家政服务、养老护理、医院看护、餐饮烹饪、电子商务等技能培训，打造区域性劳务品牌。鼓励地方设立乡村保洁员、水管员、护路员、生态护林员等公益性岗位。开展新业态从业人员职业伤害保障试点。深入实施农村创新创业带头人培育行动，将符合条件的返乡创业农民工纳入一次性创业补贴范围。

四、加强农村基层治理

（十九）充分发挥党组织领导作用。农村基层党组织是党在农村全部工作和战斗力的基础。要认真落实《中国共产党农村基层组织工作条例》，组织群众发展乡村产业，增强集体经济实力，带领群众共同致富；动员群众参与乡村治理，增强主人翁意识，维护农村和谐稳定；教育引导群众革除陈规陋习，弘扬公序良俗，培育文明乡风；密切联系群众，提高服务群众能力，把群众紧密团结在党的周围，筑牢党在农村的执政基础。全面落实村党组织书记县级党委备案管理制度，建立村“两委”成员县级联审常态化机制，持续整顿软弱涣散村党组织，发挥党组织在农村各种组织中的领导作用。严格村党组织书记监督管理，建立健全党委组织部门牵头协调，民政、农业农村等部门共同参与、加强指导的村务监督机制，全面落实“四议两公开”。加大农村基层巡察工作力度。强化基层纪检监察组织与村务监督委员会的沟通协作、有效衔接，形成监督合力。加大在青年农民中发展党员力度。持续向贫困村、软弱涣散村、集体经济薄弱村派驻第一书记。加强村级组织运转经费保障。健全激励村干部干事创业机制。选优配强乡镇领导班子特别是乡镇党委书记。在乡村开展“听党话、感党恩、跟党走”宣讲活动。

（二十）健全乡村治理工作体系。坚持县乡村联动，推动社会治理和服务重心向基层下移，把更多资源下沉到乡镇和村，提高乡村治理效能。县级是“一线指挥部”，要加强统筹谋划，落实领导责任，强化大抓基层的工作导向，增强群众工作本领。建立县级领导干部和县直部门主要负责人包村制度。乡镇是为农服务中心，要加强管理服务，整合审批、服务、执法等方面力量，建立健全统一管理服务平台，实现一站式办理。充实农村人居环境整治、宅基地管理、集体资产管理、民生保障、社会服务等工作力量。行政村是基本治理单元，要强化自我管理、自我服务、自我教育、自我监督，健全基层民主制度，完善村规民约，推进村民自治制度化、规范化、程序化。扎实开展自治、法治、德治相结合的乡村治理体系建设试点示范，推广乡村治理创新性典型案例经验。注重发挥家庭家教家风在乡村治理中的重要作用。

（二十一）调处化解乡村矛盾纠纷。坚持和发展新时代“枫桥经验”，进一步加强人民调解工作，做到小事不出村、大事不出乡、矛盾不上交。畅通农民群众诉求表达渠道，及时妥善处理农民群众合理诉求。持续整治侵害农民利益行为，妥善化解土地承包、征地拆迁、农民工工资、环境污染等方面矛盾。推行领导干部特别是市县领导干部定期下基层接访制度，积极化解信访积案。组织开展“一村一法律顾问”等形式多样的法律服务。对直接关系农民切身利益、容易引发社会稳定风险的重大决策事项，要先进行风险评估。

（二十二）深入推进平安乡村建设。推动扫黑除恶专项斗争向纵深推进，严厉打击非法侵占农村集体资产、扶贫惠农资金和侵犯农村妇女儿童人身权利等违法犯罪行为，推进反腐败斗争和基层“拍蝇”，建立防范和整治“村霸”长效机制。依法管理农村宗教事务，制止非法宗教活动，防范邪教向农村渗透，防止封建迷信蔓延。加强农村社会治安工作，推行网格化管理和服务。开展农村假冒伪劣食品治理行动。打击制售假劣农资违法违规行为。加强农村防灾减灾能力建设。全面排查整治农村各类安全隐患。

五、强化农村补短板保障措施

（二十三）优先保障“三农”投入。加大中央和地方财政“三农”投入力度，中央预算内投资继续向农业农村倾斜，确保财政投入与补上全面小康“三农”领域突出短板相适应。地方政府要在一般债券支出中安排一定规模支持符合条件的易地扶贫搬迁和乡村振兴项目建设。各地应有序扩大用于支持乡村振兴的专项债券发行规模。中央和省级各部门要根据补短板的需要优化涉农资金使用结构。按照“取之于农、主要用之于农”要求，抓紧出台调整完善土地出让收入使用范围进一步提高农业农村投入比例的意见。调整完善农机购置补贴范围，赋予省级更大自主权。研究本轮草原生态保护补奖政策到期后的政策。强化对“三农”信贷的货币、财税、监管政策正向激励，给予低成本资金支持，提高风险容忍度，优化精准奖补措施。对机构法人在县域、业务在县域的金融机构，适度扩大支农支小再贷款额度。深化农村信用社改革，坚持县域法人地位。加强考核引导，合理提升资金外流严重县的存贷比。鼓励商业银行发行“三农”、小微企业等专项金融债券。落实农户小额贷款税收优惠政策。符合条件的家庭农场等新型农业经营主体可按规定享受现行小微企业相关贷款税收减免政策。合理设置农业贷款期限，使其与农业生产周期相匹配。发挥全国农业信贷担保体系作用，做大面向新型农业经营主体的担保业务。推动温室大棚、养殖圈舍、大型农机、土地经营权依法合规抵押融资。稳妥扩大农村普惠金融改革试点，鼓励地方政府开展县域农户、中小企业信用等级评价，加快构建线上线下相结合、“银保担”风险共担的普惠金融服务体系，推出更多免抵押、免担保、低利率、可持续的普惠金融产品。抓好农业保险保费补贴政策落实，督促保险机构及时足额理赔。优化“保险＋期货”试点模式，继续推进农产品期货期权品种上市。

（二十四）破解乡村发展用地难题。坚守耕地和永久基本农田保护红线。完善乡村产业发展用地政策体系，明确用地类型和供地方式，实行分类管理。将农业种植养殖配建的保鲜冷藏、晾晒存贮、农机库房、分拣包装、废弃物处理、管理看护房等辅助设施用地纳入农用地管理，根据生产实际合理确定辅助设施用地规模上限。农业设施用地可以使用耕地。强化农业设施用地监管，严禁以农业设施用地为名从事非农建设。开展乡村全域土地综合整治试点，优化农村生产、生活、生态空间布局。在符合国土空间规划前提下，通过村庄整治、土地整理等方式节余的农村集体建设用地优先用于发展乡村产业项目。新编县乡级国土空间规划应安排不少于10%的建设用地指标，重点保障乡村产业发展用地。省级制定土地利用年度计划时，应安排至少5%新增建设用地指标保障乡村重点产业和项目用地。农村集体建设用地可以通过入股、租用等方式直接用于发展乡村产业。按照“放管服”改革要求，对农村集体建设用地审批进行全面梳理，简化审批审核程序，下放审批权限。推进乡村建设审批“多审合一、多证合一”改革。抓紧出台支持农村一二三产业融合发展用地的政策意见。

（二十五）推动人才下乡。培养更多知农爱农、扎根乡村的人才，推动更多科技成果应用到田间地头。畅通各类人才下乡渠道，支持大学生、退役军人、企业家等到农村干事创业。整合利用农业广播学校、农业科研院所、涉农院校、农业龙头企业等各类资源，加快构建高素质农民教育培训体系。落实县域内人才统筹培养使用制度。有组织地动员城市科研人员、工程师、规划师、建筑师、教师、医生下乡服务。城市中小学教师、医生晋升高级职称前，原则上要有1年以上农村基层工作服务经历。优化涉农学科专业设置，探索对急需紧缺涉农专业实行“提前批次”录取。抓紧出台推进乡村人才振兴的意见。

（二十六）强化科技支撑作用。加强农业关键核心技术攻关，部署一批重大科技项目，抢占科技制高点。加强农业生物技术研发，大力实施种业自主创新工程，实施国家农业种质资源保护利用工程，推进南繁科研育种基地建设。加快大中型、智能化、复合型农业机械研发和应用，支持丘陵山区农田宜机化改造。深入实施科技特派员制度，进一步发展壮大科技特派员队伍。采取长期稳定的支持方式，加强现代农业产业技术体系建设，扩大对特色优势农产品覆盖范围，面向农业全产业链配置科技资源。加强农业产业科技创新中心建设。加强国家农业高新技术产业示范区、国家农业科技园区等创新平台基地建设。加快现代气象为农服务体系建设。

（二十七）抓好农村重点改革任务。完善农村基本经营制度，开展第二轮土地承包到期后再延长30年试点，在试点基础上研究制定延包的具体办法。鼓励发展多种形式适度规模经营，健全面向小农户的农业社会化服务体系。制定农村集体经营性建设用地入市配套制度。严格农村宅基地管理，加强对乡镇审批宅基地监管，防止土地占用失控。扎实推进宅基地使用权确权登记颁证。以探索宅基地所有权、资格权、使用权“三权分置”为重点，进一步深化农村宅基地制度改革试点。全面推开农村集体产权制度改革试点，有序开展集体成员身份确认、集体资产折股量化、股份合作制改革、集体经济组织登记赋码等工作。探索拓宽农村集体经济发展路径，强化集体资产管理。继续深化供销合作社综合改革，提高为农服务能力。加快推进农垦、国有林区林场、集体林权制度、草原承包经营制度、农业水价等改革。深化农业综合行政执法改革，完善执法体系，提高执法能力。

做好“三农”工作，关键在党。各级党委和政府要深入学习贯彻习近平总书记关于“三农”工作的重要论述，全面贯彻党的十九届四中全会精神，把制度建设和治理能力建设摆在“三农”工作更加突出位置，稳定农村基本政策，完善新时代“三农”工作制度框架和政策体系。认真落实《中国共产党农村工作条例》，加强党对“三农”工作的全面领导，坚持农业农村优先发展，强化五级书记抓乡村振兴责任，落实县委书记主要精力抓“三农”工作要求，加强党委农村工作机构建设，大力培养懂农业、爱农村、爱农民的“三农”工作队伍，提高农村干部待遇。坚持从农村实际出发，因地制宜，尊重农民意愿，尽力而为、量力而行，把当务之急的事一件一件解决好，力戒形式主义、官僚主义，防止政策执行简单化和“一刀切”。把党的十九大以来“三农”政策贯彻落实情况作为中央巡视重要内容。

让我们更加紧密地团结在以习近平同志为核心的党中央周围，坚定信心、锐意进取，埋头苦干、扎实工作，坚决打赢脱贫攻坚战，加快补上全面小康“三农”领域突出短板，为决胜全面建成小康社会、实现第一个百年奋斗目标作出应有的贡献！

中共中央　国务院
关于深化改革加强食品安全工作的意见[①]

（2019 年 5 月 9 日）

食品安全关系人民群众身体健康和生命安全，关系中华民族未来。党的十九大报告明确提出实施食品安全战略，让人民吃得放心。这是党中央着眼党和国家事业全局，对食品安全工作作出的重大部署，是决胜全面建成小康社会、全面建设社会主义现代化国家的重大任务。现就深化改革加强食品安全工作提出如下意见。

一、深刻认识食品安全面临的形势

党的十八大以来，以习近平同志为核心的党中央坚持以人民为中心的发展思想，从党和国家事业发展全局、实现中华民族伟大复兴中国梦的战略高度，把食品安全工作放在“五位一体”总体布局和“四个全面”战略布局中统筹谋划部署，在体制机制、法律法规、产业规划、监督管理等方面采取了一系列重大举措。各地区各部门认真贯彻党中央、国务院决策部署，食品产业快速发展，安全标准体系逐步健全，检验检测能力不断提高，全过程监管体系基本建立，重大食品安全风险得到控制，人民群众饮食安全得到保障，食品安全形势不断好转。

但是，我国食品安全工作仍面临不少困难和挑战，形势依然复杂严峻。微生物和重金属污染、农药兽药残留超标、添加剂使用不规范、制假售假等问题时有发生，环境污染对食品安全的影响逐渐显现；违法成本低，维权成本高，法制不够健全，一些生产经营者唯利是图、主体责任意识不强；新业态、新资源潜在风险增多，国际贸易带来的食品安全问题加深；食品安全标准与最严谨标准要求尚有一定差距，风险监测评估预警等基础工作薄弱，基层监管力量和技术手段跟不上；一些地方对食品安全重视不够，责任落实不到位，安全与发展的矛盾仍然突出。这些问题影响到人民群众的获得感、幸福感、安全感，成为全面建成小康社会、全面建设社会主义现代化国家的明显短板。

人民日益增长的美好生活需要对加强食品安全工作提出了新的更高要求；推进国家治理体系和治理能力现代化，推动高质量发展，实施健康中国战略和乡村振兴战略，为解决食品安全问题提供了前所未有的历史机遇。必须深化改革创新，用最严谨的标准、最严格的监管、最严厉的处罚、最严肃的问责，进一步加强食品安全工作，确保人民群众“舌尖上的安全”。

二、总体要求

（一）指导思想。以习近平新时代中国特色社会主义思想为指导，全面贯彻党的十九大和十九届二中、三中全会精神，坚持和加强党的全面领导，坚持以人民为中心的发展思想，紧紧围绕统筹推进“五位一体”总体布局和协调推进“四个全面”战略布局，坚持稳中求进工作总基调，坚持新发展理念，遵循“四个最严”要求，建立食品安全现代化治理体系，提高从农田到餐桌全过程监管能力，提升食品全链条质量安全保障水平，增强广大人民群众的获得感、幸福感、安全感，为实现“两个一百年”奋斗目标和中华民族伟大复兴的中国梦奠定坚实基础。

---

① 资料来源：新华社网站，2019 年 05 月 20 日。

（二）基本原则

——坚持安全第一。把保障人民群众食品安全放在首位，坚守安全底线，正确处理安全与发展的关系，促一方发展，保一方安全。

——坚持问题导向。以维护和促进公众健康为目标，从解决人民群众普遍关心的突出问题入手，标本兼治、综合施策，不断增强人民群众的安全感和满意度。

——坚持预防为主。牢固树立风险防范意识，强化风险监测、风险评估和供应链管理，提高风险发现与处置能力。坚持“产”出来和“管”出来两手抓，落实生产经营者主体责任，最大限度消除不安全风险。

——坚持依法监管。强化法治理念，健全法规制度、标准体系，重典治乱，加大检查执法力度，依法从严惩处违法犯罪行为，严把从农田到餐桌的每一道防线。

——坚持改革创新。深化监管体制机制改革，创新监管理念、监管方式，堵塞漏洞、补齐短板，推进食品安全领域国家治理体系和治理能力现代化。

——坚持共治共享。生产经营者自觉履行主体责任，政府部门依法加强监管，公众积极参与社会监督，形成各方各尽其责、齐抓共管、合力共治的工作格局。

（三）总体目标

到2020年，基于风险分析和供应链管理的食品安全监管体系初步建立。农产品和食品抽检量达到4批次/千人，主要农产品质量安全监测总体合格率稳定在97%以上，食品抽检合格率稳定在98%以上，区域性、系统性重大食品安全风险基本得到控制，公众对食品安全的安全感、满意度进一步提高，食品安全整体水平与全面建成小康社会目标基本相适应。

到2035年，基本实现食品安全领域国家治理体系和治理能力现代化。食品安全标准水平进入世界前列，产地环境污染得到有效治理，生产经营者责任意识、诚信意识和食品质量安全管理水平明显提高，经济利益驱动型食品安全违法犯罪明显减少。食品安全风险管控能力达到国际先进水平，从农田到餐桌全过程监管体系运行有效，食品安全状况实现根本好转，人民群众吃得健康、吃得放心。

三、建立最严谨的标准

（四）加快制修订标准。立足国情、对接国际，加快制修订农药残留、兽药残留、重金属、食品污染物、致病性微生物等食品安全通用标准，到2020年农药兽药残留限量指标达到1万项，基本与国际食品法典标准接轨。加快制修订产业发展和监管急需的食品安全基础标准、产品标准、配套检验方法标准。完善食品添加剂、食品相关产品等标准制定。及时修订完善食品标签等标准。

（五）创新标准工作机制。借鉴和转化国际食品安全标准，简化优化食品安全国家标准制修订流程，加快制修订进度。完善食品中有害物质的临时限量值制定机制。建立企业标准公开承诺制度，完善配套管理制度，鼓励企业制定实施严于国家标准或地方标准的企业标准。支持各方参与食品安全国家标准制修订，积极参与国际食品法典标准制定，积极参与国际新兴危害因素的评估分析与管理决策。

（六）强化标准实施。加大食品安全标准解释、宣传贯彻和培训力度，督促食品生产经营者准确理解和应用食品安全标准，维护食品安全标准的强制性。对食品安全标准的使用进行跟踪评价，充分发挥食品安全标准保障食品安全、促进产业发展的基础作用。

四、实施最严格的监管

（七）严把产地环境安全关。实施耕地土壤环境治理保护重大工程。强化土壤污染管控和修复，开展重点地区涉重金属行业污染土壤风险排查和整治。强化大气污染治理，加大重点行业挥发性有机物治理力度。加强流域水污染防治工作。

（八）严把农业投入品生产使用关。严格执行农药兽药、饲料添加剂等农业投入品生产和使用规定，严禁使用国家明令禁止的农业投入品，严格落实定点经营和实名购买制度。将高毒农药禁用范围逐步扩大到所有食用农产品。落实农业生产经营记录制度、农业投入品使用记录制度，指导农户严格执行农药安全间隔期、兽药休药期有关规定，防范农药兽药残留超标。

（九）严把粮食收储质量安全关。做好粮食收购企业资格审核管理，督促企业严格落实出入厂（库）和库存质量检验制度，积极探索建立质量追溯制度，加强烘干、存储和检验监测能力建设，为农户提供粮食烘干存储服务，防止发霉变质受损。健全超标粮食收购处置长效机制，推进无害化处理和资源合理化利用，严禁不符合食品安全标准的粮食流入口粮市场和食品生产企业。

（十）严把食品加工质量安全关。实行生产企业食品安全风险分级管理，在日常监督检查全覆盖基础上，对一般风险企业实施按比例"双随机"抽查，对高风险企业实施重点检查，对问题线索企业实施飞行检查，督促企业生产过程持续合规。加强保健食品等特殊食品监管。将体系检查从婴幼儿配方乳粉逐步扩大到高风险大宗消费食品，着力解决生产过程不合规、非法添加、超范围超限量使用食品添加剂等问题。

（十一）严把流通销售质量安全关。建立覆盖基地贮藏、物流配送、市场批发、销售终端全链条的冷链配送系统，严格执行全过程温控标准和规范，落实食品运输在途监管责任，鼓励使用温控标签，防止食物脱冷变质。督促企业严格执行进货查验记录制度和保质期标识等规定，严查临期、过期食品翻新销售。严格执行畜禽屠宰检验检疫制度。加强食品集中交易市场监管，强化农产品产地准出和市场准入衔接。

（十二）严把餐饮服务质量安全关。全面落实餐饮服务食品安全操作规范，严格执行进货查验、加工操作、清洗消毒、人员管理等规定。集体用餐单位要建立稳定的食材供应渠道和追溯记录，保证购进原料符合食品安全标准。严格落实网络订餐平台责任，保证线上线下餐饮同标同质，保证一次性餐具制品质量安全，所有提供网上订餐服务的餐饮单位必须有实体店经营资格。

五、实行最严厉的处罚

（十三）完善法律法规。研究修订食品安全法及其配套法规制度，修订完善刑法中危害食品安全犯罪和刑罚规定，加快修订农产品质量安全法，研究制定粮食安全保障法，推动农产品追溯入法。加快完善办理危害食品安全刑事案件的司法解释，推动危害食品安全的制假售假行为"直接入刑"。推动建立食品安全司法鉴定制度，明确证据衔接规则、涉案食品检验认定与处置协作配合机制、检验认定时限和费用等有关规定。加快完善食品安全民事纠纷案件司法解释，依法严肃追究故意违法者的民事赔偿责任。

（十四）严厉打击违法犯罪。落实"处罚到人"要求，综合运用各种法律手段，对违法企业及其法定代表人、实际控制人、主要负责人等直接负责的主管人员和其他直接责任人员进行严厉处罚，大幅提高违法成本，实行食品行业从业禁止、终身禁业，对再犯从严从重进行处罚。严厉打击刑事犯罪，对情节严重、影响恶劣的危害食品安全刑事案件依法从重判罚。加强行政执法与刑事司法衔接，行政执法机关发现涉嫌犯罪、依法需要追究刑事责任的，依据行刑衔接有关规定及时移送公安机关，同时抄送检察机关；发现涉嫌职务犯罪线索的，及时移送监察机关。积极完善食品安全民事和行政公益诉讼，做好与民事和行政诉讼的衔接与配合，探索建立食品安全民事公益诉讼惩罚性赔偿制度。

（十五）加强基层综合执法。深化综合执法改革，加强基层综合执法队伍和能力建设，确保有足够资源履行食品安全监管职责。县级市场监管部门及其在乡镇（街道）的派出机构，要以食品安全为首要职责，执法力量向一线岗位倾斜，完善工作流程，提高执法效率。农业综合执法要把保障农产品质量安全作为重点任务。加强执法力量和装备配备，确保执法监管工作落实到位。公安、农业农村、市场监管等部门要落实重大案件联合督办制度，按照国家有关规定，对贡献突出的单位和个人进行表彰奖励。

（十六）强化信用联合惩戒。推进食品工业企业诚信体系建设。建立全国统一的食品生产经营企业信用档案，纳入全国信用信息共享平台和国家企业信用信息公示系统。实行食品生产经营企业信用分级分类管理。进一步完善食品安全严重失信者名单认定机制，加大对失信人员联合惩戒力度。

六、坚持最严肃的问责

（十七）明确监管事权。各省、自治区、直辖市政府要结合实际，依法依规制定食品安全监管事权清单，压实各职能部门在食品安全工作中的行业管理责任。对产品风险高、影响区域广的生产企业监督检查，对重大复杂案件查处和跨区域执法，原则上由省级监管部门负责组织和协调，市县两级监管部门配合，也可实行委托监管、指定监管、派驻监管等制度，确保监管到位。市县两级原则上承担辖区内直接面向市场主体、直接面向消费者的食品生产经营监管和执法事项，保护消费者合法权益。上级监管部门要加强对下级监管部门的监督管理。

（十八）加强评议考核。完善对地方党委和政府食品安全工作评议考核制度，将食品安全工作考核结果作为党政领导班子和领导干部综合考核评价的重要内容，作为干部奖惩和使用、调整的重要参考。对考核达不到要求的，约谈地方党政主要负责人，并督促限期整改。

（十九）严格责任追究。依照监管事权清单，尽职照单免责、失职照单问责。对贯彻落实党中央、国务院有关食品安全工作决策部署不力、履行职责不力、给国家和人民利益造成严重损害的，依规依纪依法追究相关领导责任。对监管工作中失职失责、不作为、乱作为、慢作为、假作为的，依规依纪依法追究相关人员责任；涉嫌犯罪的，依法追究刑事责任。对参与、包庇、放纵危害食品安全违法犯罪行为，弄虚作假、干扰责任调查，帮助伪造、隐匿、毁灭证据的，依法从重追究法律责任。

七、落实生产经营者主体责任

（二十）落实质量安全管理责任。生产经营者是食品安全第一责任人，要结合实际设立食品质量安全管理岗位，配备专业技术人员，严格执行法律法规、标准规范等要求，确保生产经营过程持续合规，确保产品符合食品安全标准。食品质量安全管理岗位人员的法规知识抽查考核合格率要达到90％以上。风险高的大型食品企业要率先建立和实施危害分析和关键控制点体系。保健食品生产经营者要严格落实质量安全主体责任，加强全面质量管理，规范生产行为，确保产品功能声称真实。

（二十一）加强生产经营过程控制。食品生产经营者应当依法对食品安全责任落实情况、食品安全状况进行自查评价。对生产经营条件不符合食品安全要求的，要立即采取整改措施；发现存在食品安全风险的，应当立即停止生产经营活动，并及时报告属地监管部门。要主动监测其上市产品质量安全状况，对存在隐患的，要及时采取风险控制措施。食品生产企业自查报告率要达到90％以上。

（二十二）建立食品安全追溯体系。食用农产品生产经营主体和食品生产企业对其产品追溯负责，依法建立食品安全追溯体系，确保记录真实完整，确保产品来源可查、去向可追。国家建立统一的食用农产品追溯平台，建立食用农产品和食品安全追溯标准和规范，完善全程追溯协作机制。加强全程追溯的示范推广，逐步实现企业信息化追溯体系与政府部门监管平台、重要产品追溯管理平台对接，接受政府监督，互通互享信息。

（二十三）积极投保食品安全责任保险。因食品安全问题造成损害的，食品生产经营者要依法承担赔偿责任。推进肉蛋奶和白酒生产企业、集体用餐单位、农村集体聚餐、大宗食品配送单位、中央厨房和配餐单位主动购买食品安全责任保险，有条件的中小企业要积极投保食品安全责任保险，发挥保险的他律作用和风险分担机制。

八、推动食品产业高质量发展

（二十四）改革许可认证制度。坚持“放管服”相结合，减少制度性交易成本。推进农产品认证制度改革，加快建立食用农产品合格证制度。深化食品生产经营许可改革，优化许可程序，实现全程电子化。推进保健食品注册与备案双轨运行，探索对食品添加剂经营实行备案管理。制定完善食品新业态、新模式监管制度。利用现有相关信息系统，实现全国范围内食品生产经营许可信息可查询。

（二十五）实施质量兴农计划。以乡村振兴战略为引领，以优质安全、绿色发展为目标，推动农业由增产导向转向提质导向。全面推行良好农业规范。创建农业标准化示范区。实施农业品牌提升行动。培育新型农业生产服务主体，推广面向适度规模经营主体特别是小农户的病虫害统防统治专业化服务，逐步减少自行使用农药兽药的农户。

（二十六）推动食品产业转型升级。调整优化食品产业布局，鼓励企业获得认证认可，实施增品种、提品质、创品牌行动。引导食品企业延伸产业链条，建立优质原料生产基地及配套设施，加强与电商平台深度融合，打造有影响力的百年品牌。大力发展专业化、规模化冷链物流企业，保障生鲜食品流通环节质量安全。

（二十七）加大科技支撑力度。将食品安全纳入国家科技计划，加强食品安全领域的科技创新，引导食品企业加大科研投入，完善科技成果转化应用机制。建设一批国际一流的食品安全技术支撑机构和重点实验室，加快引进培养高层次人才和高水平创新团队，重点突破“卡脖子”关键技术。依托国家级专业技术机构，开展基础科学和前沿科学研究，提高食品安全风险发现和防范能力。

九、提高食品安全风险管理能力

（二十八）加强协调配合。完善统一领导、分工负责、分级管理的食品安全监管体制，地方各级党委和政府对本地区食品安全工作负总责。相关职能部门要各司其职、齐抓共管，健全工作协调联动机制，加强跨地区协作配合，发现问题迅速处置，并及时通报上游查明原因、下游控制危害。在城市社区和农村建立专兼职食品安全信息员（协管员）队伍，充分发挥群众监督作用。

（二十九）提高监管队伍专业化水平。强化培训和考核，依托现有资源加强职业化检查队伍建设，提高检查人员专业技能，及时发现和处置风险隐患。完善专业院校课程设置，加强食品学科建设和人才培养。加大公安机关打击食品安全犯罪专业力量、专业装备建设力度。

（三十）加强技术支撑能力建设。推进国家级、省级食品安全专业技术机构能力建设，提升食品安全标准、监测、评估、监管、应急等工作水平。根据标准分类加快建设 7 个食品安全风险评估与标准研制重点实验室。健全以国家级检验机构为龙头，省级检验机构为骨干，市县两级检验机构为基础的食品和农产品质量安全检验检测体系，打造国际一流的国家检验检测平台，落实各级食品和农产品检验机构能力和装备配备标准。严格检验机构资质认定管理、跟踪评价和能力验证，发展社会检验力量。

（三十一）推进“互联网＋食品”监管。建立基于大数据分析的食品安全信息平台，推进大数据、云计算、物联网、人工智能、区块链等技术在食品安全监管领域的应用，实施智慧监管，逐步实现食品安全违法犯罪线索网上排查汇聚和案件网上移送、网上受理、网上监督，提升监管工作信息化水平。

（三十二）完善问题导向的抽检监测机制。国家、省、市、县抽检事权四级统筹、各有侧重、不重不漏，统一制定计划、统一组织实施、统一数据报送、统一结果利用，力争抽检样品覆盖到所有农产品和食品企业、品种、项目，到2020年达到4批次/千人。逐步将监督抽检、风险监测与评价性抽检分离，提高监管的靶向性。完善抽检监测信息通报机制，依法及时公开抽检信息，加强不合格产品的核查处置，控制产品风险。

（三十三）强化突发事件应急处置。修订国家食品安全事故应急预案，完善事故调查、处置、报告、信息发布工作程序。完善食品安全事件预警监测、组织指挥、应急保障、信息报告制度和工作体系，提升应急响应、现场处置、医疗救治能力。加强舆情监测，建立重大舆情收集、分析研判和快速响应机制。

十、推进食品安全社会共治

（三十四）加强风险交流。主动发布权威信息，及时开展风险解读，鼓励研究机构、高校、协会、媒体等参与食品安全风险交流，科学解疑释惑。鼓励企业通过新闻媒体、网络平台等方式直接回应消费者咨询。建立谣言抓取、识别、分析、处置智能化平台，依法坚决打击造谣传谣、欺诈和虚假宣传行为。

（三十五）强化普法和科普宣传。落实“谁执法谁普法”普法责任制，对各类从事食品生产经营活动的单位和个人，持续加强食品安全法律法规、国家标准、科学知识的宣传教育。在中小学开展食品安全与营养教育，有条件的主流媒体可开办食品安全栏目，持续开展“食品安全宣传周”和食品安全进农村、进校园、进企业、进社区等宣传活动，提升公众食品安全素养，改变不洁饮食习俗，避免误采误食，防止发生食源性疾病。普及健康知识，倡导合理膳食，开展营养均衡配餐示范推广，提倡“减盐、减油、减糖”。

（三十六）鼓励社会监督。依法公开行政监管和处罚的标准、依据、结果，接受社会监督。支持行业协会建立行规行约和奖惩机制，强化行业自律。鼓励新闻媒体准确客观报道食品安全问题，有序开展食品安全舆论监督。

（三十七）完善投诉举报机制。畅通投诉举报渠道，落实举报奖励制度。鼓励企业内部知情人举报食品研发、生产、销售等环节中的违法犯罪行为，经查证属实的，按照有关规定给予奖励。加强对举报人的保护，对打击报复举报人的，要依法严肃查处。对恶意举报非法牟利的行为，要依法严厉打击。

十一、开展食品安全放心工程建设攻坚行动

围绕人民群众普遍关心的突出问题，开展食品安全放心工程建设攻坚行动，用5年左右时间，以点带面治理“餐桌污染”，力争取得明显成效。

（三十八）实施风险评估和标准制定专项行动。系统开展食物消费量调查、总膳食研究、毒理学研究等基础性工作，完善风险评估基础数据库。加强食源性疾病、食品中有害物质、环境污染物、食品相关产品等风险监测，系统开展食品中主要危害因素的风险评估，建立更加适用于我国居民的健康指导值。按照最严谨要求和现阶段实际，制定实施计划，加快推进内外销食品标准互补和协调，促进国民健康公平。

（三十九）实施农药兽药使用减量和产地环境净化行动。开展高毒高风险农药淘汰工作，5年内分期分批淘汰现存的10种高毒农药。实施化肥农药减量增效行动、水产养殖用药减量行动、兽药抗菌药治理行动，遏制农药兽药残留超标问题。加强耕地土壤环境类别划分和重金属污染区耕地风险管控与修复，重度污染区域要加快退出食用农产品种植。

（四十）实施国产婴幼儿配方乳粉提升行动。在婴幼儿配方乳粉生产企业全面实施良好生产规

范、危害分析和关键控制点体系，自查报告率要达到100%。完善企业批批全检的检验制度，健全安全生产规范体系检查常态化机制。禁止使用进口大包装婴幼儿配方乳粉到境内分装，规范标识标注。支持婴幼儿配方乳粉企业兼并重组，建设自有自控奶源基地，严格奶牛养殖饲料、兽药管理。促进奶源基地实行专业化、规模化、智能化生产，提高原料奶质量。发挥骨干企业引领作用，加大产品研发力度，培育优质品牌。力争3年内显著提升国产婴幼儿配方乳粉的品质、竞争力和美誉度。

（四十一）实施校园食品安全守护行动。严格落实学校食品安全校长（园长）负责制，保证校园食品安全，防范发生群体性食源性疾病事件。全面推行“明厨亮灶”，实行大宗食品公开招标、集中定点采购，建立学校相关负责人陪餐制度，鼓励家长参与监督。对学校食堂、学生集体用餐配送单位、校园周边餐饮门店及食品销售单位实行全覆盖监督检查。落实好农村义务教育学生营养改善计划，保证学生营养餐质量。

（四十二）实施农村假冒伪劣食品治理行动。以农村地区、城乡接合部为主战场，全面清理食品生产经营主体资格，严厉打击制售“三无”食品、假冒食品、劣质食品、过期食品等违法违规行为，坚决取缔“黑工厂”“黑窝点”“黑作坊”，实现风险隐患排查整治常态化。用2～3年时间，建立规范的农村食品流通供应体系，净化农村消费市场，提高农村食品安全保障水平。

（四十三）实施餐饮质量安全提升行动。推广“明厨亮灶”、餐饮安全风险分级管理，支持餐饮服务企业发展连锁经营和中央厨房，提升餐饮行业标准化水平，规范快餐、团餐等大众餐饮服务。鼓励餐饮外卖对配送食品进行封签，使用环保可降解的容器包装。大力推进餐厨废弃物资源化利用和无害化处理，防范“地沟油”流入餐桌。开展餐饮门店“厕所革命”，改善就餐环境卫生。

（四十四）实施保健食品行业专项清理整治行动。全面开展严厉打击保健食品欺诈和虚假宣传、虚假广告等违法犯罪行为。广泛开展以老年人识骗、防骗为主要内容的宣传教育活动。加大联合执法力度，大力整治保健食品市场经营秩序，严厉查处各种非法销售保健食品行为，打击传销。完善保健食品标准和标签标识管理。做好消费者维权服务工作。

（四十五）实施“优质粮食工程”行动。完善粮食质量安全检验监测体系，健全为农户提供专业化社会化粮食产后烘干储存销售服务体系。开展“中国好粮油”行动，提高绿色优质安全粮油产品供给水平。

（四十六）实施进口食品“国门守护”行动。将进口食品的境外生产经营企业、国内进口企业等纳入海关信用管理体系，实施差别化监管，开展科学有效的进口食品监督抽检和风险监控，完善企业信用管理、风险预警、产品追溯和快速反应机制，落实跨境电商零售进口监管政策，严防输入型食品安全风险。建立多双边国际合作信息通报机制、跨境检查执法协作机制，共同防控食品安全风险。严厉打击食品走私行为。

（四十七）实施“双安双创”示范引领行动。发挥地方党委和政府积极性，持续开展食品安全示范城市创建和农产品质量安全县创建活动，总结推广经验，落实属地管理责任和生产经营者主体责任。

十二、加强组织领导

（四十八）落实党政同责。地方各级党委和政府要把食品安全作为一项重大政治任务来抓。落实《地方党政领导干部食品安全责任制规定》，明确党委和政府主要负责人为第一责任人，自觉履行组织领导和督促落实食品安全属地管理责任，确保不发生重大食品安全事件。强化各级食品安全委员会及其办公室统筹协调作用，及时研究部署食品安全工作，协调解决跨部门跨地区重大问题。各有关部门要按照管行业必须管安全的要求，对主管领域的食品安全工作承担管理责任。各级农业农村、海关、市场监管等部门要压实监管责任，加强全链条、全流程监管。各地区各有关部门每年

12 月底前要向党中央、国务院报告食品安全工作情况。

（四十九）加大投入保障。健全食品和农产品质量安全财政投入保障机制，将食品和农产品质量安全工作所需经费列入同级财政预算，保障必要的监管执法条件。企业要加大食品质量安全管理方面的投入，鼓励社会资本进入食品安全专业化服务领域，构建多元化投入保障机制。

（五十）激励干部担当。加强监管队伍思想政治建设，增强“四个意识”，坚定“四个自信”，做到“两个维护”，忠实履行监管职责，敢于同危害食品安全的不法行为作斗争。各级党委和政府要关心爱护一线监管执法干部，建立健全容错纠错机制，为敢于担当作为的干部撑腰鼓劲。对在食品安全工作中作出突出贡献的单位和个人，按照国家有关规定给予表彰奖励，激励广大监管干部为党和人民干事创业、建功立业。

（五十一）强化组织实施。各地区各有关部门要根据本意见提出的改革任务和工作要求，结合实际认真研究制定具体措施，明确时间表、路线图、责任人，确保各项改革举措落实到位。国务院食品安全委员会办公室要会同有关部门建立协调机制，加强沟通会商，研究解决实施中遇到的问题。要严格督查督办，将实施情况纳入对地方政府食品安全工作督查考评内容，确保各项任务落实到位。

国务院关于促进乡村产业振兴的指导意见[①]

国发〔2019〕12号

各省、自治区、直辖市人民政府，国务院各部委、各直属机构：

产业兴旺是乡村振兴的重要基础，是解决农村一切问题的前提。乡村产业根植于县域，以农业农村资源为依托，以农民为主体，以农村一二三产业融合发展为路径，地域特色鲜明、创新创业活跃、业态类型丰富、利益联结紧密，是提升农业、繁荣农村、富裕农民的产业。近年来，我国农村创新创业环境不断改善，新产业新业态大量涌现，乡村产业发展取得了积极成效，但也存在产业门类不全、产业链条较短、要素活力不足和质量效益不高等问题，亟须加强引导和扶持。为促进乡村产业振兴，现提出如下意见。

一、总体要求

（一）指导思想。以习近平新时代中国特色社会主义思想为指导，全面贯彻党的十九大和十九届二中、三中全会精神，牢固树立新发展理念，落实高质量发展要求，坚持农业农村优先发展总方针，以实施乡村振兴战略为总抓手，以农业供给侧结构性改革为主线，围绕农村一二三产业融合发展，与脱贫攻坚有效衔接、与城镇化联动推进，充分挖掘乡村多种功能和价值，聚焦重点产业，聚集资源要素，强化创新引领，突出集群成链，延长产业链、提升价值链，培育发展新动能，加快构建现代农业产业体系、生产体系和经营体系，推动形成城乡融合发展格局，为农业农村现代化奠定坚实基础。

（二）基本原则。

因地制宜、突出特色。依托种养业、绿水青山、田园风光和乡土文化等，发展优势明显、特色鲜明的乡村产业，更好彰显地域特色、承载乡村价值、体现乡土气息。

市场导向、政府支持。充分发挥市场在资源配置中的决定性作用，激活要素、市场和各类经营主体。更好发挥政府作用，引导形成以农民为主体、企业带动和社会参与相结合的乡村产业发展格局。

融合发展、联农带农。加快全产业链、全价值链建设，健全利益联结机制，把以农业农村资源为依托的二三产业尽量留在农村，把农业产业链的增值收益、就业岗位尽量留给农民。

绿色引领、创新驱动。践行绿水青山就是金山银山理念，严守耕地和生态保护红线，节约资源，保护环境，促进农村生产生活生态协调发展。推动科技、业态和模式创新，提高乡村产业质量效益。

（三）目标任务。力争用5～10年时间，农村一二三产业融合发展增加值占县域生产总值的比重实现较大幅度提高，乡村产业振兴取得重要进展。乡村产业体系健全完备，农业供给侧结构性改革成效明显，绿色发展模式更加成熟，乡村就业结构更加优化，农民增收渠道持续拓宽，产业扶贫作用进一步凸显。

① 资料来源：中央人民政府网站，2019年06月28日。

二、突出优势特色，培育壮大乡村产业

（四）做强现代种养业。创新产业组织方式，推动种养业向规模化、标准化、品牌化和绿色化方向发展，延伸拓展产业链，增加绿色优质产品供给，不断提高质量效益和竞争力。巩固提升粮食产能，全面落实永久基本农田特殊保护制度，加强高标准农田建设，加快划定粮食生产功能区和重要农产品生产保护区。加强生猪等畜禽产能建设，提升动物疫病防控能力，推进奶业振兴和渔业转型升级。发展经济林和林下经济。（农业农村部、国家发展改革委、自然资源部、国家林草局等负责）

（五）做精乡土特色产业。因地制宜发展小宗类、多样性特色种养，加强地方品种种质资源保护和开发。建设特色农产品优势区，推进特色农产品基地建设。支持建设规范化乡村工厂、生产车间，发展特色食品、制造、手工业和绿色建筑建材等乡土产业。充分挖掘农村各类非物质文化遗产资源，保护传统工艺，促进乡村特色文化产业发展。（农业农村部、工业和信息化部、文化和旅游部、国家林草局等负责）

（六）提升农产品加工流通业。支持粮食主产区和特色农产品优势区发展农产品加工业，建设一批农产品精深加工基地和加工强县。鼓励农民合作社和家庭农场发展农产品初加工，建设一批专业村镇。统筹农产品产地、集散地、销地批发市场建设，加强农产品物流骨干网络和冷链物流体系建设。（农业农村部、国家发展改革委、工业和信息化部、商务部、国家粮食和储备局、国家邮政局等负责）

（七）优化乡村休闲旅游业。实施休闲农业和乡村旅游精品工程，建设一批设施完备、功能多样的休闲观光园区、乡村民宿、森林人家和康养基地，培育一批美丽休闲乡村、乡村旅游重点村，建设一批休闲农业示范县。（农业农村部、文化和旅游部、国家卫生健康委、国家林草局等负责）

（八）培育乡村新型服务业。支持供销、邮政、农业服务公司、农民合作社等开展农资供应、土地托管、代耕代种、统防统治、烘干收储等农业生产性服务业。改造农村传统小商业、小门店、小集市等，发展批发零售、养老托幼、环境卫生等农村生活性服务业。（农业农村部、国家发展改革委、财政部、商务部、国家邮政局、供销合作总社等负责）

（九）发展乡村信息产业。深入推进“互联网＋”现代农业，加快重要农产品全产业链大数据建设，加强国家数字农业农村系统建设。全面推进信息进村入户，实施“互联网＋”农产品出村进城工程。推动农村电子商务公共服务中心和快递物流园区发展。（农业农村部、中央网信办、工业和信息化部、商务部、国家邮政局等负责）

三、科学合理布局，优化乡村产业空间结构

（十）强化县域统筹。在县域内统筹考虑城乡产业发展，合理规划乡村产业布局，形成县城、中心镇（乡）、中心村层级分工明显、功能有机衔接的格局。推进城镇基础设施和基本公共服务向乡村延伸，实现城乡基础设施互联互通、公共服务普惠共享。完善县城综合服务功能，搭建技术研发、人才培训和产品营销等平台。（国家发展改革委、自然资源部、生态环境部、住房城乡建设部、农业农村部等负责）

（十一）推进镇域产业聚集。发挥镇（乡）上连县、下连村的纽带作用，支持有条件的地方建设以镇（乡）所在地为中心的产业集群。支持农产品加工流通企业重心下沉，向有条件的镇（乡）和物流节点集中。引导特色小镇立足产业基础，加快要素聚集和业态创新，辐射和带动周边地区产业发展。（国家发展改革委、住房城乡建设部、农业农村部等负责）

（十二）促进镇村联动发展。引导农业企业与农民合作社、农户联合建设原料基地、加工车间等，实现加工在镇、基地在村、增收在户。支持镇（乡）发展劳动密集型产业，引导有条件的村建

设农工贸专业村。（国家发展改革委、农业农村部、商务部等负责）

（十三）支持贫困地区产业发展。持续加大资金、技术、人才等要素投入，巩固和扩大产业扶贫成果。支持贫困地区特别是“三区三州”等深度贫困地区开发特色资源、发展特色产业，鼓励农业产业化龙头企业、农民合作社与贫困户建立多种形式的利益联结机制。引导大型加工流通、采购销售、投融资企业与贫困地区对接，开展招商引资，促进产品销售。鼓励农业产业化龙头企业与贫困地区合作创建绿色食品、有机农产品原料标准化生产基地，带动贫困户进入大市场。（农业农村部、国家发展改革委、财政部、商务部、国务院扶贫办等负责）

四、促进产业融合发展，增强乡村产业聚合力

（十四）培育多元融合主体。支持农业产业化龙头企业发展，引导其向粮食主产区和特色农产品优势区集聚。启动家庭农场培育计划，开展农民合作社规范提升行动。鼓励发展农业产业化龙头企业带动、农民合作社和家庭农场跟进、小农户参与的农业产业化联合体。支持发展县域范围内产业关联度高、辐射带动力强、多种主体参与的融合模式，实现优势互补、风险共担、利益共享。（农业农村部、国家发展改革委、财政部、国家林草局等负责）

（十五）发展多类型融合业态。跨界配置农业和现代产业要素，促进产业深度交叉融合，形成“农业＋”多业态发展态势。推进规模种植与林牧渔融合，发展稻渔共生、林下种养等。推进农业与加工流通业融合，发展中央厨房、直供直销、会员农业等。推进农业与文化、旅游、教育、康养等产业融合，发展创意农业、功能农业等。推进农业与信息产业融合，发展数字农业、智慧农业等。（农业农村部、国家发展改革委、教育部、工业和信息化部、文化和旅游部、国家卫生健康委、国家林草局等负责）

（十六）打造产业融合载体。立足县域资源禀赋，突出主导产业，建设一批现代农业产业园和农业产业强镇，创建一批农村产业融合发展示范园，形成多主体参与、多要素聚集、多业态发展格局。（农业农村部、国家发展改革委、财政部、国家林草局等负责）

（十七）构建利益联结机制。引导农业企业与小农户建立契约型、分红型、股权型等合作方式，把利益分配重点向产业链上游倾斜，促进农民持续增收。完善农业股份合作制企业利润分配机制，推广“订单收购＋分红”“农民入股＋保底收益＋按股分红”等模式。开展土地经营权入股从事农业产业化经营试点。（农业农村部、国家发展改革委等负责）

五、推进质量兴农绿色兴农，增强乡村产业持续增长力

（十八）健全绿色质量标准体系。实施国家质量兴农战略规划，制修订农业投入品、农产品加工业、农村新业态等方面的国家和行业标准，建立统一的绿色农产品市场准入标准。积极参与国际标准制修订，推进农产品认证结果互认。引导和鼓励农业企业获得国际通行的农产品认证，拓展国际市场。（农业农村部、市场监管总局等负责）

（十九）大力推进标准化生产。引导各类农业经营主体建设标准化生产基地，在国家农产品质量安全县整县推进全程标准化生产。加强化肥、农药、兽药及饲料质量安全管理，推进废旧地膜和包装废弃物等回收处理，推行水产健康养殖。加快建立农产品质量分级及产地准出、市场准入制度，实现从田间到餐桌的全产业链监管。（农业农村部、生态环境部、市场监管总局等负责）

（二十）培育提升农业品牌。实施农业品牌提升行动，建立农业品牌目录制度，加强农产品地理标志管理和农业品牌保护。鼓励地方培育品质优良、特色鲜明的区域公用品牌，引导企业与农户等共创企业品牌，培育一批“土字号”“乡字号”产品品牌。（农业农村部、商务部、国家知识产权局等负责）

（二十一）强化资源保护利用。大力发展节地节能节水等资源节约型产业。建设农业绿色发展

先行区。国家明令淘汰的落后产能、列入国家禁止类产业目录的、污染环境的项目，不得进入乡村。推进种养循环一体化，支持秸秆和畜禽粪污资源化利用。推进加工副产物综合利用。（国家发展改革委、工业和信息化部、自然资源部、生态环境部、水利部、农业农村部等负责）

六、推动创新创业升级，增强乡村产业发展新动能

（二十二）强化科技创新引领。大力培育乡村产业创新主体。建设国家农业高新技术产业示范区和国家农业科技园区。建立产学研用协同创新机制，联合攻克一批农业领域关键技术。支持种业育繁推一体化，培育一批竞争力强的大型种业企业集团。建设一批农产品加工技术集成基地。创新公益性农技推广服务方式。（科技部、农业农村部等负责）

（二十三）促进农村创新创业。实施乡村就业创业促进行动，引导农民工、大中专毕业生、退役军人、科技人员等返乡入乡人员和“田秀才”“土专家”“乡创客”创新创业。创建农村创新创业和孵化实训基地，加强乡村工匠、文化能人、手工艺人和经营管理人才等创新创业主体培训，提高创业技能。（农业农村部、国家发展改革委、教育部、人力资源社会保障部、退役军人部、共青团中央、全国妇联等负责）

七、完善政策措施，优化乡村产业发展环境

（二十四）健全财政投入机制。加强一般公共预算投入保障，提高土地出让收入用于农业农村的比例，支持乡村产业振兴。新增耕地指标和城乡建设用地增减挂钩节余指标跨省域调剂收益，全部用于巩固脱贫攻坚成果和支持乡村振兴。鼓励有条件的地方按市场化方式设立乡村产业发展基金，重点用于乡村产业技术创新。鼓励地方按规定对吸纳贫困家庭劳动力、农村残疾人就业的农业企业给予相关补贴，落实相关税收优惠政策。（财政部、自然资源部、农业农村部、税务总局、国务院扶贫办等负责）

（二十五）创新乡村金融服务。引导县域金融机构将吸收的存款主要用于当地，重点支持乡村产业。支持小微企业融资优惠政策适用于乡村产业和农村创新创业。发挥全国农业信贷担保体系作用，鼓励地方通过实施担保费用补助、业务奖补等方式支持乡村产业贷款担保，拓宽担保物范围。允许权属清晰的农村承包土地经营权、农业设施、农机具等依法抵押贷款。加大乡村产业项目融资担保力度。支持地方政府发行一般债券用于支持乡村振兴领域的纯公益性项目建设。鼓励地方政府发行项目融资和收益自平衡的专项债券，支持符合条件、有一定收益的乡村公益性项目建设。规范地方政府举债融资行为，不得借乡村振兴之名违法违规变相举债。支持符合条件的农业企业上市融资。（人民银行、财政部、农业农村部、银保监会、证监会等负责）

（二十六）有序引导工商资本下乡。坚持互惠互利，优化营商环境，引导工商资本到乡村投资兴办农民参与度高、受益面广的乡村产业，支持发展适合规模化集约化经营的种养业。支持企业到贫困地区和其他经济欠发达地区吸纳农民就业、开展职业培训和就业服务等。工商资本进入乡村，要依法依规开发利用农业农村资源，不得违规占用耕地从事非农产业，不能侵害农民财产权益。（农业农村部、国家发展改革委等负责）

（二十七）完善用地保障政策。耕地占补平衡以县域自行平衡为主，在安排土地利用年度计划时，加大对乡村产业发展用地的倾斜支持力度。探索针对乡村产业的省市县联动“点供”用地。推动制修订相关法律法规，完善配套制度，开展农村集体经营性建设用地入市改革，增加乡村产业用地供给。有序开展县域乡村闲置集体建设用地、闲置宅基地、村庄空闲地、厂矿废弃地、道路改线废弃地、农业生产与村庄建设复合用地及“四荒地”（荒山、荒沟、荒丘、荒滩）等土地综合整治，盘活建设用地重点用于乡村新产业新业态和返乡入乡创新创业。完善设施农业用地管理办法。（自然资源部、农业农村部、司法部、国家林草局等负责）

（二十八）健全人才保障机制。各类创业扶持政策向农业农村领域延伸覆盖，引导各类人才到乡村兴办产业。加大农民技能培训力度，支持职业学校扩大农村招生。深化农业系列职称制度改革，开展面向农技推广人员的评审。支持科技人员以科技成果入股农业企业，建立健全科研人员校企、院企共建双聘机制，实行股权分红等激励措施。实施乡村振兴青春建功行动。（科技部、教育部、人力资源社会保障部、农业农村部、退役军人部、共青团中央、全国妇联等负责）

八、强化组织保障，确保乡村产业振兴落地见效

（二十九）加强统筹协调。各地要落实五级书记抓乡村振兴的工作要求，把乡村产业振兴作为重要任务，摆上突出位置。建立农业农村部门牵头抓总、相关部门协同配合、社会力量积极支持、农民群众广泛参与的推进机制。（农业农村部牵头负责）

（三十）强化指导服务。深化“放管服”改革，发挥各类服务机构作用，为从事乡村产业的各类经营主体提供高效便捷服务。完善乡村产业监测体系，研究开展农村一二三产业融合发展情况统计。（农业农村部、国家统计局等负责）

（三十一）营造良好氛围。宣传推介乡村产业发展鲜活经验，推广一批农民合作社、家庭农场和农村创新创业典型案例。弘扬企业家精神和工匠精神，倡导诚信守法，营造崇尚创新、鼓励创业的良好环境。（农业农村部、广电总局等负责）

国务院

2019 年 6 月 17 日

农业农村部关于印发《全国乡村产业发展规划（2020—2025年）》的通知①

各省、自治区、直辖市农业农村（农牧）厅（局、委），新疆生产建设兵团农业农村局：

为深入贯彻党中央、国务院决策部署，加快发展乡村产业，依据《国务院关于促进乡村产业振兴的指导意见》，我部编制了《全国乡村产业发展规划（2020—2025年）》。现印发你们，请认真贯彻执行。

农业农村部

2020年7月9日

全国乡村产业发展规划（2020—2025年）

产业兴旺是乡村振兴的重点，是解决农村一切问题的前提。乡村产业内涵丰富、类型多样，农产品加工业提升农业价值，乡村特色产业拓宽产业门类，休闲农业拓展农业功能，乡村新型服务业丰富业态类型，是提升农业、繁荣农村、富裕农民的产业。近年来，农村创新创业环境不断改善，新产业新业态大量涌现，乡村产业发展取得了积极成效。但存在产业链条较短、融合层次较浅、要素活力不足等问题，亟待加强引导、加快发展。根据《国务院关于促进乡村产业振兴的指导意见》要求，为加快发展以二三产业为重点的乡村产业，制定本规划。规划期限2020—2025年。

第一章 规划背景

产业振兴是乡村振兴的首要任务。必须牢牢抓住机遇，顺势而为，乘势而上，加快发展乡村产业，促进乡村全面振兴。

第一节 重要意义

当前，我国即将全面建成小康社会，开启全面建设社会主义现代化国家新征程，发展乡村产业意义重大。

发展乡村产业是乡村全面振兴的重要根基。乡村振兴，产业兴旺是基础。要聚集更多资源要素，发掘更多功能价值，丰富更多业态类型，形成城乡要素顺畅流动、产业优势互补、市场有效对接格局，乡村振兴的基础才牢固。

发展乡村产业是巩固提升全面小康成果的重要支撑。全面建成小康社会后，在迈向基本实现社会主义现代化的新征程中，农村仍是重点和难点。发展乡村产业，让更多的农民就地就近就业，把产业链增值收益更多地留给农民，农村全面小康社会和脱贫攻坚成果的巩固才有基础、提升才有空间。

发展乡村产业是推进农业农村现代化的重要引擎。农业农村现代化不仅是技术装备提升和组织方式创新，更体现在构建完备的现代农业产业体系、生产体系、经营体系。发展乡村产业，将现代工业标准理念和服务业人本理念引入农业农村，推进农业规模化、标准化、集约化，纵向延长产业链条，横向拓展产业形态，助力农业强、农村美、农民富。

第二节 发展现状

党的十八大以来，农村创新创业环境不断改善，乡村产业快速发展，促进了农民就业增收和乡

① 资料来源：农业农村部网站，2020年10月20日。

村繁荣发展。

农产品加工业持续发展。2019 年，农产品加工业营业收入超过 22 万亿元，规模以上农产品加工企业 8.1 万家，吸纳 3 000 多万人就业。

乡村特色产业蓬勃发展。建设了一批产值超 10 亿元的特色产业镇（乡）和超 1 亿元的特色产业村。发掘了一批乡土特色工艺，创响了 10 万多个“乡字号”“土字号”乡土特色品牌。

乡村休闲旅游业快速发展。建设了一批休闲旅游精品景点，推介了一批休闲旅游精品线路。2019 年，休闲农业接待游客 32 亿人次，营业收入超过 8 500 亿元。

乡村新型服务业加快发展。2019 年，农林牧渔专业及辅助性活动产值 6 500 亿元，各类涉农电商超过 3 万家，农村网络销售额 1.7 万亿元，其中农产品网络销售额 4 000 亿元。

农业产业化深入推进。2019 年，农业产业化龙头企业 9 万家（其中，国家重点龙头企业 1 542 家），农民合作社 220 万家，家庭农场 87 万家，带动 1.25 亿农户进入大市场。

农村创新创业规模扩大。2019 年，各类返乡入乡创新创业人员累计超过 850 万人，创办农村产业融合项目的占到 80%，利用“互联网+”创新创业的超过 50%。在乡创业人员超过 3 100 万。

近年来，各地在促进乡村产业发展中积累了宝贵经验。注重布局优化，在县域内统筹资源和产业，探索形成县城、中心镇（乡）、中心村层级分工明显的格局。注重产业融合，发展二三产业，延伸产业链条，促进主体融合、业态融合和利益融合。注重创新驱动，开发新技术，加快工艺改进和设施装备升级，提升生产效率。注重品牌引领，推进绿色兴农、品牌强农，培育农产品区域公用品牌和知名加工产品品牌，创响乡土特色品牌，提升品牌溢价。注重联农带农，建立多种形式的利益联结机制，让农民更多分享产业链增值收益。

第三节　机遇挑战

当前，乡村产业发展面临难得机遇。主要是：政策驱动力增强。坚持农业农村优先发展方针，加快实施乡村振兴战略，更多的资源要素向农村聚集，“新基建”改善农村信息网络等基础设施，城乡融合发展进程加快，乡村产业发展环境优化。市场驱动力增强。消费结构升级加快，城乡居民的消费需求呈现个性化、多样化、高品质化特点，休闲观光、健康养生消费渐成趋势，乡村产业发展的市场空间巨大。技术驱动力增强。世界新科技革命浪潮风起云涌，新一轮产业革命和技术革命方兴未艾，生物技术、人工智能在农业中广泛应用，5G、云计算、物联网、区块链等与农业交互联动，新产业新业态新模式不断涌现，引领乡村产业转型升级。

同时，乡村产业发展面临一些挑战。主要是：经济全球化的不确定性增大。新冠肺炎疫情对世界经济格局产生冲击，全球供应链调整重构，国际产业分工深度演化，对我国乡村产业链构建带来较大影响。资源要素瓶颈依然突出。资金、技术、人才向乡村流动仍有诸多障碍，资金稳定投入机制尚未建立，人才激励保障机制尚不完善，社会资本下乡动力不足。乡村网络、通讯、物流等设施薄弱。发展方式较为粗放。创新能力总体不强，外延扩张特征明显。目前，农产品加工业与农业总产值比为 2.3∶1，远低于发达国家 3.5∶1 的水平。农产品加工转化率为 67.5%，比发达国家低近 18 个百分点。产业链条延伸不充分。第一产业向后端延伸不够，第二产业向两端拓展不足，第三产业向高端开发滞后，利益联结机制不健全，小而散、小而低、小而弱问题突出，乡村产业转型升级任务艰巨。

第二章　总体要求

第一节　指导思想

以习近平新时代中国特色社会主义思想为指导，全面贯彻落实党的十九大和十九届二中、三中、四中全会精神，坚持农业农村优先发展，以实施乡村振兴战略为总抓手，以一二三产业融合发展为路径，发掘乡村功能价值，强化创新引领，突出集群成链，延长产业链，提升价值链，培育发展新动能，聚焦重点产业，聚集资源要素，大力发展乡村产业，为农业农村现代化和乡村全面振兴奠定坚实基础。

第二节　基本原则

——坚持立农为农。以农业农村资源为依托，发展优势明显、特色鲜明的乡村产业。把二三产业留在乡村，把就业创业机会和产业链增值收益更多留给农民。

——坚持市场导向。充分发挥市场在资源配置中的决定性作用，激活要素、激活市场、激活主体，以乡村企业为载体，引导资源要素更多地向乡村汇聚。

——坚持融合发展。发展全产业链模式，推进一产往后延、二产两头连、三产走高端，加快农业与现代产业要素跨界配置。

——坚持绿色引领。践行绿水青山就是金山银山理念，促进生产生活生态协调发展。健全质量标准体系，培育绿色优质品牌。

——坚持创新驱动。利用现代科技进步成果，改造提升乡村产业。创新机制和业态模式，增强乡村产业发展活力。

第三节　发展目标

到 2025 年，乡村产业体系健全完备，乡村产业质量效益明显提升，乡村就业结构更加优化，产业融合发展水平显著提高，农民增收渠道持续拓宽，乡村产业发展内生动力持续增强。

——农产品加工业持续壮大。农产品加工业营业收入达到 32 万亿元，农产品加工业与农业总产值比达到 2.8∶1，主要农产品加工转化率达到 80%。

——乡村特色产业深度拓展。培育一批产值超百亿元、千亿元优势特色产业集群，建设一批产值超十亿元农业产业镇（乡），创响一批“乡字号”“土字号”乡土品牌。

——乡村休闲旅游业优化升级。农业多种功能和乡村多重价值深度发掘，业态类型不断丰富，服务水平不断提升，年接待游客人数超过 40 亿人次，经营收入超过 1.2 万亿元。

——乡村新型服务业类型丰富。农林牧渔专业及辅助性活动产值达到 1 万亿元，农产品网络销售额达到 1 万亿元。

——农村创新创业更加活跃。返乡入乡创新创业人员超过 1 500 万人。

指　标	2019 年	2025 年	年均增长
农产品加工业营业收入（万亿元）	22	32	6.5%
农产品加工业与农业总产值比	2.3∶1	2.8∶1	[0.5]
农产品加工转化率（%）	67.5	80	[12.5]
产值超 100 亿元乡村特色产业集群（个）	34	150	28%
休闲农业年接待旅游人次（亿人次）	32	40	3.8%
休闲农业年营业收入（亿元）	8 500	12 000	5.9%
农林牧渔专业及辅助性活动产值（亿元）	6 500	10 000	7.5%
农产品网络销售额（亿元）	4 000	10 000	16.5%
返乡入乡创新创业人员（万人）	850	1 500	10%
返乡入乡创业带动就业人数（万人）	3 400	6 000	10%

注：[] 为累计增加数。农产品加工业与农业总产值比＝农产品加工业总产值/农业总产值，其中农产品加工业总产值以农产品加工业营业收入数据为基础计算。

第三章　提升农产品加工业

农产品加工业是国民经济的重要产业。农产品加工业从种养业延伸出来，是提升农产品附加值的关键，也是构建农业产业链的核心。进一步优化结构布局，培育壮大经营主体，提升质量效益和竞争力。

第一节 完善产业结构

统筹发展农产品初加工、精深加工和综合利用加工，推进农产品多元化开发、多层次利用、多环节增值。

拓展农产品初加工。鼓励和支持农民合作社、家庭农场和中小微企业等发展农产品产地初加工，减少产后损失，延长供应时间，提高质量效益。果蔬、奶类、畜禽及水产品等鲜活农产品，重点发展预冷、保鲜、冷冻、清洗、分级、分割、包装等仓储设施和商品化处理，实现减损增效。粮食等耐储农产品，重点发展烘干、储藏、脱壳、去杂、磨制等初加工，实现保值增值。食用类初级农产品，重点发展发酵、压榨、灌制、炸制、干制、腌制、熟制等初加工，满足市场多样化需求。棉麻丝、木竹藤棕草等非食用类农产品，重点发展整理、切割、粉碎、打磨、烘干、拉丝、编织等初加工，开发多种用途。

提升农产品精深加工。引导大型农业企业加快生物、工程、环保、信息等技术集成应用，促进农产品多次加工，实现多次增值。发展精细加工，推进新型非热加工、新型杀菌、高效分离、清洁生产、智能控制、形态识别、自动分选等技术升级，利用专用原料，配套专用设备，研制专用配方，开发类别多样、营养健康、方便快捷的系列化产品。推进深度开发，创新超临界萃取、超微粉碎、生物发酵、蛋白质改性等技术，提取营养因子、功能成分和活性物质，开发系列化的加工制品。

推进综合利用加工。鼓励大型农业企业和农产品加工园区推进加工副产物循环利用、全值利用、梯次利用，实现变废为宝、化害为利。采取先进的提取、分离与制备技术，推进稻壳米糠、麦麸、油料饼粕、果蔬皮渣、畜禽皮毛骨血、水产品皮骨内脏等副产物综合利用，开发新能源、新材料等新产品，提升增值空间。

第二节 优化空间布局

按照“粮头食尾”“农头工尾”要求，统筹产地、销区和园区布局，形成生产与加工、产品与市场、企业与农户协调发展的格局。

推进农产品加工向产地下沉。向优势区域聚集，引导大型农业企业重心下沉，在粮食生产功能区、重要农产品保护区、特色农产品优势区和水产品主产区，建设加工专用原料基地，布局加工产能，改变加工在城市、原料在乡村的状况。向中心镇（乡）和物流节点聚集，在农业产业强镇、商贸集镇和物流节点布局劳动密集型加工业，促进农产品就地增值，带动农民就近就业，促进产镇融合。向重点专业村聚集，依托工贸村、“一村一品”示范村发展小众类的农产品初加工，促进产村融合。

推进农产品加工与销区对接。丰富加工产品，在产区和大中城市郊区布局中央厨房、主食加工、休闲食品、方便食品、净菜加工和餐饮外卖等加工，满足城市多样化、便捷化需求。培育加工业态，发展“中央厨房＋冷链配送＋物流终端”“中央厨房＋快餐门店”“健康数据＋营养配餐＋私人订制”等新型加工业态。

推进农产品加工向园区集中。推进政策集成、要素集聚、企业集中、功能集合，发展“外地经济”模式，建设一批产加销贯通、贸工农一体、一二三产业融合发展的农产品加工园区，培育乡村产业“增长极”。提升农产品加工园，强化科技研发、融资担保、检验检测等服务，完善仓储物流、供能供热、废污处理等设施，促进农产品加工企业聚集发展。在农牧渔业大县（市），每县（市）建设一个农产品加工园。不具备建设农产品加工园条件的县（市），可采取合作方式在异地共同建设农产品加工园。建设国际农产品加工产业园，选择区位优势明显、产业基础好、带动作用强的地区，建设一批国际农产品加工产业园，对接国际市场，参与国际产业分工。

第三节 促进产业升级

技术创新是农产品加工业转型升级的关键。要加快技术创新，提升装备水平，促进农产品加工业提档升级。

推进加工技术创新。以农产品加工关键环节和瓶颈制约为重点，建设农产品加工与贮藏国家重点实验室、保鲜物流技术中心及优势农产品品质评价研究中心。组织科研院所、大专院校与企业联合开展技术攻关，研发一批集自动测量、精准控制、智能操作于一体的绿色储藏、动态保鲜、快速预冷、节能干燥等新型实用技术，以及实现品质调控、营养均衡、清洁生产等功能的先进加工技术。

推进加工装备创制。扶持一批农产品加工装备研发机构和生产创制企业，开展信息化、智能化、工程化加工装备研发，提高关键装备国产化水平。运用智能制造、生物合成、3D打印等新技术，集成组装一批科技含量高、适用性广的加工工艺及配套装备，提升农产品加工层次水平。

专栏1 农产品加工业提升行动

1. 建设农产品加工园。到2025年，每个农牧渔业大县（市）建设1个农产品加工园，建设300个产值超100亿元的农产品加工园。

2. 建设农产品加工技术集成基地。到2025年，建设50个集成度高、系统化强、能应用、可复制的农产品加工技术集成科研基地。

第四章 拓展乡村特色产业

乡村特色产业是乡村产业的重要组成部分，是地域特征鲜明、乡土气息浓厚的小众类、多样性的乡村产业，涵盖特色种养、特色食品、特色手工业和特色文化等，发展潜力巨大。

第一节 构建全产业链

以拓展二三产业为重点，延伸产业链条，开发特色化、多样化产品，提升乡村特色产业的附加值，促进农业多环节增效、农民多渠道增收。

以特色资源增强竞争力。根据消费结构升级的新变化，开发特殊地域、特殊品种等专属性特色产品，以特性和品质赢得市场。发展特色种养，根据种质资源、地理成分、物候特点等独特资源禀赋，在最适宜的地区培植最适宜的产业。开发特色食品，重点开发乡土卤制品、酱制品、豆制品、腊味、民族特色奶制品等传统食品。开发适宜特殊人群的功能性食品。传承特色技艺，改造提升蜡染、编织、剪纸、刺绣、陶艺等传统工艺。弘扬特色文化，发展乡村戏剧曲艺、杂技杂耍等文化产业。

以加工流通延伸产业链。做强产品加工，鼓励大型龙头企业建设标准化、清洁化、智能化加工厂，引导农户、家庭农场建设一批家庭工场、手工作坊、乡村车间，用标准化技术改造提升豆制品、民族特色奶制品、腊肉腊肠、火腿、剪纸、刺绣、蜡染、编织、制陶等乡土产品。做活商贸物流，鼓励地方在特色农产品优势区布局产地批发市场、物流配送中心、商品采购中心、大型特产超市，支持新型经营主体、农产品批发市场等建设产地仓储保鲜设施，发展网上商店、连锁门店。

以信息技术打造供应链。对接终端市场，以市场需求为导向，促进农户生产、企业加工、客户营销和终端消费连成一体、协同运作，增强供应侧对需求侧的适应性和灵活性。实施“互联网+”农产品出村进城工程，完善适应农产品网络销售的供应链体系、运营服务体系和支撑保障体系。创新营销模式，健全绿色智能农产品供应链，培育农商直供、直播直销、会员制、个人定制等模式，推进农商互联、产销衔接，再造业务流程、降低交易成本。

以业态丰富提升价值链。提升品质价值，推进品种和技术创新，提升特色产品的内在品质和外在品相，以品质赢得市场、实现增值。提升生态价值，开发绿色生态、养生保健等新功能新价值，增强对消费者的吸附力。提升人文价值，更多融入科技、人文元素，发掘民俗风情、历史传说和民间戏剧等文化价值，赋予乡土特色产品文化标识。

第二节　推进聚集发展

集聚资源、集中力量，建设富有特色、规模适中、带动力强的特色产业集聚区。打造“一县一业”“多县一带”，在更大范围、更高层次上培育产业集群，形成“一村一品”微型经济圈、农业产业强镇小型经济圈、现代农业产业园中型经济圈、优势特色产业集群大型经济圈，构建乡村产业“圈”状发展格局。

建设“一村一品”示范村镇。依托资源优势，选择主导产业，建设一批“小而精、特而美”的“一村一品”示范村镇，形成一村带数村、多村连成片的发展格局。用3～5年的时间，培育一批产值超1亿元的特色产业专业村。

建设农业产业强镇。根据特色资源优势，聚焦1～2个主导产业，吸引资本聚镇、能人入镇、技术进镇，建设一批标准原料基地、集约加工转化、区域主导产业、紧密利益联结于一体的农业产业强镇。用3～5年的时间，培育一批产值超10亿元的农业产业强镇。

提升现代农业产业园。通过科技集成、主体集合、产业集群，统筹布局生产、加工、物流、研发、示范、服务等功能，延长产业链，提升价值链，促进产业格局由分散向集中、发展方式由粗放向集约、产业链条由单一向复合转变，发挥要素集聚和融合平台作用，支撑“一县一业”发展。用3～5年的时间，培育一批产值超100亿元的现代农业产业园。

建设优势特色产业集群。依托资源优势和产业基础，突出串珠成线、连块成带、集群成链，培育品种品质优良、规模体量较大、融合程度较深的区域性优势特色农业产业集群。用3～5年的时间，培育一批产值超1 000亿元的骨干优势特色产业集群，培育一批产值超100亿元的优势特色产业集群。

第三节　培育知名品牌

按照“有标采标、无标创标、全程贯标”要求，以质量信誉为基础，创响一批乡村特色知名品牌，扩大市场影响力。

培育区域公用品牌。根据特定自然生态环境、历史人文因素，明确生产地域范围，强化品种品质管理，保护地理标志农产品，开发地域特色突出、功能属性独特的区域公用品牌。规范品牌授权管理，加大品牌营销推介，提高区域公用品牌影响力和带动力。

培育企业品牌。引导农业产业化龙头企业、农民合作社、家庭农场等新型经营主体将经营理念、企业文化和价值观念等注入品牌，实施农产品质量安全追溯管理，加强责任主体逆向溯源、产品流向正向追踪，推动部省农产品质量安全追溯平台对接、信息共享。

培育产品品牌。传承乡村文化根脉，挖掘一批以手工制作为主、技艺精湛、工艺独特的瓦匠、篾匠、铜匠、铁匠、剪纸工、绣娘、陶艺师、面点师等能工巧匠，创响一批“珍稀牌”“工艺牌”“文化牌”的乡土品牌。

第四节　深入推进产业扶贫

贫困地区发展特色产业是脱贫攻坚的根本出路。促进脱贫攻坚与乡村振兴有机衔接，发展特色产业，促进农民增收致富，巩固脱贫攻坚成果。

推进资源与企业对接。发掘贫困地区优势特色资源，引导资金、技术、人才、信息向贫困地区的特色优势区聚集，特别是要引导农业产业化龙头企业与贫困地区合作创建绿色优质农产品原料基地，布局加工产能，深度开发特色资源，带动农民共建链条、共享品牌，让农民在发展特色产业中稳定就业、持续增收。

推进产品与市场对接。引导贫困地区与产地批发市场、物流配送中心、商品采购中心、大型特产超市、电商平台对接，支持贫困地区组织特色产品参加各类展示展销会，扩大产品影响，让贫困地区的特色产品走出山区、进入城市、拓展市场。深入开展消费扶贫，拓展贫困地区产品流通和销售渠道。

专栏 2　乡村特色产业提升工程

1. 建设“一村一品”示范村镇。到 2025 年，新认定 1 000 个全国“一村一品”示范村镇。

2. 建设农业产业强镇。到 2025 年，建设 1 600 个农业产业强镇。

3. 建设现代农业产业园。到 2025 年，建设 300 个现代农业产业园。

4. 建设优势特色产业集群。到 2025 年，建设 150 个产值超 100 亿元、30 个产值超 1 000 亿元的优势特色产业集群。

5. 培育乡村特色品牌。到 2025 年，培育 2 000 个“乡字号”“土字号”特色知名品牌，推介 1 000 个全国乡村能工巧匠。

第五章　优化乡村休闲旅游业

乡村休闲旅游业是农业功能拓展、乡村价值发掘、业态类型创新的新产业，横跨一二三产业、兼容生产生活生态、融通工农城乡，发展前景广阔。

第一节　聚焦重点区域

依据自然风貌、人文环境、乡土文化等资源禀赋，建设特色鲜明、功能完备、内涵丰富的乡村休闲旅游重点区。

建设城市周边乡村休闲旅游区。依托都市农业生产生态资源和城郊区位优势，发展田园观光、农耕体验、文化休闲、科普教育、健康养生等业态，建设综合性休闲农业园区、农业主题公园、观光采摘园、垂钓园、乡村民宿和休闲农庄，满足城市居民消费需求。

建设自然风景区周边乡村休闲旅游区。依托秀美山川、湖泊河流、草原湿地等地区，在严格保护生态环境的前提下，统筹山水林田湖草系统，发展以农业生态游、农业景观游、特色农（牧、渔）业游为主的休闲农（牧、渔）园和农（牧、渔）家乐等，以及森林人家、健康氧吧、生态体验等业态，建设特色乡村休闲旅游功能区。

建设民俗民族风情乡村休闲旅游区。发掘深厚的民族文化底蕴、欢庆的民俗节日活动、多样的民族特色美食和绚丽的民族服饰，发展民族风情游、民俗体验游、村落风光游等业态，开发民族民俗特色产品。

建设传统农区乡村休闲旅游景点。依托稻田、花海、梯田、茶园、养殖池塘、湖泊水库等大水面、海洋牧场等田园渔场风光，发展景观农业、农事体验、观光采摘、特色动植物观赏、休闲垂钓等业态，开发“后备箱”“伴手礼”等旅游产品。

第二节　注重品质提升

乡村休闲旅游要坚持个性化、特色化发展方向，以农耕文化为魂、美丽田园为韵、生态农业为基、古朴村落为形、创新创意为径，开发形式多样、独具特色、个性突出的乡村休闲旅游业态和产品。

突出特色化。注重特色是乡村休闲旅游业保持持久吸引力的前提。开发特色资源，发掘农业多种功能和乡村多重价值，发展特色突出、主题鲜明的乡村休闲旅游项目。开发特色文化，发掘民族村落、古村古镇、乡土文化，发展具有历史特征、地域特点、民族特色的乡村休闲旅游项目。开发特色产品，发掘地方风味、民族特色、传统工艺等资源，创制独特、稀缺的乡村休闲旅游服务和产品。

突出差异化。乡村休闲旅游要保持持久竞争力，必须差异竞争、错位发展。把握定位差异，依据不同区位、不同资源和不同文化，发展具有城乡间、区域间、景区间主题差异的乡村休闲旅游项目。瞄准市场差异，依据各类消费群体的不同消费需求，细分目标市场，发展研学教育、田园养生、亲子体验、拓展训练等乡村休闲旅游项目。顺应老龄化社会的到来，发展民宿康养、游憩康养等乡村休闲旅游项目。彰显功能差异，依据消费者在吃住行、游购娱方面的不同需求，发展采摘园、垂钓园、农家宴、民俗村、风情街等乡村休闲旅游项目。

突出多样化。乡村休闲旅游要保持持久生命力，要走多轮驱动、多轨运行的发展之路。推进业态多样，统筹发展农家乐、休闲园区、生态园、乡村休闲旅游聚集村等业态，形成竞相发展、精彩纷呈的格局。推进模式多样，跨界配置乡村休闲旅游与文化教育、健康养生、信息技术等产业要素，发展共享农庄、康体养老、线上云游等模式。推进主体多样，引导农户、村集体经济组织、农业企业、文旅企业及社会资本等建设乡村休闲旅游项目。

第三节　打造精品工程

实施乡村休闲旅游精品工程，加强引导，加大投入，建设一批休闲旅游精品景点。

建设休闲农业重点县。以县域为单元，依托独特自然资源、文化资源，建设一批设施完备、业态丰富、功能完善，在区域、全国乃至世界有知名度和影响力的休闲农业重点县。

建设美丽休闲乡村。依托种养业、田园风光、绿水青山、村落建筑、乡土文化、民俗风情和人居环境等资源优势，建设一批天蓝、地绿、水净、安居、乐业的美丽休闲乡村，实现产村融合发展。鼓励有条件的地区依托美丽休闲乡村，建设健康养生养老基地。

建设休闲农业园区。根据休闲旅游消费升级的需要，促进休闲农业提档升级，建设一批功能齐全、布局合理、机制完善、带动力强的休闲农业精品园区，推介一批视觉美丽、体验美妙、内涵美好的乡村休闲旅游精品景点线路。引导有条件的休闲农业园建设中小学生实践教育基地。

第四节　提升服务水平

促进乡村休闲旅游高质量发展，要规范化管理、标准化服务，让消费者玩得开心、吃得放心、买得舒心。

健全标准体系。制修订乡村休闲旅游业标准，完善公共卫生安全、食品安全、服务规范等标准，促进管理服务水平提升。

完善配套设施。加强乡村休闲旅游点水、电、路、讯、网等设施建设，完善餐饮、住宿、休闲、体验、购物、停车、厕所等设施条件。开展垃圾污水等废弃物综合治理，实现资源节约、环境友好。

规范管理服务。引导和支持乡村休闲旅游经营主体加强从业人员培训，提高综合素质，规范服务流程，为消费者提供热情周到、贴心细致的服务。

专栏 3　乡村休闲旅游精品工程

1. 建设休闲农业重点县。到 2025 年，建设 300 个休闲农业重点县，培育一批有知名度、有影响力的休闲农业“打卡地”。

2. 推介中国美丽休闲乡村。到 2025 年，推介 1 500 个中国美丽休闲乡村。

3. 推介乡村休闲旅游精品景点线路。到 2025 年，推介 1 000 个全国休闲农业精品景点线路。

第六章　发展乡村新型服务业

乡村新型服务业是适应农村生产生活方式变化应运而生的产业，业态类型丰富，经营方式灵活，发展空间广阔。

第一节　提升生产性服务业

扩大服务领域。适应农业生产规模化、标准化、机械化的趋势，支持供销、邮政、农民合作社及乡村企业等，开展农技推广、土地托管、代耕代种、烘干收储等农业生产性服务，以及市场信息、农资供应、农业废弃物资源化利用、农机作业及维修、农产品营销等服务。

提高服务水平。引导各类服务主体把服务网点延伸到乡村，鼓励新型农业经营主体在城镇设立鲜活农产品直销网点，推广农超、农社（区）、农企等产销对接模式。鼓励大型农产品加工流通企业开展托管服务、专项服务、连锁服务、个性化服务等综合配套服务。

第二节　拓展生活性服务业

丰富服务内容。改造提升餐饮住宿、商超零售、美容美发、洗浴、照相、电器维修、再生资源回收等乡村生活服务业，积极发展养老护幼、卫生保洁、文化演出、体育健身、法律咨询、信息中介、典礼司仪等乡村服务业。

创新服务方式。积极发展订制服务、体验服务、智慧服务、共享服务、绿色服务等新形态，探索“线上交易＋线下服务”的新模式。鼓励各类服务主体建设运营覆盖娱乐、健康、教育、家政、体育等领域的在线服务平台，推动传统服务业升级改造，为乡村居民提供高效便捷服务。

第三节　发展农村电子商务

培育农村电子商务主体。引导电商、物流、商贸、金融、供销、邮政、快递等各类电子商务主体到乡村布局，构建农村购物网络平台。依托农家店、农村综合服务社、村邮站、快递网点、农产品购销代办站等发展农村电商末端网点。

扩大农村电子商务应用。在农业生产、加工、流通等环节，加快互联网技术应用与推广。在促进工业品、农业生产资料下乡的同时，拓展农产品、特色食品、民俗制品等产品的进城空间。

改善农村电子商务环境。实施“互联网＋”农产品出村进城工程，完善乡村信息网络基础设施，加快发展农产品冷链物流设施。建设农村电子商务公共服务中心，加强农村电子商务人才培养，营造良好市场环境。

第七章　推进农业产业化和农村产业融合发展

农业产业化是农业经营体制机制的创新，农村产业融合发展是农业与现代产业要素的交叉重组，引领农业和乡村产业转型升级。

第一节　打造农业产业化升级版

壮大农业产业化龙头企业队伍。实施新型农业经营主体培育工程，引导龙头企业采取兼并重组、股份合作、资产转让等形式，建立大型农业企业集团，打造知名企业品牌，提升龙头企业在乡村产业发展中的带动能力。指导地方培育龙头企业，形成国家、省、市、县级龙头企业梯队，打造乡村产业发展“新雁阵”。

培育农业产业化联合体。扶持一批龙头企业牵头、家庭农场和农民合作社跟进、广大小农户参与的农业产业化联合体，构建分工协作、优势互补、联系紧密的利益共同体，实现抱团发展。引导农业产业化联合体明确权利责任、建立治理结构、完善利益联结机制，促进持续稳定发展。有序推进土地经营权入股农业产业化经营。

第二节　推进农业产业融合发展

培育多元融合主体。支持发展县域范围内产业关联度高、辐射带动力强、参与主体多的融合模式，促进资源共享、链条共建、品牌共创，形成企业主体、农民参与、科研助力、金融支撑的产业发展格局。

发展多类型融合业态。引导各类经营主体以加工流通带动业态融合，发展中央厨房等业态。以功能拓展带动业态融合，推进农业与文化、旅游、教育、康养等产业融合，发展创意农业、功能农业等。以信息技术带动业态融合，促进农业与信息产业融合，发展数字农业、智慧农业等。

建立健全融合机制。引导新型农业经营主体与小农户建立多种类型的合作方式，促进利益融合。完善利益分配机制，推广“订单收购＋分红”“农民入股＋保底收益＋按股分红”等模式。

第八章　推进农村创新创业

农村创新创业是乡村产业振兴的重要动能。优化创业环境，激发创业热情，形成以创新带创业、以创业带就业、以就业促增收的格局。

第一节　培育创业主体

深入实施农村创新创业带头人培育行动，加大扶持，培育一批扎根乡村、服务农业、带动农民的创新创业群体。

培育返乡创业主体。以乡情感召、政策吸引、事业凝聚，引导有资金积累、技术专长和市场信息的返乡农民工在农村创新创业，培育一批充满激情的农村创新创业优秀带头人，引领乡村新兴产业发展。

培育入乡创业主体。优化乡村营商环境，强化政策扶持，构建农业全产业链，引导大中专毕业生、退役军人、科技人员和工商业主等入乡创业，应用新技术、开发新产品、开拓新市场，引入现代管理、经营理念和业态模式，丰富乡村产业发展类型。

培育在乡创业主体。加大乡村能人培训力度，提高发现机会、识别市场、整合资源、创造价值的能力。培育一批“田秀才”“土专家”“乡创客”等乡土人才，以及乡村工匠、文化能人、手工艺人等能工巧匠，领办家庭农场、农民合作社等，创办家庭工场、手工作坊、乡村车间等。

第二节　搭建创业平台

按照“政府搭建平台、平台聚集资源、资源服务创业”的要求，建设各类创新创业园区和孵化实训基地。

选树农村创新创业典型县。遴选政策环境良好、工作机制完善、服务体系健全、创业业态丰富的县（市），总结做法经验，推广典型案例，树立一批全国农村创新创业典型县。

建设农村创新创业园区。引导地方建设一批资源要素集聚、基础设施齐全、服务功能完善、创新创业成长快的农村创新创业园区，依托现代农业产业园、农产品加工园、高新技术园区、电商物流园等，建立“园中园”式农村创新创业园。力争用5年时间，覆盖全国农牧渔业大县（市）。

建设孵化实训基地。依托各类园区、大中型企业、知名村镇、大中专院校等平台和主体，建设一批集“生产＋加工＋科技＋营销＋品牌＋体验”于一体、“预孵化＋孵化器＋加速器＋稳定器”全产业链的农村创新创业孵化实训基地。

第三节　强化创业指导

建设农村创业导师队伍。建立专家创业导师队伍，重点从大专院校、科研院所等单位遴选一批理论造诣深厚、实践经验丰富的科研人才、政策专家、会计师、设计师、律师等，为农村创业人员提供创业项目、技术要点等指导服务。建立企业家创业导师队伍，重点从农业产业化龙头企业、新型农业经营主体中遴选一批有经营理念、市场眼光的乡村企业家，为农村创业人员提供政策运用、市场拓展等指导服务。建立带头人创业导师队伍，重点从农村创新创业带头人中遴选一批经历丰富、成效显著的创业成功人士，为农村创业人员提供经验分享等指导服务。

健全指导服务机制。建立指导服务平台，依托农村创新创业园区、孵化实训基地和网络平台等，通过集中授课、案例教学、现场指导等方式，创立“平台＋导师＋学员”服务模式。开展点对点指导服务，根据农村创业导师和农村创业人员实际，开展“一带一”“师带徒”“一带多”等精准服务。创新指导服务方式，通过网络、视频等载体，为农村创业人员提供政策咨询、技术指导、市场营销、品牌培育等服务。农村创业导师为农村创业人员提供咨询服务，不替代农村创业人员创业决策，强化农村创业人员决策自主、风险自担意识。

第四节　优化创业环境

强化创业服务。支持地方依托县乡政府政务大厅设立农村创新创业服务窗口，发挥乡村产业服务指导机构和行业协会商会作用，培育市场化中介服务机构。建立“互联网＋”创新创业服务模式，为农村创新创业主体提供灵活便捷在线服务。

强化创业培训。依托普通高校、职业院校、优质培训机构、公共职业技能培训平台等开展创业能力提升培训，让有意愿的农村创新创业人员均能受到免费创业培训。推行“创业＋技能”“创业＋产业”的培训模式，开展互动教学、案例教学和现场观摩教学。发挥农村创新创业带头人作用，讲述励志故事，分享创业经验。

第五节　培育乡村企业家队伍

乡村企业家是乡村企业发展的核心，是乡村产业转型升级的关键。加强乡村企业家队伍建设的统筹规划，将乡村产业发展与乡村企业家培育同步谋划、同步推进。

壮大乡村企业家队伍。采取多种方式扶持一批大型农业企业集团，培育一批具有全球战略眼光、市场开拓精神、管理创新能力的行业领军乡村企业家。引导网络平台企业投资乡村，开发农业农村资源，丰富产业业态类型，培育一批引领乡村产业转型的现代乡村企业家。同时，发掘一批乡村能工巧匠，培育一批“小巨人”乡村企业家。

弘扬乡村企业家精神。弘扬爱国敬业精神，培养乡村企业家国家使命感和民族自豪感，引导乡村企业家把个人理想融入乡村振兴和民族复兴的伟大实践。弘扬敢为人先精神，培养乡村企业家识别市场、发现机会、敢闯敢干的特质，开发新产品，创造新需求，拓展新市场。弘扬坚韧执着精神，引导乡村企业家传承“走遍千山万水，说尽千言万语，历经千辛万苦”的品质，不畏艰难、吃苦耐劳、艰苦创业。弘扬立农为农精神，引导乡村企业家厚植乡土情怀、投身乡村振兴大潮，带领千千万万的小农户与千变万化的大市场有效对接。依据有关规定，对扎根乡村、服务农业、带动农民、贡献突出的优秀乡村企业家给予表彰。

专栏4　农村创新创业带头人培育行动

1. 培育农村创新创业主体。到2025年，培育100万名农村创新创业带头人，带动1 500万返乡入乡人员创业。

2. 遴选农村创新创业导师。到2025年，培育10万名农村创新创业导师。

3. 建设农村创新创业园区和孵化实训基地。到2025年，建设2 000个农村创新创业园区和孵化实训基地。

4. 培育乡村企业家队伍。到2025年，着力造就一支懂经营、善管理，具有战略眼光和开拓精神的乡村企业家队伍，选树1 000名全国优秀乡村企业家。

第九章　保障措施

第一节　加强统筹协调

落实五级书记抓乡村振兴的工作要求，有力推动乡村产业发展。建立农业农村部门牵头抓总、相关部门协调配合、社会力量积极支持、农民群众广泛参与的推进机制，加强统筹协调，确保各项措施落实到位。建立乡村产业评价指标体系，加强数据采集、市场调查、运行分析和信息发布，对规划实施情况进行跟踪监测，科学评估发展成效。

第二节　加强政策扶持

加快完善土地、资金、人才等要素支撑的政策措施，确保各项政策可落地、可操作、可见效。

完善财政扶持政策，采取“以奖代补、先建后补”等方式，支持现代农业产业园、农业产业强镇、优势特色产业集群及农产品仓储保鲜冷链设施建设。鼓励地方发行专项债券用于乡村产业。强化金融扶持政策，引导县域金融机构将吸收的存款主要用于当地，建立“银税互动”“银信互动”贷款机制。充分发挥融资担保体系作用，强化担保融资增信功能，推动落实创业担保贷款贴息政策。完善乡村产业发展用地政策体系，明确用地类型和供地方式，实行分类管理。

第三节　强化科技支撑

建立以企业为主体、市场为导向、产学研相结合的技术创新体系，加强创新成果产业化，提升产业核心竞争力。引导大专院校、科研院所与乡村企业合作，开展联合技术攻关，研发一批具有先进性、专属性的技术和工艺，创制一批适用性广、经济性好的设施装备。支持科技人员以科技成果入股乡村企业，建立健全科研人员校企、院企共建双聘机制。指导县（市）成立乡村产业专家顾问团，为乡村产业发展提供智力支持。

第四节　营造良好氛围

挖掘乡村产业发展鲜活经验，总结推广一批发展模式、典型案例和先进人物。弘扬创业精神、工匠精神、企业家精神，激发崇尚创新、勇于创业的热情。充分运用传统媒体和新媒体，解读产业政策、宣传做法经验、推广典型模式，引导全社会共同关注、协力支持，营造良好发展氛围。

农业农村部办公厅关于印发《2020 年农业农村绿色发展工作要点》的通知①

各省、自治区、直辖市、计划单列市农业农村（农牧）厅（局、委），新疆生产建设兵团农业农村局，部机关有关司局、直属有关单位：

为贯彻落实 2020 年中央 1 号文件和中共中央办公厅、国务院办公厅《关于创新体制机制推进农业绿色发展的意见》精神，按照中央农村工作会议和全国农业农村厅局长会议部署，持续推进农业农村绿色发展工作，我部制定了《2020 年农业农村绿色发展工作要点》。现印发你们，请遵照执行。

农业农村部办公厅

2020 年 3 月 2 日

2020 年农业农村绿色发展工作要点

2019 年，各级农业农村部门认真贯彻党中央、国务院决策部署，落实中共中央办公厅、国务院办公厅《关于创新体制机制推进农业绿色发展的意见》精神，坚持绿色发展理念，创新工作思路，强化工作举措，推动农业农村绿色发展取得明显成效。2020 年是全面建成小康社会目标实现之年。为贯彻落实中央 1 号文件精神，扎实推进质量兴农、绿色兴农，不断强化绿色发展对乡村振兴的引领，制定 2020 年农业农村绿色发展工作要点。

一、积极推进农业绿色生产，增加绿色优质农产品供给

（一）优化种养业结构。立足水土资源匹配性，进一步调整优化农业区域布局。在长江流域和黄淮海地区发展大豆、油菜及花生等油料作物，促进地力培肥和种养循环发展。巩固东北冷凉、西北风沙干旱等非优势区玉米结构调整成果。加强优质牧草生产基地建设，以北方农牧交错带为重点实施粮改饲面积 1 200 万亩②以上，建设高产优质苜蓿基地 100 万亩。（部种植业司、畜牧兽医局分别负责）

（二）推行标准化生产。加快建立农业高质量发展标准体系，制定修订农兽药残留标准 1 100 项，其他行业标准 200 项。创新开展绿色高质高效行动，创建一批标准化基地，推广一批粮油和经济作物生产全过程高质高效技术模式。实施对标达标提升行动，鼓励龙头企业、农民专业合作社等规模生产经营主体按标生产，有条件的可申请良好农业规范认证。鼓励国家农产品质量安全县整建制推行全程标准化生产。（部监管司、种植业司分别负责）

（三）发展生态健康养殖。继续实施兽用抗菌药使用减量化行动，在至少 100 家养殖场开展试点。创建国家级水产健康养殖示范场 200 家以上、健康养殖示范县 5 个以上，重点发展池塘工程化、工厂化循环水养殖。稳步发展稻渔综合种养，积极发展深远海抗风浪网箱养殖和盐碱水渔农综合利用，大力发展大水面生态渔业，鼓励发展碳汇渔业，支持深远海养殖业发展。（部畜牧兽医局、渔业渔政局分别负责）

---

① 资料来源：农业农村部网站，2020 年 03 月 02 日。

② 亩为非法定计量单位，1 亩≈667 米^2。——编者注

（四）提高农产品质量安全水平。试行食用农产品合格证制度，建立生产者自我质量控制、自我开具合格证和自我质量安全承诺制度。加强绿色食品、有机农产品、地理标志农产品认证和管理，实施地理标志农产品保护工程，培育打造200个地理标志农产品。开展国家农业品牌营销行动，继续发布中国农业品牌目录。启动实施农产品仓储保鲜冷链物流设施建设工程，减少农产品流通损耗。推进农产品质量安全“区域定格、网格定人、人员定责”的网格化管理，增加产地、“三前”环节、禁用药物抽检比例。（部监管司、市场司分别负责）

二、加强农业突出环境问题治理，净化产地环境

（五）持续推进化肥减量增效。深入实施化肥减量增效行动，确保化肥利用率提高到40%以上，保持化肥使用量负增长。选择300个粮棉油生产大县开展化肥减量增效试点，集成推广水稻侧深施肥、玉米种肥同播、小麦一次性施肥等高效施肥技术，示范带动全国化肥减量增效。持续推进测土配方施肥农企合作，科学制定大配方，推进配方肥落地。果菜茶有机肥替代化肥试点实施范围向长江经济带、黄河流域等区域倾斜，试点作物从苹果、柑橘、蔬菜、茶叶向其他具有地方特色、节肥潜力大的园艺作物拓展。（部种植业司牵头）

（六）持续推进农药减量控害。深入开展农药减量增效行动，确保农药利用率提高到40%以上，保持农药使用量负增长。实施绿色防控替代化学防治行动，继续创建100个绿色防控示范县，推广生态控制、生物防治等绿色技术和新型植保机械，推行专业化统防统治。在粮食主产区和果菜茶优势区，打造一批全程绿色防控示范样板，带动农药大面积减量增效，力争主要农作物病虫害绿色防控覆盖率达到30%以上。加强农药安全使用监督检查，加大违规使用农药问题的查处力度。（部种植业司牵头）

（七）推进畜禽粪污资源化利用。基本完成大规模养殖场粪污治理设施建设。组织开展规模养殖场粪污处理设施装备配套建设情况核查，确保配套率达到95%以上。持续实施畜禽粪污资源化利用整县推进，先行将100个左右具备条件的非畜牧大县纳入实施范围。健全畜禽粪污处理利用标准体系，鼓励发展收贮运社会化服务组织，探索粪肥运输、施用引导激励政策。（部畜牧兽医局牵头）

（八）全面实施秸秆综合利用行动。以东北地区为重点，持续推进秸秆综合利用，建设一批全域全量利用重点县。成立秸秆综合利用技术专家组，指导开展技术示范、模式集成，提升农作物秸秆科学利用水平。建立全国秸秆资源台账，探索搭建国家、省、市、县四级秸秆资源数据共享平台，为实现秸秆利用精准监测、科学决策提供依据。（部科教司牵头）

（九）深入实施农膜回收行动。出台《农用薄膜管理办法》，建立全程监管体系。积极贯彻落实地膜新国标，加大执法检查力度，严禁不达标地膜流入市场、铺进农田。建设一批农膜回收重点县，推广应用标准地膜，推进机械化捡拾、专业化回收。持续开展地膜残留例行监测，掌握农田地膜残留量、使用量、回收量等。试验示范全生物降解地膜。（部科教司牵头）

（十）探索开展农药肥料包装废弃物回收。会同生态环境部制定印发《农药包装废弃物回收处理管理办法》。开展农药包装废弃物回收情况监测调查。落实《肥料包装废弃物回收处理指导意见》，探索开展肥料包装废弃物回收处理试点。支持各地探索农药肥料包装废弃物回收模式，合理划分生产企业、经营单位、使用者的回收义务，鼓励使用者主动回收农药化肥包装废弃物。（部种植业司牵头）

（十一）强化土壤污染管控与修复。围绕落实《土壤污染防治行动计划》目标任务，完成耕地土壤环境质量类别划分，健全农产品产地土壤环境质量监测网，聚焦重点区域、重点作物，坚持治用结合，在轻中度污染耕地推广安全利用技术，对重度污染耕地实施种植结构调整，全年治理面积5 000万亩左右。（部科教司牵头，种植业司参与）

三、强化农业资源保护，提高资源利用效率

（十二）继续加强耕地资源保护利用。继续实施耕地轮作休耕制度试点，坚持轮作为主、休耕为辅。逐步退出地方积极性不高、试点效果一般、三年试点到期的休耕任务。以东北玉米主产区为重点，启动东北黑土地保护性耕作行动计划，推广秸秆覆盖还田免（少）耕播种等关键技术，面积达到4 000万亩。继续实施耕地质量提升行动，开展耕地质量监测评价。（部种植业司、农田建设司、农机化司牵头，计财司参与）

（十三）加快发展节水农业。以玉米、马铃薯、棉花、蔬菜、瓜果等作物为重点，大力推广膜下滴灌水肥一体化、集雨补灌软体集雨窖、全膜覆盖、半膜覆盖等农业旱作节水技术，提高天然降水和灌溉用水利用效率。以粮食生产功能区和重要农产品生产保护区为重点，完成2 000万亩高效节水灌溉建设任务。在华北、西北等旱作区建立高标准旱作节水示范区220个，辐射带动旱作节水农业技术大面积应用，示范区水分生产力提高10%。（部种植业司牵头）

（十四）加强农业生物多样性保护。强化农业野生植物资源管理，推动完善国家重点保护野生植物名录，开展农业野生植物资源调查与抢救性收集。落实珍稀濒危水生生物拯救（保护）行动计划，新建一批原生境保护工程，提高重要物种资源保护水平。规范水生野生动物经营利用行为，会同相关部门严厉打击野生动物违规交易。（部科教司、渔业渔政局、长江办分别负责）

（十五）强化渔业资源养护修复。开展水生生物增殖放流工作，健全水生生物资源增殖放流标准、评估体系。在长江流域重点水域实行常年禁捕，做好渔民退捕工作，探索长江生物完整性指数评价体系。实施海洋渔业资源总量管理，不断压减海洋捕捞强度，持续推进减船转产，推动沿海省份全面开展限额捕捞试点，规范有序发展海洋牧场。组织实施“中国渔政亮剑2020”系列专项执法行动，持续清理取缔涉渔“三无”船舶和“绝户网”。（部渔业渔政局、长江办分别负责）

四、持续推进农村人居环境整治，不断改善村容村貌

（十六）整治提升村容村貌。以干干净净迎小康为主题，深入开展村庄清洁行动，指导各地在着力清理环境脏乱差、提升村容村貌的基础上，着力引导农民群众转变不良生活习惯，养成科学卫生健康的生活方式，不断健全长效保洁机制。以中西部地区为重点，实施农村人居环境整治整县推进工程，统筹推进农村生活垃圾污水治理等农村人居环境整治工作。指导地方建立完善问题投诉反馈和发现整改机制。（部社会事业司牵头）

（十七）扎实推进农村厕所革命。指导各地分类推进农村厕所革命，进一步提升农村改厕质量和成效，东部地区、中西部城市近郊区等有基础有条件的地区基本完成农村户用厕所无害化改造。做好农村厕所革命整村推进财政奖补政策组织实施工作，加强调查研究，推动奖补政策更好落实落地。组织相关部门、专家、企业等各方力量，推动农村三格式户厕建设、运行维护以及村镇集中下水道收集户厕建设等规范编制。（部社会事业司牵头）

（十八）推进美丽宜居乡村建设。积极总结推广典型经验做法，指导各地因地制宜分类推动美丽宜居村庄建设。积极开发绿色生态产品和服务产品，大力发展休闲采摘、观光旅游等新产业新业态，提供观光农业、游憩休闲、生态教育等服务，打造特色突出、主题鲜明的休闲农业和乡村旅游精品，将生态优势转化为经济优势。（部社会事业司、乡村产业司分别负责）

五、强化统筹和试验试点，夯实农业绿色发展基础

（十九）推进农业绿色发展先行先试支撑体系建设。在国家农业绿色发展先行区试点县，探索建立绿色农业技术、标准、产业、经营、政策、数字体系，集中连片开展绿色种养技术应用试验，建设一批农业绿色发展长期固定观测试验站，总结不同生态类型、不同作物品种的农业绿色发展典

型模式。组织举办农业绿色发展先行先试支撑体系建设工作研讨班。（部规划司负责）

（二十）统筹推动重点区域农业绿色发展。坚持“共抓大保护、不搞大开发”，指导长江经济带省区扎实开展生态环境突出问题整改，大力推进农业面源污染治理，持续做好畜禽粪污资源化利用，实施水产养殖尾水有效处理或循环利用；强化水生生物资源保护，加大珍稀濒危水生生物及其栖息地保护力度。指导推动沿黄省区加强农业生态保护，发展节水农业，推行绿色生产方式，调整农业结构，配合做好黄河流域生态保护与高质量发展规划纲要编制工作。（部规划司牵头）

（二十一）加强农业绿色发展基础性工作。启动《全国农业绿色发展规划（2021—2025年）》编制工作。加强《关于创新体制机制推进农业绿色发展的意见》重点工作调度，加快推进目标任务落实，相关情况报党中央、国务院。组织召开农业绿色发展研讨会，发布《中国农业绿色发展报告2019》。继续以国家农业绿色发展先行区为重点，开展农业资源台账建设。完善农业绿色发展研究体系，推动将中国农业资源与区划学会更名为中国农业绿色发展研究会。（部规划司牵头，有关司局、中国农科院参与）

二、综 述 篇

突破瓶颈，走出农业绿色发展新路子

中国农业大学国家农业绿色发展研究院
张福锁　朱齐超　丛汶峰　侯　勇　许　稳　徐玖亮

2018年6月，习近平总书记在中央外事工作会议上做出重大论断："当前中国处于近代以来最好的发展时期，世界处于百年未有之大变局，两者同步交织、相互激荡。"从国际形势看，国际力量对比"东升西降"，以中美为代表的新兴发展中国家经济体和发达国家经济体的此消彼长态势对全球各方面造成重大影响，新冠肺炎疫情更是放大了这一国际竞争效应，全球化进入崎岖路段，全球问题和挑战此起彼伏。从国内形势看，我国正进入新发展阶段，"十三五"期间我国取得了脱贫攻坚的全面胜利和水土气污染防治攻坚战的阶段性胜利，全面建成小康社会，生态环境质量显著提升，正处于实现第一个百年奋斗目标后向第二个百年目标进军的新阶段，也是高速发展向高质量发展转型的新阶段。当前和今后一个时期，我国发展机遇和挑战之大前所未有。

在新发展阶段下，习近平总书记再次强调，在世界变局和国内稳定发展的新格局下，要"逐步形成以国内大循环为主体，国内国际双循环相互促进的新发展格局"。2021年是"十四五"的开局之年，国家"十四五"规划和2035年远景目标对农业绿色发展提出了更高的要求。习近平总书记在第七十五届联合国大会一般性辩论和气候雄心峰会上提出，我国二氧化碳排放力争于2030年前达到峰值，努力争取2060年前实现碳中和。2020年中央经济工作会议、中央农村工作会议均提出，要适应新发展阶段，贯彻新发展理念，坚持创新驱动发展，以推动高质量发展为主题，统筹发展和安全，持续推动化肥农药减量增效，全面实施农业废弃物综合利用，加快农业农村现代化，促进农业高质高效、乡村宜居宜业、农民富裕富足。2021年中央1号文件将农业绿色发展放到了更重要更突出的位置。

党中央、国务院高度重视农业绿色发展，习近平总书记多次明确指出要坚持"生态优先，绿色发展"，坚持传统产业与新兴产业互促共进、深度融合，严守生态功能保障基线、环境质量安全底线、自然资源利用上线"三大红线"。推进农业绿色发展，是贯彻落实新发展理念、推进农业供给侧结构性改革的必然要求，是加强资源环境保护与生态安全、实现可持续发展的必然选择，是发展优质、高效、生态、安全农业，全面提高农产品质量安全水平的有效途径，也是切实增加农民收入、加快建设现代农业的重大举措，是实施国家生态文明和乡村振兴战略的主抓手。

一、农业绿色发展的新认识与关键突破

农业绿色发展是以绿色发展理念为引领，优化农业全产业链，以资源环境承载力为基准，以生态环境质量为约束，以提质增效、产业融合为路径，以优质、安全、充足农产品供给和人类营养健康为目标，逐步形成产业兴旺、生态宜居发展格局的农业发展方式。

农业绿色发展注重多目标协同实现，农业绿色发展将实现经济、社会和环境的可持续发展及营养健康的食物供应作为发展目标，涉及自然生态系统、食物系统和社会经济系统，强调生产、生活与生态的协调、不同利益主体的协同。资源节约高效是农业绿色发展的基本特征，在复杂的系统内如何分配、利用、节约、循环有限的资源，实现资源效益的最大化，降低环境代价是农业绿色发展研究的根本问题。环境友好是农业绿色发展的内在属性，农业绿色发展需要从山水林田湖草生命共同体的角度系统考虑农业绿色生产，创新绿色生产技术，实现绿色生产，同时加快农业环境突出问

题治理，全面提升生态环境质量。

农业绿色发展的难点是区域落地实现，全产业链提升是农业绿色发展的重要实现途径。种植、养殖、运输、贮藏、加工等产业组成了整个食物系统，供给了人类社会所必需的几乎全部食物，但也是生态环境污染物的重要排放源。构建全产业链解决方案，合理配置资源、系统提升食物系统生产与供给能力，突破食物系统与生态环境协同提升的关键瓶颈，集成组装全产业链绿色生产技术，是最大程度解决经济与环境矛盾、协调绿色和发展的关系、实现绿色与发展协同提升的重要途径。学科交叉是突破关键瓶颈的内在动力，以农业全产业链及其生态环境效应的定量分析、系统设计、综合创新、区域验证、优化实现为主线，创新全产业链系统理论和各学科界面交叉理论，重点突破生产-生态、土壤-植物、种植-养殖、生产-消费、膳食-营养五个交叉界面上的前沿科学问题和关键技术，揭示界面间的耦合机制，阐明区域农业绿色发展的实现途径，如图 1 所示。

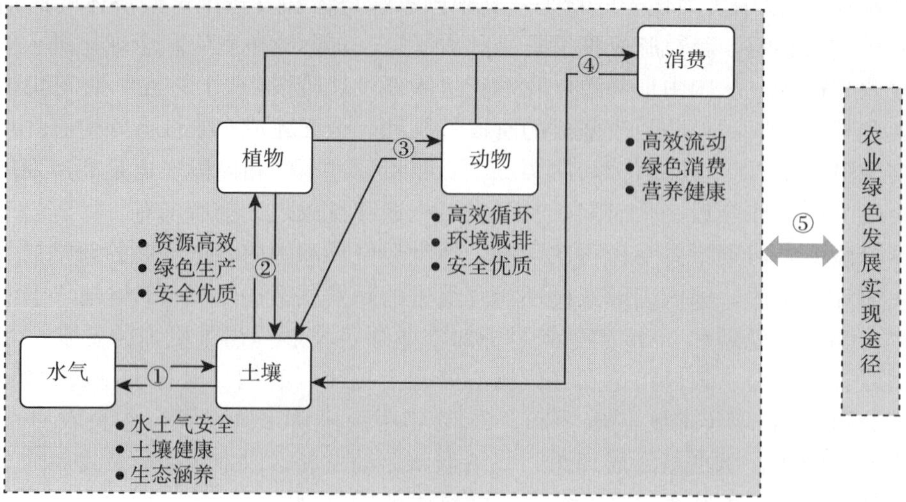

图 1　农业绿色发展多学科交叉与系统设计总体思路

①生产-生态界面　②土壤-植物界面　③种植-养殖界面　④生产-消费界面　⑤膳食-营养界面

在区域层面，通过政产学研用多主体协作，将科学技术进步与产业发展、社会需求有机结合，以科技促发展、以发展提要求才能快速推进我国农业绿色发展的落地实现。县域是我国国民经济和行政调控的基本单元，具有地域特色和完备的政治经济功能，在国民经济发展中极具代表性，是农业绿色发展战略研究落地的最佳单元。因此，目前农业农村部开展的农业绿色发展先行区的试点也多以县域为最小单元开展体制机制创新与支撑体系建设的探索，为国家大面积实现农业绿色发展提供可复制、可推广的模式和路径。

二、农业绿色发展的区域实现路径

1. 绿色种植业

目前我国农业已经进入崭新的发展阶段，绿色发展的理念深入人心。绿色种植的核心目标是生产出绿色优质农产品，实现粮食安全、营养安全、资源高效与环境可持续多目标协同。绿色种植的首要条件是绿色产地环境，一方面绿色种植体系设计及管理均应基于当地水、土、气、热等自然条件，另一方面绿色产地环境对大气、水体及土壤提出更高要求。产地环境应避免污染，生产用水质量达标，土壤元素含量适宜。其次，要创制绿色投入品，以气候-土壤-作物系统为抓手，创制气候、土壤、作物生产和肥料设计融合的绿色投入品，可在满足作物需求的前提下，充分挖掘作物的生物学潜力，最大化养分利用效率，有效降低养分损失。最后，要构建绿色增产增效技术体系。通过地上地下匹配技术，优化配置品种、密度、播期，设计高产群体；调控根层养分供应满足高产需求，同时降低环境代价；与绿色投入品、机械施肥、耕层扩容、秸秆还田、有机配施、水肥耦合等配套措施相结合，集成以“土壤-作物系统综合管理”为核心的绿色增产增效技术体系，推动农业绿色发展。

当前我国种植业仍面临诸多挑战，如土壤肥力不高，耕层问题时有发生；水资源消耗大，供需矛盾突出；作物单产不高，产量差大；水肥药投入过量，效率低、污染大等。种植业绿色转型已成为我国农业绿色发展亟须解决的问题。农业绿色种植实现的路径与策略包括：一要优化绿色布局，坚持适区适种；二要推广绿色生产要素投入模式，推进化肥农药减量增效、有机肥替代化肥、节水灌溉农业发展等，形成绿色种植技术标准、农业资源与产地环境技术标准等；三要通过作物生产标准化、机械化、信息化与智能化相结合，大面积推广绿色种植技术，结合政产学研农的多方组织模式与国家行动，实现绿色高产高效整装技术落地实现。以华北地区为例，绿色种植面临水资源消耗大，土壤肥力不高，作物单产不高、产量差大，水肥药投入过量、效率低，农民收入低等多重挑战，因此提出以下策略推进绿色种植的区域落地实现，如图 2 所示。

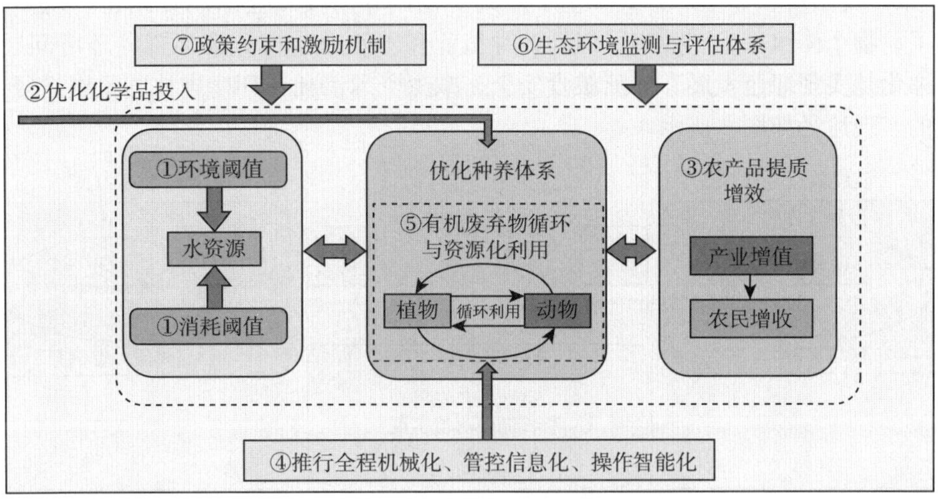

图 2　华北地区农业绿色种植路径与策略

（1）设置水资源消耗阈值和环境阈值。为解决水资源短缺及水资源污染问题，通过农业结构调整，调减冬小麦种植面积，压减地下水超采量，结合多渠道供水增加水源补给，实施河湖地下水回补，提高区域水资源、水环境承载能力，根据水资源的地域分布特征，充分合理利用水资源。充分扩大节水灌溉技术应用面积，选用耐旱高产品种，减少农业灌溉用水，降低农业面源排放。

（2）优化化学品投入，绿色增产增效。随着农业日益集约化，不正确使用甚至滥用农业化学品（化肥、农药、农膜等）造成了土壤、大气和水体污染，如土壤盐碱化与重金属污染、地下水硝酸盐污染、水体富营养化等。因此，应该科学优化化学品投入，充分发挥政府在农业化学品防控中的主导作用，加强对化学肥料、化学农药和农用塑料薄膜生产企业的监督，推行“测土配方施肥”等惠农措施；充分发挥农业科研部门和生产企业的科技支撑及科技服务作用。

（3）农产品提质增效，产业增值，农民增收。集中有限资源做好当地优势产品，努力促进区域专业化向区域品牌化发展，提高产品竞争力；制定农产品标准，实行标准化管理，建立健全质量标准制度、质量监测制度和推广制度；促进绿色、有机等优质农产品产业发展；支持农产品商标注册，增强商标意识和维权意识；强化监督管理，切实提高农业品牌的质量，依法维护农业品牌的信誉和形象。

（4）推行全程机械化、管控信息化、操作智能化。继续深化农业全程机械化、管控信息化、操作智能化；加快农业机械化、信息化、智能化政策法规建设步伐；加大财政对农业现代化科技的投入力度，推动基础设施现代化进程。

(5) 实行有机废弃物循环与资源化利用。我国每年产生有机废弃物近 40 亿吨，其中畜禽粪便约为 26.1 亿吨、农作物秸秆约为 9.0 亿吨，两项约占总量的 90%，但畜禽废弃物肥料化比例较低，造成极大的资源浪费和环境污染。因此，应打破种养结合的藩篱，完善行业标准，创新配套技术及现代农机装备，加速推动有机肥化肥合理配施，促进废弃物资源化利用。

(6) 完善绿色生态环境监测与评估。完善环境监测网络的指标与覆盖度，加强对污染源的监控和评估；建立环境监测与评估制度，确保数据的有效性与真实性，支撑农业生产风险评估与系统优化。

(7) 建立绿色环境政策约束和激励机制。规范环境诉讼机制，建立健全生态环境损害评估与损害赔偿责任追究机制，增强财政投入的政策引导性，对环境保护个人和集体给予优惠补贴政策。

2. 绿色种养一体化

近 30 年来，我国畜牧业生产方式发生了巨大变化，养殖模式逐渐向集约化、规模化发展。这种转变提升了动物个体水平生产效率，但导致种植业和养殖业生产分离，资源环境问题日益加剧。绿色种养一体化是实现绿色发展、保障粮食安全、减少资源消耗和环境排放的重要途径。区域绿色种养一体化的实现途径如图 3 所示。

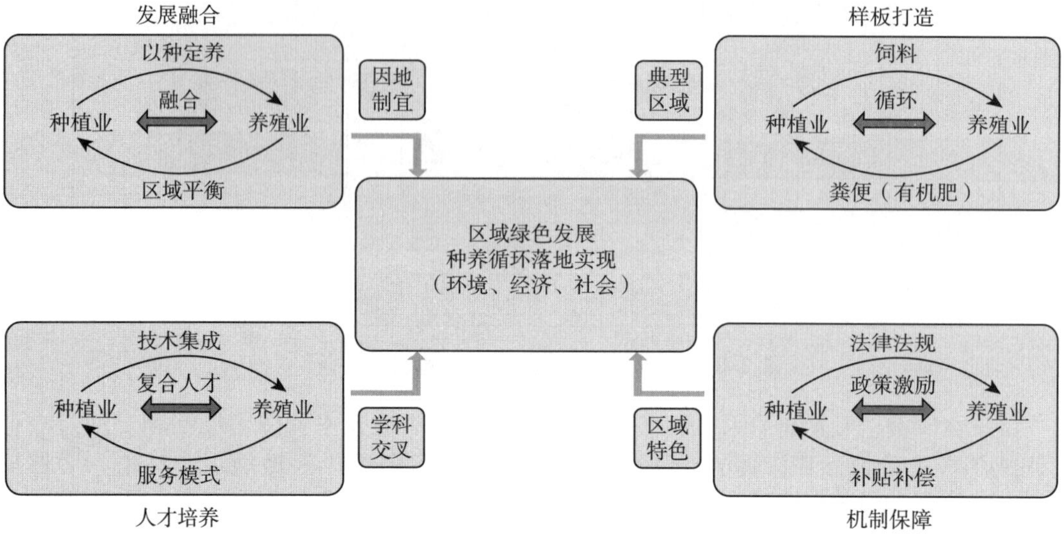

图 3 区域种养循环路径与策略

(1) 区域种植业与养殖业融合发展。按照畜禽排泄量和种植业养分需求相匹配的原则，科学规划种植业、养殖业布局和规模，区域内种植业为养殖业提供饲料，养殖业为种植业提供有机肥等资源，大力推行“生态养殖＋沼气＋绿色种植”循环经济模式，采取生物有机肥、饲料生产、沼气发电等综合技术，实现资源的循环利用，降低环境排放损失，构建种养平衡、农牧互动、生态循环、环境友好的产业发展体系。在循环中合理利用粪污收集、贮藏、加工技术手段生产可循环利用产品，保证品质安全，结合合作社等社会化服务体系促进粪污资源（有机肥）的运输、施用，形成畜禽粪污收集、运输、加工处理、农田施用的综合利用体系。同时，加强各环节的质量安全把控，保证粪污处理水平达标，定点定向输送，合理安全施用，真正实现畜禽废弃物循环利用。

(2) 打造区域种养循环样板工程。选择产业基础良好、发展思路清晰、推进种养结合意愿强烈的畜禽养殖大县，根据土地承载能力，以县域为单元合理规划种植和养殖规模，推进适度规模、符合当地生态条件的标准化饲草基地工程建设，弥补养殖饲料不足，就近就地消纳养殖废弃物，推广有机肥还田利用，促进农牧循环发展。支持规模化养殖场（区）配套建设畜禽粪污处理设施，搞好畜禽粪污综合利用，在种养密度较高的地区因地制宜建设集中处理中心，探索规模养殖粪污的第三方治理与综合利用机制，从种植、养殖、加工三个环节建设现代化种养加一体化基地。采取种养结合循环发展方式，重点开展粪污处理利用、种养结合设施完善、养殖设施改造等相关方面建设，整县推进种养废弃物资源化利用，促进种植业与养殖业协调发展。

（3）健全种养循环农业人才培养机制。农村科技人才是强农强国的根本，农村科技人才的培养则是科技兴农的先决条件和必要条件。加强农业科技人才培养，做好各类农业领域高级专家选拔推荐与科技人才管理服务。把节约利用农业资源、保护产地环境、提升生态服务功能等内容纳入农业人才培养范畴，培养一批具有绿色发展理念、掌握绿色生产技术技能的农业人才和新型职业农民。积极培育新型农业经营主体，鼓励其率先开展绿色生产。力争能够培养一批懂种植、懂养殖、懂循环的种养一体化专业人才队伍，推进绿色种养循环，助力农业绿色发展。

（4）完善种养循环政策与机制保障。探索建立有利于种养循环技术推广和大规模应用的政策体系，逐步健全农业绿色发展相关的种养循环制度，加大执法监督力度。各地要加快建立以种养循环为导向的农业补贴制度，强化农业绿色发展种养循环支撑体系建设。积极支持建立农业绿色发展种养循环固定观察点，系统持续收集种养循环相关的环境数据。探索种养循环金融服务的有效推动方式，加大绿色信贷及专业化担保支持力度，创新种养循环农业保险产品，加大政府和社会资本合作的推广应用，为有效推进种养循环提供保障。

3. 绿色产品与产业

绿色、安全、优质的农产品是我国经济与社会持续、健康发展的战略性问题。中央1号文件持续聚焦粮食生产、农产品品质、供给侧结构性改革等，以确保粮食与食品安全，不断满足人民对美好生活的需求。改革开放以来，我国农业与食品生产取得举世瞩目的历史性成就，用不到世界9%的耕地面积养活了世界近20%的人口。随着我国经济的快速发展和人民生活水平的稳步提高，消费者对安全、优质、绿色产品需求日益增强。然而我国农产品产业仍面临诸多挑战：我国农业过度依赖化肥和农药不仅导致食品安全事件频发，而且造成了严重的环境代价；农业产业链被分割在城乡工农之间不同的领域、地域，导致农业生产成本高效益低；农业产业链利益协调机制不健全，产业链中各个生产主体利益分配不均，制约了农业产业链的健康发展；农产品加工业精深加工及综合利用不足，高附加值产品少。

当前，我国农业生产并不能满足消费者对高品质、营养健康农产品的需求。现代农业要建立以市场需求为导向的产业链，建立绿色、安全、优质农产品生产标准，实现供给和需求的有机匹配，如图4所示。第一，生产端要选择合适的原料，严格控制投入品，要构建绿色增产增效技术体系，配套相应的种养技术，提高畜禽粪污资源利用效率，加强种养结合，制定相关的生产标准。扶持龙头企业，提升领军企业的竞争力，健全“龙头企业＋合作社（基地）＋农户”模式。第二，建立针对性的加工技术，发展产地初加工，实现产后减损，开发绿色节能保鲜、储藏保鲜技术，开发干燥、压榨等初加工技术推广，把产业链中更多利益留在农村、留给农民。再次加强科技投入，延长产业链的深加工，充分挖掘农产品的商业价值和附加值，实现产业增值。第三，加强副产物的循环利用、全值利用、梯次利用，有效引导和促进资源化利用，变废为宝。

4. 绿色生态环境

绿色生态环境应建立于整个农业生产链之上，贯穿绿色种植、绿色养殖、绿色加工和绿色消费，可以理解为生态环境保护与农业生产相结合。从环境构成要素来看，绿色生态环境可以定义为优质的空气、健康的土壤、洁净的水、丰富的生物多样性和美丽的乡村景观综合体。为实现这五个目标，提出了绿色生态环境的理论与实现路径，如图5所示。

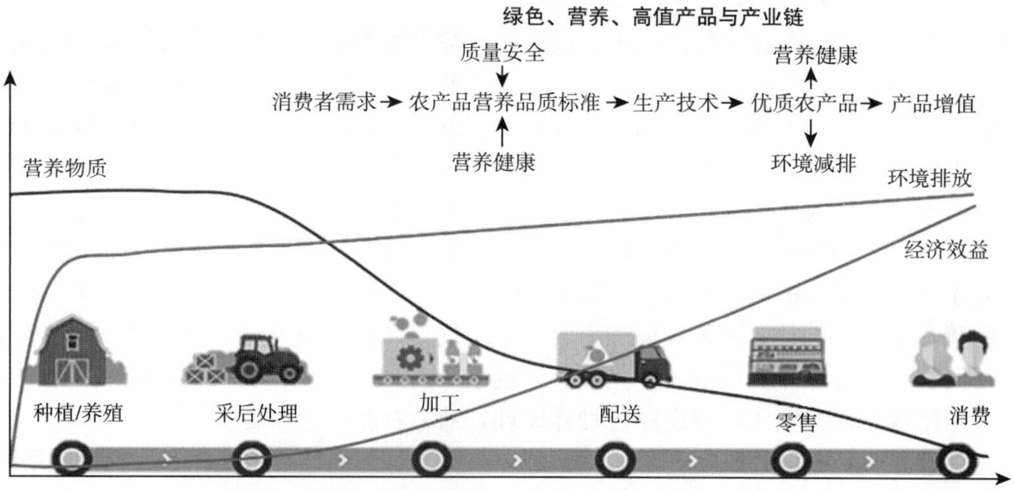

图 4　绿色产品及产业路径与策略图

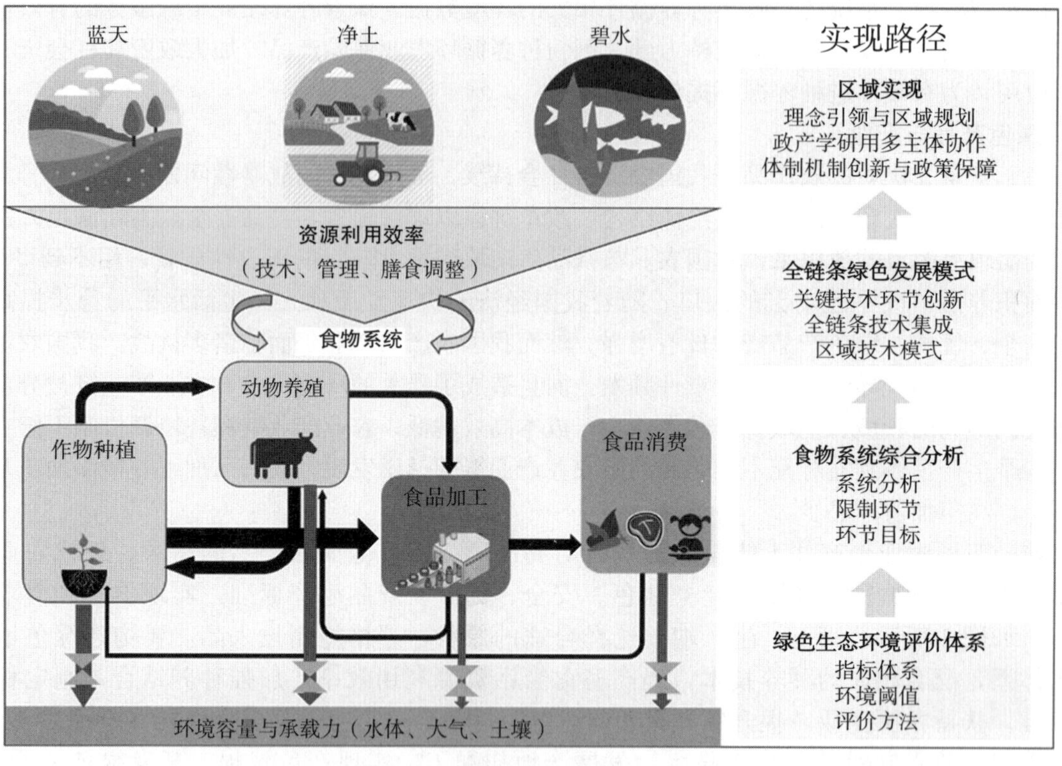

图 5　绿色生态环境理论与实现路径

（1）建立绿色生态环境评价体系。评价体系包括绿色生态环境指标、环境阈值与承载力、系统评价方法等。该体系可以指导环境监测网络建设、现状评价、环境阈值制定、污染治理等相关工作，引导绿色生态环境实现。建立农业综合监测网络是采集基础数据、评价环境状况、实施关键保护措施的基础。这一网络将利用监测、模型等技术手段，综合测量水体、大气和土壤中关键污染物，评估环境现状，预测短期乃至长期的生态环境质量变化趋势，识别污染来源及相对贡献。

（2）食物系统综合分析。农业绿色环境减排要以系统思路从全链条角度寻求根本的治理解决方案。这是因为农业本身就是一个覆盖资源投入-生产过程-人类消费的全产业链系统，整个链条中的环节和连接界面都涉及资源利用与环境排放。因此，需要构建农业全产业链绿色投入品、绿色生产、种养结合、绿色消费、有机废弃物资源化循环利用等一体化的系统解决方案。绿色生态环境着眼于整个食物系统，基于不同生产加工环节（种植、养殖、食品加工与消费）养分/污染物流动，明确养分利用和污染物减排潜力，找出限制农业生产绿色环境的关键环节，明确提升对象。

(3) 创新绿色生产技术，满足环境排放标准。技术创新是实现绿色生态环境的内生动力。基于系统分析，明确主要污染物环境排放的关键环节和界面，针对关键环节与关键对象开展减排技术定向突破，系统提升全链条资源利用效率、减少环境排放，降低食物系统环境生产压力。在此基础上，完善全产业链融合绿色发展的机制与政策，促进系统优化，实现全链条污染防控与减排，推动绿色生产、生活与环境保护的协同发展。

(4) 构建全链条绿色发展模式，推动解决方案落地。区域绿色发展模式要以人与自然和谐相处、共生共存的绿色发展理念为引领，以资源高效利用、生态环境保护和国家粮食安全“三赢”为核心目标，尊重规律，前瞻谋划，统筹考虑区域自然资源禀赋、生态环境容量、农业生产特征、社会发展需求等多项绿色发展指标，通过政府引导、市场规范、社会行动，推动绿色减排与污染治理技术大面积应用；创新体制机制，充分发挥部门主体之间的联动，创新政产学研用一体的区域绿色发展模式，全面推动面源污染治理与监督方案的落地实现，推动农业绿色转型。

三、曲周县农业绿色建设案例与经验

曲周县位于河北省邯郸市，地处华北平原中部，是华北农业生产区的典型代表，该县于2019年年底入选第二批国家农业绿色发展先行区。为持续推进曲周县农业绿色发展先行区建设，中国农业大学与曲周县人民政府建立密切协作的县校合作机制，从四大板块入手，系统推进曲周县农业绿色发展。

1. 绿色种植体系与优质麦产业培育

小麦是曲周县的支柱产业，种植面积达到2.8万多公顷，占全年作物播种面积的40%左右。目前，曲周县小麦产业仍存在一些短板和瓶颈，突出表现为集约化种植资源投入大、利用效率不高等。最新调研结果表明，曲周县小麦生产在投入品、生产过程与产后环节存在小麦品种杂多、肥料配方杂乱，氮肥过量施用（全县平均为259千克/公顷）、产量不高、产业链脱节等众多问题。

为有效解决上述种植环节中限制农业绿色发展的突出问题，一方面，开展绿色种植全程关键技术优化与创新，依托曲周实验站定位观测与研究成果，突破绿色生产关键技术（如土壤-作物系统综合管理技术），并通过驻村科技小院联网应用与反馈验证，进一步优化绿色种植关键技术；另一方面，形成了以科技小院为核心的“政府推动、企业融合、示范带动、政策保障”优质麦绿色生产技术应用模式，以优质麦绿色生产技术为突破口，从绿色投入品（高产优质小麦品种、专用肥）、绿色生产过程（氮肥全程综合调控技术、有机肥替代化肥技术试验、配套开展四密一疏条带种植及全程机械化技术）、优质小麦产品等角度，开展了优质麦绿色生产提质增效技术模式构建与应用工作。在全县范围内建立优质麦绿色生产万亩示范基地1个，覆盖曲周县6乡镇16村，选用优质品种中麦578、小麦专用肥（心连心16-17-10配方）等绿色投入品，开展以根层氮素实时调控为核心的氮肥全程综合调控技术，解决优质麦生产中氮肥投入过量、配方杂乱、基追比例和时期不合理等问题，进行水肥综合优化，实现降耗控污。该模式实现示范方优质麦品质提高（优质麦面粉蛋白含量较普通麦平均增长15.6%）、高产（2020年6月王庄村中麦578实现亩产626千克），减少氮肥投入18%～55%，水肥资源利用效率提高15%以上。通过绿色种植技术突破与技术应用模式创新，立足县域农业绿色发展需求，在水肥资源高效利用、作物高产与可持续发展等领域突破了一批关键技术，有效推动了县域种植业转型升级和区域农业绿色发展实现路径。

2. 蛋鸡、玉米产业绿色种养循环

蛋鸡是曲周县养殖业的重要产业，其主要面临的问题有饲料品质不高、粪尿管理粗放、养分农田循环不足和氨气排放高等。为有效提升蛋鸡产业绿色发展问题，绿色种养循环团队针对小农户初步建立了饲料-饲舍-储存与处理-还田全链条绿色生产技术模式。该项技术包括绿色环保饲料、畜舍空气净化、粪污清洁堆肥及有机肥还田与饲用玉米种植等多项技术，在农户尺度从全链条角度实现蛋鸡清洁生产与养分循环，并在农户间进行示范与推广，如图 6 所示。饲料调控技术可有效降低蛋鸡豆粕使用量，同时提升饲料养分利用率，每吨饲料节省豆粕 2.5～5.0 千克，提高养殖户经济效益 5%，并减少氨气排放 10%；饲舍高压微雾喷淋技术采用适宜浓度菌剂在鸡舍顶部进行喷淋，可实现舍内氨气减排 30%；农户原位条垛式喷酸堆肥可有效减少氨排放 20%左右；饲用玉米有机肥还田可在保产基础上减少 25%化肥施用。

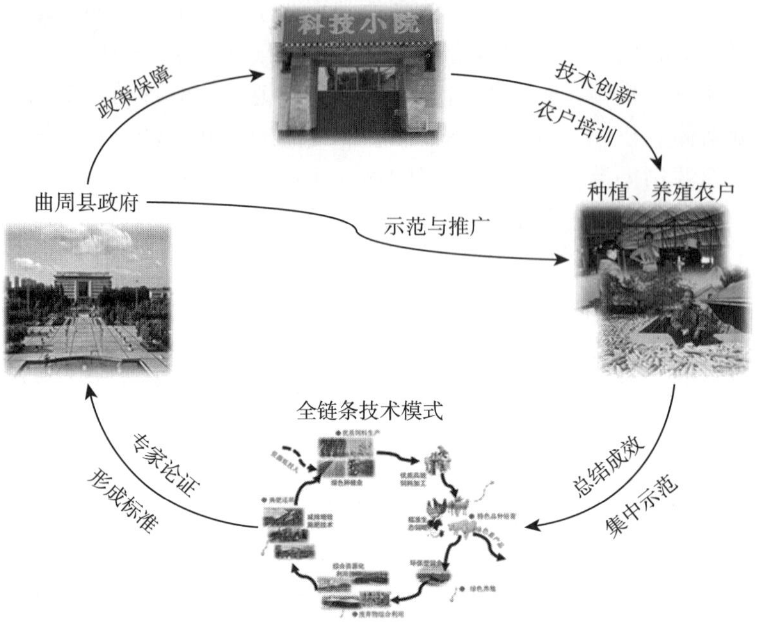

图 6　小农户蛋鸡全链条绿色生产技术与推广模式

此外，针对曲周县大规模蛋鸡养殖场的粪污处理问题，通过对接本地有机肥企业，建立企业间订单合作模式，如图 7 所示。在该模式下，大规模蛋鸡养殖场无须购置粪污处理设备，从而降低了养殖场粪污处理成本与环境污染问题，而有机肥企业只需承担运费即可定向回收其所产粪污进行有机肥生产，极大地降低了生产成本，实现了养殖场与有机肥生产企业的双赢。另外，通过科技小院研究生驻扎有机肥企业，系统解决了企业实际生产中面临的诸多问题。例如，优化发酵物料配比，节约了堆肥原料；调整堆肥翻抛频率与发酵周期，提升了有机肥生产效率；开发本地化农副产物（甜叶菊废弃物）用于堆肥辅料，在一定程度上解决了企业辅料来源难、价格高等问题；在原有的槽式发酵的基础上增加了条垛式发酵，将企业粪污的处理量提升 3 倍，大大提升了曲周县养殖业粪污资源化利用水平。

3. 甜叶菊全产业链优化提升

农业全产业链优化能够有效保障食品安全需求，积极促进乡村产业振兴和农业绿色发展。甜叶菊是一种天然健康的糖替代品，被广泛应用于食品、医药等行业，推广应用前景广阔。近几年，曲周县甜叶菊产业在龙头企业晨光集团和曲周县政府的推动下种植面积不断扩大，但整个产业链中存在诸多问题，严重制约了甜叶菊产业健康发展。为此，曲周县政府、晨光集团与中国农业大学三方深度合作，采用大样本实地调研，深入甜叶菊生产一线，对甜叶菊整个产业链存在的问题进行分析，并提出优化方案，为推动曲周县甜叶菊产业实现高产高效绿色发展提供依据。

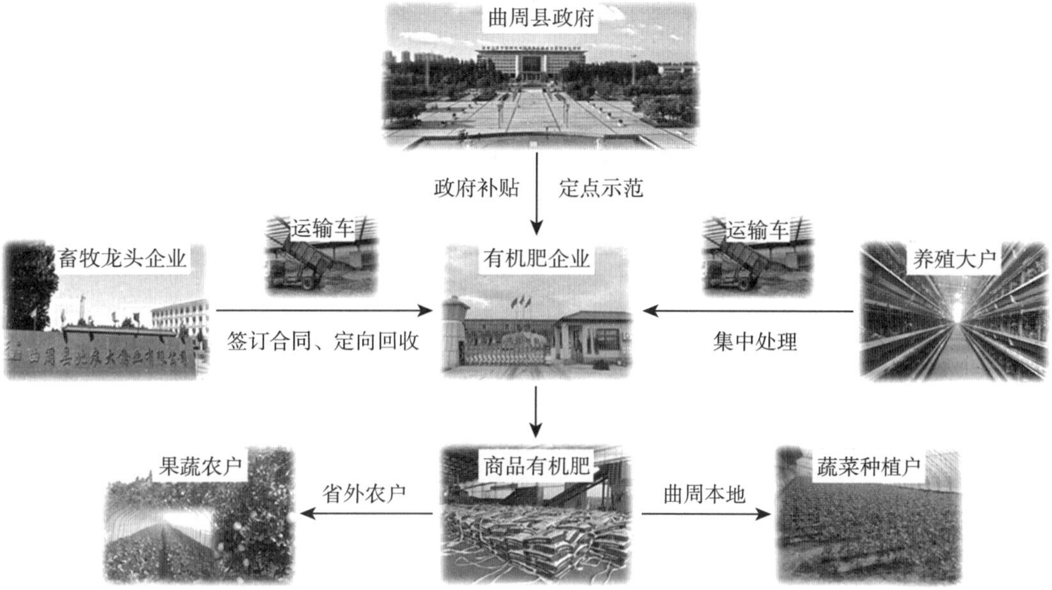

图 7　规模化养殖企业粪污定向处理模式

目前，曲周县甜叶菊产业面临的主要问题有：育苗阶段运输成本高、幼苗成活率低；种植过程机械化水平低、施肥结构和方式不合理、水资源浪费严重和病虫害防治盲目性较大；产后无深加工产品、以粗提物方式销售导致经济效益低。针对甜叶菊产业链出现的主要问题，现对全产业链开展优化提升，主要包括：①开展了种苗筛选和育苗试验，筛选了适宜本地的良种，提高了种苗质量、移栽成活率和产量，每亩增收 150 元左右。②优化甜叶菊生产过程。通过优化养分管理、发展灌溉节水技术、加强病虫害防治技术推广及加快机械化推广和应用，每亩增产 69%，亩增收 1 500 元左右。③搭建了“企业+合作社+农户”的合作平台。通过订单模式解决了农民销售难、价格低，企业材料短缺、无法满足产能等问题，加快农民增收步伐。④加强产后副产物综合利用。通过利用甜叶菊残渣提取绿原酸，生产饲料和肥料，充分利用副产物，每亩可增收 800 余元。如今，曲周县甜叶菊种植面积为 2 万余亩，带动 4 000 多户农民增收，实现每亩增收 2 500 余元，有力地推动全县甜叶菊产业发展和乡村产业振兴，如图 8 所示。

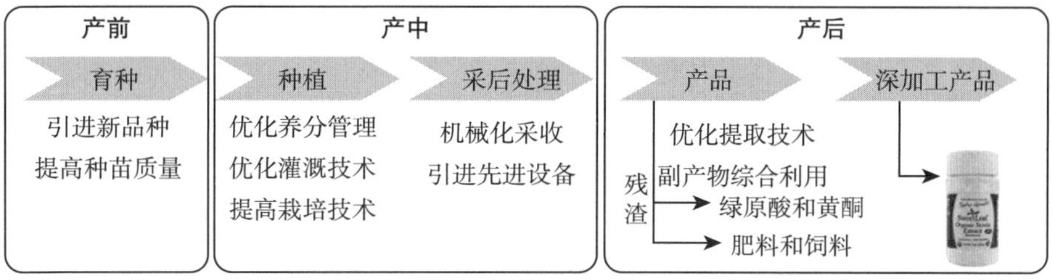

图 8　曲周县甜叶菊全产业链优化提升模式

4. 曲周县氨减排与空气质量提升

大气氨浓度高是曲周县最严重的环境问题之一，也是华北地区 PM2.5 形成的重要原因之一。种植业肥料投入是氨排放的主要源头，贡献区域农业源氨总排放量的 50%以上。为有效降低农业源氨排放，打赢大气保卫战，曲周县人民政府与中国农业大学、心连心肥料企业共同开展合作，通过田间试验、农民示范、县域大面积应用步步为营，稳定推进种植业氨减排行动，县级尺度上实现了作物高产高效、环境排放降低、生态环境质量提升的良好局面。

（1）田间试验。为有效控制种植体系的氨排放，与心连心肥料企业合作，生产添加脲酶抑制剂的新型尿素替代普通尿素。脲酶抑制剂能有效降低土壤脲酶活性、减缓尿素水解速率，使表面施用的尿素，缓慢释放矿质氮以满足作物生长需要，从而最大限度地减少氨挥发，提高氮素利用率。通过在曲周县小范围开展田间试验，与单独使用尿素相比，使用新型肥料可使氮肥利用效率提高30%，氨排放降低70%，为区域开展大规模应用提供了数据支撑。

（2）农民田间示范。由于土壤异质性、气候条件或农业管理不善，脲酶抑制剂在田间试验中的效果可能无法在农民的田间得到大规模实现。为有效推动新型肥料应用，在曲周县进行了2公顷的田间示范试验，与当地农民习惯进行对比，田间示范结果表现优异，小麦-玉米体系应用新型尿素可分别减少50%～60%的氨排放，倒伏率明显下降，作物增产4%～11%。

（3）县域大面积应用。通过科技小院和县校企深入合作，曲周县粮食产量在过去10年间增长了20%，氮肥用量降低了10%，在一系列空气污染控制措施共同作用下曲周县PM2.5年均浓度降幅达50%以上，在县域尺度上实现了作物高产高效、环境排放降低、生态环境质量提升的良好发展格局。曲周县氨减排行动打造了政产学研用一体共同推动农业绿色发展的典型案例，为区域农业绿色发展提升提供了良好的经验。

绿色食品事业30年发展成效与经验启示

中国绿色食品发展中心　张华荣

绿色食品是伴随我国改革开放和新时期农业农村经济发展兴起的一项开创性事业。20世纪80年代末至90年代初，农业部在研究制定全国农垦经济社会“八五”发展规划时，提出依托国营农场的生态环境优势、组织管理优势和技术条件优势，发展无污染的拳头产品。由于与环境保护有关的事物通常都冠以“绿色”，由此定名为“绿色食品”。1990年5月，农业部农垦司在北京召开了全国首届绿色食品工作会议。1991年12月，国务院批复指出：“开发‘绿色食品’对于保护生态环境、提高农产品质量安全、促进食品工业发展、增进人民身体健康、增加农产品出口创汇，都具有现实意义和深远影响。这是一项新的工作，我国目前还处在起步阶段。要采取有效措施，坚持不懈地抓好这项开创性的工作，各有关部门要给予大力支持。”

经过30年的积极探索和不懈努力，绿色食品事业从无到有、从小到大、从弱到强，一步一个脚印，走出了一条融农业标准化、产业化、品牌化于一体，经济效益、生态效益和社会效益协调发展的成功之路，创建了一套具有中国特色的农产品质量安全管理制度，打造了一个代表我国安全优质农产品的精品品牌，成为我国推动农业绿色发展的先行者、带动农民持续增收的助推器、引领绿色农产品消费的风向标，为推进农业标准化生产、提高我国农产品质量安全水平、加快农业发展方式转变树立了新标杆，也为促进世界农业可持续发展贡献了中国智慧和中国方案，被誉为“全球可持续农业发展20个最成功的模式之一”。

一、绿色食品事业30年发展的突出成绩

30年来，绿色食品由农垦系统走向全社会，发展规模不断扩大；由单独发展到带动无公害农产品、绿色食品、有机农产品“三位一体、整体推进”，形成了安全优质农产品发展新格局；由注重产品发展向品牌建设转变，品牌认知度和公信度不断提升；由注重数量增长向高质量发展迈进，事业发展的质量水平和效益不断提升。

1. 发展速度持续增长，总量规模不断扩大

1990年，全国绿色食品企业只有63家，产品127个。截至2020年年底，全国绿色食品企业总数19 321家，产品总数42 739个。30年来，绿色食品企业和产品年均增长速度分别达到21%和22%，实物总量从50多万吨增长到1.03亿吨，扩大了200倍；大米、面粉、大豆、水果、食用菌、茶叶等产品已占同类产品总量的5%～8%，机制糖、食用盐等产品的市场份额超过15%；产品覆盖种植、畜禽、水产等大宗农产品及加工食品，结构日益丰富；30%以上的国家级和20%以上的省级农业产业化龙头企业加入了绿色食品发展的行列，发挥了积极的示范带动作用。

2. 产品质量稳定可靠，品牌影响力日益提升

绿色食品产品质量始终稳定在高位水平，抽检合格率保持在98%以上，过硬的产品质量为品牌赢得了公信力和美誉度。目前，我国一二三线城市消费者对绿色食品标志的知晓率已达到73.5%。绿色食品品牌影响已从国内扩大到国外，标志商标已在美国、日本、韩国、俄罗斯、英国及世界知识产权局等11个国家、地区和国际组织成功注册，成为我国农产品参与国际市场竞争的重要战略资源。来自法国、丹麦、加拿大、澳大利亚、印度尼西亚等国家的全球知名企业先后获得绿色食品标志使用权。

3. 综合效益日益明显，功能作用更加突出

发展绿色食品取得了日益显著的经济效益、生态效益和社会效益。2020 年，产品年销售额达到 5 070 亿元，出口额 36 亿多美元；创建绿色食品标准化原料生产基地 742 个，面积 1.7 亿亩，总产量超过 1 亿吨。据中国农业大学教授、中国工程院院士张福锁团队发布的《绿色食品生态环境效应、经济效应和社会效益评价》表明，绿色食品生产模式与常规农业生产方式相比，化学氮肥施用量减少 39%，化学农药施用强度降低 60%，土壤有机质含量提高 17%。30 年来，通过发展绿色食品，面向全社会推广了绿色生产方式，传播了绿色生活理念，强化了生态环保和食品安全意识。

4. 制度体系不断完善，保障能力日益增强

1996 年 11 月，绿色食品成为我国第一例质量证明商标，奠定了事业发展和品牌建设的法律基础。30 年来，瞄准发达国家水平，结合我国国情，构建了一套科学先进实用的标准体系，农业农村部发布的绿色食品标准达到 140 项，制定区域性生产操作规程 162 项；建立了科学严谨、规范高效、公正权威的标志许可审查程序，实施了企业年检、产品抽检、市场监察、风险预警、产品公告等多项监管制度。截至 2020 年年底，全国已有省级绿色食品工作机构 36 个、地市级工作机构 369 个、县级工作机构 2 492 个；绿色食品检查员和监管员 6 347 人，企业内检员超过 6 万人；绿色食品定点产品检测机构和环境监测机构 145 家。

二、绿色食品事业 30 年发展的显著成效

30 年来，全国绿色食品工作系统认真贯彻落实党中央、国务院的决策部署，在农业农村部历届党组的正确领导下，秉承生态环保、安全优质的理念，坚持推进绿色生产，积极引领绿色消费，成功打造出了一批安全优质、美誉度高的精品农产品，成为绿色优质农产品供给的重要渠道，为助推农业高质量发展、提高城乡人民生活水平做出了重要贡献。

1. 创建了一套特色鲜明的制度体系，促进农产品质量安全水平提升

绿色食品按照“从土地到餐桌”全程质量控制的技术路线，创建了一套符合国情农情、与国际先进水平接轨、科学完整的标准体系。建立了“以技术标准为基础、质量认证为形式、商标管理为手段”的运行模式，开启了我国证明商标管理的先例，开创了我国农产品质量安全认证的先河。推行了“环境有监测、生产有规程、产品有检验、包装有标识、证后有监管”的标准化生产模式，示范带动了我国农业标准化生产，提高了农产品质量安全保障能力，树立了人民群众对农产品质量安全的信心，提振了农产品消费的信心。

2. 探索了一个农业绿色发展的成功模式，推动农业可持续发展

绿色食品是我国生态文明建设的重要成果。绿色食品强调“出自优良生态环境”，注重构建综合平衡的自然生态系统，建立严格的环境监测和保护制度；实施产地清洁化、投入品减量化、生产标准化、废弃物资源化的绿色生产方式，有效控制了“大肥大药大水”对生态环境和产品质量的影响；坚持走生态产业化、产业生态化的发展道路，实现了保护环境与发展经济、维护生态安全与保障食品安全的良性互动，推动“绿水青山”转化为“金山银山”。

3. 打造了一块安全优质农产品精品品牌，增强农产品市场竞争力

绿色食品以先进的标准、优良的品质、过硬的质量、统一的形象，赢得了广大消费者的认可和信赖，品牌的知名度和美誉度不断提高，影响力和竞争力不断增强。国内大中城市消费者对绿色食品的知晓率超过七成，一些国外知名企业积极申报我国的绿色食品。通过发展绿色食品，农业企业品牌、产品品牌的“含金量”明显提升。目前，我国形成了绿色食品、有机农产品和农产品地理标志各具特色、协调发展的品牌建设新格局，显著增强了农产品的市场竞争能力。

4. 培育了一项蓬勃发展的新兴产业，带动农民增收致富

绿色食品始终保持旺盛的发展态势，年均增速超过 20%。绿色食品坚持标准化、品牌化、产

业化融合发展，推行“以品牌为纽带、基地建设为依托、龙头企业为主体、农户参与为基础”的产业化模式，强化企业与农户利益联结机制，让广大农民朋友分享品牌增值的红利，带动了农民增收致富。在脱贫攻坚战中，贫困地区的4 000多家企业、上万个农产品贴上绿色食品标志，走出高原深山，走向市场餐桌，闯出了一条产业扶贫的成功之路。

三、绿色食品事业30年发展的经验启示

30年春风化雨，30年春华秋实。绿色食品事业30年的成绩来之不易，取得的经验也弥足珍贵。一是始终坚持以人民为中心的发展思想，把保障消费安全、满足人民群众对美好生活的需要、促进农民增收作为事业发展的出发点和落脚点，让发展成果更多惠及人民群众。二是始终坚持服务农业农村工作大局，紧紧围绕我国“三农”工作阶段性战略目标任务，谋划推动事业发展，找准工作定位，发挥功能作用。三是始终坚持精品定位，对标国际先进水平，牢牢把住质量生命线，把绿色食品打造成为政府信任、企业信服、公众信赖的一流品牌，打造成为代表我国安全优质农产品水平的高端品牌。四是始终坚持政府推动与市场拉动相结合，充分发挥政府在规划指导、政策支持、资金投入、监督管理等方面的推动作用，凸显事业的公益性。发挥市场在配置资源中的决定性作用，通过优质优价市场机制，激发广大企业和农户发展绿色食品的内生动力。五是始终坚持敢为人先的创新精神，在发展理念、技术标准、管理制度、运行模式上，敢于创新，勇立潮头，保持事业发展的鲜明特色和强劲活力。这些经验值得长期坚持，并要在实践中不断丰富和发展。

梳理30年发展的脉络，盘点事业发展取得的成果，对全国绿色食品工作系统和数万绿色食品管理人员，有几点重要的启示：一是始终遵循标准至上、质量第一的原则，严守底线思维，严格风险把控，从严认证审核，强化证后监管，确保产品质量，打牢事业发展的根基，铸牢品牌建设的灵魂。二是始终坚持“开放合作、共享共赢”的理念，充分发挥政府部门、市场主体、科研单位、新闻媒体、社会公众等各方面资源和力量，创造有利于事业发展的良好环境和条件，汇聚推动事业发展的强大合力。三是始终弘扬“崇尚绿色、铸造精品、求实创新、和谐奉献”的事业核心价值观，倡导“人品与精品共存”的事业文化，展现体系队伍的精神风貌，树立在全社会良好的事业形象。四是始终秉承事业发展的宗旨，保持定力，初心不改，一张蓝图绘到底，一棒接着一棒干，不断开创事业发展的新局面。

四、今后一个时期绿色食品事业发展的基本构想

习近平总书记多次强调，要增加绿色优质农产品供给，确保人民群众吃上安全放心的农产品。党的十九届五中全会提出，要提高农业质量效益和竞争力；广泛形成绿色生产生活方式；推动绿色发展，促进人与自然和谐共生；强化绿色导向、标准引领和质量安全监管。随着城乡人民生活水平不断提高，对绿色优质农产品的需求不断扩大，对优美生态环境的向往日益强烈，这就要求我们必须始终胸怀“两个大局”，坚持新发展理念，紧紧围绕实施乡村振兴战略，持续深化农业供给侧结构性改革，坚定走绿色兴农、质量兴农、品牌强农之路，全面推动农业高质量发展和农业农村现代化建设。新形势新任务为绿色食品事业带来了新的历史机遇，提供了更加广阔的发展空间。展望未来，在农业农村现代化的进程中，在乡村振兴的征途上，绿色食品要进一步发挥质量优势、产业特色和品牌力量，义不容辞、责无旁贷地肩负起更加重要的使命。

1. 坚持全局性

始终胸怀“两个大局”，围绕构建以国内循环为主体、国内国际双循环相互促进的新发展格局，在国家“十四五”发展规划和2035年远景发展目标的指引下，找准发力点，充分发挥绿色食品的功能作用，保持鲜明的时代特色。始终立足“三农”工作大局，将绿色食品工作有机融入新时期农业农村中心工作。在实施乡村振兴战略中发挥“助推器”作用，助推乡村产业振兴、生态振兴和文

化振兴；在推进农业绿色发展中发挥“排头兵”作用，践行“绿水青山就是金山银山”的理念，将生态环境作为生产要素，通过产品形态、品牌载体、市场机制，转化为经济优势和市场价值；在推进农业高质量发展中发挥“领跑者”作用，紧扣新阶段农业发展的新要求，绿色食品要率先实现高质量发展，引领农业发展转型升级，着力提高农业发展的质量、效益和竞争力；在培育绿色农产品市场中发挥“风向标”作用，紧扣深化农业供给侧结构性改革主线，大力发展绿色、安全、优质的农产品，不断增加绿色优质农产品的有效供给，满足人民群众对高品质农产品日益增长的需求。

2. 保持先进性

适应新时代消费提档升级的需求，着眼新时期农业转型升级的目标，坚持“安全优质、营养健康、生态环保”的发展理念，引领绿色优质农产品发展方向。稳步扩大总量规模，不断优化产业结构，培育一批规模大、实力强的龙头企业，发展一批品质高、品牌响的优质产品，建设一批高质量、高水平的绿色食品标准化生产基地。对标国际发达国家农产品质量先进水平，坚持精品定位，突出品质、营养标准，让消费者真实体验到口感好、品质优、营养丰富，努力实现产品质量高，守好我国农产品质量标准的“制高点”。要大力宣传推广绿色食品产地环境质量标准，带动农产品生产基地环境标准和监控制度不断完善，加快推广产地清洁、投入品减量、资源循环利用的绿色生产方式，指导广大农户科学用药、合理施肥、节约用水，提高绿色农业生产能力和技术水平，打牢农业绿色发展的基础。本着“科学严谨、规范高效、务实管用”的原则，持续完善绿色食品发展模式、运行机制和制度体系，示范带动农产品质量安全制度建设。

3. 增强创新性

坚持创新驱动，围绕绿色食品标准化生产，推进技术创新；围绕提升绿色食品品牌公信力和美誉度，推进制度创新，要不断提升品牌的认知度、知名度、美誉度，扩大绿色食品的市场占有率，提高消费者的满意度和忠诚度，努力实现品牌高价值；围绕打造绿色食品产业链、价值链和生态链，推进模式创新，要坚持农业绿色化、优质化、特色化、品牌化的发展方向，通过绿色食品品牌带动，培育壮大主导产业，做优做强特色产业，延长产业链，提升价值链，拓展生态链；围绕增强绿色食品发展内生动力，推进机制创新，树立开放共赢的发展理念，紧紧依靠社会资源和社会力量，加强科技攻关、理论研究、战略谋划、政策创设，不断夯实事业发展基础，拓展事业发展领域和空间。

4. 突出实干性

绿色食品是创出来的、拼出来的，更是干出来的。要严把质量审核，严格证后监管，着力推进各项制度落实落地。加大专业培训和技术指导，着力提高企业和农户落实标准化生产的能力。加快专业营销市场和流通体系建设，强化产销对接，提升品牌价值。加强绿色食品理念、标准、制度宣传推广，扩大消费需求，增强市场拉动力。切实加强体系队伍作风和能力建设，着力为企业、农户和广大消费者提供增值、暖心和优质服务。

潮平两岸阔，风正一帆悬。绿色食品已经走过了30年蓬勃发展的壮丽篇章，全国绿色食品工作者用实际行动展示了艰苦创业、自强不息、顽强拼搏的意志和精神，诠释了“为耕者谋利、为食者造福”的美好愿景。推进农业绿色发展是优先发展农业农村、实施乡村振兴战略的必然要求。展望未来，绿色食品事业有着旺盛的生命力和广阔的发展前景。新的征程开启，全体绿色食品工作者要坚定信念，坚守初心，志存高远，担当作为，不断谱写绿色食品事业发展新篇章，为不断满足人民群众对美好生活的向往、促进乡村振兴和农业农村现代化做出新的贡献！

三、大 事 记

绿色食品和绿色农业大事记（2019—2020）①

2019 年

1 月 18—20 日　首届江苏绿色有机农产品交易会在南京市举行。交易会由江苏省绿色食品协会主办，以“绿色食品、健康生活”为主题，全面宣传推介江苏绿色优质农产品。展区总面积 3 000 米^2，设展示区、展销区、推介区三大板块，参会的绿色食品、有机农产品、地理标志农产品企业 130 余家，产品 300 多个。

2 月 19 日　21 世纪以来第 16 个指导“三农”工作的中央 1 号文件——《中共中央　国务院关于坚持农业农村优先发展做好“三农”工作的若干意见》由新华社受权发布。该文件指出，今明两年是全面建成小康社会的决胜期，“三农”领域有不少必须完成的硬任务，必须坚持把解决好“三农”问题作为全党工作重中之重不动摇，进一步统一思想、坚定信心、落实工作，巩固发展农业农村好形势，发挥“三农”压舱石作用，为有效应对各种风险挑战赢得主动，为确保经济持续健康发展和社会大局稳定、如期实现第一个百年奋斗目标奠定基础。

3 月 1 日　农业农村部与青海省人民政府签署合作框架协议，共建青海绿色有机农畜产品示范省。农业农村部部长韩长赋，青海省委书记王建军、省长刘宁出席共建示范省座谈会并讲话。

3 月　由中国绿色农业联盟编纂、中国农业出版社出版的《中国绿色农业发展报告 2018》面世发行。人民网、新华网、中经网、科技日报、农民日报、中华合作时报、中国市场监管报、世界农业、大公网、新浪、网易、搜狐等各大媒体及各地农业报刊网站，相继做了宣传报道。舆论认为，该报告为中国农业的绿色发展搭建了一个很好的理论阵地和宣传平台，对推进各地农业供给侧结构性改革、助推乡村振兴战略实施，具有较强的指导作用和很高的参考价值。

4 月 3 日　“春风万里，绿食有你——全国绿色食品宣传月”活动在陕西省西安市启动。中国绿色食品发展中心主任张华荣在启动仪式上说，绿色食品坚持实施全程标准化生产和全程控制，不断完善标准体系，坚持证前审查和证后监管并重，落实绿色食品企业年检、产品抽检、市场监察、风险预警、产品公告等监管制度，有效地保证了绿色食品产品质量，赢得了消费者的良好口碑。

此项活动是由农业农村部支持、中国绿色食品发展中心主办的大型公益系列宣传活动，是面向全社会宣传“绿色生产、绿色消费、绿色发展”理念的具体行动。2018 年宣传月期间，全国 23 个省级绿色食品工作机构组织开展了 256 场活动，接待消费者 12.8 万余人，展出了 1 500 余家绿色食品企业的万余个产品，取得了良好的宣传效果。

4 月 3 日　中国农业科学院在北京发布《中国农业绿色发展报告 2018》。农业农村部副部长余欣荣出席会议并讲话。该报告显示，我国农业绿色发展主要在空间布局、资源休养生息、产地环境治理、生态系统修复、人居环境建设和绿色发展模式探索等 6 个方面取得了重要进展。该报告以客观、权威数据为支撑，从生产、生活和生态等多角度系统反映了近五年我国农业农村绿色发展的总体进程与主要成效，为社会各界观察判断我国农业绿色发展状况提供了重要窗口，为推动我国不同类型地区农业绿色发提供了可复制、可推广的模式，为全球农业可持续发展贡献了“中国样板”。

4 月 11 日　2019 年全国绿色食品、有机农产品和农产品地理标志工作座谈会在安徽省合肥市召开。资料显示，截至 2018 年年底，全国无公害农产品、绿色食品、有机农产品和农产品地理标志（以下简称“三品一标”）获证单位总数 58 422 家，产品总数 121 743 个。其中，绿色食品、有

① 资料来源：中央人民政府网站、新华社网站、农业农村部网站、中国绿色食品发展中心网站等。路华卫编辑整理。

机农产品和农产品地理标志总数 37 778 个，比 2017 年增长 18.1%，向社会提供绿色优质农产品总量超过 3 亿吨。

6 月 17 日 中国绿色食品发展中心、中国绿色食品协会与台湾绿色食品暨生态农业发展基金会在台北市共同召开海峡两岸绿色食品、有机食品发展座谈会，围绕绿色有机食品产业发展状况、运作模式和管理制度，以及台湾有机产品发展与管理的经验等进行了研讨交流。

6 月 26 日 “地理标志农产品保护在行动”活动暨地理标志农产品保护工程启动仪式在四川省眉山市举行。农业农村部总农艺师马爱国出席活动并讲话。本次地理标志农产品保护工程将利用 5 年时间，在全国范围内打造 1 000 个地理标志农产品知名品牌。重点开展“五保护、五提升”，即保护产地环境，提升综合生产能力；保护特色品种，提升产品品质特性；保护农耕文化，提升乡村多种价值；保护产业链条，提升产业综合素质；保护知识产权，提升品牌影响力。

6 月 28 日 经李克强总理签批，国务院近日印发《关于促进乡村产业振兴的指导意见》。该意见指出，要以习近平新时代中国特色社会主义思想为指导，全面贯彻党的十九大和十九届二中、三中全会精神，牢固树立新发展理念，落实高质量发展要求，坚持农业农村优先发展总方针，以实施乡村振兴战略为总抓手，以农业供给侧结构性改革为主线，围绕农村一二三产业融合发展，与脱贫攻坚有效衔接、与城镇化联动推进，聚焦重点产业，聚集资源要素，强化创新引领，突出集群成链，培育发展新动能，加快构建现代农业产业体系、生产体系和经营体系，推动形成城乡融合发展格局，为农业农村现代化奠定坚实基础。

7 月 5 日 为进一步完善农业保险制度、支持地方优势特色农产品保险发展，财政部印发通知，将在内蒙古、山东、湖北、湖南、广西、海南、贵州、陕西、甘肃、新疆等 10 个省份，对省级财政引导小农户、新型农业经营主体等开展的符合条件的地方优势特色农产品保险，按照保费的一定比例给予奖补。

9 月 27 日 促进家庭农场和农民合作社高质量发展工作推进会在河北省邢台市召开。中共中央政治局委员、国务院副总理胡春华出席会议并讲话。他强调，要深入贯彻习近平总书记重要指示精神，落实李克强总理批示要求，加大对家庭农场和农民合作社扶持力度，增强发展活力和服务带动能力，为加快农业农村现代化提供有力支撑。

10 月 17 日 水产养殖业绿色发展现场会在浙江省德清县召开。会议总结肯定了改革开放及党的十八大以来我国水产养殖业绿色发展取得的重大成就，深入分析水产养殖业面临的形势和任务，全面部署了当前和下一个阶段水产养殖业绿色发展重点工作。农业农村部副部长于康震出席会议。

10 月 19 日 农业农村部认定第九批全国“一村一品”示范村镇 442 个（示范村 300 个、示范镇 142 个）。示范村镇具有主导产业突出、品牌效应明显、农民收入较高等特点，示范村农民人均可支配收入达 17 622 元，示范镇农民人均可支配收入达 16 621 元，分别高出全国平均 20.6%和 13.7%。示范村镇主导产品 31.45%获得农产品地理标志登记保护，35.97%获得中国地理标志证明商标，31.90%获得国家地理标志保护。

11 月 2 日 第二届国家农产品质量安全县与农产品经销企业产销对接活动在江苏省徐州市举办。全国 200 余个农产品质量安全县的 700 多家生产经营主体与近 200 家采购商代表进行现场对接，现场签约金额 28.8 亿元。农业农村部副部长于康震出席活动并讲话。

11 月 15 日 由农业农村部、江西省人民政府共同主办的第 17 届中国国际农产品交易会（以下简称“农交会”）在江西省南昌市开幕，共有 8 000 余家企业携 5 万余种展品参展，吸引世界各地 2.3 万余家采购商。农业农村部部长韩长赋，江西省委书记刘奇、省长易炼红出席展会。本届农交会以“礼赞七十华诞，做强农业品牌，助力乡村振兴”为主题，为期 4 天，展览展示面积约 13 万米^2，设立综合成就展区、扶贫展区、特大型企业馆等 18 个专业展区。现场举办了全国农业品牌专场推介活动、中国农业品牌建设高峰论坛、数字农业农村发展论坛等 10 场重大活动。展出规模之大、参展方数量之多，刷新了农交会的纪录。

11 月 16 日 第五届全国农产品地理标志品牌推介会在江西省南昌市举办。全国政协委员、农业农村部原党组成员宋建朝出席并讲话。本次推介会为第 17 届中国国际农产品交易会的重大活动之一。本届农交会继续设立了农产品地理标志专门展区，展区面积 3 000 米^2，共有近 400 个农产品地理标志、500 多家企业集中展示。

11 月 21 日 农业农村部在上海市崇明区召开农业绿色发展先行先试支撑体系建设工作座谈会。会议强调，要贯彻落实习近平总书记关于农业绿色发展的重要指示精神，深入开展支撑体系建设，持续推进农业绿色发展先行先试工作，为加快实现农业绿色发展、促进乡村振兴战略实施做出更大贡献。农业农村部副部长余欣荣出席会议并讲话。

11 月 29 日 第 20 届中国绿色食品博览会暨第 13 届中国国际有机食品博览会在河南省郑州市开幕。农业农村部副部长于康震，河南省副省长武国定，农业农村部总农艺师马爱国，原农业部副部长、国务院扶贫办原主任刘坚等领导出席了开幕式并巡视了展区。

本次博览会由中国绿色食品发展中心、中国绿色食品协会、河南省农业农村厅、郑州市人民政府共同主办，总展示面积达 3.3 万米^2，共设置 1 717 个标准展位。粮、油、果、蔬、茶、畜、禽、蛋、奶、水产等几大类上万个产品参展。组委会邀请境内外近 1 000 家农产品加工、经销与外贸单位参会；一批大型商超、电商、批发市场等采购商前来洽谈、合作，有效开拓了全国各地优质农产品的上行渠道。

12 月 18 日 2015 年以来，按照中央的部署，农业农村部深入开展化肥农药零增长行动，推进化肥农药减量增效，取得明显成效。经科学测算，2019 年我国水稻、玉米、小麦三大粮食作物化肥利用率为 39.2%，比 2017 年提高 1.4 个百分点，比 2015 年提高 4 个百分点；农药利用率为 39.8%，比 2017 年提高 1.0 个百分点，比 2015 年提高 3.2 个百分点，有望实现到 2020 年化肥农药利用率达到 40%的目标。

12 月 20—21 日 中央农村工作会议在北京召开。会议以习近平新时代中国特色社会主义思想为指导，学习贯彻党的十九大和十九届二中、三中、四中全会精神，贯彻落实中央经济工作会议精神，分析当前“三农”工作面临的形势和任务，围绕全面建成小康社会和打赢脱贫攻坚战，研究部署 2020 年“三农”工作。会议传达学习了习近平总书记日前在中央政治局常委会会议专门研究“三农”工作时的重要讲话精神。

会议讨论了《中共中央　国务院关于抓好“三农”领域重点工作确保如期实现全面小康的意见（讨论稿）》。中共中央政治局委员、国务院副总理胡春华出席会议并讲话。

12 月 22 日 全国农业农村厅局长会议在北京召开。会议以习近平新时代中国特色社会主义思想为指导，深入学习领会习近平总书记关于“三农”工作重要论述和关于做好 2020 年“三农”工作的重要指示精神，贯彻落实党的十九大和十九届二中、三中、四中全会及中央经济工作会议、中央农村工作会议精神，总结 2019 年工作，部署 2020 年重点任务。中央农办主任、农业农村部部长韩长赋在会上强调，农业农村系统要切实把思想和行动统一到习近平总书记重要讲话精神上来，贯彻落实中央决策部署，坚持“稳”字当头、稳中求进，稳住农业农村发展好势头，突出“保供给、保增收、保小康”，扎实做好 2020 年农业农村工作，确保完成各项目标任务，为打赢脱贫攻坚战、全面建成小康社会做出新贡献。

12 月 27 日 农业农村部召开全国试行食用农产品合格证制度工作部署视频会议，按照党中央、国务院决策部署和中央纪委国家监委在“不忘初心、牢记使命”主题教育中整治漠视侵害群众利益问题的有关要求，全面部署食用农产品合格证制度试行工作。农业农村部副部长于康震出席会议并讲话。

2020 年

1 月 14 日 全国农产品质量安全强监管推进会议在北京召开。农业农村部副部长于康震出席会议并讲话。会议强调，农业农村部门要对标对表全面建成小康社会目标，围绕农业稳产保供的要求，坚持狠抓农产品质量安全监管，牢牢守住农产品质量安全底线，不断提升人民群众的获得感、幸福感、安全感。

2 月 5 日 中共中央、国务院印发 2020 年中央 1 号文件——《关于抓好“三农”领域重点工作确保如期实现全面小康的意见》。该意见指出，2020 年是全面建成小康社会目标实现之年，是全面打赢脱贫攻坚战收官之年。党中央认为，完成上述两大目标任务，脱贫攻坚最后堡垒必须攻克，全面小康“三农”领域突出短板必须补上。小康不小康，关键看老乡。脱贫攻坚质量怎么样、小康成色如何，很大程度上要看“三农”工作成效。全党务必深刻认识做好 2020 年“三农”工作的特殊重要性，毫不松懈，持续加力，坚决夺取第一个百年奋斗目标的全面胜利。

3 月 18 日 经国务院同意，农业农村部、财政部联合印发《东北黑土地保护性耕作行动计划（2020—2025 年）》，部署在适宜区域全面推广应用保护性耕作，促进东北黑土地保护和农业可持续发展。该行动计划提出，中央财政通过现有渠道积极支持东北地区保护性耕作发展，力争到 2025 年，保护性耕作实施面积达到 1.4 亿亩，占东北地区适宜区域耕地总面积的 70%左右，形成较为完善的保护性耕作政策支持体系、技术装备体系和推广应用体系。

3 月 由中国绿色农业联盟编纂、中国农业出版社出版的《中国绿色农业发展报告 2019》面世发行。人民日报客户端、新华网、中经网、中国农网、凤凰网、百度、新浪、搜狐、今日头条等各大媒体，相继做了宣传报道。舆论认为，该报告全景式展现了中国绿色农业发展概貌，对推进乡村振兴战略实施、助力小康社会全面建成，起到了很好的指导作用和一定的参考价值。

4 月 20 日 2020 中国农业展望大会以视频直播方式在北京召开，大会主题为“信息引领农业高质量发展”。农业农村部部长韩长赋、联合国粮农组织总干事屈冬玉受邀作视频致辞。大会发布了《中国农业展望报告（2020—2029）》，对未来 10 年中国主要农产品生产、消费、贸易形势进行预测分析。报告认为，未来十年中国农业转型升级将明显加快，农业高质量发展取得显著成效，粮食等主要农产品增产保供能力持续提升。

5 月 27 日 农业农村部印发方案，在全国部署 2020 年农产品质量安全专项整治“利剑”行动，严厉打击各类违法违规用药和非法添加行为，严格落实安全间隔期休药期制度，切实保障人民群众“舌尖上的安全”。“利剑”行动将持续至 2020 年 12 月。

5 月 29 日 “春风万里，绿食有你”绿色食品宣传月启动仪式暨贫困地区绿色食品产销对接活动在新浪微博直播间举行。活动邀请湖北省来凤县、咸丰县，河北省张北县，新疆维吾尔自治区和田县、尼勒克县，贵州省剑河县，四川省越西县，湖南省永顺县等贫困地区的多位县长在线为本地绿色食品代言，助力绿色食品销往全国。

6 月 5 日 农业农村部部长韩长赋在中国农业绿色发展研究会第一届会员代表大会上强调，要认真学习贯彻习近平总书记重要指示精神，落实中央决策部署，深刻认识绿色发展对纾解资源承载压力、治理农业农村环境污染、促进农业可持续发展的重大现实意义，牢固树立绿水青山就是金山银山的发展理念，把绿色发展摆上更加突出的位置，统筹考虑农产品产量、绿色发展、农业效益和农民收益，深入推进农业供给侧结构性改革，走出一条产出高效、产品安全、资源节约、环境友好的农业现代化道路，以绿色发展引领支撑农业高质量发展和乡村振兴。

由中国农业绿色发展研究会和中国农业科学院农业资源与农业区划研究所编制的《中国农业绿色发展报告 2019》在北京发布。该报告以客观、权威数据作支撑，系统反映 2018—2019 年我国农业绿色发展的总体水平、重大行动和重要进展。此外，该报告还基于农业绿色发展的核心要义和现有数据基础，首次构建农业绿色发展指标体系及绿色发展指数模型，并对全国及第一批国家农业绿色发展先行区进行试评价，定量明晰农业绿色发展的现状水平与短板制约。

7月10日 全国扩大农业农村有效投资电视电话会议在北京召开。中共中央政治局委员、国务院副总理胡春华出席并讲话。他强调，要认真贯彻落实习近平总书记重要指示精神，按照党中央、国务院决策部署，切实加大农业农村投资建设力度，把农业基础打得更牢，把“三农”短板补得更实，为促进乡村全面振兴提供坚实支撑。

经国务院同意，中央农办、农业农村部、国家发改委、财政部、人民银行、银保监会、证监会七部门联合印发《关于扩大农业农村有效投资 加快补上“三农”领域突出短板的意见》，部署扩大农业农村有效投资，为打赢脱贫攻坚战和全面建成小康社会提供坚实支撑。该意见要求，要加快高标准农田、农产品仓储保鲜冷链物流设施、现代农业园区、动植物保护、沿海现代渔港、农村人居环境整治、农村供水保障、乡镇污水处理、智慧农业和数字乡村、农村公路、农村电网等11个农业农村重点领域补短板重大工程项目建设，从四个方面部署加大农业农村投资力度。

7月24日 2020中国农业品牌政策研讨会在北京举行，农业农村部副部长于康震出席会议并讲话。会议发布并解读了《中国农业品牌发展报告（2020）》，宣布成立中国农业品牌专家工作委员会。来自政府部门、科研院所、行业协会、涉农企业和品牌策划机构等单位代表重点围绕农业品牌政策创设、区域公用品牌建设、标准创建、价值评估等话题进行研讨。

9月14日 我国与欧盟正式签署《中华人民共和国政府与欧洲联盟地理标志保护与合作协定》。该协定谈判于2011年启动，2019年年底结束，共历经8年22轮正式谈判和多轮非正式磋商。农业农村部自始至终参与谈判，推荐的潜江龙虾、眉县猕猴桃等35个地理标志农产品纳入协定附录首批互认名录，将于协定生效之日起受到欧盟地理标志法律保护，北京鸭、三亚芒果等54个地理标志农产品将于协定生效后四年内完成相关保护程序。

9月22日 农历秋分，以“庆丰收、迎小康”为主题的第三个中国农民丰收节在山西省运城市正式启幕。国务院副总理、中央农村工作领导小组组长胡春华出席活动。他强调，要深入贯彻习近平总书记重要指示精神，认真落实党中央、国务院决策部署，切实形成全社会关注农业、关心农村、关爱农民的浓厚氛围，为促进乡村全面振兴汇聚更多力量。

2020年中国农民丰收节乡村绿色发展研讨会在运城市召开。中国农业绿色发展研究会理事长余欣荣，山西省政协副主席、省工商联主席李武章，中国工程院院士、北京市农林科学院国家农业信息化工程技术研究中心主任赵春江，中国农村专业技术协会理事长、中国农业大学原校长柯炳生出席研讨会并做主旨发言。

11月6日 由中国绿色食品发展中心、中国绿色食品协会和福建省农业农村厅共同主办的第21届中国绿色食品博览会在厦门国际会展中心开幕。本届绿博会恰逢绿色食品事业开创30周年，以“展示成果、促进贸易、推动发展”为宗旨，充分展现我国绿色食品“从概念到标准、从标志到产品、从品牌到产业”的发展历程，进一步推动打造安全优质农产品精品品牌，持续提升农产品质量安全水平，为推进农业绿色发展、保护农业生态环境发挥示范引领作用。第14届中国国际有机食品博览会同期举办。

本届中国绿色食品博览会总展览面积达23 500多米^2，设有1 200余个国际标准展位，来自全国36个展团的2 100多家企业的绿色食品、农产品地理标志产品、地方特色优质农产品等纷纷亮相。中国国际有机食品博览会展览面积近6 700米^2，共有25个展团的393家参展企业；来自德国、丹麦、法国等17家海外有机食品企业通过邮寄产品和宣传材料的方式前来参展。

中国绿色食品发展中心在厦门市举办“发展绿色食品，助力乡村振兴”研讨会，回顾历程、展示成果、总结经验、谋划未来，在新的历史起点上推动绿色食品事业高质量发展，为新时期深入实施乡村振兴战略，推动农业农村现代化建设发挥更加积极的作用。

11月8日 崇明农业绿色发展座谈会在上海市崇明区举行，中国农业绿色发展研究会理事长余欣荣，崇明区委书记李政、区长缪京出席座谈会，并为中国农业绿色发展研究会崇明实验站和国家农业绿色发展长期固定观测崇明试验站揭牌。中国工程院院士、中国农业大学资源环境与粮食安全研究中心主任张福锁、农业农村部有关司局负责人参加会议。

11月27日 由农业农村部、重庆市人民政府共同举办的第18届中国国际农产品交易会在重庆市开幕，共有1.2万余家企业携8万余种展品参展，吸引各地专业采购商超4万人。农业农村部部长韩长赋、重庆市市长唐良智出席展会。展会为期4天，展览展示面积首次突破20万米^2，分为公益性展区和市场化展区。现场举办脱贫地区特色产业可持续发展论坛、3场全国农业企业品牌推介专场活动、数字乡村发展论坛、农业投资风险与社会资本支持“三农”发展论坛、全国农产品地理标志品牌推介会等系列重点活动。

11月28日 第六届全国农产品地理标志品牌推介会在重庆市举办。农业农村部副部长于康震出席并讲话。会议指出，发展地理标志农产品对推进特色产业发展、振兴乡村经济、弘扬农耕文化具有重要意义。目前，全国地理标志农产品已达3 090个。特别是地理标志农产品保护工程实施两年来，各地共落实专项资金13亿多元，支持了443个地理标志农产品发展，打造了一批以地理标志农产品为引领、一二三产业融合、生产生活生态协调的乡村特色产业发展样板。本次推介会为第18届中国国际农产品交易会重大活动之一，相关地方政府及部门负责同志、采购商、生产经营者、专家、消费者等约300人参会。其中，农产品地理标志专展面积5 000余米^2，500多个优秀地理标志农产品集中展示。

12月19日 首届射阳大米产业发展论坛在江苏省盐城市射阳县举行，《中国地理标志农产品丛书·射阳大米》隆重首发。

12月28—29日 中央农村工作会议在北京举行。习近平总书记出席会议并发表重要讲话，他强调，在向第二个百年奋斗目标迈进的历史关口，巩固和拓展脱贫攻坚成果，全面推进乡村振兴，加快农业农村现代化，是需要全党高度重视的一个关系大局的重大问题。全党务必充分认识新发展阶段做好“三农”工作的重要性和紧迫性，坚持把解决好“三农”问题作为全党工作重中之重，举全党全社会之力推动乡村振兴，促进农业高质高效、乡村宜居宜业、农民富裕富足。中共中央政治局常委、国务院总理李克强主持会议，中共中央政治局常委栗战书、汪洋、王沪宁、赵乐际、韩正出席会议。

会议讨论了《中共中央　国务院关于全面推进乡村振兴加快农业农村现代化的意见（讨论稿）》。

12月30日 全国农业农村厅局长会议在北京召开，深入学习贯彻习近平总书记重要讲话精神，贯彻落实党的十九届五中全会和中央经济工作会议、中央农村工作会议精神，总结2020年和“十三五”农业农村工作，安排“十四五”任务举措，部署2021年重点工作。中央农办主任、农业农村部部长唐仁健在会上强调，全国农业农村系统要自觉把思想和行动统一到习近平总书记重要讲话精神上来，紧紧围绕中央决策部署，抓重点、抓要害、抓落实，扎实做好2021年农业农村工作，确保粮食产量保持在1.3万亿斤①以上，确保不出现规模性返贫，解决好种子和耕地两个要害问题，实现全面推进乡村振兴和加快农业农村现代化开好局起好步。

① 斤为非法定计量单位，1斤=500克。——编者注

四、理 论 篇

从科学的高度认识和推动农业绿色发展①

余欣荣

农业绿色发展作为一项新兴事业，近几年来在全社会尤其农业战线的共同努力下稳步推进，开局良好。根据《中国农业绿色发展报告2019》提供的数据，2012—2018年全国农业绿色发展指数从73.46提升至76.12，提高了3.63%，在资源节约保育、生态环境安全、绿色产品供给、生活富裕美好等方面获得程度不同的改善，为全国生态文明进步提供了基础支撑。然而，我国农业绿色发展与中央要求、与人民群众期盼相比，不平衡、不充分的状况依然明显，提升的空间还很大。在实际工作中，一些地方口号性的要求多、一般性的部署多、零散式的措施多，推动起来也时紧时松、时热时冷。究其根本原因，还是没有把农业绿色发展提升为发展观的问题，也没有将此作为推动生产生活方式重大变革的科学问题来对待。为此，下面我想重点围绕更好地理解贯彻习近平总书记关于农业绿色发展是千年以来农业发展观的一场深刻革命的思想，从科学的高度认识和推进农业绿色发展讲几点意见。

一、必须从科学的高度深化对农业绿色发展的认识

科学是系统化的知识，是源于实践经实践检验并随实践变化而发展的客观规律。我们用科学的眼光来分析农业绿色发展，可见科学是农业绿色发展的本质属性。

*从历史看，农业绿色发展是我国优秀农耕文化的宝贵结晶。*中华民族在几千年的发展历程中，形成了一系列优秀的农耕文化。天人合一、道法自然的哲学思想，掌握规律、趋时避害的农时观，辨土施肥、用养结合的地力观，化害为利、变废为宝的循环观等，这都成为绿色发展的思想源泉。新中国成立后，党领导人民不断探索总结利用有限资源成功解决14亿人吃饭问题的成功经验，也深刻反思在工业化、城镇化加快推进过程中，对资源环境造成影响的深刻教训，从而为不断丰富农业绿色发展作为科学的认识，提供了充足的实践内涵。

*从实践看，农业绿色发展是新发展理念在农业农村领域的系统探索。*近年来，我们贯彻落实新发展理念和中央一系列决策部署，开展高标准农田建设和耕地轮作休耕试点，持续开展资源保护、污染防治和生态修复等科技创新，实施农业绿色发展五大行动，创建了两批80个国家农业绿色发展先行区，初步形成了一套符合绿色发展要求的工作体系。特别是中办、国办印发的《关于创新体制机制推进农业绿色发展的意见》，成为当前和今后一段时期农业绿色发展的纲领性文件，进一步搭建起了推进工作的“四梁八柱”，为深入推动乡村振兴发挥了重要引领作用，也丰富和拓展了农业绿色发展的实践探索。

*从发展趋势看，农业绿色发展是农业现代化的普遍规律。*国际上农业现代化进程中在资源节约、环境友好及可持续发展等方面探索的经验和教训，为当今我们确立农业绿色发展理念，提供了丰富的经验。无论是美国自20世纪30年代黑风暴频繁暴发之后，通过深入反思总结，先后实施土壤保护计划等政策的可持续发展导向不断强化。农业绿色发展是农业可持续发展的升级版，是可持续发展理念中国化的再创造，从单纯的国际“环保单一型”可持续发展，提升到资源-优质-健康-产业-环境多目标协同实现的“生命共同体”高度，成为中国引领全球可持续发展特色鲜明的范例。

① 资料来源：中国农网，2020年09月22日。本文是作者在2020年中国农民丰收节乡村绿色发展研讨会的主旨演讲。

从科技进步看，农业绿色发展是数字技术、生物技术发展的时代产物。科学化的时代孕育新的科技，新的科技催生新兴科学。在促进农业高质量发展的今天，农业发展目标要求、约束条件变得越来越复杂、多样。比如，种养业以增加化肥、农药投入实现增产增收的技术路径正向减少化肥、农药、用水、劳力投入实现增产增收的技术路径转变。据测算，近几年我国农业绿色技术研发应用明显快于传统技术的推广应用，正不断推动着我国农业迈入绿色发展的时代。同时也决定了农业绿色发展作为一门科学，应该注重跨学科的交叉创新研究，集多学科成果之大成，来发展自己，服务农业现代化，为国家粮食安全、农民富裕、人民健康发挥重要作用。

总而言之，农业绿色发展是一门统筹生产发展与环境保护，兼顾生产力布局、技术创新与集成、体制机制创新，集科技、经济、社会、生态于一体的科学。只有从这个角度来认识农业绿色发展，才能站在更高的层面准确把握其核心要义，才能深刻领会千年以来农业发展观深刻革命的科学内涵，才能充分发挥对乡村全面振兴和农业农村现代化的引领作用。

二、必须用科学思维和方法谋划农业绿色发展

农业绿色发展既然是一门科学，就必须坚持科学的思维和方法，构建新时期农业绿色发展的思想体系。这一思想体系是新发展理念的具体化，是农业发展观深刻革命的系统化，是科学推动农业绿色发展的基本遵循。

科学的思维，就是要坚持战略思维、辩证思维、创新思维、底线思维。坚持战略思维。农业农村领域存在的资源环境问题错综复杂，不是一天两天形成的，而是长期以来不合理的生产生活方式日积月累形成的，治理难度大、周期长。要从农业绿色发展的长期性、复杂性出发，用战略的眼光，科学分析农业发展的风险挑战，科学预见农业发展的未来趋势，高举绿色发展这面旗帜，不断前进。坚持辩证思维。过去，我们在实践中更多突出农业在发展生产、保障供给方面的作用，对农业生态服务的价值认识不够。要牢固树立"绿水青山就是金山银山"的理念，重构生态环境与生产力的关系，不断挖掘绿色农业的市场价值，把发展方式转变与经济社会价值提升有机结合起来，实现生产、生活、生态"三生"共赢，让绿水青山变成金山银山，生产生活生态化。坚持创新思维。当前，农业绿色发展面临着资源环境两道紧箍咒，不能再走过去粗放发展的老路，要推动农业发展从思想观念到方式方法、从政策举措到工作安排的全面变革，找到生产发展与资源永续利用的优选方法，实现可持续发展。坚持底线思维。传统发展方式秉承的是无限的资源观，现在要坚持有限的资源观，坚守耕地数量与质量红线，坚守水资源红线，让透支的资源环境逐步得到休养生息，让退化的生态系统重新焕发活力。

科学的方法，就是要运用好系统论和运筹学。系统论告诉我们，要全面地、整体地看待事物各要素之间的相互联系。农业绿色发展涉及农业农村经济社会发展各领域各环节，根植于产业兴旺、生态宜居、乡风文明、治理有效、生活富裕的方方面面，是一个宏大的系统工程。要系统研究清楚其内在规律，把土、水、气、种、肥、药、废弃物、生物多样性等涉及绿色发展的要素有机联系起来，加快推进全要素绿色发展。运筹学告诉我们，要处理好各方面的关系，实现统筹兼顾、协调发展。重点要处理好数量与质量的关系，既要把饭碗牢牢端在自己的手中，又要把增加绿色优质农产品供给放在突出位置，更好满足人民群众对安全优质、营养健康农产品的消费需求；处理好政府与市场的关系，发挥好政府有形之手和市场无形之手的作用，充分调动各类市场主体参与农业绿色发展的积极性主动性。

三、必须从科学的高度推进农业绿色发展

目前，我国农业绿色发展已实现良好开局，但整体上仍处于起步阶段，面临爬坡过坎，任务十分繁重。"十四五"时期，农业绿色发展既面临重大机遇，也面临严峻挑战。从机遇看主要是三大

动力。以习近平同志为核心的党中央始终坚持生态优先、绿色发展，提供了强大的思想政治动力；绿色优质、营养健康农产品需求快速增长，形成了强大的市场动力；绿色技术与数字技术的深度融合，带来了强大的科技动力。从挑战看，农业资源环境问题治理的整体进展还比较缓慢，政策支持保障体系还比较薄弱，制约农业绿色发展的制度瓶颈和卡脖子技术依然较多。再加上国内外发展环境的震荡变化，需要防止农业绿色发展走回头路。这就要求我们找准科学路径，不断强化理论、科技与制度三大创新，做到标准化、产业化、数字化与市场化“四化”协同，努力提升农业发展质量和水平。

一是加快理论创新，进一步突破制约农业绿色发展的思想障碍。理论是实践的先导，思想是行动的指南。胡春华副总理 2020 年 5 月在对农业绿色发展做出的重要批示中强调，要广泛开展调查研究，持续深化理论创新。要聚焦农业绿色发展基础理论、中国特色农业绿色发展道路等重大课题，组织开展理论研讨交流，不断丰富理论内涵，破解思想障碍。要坚持理论和实践相结合，不断把绿色发展理论应用于农业生产实践，通过水土资源高效利用、水土气环境整治、化肥农药投入品减量、废弃物循环利用，在实践中不断创新、丰富和完善农业绿色发展理论。

二是强化科技创新，加快绿色技术装备从散装到组装再到整装的跨越。面对资源环境硬约束，要以科技创新为动力，实现要素投入精准减量、生产技术集约高效、产业模式生态循环、设施装备配套齐全，推动农业科技绿色转型。要创新集成绿色农业技术。采取“政产学研农”一体化的方式，围绕绿色种业、土壤改良、节水灌溉、精准施肥、绿色防控，加快革命性、颠覆性技术的科研攻关，破解卡脖子的技术难题，加快绿色产业创新链、新业态、增值链的培育和发展，形成可复制可推广的绿色农业发展模式。要加快升级绿色农业机械装备。按照智能、系统、集成理念，推动农业技术由单纯农艺技术向农机农艺结合、由单纯农业模式化技术向农业模式模块化技术结合、由传统农业设施设备向农业智能装备转变，创新推进农业机械化转型升级，加快节能低耗、环境友好型农业装备生产研发，推进主要农作物绿色生产机械化、智能化。要加快绿色装备和技术的推广应用。采取“科技小院”、科技直通车等接地气的方式，扎根农业生产一线，通过良种、良法配套应用，新型农业经营主体率先示范，提高绿色技术装备的普及率和覆盖率，全面提升节地、节水、节能、节肥与节药能力。

三是推动制度创新，持续优化农业绿色发展政策和制度环境。完善的政策体系、良好的制度环境，是农业绿色发展的根本保障。要健全以绿色生态为导向的补贴制度，完善农业资源环境保护治理的政策措施，建立农业绿色发展稳定投入机制，强化粮食主产区利益补偿、耕地保护补偿、生态补偿、金融激励等政策支持，注重发挥好金融、保险的作用，探索创新绿色信贷、保险产品，服务农业绿色发展。要完善绿色农业法律法规，构建标准明确、激励有效、约束有力的农业绿色发展制度环境，让生产者和消费者自觉履行生态环保义务。要完善协同推进的工作机制，发挥各部门、各市场主体的作用，形成政府市场协同、部门分工协作的农业绿色发展推进机制。

四是坚持标准化、产业化、市场化、数字化协同，不断提升农业绿色发展水平。加快农业绿色发展，必须适应农业现代化新趋势，促进产业跨界融合、要素跨界流动、资源集约配置，实现标准化、产业化、数字化与市场化协同发展。要建立健全绿色农业标准体系。完善农业全行业、全流程绿色标准体系，实施达标提质行动，引导经营主体推进农业标准化生产，强化农产品质量安全全程监管，增加绿色优质农产品供给。要培育壮大乡村绿色产业。在推动绿色生产、改善生态环境的基础上，进一步做大、做强、做精绿色种养业，发展休闲农业和乡村旅游产业，促进农村一二三产业融合发展，增加农村生态服务产品供给。要强化市场化发展。充分发挥市场配置资源的决定性作用，用市场手段调动各类主体积极参与农业绿色发展，推动农业绿色发展走上良性可持续运行的轨道。要提升数字化水平。改变过去经验型农业做法，开展农业绿色发展长期固定观测，产出一批科学数据，为绿色技术改进、标准制定、装备升级提供准确、可靠的基础支撑。推动农业生产数字化、信息化改造，加快卫星遥感、物联网、大数据等普及应用，加快智能农机与智慧农业协同发展，全面提升绿色发展的信息化水平。

农业绿色发展使命光荣、任重道远，让我们坚定信心、担当作为，不断深入推进农业绿色发展取得新成效。

从国际经验看中国农业绿色发展[①]

杜志雄

今天下午讲的这个题目，其实过去并没有太多研究。我想主要通过对三个国家的情况梳理，从国际上来看农业绿色发展大概是什么过程，对我们中国大概有什么启示。

2020 年是“十三五”最后一年，“十三五”期间是我们中国农业绿色发展取得巨大成就的时期，“十四五”肯定还是要沿着绿色发展道路规划、谋划未来农业发展。绿色发展刚才前面专家已经反复提到，领导又非常重视，它不仅仅是重要的问题，也是发展到这样一个阶段，必须遵从的一条发展道路。关于农业绿色发展，其实中国并不晚，中国农业绿色发展其实是从我们原有农业生态思想来的，一点也不晚，但是我们下一步农业绿色发展当然可以继续从我们朴素的农业生态思想里面汲取，当然我们也可以在一些重大政策和制度方面向国际汲取经验。基于这样思考路径，我选美国、荷兰和日本这三个国家做点分析。为什么选择这三个国家？美国是新大陆，大规模的农业国家；荷兰是原居民的农业，规模比较大的国家；日本是跟中国非常相似的，亚细亚生产方式，本身具有农业生态或者农业绿色发展的小农国家。

我们可以首先看看美国的农业绿色发展的演进历程。美国的农业绿色发展大概分三个阶段，从 19 世纪末进入到农业高速增长的一个时期。在那个时代，化肥和农药的使用达到非常高的程度。由此，在 20 世纪初，农业主管部门的官员开始思考未来农业发展之路究竟怎么走。很多同志都阅读过一本书，叫《四千年的农夫》，作者考察中国的农业、日本的农业、韩国的农业，试图从东方的农业智慧中寻找到扭转它不可持续发展路径的方式、方法。美国农业的第一阶段是到 20 世纪 60 年代。第二个阶段 20 世纪 60 年代到 20 世纪 90 年代，是农业绿色发展快速发展时期，通过一系列的措施，也取得了很大成效。第三个阶段是 20 世纪 90 年代以来，从这个阶段的情况来看，美国农业绿色发展处于成熟及突破的阶段，一系列的为农业绿色发展提供的制度和法律是在这个阶段形成的。

荷兰的情况，事实上也差不多。荷兰的农业也经历了三个大的阶段，第一个阶段是在 20 世纪 80 年代之前，有四个方面历史背景。大家都知道荷兰是畜牧业发展非常快的地方，畜牧业产量产值比较大的地方，但是它存在畜牧业和种植业分离的格局。在这种情况下，怎么去实现农业发展，包括畜牧和种植业，这里有内在联系的方式。荷兰从 20 世纪 80 年代开始采取措施，一个最重要的措施，严格控制畜禽的养殖量。这期间采取了一系列措施，我就不展开讲了。第二个阶段是 20 世纪 90 年代，严格控制肥料和农药的使用阶段。这个时期也出台了“一控两减三基本”的类似措施，当然它的具体内容跟我们不一样，我想说的是在特定方式方法上。第三个阶段是 2000 年以来，进入了农业资源全面管理阶段。在这个阶段出台了一些计划，比如说循环经济 2050 计划，采取了一系列排放标准等系列的措施。当然荷兰是欧盟的一个重要国家，除掉自己国家绿色发展政策之外，同样遵从欧盟出台的框架性的结构性政策，比如说欧盟的脱钩性补贴的农业绿色发展政策等，它也都采取。

第三个国家我选择的是日本。我把它分三个时期，第一个阶段是 20 世纪 70 年代之前。首先大家知道，日本和荷兰、美国不同，它并不是因为有了农业在高速增长的背景之下产生巨大不可持续

① 资料来源：中国农网，2020 年 09 月 22 日。本文是作者在 2020 年中国农民丰收节乡村绿色发展研讨会的主题报告。

问题，才转向绿色发展这样一个阶段。我刚才讲之所以选择这样一个国家，是因为它在这一点上不是很明显，它因为一直具有这样的一种绿色或者叫朴素的农业生态发展思想的理念，所以它追求怎么通过技术演进来保持农业绿色发展的传统的持续。我觉得日本这个国家农业绿色发展，可以这么去看它的几个阶段，包括第二次世界大战以后，在一系列的法律里边，包括《乡村振兴法》都加进了思想在里边。第二个阶段是日本的绿色农业的技术提升期，在 20 世纪 70—90 年代。第三个阶段是 1990 年以来，农业绿色发展和谐共进的时期。在这样的时期，日本所谓农业、农村产业就实现了绿色产业化。关于农村发展绿色产业化的鼻祖，我个人以为可以一直归结到 2005 年之前的日本农政会长，他有一系列东西加入绿色发展思想里面去，这是日本农业绿色发展的政策。

这些国家农业的绿色发展都经历了三个阶段，它们转向绿色发展，有的是由于不可持续了转向绿色发展，有的本身具有朴素绿色发展思想，是自然的一种演化。

总结出七个方面共性的启示：

第一个启示是农业绿色发展具有共性的背景。今天中国走上绿色发展道路，既像日本，更像美国，我们本身就有朴素的农业生态思想，虽然经历过一段以生态透支不可持续的，但是我们很快转到绿色发展的轨道上来，这是第一个阶段。

第二个启示是各国农业向绿色发展转型的起点有早有晚，大致在 20 世纪 90 年代初达到相对稳定的农业绿色发展格局，也就是第三个阶段。大家回忆一下，应该可以得出这个结论。

第三个启示是各国农业在向绿色发展转型的过程中，虽然都是沿着农业绿色发展的几个方面（减量、节水节地、土壤保持、农业多功能性保护和利用）展开，但依据本国农业的特点，着力重点在不同时期具有一定差异。在不同阶段，比如在 20 世纪 70 年代，荷兰是畜牧业的发展，像美国是特定阶段休耕。这是有重点的，下面给大家具体做展示。

第四个启示是各国农业在向绿色发展转型的过程中，都高度重视绿色生态技术的研发和应用。我觉得这是非常重要的，我单独讲对中国的启示，中国做的时候更加重视这个问题。

第五个启示是各国农业在向绿色发展转型过程中，都非常重视运用有利于促进绿色发展的政府计划和专项行动，来实现绿色发展目标。我刚才讲了特定阶段都有特定计划，类似于我们的五年计划。

第六个启示是各国农业在向绿色农业转型过程中，高度重视将农业绿色发展当成农业政策标准的重要内容来推进。在这一点上，绿色发展不能仅仅停留在理念视角上，要上升到目标，目标是一种硬约束，目标可以考核。

第七个启示是各国农业在向绿色发展转型过程中，高度重视运用法律法规来促进农业绿色发展，用好政策工具和手段执行或落实绿色发展的法律法规要求。

从三个国家的农业发展历程看，在经历农业高速发展后，都有向绿色发展转化的过程，并且在推动农业进入绿色发展阶段过程中具有一些共性做法和特征，值得重视和借鉴。我在这里只是从七个方面进行梳理，我们还可以进一步根据它们发展实践来进行归纳，还可以归纳出更多。

从整体上来看，一开始提到，我国农业发展进程是符合世界农业发展潮流和规律的。根据农业时代特点、地域特征，在不同时期，特别是在“十三五”期间，有选择、有重点地推进计划，推广了一些技术，实施了一些措施，所以从这个意义上来说，中国农业绿色发展进程并不晚，并且有我们自己独特背景。我们的要求可能更加迫切，我们应该是在经历了长期的生态透支的情况下，又转向绿色发展，更具有被动的特征，当然主要还是要主动，但是有被动因素在里面。

最后一点，借鉴国际经验，“十四五”及未来中国绿色发展的方向，第一，要明确将农业可持续、绿色发展作为中国农业发展目标。什么叫发展目标？我觉得中国农业在根本目标上一直强调两个，农产品稳定供给＋农民收入，我们要讲绿色发展，要把农业可持续性作为第三个目标。这个目标跟农民收入、农产品稳定供给一起，中国农业发展才能真正向“绿”、才能“绿”得更好。我这个思想是在 2016 年写的一篇文章《中国农业政策新目标的形成与实现》里提出来。什么叫农业可持续性？给大家读一段话，农业可持续性指施加于农业生产资料（如土地）上的任何技术措施如化肥、农药、种子机械等技术使用，既不对农业生产资料及其产品质量本身，也不对农业以外的生态环境系统产生破坏性影响（负外部性），从而使农业作为一个整体成为可连续和重复的过程，这样的状态就是农业可持续性。第二，要促进农业生产主体行为绿色化，充分发挥家庭农场等新型主体绿色发展带动作用。突出强调家庭农场作为新型经营主体，一定要发挥它的作用。对家庭农场有一个基本理论，要真正走出一条中国特色绿色农业现代化道路，从根本上来说，都将取决于能否形成一支具有生态自觉意识和绿色发展理念、兼具企业家精神和工匠精神、能够对不断变化的市场迅速实施冲击反映式调整、能够主要依靠自身力量而不是主要依赖政府的政策支持、能够自主发展且自主发展能力强的、既区别于传统的小规模农户也区别于企业化大规模的农场，更重要的是符合未来中国农业发展整体目标的农业生产新主体发育和形成。这些新的生产主体，现阶段最应看重、最需要培育的是家庭农场。第三，扩大农业生态绿色技术研发和供给。这需要四个方面技术：一是育种技术，就是育种技术能够促进农业绿色生态发展；二是生物肥的研发技术；三是单项技术的使用；四是综合前面所有的农业的总体集成性技术、绿色生态型农业技术。我们可以把它作为这样一个细分，要扩大农业生态绿色技术研发和供给，这四个方面技术应该齐头并进。当然更重要的是要低成本给使用者使用的这些技术，在此过程中政府可以发挥更大作用。第四，要优化农业绿色发展具体政策设计。这个里边有一些更具体的问题，因为时间关系，我不展开说了。

今天，在这个地方利用这点时间，就关于国际农业绿色发展的具体情况、有哪些共性特征、这些共性特征对中国农业未来绿色发展有什么启示，给大家做一点分享。

以绿色驱动农业高质量发展[①]

金书秦

"十四五"是将绿色、高质量发展从理念转向实质性行动的第一个五年规划，同时，在世界农产品需求持续上升、国际贸易环境不确定性增大的背景下，中国将越来越需要提高自身农业生产能力的持续性，这对于实现全球范围的可持续发展目标意义重大。

目前来看，我国"十三五"农业绿色发展的各项主要目标有望实现。农业总用水量呈现下降趋势，水资源利用效率总体提高。2018 年农业用水量为 3 693 亿$米^3$，农业灌溉水有效利用系数为 0.554，已经实现目标。化肥、农药利用率提高，投入品量实现双下降。2019 年我国水稻、玉米、小麦三大粮食作物化肥和农药利用率分别为 39.2%和 39.8%，已经非常接近 40%的目标。化肥和农药投入量已经分别实现连续三年和四年下降，提前实现零增长。废弃物资源化利用率不断提高，2018 年，农膜回收率达到 69%，秸秆综合利用率为 83.63%，全国畜禽粪污综合利用率达到 70%。

一、当前农业绿色发展仍存在的一些问题

*一是政策"重出台、轻落实"仍然存在。*据笔者不完全统计，自 2014 年以来，仅与畜禽粪污资源化利用直接相关的法律法规有 5 个，党中央、国务院文件 4 个，部门文件 13 个。有多项政策均涉及养殖废弃物综合利用目标，但覆盖范围和目标界定不一致，在执行中易给地方带来困扰。一些激励措施还未落实，例如有机肥生产和使用的税收、运输、补贴优惠，沼气发电上网电价等政策。在其他领域也存在政出多门、落实不力的现象。

*二是数据基础薄弱。*农业领域点多面广，监测统计难度大，加上农业资源环境等问题近年来才实质性地受到关注，数据基础十分薄弱。我国秸秆综合利用率目标是 2020 年达到 85%。正是因为政策目标的高度量化，而秸秆的利用量、产生量都是估算数据，综合利用过程又难以核查，就容易滋生数据造假。2017 年环境保护部约谈有关地区，并通报其秸秆利用数据虚报水分高达 90%。其原因可能出于考核压力，也可能出于不同部门之间对于估算方法的不同理解。类似地，畜禽粪便的产生和利用数据也不准确，却有 75%的利用率目标。数据基础薄弱，在目标考核倒逼下，必然会带来"数字"上的达标，也给基层干部留下问责风险。

*三是农业绿色补贴改革还需加快。*2015 年，财政部、农业部印发《关于调整完善农业三项补贴政策的指导意见》，将过去的农作物良种补贴、种粮农民直接补贴和农资综合补贴等三项补贴政策合并为农业支持保护补贴。2016 年该项改革在全国全面推开。改革后虽然补贴名称调整为"耕地地力保护补贴"，但实质上在补贴的发放方式、对象、标准等各方面仍然主要延续过去的模式，与耕地地力保护并无直接关系。

*四是行政执法"一刀切"时有发生。*按照有关政策要求，前些年各地开展了禁养区划定工作，禁养区内禁止规模养殖。一些地方超越法律法规范围划定禁养区，甚至将禁养区变成无畜区。还有一些地区为了治理面源污染，对种植行为采取强力禁止的方式，这些实际上都是打着环保的旗号挤压农业生产。行政执法"一刀切"不仅会增加政策实施和后期调整的成本，而且会影响政府形象、损害人民利益。

---

① 资料来源：农民日报，2020 年 05 月 06 日。

二、农业绿色发展的内涵和实现路径

农业绿色发展不等同于农业环境保护，更加强调绿色作为发展的驱动力，而不仅是发展中要兼顾的问题。农业绿色发展包含三个关键要素：一是农业经济增长与碳排放和环境退化脱钩；二是绿色投入品、绿色技术、绿色投资和消费带动经济增长；三是绿色与经济增长形成相互强化的良性循环，良好的环境、优质的农产品、休闲旅游收入成为经济增长的源泉。这也反映了农业绿色发展从低阶向高阶发展的动态过程。首先是去污，即农业生产过程的清洁化。通过使用绿色生产技术和物资，减少化学投入品，节约高效利用自然资源，资源化利用农业废弃物，实现增产不增污、增产不增碳。其次是提质，实现产地绿色化和产品优质化。水质、土壤、空气等产地环境要素质量明显提高，生态系统得到改善，农产品质量也随之大幅提升，通过完善市场、倡导绿色消费，绿色、优质的农产品在市场中将得到市场溢价。最后是增效，绿色成为驱动发展的内生动力。随着生态环境的持续改善，收入水平的不断提高，农业农村的多功能性逐步凸显，成为满足人们对美好生活向往的重要载体，优质农产品、优美的乡村环境通过完善的产品和服务市场获得溢价，绿色和发展形成良性互动，实现高质量发展。

三、“十四五”农业绿色发展建议

第一，推行政策一本通制度，注重抓落实。借鉴地方“最多跑一次”的经验，同一项工作如确实需要由不同部门分别出台政策文件，应由牵头部门负责进行政策的一致性核查，并将该项工作的所有相关政策汇总成册，作为各地各部门执行政策、国务院督查落实的依据。全面落实已有政策明文规定的各类措施。

第二，加强基础数据的获取，科学制定务实、可监控的农业绿色发展目标。加强秸秆综合利用、畜禽粪污综合利用可监控可核查的过程管控，如秸秆目标可定为“敏感时段无火点”、畜禽粪便目标可定为“规模化设施配套比例+无露天存放和偷排直排”等。在加强过程管理的同时，一方面以“不溯及既往”的原则允许地方重新上报数据，将过去目标倒逼压力下的数据水分挤出；另一方面加强各环节数据的监测和收集，逐步夯实数据基础。

第三，加强对执法和行政的督察巡查，对政策执行过失严格问责。对党和国家有关政策不落实、选择性落实、“一刀切”，或在执行政策过程中采取简单粗暴的方式，会削弱党和政府的公信力，造成不良社会影响和政治影响。建议近期以贯彻落实《中国共产党农村工作条例》为契机，对各地各部门执行中央有关“三农”决策进行一次全面检视，以“农民拥护不拥护、支持不支持”作为评判各地各部门是否正确、有效落实中央决策部署的依据，对上述产生严重不良影响和后果的行为主体进行问责。

第四，不断深化农业补贴制度向绿色生态方向改革。推动相关农业补贴更大程度与秸秆粪便综合利用、减肥减药、农膜回收等绿色生产行为挂钩。在农机购置补贴中，将绿色防控、粪便资源化利用、秸秆粉碎、农膜回收等机械纳入名录。创新农业生态补偿方式，统筹工业和农业污染减排，在中央转移支付中拿出部分资金，在部分地区探索工业和农业间的排污权交易。加大对农业绿色生产技术的补贴力度。

开创农业绿色发展新局面[①]

宋成军　邢可霞　刘世梁

绿色发展观是习近平生态文明思想的重要组成部分，全面推动绿色发展是习近平生态文明思想的内在要求。农业绿色发展是绿色发展的一个分支，是整个绿色发展的基础，是绿色发展理论在"三农"领域的延伸和应用。农业绿色发展是农业发展观的一场深刻革命，深刻领会习近平生态文明思想，回答好农业绿色发展"哪里来""是什么""干什么""怎么干"等关键问题，才能大力推进农业绿色发展这场深刻革命，走出一条产出高效、产品安全、资源节约、环境友好的中国特色农业现代化道路。

一、农业绿色发展科学内涵

农业绿色发展已经成为一个泛在概念，广泛使用于普通媒体乃至科学刊物，但至今没有一个严格、统一的定义。从全球各国农业绿色发展的实践看，农业绿色发展的基本内涵是以绿色发展理念引领农业，以优质农产品和农业生态产品持续供给为目标，以资源节约型、环境友好型和生态保育型技术、装备为支撑，逐步建立生产生活生态相协调的多功能农业生态体系的发展过程。理论上讲，凡是能够推动农业绿色化水平的行为、活动都应该纳入农业绿色发展，从外延来看，依据产业链，可分为绿色投入、绿色生产、绿色产品、绿色消费，也可依据要素分为绿色产业、绿色技术、绿色制度、绿色文化，还可以依据农业活动类型分为绿色种植业、绿色畜牧业、绿色渔业和绿色服务业。

二、对农业绿色发展的要求

习近平生态文明思想开创了农业农村生态文明建设的新局面，成为农业绿色发展的行动指南，在生态文明视域中，可概括为农业绿色发展的"1234"。

1. 一个目标，建设美丽乡村的目标

习近平总书记指出，农村环境直接影响米袋子、菜篮子、水缸子、城镇后花园，并进一步要求把农村突出生态环境问题列为民生优先领域进行解决，到 2035 年，美丽乡村目标基本实现，为老百姓留住鸟语花香田园风光。《乡村振兴战略规划（2018—2022 年）》提出，到 2035 年，农村生态环境实现根本好转。《关于创新体制机制推进农业绿色发展的意见》提出，到 2030 年，基本形成与资源环境承载力相匹配、与生产生活生态相协调的农业发展格局，实现农业可持续发展、农民生活更加富裕、乡村更加美丽宜居。可见，未来 10～15 年内，农业绿色发展将成为建设美丽乡村的重要途径。

2. 两个系统，农业生产和农村生活两个系统绿色发展

2017 年，中共中央办公厅、国务院办公厅印发《关于创新体制机制推进农业绿色发展的意见》，要求推动形成农业绿色生产方式和农村绿色生活方式，实现农业强、农民富、农村美，为建设美丽中国、增进民生福祉、实现经济社会可持续发展提供坚实支撑。因此，习近平生态文明体系框架下，农业的绿色发展实质上是农业农村融合化的绿色发展、生产生活融合化的绿色发展。

---

① 资料来源：光明网-理论频道，2020 年 09 月 10 日。

3. 三个步骤：农业农村绿色发展的“三步走”

2018 年，中共中央、国务院印发实施《乡村振兴战略规划（2018—2022 年）》，乡村振兴的时间表也为农业绿色发展标记了 3 个关键时间节点，即农业农村绿色发展分三步走：到 2022 年，全面推进农业绿色发展，农村人居环境显著改善，生态宜居的美丽乡村建设扎实推进；到 2035 年，农村生态环境根本好转，生态宜居的美丽乡村基本实现；到 2050 年，乡村生态全面振兴，实现农业强、农村美、农民富。

4. 四项要求：农业农村绿色发展的四个着力点

一是更加注重资源高效。长期以来，我国农业高投入、高消耗，资源透支、过度开发。推进农业绿色发展，需要树立循环节约的发展观，打造集约高效生产空间，牢牢守住耕地保护红线，划定自然资源利用上线，调整农业投入结构，推广节能、节水、节地、节药、节肥、节种、节劳和减排等资源节约技术，发展高效农业，依靠产业科技创新和从业者素质提升，提高劳动生产率、土地产出率、资源利用率，实现农业节本增效、节约增收。

二是更加注重环境保护。农业环境保护长期以来历史欠账较多，问题也逐步凸显，生态环境也亮起了“红灯”。推进农业绿色发展，需要树立环境就是民生的福祉观，加快农业环境突出问题治理，大力推广绿色生产技术，减少化肥农药使用量，增加有机肥使用比重，完善废旧地膜回收处理制度，要持续开展农村人居环境整治行动，实现全国行政村环境整治全覆盖，基本解决农村的垃圾、污水、厕所问题，推动生产生活循环化、清洁化，营造宜居适度生活空间，重显农业绿色的本色。

三是更加注重生态修复。推进农业绿色发展，需要树立生命共同体的自然观，严守生态保护红线，以保护优先、自然恢复为主，深入实施山水林田湖草一体化生态保护和修复，重构田、塘、梗、丘、园、林、路等生态要素，建设农业生态基础设施网络，打通农业生命共同体的命脉，打造种养结合、生态循环、环境优美的田园生态系统，加快推进现代高效生态农业建设，保护山清水秀生态空间，完善耕地、草原、森林、湿地、水生生物等生态补偿政策，形成可持续的绿色发展模式，将乡村建设成为美丽中国的生态支撑。

四是更加注重产品质量。从农产品的种类看，农产品供给大路货多，优质的、品牌的还不多，与城乡居民消费结构快速升级的要求不相适应。另外，人民群众对优美生态环境需要已经成为我国主要矛盾的重要方面，广大人民群众热切期盼加快提高生态环境质量。推进农业绿色发展，需要树立绿色生活方式的消费观，倡导简约适度、绿色低碳的生活方式，反对奢侈浪费和不合理消费，通过生活方式绿色革命，倒逼深化农业供给侧改革，持续增加优质、安全、特色农产品供给，同时，加快改善农业农村生态环境质量，持续开展农村人居环境整治行动，提升乡村生态服务功能，提供更多优质乡村生态产品，发展多功能农业，满足人民群众日益增长的绿色优质农产品和生态产品供给需求。

三、农业绿色发展的主要内容

1. 落实农业绿色发展区划

通过落实主体功能区制度，开展农业绿色发展区划，实现优化农业生产力布局，形成与资源环境承载力相匹配、与生产生活生态相协调的乡村振兴绿色发展格局。一是落实农业主体功能区划分。基于全国主体功能区划定技术，依托全国农业可持续发展规划和优势农产品区域布局规划，立足生态承载力（如水土资源匹配性），将农业发展区域细划为优化发展区、适度发展区、保护发展区，明确区域发展重点。二是开展农业绿色发展区划。在主体功能区划之下，加快划定粮食生产功能区、重要农产品生产保护区，认定特色农产品优势区，实现功能区、保护区、优势区与主体功能区区划的衔接合一，形成全国农业绿色发展区划方案，指导全国农业绿色发展布局。三是优化乡村

“三生”空间。以乡村振兴为契机，优化乡村农业生产、农民生活、农村生态的“三生”空间布局，拓展农业多种功能，打造种养结合、生态循环、环境优美的乡村田园生态系统。

2. 发展壮大农业绿色产业

推进农业绿色发展，需要强有力的绿色技术支撑和产业基础。农业绿色产业主要包括：一是清洁生产产业，着力发展园区产业链接循环化改造、园区重点行业清洁生产改造、危险废物处理处置、高效低毒低残留农药生产与替代、挥发性有机物综合整治、农业节水和水资源高效利用、畜禽养殖废弃物污染治理、包装废弃物回收处理、废弃农膜回收利用节能环保。二是清洁能源产业，着力发展生物质能利用装备制造、生物质能源利用设施建设和运营、多能互补工程建设和运营。三是生态环境产业，着力发展生态农业、绿色畜牧业、绿色渔业、农作物种植保护地、保护区建设和运营、农作物病虫害绿色防控等。四是生态保护产业，包括农业非物质文化遗产保护运营和生态功能区建设维护和运营等。五是生态修复产业，着力发展增殖放流与海洋牧场建设运营、重点生态区域综合治理、荒漠石漠化和水土流失综合治理、有害生物灾害防治、地下水超采区治理与修复、农村土地综合整治、海域海岸带和海岛综合整治等。六是基础设施绿色升级，主要包括建筑可再生能源应用、物流绿色仓储、公园绿地建设养护和运营。七是绿色服务产业，主要包括绿色产业项目方案设计服务、绿色产业项目技术咨询服务、碳排放权交易服务、水土保持评估、环境损害评估监测、生态环境监测、技术产品认证和推广等。

3. 养护修复田园生态系统

在农业资源环境问题突出农区养护修复田园生态系统。一是稳步推进耕地轮作休耕制度试点，推动用地与养地相结合，集成推广绿色生产、综合治理的技术模式，在确保国家粮食安全和农民收入稳定增长的前提下，对土壤污染严重、区域生态功能退化、可利用水资源匮乏等不宜连续耕作的农田实行轮作休耕。二是降低耕地利用强度，落实东北黑土地保护制度，管控西北内陆、沿海滩涂等区域开垦耕地行为。三是完善农田生态基础设施，遵循生态系统整体性、生物多样性规律，开展田园生态基础设施建设与维护，如植物篱、生态沟渠、生态廊道、生态岛屿、防护林网等，恢复田间生物群落和生态链，建设健康稳定田园生态系统。

4. 培育乡村绿色生活方式

推动生活方式绿色化是推动人与自然和谐发展、实现生态文明建设的重要途径。一是倡导绿色生活理念，加强生态文明宣传教育，把珍惜生态、保护资源、爱护环境等内容纳入农民教育和培训体系，纳入“丰收节”等群众性精神文明创建活动，增强全民节约意识、环境意识、生态意识。二是培育农产品绿色消费方式，倡导安全、健康、环保的饮食理念，鼓励采购时令绿色食材，提倡适度点餐，持续开展“光盘”行动，拒绝食用珍稀野生动物，减少使用一次性餐具，鼓励餐厨废弃物家庭、社区再利用，建设绿色厨房试点。三是生活方式绿色化试点，选择条件较好、工作成熟、经验较丰富的乡村，广泛开展节约型机关、绿色家庭、绿色学校、绿色社区创建活动，引导青壮年群体践行绿色生活方式，发挥领导干部、公众人物在全社会的带动辐射作用，摸索经验，树立典型，引领示范。

5. 构建绿色发展体制机制

一是开展农业自然资产统计试点工作，按照粮农组织提供的原则、框架与方法体系，开展农业自然资产统计试点，推行农业自然资产统计评价，探索构建全国统一的绿色农业统计指标体系。二是建立绿色导向的农业生态补偿制度，梳理欧盟共同农业政策、英国环境管理项目、美国基于资源与环境的最佳管理措施等先进经验，全面分析我国现阶段农业补贴政策和资金，形成我国农业绿色发展的补偿技术清单、补偿标准，以及执行流程、评估标准，实施绿色生态导向的农业补偿制度。三是制定国家农业绿色产业指导目录，逐步制定细化目录或子目录，并紧密结合国家绿色产业政策及时进行调整，健全农业循环经济推广制度，在重点领域、重点行业、重点环节推行出台投资、价格、金融、税收等方面的推广支撑政策，指导各机关、团体、企业、社会组织更好地支持农业绿色发展。

以绿色发展助力脱贫攻坚[①]

杨 凡

2020年是决胜全面建成小康社会和决战脱贫攻坚之年。4月以来，习近平总书记先后到陕西、山西、宁夏，深入基层走访调研，对决战决胜脱贫攻坚工作做出部署，为确保脱贫攻坚目标不变、攻坚力度不减进一步指明了方向，注入了新动力。习近平总书记强调，要加强易地搬迁后续扶持，因地制宜发展乡村产业，精心选择产业项目，确保成功率和可持续发展。贫困地区要顺利实现从脱贫攻坚到乡村振兴的转换，必须从根本上扼制产业扶贫的短期化偏向，构建可持续的产业发展长效机制。决胜脱贫攻坚，实现贫困地区全面小康，确保脱贫有实效、可持续、经得起实践和历史检验，既需要因地制宜发展特色产业，又要注重在经济社会发展的同时强化生态文明建设，以绿色发展助力脱贫攻坚，探索出绿色与扶贫的双轨交融、互促互进的可持续发展模式，高质量完成脱贫攻坚任务。

一、坚持绿色发展是决战决胜脱贫攻坚的必然要求

党的十八大以来，习近平总书记亲自领导谋划、举全党全社会之力组织推进精准脱贫，脱贫攻坚取得了历史性、决定性成效。区域性整体贫困基本消除，贫困地区基本生活条件明显改善，经济社会发展明显加快，贫困人群收入大幅提高。但我们必须认识到，目前已脱贫的地区和人口中，有的产业基础比较薄弱，有的政策性收入占比高，还有新冠肺炎疫情对贫困人口就业和产业发展带来了新挑战与新风险。越在关键时刻，越要保持战略定力和头脑清醒，必须坚定不移贯彻新发展理念，以绿色发展为抓手，走资源高效利用和环境友好的可持续扶贫道路，以绿色产业带动人与自然和谐共生。

绿色发展是巩固提升脱贫攻坚成果的根本保障。习近平总书记在宁夏调研时强调，要巩固提升脱贫成果，保持现有政策总体稳定。绿色发展作为新时代重要的发展观，其核心是可持续发展，其本质是发展的可再生性和永续性。一方面，绿色发展可以有效防范返贫、致贫风险。已脱贫人口返贫和边缘人口致贫是巩固脱贫成果的最大挑战。防范返贫、致贫风险关键是激活贫困地区的内生动力，实现由“输血”救济到“造血”自救，这需要有长期稳定的产业结构。以绿色发展统筹贫困地区经济、生态、社会各方面发展，提高贫困地区生态要素的利用率，因地制宜培育出具有发展潜力和前景的循环经济和生态产业，才能有效防范返贫、致贫风险。另一方面，绿色发展是提升脱贫成果的有效途径。脱贫摘帽不是终点，而是新生活、新奋斗的起点，“两不愁三保障”的基本需求解决后，贫困地区的群众会对人居环境、发展环境和社会环境有更高的期待，这就更需要突出绿色发展，深刻落实“环境就是民生，青山就是美丽，蓝天也是幸福”的理念，平衡好经济发展与生态环境的关系，实现更稳定、更长远的发展。

绿色发展是深度贫困地区精准脱贫的必由之路。深度贫困地区是脱贫攻坚的坚中之坚，也是决胜脱贫攻坚战必须要啃下的硬骨头。习近平总书记视察陕西秦巴山区集中连片特困地区脱贫情况时强调，要瞄准突出问题精准施策，做好剩余贫困人口脱贫工作。从地理环境角度看，我国14个集中连片深度贫困地区大多与重点生态功能区、生态脆弱区高度重合，位置“深”、资源潜力“深”。

① 资料来源：《共产党员（河北）》2020年08上半月刊。

这意味着常规性扶贫措施在深度贫困地区受限条件多、见效慢，要改变深度贫困地区的面貌，必须推动脱贫攻坚与生态保护两场战役的深度融合，绝不能以扶贫的名义搞“破坏式”开发和“大水漫灌”式刺激，更不能为了鼓起钱袋子而破坏生态。要牢固树立“绿水青山就是金山银山”理念，充分挖掘深度贫困地区“绿水青山”潜能，采用小而精、稳而久的可持续发展路子，根据区域特点发展绿色生态农产品，打造“具有内涵”的绿色品牌。

绿色发展是脱贫攻坚与乡村振兴有效衔接的重要载体。在脱贫攻坚的基础上续接乡村振兴，是党中央在“两个一百年”奋斗目标的历史交汇期对“三农”问题作出的重大决策部署。习近平总书记在山西调研时强调，要做好剩余贫困人口脱贫工作，做好易地扶贫搬迁后续扶持，强化返贫监测预警和动态帮扶，推动脱贫攻坚和乡村振兴有机衔接。从本质上看，脱贫攻坚与乡村振兴是“三农”发展的两个阶段，脱贫攻坚为乡村振兴夯实了发展基础，乡村振兴为脱贫地区后续发展提供稳定的制度保障。“绿色”是乡村振兴的底色，环境优美、生态宜居是乡村振兴的必备条件。在生态环境资源约束趋紧的背景下，优质绿色产品、绿色产业的市场需求日益增加，保护生态资源的政策红利和政策激励日益凸显。坚持绿色发展，构建可持续的生态农业、生态工业、生态服务业体系，是贫困地区顺利实现从脱贫摘帽到乡村振兴过渡的重要载体。

二、绿色发展助力脱贫攻坚的实施路径

以绿色发展助力脱贫攻坚，要在遵循贫困地区自然规律和经济规律的基础上，通过推进人居环境整治、构建绿色产业体系、完善绿色发展政策体系、增加脱贫的绿色含量，全面打赢脱贫攻坚战。

扎实推进农村人居环境整治，补齐生态短板。生态环境是生存之本，发展之源，以绿色发展助力脱贫攻坚要以补齐农村生态短板为“先手棋”和“当头炮”。第一，解决群众集中关心的痛点问题。整合各种资源全力推动农村生活垃圾治理、污水治理、厕所革命、村庄绿化硬化等专项行动，探索创新运行模式，完善投入机制，明确设施由谁来管，确保设施运行有足够的经费。第二，加大生态修复和生态保护力度。根据地区的生态环境功能定位，实施重要生态系统保护和修复工程，按照系统工程的思路，统筹推进山水林田湖草系统治理，筑牢区域优化生态安全屏障。第三，探索符合地区情况的生态扶贫模式。加强乡村生态环保机构队伍建设，鼓励具备条件的地区成立生态建设专业合作社，设立基础设施管护员、乡村保洁员等公益性岗位。

积极构建绿色产业体系，开拓发展空间。脱贫攻坚，产业发展、农民增收是核心。以绿色发展助力脱贫攻坚，要按照各地区资源特征构建绿色产业体系，开拓发展空间。第一，高质量提升优势特色农业。依托贫困地区丰富多样的农业资源，以绿色发展为基本导向，坚持发展绿色、有机、高效农业，逐步淘汰低能、低产、过度依赖农资投入的农作物；坚持“一乡一业”和“一村一品”的特色产业发展路径，加快形成贫困地区具有市场竞争力的优势特色农业体系。第二，大力推动产业生态化和生态产业化。严格贫困地区产业环境准入，以生态安全为底线，以环境承载能力为上限布局扶贫产业，同时大力挖掘贫困地区生态涵养、休闲观光、文化体验、健康养老等生态功能，利用“生态+”模式，推进生态资源与旅游、文化、康养等产业融合。

完善绿色发展政策体系，夯实制度保障。绿色发展是一场发展观的深刻革命，脱贫攻坚是一场必须要打赢的硬仗，以绿色发展助力脱贫攻坚，更需要加大政策支持和制度保障力度。第一，完善绿色农业激励政策。通过财政补贴、贴息贷款、特许经营等方式，加大对生态农业、循环农业、农业面源污染治理等方面的支持。第二，健全生态保护补偿机制。在进一步完善贫困地区森林、草地等生态补偿制度基础上，创新市场化生态保护补偿机制，积极构建针对贫困地区的碳交易市场，让生态守护者受益。第三，要建立绿色核算和考核制度。将资源消耗的增减、环境污染的轻重、生态占用的多寡等内容纳入核算和考核体系，激发贫困地区自觉推动绿色发展的积极性。

农业农村绿色发展：乡村振兴的关键和路径①

靳乐山 朱凯宁

我国是人口众多的农业大国的现实决定了我国乡村兴则国家兴，乡村衰则国家衰。建设适合大量人口就业和生活的乡村，是全面建成小康社会和社会主义现代化强国的应有之义。

一、乡村振兴：生态宜居是关键

乡村振兴的总要求是产业兴旺、生态宜居、乡风文明、治理有效、生活富裕，其中生态宜居是关键。在农业方面，我国当前面临着农业资源环境约束、农产品质量安全等重大挑战；在农村方面，面临着相对贫困、人居环境脏乱差等问题。应对这些问题和挑战，走绿色发展之路，通过推行农业清洁生产、开展农村人居环境整治、利用生态优势发展生态产业等方式建设生态宜居的美丽乡村，是最终的出路。只有农业清洁、乡村优美了，才能留住农村人口尤其是年轻人，甚至能吸引城镇人口来到乡村创业和发展。

二、生态宜居的内涵：农业与农村绿色发展

乡村既是生产空间，也是生活空间，乡村人口几乎每天都在生产空间和生活空间之间切换。因此，建设生态宜居的美丽乡村包括农业生产空间和农村生活空间的绿色发展。

农业绿色发展包含四个部分的内容：资源利用节约高效、产地环境清洁、生态系统稳定和绿色供给能力提升。资源利用节约高效指通过实行农田轮作休耕、降低耕地使用强度、土地整治等提高耕地资源水平和使用效率；通过推行农业灌溉用水总量控制和定额管理、取水许可管理、农业水价综合改革、推广农业节水技术等提高农业用水效率；加强农业生物资源保护与利用。产地环境清洁包含两方面的涵义，一是减少农业投入品使用，如减少化肥农药施用、推广有机肥、控释肥、测土配方施肥、生物农药等；二是农业废弃物资源化利用，如秸秆资源化利用、畜禽粪污资源化利用、废旧地膜和包装废弃物回收。生态系统稳定指实现田园、草原、森林、湿地、水域等生态系统的稳定。绿色供给能力提升指提高农产品质量安全水平、提高品牌农产品占比，加快休闲农业和乡村旅游的发展。

农村绿色发展指农村人居环境整治，以农村垃圾、污水、厕所治理为主要内容。在垃圾治理方面，推行垃圾就地分类和垃圾资源化利用，建立生活垃圾收运处置体系，重点整治垃圾山、垃圾围村等。在污水治理方面，通过城镇污水管网向周边村庄覆盖延伸或推广低成本、易维护、高效率的污水处理技术，实现污水治理和资源利用，重点实施房前屋后河塘沟渠的清淤疏浚，消除农村黑臭水体。在卫生厕所建设方面，根据各地区经济发展水平和环境容量普及不同水平的卫生厕所，同时与污水治理、畜禽粪污治理相结合。

三、农业农村绿色发展引领乡村振兴的着力点

*发挥农民主体地位。*农民是乡村的守望者，农业农村绿色发展离不开农民的参与。通过宣传教育等方式，增强农户对过量施用化肥农药、农业废弃物污染危害的认知，引导农民主动采取生态环

① 资料来源：光明网-理论频道，2019年12月30日。

境友好行为。在有条件的地区探索建立垃圾处理农户付费制度，组织村民定期开展人居环境整治，支持村级组织和村内“工匠”带头人等承接村内环境整治、村内道路和植树造林等小型涉农工程项目。

建立生态产品价值实现机制。良好生态环境是乡村的最大优势和宝贵财富，将绿水青山转化为金山银山、实现生态产品价值是乡村振兴、生态振兴的重要着力点。实现生态产品价值的思路是生态产业化和产业生态化，通过发展绿色农产品产业、开展生态旅游等方式实现生态产品价值。转变农、林、水产品等的种养加工方式，将绿色、环保、健康等价值更多地赋予在农产品的内在价值之中，使消费者为农产品支付更高的溢价。依托当地生态环境发展生态旅游，同时带动周边住宿、餐饮、娱乐等产业的发展，实现生态产品价值。

建立健全农业生态补偿机制。生态补偿是激励环境服务提供者更好更高质量地提供环境服务的有效手段，其原则是受益者付费、保护者得到合理补偿。农户采取减施化肥农药、秸秆粪污资源化利用等环境友好行为提供了环境服务，理应得到补偿。农业兼具生产和生态双重属性，这决定了农户兼具“农业生产者”和“农业生态保护者”的双重身份，在提供农产品的同时也提供农业生态系统服务。我国现行的农业补贴涵盖了农业支持保护补贴、农机具购置补贴等，却少有从实现农业可持续发展的角度考虑农业生态补偿问题，忽视了农业的生态功能，忽视了农户作为生态保护者的身份和地位，对农业生态系统服务供给的激励不足。因此，应着力构建以绿色生态为导向的政策支持体系，建立健全农业生态补偿机制，让环境保护者不吃亏，得到实实在在的利益。

五、地区篇

天津市：落实高质量发展要求，推动绿色品牌发展

天津市农业发展服务中心
张凤娇　王　莹　马文宏　任　伶　杨鸿炜　张　鑫

2020年是全面建成小康社会目标实现之年。为贯彻落实中央1号文件精神，依据中国绿色食品发展中心总体工作思路，天津市农业发展服务中心以增加绿色优质农产品供给为主攻方向，同心协力，真抓实干，扎实推进质量兴农、绿色兴农，不断强化绿色发展对乡村振兴的引领。按照稳中求进的总基调，落实高质量发展要求，着力提升绿色食品、有机农产品和农产品地理标志（以下简称“两品一标”）事业发展质量和水平，“两品一标”各项工作稳中求进、稳中向好。

一、严格标志许可审查，推进绿色品牌发展

1. 强化产品认证，确保“两品一标”高质量发展

2020年度全市共有19家绿色食品企业、有机农产品企业和地理标志农产品申报主体的59个产品通过绿色食品认证或有机农产品认证；其中，绿色食品续展企业11家、产品40个，绿色食品新认证企业7家、产品18个，地理标志农产品1家、产品1个，有机农产品再认证企业1家、产品1个。现共有“两品一标”企业总数65个，产品总数168个；其中，绿色食品企业57个、产品158个，有机农产品企业1个、产品1个，农产品地理标志登记申请人7个、产品9个。现有绿色食品原料标准化生产基地1个，种植作物为玉米，基地规模共11.24万亩。

2. 努力探索，发展新品牌，为天津市品牌发展注入新鲜血液

新增全国农产品全程质量控制技术体系试点生产经营主体4家，产品6个。2020年度确认名特优新农产品申请单位1家，产品1个。2家企业的包装标识被全国农产品包装标识百佳典范（第一批）收录。由天津市农业发展服务中心报送的1家单位获“津农精品”产品品牌、1家单位获“津农精品”企业品牌、“津源”牌获国内知名品牌。

3. 加强农产品地理标志申报登记工作

加强材料审核、现场核查等各个环节，2020 年度天津市津南区农业技术推广服务中心申报的“小站稻”获得农业农村部颁发的农产品地理标志登记证书，正式列入我国农产品地理标志保护行列。

4. 加强引导、挖掘，协助符合条件的企业申报“两品一标”

通过与联系点沟通、服务千家万户的形式，深入田间地头，对企业进行技术服务，挖掘符合“两品一标”申报条件的产品资源。对有申报积极性的企业进行了技术服务讲解，鼓励企业培育品牌。2020 年度共有 8 家企业通过技术服务具备了申报绿色食品的条件，其中 3 家企业成功获得了绿色食品证书、5 家企业材料已上报待审批。

二、严格证后监管，维护品牌农产品公信力

产品质量和信誉是绿色食品的生命线。按照农业农村部对绿色食品提出“严格审查、严格监管”“认证从紧、监管从严”的系列要求，开展绿色食品监管工作。

1. 按作物生长季节及计划开展年检工作

2020 年度共年检绿色食品企业 45 家、产品 132 个，年检通过率 100%。

2. 进一步提升产品质量，强化企业第一责任人意识

在年检过程中通过现场检查、调阅生产档案、查看生产投入品仓库、走访生产人员和企业内检员，详细了解企业生产、产业化经营情况。对于企业存在问题反馈给企业负责人及内检员，强调绿色食品相关标准及规范，要求企业严格管理，认真落实整改，强化企业第一责任人意识，促进企业规范化管理，提升产品质量。2020 年度对年检中发现问题的企业（1 家）提出了整改意见，本年度已经完成整改。

3. 开展例行监测，确保绿色食品质量

为及时发现产品质量安全风险，排除质量安全隐患，配合天津市农业农村委开展例行监测，共检测绿色食品产品 81 个、产地环境个数 128 个，检测合格率 100%。

三、强化品牌培育，提升绿色品牌营销能力

1. 在蓟州区举办“春风万里，绿食有你”绿色食品宣传月活动

通过开展宣传月活动，激发企业活力，增强发展动能，共有 14 家企业进行了集中展示，并由“最美绿色食品企业”天津市优质小站稻开发有限公司企业负责人做工作交流发言，现场通过绿色

食品获证企业齐动员，绿色食品产品集中展示的形式，进一步宣传绿色食品发展理念，展示绿色食品发展成果，分享绿色食品发展经验。

2. 通过组织企业参加中国国际农产品交易会及中国绿色食品博览会，加大公共平台宣传力度

组织“两品一标”生产企业参加第21届中国绿色食品博览会。围绕博览会“绿色生产、绿色消费、绿色发展”的主题，参展的产品分绿色食品展示区和绿色食品生产资料展示区两个区域布展，展示面积105米^2，组织参展企业9家，展示了小站稻、果蔬、杂粮、酒、植物营养素等产品30余种，集中展示了天津市绿色、农产品地理标志产品的新进展、绿色发展的新成就、新农村建设的新面貌。天津展团荣获组委会颁发的组织奖，展示产品中5个绿色食品获绿博会金奖、1个采购商获优秀商务奖。展会上，天津市举行了天津蓟州农产品推介会，对天津市蓟州农产品独特的生长环境、特色农产品各类及背后的历史故事做了全面的介绍，充分宣传了好山好水好农品的绿色发展理念，展现了蓟州特色民俗绿水情怀。

组织天津市地理标志生产企业参加第18届中国国际农产品交易会农产品地理标志专展。此次专展围绕“生态天津　绿色农业”主题，突出“津农津品、津津有味、实施地标保护工程、促进乡村产业振兴”工作重点，集中展示了天津小站稻、茶淀葡萄、宝坻三辣、静海金丝小枣、大港冬枣等地标产品，参展企业5家、6个产品。天津展团交易总量66吨，交易金额121万元；意向购买量490吨，意向购买金额498万元；拟合作项目17个，拟合作项目金额1 580万元，收获颇丰。展会上中国绿色食品发展中心主任张华荣、党委书记唐泓、副主任刘平莅临天津市地标展区，了解天津市农产品地理标志登记保护农产品生产情况。天津市农业农村委员会副主任王志林、总农艺师张建树、市场与信息化处处长张晓东、对外合作处处长刘军等领导到展位指导、查看参展工作。

3. 广泛传播绿色食品发展理念，倡导绿色消费

为深入推进绿色食品宣传活动，让绿色食品贴近居民，走进寻常百姓家，在河西区儒林园社区花园广场举办了“绿色生产、绿色消费、绿色发展”绿色食品进社区宣传活动，现场为居民发放绿色食品宣传手册，讲解绿色食品基本知识，并给居民发放绿色食品纪念品，让优质安全的绿色食品走进了市民身边，让社区数百名市民体验和了解绿色食品的基本理念与相关知识。

四、强化资源整合，提升工作体系队伍能力

1. 举办绿色食品检查员、监管员和地理标志核查员培训班

为加强“两品一标”工作体系队伍建设，提高绿色食品检查员、监管员和地理标志核查员整体素质及业务水平，举办2020年绿色食品检查员、监管员和农产品地理标志核查员培训班，培训班围绕农产品质量安全形势与任务、绿色食品认证审核、绿色食品的标志管理及地理标志农产品申报等内容进行了详细的讲解，并在天津芦台春酿造有限公司进行了现场教学。通过培训，普及并规范了绿色食品产前、产中、产后各环节标准及要求。此次培训班共有150人参加，131人参加了绿色食品检查员、监管员考核并获得了培训合格证书。131人参加了地理标志核查员的考试，考试成绩均达到合格水平。通过区级检查员、监管员、地理标志核查员的培训，强化了区级工作人员的业务水平，进一步推动了市区两级联动，为推进天津市“两品一标”的高质量发展打下基础。

2. 聚焦品牌宣贯推广培训，引领企业品牌意识

聚焦品牌宣传培训，为提高天津市企业管理整体水平，培养企业品牌意识，促进农业产业健康发展，举办了2020年天津市农产品种植业质量安全监管及农产品地理标志登记和保护等相关内容宣贯培训。培训班围绕农产品质量安全形势与任务、农产品地理标志介绍及品牌管理、有机农业发展与有机产品认证要求、农产品全程质量控制技术体系试点规范及申报要求、名特优新介绍及申报要求等方面进行了宣传培训。此次培训班共培训50余人，从培育发展的角度，扩大了品牌宣传的

效果，不断提高天津市优质产品申报的积极性。

3. 落实绿色食品企业主体责任，推行绿色食品内检员网络培训

绿色食品企业内部检查员是企业有效实施绿色食品标准化生产、落实质量管理要求的重要力量。为落实绿色食品企业主体责任，提高企业质量管理能力和标准化生产水平，促进绿色食品企业增效和产业高质量发展，根据中国绿色食品发展中心要求，完成原绿色食品企业内检员数据迁移工作，并将内检员作为前置条件，要求新申报企业先进行培训再受理其申报。

4. 推进标准落地生根，解决绿色食品标准推广“最后一公里”问题

为规范绿色食品企业生产，印制绿色食品标准宣传挂图 3 000 张、绿色食品标志牌 200 个，在 6 月“绿色标准、规程进企业”宣传活动中走进企业，发放给获证企业，用以指导企业生产，普及绿色食品知识，宣传绿色食品理念、内涵、标志形象和技术知识，让绿色食品企业提高安全意识，提升产品品质，促进产业发展。

12 月举办 2020 年绿色食品标准规程入户宣贯培训。绿色食品生产操作规程是绿色食品技术标准体系的重要部分，是落实绿色食品标准化生产的重要手段。为确保相关绿色食品企业准确按绿色食品标准生产，密切关注标准变化情况，第一时间准确把握绿色食品标准及规程，举办了绿色食品标准规程入户宣贯培训班。培训班共有近 40 个企业 50 余人参加，培训班邀请天津市农业行业专家针对绿色食品相关标准进行了解读，并发放标准、宣传挂图 2 000 余份，为绿色食品生产企业及农户提供了技术指导。

积极做好绿色食品生产操作规程及信息报送工作。承接中国绿色食品发展中心绿色食品规程修订任务，本年度共完成 11 个绿色食品规程修订工作、发布信息 11 篇。

五、存在问题及对策

1. “两品一标”优质优价的优势未得到充分展现

“两品一标”产品在管理上投入了较高的成本，但在销售中的优质优价还未得到充分展现。对此天津市农业发展服务中心加大宣传力度，多方面开展了宣传活动，通过参加博览会、开展绿色食品宣传月及绿色食品进社区走进寻常百姓家等活动，提高品牌形象及绿色食品企业和产品市场竞争力，以达到发展绿色食品有利于其产品、价格、渠道和促销升级的效果。

2. 多方原因影响，制约企业续展认证积极性

新冠肺炎疫情的发生、土地使用权变更、销售市场的变动、企业管理不善造成资金短缺等多方原因，制约了企业续展认证积极性。为此天津市农业发展服务中心通过服务企业，加强沟通，通过例行检测的方式以检代补，减轻企业压力的形式鼓励企业续展。

3. 工作体系队伍人员不稳定

天津市区级体系队伍正在推动组建阶段，因改革等问题，现在各区级承担“两品一标”工作的机构和人员变化比较频繁，体系队伍建设相对滞后。对此天津市农业发展服务中心加强了与区级工作人员的沟通，通过举办培训、一对一讲解等多种形式提高区级工作人员的业务能力。

天津市武清区：推广种养一体模式，整区推进畜禽废弃物资源化利用

天津市武清区农业农村委员会 付卫田 陆作领

天津市是全国范围内较早开启全盘规划畜禽废弃物资源化利用的地区之一。武清区积极响应天津市政府的号召，在实施“美丽天津·一号工程”的基础上，全部完成规模畜禽养殖场粪污治理，采用多级沉淀、厌氧发酵、固体堆肥等技术，按照三改两分再利用、种养一体化等模式处理畜禽粪污，建设粪污存储、收集、处理、转运等设施。2017—2019 年，全区共治理各类型规模化养殖场 306 家，推广种养结合模式养殖场 20 家，建设畜禽粪污处理中心 2 个用于消纳散户粪污，提升改造蚯蚓有机肥厂 1 家，增加武清区对粪便的消纳能力。

一、武清区畜禽废弃物资源化利用主要模式

1. 规模养殖场粪污贮存设施改造治理

遵照国家畜牧养殖相关标准、规范及《天津市畜牧条例》要求，为了规范养殖场的厂区环境、增加养殖场粪污收集设施的储存容积，武清区开展规模养殖场粪污贮存设施改造治理工程，主要针对厂区粪污收储环节、雨污分流环节进行提升。2013—2019 年，武清区通过市级补贴、区级配套、企业自筹的方式治理规模化养殖场/小区 519 户，为规模化养殖场/小区建设堆粪棚 6.72 万米^2、集污池 20.21 万米^3，铺设污水管道 6.07 万米，建设污水收集渠 2.16 万米，改造雨污分流系统 5.15 万米，设置各类型检查井 3 254 座，改善厂区道路环境 16.20 万米^2。同时，还探索建设了高效沼气罐 23 套，配套设备 857 台（套），完善规模化养殖场/小区收运环节设备（吸粪车 38 辆、运粪车 158 辆），增加固液分离设施 49 台，购置生物填料 544 米^3，建设综合车间 4 364 米^2。

2. 大型养殖场种养结合模式推广

种养结合是一种结合种植业和养殖业的生态农业模式，该模式是将禽畜养殖产生的粪便、有机物作为有机肥的基础，为种植业提供有机肥来源；同时种植业生产的作物又能给畜禽养殖提供食源。通过种植业和养殖业的直接良性循环，改变了传统农业生产方式，拓展了生态循环农业发展空间。2019 年，为了推动“存得住、用得了”的种养结合模式，武清区筛选出 20 家核心示范场，增加建设防渗膜污水储存囊 8.67 万米^3，并配套相应设施设备。

3. 养殖密集区集中处理中心

为了有效解决畜禽养殖粪污污染问题，同时减轻养殖场粪污处理负担，将粪污治理形成规模实现一定的经济效益，武清区依托 2 个种养大户和 1 个蚯蚓有机肥厂，建设 2 个畜禽废弃物资源化利用中心和 1 个蚯蚓有机肥厂，形成全区 2 个肥水消纳中心、1 个粪便消纳核心的畜禽废弃物资源化利用格局，增加肥水储存设施 4.65 万米^3、堆粪棚/蚯蚓消纳车间 3 500 米^2、肥水灌溉管道 6 580 米，并配套相应设施设备。

4. 散户及其他类型养殖的治理

武清区其他类型养殖场主要集中在肉牛、羊和禽类，这 3 个畜种一方面污水量极少，少量农田即可完成消纳；另一方面粪便方便收集，利用率高，故对散户和其他类型养殖场主要采取就近利用的原则，干清粪简易堆肥就近利用，尿液及少量污水经发酵后就近利用；稍大的养殖户干清粪交由畜禽废弃物资源化利用中心和有机肥厂集中处理，尿液及污水经发酵后就近利用。

二、武清区畜禽废弃物资源化利用主要成效

通过不断加大、加深治理力度，武清区整区推进畜禽废弃物资源化利用工作成效显著，主要表现在以下几个方面：

一是 2013—2019 年武清区累计治理规模化养殖场/小区 519 户，建设 20 家种养结合示范场，建设 2 个畜禽废弃物资源化利用中心和 1 个蚯蚓有机肥厂，实现全区规模化畜禽养殖场的粪污处理设施配套率达到 100%的畜禽废弃物资源化利用基础目标。全区畜禽粪便资源化利用比例达到 90.33%，尿液资源化利用比例达到 90.81%，实现了截至 2019 年年底全区畜禽粪污综合利用率达到 90%以上的目标，同时消纳畜禽废弃物中 6 087.66 吨/年（以氮计）、931.51 吨/年（以磷计）。

二是畜禽废弃物资源化利用工作的不断深入开展，有效地减少了养殖场对周边环境的污染，既缓解了政府环保压力，减少畜禽养殖污染信访投诉，又有效地改善了村镇居民的生活环境，提高农村的公共卫生水平。同时，通过整区推进畜禽养殖废弃物资源化利用，形成农牧结合、种养循环发展的产业格局，实现畜牧业持续、健康、稳定发展。

三是通过对畜禽养殖废弃物资源化利用，大力推广种养一体化，推行三改两分再利用（即改水冲粪为干清粪、改无限用水为有限用水、改明沟为暗沟，实行固液分离、雨污分流，粪污经无害化处理后再利用到农田），实现了农业生态资源的再利用，减少了化肥用量及化肥生产导致的环境污染。每年可提供约 42 万吨肥水用于大棚蔬菜及液体粪肥用于水稻、玉米、果园、苗木种植，可替代大量的化肥和灌溉用水，极大地减少了化肥投入量和灌溉水资源消耗，形成有区域特色的种养结合循环农业发展模式。

三、武清区畜禽废弃物资源化利用主要经验

1. 成立区指挥部门，健全组织保障

成立武清区整区推进工作领导小组，由分管区长任组长，财政、国土、环保、农委、畜牧主要负责人为副组长，并组建区治理办公室，由畜牧水产中心牵头，负责工程建设的日常管理、推动督查工作。各有关部门切实履行职责，加强组织推动，并做到分工协作、密切配合，形成工作合力。

2. 明确任务分工，逐级落实责任

属地镇（街道）作为责任主体，负责上报治理计划、协助招标建设和工程监管；财政部门负责协调落实补助资金及使用监管；国土部门负责协调项目用地和确定土地性质；环保部门负责畜禽污染治理工程运行监管；农委负责政策落实、项目落地、协调服务；畜牧兽医管理部门负责技术指导服务、组织审核建设方案。

3. 加强政策宣传，改变养殖场传统理念

武清区主要领导靠前指挥，前期做了大量的准备工作，包括召开区镇村三级动员大会、电视曝光、开座谈会、发宣传单、进行调查问卷等，取得了良好的宣传发动效果，使群众深入了解开展畜禽废弃物资源化利用的重要性，积极支持区政府工作。群众的支持力度和整治工作的高压态势给养殖场（户）当头棒喝，养殖场（户）充分认识到开展畜禽废弃物资源化利用工作势在必行，从而积极配合政府工作，为开展畜禽养殖场（户）的畜禽废弃物资源化利用工作奠定了扎实的基础。

4. 加大财政支持力度，强化政策保障

对粪污治理工程实际新增工程总投资，市、区两级财政承担 80%，规模畜禽养殖场承担 20%，方案设计费由区级财政全额担负，确保补助资金全部用于粪污治理工程建设，同时落实好补贴范围内的畜禽粪污资源化利用农机购置敞开补贴政策，积极推动开展畜禽粪污处理相关机械新产品补贴试点。

5. 深入贯彻“一场一策”的设计理念

武清区畜禽废弃物资源化利用的所有建设方案均由有资质的设计单位或有经验的科研院所协助编制，做到“定点、定位、定价格、定要求”，最终通过第三方验收程序合格后，方予以拨款。每个单体项目的所有材料要求存档备案。

6. 严格落实畜禽规模养殖环评制度

一是合理编制环评报告。环评报告书、登记表的评价对象严格按照《建设项目环境影响评价分类管理名录》（2017 年，环境保护部令第 44 号）确定的畜禽养殖项目的环评文件和类别执行。

二是指导养殖场规范改造。统筹畜产品供给和畜禽粪污治理，采用疏堵结合的方式，在治理的同时加强引导。对于选址合理、污染防治措施符合环境管理要求的，完善环保手续后纳入环境监管范围。

7. 全面加强畜禽规模养殖环保执法监管

一是建立长效管理机制。武清区政府建立畜禽粪污治理长效管理机制，各部门分工负责，保证畜禽污染防治效果。

二是加强日常监督管理。环保部门将畜禽养殖污染防治纳入日常执法监管范围，采取随机抽查、例行检查相结合的方式，加大监督检查力度，及时做好记录，建立管理台账。

三是加大执法处罚力度。严厉打击非法排放畜禽污染物、不正常使用污染治理设施、监测数据弄虚作假等环境违法行为。对造成生态环境损害的责任者，依法严格落实赔偿责任。

河北省：抓有机，强产业，推动绿色农业跨越发展

河北省农产品质量安全中心 杨朝晖

河北省地处华北，东临渤海，内环京津，西为太行山地，北为燕山山地，燕山以北为张北高原，其余为河北平原，全省面积为18.88万千米^2。河北是我国唯一兼有高原、山地、丘陵、平原、湖泊和海滨的省份，也是我国重要粮棉产区，地理位置优越，农副产品特产丰富，适合发展绿色优质农产品产业。

习近平总书记强调，要把增加绿色优质农产品供给放在突出位置，狠抓农产品标准化生产、品牌创建、质量安全监管，推动优胜劣汰、质量兴农。农业政策要从增产导向转向提质导向。2020年中央1号文件中提出：继续调整优化农业结构，加强绿色食品、有机农产品、地理标志农产品认证和管理，打造地方知名农产品品牌，增加优质绿色农产品供给。新的历史时期，以农业供给侧结构性改革为主线，立足资源禀赋和产业优势，因地制宜，推行有机生产方式，不断扩大有机产品生产规模，通过示范带动、品牌引领、强化监管，实现质量安全、产品优质，不断满足人民群众对绿色优质农产品日益增长的需求，已成为河北省推动绿色农业发展的重要举措。

一、有机产业发展形势和现状

为推动河北省有机产业快速发展，河北省人民政府2010年6月下发《关于加强示范县建设促进蔬菜产业又好又快发展的意见》（冀政〔2010〕87号），为落实该意见，河北省财政厅和农业厅共同制定了《河北省“三品一标”蔬菜产品补贴资金管理办法》（冀财农〔2010〕142号），从2010年开始，连续3年每年安排专项资金1 000万元，对通过无公害农产品、绿色食品、有机农产品认证和农产品地理标志登记的蔬菜产品给予一次性补贴，其中有机农产品每个获证单位补贴3万元。河北省人民政府办公厅印发的《关于加强农业对外开放工作的意见》（冀政办〔2016〕61号）提

出：2017—2021 年省级预算安排专项资金采用先建后补、以奖代补的方式支持农业对外开放工作。每年支持 80 家取得境内有机农产品、农产品地理标志认证的产品（企业）或获得国际认证的农产品企业（产品），每个予以一次性奖补 10 万元，该政策主要针对出口企业。

2018 年度河北省认证有机企业 361 家，颁发有机证书 538 张，面积 150 万亩，产量 67 万吨，产值 19.74 亿元。有机产业初具规模，涌现出一批示范带动作用明显的企业和区域。例如，河北企美农业科技有限公司作为有机产业的领跑者，20 年始终从事有机生产，致力于打造种植、加工、养殖、有机肥生产为一体的有机产业闭合链，产品涵盖保鲜类、速冻类、冻干类、杂粮类、禽蛋类五大系列，芦笋、西兰花、糯玉米、大豆、绿豆、芝麻、有机柴鸡蛋等 115 种有机产品获得国内外有机产品认证，其国内销售的有机产品主要通过南京国环有机产品认证中心认证。公司目前基地面积达到 3.2 万亩，有机速冻、冻干果蔬加工能力 3.7 万吨，带动农户 1.3 万人，成为影响力彰显的企业典型。丰宁满族自治县立足首都“两区”（水源涵养功能区和生态环境支撑区）建设，把有机农业作为统筹推进“生态建设”和“脱贫甩帽”两大攻坚任务的切入点，打造了诸如黄旗有机小米、缘天然有机液态奶、平安高科有机菊粉、昌达有机蔬菜等一批有机知名品牌。丰宁县被农业农村部批准成为全国有机农业（小米）示范基地和第一批全国有机农产品（小米）基地，黄旗小米种植规模 5 700 亩。目前全县共有 35 家企业获得 57 张有机证书，成为整县域推进有机产业的区域发展典型。

截至 2018 年年底，河北省农业系统认证（中绿华夏有机食品认证中心）的有机企业 51 家、产品 168 个、产量 3.98 万吨、基地面积 14.28 万亩，获证企业数在全国排在第 7 位、产品数排在第 8 位。

二、下一步的工作思路和发展目标

1. 总体思路

坚持以习近平新时代中国特色社会主义思想为指导，以农业供给侧结构性改革为主线，以农产品品质提升为目标，以标准化生产和基地创建为载体，聚焦“四个农业”，推行全程质量控制和品牌发展战略，扩大有机农产品生产规模，建立健全市场销售体系，满足公众追求生态环保消费需求，促进有机农业持续健康发展。

2. 基本原则

一是保护生态环境，绿色持续发展。准确把握产业发展定位，科学配置生产要素，有机农业发展和生态建设相结合，整体效能和可持续性相结合。

二是立足资源优势，因地制宜发展。依托资源禀赋和产业基础，统筹规划，合理布局，充分发挥典型示范作用。

三是严把质量安全，健康稳步发展。严格标准，规范管理，强化行业自律，坚持审核从紧、监管从严、处罚从重，健全退出机制，维护品牌公信力。

四是政府支持推进，市场驱动发展。鼓励支持有机农业发展，制定优惠政策，加大投入力度，营造良好发展环境；同时充分发挥市场引导作用，引领健康消费理念，开拓有机农产品消费市场。

3. 发展目标

力争通过 3 年努力，有机农业规模进一步扩大，有效期内获证数量年增幅保持在 8%以上，获证产品全部实现可追溯，产品溢价能力明显增强，市场体系初步建立。2020 年重点打造 10 个有机产品示范基地，生产企业由 2019 年的 360 家增加到 400 家，销售额由 2019 年的 25 亿元增加到 30 亿元；争取到 2022 年有机产品示范基地增加到 30 家，生产企业增加到 470 家，销售额达到 40 亿元以上。

三、重点任务及措施

1. 科学规划发展布局，建设高标准示范基地

立足太行山、燕山和首都“两区”建设区域及其他生态环境良好区域，依托特色优势产业，打造一批有机产品生产基地。重点在燕山长城沿线建设有机板栗基地，在太行山、燕山浅山丘陵区发展有机苹果种植基地，在太行山低山丘陵区发展有机核桃加工原料基地，在张承坝上地区发展有机优质马铃薯和有机蔬菜生产基地，在冀中南地区发展有机小麦和蔬菜生产基地，在太行山、燕山地区发展有机优质谷子和杂粮杂豆生产基地。鼓励有基础有条件的生产基地创建国家有机食品生产基地和全国有机农产品基地。

结合创建特色农业精品示范基地，在绿色发展先行区、现代农业园区、特色农产品优势区大力推进有机农业发展，推行绿色有机标准化生产方式，强化全链条农产品质量安全管控，打造一批在全国有影响力的有机农产品，提升高端市场占有率。重点打造有机苹果、有机板栗、有机核桃、有机藜麦、有机马铃薯等具河北区域特色和品牌优势的有机产品示范基地。

2. 强化科研和技术推广，提高有机农业科技支撑能力

推进产学研用深度融合，与大专院校和科研院所合作，设立有机农业科研机构，集成有机生产技术并示范推广，打造果品、蔬菜、杂粮、坚果有机生产典型样板，探索可复制、可推广的生产模式，推动产业升级，促进企业增效，带动农民增收。

采用精、调、改、替、休技术路径，通过精准限量施肥、调整用肥结构、改进施肥方式、有机肥替代化肥、休耕轮作、新型经营主体示范等措施，提高有机生产耕作水平。结合畜禽粪污资源化利用，推广“菜（果）-沼-畜”“秸秆生物反应堆”等有机肥替代模式。实行季节性休耕、保护性轮作，减轻连作障碍，改善土壤理化性质，提高土壤生物活性和肥力。

依托新型经营主体和病虫防治服务组织，积极推广生态调控、物理防治、生物防治等绿色防控技术，探索适合有机生产的全程绿色防控模式，构建资源节约、环境友好的病虫害可持续治理技术体系，有效提升农产品质量和品质。

3. 培树典型示范引导，强化龙头带动作用

根据国内外市场需求，支持有机产品生产企业改造升级，延长有机农产品加工产业链，提高精深加工比例，实现有机产品多样化，提高国内外市场占有率和溢价率。重点扶持一批产业化经营度高、销售体系健全、有市场、有品牌、有竞争力的有机产品生产企业，重点打造河北企美农业科技有限公司、河北富岗食品有限责任公司、承德神栗食品股份有限公司等有机产品生产企业。

4. 强化品牌驱动，建立完善有机产品市场体系

拓展国内外市场，探索有机市场体系建设的新方式、新业态，有效促进厂商合作和产销对接，培树河北有机品牌。鼓励企业走出去，参加各类专业展会和展销展示活动。2020 年重点打造燕山甘栗、太行山苹果、坝上马铃薯、临城薄皮核桃、丰宁黄旗小米等河北有机产品特色品牌，推动有机农业步入“以品牌引导消费、以消费拉动市场、以市场促进生产”的良性发展轨道。

瞄准高端消费市场，重点面向北上广深一线城市和重点消费城市，引入工商资本和社会资本，发挥行业协会和商会作用，打通产业链。建立省级连锁经营配送服务中心，设立河北有机产品专营店、连锁店，积极对接关联城市销售渠道，通过订单销售、团单输出、品牌联合推广等板块的打造，逐步形成产地市场与消费市场、连锁经营与电商网络销售相结合的有机产品市场网络。

推动有机产品市场线上线下融合发展，加大有机产品电商化平台建设，依托淘宝、天猫、京东等平台，建立河北省有机产品旗舰店或者专卖店；以省会大型商场、连锁超市为依托，建立有机产品专柜专区，满足特定群体消费需求；在有条件的居住区，建立专卖店及线下体验店，培树消费理念。线上线下同时发力，推动全省有机农产品不断提升知名度和影响力。

5. 强化质量监管，保障有机产品安全和信誉

加强有机产品认证活动的监督检查，督促认证机构对认证的产品实施有效的跟踪监督。强化企业自律，健全退出机制，维护品牌公信力。

加强生产基地环境监测与保护，引导鼓励生产企业实行清洁生产。建立有机农产品生产基地定期检查和跟踪监测制度，重点对大气环境、土壤条件、灌溉水质等进行监测，确保达到有机产品国家标准。加大获证产品巡查指导力度，对有机产品进行监督抽检，定期发布检测结果，不符合标准的取消其标志使用资格并进行公告。建立和完善产地准出和市场准入机制，实现产品全程可追溯。

加强有机产品销售市场管理，进一步规范有机产品包装和标识，在获证产品或者产品的最小销售包装上，加中国有机产品认证标志、有机码和认证机构名称以告消费者，维护消费者的合法权益。对生产经营假冒伪劣有机产品的责任者要严惩严罚、公开曝光，保证市场秩序。

6. 强化宣传培训，营造有机农业发展良好氛围

组建有机产品专家顾问咨询团队，通过政策解读、技术推广、定向帮扶、市场策划等服务手段和措施，积极帮助符合标准的新型经营主体转型升级成有机产品生产企业，夯实发展基础。积极开展有机产品进社区和进校园、公益广告、专家讲座、企业直播等宣传推介活动，普及有机产品知识，形成全社会关心、支持、参与有机农业的氛围，引导工商资本和社会资本进入有机农业，为产业发展注入动力。

河北省故城县：实施作物绿色防控，促进农药减量增效

河北省故城县农业农村局　王志霞　李华峰　李建军　高庆花

故城县位于河北省东南部，地处黑龙港流域，隔京杭大运河与山东省德州市南北百里相连。全县总面积 941 千米^2，辖 13 个乡镇 538 个行政村，总人口 51 万人，基中农业人口 42 万人，耕地总面积 91 万亩，其中农户家庭承包耕地面积 76.6 万亩。

故城县境内有京杭大运河、清凉江、江江河等几大河流，地下水资源丰富，粮食、油料、果品、蔬菜、畜禽等农副产品资源丰富，粮食单产水平、总产量一直处于衡水市前列，先后被命名为"全国粮食生产先进县""全国棉花百强县"，"甘珠"牌红小豆被评为中国名牌农产品，"龙凤贡面手工制作技艺"载入河北省首批非物质文化遗产名录。2019 年获批全国农业技术推广服务中心发布的第一批全国农作物病虫害绿色防控示范县。

故城县作为农业大县，始终坚持以科技发展为导向，不断加大农业科技投入，坚持绿色兴农、质量兴农，始终把农产品质量安全放在首位，积极探索农作物病虫害绿色防控技术，加快落实农药减量增效，保护农田生态环境。

一、绿色防控发展概况

几年来，通过不断探索和试验，从生物食诱剂诱杀玉米田鳞翅目害虫、性诱剂诱集成虫、迷向丝控制梨小食心虫、小麦硅钾肥喷施等绿色防控技术的实施，到逐步推广普及形成配套技术措施，有效控制了全县农作物病虫害的虫口基数，减少了农药使用次数，从而减低了农药面源污染，促进了全县农业保持持续稳定发展。

2020 年，故城县小麦种植面积 48.87 万亩，硅、钾叶面肥实施面积 3.8 万亩；玉米种植面积 53.2 万亩，生物食诱剂喷施面积 30 万亩，秸秆捡拾 30 万亩；杀虫灯实施辐射面积 1.2 万亩；性诱剂诱杀设备辐射面积 0.4 万亩；绿色防控综合实施面积达 35.4 万亩，绿色防控覆盖率 35%，减

少施药次数 2～3 次，减少化学农药使用量 40%，危害损失率降低到 7%，病虫害综合防控效果达到 88%，实现了农业增效、农民增收，为确保农产品质量安全和农业生态环境安全奠定了良好基础。

二、主推绿色防控技术

1. 玉米田生物食诱剂防控技术

生物食诱剂是一项高效的绿色防控技术，是夜蛾利它素和昆虫取食促进剂的混合物，借助于有效的缓释载体，在田间释放夜蛾科成虫喜好的气味，引诱其聚集到味源取食，使用过程中加入少量化学农药，害虫在取食产品后将被集中灭杀。分别于 7 月中下旬、8 月中下旬玉米螟、棉铃虫、黏虫等主要害虫成虫发生高峰期前 2～3 天喷施生物食诱剂，集中诱杀成虫。

2020 年，全县玉米田生物食诱剂实施面积 30 万亩，其中社会化服务项目 15 万亩，县级财政配套 15 万亩，绿色防控面积达到 50%以上。8 月 4—6 日，全国农业技术推广服务中心在故城县组织召开了全国生物食诱剂应用技术培训班，共有 11 个省份植保站负责人和相关重点市、县植保站负责人及有关专家参加培训，就绿色防控进行了现场演示和宣传推广，得到各级领导及与会代表的认可和好评。

2. 小麦硅、钾肥喷施技术

小麦田喷施含硅、钾元素的叶面肥，可促使小麦茎秆粗壮，增加柔韧性，预防小麦中后期倒伏及干热风，且增加叶片蜡质层，防止气流传播病害和刺吸式害虫对小麦的危害。2020 年，全县实施小麦“一喷三防”＋硅、钾肥 3.8 万亩，喷施后小麦叶片增厚，颜色浓绿，赤霉病、白粉病、锈病、蚜虫等病虫害明显减少，抗早衰、倒伏能力明显增强，有效增加千粒重，提高小麦产量。

3. 应用诱杀技术，减少田间有害生物种群基数

杀虫灯诱捕成虫：利用高空诱虫灯和太阳能杀虫灯诱杀成虫。高空灯有效诱集高度可达 2 000 米，高发期每天的诱虫量平均 2.5 千克，每台杀虫灯辐射范围 50 亩，累计辐射面积 1 万余亩，有效控制害虫虫口基数，减少危害，降低农药用量，保护生态环境。

性诱剂诱杀：为监测草地贪夜蛾，2020 年购置 1 080 套性诱捕器，全县 538 个村每村约安置 2 套，能够及时准确地提供草地贪夜蛾的发生动态，避免盲目施药，有效促进全县绿色农业的发展。

4. 迷向丝控制梨小食心虫等果树害虫

春季在越冬代梨小食心虫成虫羽化前，将迷向丝均匀分布挂在果园，每亩 33 根，一次使用覆盖当年整个水果产季。从源头上压低和控制梨小食心虫的种群发展，综合防效 95%以上，大幅降低蛀果损失，提高果农经济效益。

5. 熊蜂授粉技术

番茄盛花期每亩释放 30～35 只熊蜂，可使用 2 个月，通过熊蜂授粉，明显提高花朵坐果率，增加果实产量及品质。

6. 防虫网、色板阻隔诱杀技术

定植前温室上下放风口及出入口安装防虫网，阻隔鳞翅目害虫、粉虱、蚜虫等害虫的入侵途径，减少化学农药使用；利用蚜虫、蓟马、赤眼蕈纹等多种害虫的趋色性，在蔬菜田内悬挂黄板、蓝板、黑板等。害虫始发时，根据害虫发生种类在田间挂相应的色板诱杀害虫，每亩挂色板 20 片，色板高度高于植株顶端 20 厘米左右，色板随植株的长高而升高，色板粘满害虫后应及时更换，有效降低害虫发生率，保护生态平衡。

三、主要工作成效

1. 减少了农药使用量，提高了病虫防治效果

玉米田生物食诱剂防控技术是在玉米施药田每隔 100 米放置一个诱集药带，施药面积仅占全田的 0.8%，农药使用量仅占常规农药量的 3%，雌雄害虫通杀，从源头上控制害虫的种群发展，大量缩短施药时间，具有省工、省药的优点，而且防效显著；根据施药后的调查，实施田防效达到 88%以上。综合利用其他病虫害阻隔诱杀技术，能减少田间施药 2～3 次，降低农药使用量，提高病虫防治效果。

2. 农田生态环境得到改善

绿色防控措施的实施，不仅显著减少农业面源污染，而且减少了对有益生物的杀伤，发挥了天敌对害虫的控制作用，减轻了农药对环境的污染、对农产品质量安全和品质的影响，实现了化学农药减量控害的目标，取得了明显的生态效益，而且安全无毒，在农产品上几乎没有残留，有力地促进了故城县绿色农业可持续发展。

3. 社会效益显著提高

实施绿色防控技术，在提高防治效果的同时，减少化学农药的使用，降低了农业环境污染，实现了农产品质量安全、农作物生长安全、人畜健康的目标，大大提高了人民群众的生活质量。通过多种形式的技术普及，绿色防控技术措施在农民使用终端获得越来越广泛的认可，绿色防控示范区技术入户率达到 90%以上，逐步成为农民的自觉行动，真正从源头上实施绿色防控，实现无公害农业和生态农业，社会效益显著。

4. 持续控制病虫灾害，保障农业生产安全

通过推广应用生态调控、生物防治、物理防治、科学用药等绿色防控技术，大大降低了农药残留、环境污染、病虫抗性增强等问题，有助于保护生物多样性，实现病虫害的可持续控制，而且有利于减轻病虫危害损失，保障粮食丰收和主要农产品的有效供给，符合故城县倡导的绿色农业、科技农业、质量农业、品牌农业全面推进的发展目标。

山西省：农产品高质量绿色发展取得新成效

山西省农产品质量安全中心　郝志勇　田峻屹

山西省夹峙在黄河中游峡谷和太行山之间的高原地带，因居太行山之西而得名，古称河东，是中华民族发祥地之一，也是农耕文明发祥地之一，被誉为“华夏文明摇篮”。全省地貌较为复杂，境内山区、丘陵占总面积的2/3以上，地形多样，高低悬殊，既有纬度地带性气候，又有明显的垂直变化，耕地面积6 084.49万亩，人口3 729.22万人。山西农业之长在于特、粮食之长在于杂，是著名的“杂粮王国”，有豆、麦、粟、薯、禾等5大类20多种；是全国水果、干果生产优势区，苹果、梨、红枣、核桃产量居全国前5位；是全国地道中药材主要产地之一，共有中药材资源1 788种；是全国13个牧区半牧区省份之一，全省天然草地面积6 800万亩，常年乳品产量位居全国前10位。山西省特殊的地理、气候、生态和资源条件，孕育了众多特色农产品，为农业高质量绿色发展提供了良好的基础。

2019年是新中国成立70周年，是全面建成小康社会关键之年，也是山西开启农产品高质量绿色发展征程的突破性一年。在农业农村部大力支持和山西省委、省政府坚强领导下，全省农业系统以“不忘初心、牢记使命”主题教育为引导，坚决贯彻习近平总书记视察山西重要讲话精神和中央农村工作会议、全省农业农村工作会议精神，坚持以实施乡村振兴和绿色兴农战略为目标，以增加绿色优质农产品供给为主攻方向，坚持“产出来”“管出来”两手抓，谋划长远、久久为功，着力扩大绿色、有机规模，持续推进质量兴农、绿色兴农、品牌强农，推动全省绿色优质农产品乘势而上开创新局面。

一、高速度，高质量，争当农产品绿色发展排头兵

1. 区域特色农产品高质量绿色发展取得新突破

山西省立足农业资源禀赋，依托重大战略，聚焦重点产业，狠抓关键环节，推动特色农业实现十大突破，“三品”产业发展成效显著。2019年，全省认证“三品”产品2 110个、种植面积549.1万亩、养殖规模1 096.5万头（只）。其中，绿色、有机认证产品559个，同比增长56%，占“三品”总数的比重上升了6个百分点，极大提升了全省农产品的发展质量和综合效益。截至2019年年底，全省“三品”有效获证产品达4 879个、种植面积1 537.5万亩、养殖规模2 508.8万头（只），同比分别增长42%、32%和69%。2019年，新建全国有机农产品标准化生产基地3个，占全国新建有机基地数量的23%。同时，全省不断推进全国农产品全程质量控制技术体系试点工作，鼓励符合条件的“三品”优质企业开展试点创建，并进行专业知识培训，组织参加大型展会，极大地推动了农产品高品质生产、高质量发展。全年又有12家生产经营主体入选全国试点名录，达到38家，占全国总数的5.1%，排第8位。

2. 区域农业标准体系建设达到新高度

为了适应市场经济发展新要求，把各项农业标准推广应用到农业生产和经营活动中，促进农业科学化、系统化发展，是农产品高质量发展和保障农产品消费安全的战略选择。近年来，山西省逐步建立了一套具有山西特色、与现代农业发展相适应的农业标准体系，农业标准化生产水平不断提高，实现了按标生产全覆盖。特别是山西省农业标准化技术委员会成立以来，全省农业标准化工作进入一个新的发展阶段。以有机旱作农业、特色农产品为重点，开展生产过程全产业链、生产技术

全要素、作物品种全覆盖的技术规程地方标准研制工作。通过加强能力建设、苦练内功，提升体系队伍在标准研制、标准化生产、全过程管控、服务能力等方面的专业素养。借助农技推广队伍，建立起从市到县再到乡的标准化队伍，全省农业标准化建设的“朋友圈”深入到基层。通过标准制（修）订，推行农产品质量安全新要求，不仅做到有标可依，而且做到与时俱进，切实推进农产品质量安全水平的快速提升。2019 年，制（修）订省级农业地方标准 158 项，使全省农业省级地方标准累计达到 951 项，占到省级地方标准总数的 2/3。另外，制定发布了 20 项农业生产托管服务标准和《职业农民生产技能要求与评价》系列标准，开创全国先河。

3. 区域特色农产品绿色扶贫获得新成效

2019 年，是打赢脱贫攻坚战的关键一年。山西省坚持绿色发展理念，把“三品”品牌特色产业发展成为贫困地区助农增收、致富脱贫的重要支撑。根据《山西省特色农业扶贫三年攻坚行动方案（2018—2020 年）》，定期召开脱贫攻坚专题会议，组织学习习近平总书记关于扶贫工作重要论述及指示批示，精心安排部署贫困地区“三品”工作，严格落实主体责任，确保各项扶贫工作落实落地。省级品牌建设奖补资金积极向贫困地区倾斜，达到 920 万元，占比 46%以上，同比提升近 3 个百分点。通过多措并举、主动作为，当年贫困地区“三品”认证产品 1 053 个、面积 284.1 万亩、养殖规模 485.1 万头（只），使贫困地区有效获证产品达 2 142 个、面积 726.2 万亩、养殖规模 1 142.8 万头（只），同比分别增长 48%、48%、66%。全省贫困地区“三品”生产总量 551.3 万吨，产业扶贫人均 4.3 吨。2016—2019 年，全省贫困地区“三品”销售额由 39.7 亿元增加到 105.5 亿元，年均增幅 39%；贫困地区农民人均年收入由 6 620 元上涨到 9 379 元，增加了 2 759 元。

山西省还将“三品”认证和产业扶贫紧密结合，委派驻村第一书记和扶贫工作队员，组织干部职工积极参加消费扶贫，技术骨干深入贫困户指导应用脱贫增收技术，取得明显成效。以“大同黄花”为例，从 2016 年开始，在大同市云州区（原大同县）强化质量管理，加大产业开发，编制技术规程，开展投入品管控及追溯管理，积极推进全国绿色食品原料标准化基地 3.5 万亩的创建。经过 3 年的技术指导和推广，新认证绿色食品企业（合作社）12 家，认定产地面积达 8.5 万亩，带动周边黄花菜的绿色标准化生产近 11.5 万亩，黄花菜干品 3 年平均亩产增加 32.4 千克，达到 322.4 千克/亩，增幅 11.2%，亩新增纯收益 3 389 元，年经济效益超过 6 亿元，形成了“户均一亩绿色食品黄花菜”的产业布局，实现了产业脱贫目标，给全省起到了良好的示范带头作用。

二、重举措，强体系，争做农产品绿色发展示范区

1. 明确目标任务，加强政策支持

一是强化组织领导。以“三品”发展纳入山西省乡村振兴战略目标任务为契机，印发了《山西省 2019 年“三品”工作要点》。通过定目标、定任务、定进度、细措施，进一步明确各级工作指标，确保全省“三品”工作有力推进。二是加大奖补力度。在 2018 年首次列支 1 900 万元省级奖补资金支持的基础上，2019 年增加到 2 000 万元，极大地提升了生产者发展绿色优质农产品的积极性。三是落实优惠政策。严格执行“国家级贫困县有机产品认证费减免 35%和认证满 5 年、10 年、15 年、20 年的认证费分别减免 20%、30%、40%、50%”和“国家级贫困县 2019 年 5 月 1 日至 2021 年 1 月 1 日全部免收绿色食品申报主体认证审核费和标志使用费”的优惠政策。

2. 推行集中会审制度，提高认证审核效率

随着农产品高质量步伐加快，山西省突出重点地区、重点企业和重点产品的发展，积极组织农业产业化龙头企业、农民专业合作社示范社申报绿色食品，引导规模食品企业、特色农产品加工企业、出口企业扩大绿色食品生产规模，创造条件发展绿色畜禽水产品，不断优化产业结构，提升绿色食品供给水平。同时，积极实施绿色食品集中会审制度，进一步提高了认证质量和工作效率。在中国绿色食品发展中心的大力支持下，全省申报的 220 多家企业的绿色食品申报材料在太原进行集中会审，极大地缩短了审核时间，提高了认证效率。另外，全省加大无公害农产品获证程序改革力度，进行流程再造、环节精简，使其进入省政府政务服务中心、纳入行政确认范畴，实行“一事联办”“一窗通办”，做到让数据多跑路、群众少跑腿，积极推行集中会审制度，最大限度提高服务效率。

3. 狠抓业务培训，提高体系队伍综合水平

一是加强队伍建设。全省培训无公害农产品检查员 260 多名、绿色食品监管员 80 多名和检查员 73 名，并先后选派技术骨干 40 多人次参加了农业农村部举办的全国检查员、监管员培训。二是加强生产主体管理。按照先培训后认证要求，山西省农产品质量安全中心编写了《2019 年山西省无公害农产品检查员工作手册》《2019 年无公害农产品认定申报材料范本（种植业）》《2019 年无公害农产品认定申报材料范本（畜牧业）》和《2019 年山西省绿色食品培训资料》等教材 35 万余字，印刷 3 300 余册，完成全省无公害农产品和绿色食品内检员培训各 11 期，有 1 000 多人获得无公害农产品内检员、750 多人获得绿色食品内检员资格证书。三是提高检测质量。针对全省符合条件的检测机构少、队伍参差不齐等问题，积极引进省外条件优秀、技术雄厚、信誉良好的专业检测机构参与全省工作，并组织市县机构、申报企业开展满意度测评，为认证工作顺利开展奠定了基础。

4. 加大宣传力度，推进品牌建设

一是积极开展绿色宣传。全省通过网站、展会、报纸、微媒体等多种渠道，加大对绿色食品和有机农产品的宣传推介，全面树立安全绿色优质农产品的品牌形象，提高消费者农产品质量安全意识和高品质消费需求。2019 年，在大同市平城区举办了“春风万里，绿食有你”绿色食品宣传月启动仪式，有 80 多家企业的 200 多个绿色食品参加，发放宣传资料 3 万份。随后，全省开展了为期一个月的绿色食品知识宣传、产品品鉴、媒体进社区进基地宣传等活动。联合《中国食品报》组织开展“我与绿色食品 30 年”征文、绿色食品随手拍等集中报道活动。另外，通过山西省农产品质量安全网站，严格落实网络信息发布审核制度，及时对栏目信息更新监测，营造绿色食品事业发展良好氛围。据统计，全年发布门户网站信息 150 余条，其中通知公告 24 条、新闻动态 23 条、政策法规 22 条、认证指南 4 条、标准规范 12 条、市县交流 22 条、行业动态 12 条、图片新闻 8 条、热点聚焦 14 条等，总访问量达 1 084 150 人次。

二是加强品牌培育。积极创造条件使企业参加中国绿色食品博览会、中国国际有机食品博览会、中国国际农产品交易会、中国农产品加工业投资贸易洽谈会等大型专业展会，为绿色有机企业搭建贸易平台，打造“晋”字号精品品牌。2019 年 9 月，组织 37 家绿色食品企业近 80 个产品参加第 22 届中国农产品加工业投资贸易洽谈会，荣获绿色食品优秀组织奖，山西水塔醋业股份有限公司等 2 家企业荣获金奖，怀仁市龙首山粮油贸易有限责任公司等 5 家企业获优质奖。10 月，组织 23 家绿色食品企业近 40 个产品参加第七届黑龙江绿色食品产业博览会暨第二届中国·黑龙江国际大米节，荣获优秀组织奖和优秀布展奖。11 月，组织 56 家优秀企业共 140 多个产品参加第 20 届中国绿色食品博览会暨第 13 届中国国际有机食品博览会，荣获优秀组织奖，绿色食品企业 11 家获金奖、2 家获优秀商务奖，有机农产品企业 3 家获金奖、4 家获优秀产品奖。2019 年，隰县玉露香梨、大同黄花等 9 个品牌获得国家级农产品区域公用品牌，山西杂粮、山西蜂蜜等 3 个品牌获得省级农产品区域公用品牌，清徐葡萄等 11 个品牌获得市级农产品区域公用品牌，强力塑造了山西绿色优质农产品品牌的美誉度和影响力，农产品“走出去”取得明显成效。

5. 强化证后监管，筑牢安全防线

山西省始终坚持“严守质量关、确保公信力”的原则，加强对认证主体的监督检查。一是为了提高监管效能，全省投入项目资金 800 万元，建设省级农产品质量安全监管追溯信息平台，全面完成了与国家平台的对接。在此基础上，着力推进宣传培训、追溯点创建和追溯推广工作，推进“三品”认证主体“制度上墙、规程下地、贴标上市、扫码追溯”，推进“四挂钩”任务落实，做到“生产有记录、来源可追踪、流向可追溯”。2019 年新增注册监管、检测、执法机构和生产经营主体分别为 192 家、97 家、117 家和 1 081 家，实现了全国追溯“一盘棋、一张网”，“山西省农产品质量安全网”被中共山西省直属机关工作委员会授予“十大文明网站”称号。二是强化证后监督。对 1 000 多家“三品”认证主体开展日常督查，对 364 家“三品”认证主体开展综合检查，对 345 家绿色、有机申报企业（合作社）开展现场检查，对 140 多家高危高风险无公害农产品申报主体开展重点检查，并加强主要节日、重点环节的检查，严格执行产品退出公告机制，确保认证产品质量安全。三是强化产品抽检。完成省级 130 个“三品”抽样和部级 50 多个绿色食品年检任务，全部合格。四是强化市场监察。采取随机抽样方式，在美特好太原迎宾店和沃尔玛购物广场太原长风街分店，开展绿色食品标志市场监察，采集 42 个样品，全部合格。

三、新趋势，新征程，打造农产品绿色发展新高地

习近平总书记指出，实施乡村振兴战略，必须深化农业供给侧结构性改革，走质量兴农之路。山西省坚持新发展理念，全产业链开发、全价值链提升、全政策链扶持，持续推进农业高质量发展，不断提高农业绿色化、特色化、品牌化、规模化发展水平，为促进山西省农产品提质、农业增效、农民增收和农村繁荣做出新的贡献。

1. 观念先行，走出绿色融合的全产业链发展新路

思想是行动的先导，发展首先要转观念。只有不断注入符合现代市场经济和转型发展要求的先进理念，才能真正推动农业高质量绿色大发展。一是做好学习培训。利用会议、党课、培训等多种方式，把更新思想观念作为重要内容，转变内陆思想观念，逐步树立开放创新、勇于进取的新理念，为农产品高质量绿色发展提供思想武器。二是延伸产业链条。立足资源禀赋，以农产品十大产业集群发展为契机，提升绿色食品加工水平，进一步优化产品结构，加快新产品开发，推动加工企业由小变大、加工程度由初变深、加工产品由粗变精的转变，培育一批生产规模大、加工能力强、对农民增收带动作用强的绿色食品企业。三是提高从业者的思想素质。对企业负责人进行引导，鼓励其参加专业知识培训，抛弃“等”“靠”思想，转变因循守旧、小富即安的旧观念，学习沿海省份企业的发展模式和先进经验，努力推进农业高质量绿色发展。

2. 品牌带动，提升绿色优质农产品价值水平

区域特色是山西农产品的优势，全省以品牌价值为突破口，激发企业发展高质量绿色农业的动力，把品牌培育作为发展方向和价值追求。坚持“北上”“东进”“南下”战略，大力实施“农产品走出去、大企业引进来”策略，聚力打造绿色有机农产品公共品牌和“山西小米”“大同黄花”“吉县苹果”等区域公用品牌，强力建设国家和省级示范基地，用好深圳国际食品谷、上海国际食品产业物流园和“西粮东送”推广服务平台，通过加强市场对接、促进交流合作等方式，多渠道整合品牌资源，强力塑造山西绿色优质农产品精品形象，助力全省特色农产品走进粤港澳大湾区、长三角、京津冀等高端市场，带动山西农产品高质量绿色发展再上新台阶。

3. 标准推进，构建标准化绿色农产品生产体系

农业高质量绿色发展，需要完善的标准化生产体系，这都离不开严格的标准。围绕农产品质量安全、优质营养、健康生态、绿色高质量发展要求，积极推进农业高质量发展标准体系构建。一是加快制标补标。标准制定是农业标准化的前提和基础，加强有机旱作农业标准集成转化，制定与国家标准、行业标准和地方标准相配套的生产操作规程。从满足农产品生产、加工等各个环节需求出发，扎实开展制标补标，着力构建结构合理、层次分明、重点突出、科学适用的农业标准体系。二

是强化推广应用。将标准化贯穿到农业生产全过程，需要大力推进标准入户进地。通过编印宣传资料、12316 热线、微信公众号、技术骨干进村服务等方式宣传标准化，在全省开展标准化技术培训、指导和服务，引导新型农业经营主体开展标准化生产和认证。

4. 信用助力，打造高质量绿色农产品监管机制

质量安全监管机制，是农业高质量绿色发展的主要抓手，也是保障农产品质量安全的着力点。全省只有建立农业信用机制，才能形成良性的监管追溯体系。一是加快推进农产品质量安全信用体系建设，实现申报内容与信用档案的高度共享。通过提升农产品质量安全治理能力和品牌农产品信息化水平，自动对标审查规范和要点，实现智能比对和预警材料的一致性，辅助认证机构严把质量关，提升审查效率。二是依托追溯平台，完善信用体系。充分利用山西省农产品质量安全监管追溯信息平台，鼓励企业建立检查认证体系、内部档案管理及财务审核制度，从生产加工、运销到消费的全过程实施。同时，通过宣传引导，提高生产经营者的诚信意识和信用水平，保证信用机制的有效运行，全面提升农产品质量安全水平。

5. 政策支持，优化高质量绿色农产品发展环境

一是加大财政支持力度。加强与财政部门沟通，确保省级农产品绿色发展资金的持续性和稳定性，适当提高奖补标准，促进认证企业的积极性，特别是注重向贫困地区倾斜，营造更加有利有效的发展氛围。二是加强队伍体系建设。补充完善市、县、乡各级工作队伍，争取提高绿色农业专项资金，调动广大干部工作积极性。三是创优投融资环境。推动各级政府出台扶持发展绿色农业的政策，进一步引导社会资本进行产业开发，构建多元化投入发展的良性机制，促进全省农业高质量绿色、持续、快速发展。

黑龙江省：绿色地标铸辉煌

黑龙江省绿色食品发展中心　崔佳欣　陈　曦　韩玉龙

作为首批试点省份，黑龙江省自2007年起开展农产品地理标志登记保护工作至今已历时13个春秋。13年来，在市场需求的拉动、各级政府的推动、各类主体的呵护下，地标农产品从无到有、由小到大、化蛹成蝶、点石成金，已成为初具规模的新兴产业，在全省现代农业建设中发挥了重要作用。

一、发展历程：由无到有，由小及大，正是方兴未艾时

黑龙江省幅员广阔，物产富集，犹如一只展翅飞翔的天鹅屹立在祖国北疆，是我国重要的农产品生产基地和商品粮基地。地处世界三大黑土带核心区，以“大森林、大草原、大湿地、大界江”构筑独特而优越的生态环境，气候独特，孕育的农产品口味纯正色香、营养全面丰富。境内除汉族以外，还有满族、朝鲜族、回族、蒙古族、达斡尔族、锡伯族、鄂伦春族、赫哲族、鄂温克族、柯尔克孜族等10多个少数民族，他们世居龙江，历史源远流长，凭借聪明的才智、挥洒辛勤的汗水，创造了举世闻名的农耕文明、渔猎文明，也培育打造了具有特殊地域、特殊品质、特殊文化并不可复制的地理标志农产品。全省十分重视地理标志农产品登记保护工作，将其作为知识产权保护的一项重要内容，通过行政、经济和制度等综合性措施，努力做大做强，使许多长期隐藏的瑰宝绽放出光彩，品牌价值逐步凸显，成为现代农业发展的一大亮点。

1. 试点探索阶段（2007—2010年）

试点探索阶段是地理标志农产品登记保护工作在全省得到全面部署和安排并逐步展开推进，不仅登记保护了一批富有文化底蕴的优质特色农产品，而且在登记保护的组织机构、技术规程、保护原则、政策支持方面做了大量探索和准备工作，奠定了长远发展的基础。2007年，农业部启动地理标志农产品登记保护工作，黑龙江省被列为首批试点省份。黑龙江省绿色食品开发领导小组办公

室成立工作专班，并责成无公害农产品开发管理科具体承担此项工作。随后，工作机构制定出台了登记保护的实施细则，明确了“突出精品、弘扬品牌、优势先行、分类指导”的工作原则，大力推进登记保护工作。当年上报了阿城大米、巴彦大豆等产品，开创地理标志农产品登记保护的先河。从2008年开始，在对全省地理标志产品进行全面普查的基础上，又先后组织11个产品进行登记保护。地理标志农产品登记保护工作由无到有、由点及面，开始在龙江大地形成“星火燎原”之势。到2010年年底，全省累计公告产品38个，居全国前列。

2. 规模发展阶段（2011—2017年）

规模发展阶段在前几年地理标志农产品发展的基础上，保护登记工作不断向纵深领域拓展，开始由初期的局部地区逐步延伸到全省各个区域，由最初主要集中在种植业特别是粮食领域，逐步延伸到畜牧、水产、山特等多个领域，由开始的零星式登记保护，逐步呈现规模化的发展格局。从登记保护的区域看，到2017年，全省已有13个地市、86个县（市、区）开展地理标志农产品登记保护工作，分别占地市的100%、县（市、区）的66.2%。从产品品种看，全省地理标志农产品登记保护品种已达粮食、水产、畜禽、山特等8大类15小类，其中粮食占30.2%、水产占17.4%、山特占26.8%；从总量规模看，截至2017年年底，全省累计公示农产品地理标志产品120个，居全国第三位。2012年5月，在全国农产品地理标志品牌营销与标志推广培训班上，黑龙江省做了典型经验交流，并得到中国绿色农业发展中心及各兄弟省份的认可。

3. 融合提升阶段（2018年至今）

融合提升阶段在确保稳步发展的基础上，地理标志农产品登记保护更加注重地理标志农产品的人文内涵，更加注重地理标志农产品与绿色有机食品的融合发展，区域布局、品种结构逐步优化，品牌效益日益显现。到2020年年底，全省获得登记的农产品地理标志149个，其中种植业产品112个、畜牧业产品12个、水产品25个。这些地理标志农产品区域、品质特色更加鲜明，人文色彩更为张扬，发展潜力也相对更大。同时，地理标志农产品与绿色食品融合发展步伐加快，形成共生共荣、相互促进的良好局面。截至2020年年底，授权使用农产品地理标志的企业达到294家，其中绿色、有机食品企业使用地理标志达到209家。特别是一些地理标志农产品通过登记扩大了规模，拓展了市场，保护了特色产业，推动了区域经济发展。

二、多重效应：构筑起现代农业发展新优势、新动能

随着地理标志农产品登记保护工作不断深入，不仅使一大批具有鲜明地域特色、人文色彩浓厚的优质农产品得到保护和发展，更重要的是引发广大消费者的高度关注，地理标志农产品已成为区域经济发展中的靓丽名片，构筑起现代农业发展的新优势、新动能，在实施乡村振兴战略中的作用日益凸显。

1. 引领现代农业生产的助推器

事实证明：地理标志农产品登记保护过程，实质上也是农业标准化实施的过程，也就是传统农业向现代农业加快迈进的过程。以实施地理标志农产品全程标准化生产模式为主导，全省已制定“两品一标”技术操作规程70多项，涵盖粮食作物、经济作物、畜禽养殖、山特采集等多个领域。目前，全省按照地理标志农产品标准种植的耕地面积超过1亿亩，有效促进了现代化农业生产活动，推动了农业科技成果转化和技术进步，加快了传统农业向现代农业迈进。

2. 示范质量兴农的突破口

在地理标志农产品生产、加工、包装、储运过程中，坚持实施“从土地到餐桌”全程质量控制，推动了全省农产品质量水平切实提升。近几年，全省地产农产品抽检合格率均达到99%以上，深得广大消费者信赖。特别是通过发挥地理标志农产品的质量优势、产品优势和品牌优势，农产品市场竞争力得到不断提高。目前，黑龙江省包括地理标志农产品在内的“两品一标”产品已销售到

全国，并远销欧洲、美国、日本、东南亚等近 40 个国家和地区。

3. 带动产业化发展的生力军

坚持推行以“品牌标志为纽带、龙头企业为主体、产地建设为依托、农户参与为基础”的产业化经营方式，地理标志农产品产业方兴未艾、不断壮大。截至 2020 年年底，全省以地理标志农产品生产为骨干的“两品一标”企业超过 1 100 家，占全省规模以上农产品加工企业的 71.2%，年经营总收入超过 1 617.2 亿元，占全省的 74.3%。

4. 促进农民增收的关节点

地理标志农产品登记保护，促进了农业产业结构调整，已成为农村经济发展中最活跃的因素。目前，全省地理标志农产品产地面积已达到 1.43 亿亩，按照平均每亩增收 50 元计算，增收总额超过 70 亿元。“东宁黑木耳”登记后，产品影响不断扩大，带动全县 102 个村、1.8 万户、4 万多人从事黑木耳产业，年总产值达 30 多亿元，拉动农民人均增收 1.36 万元。

5. 加速农产品品牌化的大平台

经过多年的深耕和积淀，地理标志农产品品牌公信力得到了社会各方面的高度认可，呈现出生产消费良性互动、线上线下销售两旺的态势，龙江地理标志农产品开始成为家喻户晓的优质安全农产品代名词，品牌价值切实提升。在近年来全国品牌价值评估活动中，“东宁黑木耳”“佳木斯大米”价值都超过了百亿元，“九三大豆”也达到 20 亿元以上。在中国国际农产品交易会、中国绿色食品博览会等大型展销会上，龙江地理标志农产品纷纷唱主角，备受经销商和消费者的青睐，展示出了广阔的发展空间和市场前景。

6. 推进美丽乡村建设的支撑点

通过地理标志农产品登记保护，黑龙江省探索出一条依托资源、合理开发利用资源、促进农业可持续发展的成功之路。地理标志农产品核心产区土壤环境指标、江河水质和空气质量均高于国家标准，村屯面源污染得到有效控制，生产区域杜绝了污染企业入驻，生态环境得到有效保护，美丽乡村建设不断取得新进展。

三、经验体会：坚持“五个并重”

13 年来，黑龙江省地理标志农产品登记保护工作卓有成效地开展，品牌效应和品牌价值不断提升，地理标志农产品产业逐步壮大。回顾发展历程，可以从中探索一些带有规律性的认识和体会。

1. 坚持登记与保护并重

对于地理标志农产品来说，保护远比登记重要。登记是为了更好地保护，只有保护好才能更好地开发利用。对此，黑龙江省采取以下三项具体措施：一是规范推荐上报程序。在全面掌握全省地理标志农产品资源与存量底数的基础上，研究制订登记计划，明确每个阶段推荐上报的重点区域、重点品种、重点产品，并有计划、有步骤地推荐上报国家地理标志农产品登记部门。为了加强对申报登记工作的具体指导，制作了申报登记材料范本，聘请中国绿色食品发展中心专家授课，组织申报单位进行集中学习，确保申报材料准确及时上报。二是规范标志授权使用。建立标志授权使用管理制度，规范标志使用申请、审核、授权程序，严格按照《农产品地理标志使用规范》开展标志授权工作。完善“使用人申请、持有人授权、农业部门监管”的工作程序，推行农产品地理标志使用证，由黑龙江省绿色食品发展中心统一公告，接受社会监督。统一制定农产品地理标志使用证书模板，并指导使用，为工作有序开展提供保证。三是规范持标人的行为。引导地方政府切实防止“重登记、轻保护”的现象，把开展地理标志农产品登记工作的重心转向保护方面。通过培训班、品牌评选等活动，特别是通过制度建设，引导登记主体特别是政府把登记与保护有机地统一起来，寓“保护”于“登记”之中，通过登记促进保护，切实把各项登记保护工作做实，好事办好，实事办实，真正造福于地理标志农产品区域内的广大群众。

2. 坚持强化特质与外树形象并重

地理标志农产品之所以具有特殊性，这主要取决于地理标志农产品的品质要求等诸多因素具有独特性，包括由区域、品种、品质、工艺和人文因素等所积淀的产品质量、品质的独特性，这也是地理标志农产品的生命力之所在。对此，黑龙江采取措施限定两个“禁区”：一是严禁擅自扩大地理标志农产品保护区域，并通过严格审查，反复核查、强化检查督导等措施，引导区域内生产经营主体正确使用地理标志标识，做到不超范围使用，不超区域使用；二是强化标识管理等措施，禁止非地理标志区域产品使用标识，对非法使用的各类主体依法严肃处理，确保地理标志农产品特质的纯正性。在此基础上，充分利用传统媒体与现代媒体及各种节庆、展会大力宣传推介，广泛叫响、擦亮龙江地理标志农产品品牌。组织“黑龙江省农产品地理标志十大区域品牌”评选，在网络、报纸、杂志等媒体进行集中宣传报道，把地理标志农产品宣传推介推向高潮。特别注意通过省级和中央级媒体开展宣传推介，努力将龙江地理标志农产品推向国内外。东宁黑木耳、穆棱大豆入选中央电视台《源味中国》宣传片，品牌知名度进一步扩大。

3. 坚持“双标”融合与市场开拓并重

一方面，在大力推动地理标志农产品登记保护、增加总量规模的同时，积极推动地理标志农产品与绿色食品融合发展。按照《绿色食品和地理标志农产品组合使用推荐样例》，推动绿色食品认证企业，特别是获得地理标志农产品保护工程项目支持的产品印制“双标”，规范使用，增加“双标”使用比率。对已认证绿色食品、有机农产品，并且已经授权使用农产品地理标志产品，包装不能及时更换、无法印制“双标”的，指导农产品地理标志标贴规范使用，切实提高“双标”使用率。另一方面，大力推进地理标志农产品市场建设。在哈尔滨市的黑龙江省绿色食品交易展示中心建立地理标志农产品销售专区，搭建企业和消费者购销平台；组织企业在省外建设绿色食品和地理标志产品展示销售中心（店）1 600 多家，在北京全国农业展览馆建设黑龙江绿色食品展销中心，重点展示销售地理标志农产品。充分利用国家大型农业展会宣传推介龙江地理标志农产品，连续多年参加中国国际农产品交易会农产品地理标志专展，累计展销产品近 100 场次，销售金额超过亿元。以俄罗斯、美国、日本、韩国为重点，不断扩大地理标志农产品国际市场占有率。巴彦大豆每年出口量 2 万吨，实现收入 1.3 亿元。

4. 坚持实与虚并重

一方面，严把地理标志农产品的质量关，通过严格质量控制和现场核查、强化标志推广和使用力度、开展市场专项整顿工作和建立完善动态管理的退出机制等措施，不断提升质量监管水平，确保地理标志农产品品质不变、特色不丢、标准不减。另一方面，厚植文脉，引导各方面深入挖掘本区域发展历史、产品掌故及相关人文，并注意在每个阶段都能体现人文因素，尤其是注意在产品包

装设计中体现出来，让消费者在内心产生冲击。从近年来全国各个大型农业展会上来看，大部分龙江地理标志农产品档次升高，包装精美，人文深厚，令国内外客商耳目一新。

5. 坚持启动内力与外力扶持并重

注意通过会议、培训班引导教育持证主体尤其是各级领导提高对地理标志农产品保护重要性的认识，切实改“要我登记保护”为“我要登记保护”。强化地理标志农产品区域所在地政府的责任，通过政策引导、典型示范和制度建设等措施，引导各级政府切实把地理标志农产品登记保护纳入日程，真抓实干，把各项责任落实、落好、落靠。通过上下联动，建立政策支持体系。对于获得登记的农产品地理标志，省级工作机构每个地理标志农产品补贴 2 万元。哈尔滨市对地理标志农产品每个给予 50 万元补贴，七台河市勃利县、鹤岗市萝北县也相继出台了补贴政策。

四、发展愿景：努力打造“五大高地”

未来一个时期，黑龙江省要按照国家的部署和相关要求，以实施乡村振兴战略为主线，以登记为载体，以保护为目标，立足资源禀赋，强化特色特质，完善制度体系，厚植文化底蕴，广泛宣传推介，努力把地理标志农产品打造成为质量标准高、管理机制先进、功能示范作用强、品牌形象彰显和经济社会效益突出的优质农产品品牌集群，重点打造以下“五大高地”：

1. 把地理标志农产品打造成为品牌富农的高地

继续按照“突出精品、弘扬品牌、优势先行、分类指导”的原则，不断加大登记保护力度，到“十四五”末期，全省地理标志农产品数量力争达到 150 个。强化地理标志农产品的品牌培育，厚植人文因素，深入挖掘每个产品的发展历史、人文掌故，并在此基础上进行完善升华，使之更生动、更感人、更能吸引消费者；充分利用各类媒体、农业展会，以及旅游区、交通要道等平台打广告、搞推介，让地理标志农产品品牌入眼入心，形成忠诚度，让每个地理标志农产品都成为农民致富的“聚宝盆”。

2. 把地理标志农产品打造为质量强农的高地

把“产出来”与“管出来”有机地结合起来，确保程序不简化、标准不降低、检测不落项。对申请登记主体，严格把关资质条件的审核，坚持质量至上、优中选优，对于不符合国家有关规定的，坚决不受理其登记申请；严格执行现场检查程序，通过访问农户、走访调查等方式，做到登记

保护的每个环节都要逐一核查，严把质量关；要按照“产品抽样准则”的有关要求，严格依据现场抽样程序进行操作，确保抽检的产品真实、可靠。建立和完善动态管理的退出机制，对于违反规定，情节严重的，实行退出机制并及时通过媒体予以公告。在地理标志农产品登记保护方面，一定要做到先规范再发展，绝不允许先发展后规范，绝不因为眼前利益和蝇头小利忽视质量而毁掉龙江地理标志农产品的品牌形象。

3. 把地理标志农产品打造成为产业强农的高地

切实引导各地依托地理标志农产品的资源、品质和品牌优势，筑巢引凤，吸引国内外大型农产品加工企业投资建企，不断扩大优质农产品的生产规模，培育和构建地理标志农产品的加工群体；大力推进农产品加工向产地下沉，引导大型农业企业重心下沉，在粮食生产功能区、重要农产品保护区、特别地理标志农产品的主产区，建设加工专用原料基地，并把收益成果最大限度地留在地理标志农产品产地，留给地理标志农产品的生产者；引导企业，大力推动初级产品向精深加工产品、单一产品向系列产品延伸，延长产业链条，最大限度地把地理标志农产品的内在价值挖掘出来。

4. 把地理标志农产品打造成为三产融合的高地

以地理标志农产品品牌为纽带，大力推动农村各类要素融合，努力把其打造成为带动农村产业融合发展的标杆。主要是强化地理标志农产品内部产业融合，依托其品质独特的优势，大力发展“鱼稻共生”“蟹稻共育”“蛙稻共成”等融合模式，积极探索地理标志农产品保护和农民增收的有效途径；强化地理标志农产品与绿色食品融合发展，抓住农业农村部实施“地理标志农产品保护工程”项目建设的有利契机，积极推进基地、产品、品牌深度融合，实现良性循环，可持续发展；强化地理标志农产品与文旅深度融合。充分发掘和拓展地理标志农产品的内涵性、文化性和生态性，并采用“地标＋旅游”“地标＋康养”“地标＋文化教育”等模式，使地理标志农产品与文化旅游相互促进，融合发展，致富群众。

5. 把地理标志农产品打造成为生态宜居的高地

强化地理标志农产品环境治理与保护，把开展登记保护与推动农业“三减”紧密结合起来，积极引导农户增施农肥、使用生物有机肥料和生物农药，以及采用生物和工程措施防治病虫草害，切实减少化肥、农药等投入品的使用量和使用频率，坚决杜绝高毒、剧毒、高残留、残留期长的农药进入地理标志农产品产地；组织地理标志农产品生产基地周边的乡村深入推动农村“厕所革命”，实现生活垃圾、生产垃圾无害化处理，大力开展植树造林，美化环境；把产地建设与推动农业可持续发展紧密结合起来，大力开展山水林田路桥涵综合治理，深入探索出依托资源、合理开发利用资源，促进可持续发展的新途径。

九三农垦：强化科技创新驱动，推进农业绿色发展

北大荒农垦集团有限公司九三分公司　张宏雷

近年来，北大荒农垦集团有限公司九三分公司以习近平新时代中国特色社会主义思想为统领，践行集团关于农业绿色发展的部署和要求，牢固树立“绿水青山就是金山银山”理念，以“绿色、生态、高效”为目标，不断强化科技创新驱动，进一步提高了分公司农业绿色发展的水平，为提升北大荒现代农业竞争力做出了应有的贡献。

一、加强治理保护，构建绿色生产环境

1. 全面强化黑土地保护

以巩固提升粮食综合生产能力和保障土地资源安全、农业生态安全为目标，分公司加大了黑土地保护工程建设。推进了生物与工程、农机与农艺、用地与养地相结合，加强农田生态环境质量建设，改善黑土耕地设施条件、内在质量、生态环境。突出做好田间生产生活垃圾清理和无害处理、建立合理轮作体系、把好化学投入品准入关、开展冲刷沟治理等工作，有力地推进了黑土地保护，增强了农业可持续发展能力。2019 年，累计完成治理小流域 37 个，治理冲刷沟 1 603 条，治理面积达到 1 475.3 千米^2；完成造林面积 534 公顷，恢复造林面积 11.42 公顷，深松面积 84 933 公顷，原垄卡种栽培面积 5 653 公顷。

2. 全面强化废弃物利用

多年来，分公司高度重视农业废弃物管理和利用，一直把其作为农业生产的一部分。依托分公司机械力量优势，全面推进秸秆还田技术，2019 年分公司农作物秸秆还田面积 348.7 万亩，占公司播种面积的 92%。强化生产生活垃圾利用，全部农药统一购进分配到管理区使用，在作业完成后由管理区回收农药废弃包装物集中处理，减少对土壤环境的污染。

3. 全面强化绿色大基地建设

多年来，分公司农业生产始终坚持“打绿色牌，走特色路”，严格执行绿色食品行业标准，建立完善了绿色生产技术规程，全力推进绿色生产。目前，绿色食品认证及农产品质量追溯力度进一步加大，绿色食品认证面积302万亩，产品认证数量46个。分公司还建立了39个“互联网+”绿色有机种植示范基地，通过手机App终端可实时对田间作业情况、作物生长情况进行监控，实现了“环境有检测、操作有规程、生产有记录、产品有监督、上市有标识”的全程绿色标准化生产。

二、加强科技推广，构建绿色生产体系

1. 突出做好“三减”工作

坚持化肥减量提效、农药减量控害，建立完善科学施肥管理和技术体系，积极探索有机肥资源养分利用的有效模式，减少化肥使用量。推行精准施药，降低农药使用量，严格农药目录管理，控制高毒性、高残留农药的引进和使用，确保科学安全施药。2019年实现了在上年基础上减化肥3%、减农药6%。

2. 突出做好绿色技术应用

一是实施玉米秸秆全量还田及保护性耕作技术。以秸秆全量还田为前提，以深松整地技术、合理施肥及病虫害综合防控技术为支撑，实施“秸秆全量还田+免耕播种”的作物免耕栽培技术模式。2019年分公司免耕面积达4万亩，玉米茬原垄卡种大豆平均亩产200千克以上。二是探索绿色发展新模式。开展小麦油菜复种技术，选择适宜本地区土壤和气候条件的龙辐麦一号小麦品种和饲油2号油菜品种，进行“小麦+油菜”复种微储种植试验，合理有效地利用耕地资源，使农作物种植由一年一熟转变为一年两熟，有效提高了土壤的收获指数，为推广复种模式走出了一条切实可行的绿色发展之路。

3. 突出做好农牧循环发展

一是以牧促农。依托分公司16个现代奶牛牧场，建设了以牛粪为主的生物有机肥生产厂5家，年生产有机干粪肥能力在5万吨左右。2019年在荣康牧场建设1.2万吨液体粪污存储示范项目，引进丹麦180天发酵的存储囊及还田技术装备，年转化液态肥2.4万吨。依托有机肥生产，实施种养结合，大力发展绿色有机种植。二是以农促牧。发挥区域区位优势，围绕畜牧业发展需求深度挖掘青贮玉米种植潜力，加大鲜食玉米套种青贮玉米的推广力度，选择适合当地高产优质的籽实玉米种植，努力增加玉米种植经济效益。

三、加强“两品”建设，确保绿色农业提档

1. 培育知名品牌

近些年，分公司注重品牌建设，实施“走出去”战略，积极参加全国各类产品展销、推介活动，推广“九三大豆”品牌。立足自然资源禀赋和生产标准化优势，在宣传推广上下功夫，成功举办了5届北大荒大豆节，吸引了全国大批粮商、豆制品加工企业来九三实地考察、洽谈合作、签订订单，让大豆品牌效果在最短的时间内效果最大化。九三分公司先后获得“中国绿色大豆之都”“中国原生大豆种植标准化示范区”等荣誉称号，“九三大豆”被列入2017年中国百强农产品区域公用品牌。2019年6月，九三分公司被中国品牌农业神农论坛组委会授予“中国品牌农业神农奖”。可以说，九三分公司正在一步一步地实现振兴民族大豆产业、打造“九三大豆”品牌的时代重任。

2. 推广专用品种

为了生产适销对路的农产品，加大专用品种种植面积，分公司每年都引进种植一批具有特殊用途的专用品种，打造专用原料生产基地。2018年，酒用高粱种植面积达到了27万亩，实现了专用化、优质化和特色化。2019年，分公司种植黄大豆、双青豆、芽豆等专用品种大豆140万亩。为

了保证原料的专用性和标准化，充分发挥大豆生产组织化、机械化、集约化程度高的优势，100%进行专用品种种植、专用品种收获、专用品种贮藏和专用品种销售。在销售上，进行分级筛选，按照不同规格、不同等级进行分类销售，坚定不移地走原料专用化道路。

3. 合作提升品质

依托九三大豆产业创新研究院，实施了一系列农业种植合作项目开发研究。一是大豆病虫害绿色防控技术示范。研发了一种领先于国内外现有生物农药的产品——新型蛋白类生物农药 AMEP。AMEP 蛋白是项目组首次从生防菌株即枯草芽孢杆菌中分离得到的全新功能蛋白，具有激发植物免疫、拮抗病原菌、杀伤害虫、促进植物生长等综合效果，可有效解决大豆绿色种植中的化学农药残留问题。二是大豆生产基础耕作模式试验示范。探讨玉米大豆轮作制度下玉米茬口的整地方式，构建适合于九三地区的玉米茬口的耕作模式。三是绿色优质专用品种大豆种植生产技术标准体系建设。在玉米大豆轮作体系下，通过对比分析减施或不施化肥配合有机肥和生物菌剂、利用前茬残留肥，以及不施用农药仅采用生防菌与叶面肥结合，防治病虫害对专用大豆生长发育和产品品质的影响，构建专用大豆品种绿色生产模式，制定适合九三地区的绿色优质专用大豆种植生产技术规程。

四、加强数字平台建设，确保质量全程追溯

近年来，九三分公司深入推进农业产业数字化和数字农业产业化工作，通过打造农业数字平台，在建设农产品溯源体系、降低生产成本、提高生产效率等方面取得了显著成效。

1. 搭建信息化追溯平台

分公司在尖山农场有限公司建设了覆盖全局的农业数据中心，通过田间终端设备实现了数据的自动采集。消费者只需扫描产品包装的二维码，就能了解到产品原料基地各项信息。这一便捷操作有效提升了消费者对产品的信任度，为稳步拓展销售渠道、扩大消费群体、增加销售数量、提高产品附加值夯实了基础。

2. 拓展数字化服务功能

该数据中心不仅提供农产品质量追溯服务，还拓展了地理信息系统、大数据分析系统等多个板块，实现了农业地块信息化管理、农机作业远程管理、专家远程指导等多项管理措施，以及作物测产、病虫害预警、气象数据分析和生产管理数据化多项技术的综合应用，为农业绿色发展提供了强大的数字化支撑。

上海市崇明区：实行绿色农药封闭式管控，推进农业绿色发展

上海市崇明区农业农村委员会 陈 磊

近年来，上海市崇明区坚持以习近平生态文明思想为引领，不断巩固提升农业绿色发展理念，大力推行农业绿色生产方式，创新打造符合崇明世界级生态岛标准的绿色农药管控体系，为进一步推动崇明绿色农业发展提供有力保障。

一、主要工作措施

1. 加强政策引导，突出绿色管控方向

一是研究发布绿色农药推荐目录。成立了崇明区绿色农药推荐委员会，结合崇明水土、农作物种植和病虫草害发生特点等情况，通过技术部门推荐、行业专家评审，制定形成绿色农药推荐目录，推广应用于农业生产防治，引导农户合理使用农药。二是制定落实绿色农药支持政策。制定崇明绿色农药补贴政策，对通过绿色、有机认证的生产主体实行目录内绿色农药限额免费供应，对未通过绿色认证的生产主体按80%进行补贴。同时加强政策宣传，鼓励引导经营主体开展绿色认证，推动绿色食品认证率不断提高。

2. 打造封闭体系，实行信息化管控

一是建立运行"1+16"绿色农药供应体系。结合崇明绿色农业生产分布，建立由1个总仓、16个农业乡镇门店组成的绿色农资供应体系，实名制供应绿色农药等生态农资，并同步落实绿色农药补贴政策，实现绿色农资一站式服务。二是应用绿色农资信息化管理平台。建立应用集农业生产信息、生产主体身份信息、绿色农资信息为一体的信息化管理系统，互联互通崇明农业GIS信息系统，将农户的种植面积、作物类型、农药使用等情况与身份信息绑定，农户只需扫描身份证，

管理系统便能自动实时统计农户绿色农药补贴、购药及农药废弃包装物回收情况，实现绿色农资及绿色农资补贴扫证、扫码管理。三是升级构建“崇明智慧农业大脑”。依托“崇明智慧农业大脑”平台建设，建立生产主体、农资需求、监测检测信息库，应用分析作物用药趋势，监测管理区域用药情况，努力实现农药智能化、信息化管控。

3. 完善运营模式，优化市场化管控服务

一是推动政府监管和市场化运作相结合。以政府购买服务方式，引进总经销商开展绿色农资实名制一体化运营，规范开展绿色农药采购、销售、配送、农药废弃包装物回收等管控服务，严格抓好总经销商管理考核、节约政府资源的同时提升绿色农药管控实效。二是探索政企合作的社会化服务模式。积极培育总经销商发展专业化农业生产服务，探索建立融合绿色农药、现代农机相结合的综合服务工作机制。进一步加强政企合作深度，联手宣传推广绿色生产方式，不断提升本地绿色防治社会化服务水平。

二、取得显著成效

1. 运行源头管控新模式

首创提出“绿色农资封闭式管控”模式，发布《关于转发本区绿色农药封闭式管控工作实施方案的通知》，实现了正面激励性补贴和负面约束性管控的政策制度创新。同时充分利用数字追溯手段，动态采集和管理农业主体信息数万条，全面实行绿色农药实名制采购，全面落实绿色农药限额补贴制度，推动实现用药信息源头监控，为指导精准用药、废弃包装物回收、保障绿色食品认证奠定良好基础。截至2020年年底，全区种植业绿色食品认证率达90%以上，处于上海市首位、全国领先水平。

2. 升级农业经营新服务

依托“1+16”门店体系，积极为本地农业经营主体提供专业、高效、规范的绿色农资销配收服务，面向广大经营主体推荐和销售符合崇明生态农业需要的绿色农资。与此同时，在门店实体站点和绿色农药经销基础上，总经销商积极发展柑橘品质提升、统防统治等多项社会化服务，并不断探索为农业经营提供更加生态高效的综合解决方案。

3. 打造乡村经济新空间

按照统一设计、统一外观、统一结算的要求，16家乡镇门店外观和内部布置简洁优美，港沿

等多家门店坐落于乡村振兴示范村，成为装点乡村风貌的重要节点，美化农村环境的同时，还构建了整洁优美的投入品供应空间，提升了现代农业、绿色农业的气质内涵，引导村民形成绿色消费的良好风尚，并加速转变市民对农业的传统看法。

4. 树立农业升级新标杆

自启动运营以来，门店先后被列为中国-联合国粮食及农业组织南南合作农药风险管理研讨会等多项活动的考察点，接待了联合国粮农组织、农业农村部和上海市政府相关领导等多批国际、国内考察团队，取得了大家的一致认可，进一步提升了崇明都市现代绿色农业的知名度，已成为引领绿色农业、数字农业发展方向的风向标之一。

三、主要经验启示

1. 坚持关口前移，强化源头管控

源头管控是保障绿色生产的治本之策。充分认识农药在执行绿色标准化生产过程中的特殊性，通过制定年度绿色农药推荐目录，实行全覆盖的绿色农药补贴政策，运行全覆盖的绿色农资供销门店，推行统防统治防控模式等措施，从源头上减少滥购药、滥用药问题，降低农产品质量安全风险，为崇明发展绿色食品产业提供了有效保障。

2. 坚持精准服务，强化数字管控

充分发挥崇明数字农业的发展优势，在利用崇明农业 GIS 系统建设成果的基础上，积极运用大数据手段，通过加强农业生产主体身份信息与购药信息的识别、关联和分析，提高绿色农药补贴的便利性、精准性和动态管理，为方便农业生产主体采购，精准实施农药废弃包装物回收，推动绿色农资实现全量管理提供了有力支撑。

3. 坚持标本兼治，强化系统管控

在实行绿色农药集中采购、集中供销的基础上，积极引导总经销商开展统防统治、栽培管理等社会化服务，以此降低农业绿色生产的系统性和分散性风险。同时政府监管部门狠抓农产品质量监管队伍建设，联动实施网格化巡查、生产追溯管理、全覆盖监测和联合惩戒制度，进一步强化农业生产方式和农产品质量管理的系统性、整体性和协同性。

江苏省：品牌建设为绿色农业开新路拓新局

江苏省绿色食品办公室　邱兆义　高　蓉　杭祥荣

江苏自然条件优越，总体呈一山二水七分田，农业生产条件得天独厚，是著名的“鱼米之乡”，也是我国重要的农业产区。江苏省绿色食品办公室牢记习近平总书记对江苏“带好头、领好向”“率先实现农业现代化”“走好乡村振兴路”的重要嘱托，紧紧围绕建设“强富美高”新江苏目标和“高质量发展走在前列”定位，坚持稳中求进，强化质量管理，突出产销对接，为推进质量兴农、绿色兴农、品牌强农和实施乡村振兴战略发挥积极作用。

习近平总书记指出：“要大力培育食品品牌，用品牌保证人们对产品质量的信心。”绿色食品、有机农产品和农产品地理标志作为农产品的金字招牌，品牌建设应成为主攻方向。近年来，江苏省绿色食品、有机农产品及农产品地理标志呈现总量规模快速增长、质量水平不断提升、品牌效应日益显著的发展态势。截至 2020 年年底，全省有绿色食品企业 1 690 家，产品 3 678 个；有机农产品企业 86 家，产品 106 个；农产品地理标志 137 个；建设省绿色优质农产品基地 657 个，面积 1 861 万亩；绿色生资企业 15 家，产品 44 个。

一、坚持标准引领生产，以质量创品牌

质量是品牌的生命，是农业品牌发展的坚实基石。江苏省绿色食品、有机农产品、农产品地理标志和省级绿色优质农产品基地工作坚持“产”“管”并抓，标准化生产“产出来”和认证监管“管起来”，两手抓、两手硬，以标准提质量、以监管促提升、以质量创品牌，提升品牌农业建设保障能力。

1. 坚持从优从严，培育优质主体

自 2018 年起，江苏省委、省政府将绿色优质农产品比重占比纳入高质量发展监测评价指标体

系，发挥政府考核指挥棒作用。各市、县（市、区）层层分解目标任务，逐级落实工作责任，形成了从上到下重视绿色优质农产品发展工作的态势。同时加大财政补助，2003 年开始设立省级财政专项获证补助，政府对获得绿色食品、有机农产品、农产品地理标志的申报主体，对建设全国绿色食品原料标准化基地和省级绿色优质农产品基地的县（市、区）、乡镇政府实施财政奖补。近几年，13 个市也陆续出台了配套奖补政策，基本实现了省、市两级的奖补，部分县（市、区）还专门拿出一部分专项资金支持绿色优质农产品发展。

在开展全省特色地域农产品资源普查的基础上，按照具有“独特地域、独特生产方式、独特品质和独特历史文化”的原则有序组织登记保护。阳澄湖大闸蟹、洞庭山碧螺春、东山白沙枇杷等一批知名品牌陆续申请农产品地理标志登记保护。2020 年，首次支持 20 个地理标志农产品提升品质、扩大规模、提高市场影响力，重点优化种质资源保护，强化核心品质保持，规范产品标识追溯，着力提升综合生产能力，强化产品质量控制和特色品质保持，显著提高产品知名度、美誉度和市场占有率，打造一批“品质是核心，品牌即形象”的江苏区域公用品牌和乡村特色主导产业。

印发《关于做好 2020 年绿色食品有机农产品工作的通知》《关于做好 2020 年省绿色优质农产品基地、农产品地理标志等有关工作的通知》等，从主体质量、产品类型和发展规模上对“两品一标一基地”发展提出要求。制定印发了《江苏省绿色食品申报材料审核要点》《关于规范农产品地理标志登记保护省级工作程序的通知》等，进一步明确各级工作机构职责，规范工作程序、明确审查要求。

2. 落地绿色生产，注重标准推广

以乡镇为建设主体，围绕农药受控、肥料运筹、管理高效等关键环节，制定发布科学合理、可操作性强的系列技术规范，推广标准化生产、推行全程质量可控，确保基地建设与管理有章可循。融合转化绿色生产成果，将生态农业项目、现代农业科技项目、高标准农田建设项目和农产品追溯项目等农业项目有机结合，先行先试绿色标准化生产模式，探索形成可复制、可推广的江苏农业绿色发展新经验。

开展“五有”规范化建设试点。按照“生产有标准、管理有规范、过程有记录、产品有追溯、宣传有标识”的要求，以绿色食品规范标准对生产管理行为和质量管控进行规范化，提高了绿色食品的标准化生产、规范化管理和品牌化经营水平。2020 年，377 家企业申请建设、打造出一批示范性强、带动面广、影响力大的绿色食品企业典型，推进绿色食品产业提档升级。

3. 强化全程监管，压实主体责任

强化监督管理，形成了以生产过程为重点的企业年检、以产品质量为重点的监督抽检、以规范用标为重点的专项检查等的全链条监管模式。压实证后监管，落实好企业年检、通报制度，配合部、省开展监督抽检和风险监测。2020 年部、省抽检“两品一标”近 1 000 个产品，其中绿色食品抽检覆盖面达到 30%左右。强化退出机制，实施动态管理，对不合格的产品及时淘汰出局。强化绿色食品企业“五员”建设，加强对绿色食品检查员、监管员的体系队伍建设，加强对绿色食品企业的内检员、监督员和宣传员的培训管理，进一步压实主体责任。

二、坚持市场引领方向，以产业强品牌

市场需求是绿色优质农产品发展的根本动力。促进绿色优质农产品发展，对于满足消费需求、实现产品价值、提高企业效益、带动产业发展具有重要的作用。

1. 面向市场需求，推进产业融合

江苏省绿色优质农产品发展坚持以市场需求为导向，以增加绿色优质农产品有效供给为目标，坚持从注重生产向市场转变，提升品牌价值，促进农业增效农民增收。选择市场竞争力强、覆盖产业链长、科技水平高、生产条件好的生产主体和优质特色产品作为绿色优质农产品发展重点，鼓励引导畜禽、水产品和深加工产品发展绿色食品，提升主体品质、调优产品结构。强化农业龙头企业带动作用，鼓励龙头企业在农业标准化生产推广、农业结构调整和加工业发展上发挥积极作用，不断延伸产业链，提高价值链。目前，农业产业化龙头企业数在全省绿色食品企业中占比超过 27%，其中国家级龙头企业 19 家、省级龙头企业 114 家、市县级龙头企业 313 家。

2. 搭建产销平台，引领绿色消费

构建绿色产销对接平台，联合经销商、行业协会等，采取展销会现场推介、深入基地考察相结合的方式，搭建了一个在投入品、生产主体、经销商和消费者之间的精准对接、直采直销、便捷高效的产销对接新通道和新平台。2020 年与南京盒马网络科技有限公司产销对接战略合作期间，农产品累计销售额超过 1 亿元。创新宣传推介模式，联合中国邮政集团有限公司江苏省分公司平台资源，组织首届江苏省农民合作社绿色食品云展会，开启“销售＋寄递＋金融”新模式；组织开展“最美绿色食品企业”系列评选活动，围绕“三好、四美、五有”的标准要求进行综合评定，通过以评带宣促规范，构建便捷稳定的产品聚焦、价值发现和消费体验平台。

三、坚持品牌引领未来，以品牌拓新局

农业品牌贯穿农业供给全过程，覆盖农业全产业链、全价值链。发展农产品品牌，是促进农业规模化、标准化、产业化和市场化的重要手段之一，是农业高质量发展的必由之路。

1. 实施地理标志保护工程，发展“地标+”

实施地理标志农产品保护工程，着力提升地理标志农产品综合生产能力，强化产品质量控制和特色品质保持，推动全产业链标准化生产。江苏省通过开展地理标志保护工程，强化培育了一批以地理标志农产品为核心的区域公用品牌、企业品牌和产品品牌，将传统农耕文化、农产品人文历史故事与产业融合、品牌建设有机结合，打响区域特色品牌。同时，地理标志农产品授权企业积极发展绿色食品，借助地理标志农产品保护工程、省级现代农业产业示范园和特色农产品优势区等，打造一批乡土特色产业集群，着力打造一批地理标志特色小镇，让更多地理标志农产品使用主体发展绿色食品，助力提档升级。典型代表有阳澄湖大闸蟹、阳山水蜜桃、射阳大米等。通过“地标+绿色”引领发展，为区域内生产主体带来可观经济收益。

2. 培育区域公用品牌，引导抱团发展

区域公用品牌是由政府主导，整合地方农产品特色资源禀赋和各类产业链要素，联结农业经营主体共同使用的农产品综合品牌。江苏品牌农业的发展，逐步探索出以区域公用品牌、企业品牌、产品品牌为主体的品牌建设路径。一系列区域公用品牌，将经营主体从“单打独斗”的局面中拉出来，形成联合体抱团发展，共建品牌、共谋发展。农产品地理标志作为农业特色资源比较优势的集中体现，与区域公用品牌定位谋和，成为区域公用品牌建设的重要载体。同时，区域公用品牌也优先授予绿色食品、有机农产品主体，绿色有机农产品成为区域公用品牌建设的主力军。新冠肺炎疫情期间，各地纷纷以区域公用品牌的网上商城、微信小程序为载体，在线销售农产品，极大缓解了因疫情影响农产品直销风险，促进产销对接，保障民生供应。

江苏省绿色优质农产品标准化、市场化、品牌化的创新发展之路，持续推动绿色农业高质量发展，为乡村振兴、农业农村现代化建设做出了积极的贡献。

江苏省泰州市：以种养结合推进畜禽粪污资源化利用

江苏省泰州市农业农村局　杨舜琴

近年来，泰州市依托沿江圩田平原、通南高沙土平原和里下河河网圩田平原的农业分布特点，始终坚持绿色发展理念，积极推广种养平衡、立体种养、农牧结合等生态健康养殖模式，应用干湿分离、生物降解等新型处理方式，配套建设沼气工程、光伏发电、有机肥厂，因场制宜流转、承包土地种植果树、优质稻麦，使用沼液、有机肥替代化肥，实现畜禽粪污资源化利用，打造长江中下游平原水网地区农业可持续发展高地。

一、基本做法

1. 突出生态优先，保障产业发展

坚持堵疏并举的原则，结合养殖实际探索出三种治理模式：一是针对非规模养殖密集村采取“户用蓄粪池＋田间调节池＋大田利用”的畜禽粪污治理模式，对畜禽粪污实行分户收集、集中处理、资源化利用。按照市场化、专业化、持续化的要求，建立规范的社会服务组织，实行市场化运行，保证畜禽粪污收得走、用得上、可持续。二是针对中小规模养殖场（户）采取“蓄粪池（沼气池）＋田间调节池＋大田利用”的模式，养殖场按照存栏 1 头猪当量配有 0.4～0.6 米^3 粪污设施标准建设，并配套 0.2 亩农田，促使养殖场粪污得到充分利用。三是大型养殖场（户）实行“一场一策”的综合治理利用模式。江苏洋宇生态农业有限公司建成 1 200 米^3 的集粪池，4 000 米^3 的发酵罐，7.6 万米^3 的厌氧沼气发酵池，污水处理系统 1 套。公司利用发酵产物沼渣、畜禽干粪、秸秆、蔬菜尾菜及中药渣生产有机肥；沼液进入氧化塘后，经过水处理系统生物降解后，20%直接用于果园、蔬菜和农田的施肥灌溉，10%的沼液浓缩根据作物需肥特性制成沼液营养液肥，70%的沼液深度处理后回收利用和灌溉；沼气用于发电，年发电量可达 580 万千瓦时，除自用外，余量并网。公司以沼气工程为纽带，实现了生猪养殖废弃物全量消纳利用、农田化肥替代和减量、促进生态环境改善、种养结合、循环利用、绿色发展的目标，走出了一条“猪-沼-果蔬粮”为一体的产业效益高、生态绿色环保的畜牧业发展典型模式。

2. 打通产业链条，促进产业循环

积极打破产业发展惯性思维，大力推进畜禽产业结构调整，拉长产业的前伸后延，促进三产融合发展，努力实现产量效益双提升。组建种养结合产业化联合体，以企业为龙头，以农机合作社、畜牧合作社、蔬菜专业合作社为纽带，与种植大户建立紧密的利益联结机制，积极推进循环农业产业化进程，优化资源配置，实现提质增效，共同富裕。泰兴市农产品加工园区以提高猪副产品附加值为目标，聚集了生猪及肉制品深加工的江苏百汇农业发展有限公司、血浆蛋白粉和血球蛋白粉生产企业江苏永盛生物科技有限公司、皮革生产商泰兴市平顺皮革制品有限公司、泰兴市九鼎饲料有限公司等 4 家生猪屠宰加工上下游企业，串起了一条独具园区特色的产业链条，年产销规模近 30 亿元，成为华东地区最大的生猪屠宰加工基地。

3. 科学划定“三区”，优化产业布局

以地定畜科学划定禁养区、限养区和适养区，不断优化规模养殖结构。加快引导小散养殖户有序退出，引导畜禽养殖向养殖密度较低的适养区转移。鼓励大中型规模养殖场（户）参与土地流转，扩大养殖用地和经营规模。支持规模养殖场加快标准化改造，改进养殖工艺，提升设施装备，提高生产自动化、智能化、标准化水平。深入开展生态健康养殖和现代化示范牧场创建活动，指导已通过养殖污染治理认定规模场应用生态健康标准化生产技术，改造一批品种优良、饲养规范、设备先进、废弃物处理科学的标准化农牧结合型养殖企业。

二、主要经验

1. 整合项目，加大投入

整合各类农业项目资金，促进规模畜禽养殖企业开展种养循环，结合实际制定治污奖励扶持政策，保证治污设施良好运转，促进了规模养殖畜禽粪污无害化处理和资源化利用水平进一步提升，对创建省部级生态健康养殖场的规模给予奖补。泰兴市财政投入 2 000 万元，分 3 年在 30 个村建成田间调节池 1 122 个，配置运粪车 61 辆，组建 30 个村级畜禽粪污资源化利用服务组织，实现畜禽粪便从圈舍到农田施肥的无缝衔接，就近就地实行畜禽粪便资源化利用。

2. 因地制宜，综合施策

坚持农牧结合、林牧结合、循环利用的绿色生态之路，实现粪污综合利用多样化、村级治理组织社会化、长效治理措施制度化，确保规模养殖场治理全覆盖、粪污全利用。落实畜禽粪污资源化利用工作督查制度，进行专题督查，促进乡镇、村组、养殖场（户）全面落实工作责任。实行畜禽粪污资源化利用通报制度，定期进行工作通报，倒逼养殖业主主动落实畜禽粪污资源化利用，杜绝直排、乱排现象发生。鼓励养殖大户就地就近承包一定数量的土地，或与种植业经营业主合作，确保产出的粪肥有去处、全利用；同时进一步强化主体责任，做到组织运转到位、设施维护到位、措施落实到位，使养殖废弃物资源效益最大化。

3. 校企合作，科技创新

与江苏省农业科学院、南京农业大学、扬州大学等科研院所展开密切合作，建立科技与生产良性互动、产学研紧密衔接的农业科技创新与示范推广运行机制，构建成果对接、转化推广的快捷通道。推广粪便好氧堆肥技术，以畜禽的固体粪便为主，经好氧堆肥无害化处理后，就地农田利用或生产有机肥；推广粪污厌氧处理技术，通过沼气工程进行高浓度厌氧发酵，沼气发电上网，沼渣生产有机肥，沼液就近农田利用；推广粪水肥料利用技术，养殖场产生的污水经厌氧发酵或氧化塘处理储存后，与灌溉用水按照一定比例混合，进行水肥一体化施用。

三、工作成效

泰州市将畜禽养殖与果蔬粮种植有机结合，实现畜禽粪污资源化利用，既解决粪污带来的环境污染问题，又降低农作物的化肥施用量，推动绿色有机农产品生产，促进产业融合发展，全市畜禽粪污综合利用率达到95%。

一是环境污染减少。采用堆积发酵、熟化、沼气发电等方式，化污染源为资源，变废为宝，减少了畜禽粪便露天堆放和直接排放，粪污对周边环境的影响大幅降低，生态环境持续优化，人居环境得到大幅改善，群众对畜禽养殖污染满意度显著提升，信访、上访事件大大减少。

二是化肥用量减少。通过畜禽粪便还田，有机替代无机，施用畜禽粪肥田块每亩每年可节约化肥40千克左右，降低了种植业生产成本，减少了有害物质积累，改良了土壤结构，改善了农产品口感，提高了农产品品质，全市化肥施用量年降幅在1%以上。

三是产业发展质态提升。通过种养平衡、立体种养、农牧结合等生态健康养殖模式的推广，畜禽养殖户广泛采用经济适用的农牧循环生产、畜禽粪便综合利用模式。养殖场转变生产理念，改进生产方式，增加设施投入，美化养殖环境，减少畜禽发病率，提高养殖水平，促进了全市绿色畜牧业发展。

四是带动农民增收效果明显。组建种养结合产业化联合体，以企业为龙头，以专业合作社为纽带，与种植大户建立紧密的利益联结机制。充分发挥龙头企业的联农带农机制，实现“企业+合作社+农户”联动发展，辐射带动周边农户降本增收致富。

五是绿色生态品牌影响力扩大。通过有机肥的施用不断提升农产品品质，提高优质农产品供给能力，充分利用网络、媒体、广播等媒介，积极组织参加国家、江苏省开展的名特优新农产品展销会等绿色农产品推介活动，加强对绿色生态农业的宣传。江苏洋宇生态农业有限公司种植优质早熟砂梨新品种“苏翠”1 000多亩，借“春花”“夏实”两个高峰期，举办水果采摘节，进一步打响苏翠梨品牌，也为发展体验农业与观光农业结合的特色旅游奠定了基础。

江苏省睢宁县：探索“沼气”蓬勃循环模式，打造金字“沼”牌生态农业

江苏省睢宁县农业农村局 朱为布 邵 琼 王 婷

近年来，睢宁县深入贯彻落实新发展理念，抢抓徐州乡村振兴集成改革唯一试点县机遇，以“无废城市”建设为引领，用系统思维统筹推动规模化沼气建设，形成了以沼气为纽带的生态循环农业产业体系，初步取得了农业绿色发展、农村人居环境改善、农民生活条件提升的多重效益。目前，全县已投资1.7亿元，建成37个沼气站，沼气厌氧发酵装置总容积4.9万米^3。2020年6月，国家级“无废城市”建设试点农业现场会在徐州市睢宁县召开；同月，睢宁县秸秆综合利用荣获“中国三农十大创新榜样”；7月，睢宁县被列入2020年中央农作物秸秆综合利用重点县。

一、实施背景

睢宁县具有使用沼气的传统，但多为家庭户用沼气，整体使用效率不高。近年来，随着农业集约化、养殖规模化、居住集中化快速发展，睢宁立足“两多两全”县域实际，因地制宜推动规模化沼气在睢宁落地开花。

一是所需原料产出较多。睢宁是苏北农业和畜禽养殖大县，每年产生各类农作物秸秆116万吨、畜禽粪便100余万吨、农村易腐垃圾1.8万吨，可有效满足沼气发酵所需原料。

二是农房改善数量较多。睢宁积极争当全省农房改善先行县，已建成新型农村社区82个，改善人口超28万人。相对集中的空间居住形态，不仅方便集中供气，也为利用沼渣、沼液发展有机农业腾出更多空间。

三是收运体系全。全域实行城乡垃圾一体化保洁、市场化运营，创新实施垃圾收运与回收再利用“两网协同”，系统建立秸秆精细化离田和畜禽粪污集中收运渠道，基本可实现农村各类废弃物应收尽收。

四是管理体系全。聚焦农业高质量发展，创建“11841”新型农业生产经营体系，县、镇两级农业公司专职负责全县和各镇农业生产经营、农村资产运作，资产总规模超百亿元。将沼气项目交由县镇农业公司统筹负责，既能提高管理效能，又能降低运营成本，实现良性运行。

二、探索与实践

1. 抓好“三个环节”，做到统筹建设“一盘棋”

坚持用系统思维推动规模化沼气建设，统筹做好规划布局、项目建设、要素保障等各环节，确保沼气建设扎实有序。

科学制定发展规划。宏观层面：编制全县沼气建设计划，按照“试点推动、有序铺开”原则，统筹考虑城乡居住布局、资金投入、原料收运等因素，合理确定沼气建设的阶段性任务，选择人口规模较大、距离城镇较远的新型农村社区作为重点建设对象，确保项目落得下、建得好。微观层面：在建设之初，提前谋划站点周边养殖项目建设、有机农业打造、土地规模流转等工作，打造以沼气为纽带的新型社区循环产业综合体，放大沼气发展效应。

系统融入农房改善。着眼于让农民过上城里人羡慕的幸福生活，将规模化沼气建设作为农房改善的特色配套，统一纳入社区建设总体设计，集中供气管网路线与社区主体工程同步设计、同步施

工、同步验收、同步使用，无缝融入社区设施配套。

强化项目要素保障。建设投入上，先后通过试点资金整合、财政比例配套、引入社会资本等方式，累计争取上级补助 2 900 万元，地方配套 9 000 万元，撬动社会资本 6 000 万元。组织领导上，在徐州率先成立绿色发展办公室，与江苏省农业科学院合作组建循环农业产业研究院，统筹行政、科研多方力量，专职推进沼气循环产业发展。

2. 打通“三条渠道”，实现原料收集“就地化”

坚持从源头发力，从收运上破题，畅通秸秆、畜禽粪污、生活垃圾等原料的集中收运渠道，实现原料就地取材、高效供给。

缩短离田到“沼”半径。抢抓中央农作物秸秆综合利用改革试点机遇，推广秸秆收储利用社会化服务，发展村级秸秆经纪人，聘用低收入农户从事秸秆运输，形成“农户＋秸秆经纪人＋秸秆收储企业＋沼气运营公司”秸秆收集、储运、利用模式。全县发展秸秆经纪人近 400 名，年可提供 5.4 万吨秸秆原料。

架起消粪去污捷径。投资 9 680 万元建设畜禽粪便资源化利用设施，并根据养殖场布局，建立县农业公司配备设施、镇农业公司负责收运的畜禽粪污集中收运体系，推行沼气处理粪污收费机制，畅通养殖场与沼气站收处渠道。全县规模养殖场粪污设施配套率达 95%，集中收运率达 92%。

推动垃圾消除干净。依托垃圾收运与再生资源回收利用“两网协同”，推广城乡生活垃圾分类，从源头上将沼气发酵所需的易腐垃圾剥离出来，形成户投-村收-镇分运-沼站用的生活垃圾收处体系，并在沼气站附近建设易腐垃圾堆肥“阳光房”，真正将农村产生的废弃物处理干净。目前，全县已设置分类回收站点 11 个，建设阳光房 69 间。

3. 深化“三沼”利用，保障项目运行“效益丰”

创新“三沼”利用方式，提升综合利用水平，打造“沼”财进宝效益体系。

让沼气“万家灯火暖春风”。按照“宜气则气、宜电则电、多途径利用”原则，推动沼气高值化使用。一方面，建立集中供气系统，按照 1.8 元/$米^3$ 的价格收费管理，相较于罐装液化气，农户每使用 1 $米^3$ 沼气可节省 1 元，并统一免费配建沼气专用灶具，全面降低群众生活开支；另一方面，探索推进沼气发电、沼气提纯天然气等工作，使沼气项目满负荷运行，实现项目效益最大化。

让沼渣“化作春泥更护花”。布局建设 4 个沼渣、畜禽粪便有机肥加工厂，每年可产出 26 万吨有机肥。按照“自用为主＋余量外销”方式，由镇农业公司统一收购，合理分配至各村集体合作社发展“沼肥-稻（菜、果）”等有机农业示范项目，每年可满足 50 万亩绿色有机作物种植需求。此

外，经统一包装、统一销售后，余量沼渣可以按每吨400元进市销售，真正实现变渣为宝。

让沼液“一水护田将绿绕”。立足沼液“肥中之王”“生物农药”科学定位，在沼气项目周边规划打造绿色农产品基地和生态循环农业示范区，配套建设大田循环利用设备、沼液池，就近使用沼液开发“沼液-经济林”等生态种养模式，扩大绿色农业范围。

4. 创建“三位一体”，力求运营管理有秩序

针对各地以往沼气建设常遇的建易管难问题，创新建立经营、管控、服务“三位一体”运作模式，形成沼气管理“一张网”。

一家公司总经营。按照政府引导、市场主导原则，实行公司化运营机制，依托“11841”新型农业生产经营体系，发挥县农业公司在资源统筹调配、资金技术共享等方面的管理优势，建立县农业公司负总责、各镇农业公司抓运营的职能框架，牵头推动沼气产业串联集群、高效经营、规模发展。

一个平台总管控。自主研发打造全县沼气大数据综合管控中心，横向整合全县各站点废弃物处理量、“三沼”产出量、故障监测、综合效益分析等动态数据，纵向构建发现问题、分类交办、联动处置的操作程序，形成了集系统概况、资源配置、安全生产等于一体的沼气项目管理云平台，实现沼气运营管理信息化。

一班人马总服务。按照“管干分离”原则，面向市场择优选择与沼气建设运营经验丰富的公司开展合作，成套引进先进技术和专家技师，保障项目长期稳定运转。同时，出台沼气本土专业人才培育发展计划，积极与江苏省农业环境保护协会合作开设技术培训班，累计培训百余人次，为沼气长远发展做强人才支撑。

5. 做好“三篇文章”，促进参与各方共分红

遵循市场化效益分配原则，坚持从富民增收的角度出发，建立健全县、镇、村、民四方利益联结机制，保障各方参与群体互惠互利。

做好多方互利共赢文章。建立“投资分红、管理分红、服务分红”的利益分配机制，按照5∶3∶2明确县、镇、村三级利益分配比例，对沼气、沼渣产生的各项效益及沼气站周边有机农业示范项目产生的延伸效益进行分红，切实做到利益共创共享。

做好村集体增收造血文章。在推进沼气建设过程中，村集体通过土地入股方式，参与沼气利润分配，每年可获得稳定可靠的收入来源。利用沼渣、沼液发展有机农业项目，更为村集体增加一块“造血骨髓”。成立村级秸秆合作社参与沼气的原料收储，进一步拓宽了增收渠道。

做好百姓就业致富文章。积极打造以沼气循环农业综合体为载体的扶贫产业园，优先聘用有劳动能力的低收入农户，参与综合体务工、沼气站日常看护等，人均月工资 2 000 元以上。农忙时节，按照每吨 300 元给予农户秸秆收购补贴，每户每年又可获利数千元。

三、收获成效

睢宁县通过全域推广沼气模式，既实现了富民增收，带动了生态循环农业的发展，又改善了县域生态环境，为加快建设可观可感的美丽睢宁描绘了生动底色。

一是传统农业在以“沼”延链中更旺了。围绕“三沼”综合化利用，构建起的生态循环农业综合体，带动了稻蟹（虾）综合种养、优质食味稻米示范区和经济林果等绿色有机农业基地建设，既改变了传统作物耕作方式，又提升了优质农产品供给质量，释放出更大的市场经济效益。目前，全县规划发展 20 万亩绿色有机农业示范基地、在建 7.3 万亩，拥有经济林木 10.3 万亩、新建 2.2 万亩。经测算，每亩地生产有机农产品平均可增加 4 000 元收益，20 万亩全部建成后可新增效益 8 亿元。经济林木多以楸树、无絮杨为主，以官山镇为例，利用沼渣、沼液测土配方发展楸树 3 000 亩，一年后成苗销售，年产值约 9 000 万元。

二是农村面貌在以“沼”增绿中更靓了。沼气的原料收处，既是一个消纳解决秸秆、畜禽粪污、生活垃圾等废弃物的过程，也是农村改厕、污水处理、垃圾收运等人居环境整治工作协同推进的过程。全县 37 所沼气站每年可就地消纳各类废弃物 96.7 万吨，废弃物产生量下降 49%，尤其是每年消除农村易腐垃圾 1.8 万吨，帮助节约垃圾处理费 711 万元，实现生态效益与经济效益双收获。同时，通过推广使用沼渣、沼液等有机肥，开发一批生态种养项目等田园综合体，推动农田变景区、田园成乐园，有效改善了农村生态环境，激活了乡村美丽经济，打造了一批绿意盎然的美丽乡村。姚集镇高党社区、魏集镇湖畔槐园社区等村庄分别获得“全国美丽乡村”“江苏省特色田园乡村”等荣誉称号。

三是“村”“民”腰包在以“沼”生财中更鼓了。村集体通过提供原料收运、效益分红等，拓宽了增收渠道；农户依靠参与设备维护、进园务工，每月可获稳定收入，真正实现了增收减支、富民强村。从直接效益看，目前，37 个沼气站每年可在集中供气上营收 584.6 万元，余气发电并网上获利 2 137.8 万元，在沼渣销售上获利 4 100 万元，年可创收 1.3 亿元，为村集体增收 2 600 万元。从带民富民看，全县 37 个沼气站每年带动就业 300 人，人均月工资 2 000 元左右，增加群众收入 710 万元。例如，魏集镇湖畔槐园沼气项目每年通过供气和销售有机肥可获利 90 万元，村集体每年按比例分红超 18 万元，带动 10 余户村民就近就业。

四是宜居质感在以“沼”配套中更强了。一方面，通过集中供气打造新型社区，以更低廉的价格代替了液化气、天然气等燃料，优化了农村能源使用结构，减少了群众生产生活成本；另一方面，为农村垃圾分类、厕所等所产生的废弃物提供了终端处理设施，提高了农村公共服务配套水平。目前，已建成的沼气站可满足 5 万户群众的用气需求，到 2020 年年底将新增 2 万户。据统计，目前农村户均沼气月用量为 30 米^3，费用 54 元，如使用液化气则需 84 元，每户每月可节省 30 元，每年可为百姓节约支出 2 520 万元。

浙江省宁波市：严格把关，多措并举，推动绿色食品高质量发展

浙江省宁波市农业农村绿色发展中心　孙　辉　陈棣元　吴愉萍

2020年，在中国绿色食品发展中心的指导和全市绿色食品工作机构的努力下，宁波市始终坚持绿色食品"从土地到餐桌"的全程质量控制规范，强化过程管控，规范绿色食品标志许可行为，围绕绿色食品审核许可和标准化生产技术推广，把发展绿色食品作为绿色优质农产品供给调结构、提质量的重点，以市场需求为导向，以农产品区域公用品牌为纽带，主攻供给质量，优化产业结构，着力推动全市绿色食品产业融合发展。截至2020年年底，全市共有"三品一标"产品1 215个，其中绿色食品163个、无公害农产品1 032个、有机食品4个、地理标志农产品16个，产地总面积达到210万亩，现有绿色食品原料标准化生产基地1个，主要食用农产品中"三品"比率达到60.05%。

一、严格把关，绿色食品材料审核不松手

1. 提高主体质量

申报主体上，突出主体的质量控制能力，积极发动农业龙头企业、农民专业合作示范社等规模企业和经营主体申报绿色食品，引导大型食品企业、特色农产品加工企业、出口企业发展绿色食品；严控管理松散、机制不健全的经营主体申报。申报产品类型上，引导市场需求大、经济效益好、投入品使用可控、质量稳定的产品发展绿色食品，严控监测评估和生产实际中发现存在较大农产品质量安全风险隐患的产品申报。

2. 提高审查质量

一是规范审查程序。落实绿色食品分级管理办法，实施好绿色食品工作程序规范、"两个挂钩"

等要求。检查和审核中重点把握“符合性”和“科学性”，“符合性”即和绿色食品标准一致，“科学性”即客观实际、可操作。

二是高效严格审核。坚持严字当头，以组织开展3次集中审（检）查活动为抓手，认真开展申报材料审核工作，把好标志许可质量关。2020年4月2日，组织召开全市绿色食品申报材料集中评审会，对照材料清单和审核要点，集中审核绿色食品申报材料12份，梳理汇总出20项绿色食品申报材料审核时常见问题。5月19日，组织15名绿色食品检查员赴宁海县对25家宁海白枇杷生产主体开展绿色食品申报集中现场检查，锁定受理审查、现场检查等环节关键控制点，坚决杜绝现场检查工作走马观花、流于形式，及时发现问题和隐患，督促企业落实整改。在绿色食品申报材料审核上下功夫，确保申报材料完整、准确和有效。11月12日，组织资深检查员对上报中国绿色食品发展中心的37份材料进行集中审查预审，重点审查材料的齐全性、规范性和符合性，为材料上报中国绿色食品发展中心集中审核做好准备。

三是及时做好续展工作。做好续展计划，摸排企业续展情况和意愿，集中培训或一对一开展帮助，指导企业组织续展材料，提高工作时效，督促县（市、区）提前上报续展材料，做到应续尽续。

二、蹄疾步稳，地理标志工程建设勇出手

一是持续推进宁海白枇杷地理标志农产品保护工程建设。坚持把精品意识贯穿地理标志保护工程建设始终，在求深、求实、求精上下功夫，将创建要求和宁海县实际情况有机结合，围绕工程项目建设，会同宁海县相关单位开展了数次调研，并多次协调参加座谈会，坚持做到跟踪问效，及时掌握反馈各方面工作动态。目前，枇杷种质资源圃、新品种试验基地、核心示范区提升建设等项目内容正按计划有序开展，截至2020年年底，将完成90％的地理标志保护工程项目建设内容，基地内80％以上规模经营主体申报绿色食品工作已经展开。

二是全面筹划开展3项新地标保护工程建设。突出产品独特品质和个性化特征，持续推进地方特色优势产业培育和区域公用品牌打造。印发《宁波市地理标志农产品保护工程建设实施方案》，在赴各县（市、区）充分调研摸底的基础上，经过主体申报、专家评审和公示，启动慈溪蜜梨等3项新的地理标志农产品保护工程建设。

三、创新举措，精品基地创建当能手

2020年在新冠肺炎疫情防控常态化的新形势下，主动求变，科学应变，戴着口罩抓生产，以地理标志保护工程和省、市两级精品绿色农产品基地为主平台，在全市范围内开展2个省级、15个市级精品绿色农产品基地创建工作。制定出台《宁波市精品绿色农产品基地创建办法》，围绕特色产业，先行先试创建市级精品绿色农产品基地，推进绿色食品整体认定，实现基地内80％以上规模经营主体通过绿色食品认证，实现绿色食品特色化发展、标准化生产、基地化建设、集群化认定，努力扩大全市绿色食品规模总量，将宁波市绿色食品发展带入快车道。

四、强化服务，联系基层紧握手

做好新冠肺炎疫情期间全市“三品一标”企业服务工作，第一时间开展调研，掌握全市“三品一标”企业在疫情期间涌现出来的先进事迹，以及面临的困难和问题。对先进事迹进行了报道，对困难和问题提出了相应的对策建议，相关对策被人民政协网录用报道。针对疫情期间企业产品滞销问题，通过浙江省精品绿色农产品微信公众号平台和甬农鲜平台等发布助销产品信息，助力企业销售。扎实开展“三联三送三服务”活动，对接服务北仑区白峰街道阳东村、宁波市北仑区白峰双石

蘑菇专业合作社和北仑孟君茶业有限公司，上门为村和街道的发展出谋划策，为阳东村送去蔬菜种子，一对一辅导北仑区白峰双石蘑菇专业合作社开展蘑菇绿色食品认证。

五、补齐短板，强化基础不放手

一是完善工作体系建设。加快市县级工作体系建设。继续加大基层培训力度，根据各县（市、区）产业发展特点，结合基层个性化需求，调整培训内容方式，有针对性地举办绿色食品内检员班，2020 年已培训合格 160 余人，实现绿色食品认证工作中企业内检员全覆盖。

二是强化绿色品牌宣传。充分利用新媒体平台，组织开展形式多样的宣传活动。组织优秀企业参加第 21 届中国绿色食品博览会和第 18 届中国国际农产品交易会农产品地理标志专展，利用文化科技卫生“三下乡”和“春风万里，绿食有你”宣传月等活动，进行“三品一标”和农安科普宣传，推荐“三品一标”企业开展上线宣传、展示、销售产品等活动。

三是做好绿色生产技术推广工作。完成中央财政资金重大农业技术推广项目“草莓绿色标准化种植和管理技术集成与推广应用”相关内容的研究，集成提出绿色食品草莓生产质量控制规范和生产技术规程，并在全市进行推广。开展绿色食品生产操作规程进企入户示范行动，“绿色食品大米生产技术研究与推广”获得宁波市科技局立项、“地理标志农产品宁海白枇杷品质特性分析”项目全面启动。

浙江省丽水市：对标欧盟，打造肥药双控升级版

浙江省丽水市农业农村局　张　靓

2018年以来，丽水市农业农村局按照市委、市政府提出的“要建立国内领先、比肩国际的‘丽水山耕’农业区域公用品牌认证标准体系和溯源管理体系，要实行最严格的农药化肥准入标准”的工作要求，对标欧盟，全面推进农药化肥严格管控工作。

一、主要做法

1. 构建系统化政策机制

以欧盟农药管控标准为标杆，聚焦“五个最严”，即最严的准入标准、最严的销售登记、最严的使用管理、最严的质量管控、最严的惩戒措施，先后下发《关于全面推进农药化肥严格管控的实施意见》《丽水市农药化肥严格管控三年行动计划（2018—2020年）》等一系列政策文件，编制了以“指标体系、任务体系、管理体系、责任体系、考核体系”为框架的“对标欧盟・肥药双控”思维导图，通过建立农药化肥追溯体系、提高农药化肥监管水平、实施标准化生产、开展农药禁限用、深化农作物放心工程等工作举措，进一步加强组织领导，强化目标考核，加大宣传引导，科学绘制肥药双控路线图。

2. 构建清单化目标机制

坚持“产品溯源、规范经营、强化监管、严格执法、优化服务、科学使用”的原则，通过2018—2020年这三年的努力，对标欧盟，分批推出禁限用农药目录，建立化肥、农药可追溯体系，健全农药化肥管控机制，提高农药化肥安全监管水平，规范农资生产经营秩序，提升农药化肥科学使用水平。2020年，全市农资经营追溯系统覆盖率100%，农产品质量安全“智慧监管”网格化体系覆盖率100%，农药、化肥使用量比2017年下降10%，推广商品有机肥10万吨，农药废弃包装物回收率达到95%、处置率100%，农产品抽检合格率达到99%以上。“丽水山耕”农产品的农药

使用规范与欧盟接轨，全市农药化肥管控达到欧盟标准。

3. 构建动态化对标机制

比对欧盟和我国的农药登记情况及农药禁限用情况，并根据丽水地方作物特色，结合病虫草害发生情况及自然环境特点，制定农药化肥区域准入标准，分批推出全市禁限用农药目录。通过深入对标欧盟，梳理出我国批准登记使用的农药696种，其中158种是在我国批准而在欧盟撤销登记使用的农药。根据综合评估，提出建议在市内禁限用农药105种，累计推出禁限用农药四批共152种，完成欧盟撤销登记并列入建议清单的105种农药全部禁限用。同时，提出禁限用农药替代农药目录共112种，以满足农业生产需求，并及时跟进对标欧盟，动态调整农药禁限用目录。

4. 构建标准化生产机制

制定发布农药和肥料的安全使用规范。在农药方面，率先引入膳食和环境两个风险评估参数，其风险商值设置分别高出欧盟标准的80%和20%。在肥料方面，与国家有机肥料标准相比，新增加了典型兽用抗生素总量、铜、锌等3个指标，高于国家有机肥料的要求。在欧盟，目前还没有统一的有机肥管理法规。

对标欧盟农产品贸易流通、农药残留限量和重金属限量等标准数值，建立“丽水山耕”A+B品牌标准体系，涵盖1个省级地方标准、6个“丽水山耕”品牌团体标准、36个贮运操作手册、8个认证规程。全市累计主导或参与国家标准制（修）订6项、行业标准4项、省级地方标准20项，申报全国名特优新农产品33个、全国农产品全程质量控制技术体系试点生产经营主体61家、国家良好农业规范培育认证主体15家，全市农业标准化生产率达68%。

5. 构建绿色化防控机制

全面推进病虫害专业化统防统治与绿色防控融合发展，深入实施测土配方施肥与商品有机肥融合应用。2020年创建省级农作物病虫害绿色防控示范区12个，完成农作物病虫害绿色防控应用面积78.20万亩次；商品有机肥推广应用面积229.13万亩，测土配方推广面积265.25万亩，主要农作物测土配方施肥覆盖率达到93.40%。2018—2020年累计减少不合理化肥施用27 708吨、农药减量475吨，化肥农药使用量分别较2017年下降14.86%、17.68%；回收农药废弃包装物707.81吨，无害化处置率100%，农田生物多样性显著增强，美丽田园环境得到明显改善。同时，着眼发挥特色农业资源优势，加快地理标志农产品和绿色农产品认证，全市累计获得农产品地理标志登记保护17个，数量居浙江省第2位，新增绿色食品认证168个，绿色优质农产品比率达到60%。

6. 构建规范化执法机制

以执法机构改革为契机，创新监管机制，注重检打联动、市区联动、部门联动，进一步加大执法监管和案件查办力度，深入开展绿剑专项执法行动、农资市场“两化建设”（规范化、信息化）、高毒限用农药自律退市、农投入品专项抽检、诚信体系建设等工作，对相关案件实行追根溯源、联动办案。2018—2020 年，全市抽检农药肥料 1 169 批次、合格率 91.4%，发放责令整改通知书 687 份，办理行政处罚案件 1 056 起、罚没款 376.2 万元，违规使用农药移送涉刑案件 4 起、判刑人员 4 人，关停淘汰低、小、散农资经营单位 123 家。

7. 构建信息化监管机制

构建由 3 大触发场景、6 张专图、5 个信息库、3 类协同处置模式及纳入生态信用体系的花园云·对标欧盟农药化肥全域在线监管场景应用平台。以构建业务协同、数据共享模型为基本方法，优化农药化肥销售、使用、回收等环节的监管流程，实现农药化肥从销售到使用的全市域、全方位、全流程精密智控。深入推进“肥药两制”（化肥农药实名制购买、定额制施用）改革，全市 651 家农药化肥经营主体全部安装农资信息化监管系统，实名制购买实现全覆盖；按照浙江省化肥定额制实施方案建立“浙样施”智慧施肥服务平台，引导推动农民定额施肥。目前，纳入省级农产品质量安全追溯平台主体共 2 703 家，开具合格证 23 万多张，构建食用农产品从“田园到餐桌”的“一证一码”（食用农产品合格证、追溯码管理）追溯管理机制。

8. 构建品牌化引领机制

注重发挥品牌对品质的引领和倒逼作用，积极推进“丽水山耕”品字标认证，引导会员主体参与品牌认证。通过“对标欧盟·肥药双控”，“丽水山耕”农产品质量与欧盟全面接轨，附加值大幅度提升，连续三年蝉联中国区域农业品牌影响力排行榜第一名。同时加强品牌管理，根据丽水市生态农业协会章程及品牌商标使用管理办法，开展各类不合格企业主体的清退工作，确保市场平稳发展。

二、重要意义

通过三年来的实践，深刻地认识到农药化肥严格管控对丽水农业绿色发展、农业增效、农民增收及乡村振兴都具有重要意义，可以说是农业领域的重大变革。具体有以下五个方面重要意义：

1. 推动了耕种方式的新变革

推进“对标欧盟·肥药双控”，是对传统耕种理念和耕作方式进行变革，打破固有的粗放型生产格局。著名科普读物《寂静的春天》中曾警示人们，如果过度使用农药，人类将面临一个没有鸟、蜜蜂和蝴蝶的世界。农药化肥严格管控工作正是将这种生态观与现代农业科技相结合，推动传统耕作方式与绿色发展理念相适应，促进人与自然相和谐。

2. 打造了绿色发展的新引擎

推进“对标欧盟·肥药双控”，是对经验型和非标型农业生产理念进行变革，打造标准化引领下的高质量绿色发展引擎。推进标准化生产，规范农药化肥使用，大力发展绿色优质农产品，走出一条产出高效、产品安全、资源节约、环境友好的丽水山区特色高质量绿色发展之路，为全省乃至全国农业绿色发展改革创新提供示范和样板。

3. 创建了机制改革的新试点

推进“对标欧盟·肥药双控”，是对农业领域治理体系和治理能力进行变革，打通高品质农产品全程管控的“最后一公里”。抓住全国首个生态产品价值实现机制改革试点市和名特优新高品质农产品全程质量控制创建试点市的契机，在监管层面全程贯彻生态理念及绿色生产技术，生产出高品质农产品，实现生态产品价值转换。

4. 打响了“丽水山耕”的新美誉

推进“对标欧盟·肥药双控”，是对现有的品牌模式和销售渠道进行变革，打响“丽水山耕”区域公用品牌的知名度。“丽水山耕”秉承着“法自然，享淳真”的品牌核心，以对标欧盟的更高要求，坚持产品品质追求与提升；以授权合作与跨界联名的方式，丰富品牌矩阵组合，完成农产品文创的赋能与创新；以直播风口为契机，实现产品销售渠道的多元化，成为一个有品质、有内涵、有市场，更有社会温度的品牌，为广大人民的美好生活提供高品质农产品的优质品牌。

5. 绘制了乡村振兴的新图景

推进“对标欧盟·肥药双控”，是对城乡二元结构和不平衡发展现状进行变革，打开融合发展、乡村振兴的新图景。通过农药化肥的管控，打破过去的局限，全面提质提效，增强乡村人居环境和业态发展的吸引力，对标世界一流，绘制万山滴翠、层林尽染、鱼翔浅底、繁星闪烁的新时代山水城市的美丽画卷。

浙江省淳安县：统筹推进“四大行动”，全力打造农业绿色发展样板

浙江省淳安县农业农村发展服务中心 汪 娜 邵淑宏 严华建 姜铭北
浙江省杭州市农业农村事务保障中心 周 勇

淳安县地处浙江省西部，辖23个乡镇337个行政村，农业人口38.61万人，劳动力25.72万人，耕地面积25.81万亩，园地面积39.93万亩，林地面积449.85万亩，养殖水面（不含千岛湖湖区）面积0.61万亩。

近年来，淳安县紧紧围绕创建特别生态功能区总体战略部署，对标“绿水青山就是金山银山”的发展理念，坚持以生态优先、绿色发展为导向，立足资源优势，具体推进“四大行动”实施，全力打造农业绿色发展样板。

一、聚力绿色产业发展提质行动，优化整体布局

一是完善农业生产基础设施。依托省级茶叶产业“机器换人”示范县创建，提升农业生产机械化率。目前，全县拥有各类农业机械9.752 5万台（套）、总动力31.12万千瓦，山地单轨运输机总量达110条。二是优化农业产业结构。围绕农业绿色发展理念，全面推进农业绿色发展先行示范建设，过去三年累计建成农业绿色发展先行区10个（其中省级先行区3个），培育先行示范主体105个（其中省级高品质绿色科技示范基地18个），建成省级绿色防控示范方4个。三是调整种植结构。立足资源环境承载力，高质量推进高标准农田建设和粮食功能区建设，全县累计建成高标准农田15万亩。2020年，全县粮食生产面积稳定在19.48万亩，总产量4.15万吨。

二、聚力生产环境治理提升行动，提升绿色环境

一是推进化肥农药减量增效。主要通过种植绿肥、推广商品有机肥、开展测土配方施肥、配方

肥替代、提高统防统治覆盖面、应用绿色防控技术、创新实施水土保持（项目区禁用化学除草剂）等举措，稳步推进化肥农药双减。全县三年累计实施统防统治面积32.62万亩次（其中专业化飞防2万亩），水土保持预防保护面积15.46万亩次，推广应用商品有机肥8.66万吨、配方肥0.76万吨，异地配送液肥6.4万吨；每年发展林下及园地经济2万亩，套种绿肥2万亩。2020年，全县农作物化肥、农药使用量较3年前分别减少10 415吨和240.9吨，降幅分别为22.8%和24.9%。二是全面推行“肥药两制”改革。自主研发符合淳安实际、应用便捷的农资购销信息化系统，通过刷身份证和人脸识别购买，扎实推进化肥农药实名制购买工作。目前，全县139家农资店全部实现刷身份证、人脸识别进行身份核实和实名购买，覆盖率达100%。三是推进农田氮磷生态拦截沟渠建设。通过生态沟建设，对农田径流中的氮、磷等营养物质进行拦截消纳，实现生态减排。目前，全县已建成农田氮磷生态拦截沟渠6条，在建1条；同时还建有省级农业面源污染监测点1个。

三、聚力废弃物资源化利用行动，拓宽循环路径

一是深化畜禽养殖粪污资源化利用。通过有机肥加工厂提升改造、液肥异地配送服务体系提升、沼肥综合利用、美丽牧场创建等项目推进，全县建成省级美丽牧场15家，规模养殖场畜禽养殖粪污资源化利用率达99%以上。同时，推行病死猪跨区域无害化处理模式，按照“政府监管、企业运作、财政扶持、区域合作”的原则，全县构建了“统一收集、集中处理、保险联动、智慧监管”的长效监管机制，实现病死动物无害化处置率100%。二是加强农作物秸秆综合利用。积极推广秸秆粉碎还田，配套推广综合利用技术，提高秸秆肥料化利用率；通过新建2家生物质颗粒厂，充分收集利用县域内食用菌菌渣及农作物秸秆等，有效提高秸秆能源化利用率；同时依托规模养羊厂，提高青贮饲料占比。目前，全县农作物秸秆通过肥料化、能源化、饲料化、基料化等途径，综合利用率达95%以上。三是完善农业废弃物回收处置体系。依托废弃农药包装物回收处置体系，把废弃农膜也纳入回收范围，3年累计回收各类废弃农药包装物136.67吨，无害化处置101.75吨；全县废弃农药包装物回收率达90%以上，无害化处置率达100%。

四、聚力农业绿色经济培育行动，保障优质供给

一是强化品质兴农。坚持质量引领，突出绿色可持续发展导向，狠抓“三品一标”产地认定和产品认证，增强绿色优质农产品供给能力。截至2020年年底，全县有效期内无公害农产品196个、绿色食品12个、有机农产品99个，农产品地理标志3个，认证总面积82.47万亩；主要食用农产品中绿色优质农产品比率达到58%，同时地理标志农产品合格率稳定在99%以上。二是强化品牌

兴农。深入挖掘绿色产业效益，借助千岛湖景区知名度，全力推进农产品区域品牌建设，打造“千岛湖”农产品公用品牌。淳安县通过品牌策划重塑推出的“千岛湖茶”公用品牌在2020年中国茶叶区域公用品牌价值评估中以18.54亿元跻身全国50强，列浙江省前10位。

淳安县先后被认定为省级生态循环农业发展示范县、国家有机产品认证示范区、浙江省整建制推进生态循环农业发展示范县、浙江省农产品质量安全放心县。2019年，淳安县绿色发展案例——千岛湖“保水渔业”模式入选中央党校“两山”理论教学案例。2020年，淳安县成功创建“浙江省农业绿色发展先行县”，其创建经验被中国绿色农业联盟、《中国绿色农业发展报告》编委会推选为“2020全国绿色农业十佳发展范例”。

江西省：发挥自然禀赋资源优势，加快绿色食品产业发展

江西省绿色食品发展中心 潘 华 康升云 何广位

江西省秉承“生态优先、绿色发展”理念，大力实施“质量兴农、绿色兴农、品牌强农”发展战略，围绕建设生态文明先行示范区、创建全国绿色有机农产品示范基地试点省和江西绿色生态农业“十大行动”规划，依托优越生态环境和特色农业资源条件，积极推进绿色食品、有机农产品和农产品地理标志高质量发展，着力打造全国知名绿色有机农产品供应基地，唱响“生态鄱阳湖、绿色农产品”品牌。2020 年，在中国绿色食品发展中心的支持帮助下，经过全省各级工作机构共同努力，实现了江西绿色食品总数超过 1 000 个、农产品地理标志总数突破 100 个的跨越式发展。截至 2020 年年底，全省共有“两品一标”产品 3 482 个，其中绿色食品 1 064 个、有机农产品 2 317 个、地理标志农产品 101 个。

一、主要工作及成效

1. 大力推动绿色发展

2020 年年初制定印发了《2020 年江西省绿色农产品工作要点》《2020 年江西省绿色农产品考核目标》，对全省绿色农产品发展提出了目标任务。江西省绿色食品发展中心分组赴各设区市和有关县，与当地农业农村部门和“三品一标”工作机构、相关企业座谈调研，帮助解决存在的问题。坚持每周一调度、每月一小结，及时通报进展情况，压茬推进绿色食品认证。通过邀请中国绿色食品发展中心和部分省份的绿色食品专家来江西开展现场评审，提高工作效率和工作质量。全年完成现场检查并向中国绿色食品发展中心审核上报了 328 家绿色食品企业申报材料、涉及 656 个产品，组织认证了 27 家有机农产品企业、涉及 111 个产品，完成现场核查并审核上报了靖安白茶等 6 个农产品地理标志申报材料。组织开展了 11 个全国绿色食品原料标准化生产基地续报现场检查，完成了 1 个全国绿色食品原料标准化生产基地的创建检查，成功创建了 2 个全国有机农产品基地。

2. 持续开展证后监管

组织开展了绿色食品市场监察，共抽取南昌市的2个固定市场和2个流动市场上46家企业的107个样品，帮助规范获证企业的用标行为。配合有关农产品质量安全检测机构开展了部级绿色（有机）食品的监督抽检工作，制订省级抽检计划4批次、抽检产品291批次。主要由市级绿色食品工作机构开展企业年检，督促生产企业持续按照绿色食品标准和要求进行生产管理。依照中绿华夏有机食品认证中心要求，对5家有机食品企业进行了监督检查，督促生产企业提高农产品质量安全意识。配合中国绿色食品发展中心开展了新余蜜桔、宜春大米、高安大米农产品地理标志监测的抽样工作。对于不合格产品，配合中国绿色食品发展中心对2家绿色食品企业进行撤证、督促1家绿色食品企业进行整改。

3. 夯实绿色发展基础

邀请中国绿色食品发展中心专家在南昌举办了1期绿色食品检查员、监管员培训班，培训32人次，重点提高绿色食品申报材料审核和现场检查能力。全年完成29人次绿色食品检查员、监管员的新（再）注册。组织举办了1期江西省农产品质量安全追溯管理信息平台推广培训班和1期江西省试行食用农产品合格证制度实施培训班，分别培训121人次和116人次，通过培训强化农产品质量安全追溯管理和提高农产品生产主体质量安全意识。克服新冠肺炎疫情等影响，组织相关企业参加中国绿色食品发展中心举办的绿色食品内检员网络培训班，共培训绿色食品企业内检员499人，组织市县工作机构参加了全国名特优新农产品申报系统应用线上培训班，共培训431人。目前，全省共有绿色食品内检员、有机农产品内检员1 379人。

4. 营造绿色发展氛围

为深入贯彻学习党的十九届五中全会精神，大力推进乡村振兴建设行动，加快推进江西全国知名绿色有机农产品基地示范省建设，2020年11月13日，江西省人民政府在南昌举办了第二届建设全国知名绿色有机农产品示范基地战略峰会。江西省政府分管副省长介绍了江西省发展绿色有机农业的独特优势，并对江西省推动农业绿色发展以来做出的工作成就进行了总结。会议邀请有关院士、专家、企业家作报告，为江西绿色有机农业发展把脉会诊、建言献策。在会议现场，江西省农业农村厅与中国食品安全报社签订了建立政媒企三方合作机制，聚力助推江西乡村振兴战略合作框架协议，着力打造精品农产品营销新模式、新局面，构建稳定的优质农产品供应基地，扩大江西农

产品市场业务占有率和美誉度，助力江西绿色有机农产品品牌提升。

5. 政策引导绿色发展

实施了以江西省政府分管副省长为绿色食品产业链链长的链长制，出台了《关于加快推进绿色食品产业链高质量发展的指导意见》（赣府厅发〔2020〕31号），推动延伸产业链、打通供应链、提高价值链。江西省农业农村厅起草了《关于加快推进绿色有机农业发展的指导意见》，计划扩大绿色有机农业生产规模，唱响“生态鄱阳湖、绿色农产品”品牌。将“三品一标”纳入省政府高质量发展考核，发挥考核的指挥棒作用。委托社会公司对现有的46个省级绿色有机农产品示范县进行第三方评估，做好跟踪问效和督促整改。用好用足中国绿色食品发展中心绿色有机食品认证费减免优惠政策，鼓励贫困县发展绿色有机食品认证。截至2020年11月19日，全省贫困地区共有绿色食品和中绿华夏有机食品认证中心认证的有机农产品企业161家、产品303个，相关企业在2020年共享受到认证减免费用86.14万元。

6. 省市县协同推进

省级财政安排980万元，继续对申报绿色食品有机、农产品、地理标志农产品进行奖补。南昌市配套安排140万元用于奖补“两品一标”获证企业，安排220万元对2个农产品质量安全示范区、11个农产品质量安全示范企业进行奖励（每个示范区奖励50万元、每个示范企业奖励10万元），安排100万元用于举办以“两品一标”为主打农产品的年货节。九江市在省级奖补资金100万元的基础上，配套奖补资金由2019年的100万元提高到150万元。部分县（市、区）根据财政等条件安排奖补资金，用于补助“两品一标”申报企业，鼓励支持企业发展绿色有机生产。

7. 社会力量助推发展

由南昌市信仁富基商业管理有限公司等5家单位发起组建的江西省绿色食品发展协会，于2020年9月17日在南昌举办了成立大会暨第一届第一次会员代表大会，于11月20日经江西省民政厅批准正式成立。协会主要由绿色食品生产企业、产品认证、检验检测、咨询服务、科研院所、农技推广、品牌策划、市场营销等单位组成，在政府、企业、市场之间建起了桥梁。以协会为基础打造江西省绿色有机农产品展示平台，在南昌市国信医药谷筹建1 200米^{2}的江西省绿色有机食品展示厅，将其打造成永不落幕的绿色优质农产品展示展销会。展示平台集绿色健康、权威发布、科普互动、休闲体验于一体，线下突出产品宣传、展示、品鉴、体验，同时可以满足线上浏览查询和订单选购。

8. 加强质量追溯和合格证管理

一是建立健全农产品质量安全追溯体系。全省各级农产品质量安全监管机构、农产品质量安全检测机构、农业执法机构全部注册了管理账号，分别注册143个、108个、118个账号。二是将农产品生产经营主体纳入农产品质量安全追溯范围并要求出具追溯码。已有67 689家生产经营主体注册通过审核，有4 489家生产经营主体7 603批次的产品出具了追溯码。三是推动省级农产品质量安全追溯平台建设。加强与软件开发公司沟通协调，及时跟踪国家平台与省级平台对接进程，每周报送省部级平台对接周调度表，督促各市县及时审核受理企业质量安全追溯平台使用申请。四是开展食用农产品合格证试点工作。各地通过大力宣传发动、联合部门推进、实行分类管理、注重同第三方交流协作等方式，积极探索食用农产品合格证管理模式。南昌市等地积极推广应用了农产品质量安全检测、开具农产品质量安全合格证一体机，方便农产品生产企业操作使用。

9. 扩大绿色品牌宣传

2020年9月17日，在南昌市国信医药谷举办了“春风万里，绿食有你”绿色食品宣传月（南昌）进企业活动，活动现场共展示了20多家企业近50个绿色食品。活动通过观看视频、宣传展板、印刷画册、发放资料、解答疑问、绿色食品展示、绿色食品品鉴、签名支持、扫描二维码互动等形式，大力普及绿色食品知识，宣传展示绿色食品形象，积极倡导绿色消费理念。11月21—22日，由江西省绿色食品发展中心指导，江西省绿色食品发展协会、南昌晚报主办，江西国信医药谷承办的健康礼品工场启航暨2020年江西绿色有机食品系列展销会在南昌市国信医药谷举行。江西煌上煌集团食品股份有限公司等50余家绿色有机食品企业参展，展出产品百余种，两天现场成交金额200余万元。在绿色食品事业发展30周年之际，江西麻姑实业集团有限公司、江西齐云山食品有限公司、瑞昌市溢香农产品有限公司等3家绿色食品企业被评为“全国最美绿色食品企业”。

10. 组织参加专业展会

在福建厦门举办的第21届中国绿色食品博览会暨第14届中国国际有机食品博览会上，江西展团组织了34家绿色食品企业、18家有机农产品企业参展。江西省绿色食品发展中心荣获第21届中国绿色食品博览会最佳组织奖和第14届中国国际有机食品博览会最佳组织奖。江西展团荣获了8个绿色食品金奖、6个有机产品金奖、5个有机产品优秀奖、2个绿色食品企业荣获优秀商务奖。在重庆举办的第18届中国国际农产品交易会农产品地理标志专展上，江西省绿色食品发展中心荣获优秀组织奖。

11. 携手新疆绿色发展

根据中国绿色食品发展中心关于对口帮扶“三区三州”绿色食品发展安排，江西省积极承担了新疆维吾尔自治区克孜勒苏柯尔克孜自治州（以下简称“克州”）的绿色食品发展帮扶任务，将克州的绿色食品工作纳入年度工作计划，并配合江西援疆指挥部把克州阿克陶县当作江西省第101个县来支持。2020年9月，江西省组织绿色食品帮扶工作组赴克州对7家绿色食品企业开展现场检查，申报产品涉及无花果、核桃、石榴、大米、食用菌、蔬菜等特色优势农产品。同时，在克州举办了1期绿色食品检查员培训班，为克州培训绿色食品检查员17人。协调落实绿色食品认证产地环境和产品检测费用近10万元，切实减轻绿色食品申报企业负担。对于克州新获证绿色食品，将按照江西的省级补助标准进行奖补，鼓励支持企业申报绿色食品认证。在江西省组织举办或参加的全国展示展销会上，专门设立新疆绿色农产品专柜，推动克州绿色农产品销往江西乃至全国。

二、存在问题和不足

1. 江西省绿色有机企业普遍存在规模不大的现象

大多数农产品具有生产周期长、收获季节性明显、不耐储存、保鲜保质期短、要求流通速度快的特点，因此绿色有机农产品的供应时间相对集中，且销售范围相对有限。部分农产品生产企业存在小打小闹、小富即安的小农意识。江西省绿色有机食品企业总体产量不高、规模偏小，在激烈的市场竞争中经常处于被动地位。

2. 全省“三品一标”工作队伍体系亟待加强

根据江西省发布的事业单位机构改革试点方案，江西省绿色食品发展中心职能将并入新组建的江西省农产品质量安全检测中心，独立事业法人机构将不再保留。届时，承担“三品一标”工作的市县工作机构（多数与农产品质量安全检测机构合署办公），可能随着机构改革面临重新调整或被拆分。全省范围大面积的工作机构调整和人员变动，对保持全省“三品一标”工作的连续性和稳定性是个极大的考验和挑战。

3. 江西省绿色有机农产品品牌影响力有限

江西省通过“三品一标”认证的企业（单位）不少，但是真正在全国叫得响的品牌不多，缺乏引领带动作用强有力的绿色食品龙头企业。绿色有机食品品牌的影响力也非常有限，多数绿色有机农产品限于当地范围销售、优质优价无法完全显现。江西省绿色有机农产品品牌知名度不高，绿色生态资源优势未得到充分发挥和体现。

三、下一步工作重点

江西省将围绕助力国家乡村振兴战略，按照“重点发展绿色食品、加快发展农产品地理标志”思路，进一步夯实“两品一标”发展基础，扩大“两品一标”总量规模，强化获证产品证后监管，加大“两品一标”宣传力度，提高认证工作效率和服务能力，为打造全国知名绿色有机农产品基地和擦亮全国绿色有机农产品示范基地试点省金字招牌做出应有贡献。

1. 加快“两品一标”发展

结合全省推进绿色食品产业链和实施加快绿色有机农业发展，加快绿色有机食品发展，加强农产品地理标志登记保护，壮大“两品一标”规模，提升“两品一标”品质，引导农业标准化生产，引领绿色生活消费，着力打造一批绿色有机农产品生产加工基地。

2. 加强获证产品监督管理

一是结合绿色食品市场监察和企业年检组织开展日常监督检查，包括产地环境保护、农业投入品使用、标志使用等。二是加大对获证产品的抽检力度，及时发现并处置农产品质量安全隐患，确保获证产品质量安全可靠。三是对不合格产品勇于亮剑，维护江西绿色有机农产品品牌形象。

3. 建设精干高效专业队伍

结合全省事业单位机构改革，重新构建“三品一标”工作机构系统，加大“三品一标”人员培训力度，重点提高材料审核和现场检查能力，扩大注册检查员、标志监管员队伍，为壮大江西绿色农业奠定坚实的技术基础，并提供强大的技术支撑。

4. 加强绿色品牌宣传推介

一是积极组织参加全国农交会、绿博会、有机博览会等专业展会，宣传推介江西省绿色有机地理标志农产品。二是发挥江西省绿色食品发展协会作用，打造江西绿色有机农产品宣传展示平台，通过举办绿色有机农产品展示展销会，帮助企业做大做强。三是结合打造“赣鄱正品”农产品品牌，提升江西省绿色有机农产品精品形象。

安徽省："十三五"期间"三品一标"事业取得突破性成就

安徽省绿色食品管理办公室
耿继光 谢陈国 高照荣 杨 骏 胡晓欣 张 俊

"十三五"期间，在安徽省委、省政府和安徽省农业农村厅党组的坚强领导下，安徽省绿色食品工作系统坚持以习近平新时代中国特色社会主义思想为指导，全面贯彻落实党的十九大和十九届二中、三中、四中、五中全会精神，深入贯彻落实习近平总书记考察安徽重要讲话精神，扎实做好"六稳""六保"工作任务，不断加快"三品一标"农产品培育，不断增加绿色优质农产品供给，不断提升全省农产品质量安全水平，助力推进长三角绿色农产品生产加工供应基地建设"158"行动计划，为夺取决战脱贫攻坚、决胜全面建成小康社会提供有力支撑。

"十三五"以来，安徽省先后实施了农业品牌提升行动、农产品食品安全民生工程、农产品质量安全追溯建设民生工程、长三角绿色农产品生产加工供应基地"158"行动计划，扎实开展了"十强化"行动，"三品一标"发展迅猛，农产品品牌发展取得突破性成就。截至2020年年底，全省有效使用"三品一标"产品达8 788个，年增长率超过20%，其中无公害农产品3 593个、绿色食品3 697个、有机农产品1 397个、地理标志农产品101个。全年新培育"三品一标"农产品1 526个，"三品一标"风险监测合格率达100%，收录登记名特优新农产品59个，纳入全程质量控制体系试点管理生产主体4家，共达到80家。

一、强化调研，精准施策

"十三五"以来，先后组织专家开展"三品一标"发展情况、监管体系建设、追溯体系建设、发展"三品一标"促进产业兴旺等专题调研，部分调研成果获得农业农村部中青年干部学习论坛论

文一等奖或成为全国人大代表议案内容。全省先后出台了“三品一标”实施意见、发展意见、推进措施等，理清了工作思路，明确了发展目标，确定了推进重点和路径，提高了工作针对性。亳州、阜阳等市印发了《2020年农产品“三品一标”产业发展与质量管理工作要点》，明确了年度任务。

二、政府推动，强化扶持

安徽省委1号文件、省政府工作报告连续五年明确“三品一标”发展任务，省委、省政府将农产品质量安全追溯体系建设纳入省33项民生工程。安徽省农业农村厅主要领导和分管负责人亲自调度“三品一标”产业发展工作，将农业品牌发展列入重点工作和对市、县政府及农业农村主管部门绩效目标考核。“十三五”期间，民生工程奖补“三品一标”资金2.38亿元，奖补“三品一标”生产经营单位6 371家次。全省半数以上市、县出台了相关扶持政策。芜湖、淮南、宣城等市均安排“三品一标”专项奖补资金，实行农业项目与“三品一标”挂钩政策，鼓励“三品一标”产业发展和质量管理。合肥、阜阳和亳州对获得农产品地理标志主体分别奖补50万元、30万元和30万元。

三、健全机制，推动发展

2020年，安徽省第十三届人大常委第二十一次会议通过新修订的《安徽省农产品质量安全条例》，明确鼓励和支持农产品生产者申报使用无公害农产品标志及绿色食品、有机农产品等优质农产品质量标志，登记使用农产品地理标志。全省实施了企业年检、产品抽检、市场监察、风险预警、产品公告5项监管制度。安徽省农业农村厅、市场监督管理局出台了《关于推进食用农产品合格证产地准出和市场准入衔接工作的通知》，将认证农产品作为准出准入条件，实施合格证管理。推进“三品一标”发展情况纳入省政府绿色发展监测指标和食品安全市、县创建考核指标，国家、省农产品质量安全县创建同“三品一标”发展实施挂钩评价。

四、管理源头，优化环境

绿色食品生产基地投入品专供点建设有序推进，全省绿色投入品专供点达201个。践行绿色发展模式，牢固树立“绿水青山就是金山银山”的理念，持续推进绿色食品生产农药化肥减量化、秸秆畜禽粪污两利用，促进种养结合、生态循环，不断改善和优化农业生态环境，提高农业可持续发展水平。黄山市出台农业投入品集中配送实施办法，建成了农药采购、配送、标识、价格管理、回收与处理、财政补贴等“七个统一”农药配送体系，实现乡镇一级配送覆盖率100%，村级配送覆盖率80%，废弃包装物回收率60%以上，净化了新安江源头和农产品生产环境。

五、创建基地，标准生产

组织编制15个区域性绿色食品生产操作规程，严格按照140项标准、50多项区域性绿色食品生产操作规程生产绿色食品。全省建成47个全国绿色食品原料标准化生产基地，位列全国第六位；建成7个全国有机农产品基地示范县；建成全国绿色食品一二三产业融合发展园区2个。示范生产经营单位做到了管理制度、生产技术规程上墙。示范生产经营单位标识标志使用较为规范，生产管理制度比较完善。

六、管控质量，保障质量

委托农产品贮藏保鲜质量安全风险评估实验室对市场品牌、生产基地等开展风险评估，产品检测合格率达100%。开展定点超市、集贸市场标志监测，使用合格率达97.8%。继续采取“双随机一公开”方式，开展“三品一标”质量管理专项督查，全面督促获证生产经营主体落实主体责任。

“十三五”期间，每年对合肥、马鞍山的沃尔玛、大润发、麦德龙等超市开展定点监测，标志使用合格率达 97.8%。

七、建设平台，追溯管理

建成完善安徽省农产品质量安全追溯管理信息平台，推进农业生产经营单位入驻国家及省平台追溯管理。率先在 81 个绿色食品、23 个有机农产品主体开展区块链技术应用，对生产主体、主体名称、获证证书、有效期、检测报告、信用报告开展区块链追溯。目前，生产经营主体入驻省追溯平台用户量 1.1 万家，涉及蔬菜、畜禽、水果、茶叶、水产、粮油药材等生产经营主体用户。各类生产经营主体上传农事操作数据 29.5 万条，二维码生成数量 208.4 万批次，消费终端扫码次数达 12.1 万次，产品扫描区域远至日本、泰国等国家，主要扫描区域覆盖长三角城市群。

八、强化职能，引领发展

2018 年，安徽省农业农村厅组织并经省编办批准成立农产品质量安全管理站，挂绿色食品管理办公室牌子，增加人员编制，列为参照公务员法管理的事业单位，履行农产品质量安全管理职责，以及无公害农产品、绿色食品、有机农产品等认证登记、标志使用、产地管理，安全技术培训和标准化技术工作等职责。通过组织绿色食品交流现场检查、有机农业示范基地交流座谈、农产品地理标志审定品质鉴评和现场观摩，搭建沟通交流学习平台，提升检查员检查核查业务能力和水平。应对新冠肺炎疫情，开展无公害农产品无接触现场检查，试行地理标志农产品分片区核查，提高申报审核效率，加快许可认定登记进程。实施绿色食品生产操作规程进企入户示范行动，全面提升绿色食品原料标准化生产基地和企业的质量保障水平。

九、系统培训，能力提升

组织召开质量管理工作培训会，推进工作部署，提升发展质量。“十三五”期间，全省共举办了 60 多期 6 000 余人次监管员、检查员、核查员、内检员培训班，获得资质证书的有 3 583 名，其中有 948 名无公害农产品检查员、212 名绿色食品检查员、131 名绿色食品标志监管员、50 名地理标志农产品核查员、2 242 名绿色食品企业内检员，提升了管理体系和生产经营主体体系队伍能力。

十、宣传产业，强化推介

组织近千家“三品一标”生产经营单位3 000余个产品参加中国绿色食品博览会、中国国际有机食品博览会、中国国际农产品交易会农产品地理标志专展等展会，6 000多人次专业观众现场观摩学习。印发万份绿色食品管理质量安全宣传知识挂图下发基层张贴，开展12期安徽农村广播“三农之声”政策科普线上宣传。开展绿色食品宣传月活动和消费者最喜爱的百个绿色食品评选活动，举办了绿色食品进学校、进超市、进社区和全省绿色食品50强评选活动，仅绿色食品销售量达911万吨，全省绿色优质农产品市场年交易额突破2 578.2亿元，出口额超过3.8亿美元，极大地提升了“三品一标”知名度。合肥市成功获得第22届中国绿色食品博览会暨第15届中国国际有机食品博览会承办权。

福建省：走特色路，提升“福”字号绿色农产品品牌价值

福建省绿色食品发展中心　王阿隆

福建省地处东南沿海，自然条件优越，“八山一水一分田”的地质地貌造就了这里纯净的水、清新的空气、茂密的山林和丰富的物种，森林覆盖率达66.8%（居全国首位），亚热带海洋性季风气候提供了良好的光温水条件，十分有利于特色农业、绿色农业发展。

习近平总书记高度重视特色现代农业发展，2014年到福建考察时强调，特色农业是福建农业的优势所在，也是福建农业的亮点所在，要切实加快特色现代农业建设。近年来，福建省认真遵循总书记指明的方向，坚持打特色牌、走特色路，深入推进乡村特色产业，高质量发展特色现代农业，大力培育绿色优质农产品品牌，组织实施“互联网+”农产品出村进城工程。2020年，福建省茶叶、蔬菜、水果、食用菌、畜禽等十大乡村特色产业全产业链总产值突破2万亿元，各个产业产值均超千亿元。

一、高质量培育绿色食品品牌

发展绿色食品有利于保护生态环境，提高农产品质量安全水平，促进企业增效农民增收。习近平总书记指出：“绿色食品是21世纪的食品，很有市场前景，且引起各级政府和主管部门的关注。要在今后生产研发、生产规模、市场开拓方面加大力度。”福建省始终牢记总书记嘱托，坚持把发展绿色食品作为福建特色现代农业建设的重要抓手，通过发展绿色食品，推动农业的可持续发展，带动农村生态建设，改善农村人居环境，既保护了绿水青山，又把绿水青山转化为金山银山。福建省采取政策支持、技术培训、服务指导、资金奖补、品牌推介等综合措施，支持各地建设绿色食品生产基地，发展绿色食品产业，每年新认定绿色食品数量保持在150个以上，绿色食品用标数量连续三年增长16%以上、绿色食品生产面积占农作物生产面积超过10%、绿色食品产值占农作物总产值的30%以上，“福”字号绿色食品已成为福建特色现代农业建设的重要内涵和品牌支撑。

二、“福”字号农业品牌影响力逐年提升

近年来，福建省持续推进品牌农业宣传，始终坚持“创品牌、立标杆”的工作目标，大力宣传打造“生态福建·绿色农业”品牌，实现全年通勤365天在东南卫视最佳时段、省内高速公路最佳路段、今日头条最佳频段宣传福建著名农业品牌，形成“网微端”全方位、立体化的宣传攻势，

“福”字号福建优质特色农产品品牌知名度、影响力和公信力进一步扩大，产品市场占有率得到大幅提升。

2020 年累计投放高速公路路牌广告 82 个，在东南卫视播出电视宣传片 30 个；制作的品牌宣传片在各级各类展会现场和多个媒体平台广泛转发传播；今日头条推送“抗击疫情，福建品牌农企在行动”等 140 余条品牌农业推文、30 余条品牌宣传视频，获得总曝光量 9 800 万次、点击数 150 万次。特别是 2020 年上半年结合复工复产严峻形势，在“生态福建·绿色农业”头条号专题推出“抗击疫情，福建品牌农企在行动”系列报道，取得良好社会反响。

三、探索与创新带货直播宣传模式

2020 年是脱贫攻坚决战决胜之年，又处于新冠肺炎疫情防控的特殊时期，福建省转变往年传统的宣传模式，充分发挥网络特点和优势，创新带货直播宣传模式，推行“福”字号绿色优质农产品增值服务。

一是在福建省广播影视集团演播厅举办福建省“春风万里，绿食有你”绿色食品宣传月启动仪式暨绿色优质农产品线上带货活动。采用帮帮团 V 直播、海博 TV 平台进行直播带货，宣传绿色食品理念和内涵、标志形象和科普知识，向粉丝和线上观众推介绿色优质农产品，增进消费者对绿色食品的了解和关注。30 家企业携带 66 个种类的特色优质农产品参与直播带货，其中 2 家企业还是来自福建省绿色食品发展中心对口帮扶的甘肃省深度贫困地区临夏与甘南的绿色食品企业。直播带货线上参与人数超过 80 万人，现场达成订单 4 368 单，销售金额近 30 万元，既扩大了绿色食品的宣传，又帮助贫困地区农产品对接市场、寻找销路。二是在厦门举办的第 21 届中国绿色食品博览会暨第 14 届中国有机食品博览会上首次启动线上直播平台，形成“线下＋线上”立体联动展播模式。线上参与人数超过 200 万人，高峰一小时销售额超过 100 万元。订单交易额线上线下合计超过 2 亿元，合作意向金额 5.1 亿元，拟签订经贸与技术投资合作项目 100 个，以实实在在的订单，带动供给侧，满足需求侧，让绿色、有机食品优质也优价，叫好又叫座，让“福”字号福建绿色优质农产品享誉八闽，走向全国。

福建省宁德市蕉城区：加强政策引导，大力推动绿色食品发展

福建省宁德市蕉城区农业农村局　黄　康

近年来，宁德市蕉城区农业部门以创建国家农产品质量安全县为契机，以提升全区农业标准化建设和提高农产品质量安全水平为目标，通过加强政策引导，加大组织宣传力度，大力发展品牌农业。全区现有1家企业2个有机农产品（中绿华夏认证）、15家企业52个绿色食品、47家企业147个无公害农产品，共计63家企业201个产品通过认证，认证面积8.30万亩，认证数量连续10多年居宁德市首位，2017—2020年连续4年“三品一标”认证有效增量居福建省前3名。

一、高度重视政策引导，扶持开展绿色食品认证

加强组织领导，营造良好的品牌创建环境，鼓励扶持企业开展绿色食品认证，将绿色食品品牌创建纳入农业中长期发展规划和蕉城区政府的年度绩效考核。在认真落实福建省财政厅、农业农村厅有关奖励政策的基础上，以创建国家级农产品质量安全县为契机，统筹结合农业标准化项目建设、龙头企业申报、示范（规范）合作社评选及农产品产地监测、农产品质量安全抽检等工作，将绿色食品申报的产地检测费、产品检测费列入补助范畴，有力激发了各类农业生产企业及农民专业合作社、家庭农场等新型农业生产经营主体开展绿色食品认证的积极性。2017—2020年，蕉城区农业部门整合项目奖励资金30多万元，用于绿色食品申报的产地检测费、产品检测费补助经费及奖励企业。

二、加大组织宣传发动，提升绿色食品影响力

积极利用广播、网络、报刊、电视等媒体广泛宣传绿色食品品牌有关知识，提高广大消费者对绿色食品农产品的认知度，提升绿色食品农产品品牌效应，为绿色食品产品的销售打好基础。同时，提高相关从业人员对绿色食品产品重要性和好处的认识，树立其自觉维护绿色食品品牌意识。

农业部门采取理论和实践相结合等多种形式，积极组织开展绿色食品知识培训，2017—2020年举办企业座谈会10期，参加座谈会企业达200多家，每年开展绿色食品宣传月活动1次以上。通过加大组织宣传发动，不断扩大绿色食品品牌影响力，4年累计新增绿色食品产品认证达40多个，2020年新申报20多个绿色食品产品。通过深入宣传绿色食品品牌农业，引领全区农产品向精深加工方向发展，逐步形成以农业龙头企业为支撑，加工产业链全方位构建的发展格局。

三、强化监管提升品质，维护绿色食品品牌形象

严守绿色食品产品质量安全底线，确保抽检合格率达99%以上，将全区全部绿色食品生产经营主体100%纳入福建省农产品"一品一码"追溯管理平台，并逐步纳入国家农产品质量安全追溯管理信息平台。严格执行年检制度，督促生产主体严格落实标准化生产技术规程，规范投入品使用管理，强化生产档案记录，不断提高生产主体的责任意识和诚信意识。加强对绿色食品标识跟踪监测、产地督查和标志稽查，强化基地生态环境监测；每年"3·15"期间，对绿色食品产品进行专项检查；积极开展品牌保护专项执法行动，严厉查处假冒伪劣等行为；坚持检打联动，提高绿色食品的抽检比例，每年的抽检合格率均达到100%。建立了绿色食品目录动态管理制度和企业约谈制度，对于抽检不合格、违规使用禁（限）用药物及管理不达标的坚决淘汰出局，同时建立风险预警防范机制，将质量安全高风险的产品列入日常督查名单，确保认证产品质量安全，维护品牌形象。

四、通过质量打造品牌，品牌成效显著提升

品牌在农业生产中具有极为重要的作用，是影响农产品竞争力的主要因素。蕉城区坚持将通过质量打造品牌的理念贯穿整个农业生产和销售的过程。通过绿色食品品牌打造活动，不断提升认证企业的生产效益，促进认证工作的顺利开展。在继续做大做强"蕉城大黄鱼""天山绿茶""天山红""蕉城晚熟龙眼""三都澳晚熟荔枝"等区域公用品牌的同时，积极融入"清新福建、绿色农业"主题宣传和绿色食品博览会活动，鼓励企业参加"尝果节""农民丰收节"等活动，不断扩大蕉城农业的知名度和影响力，使得绿色食品的品牌地位和品牌效益明显提高。截至2020年年底，蕉城区拥有农业类中国驰名商标8个、国家地理标志证明商标12个、福建名牌农产品2个，国家级龙头企业4家、省级龙头企业18家。

湖北省：发展“三品一标”，打造荆楚优质品牌

湖北省绿色食品管理办公室　杨远通

2020年是全面建成小康社会目标实现之年，是落实《湖北省农产品品牌三年培育方案》的关键之年，在湖北省农业农村厅的正确领导和中国绿色食品发展中心的大力支持下，认真贯彻落实党的十九大、中央1号文件、全省农村工作会议精神，坚持稳中求进工作总基调，大力培植农业精品名牌。以“提质量、稳增长、防风险、补短板、强品牌”为目标，突出绿色食品、有机农产品、地理标志农产品高质量发展，为全面实施乡村振兴战略、农业供给侧结构性改革，打赢精准脱贫攻坚战、建设农业品牌强省做出贡献。

一、盘点发展成效：工作稳定开展，量质提升显著

1.“三品一标”品牌数量多

2020年，全省新增“两品一标”企业294家、产品508个，占年度目标任务254%。全省认证绿色食品企业172家、产品294个，绿色食品申报通过率达97%以上，极大地提高了认证效率。通过平台搭建，宣传引领，认证有机农产品企业103家、产品195个。新增农产品地理标志19个，地理标志农产品品牌总数达173个，居全国第3位。组织验收全国绿色食品原料标准化生产基地2个、全国有机农业一二三产业融合发展园区2个，目前全省共有全国绿色食品原料标准化生产基地23个、全国有机农产品生产基地7个，示范基地规模达330.5万亩。

2.“三品一标”产品质量优

2020年，组织全省绿色食品工作系统，对省内“三品一标”进行了监督检查。列支专项经费重点开展无公害农产品、绿色食品产品抽检。农业农村部、湖北省农业农村厅和湖北省绿色食品管理办公室累计抽检“三品一标”产品230个，抽检合格率达99.5%，全年未发生农产品质量安全

事故，为全省农产品质量安全建设做出了贡献。

3. “三品一标”品牌效益显著

2020 年，湖北省以“绿色兴农、品牌强农”为主题，不断加强“三品一标”品牌宣传推介，推进“三品一标”品牌提升。一是先后组织 144 家“三品一标”企业参加了第 18 届中国国际农产品交易会、第 21 届中国绿色食品博览会暨第 14 届中国国际有机食品博览会，获得最佳组织奖 3 项、产品金奖 31 项，极大地提高了品牌影响力。二是强化媒体宣传，促进优势品牌做大做强。湖北省绿色食品管理办公室联合湖北广播电视台垄上频道推出湖北省“三品一标”专题节目《荆楚原产地》。截至目前已拍摄播放 190 多期（其中 2020 年拍摄 90 多期），电视观众纷纷点赞，节目影响空前，取得了良好宣传效果。三是强化质量标准，参与制定标准和科技成果申报。湖北省绿色食品管理办公室牵头制定了 8 项国家级绿色食品生产操作规程，获得 2020 年度湖北省科技成果推广奖二等奖。

4. 地理标志农产品保护工程项目进展好

2019 年，依照农业农村部统一部署，湖北省启动实施地理标志农产品保护工程项目。在各级农业农村部门的共同努力下，初步建立了湖北省地理标志农产品保护工程工作机制，构建了保护培育体系，首批支持了武当道茶、宜昌蜜桔、钟祥长寿村鸡蛋、洪湖再生稻米、潜半夏、麻城福白菊、广水胭脂红鲜桃、洪山鸡、杨林沟芋头、洪山菜薹等 10 个地理标志农产品，实现了地理标志农产品保护工程的良好开局。

2020 年，湖北省对宜昌白山羊、武穴佛手山药、松滋鸡、京山乌龟、白水畈萝卜、承恩贡米、九宫山茶、天门半夏、平林镇大米、郧西马头山羊、钟祥葛粉、宜昌宜红、荆门油菜、伍家台贡茶、张港花椰菜、孝感香米、监利大米、罗田香露茶、东西湖葡萄、随州香菇等 20 个产品实施地理标志农产品保护。

二、分析发展态势：做好“三品一标”，增强使命感和责任感

“三品一标”是现代农业和品牌农业的重要抓手，实施地理标志农产品保护工程是党中央、国务院的决策部署，李克强总理在 2019 年的政府工作报告中提出实施地理标志农产品保护工程。

当前，湖北全省还存在争取项目急切、脚踏实地埋头苦干少，项目申报多、充分发挥效用少，主导产业监管多、联动协同少等问题。全省绿色食品工作系统要从战略和全局的高度，充分认识发展“三品一标”、实施地理标志农产品保护工程的重要性，进一步提高思想认识，自觉增强使命感和紧迫感。

1. 发展“三品一标”，是实施乡村振兴战略的重要内容

习近平总书记强调，乡村振兴战略是关系全面建设社会主义现代化国家的全局性、历史性任务，是新时代“三农”工作总抓手。党提出和实施乡村振兴战略，最根本目的是让广大人民群众受益，尤其是要确保亿万农民分享乡村振兴的成果。产业兴旺是乡村振兴的重要基础。“三品一标”以地方农业农村特色资源为基础，与农民利益联结紧密，“三品一标”产业尤其是农产品地理标志产业往往是地方农业特色主导产业，是当地农民经营收入的主要来源。发展“三品一标”，实施地理标志农产品保护工程，培育和兴旺地方特色产业，可以很好地活跃乡村经济，增加农民收入，助力乡村振兴。

2. 发展“三品一标”，是践行质量兴农绿色兴农品牌强农的内在要求

当前，湖北省农业已经进入推进高质量发展阶段，农业正在从增产向提质转变，绿色化、标准化、品牌化是发展趋势。人民群众的需求不断升级，越来越关注农产品的质量、营养、健康、特色。“三品一标”符合消费者多样化、特色化和品质化消费需求。发展“三品一标”，推进地理标志农产品保护工程，打造独具特色品质的优质农产品，能够让人民群众对质量兴农、绿色兴农、品牌

强农工作有更多获得感。

3. 发展“三品一标”，是传承农耕文化乡村文明的有效载体

习近平总书记指出，农耕文化、农耕文明是中华民族对人类文明的重要贡献，是乡风文明的根和魂。中华民族具有历史悠久的农耕文化、乡土文化和饮食文化，在长期农事活动中，逐步培育、凝结、积淀形成了一大批具有地方文化特色的农产品。每一个地理标志农产品背后都蕴藏着丰富的农耕文化，是核心价值和核心优势。实施地理标志农产品保护工程，挖掘和传承产品背后的文化，让城乡居民看得见山、望得见水、记得住乡愁，有利于促进乡村文化振兴。

三、克服疫情影响：扎实推动“三品一标”事业稳步健康发展

2020 年，为克服新冠肺炎疫情对湖北省“三品一标”事业的影响，帮助全省企业渡过难关，农业农村部和中国绿色食品发展中心给予湖北省极大的支持：免除湖北地区企业 2020 年度绿色食品认证费及标志使用费；免除有机产品认证费（不含年度管理费）；地理标志农产品保护工程项目对湖北支持 5 000 万元，比 2019 年增加了 500 万元。把握好农业农村部和中国绿色食品发展中心对湖北省“三品一标”事业的帮助和支持，克服新冠疫情影响，重点做好“四抓四促”，推进湖北省“三品一标”事业稳步健康发展。

1. 强化学习，促部门联动

一是突出核心业务学习，增强业务能力深度，争做工作中的行家里手。二是抓好农业多方面政策及业务知识学习，不断拓展业务知识储备，做到业务范围全覆盖，知识范围无盲区。增强部门联动，合力推进。强化组织协调，加强横向、纵向协调联动，形成各司其职、各负其责、齐抓共管、运转高效的工作新格局。

2. 强化品牌认证，促事业发展

突出抓好农业产业化龙头企业、农业专业合作组织、行业协会、种养大户等开展“三品一标”认定认证，扩大总量规模，推进产业发展。绿色食品要坚持高标准、严要求，提高认证门槛，走精品化路线，充分发挥品牌优势和市场竞争力，保持稳定的发展态势，不断提升产业素质。有机农产品要依托资源和环境优势，因地制宜，在有条件的地方适度发展，满足国内较高层次消费需求，参与国际市场竞争。农产品地理标志要坚持立足传统农耕文化和特殊地理资源，科学合理规划发展重

点，规范有序实施登记保护，确保主体权益、品质特色和品牌价值。

3. 强化依法监管，促品牌提升

以投入品源头监管、过程控制和全程追溯为重点，抓好“三品一标”产地监测、产品质量抽检、标志使用检查、认证工作督导、违法用标查处等监管工作，并将监管情况适时向社会公告，切实维护“三品一标”品牌的权威性和公信力，提升“三品一标”品牌的社会美誉度和市场竞争力。虽然无公害农产品认证工作暂停了，但有效期内无公害农产品的证后监管工作不能放松。

4. 强化宣传培训，促措施落实

加大有关农产品质量安全法律法规、基本制度、技术标准及相关知识的宣传培训力度，增强全社会安全生产、健康消费意识，大力推行“环境有监测、操作有规程、生产有记录、产品有检验、上市有标识”的标准化流程，帮助指导“三品一标”企业落实生产技术操作规范和标准，提高标准化生产水平。

湖北省荆州市："双水双绿"稻虾共作模式打造乡村振兴的成功典范

湖北省荆州市农业农村局　夏　威

2019年10月22日，第二届中国虾王大会在湖北省荆州市圆满落下帷幕。一年前，同样在这个会场，来自四川的小龙虾养殖户刘杨喜笑颜开地捧回了首届中国虾王大会"养虾匠"的奖杯。2019年3月第三届中国（国际）小龙虾产业大会、6月第三届66龙虾节、9月首届全国稻渔综合种养产业技术高级培训会相继在荆州市举办，全国乃至全世界小龙虾行业精英纷至沓来。

为什么是位于江汉平原腹地的荆州吸引了小龙虾行业人的目光呢？2018年，荆州市小龙虾养殖面积320万亩（其中稻虾共作面积231万亩），产量35.9万吨，约占全国产量的30%；2019年，稻虾共作面积达251万亩，小龙虾产量40万吨。据《2018年中国小龙虾产业发展报告》，在全国小龙虾产量十强县市中，荆州市占据四席，其中监利县、洪湖市、石首市、公安县分别位居第一、第二、第八、第九。监利县被授予"中国小龙虾第一县"称号，洪湖市被授予"中国小龙虾第一名城"称号，公安县闸口镇被授予"中国稻渔生态种养示范镇"称号。

一方水土养一只虾，如何充分利用多水多田的自然资源优势，养出品质更优的小龙虾？近年来，荆州市深入贯彻习近平生态文明思想，充分利用江汉平原湖区稻田和水资源优势发展"双水双绿"稻虾共作模式，使"绿色水稻"和"绿色水产"协调发展，做大做强了水稻、水产"双水"产业，做优做特了"双绿"产品，同时在农业生产过程中又实现了洁净水源、优化环境的目标，真正实现了"一水两用、一田双收、稳粮增收、一举多赢"，成了推动产业兴旺、促进乡村振兴的成功典范。

生态优先夯基础。为保护湖库生态环境，改善养殖用水质量，自2013年起，荆州市率先开展整治湖库养殖行为。江河湖库围栏围网网箱养殖设施全部拆除完毕，拆除总面积达23.81万亩，取

缔珍珠养殖面积22 809亩，湖库投肥养殖全面禁止，实行“人放天养”的生态养殖模式。荆州市着力推进水产健康养殖，公安县、洪湖市、松滋市成功创建国家级水产健康养殖示范县，全市创建部省级健康养殖示范场117家，水产健康养殖面积近43万亩。与此同时，荆州市积极部署水产养殖尾水治理工作，出台《荆州市淡水池塘水产养殖尾水排放标准》，制定养殖尾水治理五年行动方案，有序推进养殖尾水治理试点建设，降低养殖污染，减轻生态压力。

科技创新提能力。荆州市深化校地深度合作，将500亩高标准稻虾田提供给华中农业大学“双水双绿”研究院做科研和高效示范基地，着力打造全球小龙虾繁育示范高地。监利市政府与华中农业大学签订“1+4”校地合作框架协议，推动人才、项目和产业三方面融合发展，开展资政服务，联合开展人才培养与交流，协同开展农业科技创新，协助推进产业融合发展等。优化技术培训，借助产业扶贫工作平台，组建稻虾工作技术培训班，覆盖全市所有乡镇开展“双水双绿”种养模式产业培训，提升农民种养技术水平。

清洁生产净环境。湖北省一季水稻种植纯氮用量约160千克/公顷，稻虾种养模式水稻纯氮用量约100千克/公顷，下降约37.5%。2019年，荆州市开展“双水双绿”稻虾共作纯氮用量减少约10 040吨。同时稻虾共作模式比一季水稻种植农药用量下降30%以上，并且多使用高效低毒农药或生物农药。化肥和农药的减量不仅降低农业生产成本，而且减少农业面源污染，为荆州市农产品绿色安全生产提供了良好的产地环境。“双水双绿”本身强调水稻种植和水产养殖的清洁生产，通过构建优化耕作制度，采取秸秆还田、绿色种养、绿色防控等举措洁净稻田和水体，开挖环沟降低冷浸稻田水位，改善低洼冷浸稻田中的水稻种植环境，增强稻田可耕作性，有助于农村增绿。“双水双绿”稻虾共作始终将清洁生产理念贯穿其中，通过延伸产业链，促进副产物多级循环利用，提升产品附加值，减少污染物排放，助力农业生态文明建设。

市场主导攻难点。2020年小龙虾价格波动，江陵县三湖农场的虾却依然卖出了好价钱，养殖户们赚得盆满钵满，其原因是他们只养大虾，高品质的虾自然赢得市场竞相买单。荆州市为从根本上破解市场行情影响养殖户效益的难题，准确把握荆州小龙虾的市场定位，坚持大养虾、养大虾，强化模式引导、投入品管理、技术支撑，扎实服务养殖户养出人见人爱的高品质虾。荆州市制定了《小龙虾稻田综合种养技术规范》，积极推广低密度养虾、种植水草的生态种养模式，大大提高了小龙虾上市规格和品质。荆州市在小龙虾生产季节多次开展投入品专项整治行动，规范小龙虾投入品管理和使用，净化投入品市场，只为消除小龙虾在养殖过程中产品质量安全隐患。荆州市成立了小龙虾养殖技术宣讲团，在8个县（市、区）开展了巡回技术报告宣讲，小龙虾主产区公安县开展到村的虾稻养殖技术培训，下足功夫提升养殖户技术水平，努力不让一个养殖户因为技术问题掉队。

政策扶持强支撑。荆州市先后出台了《关于做大做强小龙虾产业的意见》《荆州市“双水双绿”发展规划》《2016—2020荆州市稻田综合种养发展规划》，从长远布局“双水双绿”产业发展。洪湖市、监利市、江陵县、荆州区等县（市、区）都制定了奖补政策，其中洪湖市对创建获得“国家级稻渔综合种养示范区”的市场主体，予以100万元的奖励；对评为年度村级示范基地的，奖村级组织10万元。监利市率先实施小龙虾保险财政补贴试点政策，每亩保费60元，财政补贴50%，保险赔付1 500元/亩；2019年承保面积近15万亩，赔付近67万元。

资本下乡添活力。2016年以来，全国小龙虾综合产值每年以1 000多亿元规模递增，没有哪一个农产品单品能够在这么短的时间内聚集这么多生产要素，大量社会资本涌进荆州市这块小龙虾热土，增强了产业发展后劲。通威集团有限公司投资建设了4.2万亩标准化稻田综合种养基地，计划三年建设20万亩；中国供销集团（宁波）海洋经济发展公司投资建设小龙虾交易平台和加工厂；美好置业集团股份有限公司在监利市、洪湖市建设100万亩“双水双绿”示范基地；福建安井食品股份有限公司投资控股洪湖市宏业水产食品有限公司，成立洪湖市新宏业食品有限公司，建设中国最大的小龙虾加工基地；江苏餐虎供应链管理有限公司在江陵县投资建设现代化小龙虾加工厂；京东集团、顺丰集团等全国知名电商及物流平台入驻荆州为“双水双绿”产品提供物流服务；中信百信银行股份有限公司、中国检验认证（集团）有限公司向荆州市“双水双绿”产业提供金融和产品追溯体系等方面的支持，破解产业发展中的一个又一个难题。

品牌建设增效益。近年来，荆州市坚持将荆州大米和荆州小龙虾作为“荆州味道”公用品牌的重点子品牌打造，不断扩大“双水双绿”生态绿色品牌知名度和影响力。“洪湖清水”小龙虾被授予“中国名虾”称号，“闸口小龙虾”被国家工商行政管理总局批准注册为地理标志证明商标，江陵县把无抗养殖的“礼小龙”虾卖上了南方航空的航班，“月湖村畔”“千里江陵”等虾稻米产品销往国内外。2018 年，借第 21 届世界杯足球赛举办契机，荆州市小龙虾试水出口俄罗斯，并在莫斯科举办了线下试吃活动，在全国各级媒体和行业内外引起了广泛关注。同时在第二届中国智慧三农大会暨乡村振兴带头人峰会上，小龙虾产业扶贫之荆州模式荣获“2018 智慧三农特别大奖”，“虾稻共作”被评为“智慧三农 2018 年度创新项目”。2019 年，在中国农民丰收节“千企万品助增收”活动中，“荆州小龙虾”在全国近万个品牌产品中脱颖而出，和其他 69 个地方特产一道获得“最受市场欢迎名优农产品”称号。洪湖再生稻米 2015 年被登记为农产品地理标志。荆州鱼糕、洪湖莲藕入选中国农业品牌目录 2019 年农产品区域公用品牌。

火爆夜市的小龙虾，全国人民每吃 3 只就有 1 只来自荆州。小龙虾不仅是荆州送给全国人民的礼物，也是大自然对勤劳的荆州养殖户的馈赠。曾经的省级贫困村——公安县月湖村全村水稻田基本为低湖田，通过化劣势为优势，不断扩大虾稻生态种养规模，从最初的 6 户、50 亩，发展到现在的 150 多户、8 360 亩，产值超过 8 000 万元，亩均增收超过 3 000 元，实现了全村人的致富梦。“因为在稻田里养虾，我们村从‘水窝子’变成了‘聚宝盆’”，公安县月湖村养殖户如是说。此刻他正在自家 20 亩虾田里忙碌着，对来年的收成充满了期待。

广西壮族自治区：多点发力，多措并举，推进绿色优质农产品扩量提质

广西壮族自治区绿色食品发展站
蓝怀勇　梁自力　李仕强　陆　燕　刘淑梅　韦岚岚

近年来，广西依托适宜的气候条件、优良的产地环境、丰富的产品种类等优势条件，以“扩总量、提质量、补短板、强品牌”为目标，大力扩大绿色优质农产品规模，增加绿色优质农产品供给，培育绿色优质农产品品牌，确保绿色优质农产品质量，推进绿色优质农产品提速扩量、保质发展，充分发挥绿色优质农产品在乡村振兴、脱贫攻坚和农业高质量发展中的作用。

一、广西绿色农业发展概况

1. 绿色农业发展条件

广西位于我国东南丘陵地区，属亚热带季风气候，具有气温较高、光照充足、雨量充沛、无霜期长等特点。广西区域结构和气候特点造就了广西丰富的农产品种类。广西地方名优蔬菜品种主要有荔浦芋头、扶绥黑皮冬瓜、田林八渡笋、覃塘莲藕等。药用植物有田七、肉桂、罗汉果等。著名热带及亚热带水果有荔枝、龙眼、芒果、柑橘、沙田柚、香蕉等。优良禽畜品种有三黄鸡、香猪、都安山羊、德保矮马等。2020年，广西糖料蔗总产量排全国第一，占全国60%以上；桑蚕排名全国产茧量第一，占全国50%以上；柑橘、龙眼、芒果、火龙果、百香果等多种水果产量位居全国第一。广西是全国最大的秋冬蔬菜生产基地、“南菜北运”和粤港澳“菜篮子”基地。广西茶叶以“中国大陆早春第一茶”名闻天下，横县茉莉花茶产量占全国80%以上、世界60%以上。广西肉类和水产品总产量也位居全国前列。广西山清水秀，污染源少，自然环境优越，非常适合发展绿色优质农产品。

2. 绿色农业产业结构

2020 年，广西有效期内“三品一标”产品获证总数 2 344 个，总面积 3 322 万亩，总产量 4 516 万吨；产品主要以粮食、蔬菜、鲜果、食用菌、机制糖、精制茶为主，占全区“三品一标”总数的 85%以上。近几年来，广西“三品一标”快速增长，尤其是绿色食品，近两年在以 30%以上的速度增长，2019 年同比增长达 67%。广西农产品地理标志总数排全国第六名左右，中绿华夏有机农产品认证量在全国排名靠前。发展“三品一标”认证主体以企业为主，合作社次之，家庭农场很少，区域分布以柳州、百色、河池、南宁、桂林、贵港、玉林等为主。近年来，广西绿色农业产品品牌知名度不断扩大，打造了百色芒果、富川脐橙、恭城月柿、桂林罗汉果、灵山荔枝、南宁火龙果、广西六堡茶、融安金桔等知名地理标志农产品品牌，打造了武鸣佳年绿色火龙果、南宁糖业绿色白砂糖、丰华园月柿、乐业顾式有机茶等一大批绿色有机品牌，其中产自广西的绿色食品白砂糖占比达到国产白砂糖总量的 1/3。随着绿色、生态、健康的理念逐步深入人心，绿色有机农产品也逐渐被大众接受和喜欢，广西根据自身条件，加大力度发展绿色优质农产品，近几年呈现出持续快速发展的态势。

3. 绿色农业在产业扶贫中的作用

广西贫困地区主要位于山区、边境地区等，主要以第一产业为主。近年来，广西根据脱贫攻坚的总体部署，依托贫困县区资源优势，在贫困地区培育了一批市场竞争力强的绿色优质品牌农产品，壮大了当地主导产业和特色产业，促进了贫困地区农业增效、农民增收和农业绿色发展。广西 54 个贫困县有效期内“三品一标”数占全区总数的一半左右，全区共有 700 多家“三品一标”企业、合作社、家庭农场在贫困县开展“三品一标”农产品生产，推动贫困县区农产品品牌化、规模化、组织化，促进产业扶贫。

广西绿色食品蔗糖产业不仅为全国提供了大量的绿色食品食糖，提高了蔗糖企业的收入，同时也是当地尤其是贫困地区农业产业稳定发展的保障。2020 年，广西共有 25 家企业、377 万亩、237 万吨白砂糖获得绿色食品认证，认证后每吨售价提高 100～200 元，仅此一项年增收 4 亿元以上。绿色食品糖料蔗涉及面广、量多，产业融合度高，产业带动广，产业带动能力已经远超其他农产品。不少贫困县绿色糖料蔗种植面积超过 30 万亩，糖业收入成为当地财政的重要支柱，其中扶绥县占比达 46%。来宾市、崇左市等绿色蔗糖已成为百姓脱贫的主要收入来源。绿色糖蔗在

种植、砍收、加工过程中需要大量的劳动力，广西将蔗糖产业转型与产业扶贫统筹谋划，把脱贫攻坚融入绿色食品糖料蔗生产种植、加工、综合利用的全过程，形成全产业链扶贫态势。许多贫困户通过种植甘蔗成为“甘蔗大王”“甘蔗大户”，不少贫困村成为“甘蔗村”，贫困户新居被誉为“甘蔗楼”。

二、广西绿色农业主要做法

1. 着力发展重点，加快“两品一标”发展速度

2020 年，广西进一步将“两品一标”作为发展重点，将“两品一标”发展作为对广西设区市党政领导实绩考核指标，明确了全区目标任务。继续争取得到自治区财政支持“两品一标”认证资金补贴。结合特色农产品优势区、现代特色农业示范园区、地理标志农产品保护工程等项目建设，积极推进畜牧业和渔业“两品一标”认证、登记，“两品一标”不断取得新突破。

2. 着力基地引领，强化示范带动作用

近年来，广西在保存原有基地存量的基础上，不断创建新的绿色有机生产基地。一是继续建设了 20 万亩有机农产品基地，分别建成凌云 10 万亩有机油茶籽基地和田林 10 万亩有机油茶籽基地。恭城（月柿、柑桔）连续被批准为全国绿色食品原料标准化生产基地。西林县、乐业县连续获批为全国有机农产品基地。二是不断创建新基地。凌云县、巴马瑶族自治县、融水苗族自治县等 3 个县的基地获批为全国有机农产品基地。百色市乐业县故事小镇、钦州市浦北县石祖禅茶园 2020 年成功创建全国有机农产品一二三产业融合发展园区（全国仅有 5 个）。广西糖业集团良圻制糖有限公司、广西农垦源头农场有限公司 2 家企业被评为“最美绿色食品企业”。

3. 着力整县推进，强化绿色有机整体认证

广西依托特色农产品优势区创建，大力支持和指导特色农产品优势区开展绿色食品申报整县推进，严格按照绿色食品标准要求，不断扩大特优区绿色食品规模，提高产品品质，壮大产品品牌。2020 年，完成昭平茶业、灵山荔枝、北流荔枝、永福罗汉果、富川脐橙等整县推进环境普查、材料申报、现场检查等工作，绿色食品标志许可面积或产量都占当地产业的 60%以上。绿色食品申报整县推进有利于对当地特色农产品产业整体提升、产品品牌整体打造，助力企业抱团发展。

4. 着力产业扶贫，强化贫困地区产品竞争力

一是落实扶持政策。对贫困地区“三品一标”申请继续落实优先受理、优先检查、优先审核、优先评审、优先颁证“五优先”措施，继续落实免收国家级贫困县绿色食品申报主体的认证审核费和标志使用费，减免中绿华夏有机食品认证中心认证的有机农产品认证费35%等政策。二是争取各级扶持。各地在国家和自治区扶持的基础上，继续积极争取当地党委、政府和有关部门扶持，尤其重点向贫困地区扶持，通过奖励、补贴、项目、绩效等方式，加强扶持支持，营造有利的发展环境，并保持政策的稳定性。例如，柳州市、北海市、玉林市等市和融水县等县都得到当地财政资金扶持，有力促进了当地“三品一标”事业的发展。

5. 着力认证审查和证后监管，强化产品质量

一是严把审查准入关。加强对企业、合作社、家庭农场等申报主体的审查，紧盯受理审查、现场检查、环境和产品检测等重点环节，把控申报主体的资质条件、投入品使用、质量管理体系、合同协议履行等审查核查。地理标志农产品突出历史、文化、环境、品种、品质等特性，严格评审和登记制度。二是严格落实生产技术标准。严格按标准生产，加强生产企业的检查，管住用药、用肥关键环节，确保“三品一标”质量。三是开展产品抽检。突出对重点产品和重点指标的抽检，对可能存在问题的产品加强质量检测，坚决消除质量隐患，确保产品质量安全。2020年广西在中国绿色食品发展中心抽检基础上，继续增加安排抽检广西无公害农产品、绿色食品、地理标志农产品。四是做好年检工作。2020年，受年初新冠肺炎疫情影响，广西在后期加快年检工作力度，全年完成了100%绿色食品的年检工作。五是加强标志管理。做好用标企业的宣传推广，指导企业主动规范用标。查处不规范用标行为，提高企业规范用标水平。六是做好农产品质量追溯体系建设工作。继续推动“三品一标”相关生产经营主体及产品纳入国家农产品质量安全追溯管理体系，在“三品一标”企业落实黑名单制度。

6. 着力品牌宣传推广，强化品牌影响力

“三品一标”是安全优质农产品公用品牌，广西不断加强对“三品一标”的宣传，扩大其知名度，提高品牌影响力。一是加强“三品一标”的媒体宣传力度。各市县在电视、报刊、广播、互联网等平台开展“三品一标”的宣传，宣传“三品一标”的好成效、好做法、好典型，营造良好的发展氛围。二是加强地理标志农产品的宣传。充分利用地理标志农产品项目，继续在广西电视台等开展地理标志农产品电视宣传。挖掘地理标志农产品的人文历史价值，围绕独特自然生态环境、特定生产方式、独特产品品质、独特人文历史讲好地理标志农产品故事。对地理标志农产品场馆、品种基地等进行大力宣传，广西大化七百弄鸡、桂平西山茶、三江稻田鲤鱼等农产品地理标志农产品在广西电视台等进行了有效的宣传，反响很好。三是加强推介营销。积极组织“三品一标”企业参加中国绿色食品博览会、中国国际有机食品博览会、全国农产品地理标志推介会、区域性博览会等专业展会。指导经营单位搭建“三品一标”产品营销平台，支持“三品一标”企业在各大电商平台设立特色馆、精品店，打造一批“三品一标”电商品牌，积极开拓营销网络，推动线上线下交易。支持壮大一批有潜力、有亮点的“三品一标”电商企业，建立“三品一标”农产品微信公众号，扩大营销推介。积极组织特色突出的地理标志农产品等进行纪录片《源味中国》的拍摄。开展“三品一标”农产品进超市、进社区、进学校活动，充分发挥品牌效应。

7. 着力队伍建设，强化工作力量

一是加强队伍建设。2020年，广西加快推行“行政科股＋事业单位”的机构队伍建设，引导各地积极建立“三品一标”工作机构，增加“三品一标”工作队伍人员。事实证明，哪个地方的机构队伍强，那个地方的“三品一标”就发展得好、发展得快，如河池市、百色市等“三品一标”发展较好。广西在当前部分市、县没有建立“三品一标”工作机构的情况下，积极引导各市、县农业农村部门在行政科股的基础上，明确1～2个事业单位共同负责“三品一标”工作，明确农业农村部门科股及共同负责“三品一标”工作的事业单位的职责和工作任务。二是加强人员培养。加强检查员、监管员、核查员培养工作，不断充实人员队伍。广西每年都开展检查员、监管员、核查员培训工作，提高其工作能力。目前，全区绿色食品获证的检查员、监管员共100多人，有机农产品检查员共10人，绿色食品企业内检员1 990多人。

三、下一步工作方向

2021年中央1号文件要求：推进农业绿色发展，加强农产品质量和食品安全监管，发展绿色农产品、有机农产品和地理标志农产品。《国务院关于加快建立健全绿色低碳循环发展经济体系的指导意见》要求：加快农业绿色发展、加强绿色食品、有机农产品认证和管理。广西将积极贯彻中央、自治区农业绿色发展有关要求，不断推进绿色优质农产品迈上新台阶。

1. 不断扩大绿色优质农产品规模

按照“稳存量、优结构、增总量”的要求，不断优化企业结构、产品结构和区域结构，突出重点地区、重点企业和重点产品发展。重点组织农业产业化龙头企业、大型食品企业、农民专业合作示范社发展绿色食品，加快推进畜禽、水产和加工食品发展。充分利用特色农产品优势区、现代特色农业示范园区、农产品地理标志保护等项目带动作用，加强整县推进措施，增加绿色有机认证。加大对绿色有机农产品企业的扶持力度，增强企业发展绿色优质农产品动力。2021年，广西计划有效期内绿色食品、有机农产品总数突破850个。

2. 稳步推进绿色食品、有机农产品基地建设

依托现代特色农业示范区、粮食生产功能区、特色农产品优势区和质量安全县等，创建一批绿色食品原料标准化生产基地和全国有机农产品基地。拓展园区功能，延伸产业链条，扎实推进全国绿色食品（有机农业）一二三产业融合园区建设。广西依托自身实际，推进建设一批“六有”绿色食品基地，即生产有标准、管理有规范、过程有记录、产品有追溯、宣传有标识、效益有提升。推进农业标准化生产、产业化经营和品牌化发展，突出示范引领功能。

3. 大力实施农业标准化生产

组织好广西农业地方标准的制（修）订，从广西农业特色和产业发展实际出发，以粮食、蔬菜、水果、蚕桑、畜牧、水产、食用菌、中草药等主导产业为重点，开展产前、产中、产后全过程的标准制（修）订。加强标准的宣贯和实施，提高农产品的生产效率、产品品质和市场竞争力。

4. 加强绿色食品、有机农产品认证和管理

严格质量要求，严格履行程序，严肃落实责任，把好绿色食品、有机农产品质量审查关口。一是强化证后监管。认真落实监管制度，开展绿色食品企业年检督导检查、市场监察，安排专项经费

加大产品风险例行监测抽查力度。二是开展规范用标行动。指导推动企业主动规范用标，集中处理不规范用标行为，提高绿色食品、有机农产品标志使用率。推动加入质量追溯平台，将农产品质量安全电子标签作为绿色、有机申报前置条件，实现绿色食品、有机农产品百分之百加入质量追溯平台。

5. 巩固拓展脱贫攻坚成果

落实巩固拓展脱贫攻坚成果五年行动计划，对脱贫县，从脱贫之日起 5 年过渡期内，继续施行优先受理、优先检查、优先审核的措施，继续落实原国家级贫困县费用减免政策，优先在脱贫地区创建绿色有机标准化生产基地，促进产业融合发展。积极组织脱贫地区绿色、有机、地理标志生产经营主体参加中国绿色食品博览会、中国国际有机食品博览会等专业展会，不断拓宽脱贫地区绿色优质农产品销售渠道。

6. 推进农产品地理标志和绿色有机建设协同并进

继续争取实施国家地理标志保护工程，推进保护工程实施主体增强农产品地理标志的综合生产能力，提升产品质量和特色品质，加强品牌建设，推动身份标识化和全程数字化。继续组织开展地理标志工程的检查督导，推动工程实施主体落实完成项目建设。推进“地理标志+绿色/有机”认证，充分发挥农产品地理标志和绿色食品、有机农产品品牌叠加效应。将代表广西独特地域特征的农产品地理标志和代表规范生产的绿色有机农产品结合起来，切实提高全区农产品竞争力。

7. 加强品牌宣传

组织“两品一标”企业参加专业展会，继续开展“春风万里，绿食有你”宣传月行动。举办绿色食品进超市、进社区、进学校、进企业、进基地等活动，邀请绿色食品企业与基地、采购商、消费者、新闻媒体等代表参与活动，集中宣传展示广西绿色优质农产品，开展现场对接签约、产业交流等活动。强化政务信息报送，加强媒体合作。积极在广西日报、广西卫视等主流媒体开展“两品一标”宣传报道。积极运用新兴媒体，推动绿色、有机、地理标志企业采用网络直播、短视频等形式，生动形象地宣传广西绿色优质农产品品牌，扩大宣传效果。

四川省：因地制宜，多措并举，扎实推进“三品一标”持续健康发展

四川省绿色食品发展中心 敬勤勤 闫志农 邓 彬 代天飞 孟 芳

四川省气候宜人，物产丰富，素有“天府之国”的美誉。四川是我国13个粮食主产省之一，经济作物种类繁多，畜牧业、水产业等特色鲜明，粮食、蔬菜、水果、茶叶、中药材等产量居全国前列。

近年来，四川省紧紧围绕实施乡村振兴战略，以产业园区创建为重点，积极推进“三品一标”高质量发展。强化基地建设，严格审核把关，注重源头严防、过程严管、风险严控，强化淘汰退出机制，加大宣传培训力度，发展品牌、助力扶贫，因地制宜，多措并举，扎实推进全省“三品一标”持续健康发展。

一、工作推进措施

1. 强化基地，提升产业支撑动力

不断健全基地建设质量管理体系，强化基地农业投入品监管，围绕“一控两减三基本”目标，深入开展化肥农药零增长行动，加大绿色生资的推广应用，加大病虫害绿色防控、统防统治、配方施肥等技术推广力度，从源头上确保基地清洁生产。强化基地环境、生产过程、农业投入品、产品质量、包装标识的监督检查，严格执行产品质量抽检制度，建立基地产品市场监察制度，强化淘汰退出机制，不断提高基地建设的质量。加强基地田间管理记录和生产档案管理，建立完善基地产品质量安全追溯制度，切实做到“环境有监测、生产有标准、操作有规程、质量可追溯”。

强化监管服务抓建设。认真贯彻全国绿色食品原料标准化生产基地建设与管理办法，按照新要求，严格把好基地创建、验收、年检、续报等各个关口，确保基地建设质量。制定出台了《四川省

绿色食品质量安全追溯制度建设及管理办法》《四川省全国绿色食品基地监督管理实施细则》，各基地县均建立了基地管理一系列制度。省、市、县绿色食品工作机构对基地进行日常检查和监管，督促基地严格按要求生产管理。每年四川省绿色食品发展中心派出人员到基地，通过访问农户、查阅档案、检查基地产品流向等方式对基地进行年检，发现问题限时整改。省级财政每年均要安排专项经费，对绿色食品基地产品100%抽检。眉山市东坡区在乡镇设立了绿色食品原料基地监管员和协管员，对从事绿色食品原料生产的主体开展跟踪检查和动态管理，健全生产档案，实施质量监测。同时，建立了违规使用农业投入品发现1户取消1组、发现1组取消1村、发现1村取消1乡镇绿色食品原料生产资格的处罚机制。

聚合多方力量抓建设。绿色食品基地创建是一项系统工程，必须充分发挥地方政府、龙头企业、农民专业合作社和基地农户的积极性，形成"地方政府推动、龙头企业（合作社）带动、基地农户参与"的创建合力。全省各个绿色食品基地创建县，均成立了由县长或分管副县长任组长，财政、发改、农业、质监、环保等部门负责人及基地乡长、镇长为成员的创建工作领导小组，定期研究、协调、解决基地创建工作有关问题。同时，将创建任务分解到部门和基地乡村、落实到人员，并将创建工作纳入各基地乡镇和县级部门年度综合考核内容，形成横向到边、纵向到底的考核体系。农业农村部门将基地创建作为重点工作，搞好规划布局，出台制度规范，狠抓典型示范。绿色食品基地创建县制定了多种激励政策，整合涉农项目资金向基地建设倾斜，鼓励引导绿色食品企业、农民专业合作社参与绿色食品基地创建。青川县自2013年起，每年整合项目资金500万元扶持绿色食品茶叶基地建设，利用浙江长效帮扶资金350万元，扶持8家茶叶加工龙头企业和4家运作规范的茶叶专业合作社，提高全县绿色食品（茶叶）标准化生产加工水平。

2. 证后监管，着眼提高产品质量

开展绿色食品及有机农产品省级例行抽检、无公害农产品质量监控风险监测和元旦、春节、两会期间绿色食品及有机农产品监督抽检等专项抽检，产品合格率达99.1%，产品质量稳定可靠。全面实行企业年检实地检查记录三联单制度，年检完成率100%。在成都、眉山、绵阳等地的大型超市设立固定市场监察点，开展市场监察活动，有效净化了市场环境。

落实属地管理，加强追溯体系建设。绿色食品监管作为农产品质量安全工作的重要内容，纳入了省政府对市州政府的绩效管理考评。对绿色食品及绿色食品标志的监督检查作为行政检查项目纳

入了全省一体化政务服务平台，明确了省、市、县三级行政层级的管理责任。建立了四川省农产品质量安全追溯管理体系，企业配备有硬件设施和管理人员，如实采集产品名称、生产过程等信息，目前已有90%的绿色食品企业入驻平台，搭建起生产、监管、消费三者之间的信息桥梁。2020年，根据农业农村部要求，把绿色食品、有机农产品、农产品地理标志生产经营主体纳入国家追溯平台，作为新审批和产品续展的前置条件，全面落实生产主体责任，提升品牌公信力和影响力。

规范投入品使用，确保源头安全。通过加强对企业的生产技术指导，印发明白纸、培养明白人，规范企业按标生产、安全用药、科学施肥，并根据国家最新出台的禁限用投入品名录，适时修订生产操作规程，切实把标准落实到生产过程中。同时结合年检工作，开展以绿色食品果菜茶、食品添加剂中的甜味剂和防腐剂、乳制品中的三聚氰胺、畜产品中的“瘦肉精”等为重点的专项检查，突出抓好农业投入品及食品添加剂使用监管。结合农资打假等行动，严厉打击违禁超限量使用农（兽）药及非法添加等违法行为，加大对禁用农药隐性添加的检查力度，严防农业投入品乱用和滥用，发现问题及时移交农业执法部门处理，从源头上保障绿色食品质量安全。

强化产品抽检，做好风险防控。安排资金100余万元，开展1 000个绿色食品质量安全抽检，合格率达到99%，产品质量稳定可靠。一是切实开展预警抽检。结合绿色食品标准变化和生产实际，开展风险预警抽检，根据风险预警结果，安排市州进行专项检查，指导企业严格按照绿色食品标准及相关制度和要求组织生产。二是认真开展专项抽检。开展了绿色食品稻米中的镉和泡菜中的甜蜜素、苯甲酸、糖精钠，以及茶叶中农药残留等指标的专项抽检，确保重点产品的质量安全。三是积极开展监督抽检。根据中国绿色食品发展中心的要求，对抽检中发现的不合格产品报请中国绿色食品发展中心批准，取消绿色食品标志使用权。

严格日常监管，规范企业生产。重点抓好年检及市场监察工作，确保监管成效。2014年，重新修订了《四川省绿色食品企业年度检查工作实施办法》并建立了年检工作档案。每年年初由四川省绿色食品发展中心制订年检计划，做到年检全覆盖，市县绿办具体实施，履行属地监管职责，根据企业产品生长周期适时开展年检现场检查，重点检查企业的种养基地、投入品使用、质量控制、生产记录、包装标识、标志使用等相关制度执行情况，认真填写年检记录三联单，监督指导企业规范用标，按时履行绿色食品标志使用合同，发现问题及时纠正并督促企业整改，将风险隐患消除在萌芽状态。四川省绿色食品发展中心对高风险的企业进行年检抽查督导，2019年年检企业315家，全面完成年检任务。通过加强绿色食品市场监察，在成都、眉山、绵阳等地大型超市设立部级固定市场监察网点，结合自选流动市场网点开展绿色食品标志市场监察工作，2019年共监察520个产品，规范用标率100%，净化了市场环境，维护了市场秩序。

强化组织保障，夯实工作基础。一是监管职能逐步强化，四川省绿色食品发展中心设立了质量监督管理科，配备了人员，专门从事绿色食品证后监管统筹工作。二是监管体系逐步健全，连续3年下发了加强绿色食品质量安全监督管理的文件，强化了各级绿色食品工作机构的监管职责，明确了企业的主体责任，规范了投入品使用监管。三是监管能力逐步提升，通过建立监管队伍定期培训制度，每年举办全省绿色食品监管员培训班，打造了一支业务素质过硬的专业监管队伍。目前，全省共有绿色食品监管员140名。四是内检员作用逐步发挥，通过每年举办企业内部检查员培训班，全面推进先培训后申报机制。保证每个绿色食品企业至少配备1名持证上岗的内检员，企业内检员已经达到827名。

3. 多措并举，加大品牌宣传培育

一是开展“春风万里，绿食有你”绿色食品宣传月（成都站）活动，邀请媒体记者深入绿色食品企业、基地，挖掘典型案例，讲好品牌故事，180余家绿色食品企业参加宣传月活动。二是召开“三品一标”新闻通气会，发布全省“三品一标”发展情况、取得成绩和主要措施，人民日报社、新华社等20余家媒体单位的记者参加会议并宣传发布。三是组织丹棱桔橙、金堂黑山羊等5个地理标志农产品参加“2019 年中国品牌价值评价信息发布”活动；组织广汉缠丝兔、小金苹果等 7 个地理标志农产品申报进入第二批中欧地理标志互认产品目录。四是承办全国“地理标志农产品保护在行动”活动，展示宣传四川省农产品地理标志发展成果。五是组织 14 个地理标志产品、近 20 家企业参加第 17 届中国国际农产品交易会农产品地理标志专展；组织全省 100 余家企业参加第 20 届中国绿色食品博览会暨第 13 届中国国际有机食品博览会。

4. 加强培训，增强队伍业务水平

先后举办全省绿色食品企业内检员培训班、全省深度贫困县“三品一标”产业扶贫培训班和全省绿色食品检查员标志监督管理员培训班，指导成都市举办了成都市绿色食品内检员培训班，共培训检查员、监管员、内检员 700 余人次。通过业务培训、现场教学、经验交流等多种形式，强化检查员、监管员和企业内检员三支专业队伍培养。

5. 发展品牌，助力产业精准扶贫

截至 2019 年年底，全省 161 个扶贫任务县有效期内“三品一标”产品 4 680 个，建设绿色食品原料标准化基地 779 万亩；88 个贫困县有效期内“三品一标”产品 1 350 个，建设绿色食品原料标准化基地 430 万亩；45 个深度贫困县有效期内“三品一标”产品 235 个，建设绿色食品原料标准化基地 198 万亩，“三品一标”品牌带动，助推贫困地区特色产业发展。四川省绿色食品发展中心定点扶贫村甘孜藏族自治州得荣县俄木学村，通过积极组织该县水果、家禽、养蜂等专家团队实施“科技扶贫万里行”行动，开展技术培训 15 余次，培训村民 280 余人次，帮助村民依托当地特色资源提高树椒、葡萄种植及中蜂、藏鸡养殖技术水平，增加产品效益。

二、主要工作成效

1. 产业发展迈上新台阶

深入挖掘资源潜力，着力推动全省“三品一标”融合发展，以乡村振兴、“10＋3”产业体系为重点，支持鼓励龙头企业、大型食品加工企业和新型农业经营主体发展“三品一标”，构建一业主导、三产联动、多业融合模式，促进特色产业标准化生产、规模化经营、品牌化营销、高质量发展，加快培育有实力的“三品一标”申报主体。

积极引导“绿色食品＋农产品地理标志”“有机农产品＋农产品地理标志”，并与区域公用品牌

协同发展，形成品牌叠加效应。支持具备条件的无公害农产品生产主体发展绿色食品、有机农产品和农产品地理标志，支持农业文化遗产所在地发展绿色食品、有机农产品和农产品地理标志，不断推动产业发展。2019年，全省“三品一标”农产品5 422个，其中地理标志农产品数量位居全国第二，绿色食品数量位居全国前列。

2. 基地建设迈上新台阶

紧扣原料供应、产销对接重点任务，压实主体责任，推动基地落实标准化生产，确保创建对接取得实效。

立足资源禀赋抓建设。紧紧围绕加快构建川粮油、川菜、川茶等“10+3”现代农业产业体系，充分挖掘优势特色资源，统筹推进大基地建设、大产业构建、大品牌打造、大市场开拓，取得明显成效。比如马铃薯产业，集中分布在攀西地区凉山彝族自治州及盆周山区，已建成绿色食品马铃薯标准化生产基地164万亩，其中凉山彝族自治州152万亩，为精深加工、品牌壮大、产业发展奠定了基础。又如泡菜产业，在川西眉山市集中连片建成绿色食品蔬菜基地，为“中国泡菜城”提供稳定的优质原料，亿元级绿色食品泡菜企业就有3家，有效带动了四川泡菜产业的发展。2019年四川泡菜产量440万吨、销售收入377亿元，小产品铸就成大产业，使“中国泡菜看四川、四川泡菜看眉山”成为美谈。再如茶叶产业，在茶叶优势区建成了绿色食品茶叶基地8个、面积105.2万亩，为提升川茶整体品质发挥了示范效应。

坚持最严标准抓建设。标准化是基地建设工作的基石，让标准化贯穿基地建设的每个层面和每个阶段，既加快制标又严格用标。注重将标准转化为生产技术规程，加强生产操作规程的编制、培训和推广，大力推进生产操作规程进企入户，促进标准和技术落地生根。眉山市东坡区制定实施了豇豆、萝卜、榨菜、辣椒等生产技术规程8个，泡菜生产标准经商务部审核颁布为全国泡菜行业标准；创建绿色食品蔬菜基地示范村26个，占基地总村数的30%。青川县在推进绿色食品茶叶基地建设中，全面推行“统一技术操作规程、统一茶园栽培管理、统一平衡施肥、统一病虫综合防治、统一鲜叶采摘标准、统一加工包装、统一编码追溯”的运行模式，对全县绿色食品（茶叶）标准化生产实行专业分工，规范实施操作，提升产品质量。同时，以3个乡镇3.5万亩核心示范区为重点，开展茶园机修机采、茶叶质量可追溯体系、无性系良种茶园丰产栽培、茶叶清洁化加工和茶叶产品规范包装等进行示范，用看得见、留得住的核心示范样板，引导茶农积极参与。邛崃市将绿色食品原料（油菜）生产技术规程集成转化为操作图、明白纸、指导书，推进标准化生产技术落地。

促进融合发展抓建设。促进绿色食品基地与农业标准化示范县、现代农业园区、绿色农业示范区建设相结合，发挥绿色食品的品牌优势、组织优势和产业优势，实现基地与相关园区建设优势互补，聚集要素资源，增强创建动力和发展合力。坚持基地建设与产品认证相结合，统筹考虑基地产销对接和监管能力，合理规划基地建设规模，使基地规模与龙头企业带动能力相适应，与基地监管能力相匹配。一方面，引导绿色食品大型加工企业采购基地的原料，保障加工企业原料质量，促进基地产品转化增值，带动县域经济发展。另一方面，促进基地建设与龙头企业紧密对接，利用龙头企业的经济实力，带动基地建设。同时强化认证绿色食品的企业与基地农户之间的利益联结机制，实现优质优价，促进农民增收。成都市新兴粮油有限公司、成都市鑫禄福粮油有限公司2家公司认证绿色食品菜油2个，认证面积27万亩，绿色食品原料（油菜）产品转化率高达97.5%。眉山市东坡区建立“订单+保单”风险防控机制，绿色食品原料订单率达80%以上、保险覆盖率达50%以上。

3. 品牌效益迈上新台阶

充分利用全国性区域性展会平台，积极组织企业参加特色产品推介、展示、展销，助力企业宣传品牌、开拓市场，增强品牌发展动能，提升品牌效益。

4. 质量监管迈上新台阶

不断探索、创新监管手段和模式，切实履行属地管理职责，依法加强绿色食品、有机农产品证后监管。进一步落实企业年检、监督抽检、市场监察和淘汰退出等监管措施，严厉查处假冒产品和非法添加非食用物质等违法行为，及时纠正不规范用标行为，对年检不合格、产品抽检不合格的企业，坚决取消标志使用权，维护绿色食品品牌公信力。深化农产品质量追溯管理，把推动追溯体系建设作为加强监管的重要手段，促进企业参与追溯管理，扩大追溯范围，实现"三品一标"追溯管理全覆盖。

5. 体系建设迈上新台阶

全面加强能力建设，苦练内功，着力提升体系队伍在标准化生产、全过程管控、市场化运作、品牌化发展、信息化管理等方面的专业素养和服务水平。进一步在整个体系队伍大力弘扬爱岗敬业、严谨细致、勤勉踏实、廉洁奉公的工作作风，勇于担当、主动作为，立足岗位职责，努力提供优质、高效、便捷的服务。要开展大学习、大讨论、大调研，着力研究解决事业发展中的新情况和新问题。切实加强基地管理人员、生产技术人员，特别是基地农户的培训，提高农户的标准化生产意识和质量安全意识。继续强化技术指导，把绿色食品的技术标准转化为农民规范的生产操作行为，指导基地农户优选品种、科学施肥、合理用药。印制发放实用的生产操作明白纸，让农民一看就懂、一用就会，切实把绿色食品标准落实到原料基地的田间地头。

三、工作经验总结

1. 强化标准促发展

坚持"严字当头、好中选优"的原则，严格"三品一标"主体审查和材料审核，以乡村振兴、"10＋3"产业体系为重点，因地制宜发展"三品一标"，着力优化产品结构，有效扩大总量规模，不断增加优质农产品供给。"三品一标"各有侧重，协同发展，完成 2019 年"三品一标"的目标任务。

2. 强化示范建基地

扎实开展全国绿色食品原料标准化生产基地、全国有机农产品标准化生产基地、省级农产品地理标志核心保护示范区创建和地理标志农产品保护工程项目，把基地建设与全省"10＋3"产业体系紧密结合起来，提高基地生产技术服务，稳步扩大基地规模，加大标准化基地与企业对接力度，促进原料基地与加工（养殖）企业联动发展，以生产基地示范带动，推动"三品一标"产业发展。

3. 强化监管保质量

从严证前审查，坚持问题导向，前置风险防控，严把准入门槛，进一步强化企业年检、产品抽检、市场监察和质量追溯等监管措施，及时纠正不规范用标行为，强化淘汰退出机制。积极引导绿色食品、有机农产品、农产品地理标志企业实施追溯管理，扩大追溯范围，实现追溯全覆盖，确保不发生重大质量安全事件。

4. 强化宣传拓市场

采取多种形式加强品牌宣传，提高品牌知名度，努力为企业搭建贸易和宣传展示平台，加大品牌推介和产品促销力度，重点组织企业参加第 18 届中国国际农产品交易会农产品地理标志专展、第 21 届中国绿色食品博览会暨第 14 届中国国际有机食品博览会等展示展销活动，促进产销对接，进一步开拓国内外市场。支持企业利用电商平台等新型营销模式，积极拓展营销渠道。

5. 强化培训建队伍

结合工作的新形势、新要求，继续加强检查员、监管员、核查员和企业内检员专业队伍培训，稳步扩大队伍规模，进一步增强工作体系人员的责任意识和服务意识，全面提升工作队伍的业务素质和能力水平，提高工作效率，更好地为企业提供优质、规范、高效的服务，为事业持续健康发展提供有力的保障。

党的十八大以来，习近平总书记对四川工作作出系列重要指示，特别强调“四川农业大省这块金字招牌不能丢，要带头做好农业供给侧结构性改革这篇大文章，推进由农业大省向农业强省跨越”。在四川省得天独厚的地理条件下，“三品一标”工作主动融入了“10+3”现代农业体系，涵盖川粮油、川猪、川茶、川菜、川果、川药等十大优势特色产业，以及现代种业、智能农机装备制造、烘干冷链物流三大先导性产业。把“三品一标”作为农业品牌培育的重要载体和平台，培育更多的供给主体，就能把四川农业特色优势发挥出来、潜力挖掘出来，在深化农业供给侧结构性改革中扩大“川”字号农产品影响力和竞争力，让更多的“川”字号农产品走向大市场。高质量推进“三品一标”产业工作，不断开创事业发展的新局面，为全面实施乡村振兴战略、推进质量兴农和农业产业脱贫做出新的更大贡献。

云南省：全力打造世界一流“绿色食品牌”

云南省绿色食品发展中心　孙海波

2020 年，为完成云南省委、省政府和省农业农村厅关于全力打造世界一流“绿色食品牌”所下达的各项相关工作任务和指标，云南省绿色食品发展中心在省农业农村厅党组的坚强领导下，按照省政府“大产业＋新主体＋新平台”的发展路径，紧扣打造世界一流“绿色食品牌”和农产品质量安全相关目标任务，认真做好重点产业工作、日常管理和后勤服务保障，并逐步承接了 6 个重点产业的相关工作，积极应对新冠肺炎疫情带来的影响，有力推进了各项工作持续健康开展。

一、2020 年工作基本情况

1. “三品一标”持续健康发展

2020 年全省“三品一标”新认证（登记）组织 622 个、产品 1 524 个，超额 52.4%完成云南省农业农村厅下达的 1 000 个产品的工作任务。其中，无公害农产品 46 个，产品 98 个；绿色食品 108 个，产品 350 个；有机农产品 466 个，产品 1 074 个；农产品地理标志 2 个，产品 2 个。2020 年，全省累计“三品一标”有效获证组织 2 213 膛、产品 6 257 个，较上年末分别增长 13.4%、11.9%。其中，无公害农产品有效获证组织 614 个、产品 1 384 个，较上年分别下降 10.5%、13.0%；绿色食品有效获证组织 567 个、产品 2 065 个，较 2019 年分别增长 13.2%、18.3%，较 2017 年 793 个增加 1 272 个，增幅 160%，按产品数全国排名从 2017 年的第 11 位进入第 7 位；农产品地理标志有效获证组织 79 个、产品 85 个，较上年末分别增长 2.6%、2.4%；有机农产品有效获证组织 953 个、产品 2 723 个，较上年末分别增长 38.7%、25.4%，全省有机农产品认证证书 1 349 张，较 2017 年 789 张增加 560 张，全国排名由 2017 年的第 8 位进入第 3 位。

2. 重点产业相关工作有序开展

一是推进“一县一业”示范创建取得阶段性成效。水果、蔬菜等产业工作组先后深入示范县、特色县调研指导40余次，与州、县（市、区）政府、农业农村部门及龙头企业开展座谈42次，调研龙头企业、合作社等新型经营主体87家；撰写专项调研报告9份，“一县一业”示范创建中期评估问题清单整改情况专报6份，以“半月报”形式开展推进情况调度20期，梳理反馈问题清单120余条，提出建议措施100余条。二是圆满完成云南省支援湖北省农产品保供相关任务。新冠肺炎疫情暴发期间，云南省绿色食品发展中心按省农业农村厅党组要求，积极派人员参与捐赠湖北省农产品工作专班，累计组织4 276.6吨农产品运抵湖北，在全国各省份支援湖北的农产品中，云南省蔬菜总量居第一位、水果总量居第二位。三是完成云南省打造世界一流绿色食品牌工作领导小组办公室安排的其他相关工作。先后参与完成云南省“绿色食品牌”相关重点产业2019年度发展报告、云南省高原特色现代农业“十四五”重点产业发展规划撰写、打造世界一流“绿色食品牌”省级产业基地认定、乡村振兴示范园项目建设方案编写及申报、蔬菜产业集群项目等工作。目前，由云南省绿色食品发展中心承担的蔬菜小包装净菜营销项目已完成项目实施方案的编制、招投标、合同签订等程序，软件平台的开发也基本完成。

二、主要工作措施

1. 及早谋划全年工作

2019年一季度印发了《云南省绿色食品发展中心关于全省2019年“三品一标”发展情况的通报》和《云南省绿色食品发展中心关于印发〈2020年工作要点〉的通知》。

2. 突出绿色有机抓发展

以绿色有机为重点，举办全省“三品一标”、坚果、蔬菜水果、茶叶咖啡中药材培训班各一期，共培训481人次；组织了2次省级绿色食品集中评审、开展了“三区三州”线上培训和直接帮扶等工作。仅绿色和有机新认证产品数量（1 424个）就超过全年下达“三品一标”总任务的42.4%。

3. 稳步推进农产品地理标志登记保护

一是配合云南省农业农村厅农产品质量安全监管处完成5个农产品地理标志保护工程前期相关工作。二是完成“老姆登茶”和“东川大洋芋”2个农产品地理标志登记。三是完成27个获证产品证书持有人信息变更等工作。

4. 持续强化证后管理

一是认真组织做好绿色食品的年检工作，共年检 248 家企业、844 个产品。二是及时持续关注“普洱茶乱象”舆情，按上级要求抓好相关工作。三是配合农业农村部食品质量监督检验测试中心（成都）对省内绿色食品开展抽样检测，共抽样 44 个，目前已有 14 个茶叶产品出具报告，合格率100%；配合中绿华夏有机食品认证中心对省内 3 家企业 4 个产品进行了监督抽检，合格率 100%。四是分别对省内 1 个固定市场和 1 个流动市场进行了市场监察采样工作，共采集样品 40 个，所采样品按中国绿色食品发展中心要求进行了网上登记上报。五是积极启动绿色食品企业内检员网上培训，共培训内检员 1 003 名，同时加强监管员注册管理，共审核（再）注册有效监管员 78 名。六是组织了全省绿色食品和无公害农产品（150 个）质量抽检工作。

5. 创新品牌宣传推介

一是克服新冠肺炎疫情影响，于 5 月 28 日借助云南省农广校“云上智农”平台，正式启动“春风万里，绿食有你”绿色食品宣传月活动，全省绿色食品工作体系 300 多人参加了相关活动，发放宣传资料 4 000 余份，3.22 万人次观看了直播。二是组织开展“最美绿色食品企业”评选推荐活动，云南省 3 家企业获中国绿色食品发展中心授予的“最美绿色食品企业”称号。三是印制发放云南省 2020 年“十大名品”“绿色食品牌”LOGO 标签 300 万枚，以及绿色有机认证宣传手册 4 万册、24 个绿色食品生产操作规程 3 万册、绿色食品农药等 9 个使用准则 2 万张宣传画。四是共组织 42 家企业 300 多个产品参加第 21 届中国绿色食品博览会暨第 14 届中国国际有机食品博览会、第 18 届中国国际农产品交易会农产品地理标志专展，云南省展团分别荣获优秀组织奖，7 家企业参展产品获绿博会金奖，2 家企业参展产品获有机博览会金奖，2 家企业参展产品获有机博览会优秀奖。云南武定永银农产品开发有限公司组织生产的“武狮”牌武定鸡和怒江州经济作物产品开发有限责任公司组织生产的“老姆登”牌老姆登茶推荐为第 18 届农交会最受欢迎农产品。

6. 不断夯实信息统计基础

一是组织完成了《2019 年云南省“三品一标”发展统计公报》等资料的编印。二是积极参与做好云南省农产品质量安全监管平台涉及“三品一标”内容的相关工作。

三、今后的工作打算

1. 积极拓展职能职责

一是充分发挥产业工作组优势，组织开展好蔬菜、水果等重点产业相关技术和绿色有机知识培

训，利用“一县一业”等项目的实施，加大产业发展与产品认证的深度融合，推进绿色有机产品认证。二是按照“绿办统筹、组长负责、单位承担”的原则，继续做好茶叶、花卉、蔬菜、水果、中药材产业工作组人员日常管理和后勤服务保障，全力支持抽调人员的工作。三是积极动员企业开展中国绿色食品发展中心良好农业规范认证，启动名特优新农产品名录收集登录、特质农品登录等工作。

2. 全力推进“三品一标”跨越式发展

一是继续举办全省“三品一标”业务培训，派出业务骨干参加中国绿色食品发展中心的业务培训和专家评审，积极支持州（市）开展业务培训。二是组织摸底调查，将全省州（市）级以上农业产业化龙头企业全部纳入绿色食品认证范围，做到全覆盖。三是按季度稳步推进无公害农产品认定，积极做好“红河梯田红米”等农产品地理标志登记及地理标志工程项目推进等工作。四是积极争取中国绿色农业发展中心大力支持，举办一期绿色食品和农产品地理标志检查员（核查员）培训班；组织 2～3 期绿色食品集中评审，提高工作效率。

3. 从严抓好证后监管

一是继续抓好绿色食品年检、市场监察等工作。二是配合部级监督检验中心完成省内绿色食品和有机农产品的产品质量、风险预警等抽检工作。三是安排 400 个“三品一标”产品抽检。四是认真按中国绿色农业发展中心要求，组织落实好其他监管措施。

4. 加大品牌打造和宣传推介

一是通过绿色食品进社区等活动，广泛宣传“三品一标”基本知识。二是积极承担绿色食品生产操作规程编制任务，开展好绿色食品生产操作规程进企入户工作。三是修订《云南省绿色食品牌LOGO 管理办法》，进一步加强云南省“绿色食品牌”LOGO 商标管理和推广。四是继续做好中国国际农产品交易会农产品地理标志专展、中国绿色食品博览会、中国国际有机食品博览会等展会的筹备及参展组织工作。

陕西省：绿色引领，推动农业高质量发展

陕西省农产品质量安全中心 王转丽 王 璋 林静雅

陕西省位于我国内陆腹地，总面积 20.56 万千米^2，其中耕地面积 404.9 万公顷，南北跨越三个气候带，分为黄土高原、关中平原、秦巴山区三个自然生态区，物种资源丰富。陕北黄土高原的小杂粮、牛羊、苹果、红枣，关中平原的小麦、玉米、蔬菜、梨、猕猴桃及杂果、牛、羊，陕南秦巴山区的茶、桑、大米、植物油及山货产品，不同的物候条件，形成了不同的区域农产品优势特点，这些都是陕西发展绿色食品得天独厚的条件。

2020 年，在农业农村部、陕西省农业农村厅的坚强领导下，在市、县的积极配合下，陕西农业产业已初具规模，区域优势农业产业已经有了长足的发展，以渭北苹果为主的果业、关中商品粮产业和乳制品产业、秦川肉牛产业、陕北小杂粮产业，以及陕南大米、柑橘、茶叶和植物油等产业，已经成为陕西农业产业的支柱，龙头企业和农村经济专业合作社蓬勃发展，为陕西省绿色农业发展打下了坚实的产业基础。

2020 年，陕西省农产品质量安全中心坚持稳步扩大总量规模，全面强化证后监管，持续扩大品牌宣传，深入开展业务培训，年初确定的各项目标顺利完成。截至 2020 年 12 月底，全省有效期内绿色食品企业 226 家，产品 364 个（其中贫困县产品 161 个），面积 107.24 万亩，产量 144.61 万吨；有效期内全国绿色食品原料标准化生产基地 3 个，面积 135.1 万亩；创建期全国绿色食品原料标准化基地 1 个，面积 49.62 万亩。

一、加强产品认证，规模稳中有进

围绕全省“3＋X”农业特色产业，2020 年共受理绿色食品申报材料 263 份，对 258 家申报企业进行了现场检查，当年新获证绿色食品企业 111 家，产品 159 个，面积 22.8 万亩，产量 75.45 万

吨。在产品认证工作上重点抓好 3 个环节：一是规范审核程序，企业申报材料必须经由市级管理部门审核后，方可报送，在提高效率的同时也锻炼了队伍。二是严格现场检查，发现与材料不一致，存在不符合项的一律不予通过，全年未通过企业共 33 家。三是重点做好贫困县产品的审核报送工作，与中国绿色食品发展中心及时沟通，补充完善企业申报材料，做到贫困县材料优先审核、优先检查、优先上报。四是基地认证工作重点抓好指导服务。全力协助延安市宝塔区创建全国绿色食品原料（苹果）标准化生产基地，指导培训企业、开展现场检查、配合中国绿色食品发展中心验收；积极开展意向认证基地县（区）的培训工作，解读标准化生产基地内容要求，明确申请程序，为下一步工作开展打好基础。

二、加大培训力度，工作持续深入

为进一步强化体系队伍建设，全年狠抓绿色食品培训工作，在举办检查员、监管员、内检员等培训班的基础上，结合绿色食品现场检查开展例行培训，有效提升了从业人员综合业务能力和水平。2020 年在安康市举办了绿色食品检查员、监管员和企业内检员培训班，培训人数 201 人。全年协助各地市累计举办内检员培训班 5 期，共培训 265 人，实现了省、市、县（区）监管员全覆盖，为绿色食品发展规模扩大奠定了良好基础。全年共完成例行培训 258 次 1 000 余人，及时把新版标准、法规文件下发到企业和基层农技部门，使最新绿色食品标准落实到生产一线。

三、切实抓好监管，确保产品质量

1. 做好年检计划，落实检查内容

结合作物生长季节及现场检查安排，制订了全省绿色食品获证企业年检计划，委托各地市开展辖区内绿色食品企业的年检工作。按照计划，全省 119 家企业 204 个产品全部完成了年检工作。从检查结果看，全省获证企业在原料购入、投入品使用、生产、包装、贮运、销售等环节符合绿色食品标准要求。扎实做好白水、眉县、洛川和宝塔等 4 个原料基地的监管，保证全省绿色食品原料基地的管理水平和产品质量。

2. 开展市场调研，认真完成市场监察

重新调整了市场监察固定市场和流动市场名单，对 3 个固定市场及 2 个流动市场进行了绿色食

品市场抽样，共抽取了231个样品，发现的问题上报中国绿色食品发展中心，按照反馈的整改通知函，对全省问题企业进行了整改验收。根据中国绿色食品发展中心要求，启动绿色食品标志规范使用行动，对省内所有绿色食品企业的用标情况进行检查指导。

3. 合理安排抽检，确保产品质量

按照中国绿色食品发展中心下发的抽检计划，配合有关检测机构对全省36个绿色食品进行抽检，根据检测机构反馈，未发现有不合格产品。根据市场舆情，对1家企业按照绿色食品标准和抗生素等风险项目进行了基地及市场抽检，未发现不符合标准要求的情况。

4. 严抓基地监管，提升管理水平

按照全国绿色食品原料标准化生产基地建设与管理办法，对洛川县、白水县、眉县和宝塔区共184.72万亩全国绿色食品原料标准化生产基地进行了年度监督管理工作，对基地产品进行了监督抽检，有效保证了全省绿色食品原料基地的管理水平和产品质量。

四、扩展宣传形式，注重宣传效果

为不断扩大绿色食品的影响力，让消费者知晓绿色食品知识，了解绿色食品品牌建设成果，树立绿色食品健康消费理念，充分利用互联网、新媒体，反复宣传绿色食品基本常识、申报条件、品牌特点等内容，开展了形式多样的宣传活动。“春风万里，绿食有你”宣传月活动采用线上线下相结合的方式，开展了为期2个月的宣传，活动期间平台发布绿色科普宣传文章92篇，阅读量14 644次，总浏览量127 168次，完成答卷31 666份，共发放奖品1万份，在西部网、陕西农业农村厅官网、陕西农产品质量安全中心官网发布稿件9篇。组织18家“两品一标”企业30余种产品参加了第21届中国绿色食品博览会，其间举办了陕西特色农产品（厦门）推介会，充分展示陕西农业抓绿色、提质量、树品牌的新特色、新亮点、新成就，6个贫困县的10余种绿色食品产品参展。陕西展团荣获该博览会组委会颁发的最佳组织奖，4个参展产品获得博览会金奖。

五、认真编制规程，开展示范行动

按照中国绿色食品发展中心要求，在广泛调研的基础上，陕西省绿色食品发展中心起草了2个绿色食品生产操作规程，通过生产实地调研、组织专家评审、函询相关意见、上报编制进度等环节，对规程内容进行了反复修改，并顺利通过中国绿色食品发展中心组织的专家评审会。开展了绿色食品生产操作规程进企入户示范行动，重点在柞水县开展木耳的生产操作规程推广示范。全年共指导企业、合作社制（修）订生产技术规程335项，并在基地全面推广，有效提高了全省绿色食品生产的标准化水平。

六、积极做好配合，工作成效明显

参加中国绿色食品发展中心组织的寻找“最美绿色食品企业”行动，西安银桥乳业（集团）有限公司和汉中市成祥米业有限责任公司获得“最美绿色食品企业”称号；参加《绿色食品原料标准化基地建设理论与实践》征文活动，2篇稿件入选；配合中国绿色食品发展中心在陕西省开展续展核查和企业年检督导工作；配合中国绿色食品发展中心完成全省绿色食品加工企业发展情况调研；完成《新冠肺炎疫情防控对陕西省绿色食品企业的影响及应对措施》调研报告1篇；参与中国绿色食品发展中心组织的集中材料会审工作；在全国农民丰收节陕西分会和消费扶贫产地行活动中组织农产品质量安全宣传。

七、创新工作方式，主动服务企业

新冠肺炎疫情管控期间，为推动各项工作有序开展，陕西省绿色食品发展中心通过微信群开启了网上办公模式，组织工作人员进行理论和业务知识学习，远程指导企业组织申报材料，集中进行审核，提出审查意见，为后期工作的顺利开展奠定了基础。及时印发了《陕西省农产品质量安全中心致全省绿色食品企业的一封信》，帮助企业解决因疫情造成的农产品销售困难，利用陕西原产地产品官方旗舰店和陕西农业品牌展示网平台，向企业开展线上宣传、展示、销售产品等公益服务。

陕西省安康市：发展现代生态循环农业，建设西北生态经济强市

陕西省安康市农业农村局　阮家军　李登章　张柏楠

近年来，在安康市委、市政府的正确领导下，市农业农村局以“发展现代农业、建设西北生态经济强市”为总揽，坚持“用生态循环做优农业”的理念，积极把农业特色产业与生态富硒循环农业建设有机结合起来，着力推进农业高质量发展、可持续发展，取得了明显的建设成效。

一、构建现代生态富硒循环农业体系，促进生产方式绿色化

安康市坚持“发展主体小循环、农业园区中循环、立体布局大循环”的发展方法，实现经济效益、环境效益和社会效益的共赢。

大力支持种养大户、家庭农场、农民专业合作社等新型经营主体，积极发展农牧结合、粮经轮作、间作套种、林下种养、稻鱼共育等新型生产方式，着力构建功能互补、能量循环、高效生态的种养模式，“畜-沼-茶”“畜-沼-菜”“畜-沼-果”“林-芋-蜂”等循环种养模式已经普及，实现发展主体小循环。

以现代农业园区为载体，优先发展富硒产业等生态友好型产业，支持园区业主在种养业空间及产业内部实行生态化布局，通过农牧对接、沼液利用、畜禽粪便收集处理中心等节点建设，构建种养平衡、产业融合、物质循环格局，实现农业园区中循环。

因地制宜，立体布局，在月河川道、浅丘地区大力发展设施蔬菜、优质粮油；在中高山地区，围绕山林经济，大力发展林下种养；在汉江沿线和瀛湖库区，以保护水土和涵养水源为前提，大力发展洁水渔业、林果业和休闲农业，逐步形成“高山特色木本油料、中山林下种养间套、浅山茶果桑畜环绕、河谷川道经济作物、三产融合生态游链接城乡”的全域大循环格局。目前，覆盖全市立体布局的现代生态富硒循环农业体系不断优化，经济再生产与自然再生产相互交织，形成了“青山绿水就是金山银山”的良性循环。

二、加快农业经营主体培育，促进资源利用高效化

按照工业化理念促进农业发展，因地制宜，科学规划，大力推动资金、技术、人才、信息等优质生产要素向生猪、魔芋、茶叶、核桃、渔业等五大富硒特色产业聚集，全力打造“源头减量控害、过程绿色清洁、终端循环利用”的现代生态循环农业。促进了安康市农业从单一产业向一二三产业综合发展迈进，从单纯的种养业向自主研发和品牌塑造延伸，实现了资源利用率高质高效化发展，推动了自然、农业、生态系统的整体优化。截至2020年，全市建成绿色循环农业产业化龙头企业290家，其中国家级2家、省级64家、市级224家；建成各类绿色循环农业园区1 340个，其中省级36个、市级430个。农业经营主体促进了产业融合，农产品竞争力显著增强。全市生猪饲养量达138万头；富硒茶、魔芋基地分别达到107万亩、55万亩，魔芋、茶叶种植面积位居陕西省第一位和第二位，魔芋种植面积已占到全国1/4。以魔芋产业为例，全市魔芋精深加工龙头企业已发展到19个，开发了7大类60多个品种，富硒魔芋制品远销日韩、东南亚、欧美等多个国家，成为安康最大的农产品出口创汇产业，被誉为全国魔芋产业建设第一市。全市魔芋产业建设经验还被中国园艺学会魔芋分会总结为“安康模式”，向全国适种区推广。

三、强化农业环境源头治理，促进生产过程清洁化

安康市是国家南水北调中线工程的核心水源区，“一江清水供京津”的使命光荣、责任重大。为防止土地污染，做好汉江水质保护，市农业农村局以“精准治理”为切入点，大力推进农业生产全程清洁化，全面治理农业面源污染。

大力推广节肥、减药增效技术。通过开展化肥减量替代行动，积极推广定量施肥、缓控施肥、水肥一体化等节肥增效技术，提高肥料的利用率。全市测土配方施肥面积达471万亩，推广配方肥6.99万吨。全市化肥的年使用量（折纯）下降到了11.21万吨。通过推广杀虫灯、防虫网、性诱剂等绿色防控技术，全市已开展统防统治和绿色防控面积444.3万亩。

积极推广秸秆综合利用技术。在川道浅山丘陵地区大力推广秸秆粉碎还田、快速腐熟还田、生物反应堆、覆盖免耕等秸秆利用技术，促进作物秸秆肥料再利用。鼓励农户以秸秆为原料发展食用菌，开辟秸秆多元化利用途径。秸秆综合利用率达到88.1%，秸秆综合利用水平逐步提高。

开展农业投入品废弃物的回收利用试点。为加强农业白色污染防控，全市已在10个县区设立了12个农药包装废弃物回收点，积极开展农药包装废弃物有偿回收。2020年累计回收农药包装废弃玻璃瓶、塑料袋40万个以上，纸质包装1.8万千克。同时，各地以现代农业园区、种植大户为重点，大力推广可降解地膜，严格限制使用超薄地膜，积极鼓励对农田中的白色垃圾及商品包装物进行回收利用与集中处理，农膜回收率达到80.2%，减少了农业投入品对环境的污染。

四、重视畜牧养殖污染处理，促进废物利用循环化

以生猪为主的畜牧业，既是农民增收致富的支柱产业，也伴生畜禽养殖污染带来的环境问题。为有效解决畜禽养殖污染，安康市按照“畜-沼-园”循环农业发展模式，以生猪标准化、规模化养殖场建设为抓手，积极倡导养殖进园区，鼓励采用就地结合、就地利用，异地结合、综合利用，分散处理、集中利用，区域配套、循环共生等多种模式，消纳畜禽排泄物，促进“畜-沼-园”循环发展，减少农业面源污染。据统计，全市有年出栏千头以上的养猪场83个，其中年出栏万头以上的养猪场8个，规模养殖场年产畜禽粪便污水达750万吨以上。按照“猪-沼-园”模式，全市建设户用沼气池11.16万户，新建大型沼气工程35个、容积2.2万$米^3$，中小型沼气工程554个、容积16.62万$米^3$。全市培育“猪-沼-园”循环市级园区50个，建成林下生态养殖示范点25个。全市畜禽养殖标准化示范场已达68个，其中省部级标准化示范场43个。建设了有机肥厂15个，年加工有机肥达到20万吨，对畜禽粪便进行收集、贮存和无害化处理，集中实施有机肥加工，变废为宝，初步解决了养殖场的粪便污染问题。

五、推进绿色品牌创建，促进农产品安全优质化

加大品牌创建力度，提升农产品质量安全，是生态循环农业建设的基础和动力。为叫响“中国硒谷、生态安康”的地域品牌，安康市农业农村局坚持“数量与质量并重、认证与监管并举”，以农产品质量安全“四级联创”和农产品质量安全追溯为重点，积极开展农产品质量安全示范市创建工作，指导农产品生产者科学合理使用农业投入品，不断完善产地环境、生产过程、加工包装等农业标准体系建设，建立农产品质量安全追溯体系，全力提升农产品质量安全水平，发展绿色食品、有机农产品和地理标志农产品，积极开展食用农产品达标合格证制度。农产品质量安全抽检合格率达到98.7%以上，“两品一标”农产品总数达98个，全市9县1区已有9个县（区）通过无公害农产品整县环评。按照“政府做形象、企业做市场”的思路，安康市通过走出去宣传推介、请进来考察观光等方式，组织企业参加省内外各类展会，借助各种媒体全方位、多层次、多形式、宽领域强力宣传，叫响了安康富硒茶、安康魔芋、安康汉水鱼、安康林下猪等一批区域公用品牌。平利女娲茶、白河木瓜、岚皋魔芋、宁陕香菇、宁陕天麻、宁陕猪苓、镇坪黄连、镇坪洋芋、镇坪乌鸡、旬阳拐枣、旬阳狮头柑、瀛湖枇杷、石泉黄花菜、石泉桑蚕茧、紫阳富硒茶等15个产品获得农业农村部农产品地理标志登记保护，生态富硒正在成为提升安康农产品价值和市场竞争力的新引擎。

陕西省留坝县：创新模式助脱贫，绿色发展促增收

陕西省农产品质量安全中心 林静雅 苟明强

留坝县位于陕西省西南部，汉中市北部，东连洋县、城固县，南接汉台区，西邻勉县，北靠太白县、凤县。全县总面积 1 970 千米^2，其中林业用地 272.5 万亩、农用地 8.9 万亩，总人口 4.7 万人。地处秦岭南麓，汉江上游，"面巴蜀而背秦川"，属亚热带湿润季风气候区，夏无酷暑，冬无严寒。地质地貌特征独具特色，历史悠久，资源丰饶，交通便利，为历代栈道交通要道，素称"秦汉咽喉"之地。留坝县属国家级贫困重点县，环境优美，植被覆盖率高，是南水北调水源保护地，还是大秦岭生态保护限制开发区。全县没有工矿企业，以农业种植和养殖产业为主，农副产品极具特色，适宜绿色食品产业的发展。

近年来，留坝县依托有利的地理位置和自然条件，采用绿色种养模式，生产出具有地方特色的优质农产品。产业扶贫工作以绿色发展为依托，改变了过去一味输血而不造血的尴尬局面，大胆采取了"龙头企业＋扶贫社＋贫困户"模式，大力推进绿色发展产业布局，把提升农产品品质助力精准脱贫与提升品牌市场影响力紧密结合，补齐了产业扶贫的短板，形成政府引导、"龙头企业＋扶贫产业＋市场＋贫困户"的新局面，增强了贫困户自我发展、自我提升的能力。2018 年，全县实现生产总值 17.45 亿元，比上年增长 8.6%；城乡常住居民人均可支配收入分别达 27 797 元和 9 832元，比上年增长 8.5%和 9.7%；圆满完成了 1 684 人脱贫、32 个贫困村退出任务，贫困发生率降至 1.08%，整县脱贫摘帽各项指标全面达标。2019 年 5 月 7 日，陕西省人民政府发布公告：留坝县符合贫困县退出标准，同意退出贫困县序列。

一、绿色发展助力精准脱贫整体情况

2018 年，留坝县已建成各类产业基地 75 个，建成大棚 1 503 个，发展生产大户 165 户，带动

贫困户 1 389 户，扶贫户全覆盖。发展袋料香菇 687 万筒、椴木香菇 1.53 万架；建设母猪良种繁育点 9 个、商品猪养殖示范点 13 个，发展土猪 1.1 万头；发展中华蜂 3.1 万桶、土鸡 8.5 万只，种植中药材 4 700 亩。优质特色农产品中，有效期内绿色食品包括蜂蜜、黑木耳，历史获证产品包括西洋参、香菇等。

留坝县完善出台了《土鸡养殖产业发展规划》《中蜂产业发展规划》《加快发展食用菌产业实施意见》《产业发展扶持鼓励办法》等多项政策措施，明确了主导产业、带动主体和带动贫困人口数量，通过贷款贴息、项目扶持、以奖代补等方式，从产业设施、品牌建设、营销宣传、监督管理等方面予以重点支持，切实保障产业健康发展，促进群众稳定增收。在制定和实施产业政策时，牢牢把握提高组织化程度、先建后补、非重复补助、公开公正、突出扶持重点等原则，把主导产业绿色发展与扶持政策紧密结合、一体推进，让优惠政策措施惠及贫困户、全体农户和经营主体，最大限度调动全县绿色发展的积极性。

二、绿色发展助力精准脱贫典型做法

一是完善“企业＋扶贫社＋贫困户”模式。各家各户生产标准不统一、产量上不去，无法创品牌、打市场。要想让深山里的优质绿色农产品走出大山，就必须完全告别小农户的生产模式，达到大城市、大超市需要的量，达到大城市、大超市要求的统一标准；不能沿用过去的传统售卖方式，按绿色食品标准生产，却卖不上绿色食品应有的价格，同时也降低了产品特色；不能十个手指头各顾各，要形成有力的一双铁拳，形成从种植、养殖到销售全过程的特色农产品产业链。依托扶贫社建立村级股份经济合作社，承接“三变”（资源变股权、资金变股金、农民变股民）改革后的资产运营增值，让沉睡的资源活起来，确保村集体积累稳定增长。由扶贫社的能人、致富能手、大户带头，把群众组织起来发展绿色土蜂、土鸡、食用菌、中药材等富民增收产业，并引导贫困户通过资金入股、土地流转、进入合作社打工等方式，实现“土地收租金、打工挣薪金、入股分红利”多渠道增收。2018 年，留坝县 73 个扶贫社覆盖全县 75 个村。这些扶贫社与龙头企业签下土鸡、土蜂蜜、食用菌等订单 194 笔，与贫困户签订合同 1 425 份，实现产值 4 000 余万元。通过采取能人带动、基地示范、扶贫社托管的方式，扶贫社把占全县农户 82.6%的 9 260 户农户和占贫困户总数 74%的 1 389 户贫困户全部绑在产业链上，使镇镇有产业基地、村村有特色产业、户户有增收项目的产业发展格局初步形成。2018 年所有扶贫社均实现分红，共计 530 万元。

二是推行“以销定产”的土鸡代养模式。企业搞市场，扶贫社搞生产。鼓励企业提早动手，跑市场、拿订单，根据订单数量，落实养殖任务。由公司与扶贫社签订代养协议，公司按照任务量提供鸡苗、饲料、技术服务及产品销售，扶贫社组织农户代养6个月左右，公司严格按养殖周期和出栏标准进行收购，每只土鸡支付农户28元代养费。这样既解决了农户前期投入问题，又发挥了企业跑市场、促销售的优势，构建了双赢利益链条，从根本上解决了供求的矛盾。为保证产品质量，公司还采取一票否决制，扶贫社收购产品中若有一家农户的产品不合格，就会把整个合作社加入黑名单，以此倒逼农户提高产品品质。技术服务上，邀请省、市相关单位的专家组成技术服务队，在养殖、种植的关键时期进行绿色生产技术指导和服务，对于学得好、学得透的农民可以一对一指导，形成一个专家教会几个农民、几个农民带会一群农民的氛围，最大程度减少人才短缺带来的损失。标准统一了，技术过关了，大山里的土鸡销量也就提高了，价钱也就上去了。农业生产从“提篮小卖”走向“规模定制”，提高了农户的生产积极性，也打造出了留坝的绿色农产品品牌。

三是推行食用菌“三统一分”模式。坚持因户施策，推行以“三统一分”为主的分类、分户发展模式。对于有生产能力和技术较好的农户，由企业、扶贫社组织统一制袋接种、统一技术服务、统一产品销售，农户分户进行生产管理；对于没有生产能力但有发展意愿的农户在扶贫社的组织带动下，通过购买成品菌筒、分户管理的方式发展，由企业负责技术指导和产品销售；对于缺乏劳动力的贫困户，按照成本价格由企业全程托管，年终还本后，再按0.5元/筒的纯收益给贫困户分红。陕西天美绿色产业有限公司于2006年年初次获得绿色食品标志许可，产品包括蜂蜜、食用菌、西洋参等。产业扶贫工作开展以来，以“公司＋扶贫社＋贫困户”模式，通过现场指导与示范观摩相结合，精准化推广绿色食品生产技术，解决贫困户生产中的具体技术问题，将投入品供应、操作规程、收获销售等关键环节统一管控，提升了产品品质，打造了优质品牌，提升了产品附加值。2018年，留坝县食用菌产业由40万筒发展到1 000万筒，产销两旺的市场激励着群众进一步扩大生产规模，也吸引了不少外地客商到留坝县成立公司，从而延长了食用菌产业链。留坝香菇已经出现了供不应求的局面。

四是推行产业托管模式。按照“公司＋基地＋贫困户”模式，由公司统一建棚、制袋、养菌、管护、营销，贫困户出资获收益，所投入的资金由公司从产品销售额中扣除，农户不承担生产经营风险，还可以到公司务工挣钱，既有产业发展收入又有劳务收入，极大地调动了贫困户脱贫的积极性。以汉中市天佑农业科技有限责任公司为例，2018年与玉皇庙镇171户贫困户签订协议，食用菌产业托管103余万筒。2019年继续扩大食用菌产业规模，免费提供菌种，与当地群众签订500万～800万筒的产业托管协议。

五是依托多渠道品牌宣传模式。尽量避免小作坊式宣传手段，走品牌化大营销路子。利用中央电视台《源味中国》播出的留坝蜂蜜纪录片为突破口，以媒体的力量吸引客源，吸引企业落户和投资。充分利用社员网、易菇网、南通农产品营销网络等销售渠道，大力宣传推介留坝优势特色农产品。借着国家对绿色食品宣传的大平台，组织全县绿色食品企业积极参加每年的中国绿色食品博览会和绿色食品宣传月活动，组织规模性大企业参加多种形式的推介会，增强品牌影响力。同时，多走出去看看，学习其他地方的先进经验，销量上去了才能吸引大客户，才能带来愿意在留坝投资的大企业。伴随着留坝县大力度多渠道宣传的成效，当地优质农产品价格一路看涨。土猪肉由每500克14元卖到22元，土鸡由每500克七八元卖到24元，土蜂蜜更是由以前的每千克40元上升到百元左右。

三、绿色发展助力精准脱贫主要经验

一是加强贫困户脱贫信心。通过扩大融资、项目扶持、补助贴息等方式，全力支持企业、扶贫社做大做强。二是大力推进农村“三变”改革。加大扶贫社监管、培训、指导力度，建立“产前签订单、产中推技术、产后抓营销”的绿色生产组织模式，完善“企业＋合作社＋营销专卖网点＋电商＋市场直销”的立体营销体系。三是强化绿色生产技术推广。通过各种形式的培训、内引外联、引智引技等方式，为产业扶贫提供强有力的绿色生产技术支撑。四是突出特色，打造区域优势品牌。将农产品地理标志和绿色食品标志相结合，打造区域绿色特色农产品。发展并打造留坝蜂蜜、留坝香菇、留坝黑木耳、留坝土鸡、留坝棒棒蜜、留坝土蜂蜜、留坝土蜂等特色产业和品牌。

在留坝县的脱贫攻坚工作中，绿色发展起到了不可替代的推动作用。通过提升农产品品质、创新绿色产业发展模式，把企业、扶贫社、农户等联接起来，共同推进扶贫产业发展，依托企业的市场化运作，实现了留坝县优势特色农产品绿色发展的规模化、集约化、标准化，探索出了一条值得借鉴推广的以绿色发展助力精准脱贫的新路子。

陕西省旬邑县：编织脱贫攻坚的“钱袋子”，建设乡村振兴的“绿色银行”

陕西省旬邑县果业服务中心 任静林 张 彦

旬邑县是全国最佳优质苹果适生区之一，苹果产业是农业发展和农民增收的主导产业，也是实现全县脱贫攻坚和乡村振兴的第一支柱产业，被誉为旬邑果农的“钱袋子”和“绿色银行”。近年来，旬邑县坚持从实际出发，立足苹果产业优势，注重扶智扶技，针对广大果农果园管理“不懂技术不会管、方法不当不善管、粗放经营不精管”等问题，采取组建“土专家”队伍、精心培育、田间会诊、提供“田保姆”式服务等方式，指导群众科学作务，有力助推了旬邑苹果产业发展，取得了良好的效果。2020 年，全县苹果总产量达到 52 万吨、产值 16.5 亿元，果农人均苹果收入 6 346 元，全县产值和果农人均苹果收入分别比上年增收 2 000 万元、77 元。

一、自然条件优越超群

旬邑苹果产区地处渭北旱塬沟壑区，产区海拔 960～1 350 米，年平均气温 9℃、降水量 600 毫米、日照时数 2 390 小时、无霜期 180 天，温度适中，雨热同期，温差较大，森林覆盖率高达 80% 以上，符合农业农村部苹果生态适宜区 7 项指标。优越的苹果生产条件可与意大利都灵、法国里昂、日本长野、美国罗切斯特等世界驰名苹果产区相媲美。

二、果园管理标准规范

作为推进果园现代化建设、实现科技兴果的重点，旬邑县坚持示范推广优质苹果生产高新技术、“四项”（即大改形、强拉枝、巧施肥、无公害）优质苹果生产关键技术和无公害、绿色、有机苹果标准化生产技术等现代实用科技。2001 年以来，累计推广“大改形”30 万亩、“强拉枝”25 万亩、“巧施肥”40 万亩、“无公害”35 万亩，果实套袋 30 亿只左右；累计抓建各级优质苹果标准化示范园 104 个、2.71 万亩，其中省级示范园 18 个、4 440 亩，市级示范园 11 个、3 713 亩，极大地带动了全县苹果整体生产水平的提升，引领旬邑县现代果业生产向标准化、精品化、高效化方向发展。

三、绿色有机营养安全

坚持把绿色、有机、出口苹果基地建设和全面推广“果-畜-沼-窖-草”五配套生态果园管理模

式当作做大做强做优苹果产业、推进苹果产业转型升级、提升果品质量安全水平、提高产业效益的突破口，坚持“生态、有机、优质、安全、高效”为一体的原则，举全力、抓示范、促全局，基地建设进展顺利。现已建成持证绿色苹果基地 5.5 万亩、出口认证苹果基地 3.5 万亩、欧盟及国内有机苹果基地认证 1.7 万亩，其中欧盟有机苹果认证 3 200 亩，基地认证面积位居陕西省前列。

四、配套产业蓬勃发展

苹果产业的发展，带动了苹果运输、贮藏、劳务、加工、包装、服务等相关产业的迅猛发展，产业效益日益突出，成为县域经济发展新的增长点。截至 2020 年，全县建成大型苹果贮藏冷库 45 座、总贮量达 24 万吨，套袋厂、发泡网厂、纸箱厂、果汁厂等相关产业企业发展到 43 家，“公司＋基地＋农户”“公司＋协会＋农户”的产业化经营发展格局已经形成。

五、果农组织运作有序

按照“民办、民管、民受益”的原则，积极扶持发展果农协会，把企业、中介组织、农民经营者、技术人员和果农组织起来，走统一化、机械化、集约化和产业化服务之路，以市场为导向，围绕苹果生产和销售，兴办各类实体，从技术指导、科学作务、病虫害统防统治、市场信息等方面对果农实行全程服务、滚动式发展，提高了果业生产的综合效益。目前，全县共发展果农协会 132 个，其中注册 43 个，拥有会员 3.5 万人。

六、旬邑苹果屡获殊荣

“旬邑苹果”先后 140 多次荣获国家级、省级大奖，获奖总数居陕西各县（市、区）之首，旬邑县先后荣获中国苹果之乡、全国园艺产品出口示范区、全国无公害农产品（果品）生产示范基地、全国优势农产品产业带建设示范县、中国优质苹果基地重点县、中国果菜无公害十强县、中国果菜生产先进县、农业部“948”重大项目苹果良好农业规范示范基地、“十五”陕西果业强县、陕西省果业生产先进县、中国优质苹果基地、中国苹果 20 强县、全国农业（苹果）标准化示范县；在第 11 届亚洲果蔬产业博览会上，“旬邑苹果”荣获 2018 年中国最受欢迎的苹果区域公用品牌 10 强；2018、2019 年度连续荣获“全国绿色农业十佳果品地标品牌”。2020 年，“旬邑苹果”喜获“2020 年度中国苹果产业榜样 100 品牌”，旬邑县绿色果业扶贫富农经验被评为“全国绿色农业十佳发展范例”。

陕西省延安市宝塔区：建好绿色基地，打响老区品牌，推动绿色食品发展

陕西省农产品质量安全中心 林静雅 王 珏 王 璋

延安市宝塔区现有苹果栽植面积49.6万亩，主要分布在13个乡镇、2个街道。全区有市级苹果专业乡镇3个、专业村130个，从事果业生产的果农达到2.68万户、12.6万人，占全区农业人口的56%。2020年，全区苹果总产量达37万吨，产值16亿元，优果率提高3个百分点，商品率提高5个百分点，果农人均收入较上年增加了460余元，苹果收入占全区农业收入的65%以上。

宝塔区地处黄土高原丘陵沟壑区，气候呈温带半湿润半干旱大陆性气候，土层深厚，雨热同季，雨量适中，温差大，海拔高，无污染。全区平均海拔1 000米，年平均降水量550毫米，年日均气温9.4℃，年活动积温2 800～3 200℃，日照时数2 458小时，昼夜温差13～15℃，无霜期172天，生产环境完全符合世界苹果优生区七项指标，是优质苹果最佳生产基地之一。所产的延安苹果品质优良、色泽艳丽、型正个大、皮薄脆甜、汁多味浓、耐储藏、耐运输，在国内外享有极高声誉，先后荣获杨凌农高会后稷金奖、陕西省优质农产品奖等荣誉。宝塔区先后被授予“全国果业生产重点县（区）”“陕西省果业生产十强县（区）”“陕西优质苹果最佳生产基地”“全国现代苹果产业30强县（市）”等荣誉称号，2016年成功举办了第一届世界苹果大会，受到一致好评。

一、科技支撑强引领，技术服务促转型

近年来，宝塔区按照“转型升级、提质增效”总要求，坚持“创新、绿色、规模、协调、品牌”果业五大发展理念，强化科技引领，加大科技创新，“果园坑施肥水一体化技术”“有机苹果实用技术”分别荣获延安市科学技术奖三等奖、二等奖，“果园豆菜轮茬覆盖增肥保墒技术”获得延安市科学技术奖一等奖、陕西省科学技术奖三等奖，2017年“果园坑施肥水技术”荣获陕西省果业创新奖。在新品种引进上，先后引进响富、龙富、烟富、短枝型富士等10多个新品种；在技术

服务上，重点推广果树管理“六项”实用技术、“七个一”栽植技术、乔化树矮化管理技术；设立区有局、乡有站、村有员的三级技术网络体系，并通过“果树专家授课、外出参观学习、现场指导培训”三种方式对全区果农进行全方位、多层次、广覆盖的技术培训；每年培训果农达10万人次以上，有1 260名果农取得了“绿色证书”和农民技术职称，为促进全区苹果产业发展提供了有力的科技支撑。

二、标准生产提水平，绿色基地助升级

从2019年申请创建全国绿色食品原料（苹果）标准化生产基地以来，宝塔区始终把苹果产业的绿色发展作为总方向，坚持优化结构布局与扩大规模并重、果园精细管理与实施产业化经营并举、标准化生产与基地认证并抓，大力推行科学化管理，全面实施绿色食品标准化生产。在全面普及“四大”关键技术基础上，严把果业生产质量关口，按照“一减、一降、三升”（减少化肥使用量，降低生产成本，提升单产、品质和效益）思路，统筹“地上、地下”两个管理，全面推进专业化、精细化、精品化发展。幼园重点在标杆扶正、液体追肥、拉枝整形上下功夫，推行“多留枝、早拉枝、强拉枝、保主杆”提前挂果技术，实现投产增效；挂果园重点在绿色防控、更新换代、间伐改造、增色增绿上做文章，实现提质增效；老果园重点在枝组更新复壮上求突破，实现增产增效。近年来，宝塔区累计实施坑施肥水2万亩，黑色膜铺设4万亩，秸秆覆盖3.5万亩，豆菜轮茬种植20万亩，间伐改形5万亩；建成1.8万亩有机认证生产基地，5 000亩绿色出口生产基地；建成国家级标准化生产基地1万亩，省级标准化生产基地3万亩，全国绿色食品原料（苹果）标准化生产基地49.6万亩。

三、示范带动促发展，典型引领再推广

宝塔区委、区政府立足自然资源优势，强势推进苹果产业发展，以各级各类示范园、示范点建设为突破口，狠抓典型引领、示范带动，切实做到了乡镇有典型村、村有示范户、户有典型园、园有示范树。目前，在全区14个果业乡镇（街道）建成“5215”矮化密植示范园5个，建成高标准示范园257个，市级标准化示范区6个，市级标准园、精品园10个，涉及面积5万余亩。创建了柳林镇孔家沟村、桥沟街道烟洞沟村、李渠镇水眼沟村、青化砭镇赵家沟村、川口镇小李渠村、万花乡毛堡则村等赏花观景、旅游采摘示范园14个，涉及面积达1.4万亩，累计接待游客50万人次，创造经济效益近600万元，实现了一二三产业融合发展。先后接待了全国人大、全国政协、农业农村部、陕西省人大等调研组，并为部委、省、市农业工作现场会提供了观摩点，受到一致好评。

四、产后延伸保供给，品牌宣传占市场

宝塔区把苹果产后整理作为果业生产的重要环节来抓，把小苹果、大产业、大品牌、大市场作为苹果产业发展的新方向，不断延伸分拣分级、冷藏冷运、品牌营销、精深加工等产业链条。支持鼓励涉果龙头企业建设4.0智能选果线5条，千吨级以上冷气库15座，配备冷链运输车2辆，建设苹果交易集散市场4个，引进20万吨级大型果品加工企业1家；积极培育新型经营主体，狠抓线上、线下两个互动，在阿里巴巴、京东等线上平台开设延安苹果销售店铺100余家，在北京、上海、深圳、西安等地开设延安苹果直营店40多家；积极组织果业专业合作社、果农大户通过参加部委、省、市举办的农产品博览会、展销会，大力发展文化果，全面宣传推介宝塔区“延安苹果”；在国内大中型城市举办宝塔区“延安苹果”推介会，寻找合作商机，达成合作意向，继续扩大苹果销售市场。目前，宝塔区“延安苹果”畅销国内大中型城市，并远销欧盟、俄罗斯、东南亚等国家和地区，备受各地客商和消费者的青睐。

五、政策支持有保障，老区发展换新颜

宝塔区苹果产业经过 40 年的发展，已成为广大果农特别是贫困户脱贫致富的第一主导产业，所产延安苹果也成为老区人民的脱贫果、致富果、小康果。近年来，宝塔区千方百计向上级部门争项目、争资金，以省、市果业项目为抓手，年平均争取部委、省、市项目资金 2 000 万元左右，区政府本级财政每年拿出 800 万元，捆绑项目资金每年不少于 1 500 万元支持果业发展。同时，在苗木、生产道路、集雨窖、防雹网、冷气库、直销店等方面出台了一系列补助政策，扎实推进果业全面升级，助力农民全面增收、农村全面发展。宝塔区“延安苹果”由红苹果变成果农增收致富的“金苹果”，成为老百姓的“摇钱树”。

甘肃省：聚力优质品牌建设，打造绿色崛起的“甘味样本”

甘肃省绿色食品办公室　满　润

近年来，在中国绿色食品发展中心、甘肃省农业农村厅的支持和领导下，甘肃省绿色食品办公室以加快两个“三品一标”建设和打造“甘味”知名农产品品牌为引领，坚持提质量、稳增长、强基础、补短板、促融合，绿色食品建设发展迅速，成为助推甘肃绿色崛起的重要力量。

一、提质增效，全力推进绿色农产品标准化生产基地建设

按照甘肃省政府《关于进一步加强两个“三品一标”建设打造“甘味”知名农产品品牌的实施方案（2019—2023年）》提出的“2020年起‘三品一标’产品认证数量增长8%以上”的要求，甘肃省绿色食品办公室创新思路，强化服务，扎实推进“三品一标”工作，产品总量规模有了新突破。截至2020年10月底，全省有效期内“三品一标”企业（单位）1 318家、产品2 815个。其中，绿色食品企业678家、产品1 579个，新增绿色食品284个，产品增长率为22%；有机农产品企业54家、217个产品，新增9家企业、18个有机农产品，产品增长率为9%；农产品地理标志登记单位80家、产品124个，新增农产品地理标志15个，产品增长率为12.6%；无公害农产品认证企业506家、产品895个，无新增产品。

甘肃省把发展绿色农产品标准化生产基地作为推进绿色发展的重要抓手，5个省级绿色农产品标准化生产基地的创建工作顺利推进。其中，榆中县高原夏菜标准化生产基地创建面积6.14万亩，总产量18.99万吨；肃州区戈壁农业设施蔬菜标准化生产基地创建面积1.3万亩，总产量2.1万吨；岷县当归标准化生产基地创建面积2万亩，总产量0.44万吨；陇西县黄芪标准化生产基地创建面积1.25万亩，总产量0.31万吨；文县纹党标准化生产基地创建面积1万亩，总产量0.12万吨。同时，8个全国绿色食品原料标准化生产基地完成续展，制（修）订15个绿色食品生产技术标准。

二、加强监管，全面落实“三品一标”证后监管制度

按照“四个最严”的监管原则，甘肃省绿色食品办公室坚持全面从严监管不动摇，提升监管执

法效能不懈怠，把“三品一标”产品质量管出来。

一是全面落实年检制度。依据《绿色食品年度检查工作规范》要求，对全省 524 家绿色食品企业的 1 252 个产品开展了年检工作。在年检现场检查中强化对生产基地投入品、添加剂使用的符合性检查，侧重企业质量管理体系运行有效性的落实及绿色食品标志使用的规范性检查，从生产基地环境、生产规程落实、产品贮藏和运输、包装标识的使用等环节全面细致地进行检查，对 1 家企业年检不合格产品报请中国绿色食品发展中心撤销了标志使用权。通过年检工作，有效维护绿色食品品牌的公信力。

二是净化销售市场，深入开展市场监察。按照《关于开展绿色食品标志市场监察工作的通知》安排，组织全省 14 个市（州）工作机构，在 86 个县（区）选取了有代表性的 108 家大型市场作为监察点，共采集标称绿色食品样品 985 个，其中甘肃省产品 126 个，占总数的 12.8%。对甘肃省不规范用标的 1 家企业 1 个产品进行了督促整改。

三是强化了产品质量抽检。2020 年对甘肃省 325 个绿色食品、52 个有机农产品进行了抽检，抽检覆盖率达到有效用标产品总量规模的 30%，产品抽检合格率为 100%。对地理标志农产品和无公害农产品开展了“双随机、一公开”的抽查工作。根据《甘肃省农业农村厅关于印发 2020 年“双随机、一公开”随机抽查工作方案的通知》安排和要求，对张掖、金昌、定西、庆阳和陇南等地的 22 个地理标志农产品获证单位的 28 个产品、14 家无公害农产品企业的 15 个产品进行监督抽查。通过此次监督抽查，提升了标志使用人的用标意识，强化了主管部门监管责任，提升了企业的品牌意识。

三、宣传推介，全方位提升“甘味”品牌和“三品一标”知名度

为扩大“甘味”农产品品牌和“三品一标”农产品的社会影响力，甘肃省绿色食品办公室开展了立体化、多角度的宣传推介和培训工作。

一是利用新闻媒体宣传。先后通过新华网、今日头条、甘肃日报、甘肃电视台、甘肃人民广播电台、新甘肃网络平台、甘肃农业信息网、甘农传媒等国家级、省级、行业媒体窗口播发相关绿色有机食品及地标产品新闻报道 160 多条（篇、次）。

二是组织全省 14 市（州）72 个县（区）开展了以“春风万里，绿食有你”为主题的绿色食品

宣传及产销对接活动 86 场，参与企业 580 多家次，现场发放《你知我知大家知》宣传彩页 7 万多份，解答群众咨询 2 000 余人次。宣传月活动丰富多彩、形式多样、社会广泛参与，提升了“三品一标”美誉度和影响力。

三是利用展会宣传推进。2020 年，组织了全省 144 家企业的 420 个产品参加 11 月在厦门举办的第 21 届中国绿色食品博览会暨第 14 届中国国际有机食品博览会，展位规模 410 米^2、参展企业和产品数量均属历届之最。博览会期间还举办了甘肃“甘味”农产品厦门推介会、天水花牛苹果厦门推介会、凉州农产品厦门推介会，甘肃省绿色食品办公室获得博览会最佳组织奖。甘肃展团交易总额达 1.235 亿元，交易总量达 5.7 万吨；意向性协议总额 1.178 亿元，意向性交易总量 3.3 万吨；拟开展合作项目 13 个，总额近 2.8 亿元。甘肃佳业天成农业开发有限责任公司等 10 家企业的 10 个产品获得第 14 届中国国际有机食品博览会金奖，永昌县震藩高原富硒农产品农民专业合作社等 28 家企业的 28 个产品获得第 21 届中国绿色食品博览会金奖。甘肃“三品一标”企业与参会的全国知名农产品批发市场、连锁超市、电商等采购商开展了交流合作和商业洽谈。展会期间甘肃省绿色食品办公室与福建电视台合作组织了 15 家“三品一标”企业开展了直播带货活动，其中礼县晨之曦种植农民专业合作社的“臻悠然”牌苹果一分钟下单 2 000 多单。2020 年 11 月底，甘肃省绿色食品办公室又组织了全省 74 家企业的 220 个产品参加了在重庆举办的第 18 届中国国际农产品交易会农产品地理标志专展。

厚道甘肃，地道甘味，绿色有机是“甘味”品牌的底色，大力发展绿色食品、有机农产品为打造“甘味”优质农产品品牌奠定了坚实的基础。有人说，现在的甘肃，更像一柄透着亮色的“绿如意”，在绿色生态产业的引领下，绿色食品发展正助力甘肃实现“绿色蝶变”。

甘肃省甘南藏族自治州：绿色食品产业发展及对策研究

甘肃省甘南藏族自治州农产品质量安全检测检验中心　龚雨鑫

以绿色为基调的习近平生态文明思想，提出把农村丰富的生态资源转化为农民致富的绿色产业，体现了以绿色为导向的生态发展观，而绿色食品正是生态文明建设的重要成果。绿色食品强调“出自优良生态环境”，注重构建综合平衡的自然生态系统，建立严格的环境监测和保护制度。绿色食品的发展对于保护甘南藏族自治州（以下简称“甘南州”）固有生态环境、提高甘南州“三品一标”农产品质量、促进甘南州初具规模的绿色食品生产经营主体发展、满足人民群众美好生活的需要，具有深远影响和现实意义。

一、甘南州发展绿色食品的优势条件

甘南州是全国10个藏族自治州之一，位于青藏高原东北边缘，地处青藏高原、黄土高原和陇南山地的过渡地带。全州总面积4.5万千米^2，境内海拔1 172～4 920米，大部分地区海拔在3 000米以上，年平均降水量350～800毫米，年平均气温3～14℃，是黄河、长江上游重要的水源涵养补给区和国家重要的生态安全屏障。甘南州是全国“五大牧区”之一，畜牧业是基础产业和特色产业，牧区牧民70%收入来源于畜牧业。全州草原面积4 084万亩，地方优良畜种主要包括甘南牦牛、藏羊、蕨麻猪、河曲马、河曲藏獒等。全州耕地面积200万亩，农业界线温度呈垂直变化，种植主要分布在1 200～3 000米地带，主要作物有青稞、藏中药材、油菜、小麦、马铃薯等。农牧业生产资源天然、清洁，生产方式传统、无污染，是天然的绿色有机农畜产品生产基地。

2019年，甘南州以“258”（两大首位产业、五大畜牧业产业带、八大特色产业）产业发展为主导，结合全州产业发展实际和资源优势，大力发展牛、羊、果、菜、药、薯、猪（蕨麻猪）、鸡（从岭藏鸡）等八大特色产业，以及牦牛、藏羊、奶牛繁育、育肥、特色养殖等五大畜牧业产业带，

聚焦特色优势，大力推动现代农牧业和文化旅游业“两大首位产业”发展，突出优质、安全、绿色导向，深入实施农业品牌战略，稳步推进“三品一标”申报认证。截至2019年，全州共认定无公害农产品产地21个，认证无公害农产品42个、绿色食品42个、有机农产品61个，6个产品登记农产品地理标志。

二、甘南州绿色食品发展现状

1. 绿色食品认证规模稳步增长

截至2019年，甘南州绿色食品获证生产经营主体共有7家，占全省总数的1.57%；绿色食品获证产品共计42个，占全省总数的3.92%；获证产量共计3 313.62吨。为打好精准脱贫攻坚战，甘南州大力发挥绿色食品品牌优势，促进产业精准扶贫和乡村产业振兴；结合甘南州“258”产业发展主线，积极抓好新产品认证；针对甘南州特色产业，积极引导和培育绿色食品生产经营主体，上下协调，认真组织达到条件的经营主体进行产品申报。2020年新申报的8家生产经营主体共26个产品的材料已上报至中国绿色食品发展中心。同时为了保持绿色食品产业稳步提升，积极抓好绿色食品续展认证，针对2家到期的合作社，及时通知负责人，并动员、帮助合作社进行材料准备。在全国续展工作较难开展的情况下，甘南州积极开展2个产品的续展工作，2019年续展率达到100%。

2. 绿色食品证后监管日趋严格

为依法规范绿色食品标志使用，切实维护绿色食品质量和信誉，每年州、县两级监管部门联合对各类市场、超市等区域开展绿色食品标志市场监察工作，核查产品标签上的企业名称、企业信息码、产品名称、注册商标、产品生产日期、使用产品编号等，逐一进行登记完善，并与中国绿色食品网上审核与管理系统逐一查验比对。经市场监察，98%的绿色食品能做到用标规范，整体情况良好。

为使绿色食品生产全过程符合标准，甘南州配合省级监管部门对生产经营主体、各大超市、粮油门店等开展“三品一标”专项检查，主要针对“七个是否存在”进行认真检查（包括生产经营主体是否具备有效证书，产品包装是否规范标注标志和发证机构，是否存在生产基地使用违禁投入品情况，是否存在擅自扩大产地范围的行为，是否存在转让、买卖证书和标志的行为，是否存在伪

造、冒用、超范围使用标志行为，是否存在与认证产品或登记产品标志相似的文字、图形或其组合的行为），同时检查了生产操作技术规程和质量安全有关制度落实情况等。通过专项检查，督促获证生产经营主体严格遵守“环境有监测、操作有规程、生产有记录、销售有标识”的生产标准。

为督促绿色食品获证经营主体主动用标、规范用标，甘南州开展了绿色食品生产企业用标情况摸底工作，对辖区内获得绿色食品标志使用权的主体及其产品标志使用情况进行全面检查。2019年，甘南州有效用标企业2个、有效用标产品7个，绿色食品获证产品主要有核桃、花椒、加工类乳粉、畜禽肉制品等，初级种植产品大多没有包装，使用绿色食品标志较难。经调查发现，甘南州已获证的核桃、花椒主要向本地区销售，多使用简易包装，未使用绿色食品标志；因企业生产效益问题，畜肉分割产品没有进行精分割生产，只有部分产品使用绿色食品标志。燎原乳业股份有限公司和玛曲县昌翔清真肉业有限公司虽然使用了绿色食品标志，但企业仅知道标志的重要性，对标志使用规范却一知半解，长期下去会直接影响企业未来发展。

为推进绿色食品产业持续健康发展，甘南州农产品质量安全检测检验中心派出监管员，在关键生产季节对州内已获得绿色食品证书的5家企业40个产品年度用标情况进行了检查，主要查看获证经营主体生产原料是否充足、生产记录是否完整、档案建立是否完善、企业是否缴纳标志使用费等情况，并协助第三方检测机构对已被甘肃省列入抽检计划的5家企业8个产品进行监督抽样。通过采取监督、抽检、考核、评定等方式，督促获证经营主体加强绿色食品生产管理，有效提升了绿色食品质量。

3. 绿色食品宣传力度不断加大

2017年，甘南州被列入“三区三州”深度贫困地区。为加大脱贫攻坚力度，甘南州向辖区经营主体积极宣传中国绿色食品发展中心对贫困地区发展绿色食品实施的优惠政策和甘肃省绿色食品办公室对少数民族及国家级贫困县发展绿色食品给予推动扶持的政策等，逐步提高企业积极性。同时为了加大绿色食品推广力度，甘南州积极组织生产经营主体参加中国绿色食品博览会、绿色食品宣传月、质量兴农绿色兴农品牌强农等宣传活动，推介优质特色农产品走出甘南，提升了品牌公信力和影响力。其中，甘南雪域明珠实业有限公司生产的青稞产品获得了第20届中国绿色食品博览会金奖。

4. 业务人员工作能力逐步提升

甘南州累计注册绿色食品检查员6人，监管员11人，企业内检员27人。由于岗位人员流动快，绿色食品检查员、监管员人才紧缺，2019年组织各县市30名绿色食品业务人员参加了由甘肃省绿色食品办公室组织的绿色食品检查员、监管员培训，并举办了甘南州绿色食品业务能力提升培训和绿色食品企业内部检查员培训。通过培训，形成了与企业上下一体、全程监管的工作模式，规范了材料审查和现场检查工作程序，有效促进了全州检查员、监管员、企业内检员队伍总体素质和能力水平的提高。

三、甘南州绿色食品发展存在的问题

1. 经营主体认识不到位

甘南州绿色食品认证主要依托农产品生产企业和农牧民专业合作社实施。全州目前仅有44个农产品龙头企业，精深加工技术水平普遍较低，因甘南州自然条件艰苦，人才流失严重，急缺专业技术人员，一定程度上影响了产业发展。全州具备绿色食品认证资格的农牧民专业合作社数量较少，农产品生产主要以散户、小农户为主，互相协同合作少，加之布局分散，生产规模受限，导致认证产品与资源禀赋发展不匹配，绿色食品标准化生产和认证规模不达标。同时，由于生产经营主体的管理者和内检员文化水平不高，对绿色食品的生产技术及操作规程掌握不到位，执行不规范，降低了甘南州绿色食品认证数量。

2. 证后监管能力薄弱

目前，甘南州各级绿色食品工作机构均挂靠于农产品质量安全检测检验中心，州级农产品检测机构仅编制8人，县级编制3～6人，且各级均未编制绿色食品认证专职人员，主要依靠兼职人员完成工作。全州绿色食品检查员、监管员人数少，流动性大，基层队伍不稳定，在生产经营主体认证过程中技术扶持力度不够，农业种植、畜禽养殖、绿色食品生产等操作规程难以推广，无法保证获证产品的日常监测和证后监管，导致产品质量难以保证。

3. 品牌效益发挥不好

甘南州具有一定地域优势，绿色食品产品品质较好，但由于地区落后，生产规模普遍较小，目前已获证的绿色食品大多为初级农产品。生产经营主体均存在包装设计简单、商标不知名、防腐储存技术落后、物流运输不畅、网络营销不发达等问题，导致全州绿色食品产业发展相对落后，市场占据份额少，难以发挥绿色食品品牌效益。

4. 政府扶持力度不够

绿色食品生产全过程及认证需要投入大量资金，但甘南州地方财政拮据，对认证主体奖补政策落实不好，无专项经费支撑各级进行绿色食品检查、证后监管及质量追溯等工作，致使全州绿色食品工作难以开展。

四、甘南州绿色食品发展对策建议

1. 深度开展品牌宣传

甘南州具有独特的资源与生态环境优势，拥有牦牛、藏羊、蕨麻猪、从岭藏鸡、青稞、燕麦等特色农产品，但存在“养在深闺人未识”的尴尬局面，特色农产品横向比较知名度较低。因此，地方政府和生产经营主体都应提升品牌建设重视度，探索新的宣传推介方式。“九色甘南香巴拉旅游艺术节”是甘南州规格最高、规模最大、影响最广泛的艺术盛会，也是全景展现甘南文化旅游产业、经济社会发展和开放开发水平的重要窗口。地方政府应以“258”产业发展为主导，将绿色食品产业与“九色甘南香巴拉旅游艺术节”相融合，着力抢抓艺术节盛会的黄金时机，加大宣传，淋漓尽致地展现甘南“高原绿色食品”独有特色。同时，积极组织绿色食品进超市、进社区、进校园活动，协调甘肃省农业扶贫产业产销协会，开展农企对接、农超对接、农社对接等产销活动。生产经营主体要利用好中国绿色食品博览会、中国国际农产品交易会、绿色食品宣传月活动等平台，积极参与产品宣传推介，着力提升甘南绿色食品知名度，让更多消费群体了解和享用甘南特色农产品。

2. 持续加大监管力度

要着力加强甘南州绿色食品机构检查员和监管员队伍建设，采取多种方式提升专业素质和业务水平，改变监管队伍业务知识不精、专业理论薄弱的现状，逐步增加检查员与监管员注册数量，以满足日益增加的监管工作需要。积极为生产经营主体举办绿色食品专业知识线上线下培训活动，增强经营主体自我监管主动性，提高监管队伍的责任意识。农业农村部门要加大产品的证后监管力度，采取例行抽检、专项检查、飞行检查相结合的方式，切实做好证后检查督导工作。要深入开展绿色食品质量追溯管理，在经营主体完成国家农产品质量安全追溯管理信息平台注册后，要进一步督促其完善生产产品、生产基地、档案记录等相关信息，实现“生产有记录、流向可追踪、信息可查询、质量可追溯”的农产品监管模式。要协同市场监管部门，加大对州内绿色食品的监管，逐步落实带标上市制度，对滥用绿色食品标识、扩大使用范围、过期使用标识等行为要立即叫停，同时上报经营主体管理部门，形成倒逼机制，共同推动监管工作落到实处。

3. 积极争取政策资金扶持

绿色食品从生产经营主体认证申报到农业监管部门证后监管需投入大量人力物力，生产经营主体在组织申报、质量管理体系制定、规划种养殖基地等方面也需要投入大量资金。政府应尽快设立专项资金，出台相应激励政策和补助机制，有效引导经营主体积极申报和续展绿色食品，同时在项目争取方面给予绿色食品认证企业更多优惠政策。农业农村部门要积极争取将绿色食品工作经费纳入州、县两级财政预算，便于现场检查、证后监管、业务知识培训等工作的开展，使绿色食品工作得以保质保量完成。

甘南州绿色食品发展相对缓慢，加快绿色食品产业发展需要甘南州政府加大政策扶持力度，推进标准化生产。同时，经营主体要重视科技创新与技术探索，改变传统营销模式，开发、培育、经营好甘南州优质绿色食品品牌，推动全州绿色食品产业长远健康发展。

甘肃省天水市：特色优势农产品品牌发展探索研究

甘肃省天水市农产品质量安全检测中心　闫永祥

近年来，天水市依托本地自然资源优势，深入实施品牌强农战略，立足现代丝路寒旱农业发展，紧扣天水市“4+2”农业产业振兴行动，坚持组织领导、政策扶持、质量监管、品牌推介“四措并举”，稳步发展“三品一标”农产品，全市农产品品牌取得了长足发展。

一、天水市农产品品牌发展现状

1. 农产品品牌认证稳步增长

天水市位于甘肃省东南部，耕地面积37.8万公顷，是全国首批10个循环农业示范市之一，也是西北地区最佳果蔬生产基地之一。近年来，天水市立足资源优势，大力实施品牌强农战略，突出绿色、安全、优质导向，将“三品一标”等作为推进现代农业发展、增强农产品市场竞争力的有力抓手，有效促进了全市农业向产业化、绿色化、品牌化发展。2020年，全市种植业有效期内“三品一标”农产品发展到211个（较2015年增加了171个），其中无公害农产品11个、绿色食品187个、有机农产品4个、地理标志农产品9个；创建国家有机农产品（花牛苹果）基地1个，省级绿色食品标准化生产基地2个，实施农产品地理标志保护工程项目2个。在“三品一标”农产品稳步发展的同时，组织获证主体积极参加全国各类展示展销，不断扩大全市农产品品牌市场知名度、占有率。“天水花牛苹果”“秦安蜜桃”荣获2017甘肃农业博览会金奖，“天水花牛苹果”在中国杨凌农业高新科技成果博览会上荣获2016“一带一路”农产品商标品牌建设贡献奖、被评为2017甘肃十大农业区域公用品牌；天水花牛苹果、秦州大樱桃、麦积花椒、秦安蜜桃、甘谷辣椒等产品，近年来荣获中国绿色食品博览会和中国国际有机食品博览会等各项展示展销会金奖36项、丝绸之路（敦煌）国际文化博览会食材奖3项，全市优势特色农产品市场影响力进一步增强。

2. 利好发展环境不断优化

2018年7月，天水市委、市政府主持召开了全市绿色食品、有机农产品发展推进会，对全市

绿色食品、有机农产品发展工作进行了专题研究和部署，发布《关于实施“4+2”农业产业振兴行动的意见（2018—2022年）》，立足“独一份”“特别特”“好中优”“错峰头”农产品资源优势，大力发展“4+2”农业产业（果品、蔬菜、畜牧、劳务四大传统主导产业和中药材、乡村旅游两个新兴优势产业），实施政策保障、主体培育、市场开拓等“六项工程”，推动农业产业规模化、标准化、品牌化等“七化发展”，助推全市脱贫攻坚和乡村产业全面振兴。2019年9月，天水市人民政府办公室印发了《天水市进一步加强两个“三品一标”建设打造天水特色“甘味”知名农产品品牌实施方案（2019—2023年）》的通知。2018年天水市农业局出台了《天水市“三品一标”农产品认证奖补实施办法（试行）》，对“三品一标”农产品认证企业（单位）给予从5 000元到10万元不等的奖补，2018年以来全市“三品一标”奖补资金达到212万元，极大调动了“三品一标”农产品生产经营主体的积极性，全市“三品一标”农产品认证的数量和质量得到了长足发展。为进一步提升全市农业标准化生产水平，结合全市农业品牌创建工作实际，2020年天水市农业农村局又修订完善了《天水市“三品一标”农产品认证奖补办法》，有效期由2年提高到5年，增加了对新入选“甘味”农产品品牌目录区域公用品牌的奖补项目，每个区域公用品牌奖补2万元。“天水花牛苹果”“秦安蜜桃”“秦州大樱桃”“武山韭菜”“甘谷辣椒”等5个区域公用品牌和“林联蜜园”牌苹果、“一生苹安”牌苹果等8个企业商标品牌入选2020年首批“甘味”农产品品牌目录。

3. 品牌公信力持续增强

坚持“产出来”“管出来”两手抓，稳步推进全市“三品一标”农产品认证和加强证后监管。2018年以来，天水市绿色食品办公室每年邀请甘肃省绿色食品办公室专家，举办全市绿色食品内检员培训班，对全市绿色食品生产经营企业内检员进行专题培训，有效提高了绿色食品检查员业务素质，增强了绿色食品申报材料综合审核能力；同时，抽调市县两级绿色食品注册检查员，对绿色食品申报材料进行集中会审，保障了申报材料质量。狠抓源头监管、证后监管和质量安全追溯，天水市绿色食品办公室印制《天水市农产品质量安全追溯监测种植基地生产档案》配发给“三品一标”持证主体和80个市级农产品质量安全追溯监测示范点，定期或不定期检查“三品一标”生产企业仓库和生产记录，对使用禁限用农药或生产档案不健全的持证主体进行处理，建立退出机制倒逼认证主体按标生产。每年对绿色食品生产企业产品开展证后督查，对全市批发市场、农贸市场、超市“三品一标”农产品标志使用情况进行全面检查，2019—2020年督查绿色食品生产企业102家、绿色产品160个。通过强化源头管控、全程追溯监管，确保品牌农产品产出质量，不断增强品牌知名度、公信力。

二、存在的问题

尽管天水市在发展农产品品牌方面取得了良好成效，但还存在诸多制约因素和发展不平衡不充分的问题，主要体现在以下四个方面：一是品牌农产品消费理念不高，市场激励机制不健全。农产品品牌普及程度不够，目前许多消费者对品牌农产品缺乏深刻的了解，导致部分品牌农产品价值体现不充分、优质不能优价；良好的市场激励机制不够健全，市场建设相对滞后，没有专门设立有机农产品和绿色食品销售区域，市场拉动力不足。二是绿色食品和有机农产品规模小，县区之间发展不平衡。部分县区区域主导产业与农产品品牌创建现状不匹配，个别县区有机农产品和绿色食品还没有发展起来；相对于全市农产品总量来说，绿色食品发展特别是有机农产品的生产规模、总量都比较小，还无法满足市场需求。三是绿色食品和有机农产品发展结构不理想。鲜活类产品较多、精深加工产品偏少，种植类产品较多、畜禽水产品偏少；龙头企业、各级示范合作社培育品牌主动性不够强、品牌认证偏少，品牌农产品带动产业发展能力不足。四是农产品品牌管理机构不健全，关系不协调。全市“三品一标”认证监管机构大部分没有单独设置，机构职能与品牌认证监管工作不一致等，监管体制没有理顺，工作协调难度较大。

三、推进农产品品牌发展对策

1. 强化统筹谋划部署

一是高度重视“三品一标”农产品品牌发展，每年天水市委农业农村工作会议上，将“三品一标”农产品品牌创建工作同其他农业农村重点工作同部署、同安排，理顺农产品品牌管理机构，纳入县区政府和天水市农业农村局年度目标管理责任考核。二是落实《天水市进一步加强两个“三品一标”建设打造天水特色“甘味”知名农产品品牌实施方案（2019—2023年）》，今后将全市“三品一标”农产品数量年度增长幅度保持在8%以上，到2023年达到260个以上，申报一批中国驰名商标和地理标志农产品，建设一批“三品一标”农产品示范区，争创一批特色突出、竞争力强、品质过硬的天水特色“甘味”知名农产品品牌。三是大力推行农业标准化生产，持续加强“三品一标”农产品标准化生产技术应用，指导农业生产经营主体及种植大户科学施肥、合理用药，按标准规范生产管理，提高农业标准化水平，推进农业特色产业绿色化、标准化、优质化发展，把农产品品牌工作作为“三农”工作的重要内容，为绿色农业发展奠定基础。

2. 加强政策激励机制

为了提升全市农业标准化生产水平，鼓励农产品生产经营主体积极申报“三品一标”，强化政策扶持和激励机制，贯彻执行《甘肃省“甘味”农产品品牌认定管理办法（试行）》，落实天水市农业农村局《天水市“三品一标”农产品认证奖补办法》，加快“三品一标”认证步伐，充分调动新型农业生产经营主体创建品牌的积极性，有效提升品牌创建意识，推动全市农业标准化、绿色化生产，切实加快全市“三品一标”农产品认证步伐。培育良好的市场激励机制，设立绿色食品和有机农产品展示展销区和销售专区、销售专柜，体现品牌农产品优质优价效应，提升品牌农产品市场占有率。

3. 提升宣传推介效应

积极组织全市“三品一标”持证主体参加中国国际农产品交易会、全国农产品地理标志品牌推介会、中国绿色食品博览会、中国国际有机食品博览会等，引导天水特色农产品申报“甘味”农产品品牌，纳入甘肃省对“甘味”农产品的总体推介范围，扩大宣传推介和展示展销。充分利用报纸、网络、电视、广播等各类媒体，采取在市、县（区）农业农村局网站开设专栏，利用绿色食品宣传月，开展“春风万里，绿食有你”等活动，散发印有“三品一标”农产品标识手提袋、宣传彩

页等，让农民一看就懂、一学就会，增强“三品一标”农产品从业人员质量安全意识，提高消费者识假辨假维权能力，营造人人关心“三品一标”农产品的浓厚氛围。

4. 健全追溯信息体系

追溯体系建设是一头连着农产品生产一头连着公众消费的民生工程。积极开展市、县、乡三级农产品质量安全追溯工作，贯彻落实农业农村部农产品质量安全追溯“四挂钩”意见，完善“三品一标”农产品持证主体名录及追溯监管信息，强化市级农产品质量安全追溯监测示范点监管，加大对追溯工作的服务和技术指导，督促“三品一标”农产品持证主体登录追溯信息平台，全部纳入追溯监管，全面推进有机、绿色、地理标志农产品追溯管理工作。试行食用农产品合格证制度，对全市范围内的生产主体名称、生产品种、类型、地址等信息进行摸底调查；建立合格证制度试行主体名录数据库并纳入质量安全追溯监管，以“三品一标”农产品持证主体为重点试行食用农产品合格证制度；实施质量安全追溯和证后监管，以食用农产品生产企业、农民专业合作社和家庭农场为主要对象；开展培训指导生产者加强自我质量控制、自我开具合格证和自我承诺，从源头上保障农产品质量安全。

甘肃省静宁县：绿色品牌成就脱贫主导产业

甘肃省静宁县苹果产销协会　徐武宏

地处黄土高原丘陵沟壑区的甘肃省静宁县，曾因干旱贫穷而“苦甲天下”。作为甘肃省18个干旱县之一和国家六盘山集中连片特困地区扶贫开发工作重点县，全县农业人口44.904 7万人，有近12.95万贫困人口，贫困面高达30.84%。

20世纪80年代以来，历届静宁县委、县政府团结和带领全县人民，把发展果品产业作为振兴农村经济、增加农民收入的战略性举措，40年谋一果，咬定青山不放松，走出了一条贫困地区依靠产业开发破解“三农”难题、助力扶贫开发的新路子。目前，全县果园面积达百万亩，户均10亩，人均2.3亩，依靠苹果一业，全县16.09万人实现稳定脱贫，贫困面由2000年的47.5%下降到2014年的28.85%。2020年，果品总产量82万吨，实现产值45.92亿元，较2015年增长83.68%；过亿元的乡镇有10个，过千万元的村有82个，收入10万以上的户有15 347户，农民人均果品收入达到7 300元，占农村居民人均可支配收入的80%以上。全面推行“国有平台公司+龙头企业+合作社+农户（贫困户）”模式，构建苹果产业扶贫联合体，推行创业园、就业园、托管园、合作园“四园”模式6.6万亩，实施果园体质增效项目13.8万亩，实现适宜发展果园的贫困村和有意愿发展苹果产业的贫困户“两个全覆盖”，10.3万贫困人口依靠苹果一业实现稳定脱贫，占建档立卡贫困人口的64%，产业富民经验成为全省示范典型。2020年2月，经甘肃省人民政府批准，静宁县正式退出贫困县行列。

一、艰辛的发展历程

静宁县苹果产业发展大体经历了“零星栽植、探索起步，政府引导、示范推广，规模化扩张、产业化经营，转型升级、跨越发展”四个阶段。

从20世纪80年代初家庭联产承包经营到1987年，仁大、李店、治平等南部乡镇部分群众传

承庄前屋后栽植果树的习惯，自发零星栽植苹果。虽然布局分散、疏于管理、收益微薄，但让生活十分困难、渴望改变贫穷面貌的老百姓看到了脱贫致富的希望。1988年年初，县委、县政府在深入调查研究、反复算账对比的基础上，因地制宜，因势利导，印发了《关于发展苹果产业的决定》，掀起了全县第一轮建园热潮，当年新植果园2.4万亩。经过15年的努力，果品产业由川区向山区、由中南部向西北部推进，2002年全县果园面积发展到20万亩，形成了一批果园“万亩乡”“千亩村”和果品收入“万元户”，进一步坚定了全县上下兴果富农的决心和信心。2011年静宁县第十六次党代会以来，县委、县政府在总结实践经验、科学判断形势的基础上，提出了建设“百万亩优质苹果生产大县”的发展目标，着力在均衡南北扩规模、打响品牌兴产业、突出特色建龙头、两头延伸增效益上下功夫，制定出台了《关于进一步加快苹果产业发展的意见》，从项目配套、品牌保护、技术支撑、信贷贴息链条延伸等方面加大对苹果产业的扶持力度。近年来，每年新植果园10万亩，积极兴建平凉金果国际博览城和苹果脆片深加工项目，使龙头企业由单一的贮销型向贮销、加工、配套型多元化方向发展，注册自营出口企业6户，产品销售由拓展国内市场向国际国内市场并重转变，产品的知名度由地方产品向知名品牌提升，形成了区域化布局、规模化发展、标准化生产、产业化经营、一体化服务的发展格局，带动和促进苹果产业迈上了一个新的台阶。

二、显著的发展成效

在行政推动和市场拉动的双重作用下，经过40年坚持不懈的发展，静宁苹果产业已成为助农增收、富民强县的支柱性产业，也为加快精准脱贫步伐、全面建成小康社会提供了有力支撑，取得了显著成效。

一是生产规模稳步扩大。建成了12个果园化乡镇和149个果品专业村，形成了以李店河流域苹果出口创汇基地、葫芦河流域现代苹果高新技术示范区和平定高速公路沿线的苹果产业带为主的三大基地。目前，全县果园总面积达到101.2万亩，占耕地总面积的68%。

二是管理水平大幅提升。认证绿色食品生产基地3万亩、出口创汇基地24.5万亩和良好农业规范基地1万亩，苹果商品率、优果率分别达到95%和75%。

三是营销体系不断健全。成立静宁县苹果产销协会及20个分会，建成大型贮藏营销企业108家，年贮藏能力52万吨，加工转化12万吨。在北京、广州、重庆等大中型城市建成静宁苹果直营店30多个，实现了在渤海商品交易所的现货交易，注册成立拥有自营出口权的龙头企业6家，累计出口果品9.79万吨，创汇1.06亿美元，成为“甘肃省果品出口创汇第一县”。

四是品牌效应持续凸显。“静宁苹果”先后获得地理标志保护产品、中国驰名商标、绿色食品、良好农业规范和出口食品农产品质量安全示范区等9张国家级名片，静宁县先后荣获“中国苹果之乡”“全国经济林建设先进县”“全国优质苹果生产基地县”等9个国家级荣誉称号。

五是产业集群逐步形成。建成静宁常津果品有限责任公司、静宁县恒达有限责任公司等贮藏营销型、包装配套型、加工增值型龙头企业50多家，发展专业合作组织128家，初步形成了种苗繁育、技术推广、贮藏增值、加工转化紧密衔接，产前、产中、产后相互配套的产业体系。

六是农民收入稳步增加。2020年，全县333个行政村，以果园收入为主的村达到230个，占比69.1%；全县以果园收入为主的农户达到5.2万户，占比54.2%；有15.4万人依靠发展苹果产业实现了稳定脱贫。果农收入连年增加，极大地繁荣了城乡经济，促进了城镇化建设。

三、宝贵的发展经验

40年来，静宁苹果产业从无到有、从小到大，逐步形成了农民增收的钱袋子工程和拉动县域经济发展的财柱子工程，也探索总结出了一些成功的做法和经验。

一是行政推动是产业发展之本。历届县委、县政府始终把发展苹果产业作为增加农民收入、推进富民强县的重中之重，及时出台一系列促进林果业发展的决策部署，一张蓝图绘到底，一届接着一届干，不变调，不松劲，不停步，促进了苹果产业的快速发展。

二是干群联动是产业发展之基。始终把调动农民的积极性作为发展生态民生林业的首要环节，各级干部广泛发动，精心组织，深入田间地头，讲给农民听，做给农民看，带着农民干，让群众自觉投身到栽果建园、发展产业的主战场，为苹果产业发展注入了不竭动力。

三是典型带动是产业发展之策。坚持以创建标准化示范园为抓手，大力推行联户干部帮扶、群众主体参与的果园示范点培育机制，建成了一批规模大、效益高、带动能力强的示范乡、示范村和示范户，带动苹果产业由点上突破向面上拓展。

四是科技驱动是产业发展之要。坚持科技是第一生产力，突出果业社会化服务体系建设，突出先进实用技术的集成应用，突出广大果农的技术培训，加强与科研院所的联合对接，聘请专家在技术服务、市场营销等方面进行全面指导，形成以专家为核心、以果业协会和县乡技术人员为骨干的技术服务体系，为苹果产业可持续发展奠定了坚实基础。

五是龙头拉动是产业发展之力。坚持以农业产业化支撑工业化，以工业化带动农业产业化，把苹果产业深度开发作为重点，扶持能人建办龙头企业，走产供销一条龙、贸工农一体化的产业化经营之路，延伸了产业链条，加快了地方工业发展，实现了小生产与大市场的有效对接，形成了具有较强抗风险能力的产业体系。

六是品牌促动是产业发展之路。坚持高标准定位，把大果业、大品牌、大市场作为苹果产业发展的新方向，加大宣传推介力度，做大做强“静宁苹果”品牌，不断扩大市场份额，切实提升产业效益。

四、广阔的发展前景

“十四五”期间，静宁县将重点围绕以下几个方面促进静宁苹果产业的转型升级和创新发展：

一是实施科技示范推广工程，推进生产标准化。加快与国内外标准全面接轨，制定完善基地认证、生产技术规程、产品质量标准、包装标识、冷链物流等标准体系，补充完善种苗、肥料、农药等质量标准，促进全流程标准化，推动苹果质量达到国内先进水平。到 2025 年，农业科技进步贡献率达到 58%以上，先进实用技术入户率和到位率达到 90%以上，将静宁县建设为全国领先的苹果种质资源保存基地、优质苹果苗木繁育基地和黄土高原苹果产业科技创新区。

二是实施栽植模式革新工程，推进经营集约化。推广矮化密植模式，在城川、威戎、甘沟等乡镇川区，新建矮化密植园 5 万亩。大力发展乔化短枝果园，在仁大、治平、贾河等南部苹果主产区，更新改造老化低产果园，建设乔化短枝园 20 万亩。倡导推广自主创新品种，稳步推广成纪 1 号50 万亩以上，搭配栽植静宁 1 号 30 万亩以上。示范推广免套袋品种，建设无袋栽培苹果基地 3～5 处。大力推广经济实用型果园机械，实现果园生产管理全程机械化和采收半机械化。到 2025 年，良种覆盖率达到 100%，果园新型机械作业率达到 70%以上。

三是实施品牌培育提升工程，推进营销品牌化。加强区域公用品牌管理，做好“静宁苹果”品牌发展战略规划，构建区域品牌、企业品牌、产品品牌一体化的品牌格局，拓展“静宁苹果”品牌价值。引导各类生产经营主体开展“三品一标”、良好农业规范、食品安全管理体系等质量认证，绿色、有机、良好农业规范认证面积达到 90 万亩，其中绿色苹果认证基地 10 万亩、有机苹果认证基地 30 万亩。强化品牌宣传营销，积极参加全国区域公用品牌评选活动，组织企业参加全国农产品品牌大会和中国苹果品牌大会。以“静宁苹果·黄土高原有机苹果”为定位，每年举办静宁苹果节，每年组织果品大型宣传推介活动 1～2 次。做大做强“静宁苹果”官方电商大数据平台，建成静宁苹果展销中心。到 2025 年，创建全国著名苹果类企业品牌 10 个，“静宁苹果”区域公用品牌价值达到 300 亿元，将静宁县建设为全国苹果绿色生产示范引领区，“静宁苹果”打造成世界知名品牌。

四是实施智慧果园建设工程，推进服务信息化。实施智慧果园建设和果业大数据建设，推进苹果生长环境在线监测系统、无线水肥灌溉系统、可视化管理系统、绿色虫控系统、数字农业云平台、大数据管理中心“四系统一平台一中心”建设，抓建示范基地2～3处，推进苹果产业数字化。建设静宁苹果产销主体信息库，将全县从事果品生产营销的龙头企业、专业合作社、家庭农场等全部纳入信息库管理。建立县级电商产业园，延伸“苹果＋互联网”应用链条，健全完善苹果期货、县乡村三级电商服务网络。创建农业社会化服务示范县，加快建设互联互通的农业社会化服务平台。探索完善全程托管、“互联网＋农机作业”“全程机械化＋综合农事”等农机服务新模式，加快发展智慧农机服务合作社。到2025年，苹果贮藏能力达到65万吨，网上销售额占到总销售额的20％以上，将静宁县建设为西北地区国际国内市场双循环苹果集散中心。

五是实施经营主体培育工程，推进运行集团化。引进一批省内外知名重点龙头企业，参与和带动苹果产业延伸链条、多元开发、提升价值。通过重组、兼并、股份制改造，组建大型果业集团，推进集群集聚发展。引导果农通过土地经营权流转、入股等方式改变分散经营模式，将土地向新型农业经营主体集中，发展多种形式适度规模经营。持续放大“国有平台公司＋龙头企业＋合作社＋农户”的“静宁模式”效应，掌握市场话语权。到2025年，省级以上苹果产业龙头企业（合作社）达到150家，全县规模运营的果业专业合作社达到500家，专业大户和家庭农场达到1 000家，土地适度规模经营占比达到60％以上。

六是实施生产环境提质工程，推进产业生态化。实施土壤改良工程，推广“测土配方＋新型肥料”“水肥一体化＋配方施肥”“有机肥＋果园生草”等技术模式，保护和改善苹果产地环境。推进病虫害生物防治，开展新型高效低毒农药试验示范，推广生物防治、天敌控害等绿色防控技术，普及杀虫灯防治、糖醋溶液诱杀等方法，扩大绿色防治技术实施面积。加大废旧反光膜、农膜、农药肥料包装废弃物回收利用，推进地膜减量替代，实现普通地膜覆盖面积零增长。推进“果业＋”产业循环发展，建设种养结合型生态循环果园，集成推广“畜-沼-果”等成熟适用技术模式，大力推广“果木枝加工-食用菌生产-废料还田施肥”技术，支持有条件的乡镇发展有机肥加工、食用菌生产，促进果、牛、菌产业循环互促发展。到2025年，苹果种植面积稳定在100万亩以上，总产量达到100万吨以上，综合产值达到100亿元以上。

甘肃省灵台县：绿色食品发展现状及对策浅析

甘肃省灵台县农业技术推广中心　马建科

随着现代农业的迅猛发展，绿色食品作为食用农产品的主要规范标准之一，已经完全替代了无公害农产品上升为全社会的共同认知和公用品牌，成为人民群众青睐的营养、健康、安全食品的发展应用主流。近年来，灵台县坚持把绿色食品发展作为传统农业向现代农业提升转型的抓手，突出蔬菜、粮食、果品、肉牛等农产品生产经营主体，严格认证规范，发挥监管职能，在标准执行、产品认证、基地管理、过程控制、监督检验等方面取得了有益的经验成果，为灵台县绿色产业和质量品牌战略发展提供了坚实的基础后盾。

一、绿色食品发展现状及成效

灵台县地处甘肃省东部陇东黄土高原沟壑丘陵区，全县辖 9 镇 4 乡 186 个行政村，共 1 441 个村民小组，总人口 23.02 万人。境内气候温和，水汽光热资源丰富，农业生产状况保持传统的耕作制度和栽培模式，土壤、植被、自然环境受外界因素破坏干扰程度小。截至 2020 年年底，全县耕地面积 78.5 万亩，农作物播种面积 99 万亩（含复种），其中粮食作物播种面积 66.23 万亩（含复种），以小麦、玉米、高粱、糜谷、豆类、荞麦为主，总产量 19 万吨以上；果产业种植面积 22.67 万亩，总产量 18 万吨；蔬菜种植面积 3.03 万亩，总产量 4.4 万吨；牛饲养量 11.95 万头，年出栏量 5.25 万头。灵台县绿色食品发展晚于无公害农产品生产，从 2007 年绿色小麦认证以来，历经宣传动员、探索尝试、巩固壮大、全面普及 4 个阶段 12 个年度的发展，取得了较为明显的区域优势，为提升县域农产品品牌知名度和市场竞争力，推动“质量兴农、品牌强农”目标的实现发挥了至关重要的作用。据统计，截至 2020 年年底，已完成有机食品认证 2 个，申报认证国家 A 级绿色食品 19 个，认证“灵台苹果”地理标志 22.67 万亩，初步形成了以绿色粮食生产为基础、绿色蔬菜和果品为支撑的绿色农业生产格局。总体而言，现阶段灵台县绿色食品发展呈现了以下四个方面的特征：

一是认证规模逐年扩展。“十三五”末，灵台县绿色食品认证面积达到25.6万亩，占主要农作物种植面积的40.2%，初步实现了重点区域全覆盖。绿色食品认证品种主要以人民群众关注关心的蔬菜产品、优势粮谷作物及红富士苹果三大类型为重点对象，涵盖粮、果、菜三大优势产业，实现了与全县社会经济发展目标同步同向。

二是政策扶持效果凸显。结合省级农产品质量安全追溯体系建设现状，强化优惠政策的推介宣传落实，对县域符合条件的绿色生产者积极落实“三品一标”认证补助经费20万元，对绿色小麦基地经营者投放良种50多吨、有机肥120吨，政策发力与全县脱贫攻坚目标相契合，为其提供了有力保障。

三是认证主体积极作为。全县农产品质量安全监管对生产经营主体采取正向激励和负面约束双重机制，全方位鼓励和支持符合条件的生产经营者开展绿色食品生产认证，优先享受补贴政策。对不合规经营主体采取限制措施，对不参与“三品一标”认证的经营主体落实“四挂钩”政策，一律不享受各类补贴补助、一律不准予参加各类展示展销会、一律不参评各类品牌和奖项、一律不给予项目支持，从而激发经营主体的绿色食品认证和品牌建设主动性。

四是标准执行规范有序。县级农业部门坚持产管结合，按照“四个最严”的标准，对绿色食品生产过程进行监督管理，严格执行绿色生产者使用手册，强化绿色基地管理措施，依据绿色生产施肥、用药等技术标准全程指导生产，化肥、农药等农业生产投入品使用实现零增长，绿色食品的质量品质不断回归天然。

二、绿色食品发展存在的问题

民以食为天，食以安为先。近年来，随着绿色发展理念的深入贯彻落实，灵台县农业污染排放量长期保持低位，农业生态环境显著改善，农产品质量普遍提高，绿色兴农的新格局已初步形成。但从综合角度审视，灵台县绿色食品发展还存在以下不容忽视的问题与不足：

一是发展规模总量偏小。与绿色标准化适宜区全覆盖的要求相比，灵台县绿色食品认证起步晚，进展较慢，规模总体偏小，品种单一，结构优化和区域优势不明显。随着产业结构布局调整，灵台县粮、经、饲三元种植结构比例发生了较大变化，尤其在果品绿色认证覆盖面与发展规模不适应的问题相对突出，适宜的大宗作物绿色认证普及还不够及时。

二是生产经营者的素质偏低。灵台县是陕西省的边缘县份，受传统观念和地域因素的制约，绿色食品经营者多数为中老年劳动力，虽然普遍接受了绿色食品生产技术培训，但实践操作和技术素养依然较低，对“三品一标”尤其是绿色食品发展趋势认知存在一定差距，部分农业生产经营主体在具体认证过程中出现了结构层次分化、在认证与否之间摇摆不定的情况。

三是标准规程执行不到位。已认证的绿色生产经营主体，受生产投入成本、气候条件、人力资源等多方面因素影响，绿色基地管理出现了良莠不齐的现象。个别农业合作经营组织管理缺失，未能严格执行绿色食品生产标准，尤其在农药、化肥使用上不规范不科学，一味单纯追求产量效益，本质上忽视了产品质量品质，还降低了绿色食品标准，影响了农业标准化生产进程。

四是产业布局优化提升缓慢。随着灵台县由农业大县向工业强县的转型迈进，农业依然是弱质产业。果产业历经“三起三落”后上升为第一大主导产业，牛产业和蔬菜产业也发挥了明显的支撑作用，但传统的粮食产业却发生了内部结构异质化现象，作为保障粮食生产安全的主导——小麦产业面积规模出现不同程度的分化减少，玉米产业因为市场需求旺盛所以规模逐年扩大。与此同时，种植业结构的快速调整，对绿色食品认证和标准化生产带来了新的挑战，单一化认证模式和认证手段已不能适应现阶段产业发展和质量品牌建设的需求。

五是质量品牌意识不强。绿色食品是“三品一标”公用品牌的重要环节，灵台县非常重视绿色食品标准化认证工作，逐年加大了生产全程监管力度，但不同程度忽视了质量品牌建设。尤其在区域公用品牌建设和"甘味"品牌发展方面优化不够，在已认证的绿色食品品牌推介、宣传、包装方面后劲不足，群众的认可度、市场的知名度、社会的影响力还不大。

六是监测检验手段滞后。县级农产品质检机构自2004年成立以来，限于工作经费、技术能力和专业力量配备等方面的制约，目前仅能开展农药残留快速检测，定量检测无法开展，已认证绿色产品的检测只能委托第三方有资质机构进行，这成为制约绿色食品检测检验工作的瓶颈。同时，农业执法部门因机构改革还未运行到位，对绿色食品生产过程、产品上市、质量品牌监管执法表面泛化，缺乏机制健全、保障有力的细节监管和延伸评价。

三、今后发展对策

"十四五"时期是灵台县加快建设县域经济转型发展排头兵、陇东南崛起先行者、全市乃至全省新的经济增长极的重要时期。立足"十四五"发展新开局，面对现代农业科技的日新月异和现代农业的全面推进，在新冠肺炎疫情的持续影响下，结合农业供给侧结构性改革，要充分依托政策机遇，坚持农业主导产业发展不动摇，强化耕地保护措施，突出绿色食品认证和标准化发展，构建农产品质量安全监管体系，加快推进农产品质量品牌建设，推动灵台县绿色农业、现代农业高质量发展。为此，提出以下六个方面的对策建议：

一是依托政策优势，明确职责履行。坚持"质量兴农、品牌强农"战略，农业政策应从增产导向转向提质导向，进一步细化落实国家绿色认证补助、各类参会参展推介、项目资金扶持的优惠政策措施，紧抓事业单位机构改革的有利时机，健全农产品质量安全公益性机构，成立县级农产品质量安全检测检验中心，强化对绿色食品的检测检验和标准化技术指导、绿色生产者的技能培训，营造社会各界对绿色发展的共识。同时，成立以农业农村局和市场监管部门联合协作、乡镇农业综合服务中心为主体的绿色食品生产工作领导小组，逐步实现农业经营主体标准化管理和技术服务全覆盖，打造陇东地区优质绿色食品标准化生产基地和全省农产品质量安全示范先进县。

二是突出生产主体，强化监管监督。建立职责明确、分工清晰、运作高效的农业综合执法队伍，逐步完善健全农业执法大队职能，协同农技、畜牧、果业、经管等技术部门，以全县13个乡镇278个农业经营主体为重点，采用投入品连锁经营、产品订单销售、质量跟踪自检、责任负面清单等管理手段，突出对化肥、农业、微量元素肥料等农业投入品使用、转基因种子推广、绿色食品标志保护、包装物流规范管理等方面的监督检查，加快新型农产品质量安全追溯体系建设，积极推行生产标准化、管理便捷化、服务智能化试点，实现从农田到餐桌、从种植到上市的全程监督。同时，整合资源，制定绿色"营养套餐"，采取行业部门与培训机构相结合的培训方式，推动农业生产经营主体培训向深层次迈进，由技术应用、质量控制向科技包装、订单销售方面转变。

三是推动认证提升，严格监管标准。定位“十四五”期间农业高质量发展目标，制定灵台县绿色食品五年发展规划，推动绿色食品认证由粮果菜向牛草药方面拓展，加大区域优势资源和本土名优产品的认证比重。同时，对已认证的绿色食品类型，逐步应用智慧农业新模式，促进绿色小麦原料基地规范提升，绿色苹果基地科技化包装，实现小麦、玉米、豆类三大绿色基地同步发展，满足市场绿色食品差异化需求。同时，采取网格化监管方式，对绿色食品生产过程进行监管，检查技术标准的实施状况，评估具体效果，落实群众满意度测评。另外，建立落实机制，把合格证制度作为农产品质量安全的身份证、生产经营主体的承诺书、上市农产品的新名片，全面纳入日常监管、生产销售、考核评价全过程，落实合格证办理、生产经营主体、宣传培训三个全覆盖，使合格证开具逐步转变成生产经营者的自觉行动。

四是强化公益服务，完善检测体系。农产品质量的优劣难以用外在感官准确判断，推行科学完善的检测检验手段势在必行。根据国务院食品安全委员会《关于印发贯彻落实〈中共中央　国务院关于深化改革加强食品安全工作的意见〉重要政策措施分工方案的通知》（食安委〔2019〕4号）和农业农村部办公厅《关于稳定和加强基层农产品质量安全检验检测体系的通知》（农办质〔2019〕32号）等文件精神，要进一步加强农产品质量安全检测检验工作，实现机构、人员、经费三保障目标。积极协调县委编制部门成立灵台县农产品质量安全检测检验中心，突出绿色食品检测检验的公益性职能，充分发挥现有仪器设备资源，调配专业技术人员，加快实验室资质认证，实现年度检测量3 000批次以上，全力提升县域农产品质量检测服务能力。

五是借力产业发展，注重品牌引领。紧盯主导产业发展模式、特色，注重品牌引领，开展绿色食品认证宣传引导、技术指导、生产督导，打造“灵台冬小麦”“灵台黄豆”“灵台苹果”等一批具有地域特色和质量优势的区域公用品牌和知名产品品牌。积极探索“合作社＋绿色基地”发展模式，推动绿色小麦由生产型向加工型转型转化，建成陇东驰名的绿色小麦生产加工基地。组织农业经营主体组队走出去学、请进来教，通过举办陇东苹果展销会和产业发展论坛、全国矮砧密植现场会，以及带货直播、网络直销、互联网线上线下融合、现场采摘体验、专家品鉴等方式，展示“灵台苹果”特色，持续提升“三品一标”农产品品牌知名度，实现生产增值、品牌增效、农民增收。

六是注重资源保护，推动提质增效。绿色食品发展惠及千秋万代，是系统性民生工程。立足于农业供给侧结构性改革和乡村振兴战略实施，应落实三个强化：第一，强化耕地保护，落实“长牙齿”的耕地保护政策，严防耕地非农化倾向，分区做好粮食功能区建管用措施，注重调整优化种养加结构比例，自始至终守好耕地保护红线，为绿色食品生产提供必要的物质基础。第二，强化农业生态环境保护。严格落实耕地质量保护政策，针对县域耕地资源开发利用现状，开展耕地质量改善和有机质地力提升，逐年有比例地减少化肥农药等投入品使用比重，落实有机肥替代化肥行动，加大力度开展废旧农膜回收利用，实现农作物秸秆资源化利用，通过农田生态环境的改善，为绿色食品发展奠定坚实的生产基础。第三，强化对农作物品种资源的保护。优良的品种是农作物品质提升、产量增加的关键因素。结合农作物绿色高质高效创建活动、全国第三次农作物种质资源普查与收集行动等有利时机，积极引进试验筛选一批适应性广、抗逆性强的农作物良种，开展绿色小麦等大宗作物自主品牌良种选育，强化对县域粮食、果树、蔬菜、牧草等优势农作物品种的挖掘、保护和利用，采取多种措施推动农作物良种国产化、本土化，为绿色食品发展提供丰富的品种资源保障。

青海省黄南藏族自治州：化肥减量，绿色防控，全力推进全国绿色有机农畜产品示范区创建

青海省黄南藏族自治州农牧局

近年来，青海省黄南藏族自治州（以下简称“黄南州”）坚持生态优先发展战略，依托独特的生态环境和青海省最大有机畜牧业生产基地优势，率先在全省创建绿色有机农畜产品示范州，与中国绿色食品发展中心共建国家绿色有机农畜产品示范区，按照“一年打基础、两年提质量、三年见成效”的总体要求和创建步骤，加快建设绿色有机农畜产品产业体系、生产体系、技术体系、建设体系，有力地促进生态、生产、生活的协调统一，全州农牧业绿色发展实现突破，取得显著成效。

一、创建绿色有机农畜产品示范州背景

黄南州提出率先创建全省绿色有机农畜产品示范州，主要是基于黄南州的区位、交通、资源、产业等优势，发展绿色有机农畜产品前景广阔。一是有基础条件。2004 年，黄南州率先在全国提出生态有机畜牧业发展思路，创建了全国有机农业示范基地、全国有机农产品生产基地、农业一二三产业融合发展示范县，创建了唯一一个以牦牛藏羊为主的国家现代农业产业园。目前，全州认证有机草场 1 860 万亩、牲畜 161 万头（只），基本形成“南牧北农、农牧互补、以草定畜、草畜联动”的发展格局。二是有政策支撑。出台了《黄南州生态有机畜牧业示范区规划（2018—2022年）》《黄南州有机畜牧业发展详细规划（2017—2021 年）》《黄南州“拉格日”模式推广三年行动方案》《2020 年黄南州化肥农药减量增效行动实施方案》《黄南州全域绿色有机农畜产品示范州创建三年行动方案》等指导性文件，强化了政策指导。三是有品牌优势。培育黄果梨、牦牛、藏羊、黑青稞、蕨麻等地理标志产品，打造了“同仁黄果梨”“苏呼欧拉羊”区域公用品牌，认证虹鳟鱼、高白鲑、草莓等农畜产品为国家 A 级绿色食品，注册了“三江牧场”“阿米雪”“李家峡”“黄河魂”等特色农畜产品商标。四是有典型模式。全州推广“拉格日”模式合作社 70 家，80％的生态有机畜牧业合作社实现标准化、规模化生产，生产、加工、销售体系健全，与农牧户和农牧业龙头企业构成紧密的利益共同体。依托德吉村、下庄村等乡村振兴示范试点，探索打造了集农牧园区、

果蔬采摘、观光旅游为一体的美丽休闲乡村和乡村旅游模式。五是有群众基础。黄南州农耕历史悠久，长期积累形成了当地群众良好的有机耕作和养殖方式，种植和养殖经验丰富，特别是实施化肥农药减量增效行动和牦牛藏羊原产地追溯体系建设积极主动、热情高涨。目前已实现化肥农药减量增效和牦牛藏羊原产地质量追溯体系建设全覆盖。

二、主要做法

1. 高站位谋划，凝聚示范州建设推进合力

黄南州州委、州政府主要领导多次调研分析、听取意见、做出安排，率先在青海省提出打造绿色有机农畜产品示范州创建思路及目标，得到省委、省政府的肯定和重视。一是组织领导有高度。成立了以黄南州人民政府、青海省农业农村厅主要领导任双组长的示范州建设工作领导小组，切实将示范州建设作为“一把手”工程，为示范州创建提供了强有力的组织保障。二是行动方案有深度。青海省政府第55次常务会议研究通过《黄南州率先创建全省绿色有机农畜产品示范州三年行动方案》，创建请示和方案上青海省政府主要领导和分管领导作出重要批示，要求先行先试为示范省贡献“黄南力量”。三是共建机制有力度。与中国绿色食品发展中心、青海省农业农村厅分别签订《绿色有机农畜产品示范州建设共建协议》，形成工作推进合力。黄南州人民政府分别在部省共建示范省视频会议、示范省现场观摩会上做了典型发言介绍黄南经验，示范州建设走在全省乃至全国前列。

2. 高规格启动，激发示范州建设实干动力

2020年6月19日，在黄南州州委、州政府及青海省农业农村厅主要领导的亲自谋划、亲自指导、亲自协调下，在同仁市高规格召开厅州共建绿色有机农畜产品示范州启动大会，是厅州共同深入践行“一优两高”（坚持生态保护优先、推动高质量发展和创造高品质生活）战略、落实省政府第55次常务会议精神的重要实践，也是黄南州深度融入全省战略、打造“山水黄南”和高质量推进“三区建设”的有力举措。8月31日，中国绿色食品发展中心与黄南州人民政府在北京举行了共建绿色有机农畜产品示范州签字揭牌仪式，加快促进黄南州成为全国绿色有机农牧业发展示范区，激发了实干动力。

3. 高质量推进，释放示范州建设内部活力

一是肥药双减行动取得新突破。落实肥药双减行动省州县配套资金4 679.5万元，全州调运有机肥3.89万吨，完成化肥农药减量增效面积19.1万亩、水肥一体化1万亩，绿色防控技术得到广泛应用，秸秆综合利用率86.5%，地膜回收率87%，畜禽废弃物综合利用率75%。二是产品品牌培育再上新台阶。全州地标产品总数达到20个，“国字号”绿色、有机、地标农产品认证数量居全

省第一，有机获证产品 43 个，9 个农产品荣获“全省绿色有机农畜产品百佳优品”称号。2020 年 3 月在中央电视台农业农村频道晚间黄金时段连续一个月播出绿色有机品牌宣传片，近期再次在中央电视台播出第二期宣传片。三是全域有机认证呈现新亮点。泽库县连续 6 年保持“全国有机农业（牦牛、藏羊）示范基地”称号，青海西北弘有机资源开发有限公司牦牛、藏羊屠宰加工与销售获得全链有机认证。同仁市、尖扎县 347 万亩草场、36 万头（只）牲畜有机认证加快推进，力争 2021 年上半年评审通过，届时黄南州在全省率先实现草场牲畜全域有机认证。四是质量追溯建设展现新气象。借助大数据平台优势，加快建设一套可视可查、全方位、立体式可追溯生态检测体系，继泽库县、河南蒙古族自治县之后，同仁市、尖扎县牦牛、藏羊可追溯试点工程加快推进，力争 2021 年上半年通过省级验收，率先在全省实现质量追溯体系建设全覆盖。五是产业联盟发展迈入新阶段。组建黄南州绿色有机农牧业发展联盟，审议通过联盟章程（草案）和选举办法（草案），选举产生联盟第一届常务理事会、监事会，搭建起信息交换、资金融通、科技支撑平台，通过资金、设备、技术、人才等要素的联结，形成绿色有机农牧业发展共同体。六是农业科技服务搭建新支点。聘请省级首席农牧科研领域专家带领广大农技专业人员、科技特派员等指导服务示范州建设，建成小麦良种繁育基地 0.85 万亩，推广实施露地套种高效栽培和饲用玉米引种试验等 6 项技术，沿黄谷地特色作物种植技术取得重大成果，藏羊 2 年 3 胎及牦牛 1 年 1 胎高效养殖技术得到广泛应用。

4. 高标准创建，提升示范州建设监管能力

坚持增加绿色有机农畜产品供给，提升质量效益和竞争力。一是健全标准。制定《黄南州绿色有机农牧业发展技术规程》《黄南州禁用（农药）兽药目录》《黄南州绿色食品生产技术指导标准》《黄南州农畜产品品牌目录》，规范了农畜产品种植、牦牛藏羊养殖和屠宰等生产行为。二是强化监管。深入开展农产品质量安全“利剑”行动，全面试行食用农畜产品可查询合格证制度，农产品逐步实现带证上市。累计抽检蔬菜水果 23 个种类、30 个品种，抽样检验 1 500 个样品，合格率 99%。三是依法治农。加大创建工作宣传力度，提高农牧民群众参与示范州建设的行动自觉。起草拟定《黄南州有机草场耕地管理暂行办法》《黄南州“两品一标”农产品品牌管理办法（试行）》等规范性文件，为示范州建设提供法治保障。

三、创建成效

通过一年来的努力，示范州建设呈现如下特点：一是产品供给稳定。预计 2021 年粮食总产量有望突破 3.1 万吨、油料总产量可达 0.7 万吨、蔬菜总产量 1.2 万吨、肉类总产量达 3.1 万吨、牛奶产量 49 890 吨，生猪总存栏 2 315 头、出栏 1 212 头，超额完成省定各项指标。二是做强特色产业。全面打造“四个万亩”“四个万头（只）”绿色食品原料生产基地和有机农产品生产基地，高附加值、高收益的羊肚菌、芦笋等特色农作物落户黄南，为农牧民增收创造了更好条件。三是提升规模经营。打造新型经营主体 717 家，创建省级示范社 41 家、家庭牧场 110 家，培育州级示范社 131 家，发展壮大特色农畜产品直销店（窗口）171 家。四是促进产业融合。完善延伸绿色发展的产业链和价值链，拉格日村、德吉村、下庄村等乡村振兴示范试点村顺利通过省级验收，成为引领产业融合和群众持续增收的引领标杆。五是园区扩容提质。泽库县国家现代农业产业园通过国家级认定，园区总产值达到 33 亿元。河南蒙古族自治县省级农业融合发展示范园建设加快推进，进一步夯实争创国家示范园工作基础。

新疆维吾尔自治区：发展“两品一标”推进农业标准化工作的认识与思考

新疆维吾尔自治区农产品质量安全中心 赵芙蓉

农业标准化是促进农业结构调整和产业化发展的重要技术基础，是保障农产品质量安全和消费安全的基本前提，也是促进农业科技成果转化和推进产业化经营的有效途径，是促进农业高质量发展的重要手段。

近年来，新疆维吾尔自治区各级党委、政府及各部门高度重视发展“两品一标”，先后制定出台了《关于加快全区绿色食品发展意见》《新疆绿色食品产业发展规划（2014—2020年）》《关于进一步做好“三品一标”工作的通知》《自治区农业厅“三品一标”发展三年行动方案（2018—2020年）》《2020—2025年自治区推进农产品地理标志品牌建设意见》等文件，明确了全区抓“两品一标”促进农业标准化工作的指导思想、基本原则、主要目标、重点任务、保障措施和相关补助政策等，通过优化标准体系，强化标准实施，创新标准服务，在推进质量兴农和乡村振兴方面发挥了积极作用。

一、发展“两品一标”推进农业标准化工作的成果和措施

1. 围绕服务抓认证，指导标准化生产

新疆维吾尔自治区的“两品一标”工作，严格准入门槛，以现场检查为重点，抓住产地环境、生产过程控制、投入品使用、标准化生产和生产档案记录等重点环节，督促企业落实标准化生产各项制度，提高认证工作的规范性，确保产品质量。

同时，围绕大宗农产品粮油、优质林果、特色产品、畜禽水产、蔬菜等，结合国家现代农业示范区、农产品质量安全县等创建工作，扩大“两品一标”总量规模。鼓励各地农业产业化重点龙头企业、大型食品加工企业、外向型企业、合作社、家庭农场等经营主体积极申报绿色食品，因地制宜发展有机农产品，加强地理标志农产品登记保护，培育安全优质农产品公用品牌，开展全国农产品全程质量控制技术体系试点工作，推动农产品质量安全全程管理和实时展示农产品良好生产经营行为。截至2020年年底，新疆共有8家企业取得全程质量控制试点资质，“两品一标”产品总数1 722个，其中绿色食品522个、有机农产品1 117个、农产品地理标志83个。

2. 立足标准抓基地，引领农业绿色发展

新疆不仅加强地方标准制（修）订工作，同时提升了农业标准化工作技术能力水平，制定了绿色食品红花、甜菜等地方标准。按照“巩固北疆，主攻南疆”的思路，合理布局，以优势农产品产

业带、特色农产品规划区和农业大县为重点，加大绿色食品原料标准化生产基地创建，大力推广“统一品种、统一技术规程、统一配方施肥、统一病虫害防治”的农业标准化生产，重点在伊犁河谷、环塔里木盆地、环准噶尔盆地创建了一批小麦、玉米、油料、瓜果、特色作物等原料标准化生产基地，重点推进了和田地区180万亩核桃、奇台县100万亩小麦原料标准化生产基地创建。

截至2020年年底，新疆已创建全国绿色食品原料标准化生产基地86个，面积1 298.2万亩，作物类别已覆盖小麦、玉米、水稻、甜菜、大豆、油菜、油葵、核桃、甜瓜等优势农产品和特色农产品；创建有机农业示范基地2个，面积4.4万亩。通过原料标准化基地建设，积极构建了绿色农业全产业链，加大了产销对接力度，逐步形成了原料标准化生产基地与加工、养殖企业相互促进的良性循环机制，提升了农业标准化工作质量和竞争力。鼓励新疆仪尔高新农业开发有限公司申请创建全国有机农业一二三产业融合发展示范园，积极发挥龙头企业在农业标准化生产和品牌化建设中的示范、引领、带动作用。

3. 围绕规范抓监管，提高标准化工作意识

强化责任意识和风险意识，从严监管，防控风险。积极落实证后监管各项制度，强化全程监管，持续开展企业年检、产品抽检、市场监察、专项监测、内检员培训、退出公告等监管工作，严厉查处冒用和超范围使用“两品一标”标志等行为，确保产品质量和规范用标，维护品牌公信力和权威性。督促生产主体把标准化生产技术和质量管理措施落实到田间地头；组织开展市场监察，规范用标率保持在95%以上；安排专项经费开展绿色食品、有机农产品、原料基地产品专项监测工作，产品合格率保持在98%以上；督促指导“两品一标”企业落实追溯、合格证制度，全区绿色食品申请主体已全部纳入国家农产品质量安全追溯平台。

4. 围绕展会抓市场，展示标准化工作成果

新疆天山面粉（集团）有限责任公司等3家企业被评为全国“最美绿色食品企业”，既宣传展示了绿色食品发展成果，又促进了绿色食品企业标准化生产，为推动绿色食品产业高质量发展发挥了积极作用。通过与新疆广播电视台、援疆省份等主流媒体合作，开展“两品一标”品牌宣传拍摄和线上推介等方式宣传标准化工作成果，帮助企业宣传农产品、开拓市场和打响品牌，取得了较好的宣传效果。培育和提升了“策勒红枣”“于田沙漠玫瑰”“喀什核桃”“疏附开心果”“莎车巴旦姆”“铁力木小茴香”“柯坪恰玛古”等一批精品地理标志品牌。积极组织企业参加中国绿色食品博

览会、中国国际有机食品博览会、中国国际农产品交易会农产品地理标志专展等专业展会，积极宣传新疆“两品一标”产地环境良好、产品质量安全、农业标准化生产等基本理念，并把历史、人文等文化元素融入品牌开发，附着在产品宣传上，增加消费者对企业产品的认可度和忠诚度，不断提高产品认可度和知名度。2019 年以来，新疆展团在各类专业展会上现场销售额达 1 100 余万元，意向签约额达 3 亿余元，新疆展团获得了最佳组织奖、优秀组织奖等荣誉，10 余家企业及产品获得展会金奖。

5. 围绕体系队伍抓培训，提高标准化工作能力水平

采取线上线下援疆培训和对口帮扶省份点对点、手把手指导培训相结合的方式，有效提升了地县两级检查员指导标准化生产专业技能和水平。2019 年以来，全区共计培训了检查员、监管员、核查员、内检员共计 800 余人次，注册检查员和监管员 180 人、核查员 104 人、企业内检员 291 人。

二、发展“两品一标”推进农业标准化工作存在的问题

全区地、县取得“两品一标”工作相应资质的人员，大部分没有从事“两品一标”工作。部分地、州、县（市）“两品一标”工作业务人员频繁调换，经常性地开展“两品一标”标准化工作推进困难。经常性地开展“两品一标”标准化工作业务培训做得不够，基层工作人员对“两品一标”标准化工作了解不足，指导企业、合作社开展标准化工作水平较低。部分企业、合作社按标生产意识不强，落实标准化生产各项制度不够。

三、对策建议

实施农业标准化生产，以实施好、组织好、发展好“两品一标”工作为抓手，推动品种培优、品质提升、品牌打造和标准化生产为目标，全面建立健全农业农村标准化工作体制机制，优化标准体系，强化标准实施，创新标准服务，提高农业农村标准化发展水平，为实现新疆全区农业高质量发展提供有力支撑。

1. 领导重视，高位推进

领导重视是一切工作顺利推进、抓好落实的根本保证。推进农业标准化涉及农业、林业、市场

监管等部门，技术要求高且任务繁重。各地、各部门应加强合作交流，形成上下联动、左右互动的整体推动合力，及时研究制定年度标准化工作行动方案，在人员配备、经费保障等方面加大支持力度。各地、各部门应将农业标准化工作纳入年终绩效考核，提高标准化工作意识，建立健全一级抓一级、层层抓落实的工作机制，从根本上推进农业标准化工作落地见效。

2. 加强宣传，提高能力

各地、各部门应充分利用线上线下各种主流媒体，通过各地农民夜校、各类农业培训等方式，开展农业标准化知识普及宣传工作。例如，将各类农作物生产技术规程简化为通俗易懂的技术手册或操作卡，并进行广泛宣传，使农民熟练掌握，进而提高生产者和经营者的标准化工作意识。通过加强对基层“两品一标”工作机构业务人员、农业产业化龙头企业生产技术人员、家庭农场和合作社经营者的标准化知识培训，建立一批农业标准技术推广队伍，才能真正把农业标准化工作贯穿于农业种养殖、生产、加工、流通的全过程，才能让消费者对农产品感到安全、放心、满意。同时，坚持服务指导常态化，每年以产地环境管理、投入品管理督查为重点，督促生产经营主体落实标准化生产各项制度，及时曝光违反农产品质量安全的有关案件，营造重抓农业标准化生产的浓厚氛围。

3. 制定标准，夯实基础

加快制（修）订化肥和农药减量增效、地膜回收利用、农资废弃物回收处理、耕地土壤污染管控与修复等污染防治类标准；加快制定具有地域特色、自然资源禀赋优势的种养殖、加工等标准；引导企业、合作社等新兴经营主体、协会等社会团体主动参与评价标准制（修）订工作，增加标准的市场供给；按照“先进与实用结合、安全与优质并重”的原则，持续优化绿色食品、有机农产品、农产品地理标志、全程质量控制体系、良好农业规范等绿色优质农产品生产及质量认证标准。督促指导生产经营主体严格落实生产技术规程，完善生产记录，强化追溯管理，持续推动“两品一标”生产经营主体100%纳入追溯信息平台，提高主体按标生产的自觉意识。

4. 狠抓认证，提高质量

加快发展“两品一标”，推动品种培优、品质提升、品牌打造和标准化生产。继续加快推进全国绿色食品原料基地建设步伐，加快培育主导产业与主导产品，以“公司＋基地＋农户”的经营模式，建立健全紧密型企业和农户的利益联结机制，推进原料基地开展更高层次的标准化生产。开展标准规程进企入户行动，积极为“两品一标”企业和基地提供技术指导和服务，推进标准落地生根。持续做好“两品一标”标准化工作公益宣传，继续借助各类媒体、援疆机制，挖掘典型案例，讲好品牌故事；组织“两品一标”企业、合作社参加中国绿色食品博览会、中国国际有机食品博览会等专业展会，全面展示全区“两品一标”产品标准化生产成果。

5. 落实监管，确保公信

落实基地年检、企业年检、产品抽检、质量追溯等监管措施，倒逼生产主体切实把标准化生产技术和质量管理措施落实到田间地头。加强农业投入品管理，引导发展绿色生资，提升生产企业质量控制水平。在春耕、“3·15”、“三夏”、秋冬种等重要农时季节，开展放心农资下乡、农资打假、农药风险评估等专项检查，持续性依法加大农药、种子、化肥等主要农业投入品随机检查和监督抽查力度，对果菜生产上使用的农药产品进行重点专项抽查，为标准化工作提供有力保障。配合建立守信激励、失信惩戒机制和黑名单制度，推动“两品一标”标准、认证、标识在全社会的使用和采信。

新疆维吾尔自治区昌吉回族自治州：跨越式发展的“三品一标”农业

新疆维吾尔自治区昌吉回族自治州绿色食品发展中心
朱世文　马学斌　王远丽　刘杨秋凡

昌吉回族自治州（以下简称“昌吉州”）地处天山北麓两翼、准噶尔盆地南缘的绿洲上，是天山北坡经济带核心区之一。全州现辖5个县2个市，总面积7.39万千米^2，其中山地占22.7%、绿洲平原占21.7%、沙漠占37.6%、戈壁占18%；气候属中温带大陆性气候，水土光热资源丰富，中部平原区年均气温6～7℃，年均日照时数2 700小时，无霜期155天；全州可耕地面积1 057万亩，盛产棉花、小麦、水稻、糖料、油料、酿酒葡萄、菌草等50多种高效优质农作物，是全国重要的商品粮、商品棉、番茄、酿酒葡萄生产基地。昌吉州农业上形成了粮、棉、制种、制酱番茄、酿酒葡萄、菌草等12个优势产业区、产业群、产业带，玛纳斯县为国家级优质商品棉生产基地，奇台县为全国粮食生产先进县。

昌吉州水土光热资源丰富，具有绿色食品、地理标志农产品生产得天独厚的自然条件，发展潜力巨大。由于城市化、工业化程度低，城市和工业产生的“三废”污染物对农业生态环境和农产品的污染与内地发达地区相比污染负荷轻，良好的农业生态环境适宜优质农产品的生产。

一、昌吉州“三品一标”产业发展情况

截至2020年11月10日，昌吉州在有效期内的绿色食品198个，较2019年的171个增长了15.78%，占新疆全区总数的42%，名列首位；有机农产品130个，占全区总数的11.9%；农产品地理标志16个，占全区总数的19.3%；创建全国绿色食品原料标准化生产基地18个、面积213.3万亩，分别占全区基地总数和面积的21.2%、16.5%。

目前，昌吉州、县两级“三品一标”工作机构基本建立健全。其中州级工作机构1家（昌吉州绿色食品发展中心、昌吉州农产品质量安全检测中心），两块牌子、一套人马。7个县（市）都以

内设、挂靠的形式在农业农村局、农产品检测中心、农业执法大队等部门建设有“三品一标”工作机构。州、县两级“三品一标”专职、兼职工作人员已有19名，注册“三品一标”检查员28名。

截至2020年年底，全州获标和用标企业、合作社105家，占全区获标企业总数的58%，其中，国家级龙头企业3家、自治区级龙头企业8家、州级龙头企业5家。大企业、大集团积极参与农产品质量认证，有力提升了全州“三品一标”产业发展水平，推动了品牌农业建设，引领了现代农业发展。新疆天山面粉（集团）有限责任公司、新疆仓麦园有限责任公司、呼图壁县北疆粮油工贸有限责任公司、新疆奇台八一面粉有限责任公司等绿色食品面粉加工企业，紧紧围绕天山北坡优质小麦产业带建设，发展绿色有机小麦面粉产业集群，培育了“天山面粉”“仓麦园”“北疆面粉”“奇台面粉”等品牌，产品远销北京、广东、上海、海南、陕西、河南等省份，经济效益、社会效益显著。昌吉大唐西域酒业有限公司、新疆中信国安葡萄酒业有限公司、木垒县农家兄弟农业种植农民专业合作社、奇台县丰裕农业服务专业合作社等企业、合作社，围绕酿酒葡萄、有机小麦等生产，大力发展绿色、有机、特色产品，已逐渐成为新的品牌亮点。

2020年，昌吉州绿色食品发展中心紧紧围绕酿酒葡萄、小麦生产等一批特色、优势产业，着力开展以绿色食品、有机食品为主的品牌农业建设。其中玛纳斯县围绕新疆中信国安葡萄酒业有限公司、新疆欧博达生物科技开发有限公司等企业，开展酿酒葡萄绿色食品认证。呼图壁县围绕昌吉大唐西域酒业有限公司建设3万亩有机葡萄种植基地。奇台县、木垒县围绕新疆仓麦园有限责任公司、新疆奇台八一面粉有限责任公司等绿色食品企业，开展绿色食品面粉、有机食品面粉生产。奇台县在已有40万亩全国绿色食品原料标准化生产基地的基础上，围绕8家面粉加工企业拟再申报60万亩绿色食品小麦原料标准化生产基地，着力打造百万亩优质小麦产业集群。

二、主要经验和做法

1. 领导重视，高位推进

一是政策支持。昌吉州委、州政府高度重视农产品质量安全工作。2011年，昌吉州农业主管部门编制完成了《昌吉州绿色食品和有机农产品“十二五”发展规划》《昌吉州绿色食品发展意见》，对五县两市“十二五”绿色食品原料基地建设、绿色食品和有机食品产业化发展进行了科学规划、合理布局。二是建立机构。早在2011年，就批准成立了昌吉州绿色食品发展中心，赋予了工作职能，配备了专门人员。各县（市）农业主管部门也在农产品检测中心、农业技术推广站、农业执法大队等部门基础上增设“三品一标”工作职能，保证了“三品一标”工作的顺利开展。

2. 财政扶持，推动发展

为进一步加大“三品一标”产品开发力度，激励企业和合作社认证申报，各县（市）政府开展了多种形式的“三品一标”财政扶持政策。2020年，昌吉市政府设立农产品质量专项资金，用于扶持和发展“三品一标”的专项经费达50万元。呼图壁县政府对获得绿色食品认证的产品补助2万元/个，玛纳斯县对获得绿色食品认证的产品补助5万元/个。奇台、木垒等县也充分利用现代农业示范县、农产品质量监管示范县建设等项目，对获证产品进行奖励。这些财政扶持政策在减轻企业认证费用负担的同时，极大地调动了企业认证申报积极性。

3. 强化考核，建立机制

近年来，昌吉州将“三品一标”认证登记和绿色食品原料基地建设任务作为考核县（市）政府、农业系统工作的重要内容，两个层面同时推动，形成“上下联动、齐抓共管”的工作机制。每年年初，州委、州政府会议安排部署，州政府与县（市）政府、州农业局与县（市）农业局签订综合考核和业务考核责任书，“三品一标”考核分值占农产品质量安全总分值的40%以上。通过考核机制有效确保每年认证申报任务的具体落实，推进“三品一标”产业持续发展。

4. 培育龙头，建设品牌

昌吉州是新疆农业产业化发展较快的地区。近年来，随着产业化经营水平不断提升，一些大企业、大集团通过签订合同订单、土地流转租赁等形式建立稳定的原料基地，对农业标准化生产起到了积极的示范带动作用，为各县（市）主导产业、主导产品走品牌化之路奠定了基础。中信国安、天山面粉、麦趣尔牛奶、仓麦园面粉、八一面粉、古城老窖、庄子开拓等一批绿色食品产品已成为国家或自治区的驰名商标、名牌产品、农业名牌产品。

5. 全程追溯，保证质量

呼图壁县是国家级现代农业示范县，该县与中国农业大学联合实施“智慧农业”项目，依托中国农业大学在呼图壁县设立的教授工作站，通过项目建设对种植、养殖产品进行全程可视化监控，确保产品质量。昌吉国家农业高新技术园区也致力于推进农业信息化，GPS 技术、农产品质量追溯体系已在农业生产、农产品质量监管上应用推广，已完成全州绿色食品企业二维码培训 20 家，二维码已在州内部分绿色食品上使用，消费者关注度越来越高。

6. 参加展会，开拓市场

为了促进绿色有机产业健康稳定发展，昌吉州农业部门组织获证企业参加中国绿色食品博览会、新疆农产品北京和上海展销会等全国性各大展会，利用展会平台将昌吉天山面粉、仓麦园面粉、禾和谜露酒、玛纳斯寒富士苹果、兰州湾金土豆、吉木萨尔原野糯玉米、奇台八一面粉等销往北京、上海、广州等一线城市，年销售各类绿色食品 4 250 吨，实现优质优价收入 500 万元。

7. 主动服务，加强宣传

为了贯彻落实《新疆维吾尔自治区绿色食品产业发展规划》和《昌吉州绿色食品发展意见》确定的目标任务，昌吉州农业部门深入食用农产品加工企业开展了一对一的对接服务，了解企业所思、所想，全面宣传绿色有机食品申报程序、品牌价值、市场需求、发展趋势、经济效益，对接企业 60 家，有意向申报绿色有机产品认证企业 21 家 67 个产品。

三、问题及建议

目前，昌吉州在发展“三品一标”产业方面政策到位，措施得力，成绩显著，但在进一步提升产业发展水平、构建产业发展长效机制、发挥品牌效益等方面还存在一些问题。

1. 对发展优势产业认识模糊

昌吉州东西跨度近 500 千米，资源在地域水平化分布上差异明显。一些县市对县域内农产品加

工企业家底不清、对围绕资源优势如何发展“三品一标”认识还不清晰。20世纪90年代中后期，玛纳斯县借与法国波尔多同纬度之优势，在乌伊公路沿线的3个极适宜栽种酿酒葡萄的乡镇场大力发展酿酒葡萄种植，种植面积最高年份达到7万多亩。随着城镇化建设不断推进，现种植面积萎缩到不足3万亩。一些已有10年树龄、可酿造高档干红葡萄酒的葡萄树已被砍伐，制约了该产业的发展。鹰嘴豆、天山白豌豆是木垒县特色产业，种植面积占到全县总播种面积的近30%以上，产业覆盖4个乡镇场，因其耐旱耐瘠薄、种植管理方便，老百姓大多喜爱种植。但只有一家规模化龙头企业带动，产业聚集度不高，品牌效益难以发挥。奇台县是全国粮食生产大县，现有小麦产业聚集度高，规模化龙头企业多，但现有的全国绿色食品小麦原料标准化基地规模小，急需扩量、树品牌。为此，提出以下建议：一是玛纳斯县应牢牢抓住酿酒葡萄产业不放松，稳定现有种植规模，下大力气建设2～3个树龄在10年以上的优质酿酒葡萄种植园（面积在500亩以上），提质量、树品牌。二是木垒县应大力推进鹰嘴豆、天山白豌豆标准化生产基地建设，提高生产管理水平，着力培育大龙王、上游公社等为主的龙头企业，稳定企农利益联结机制与基地规模，扩大提升加工水平，开拓市场。三是奇台县应在绿色有机小麦生产上进一步做大做强，依靠现有产业化经营水平，努力提升产业聚集度和品牌效应。

2. 对发展品牌农业认识模糊

近年来，昌吉州一些县（市）的农产品加工企业、合作社不管是对申报无公害农产品、绿色食品，还是有机食品仍存在误区。一些基层干部也片面地认为，推进品牌农业建设就是要多认证绿色有机食品，一味追求高标准高质量。为此，建议各县（市）结合农产品加工企业水平与县域优势、主导产业布局，认真梳理、科学规划，明确“三品一标”发展产品目录、产品结构，合理构建以无公害农产品为基础的农产品质量结构，以优先满足大多数消费者安全消费需求为前提，有重点地开展绿色有机食品认证。

3. 对“三品一标”工作认识不到位

目前全州都在农业农村局、农产品检测中心、农业执法大队落实了“三品一标”工作机构和部分工作人员，但“三品一标”检查员队伍不稳定，人员流动、调离现象十分严重。按照农业部“三品一标”工作要求，自2013年开始，自治区绿色食品发展中心已将材料初审、现场检查、证后监管及企业年检等工作重心下移至县（市）承担。为此，建议各县（市）“三品一标”工作机构进一步加大对检查员、内检员培训力度，检查员要相对固定，专人负责推荐申报、材料审核和证后监管工作。要根据申报企业、合作社要求，安排检查员及时指导申报材料的编制。

新疆维吾尔自治区奇台县：以绿色原料基地创建为依托，加快农业绿色发展

新疆维吾尔自治区奇台县农业农村局　吴强民

“十三五”以来，奇台县认真贯彻绿水青山就是金山银山的发展理念，以生态文明为引领，以资源环境承载力为基准，以深化农业供给侧结构性改革为主线，树强“绿色奇台、绿色农业”品牌形象，大力实施“全域绿色、部分有机”农业发展战略，坚持用生态促发展、用高效换空间、用绿色发展促农业转型升级，在实践中，逐步推动奇台县国家农业绿色发展先行区建设向纵深发展，促使农业向生态、安全、绿色、高效方向迈进。

截至2020年年底，奇台县已认定绿色食品原料标准化生产基地135万亩，占总播种面积178.6万亩的75.6%，其中小麦100万亩、玉米20万亩、油葵10万亩、马铃薯5万亩。绿色食品原料（小麦）标准化生产基地占小麦总播种面积104.55万亩的95.6%，创建有机农产品生产基地1.6万亩，优质小麦良种覆盖率达到100%，全面推行绿色标准化生产。全县已认定绿色产品57个、有机产品17个，认定中国驰名商标1个、新疆著名商标4个、新疆农业名牌产品4个、新疆名牌产品2个，已取得奇台白洋芋、奇台四平头辣椒、奇台面粉3个国家农产品地理标志登记保护，1家企业获得全国农产品全程质量控制技术体系试点认证。

一、加快构建农业绿色发展政策体系，为农业绿色发展提供强有力的政策保障

围绕生态、绿色、可持续发展，成立以县委书记、县长为双组长的国家农业绿色发展先行区建设领导小组，先后制定出台《奇台县农业绿色发展先行区建设规划》《奇台县创新体制机制推进国家农业绿色发展先行区建设实施方案》《奇台县国家农业绿色发展长期固定观测试验站建设方案》《奇台县实行最严格水资源管理制度考核办法》《奇台县打赢蓝天保卫战三年行动计划实施方案》

《奇台县深入学习浙江“千万工程”经验全面推进农村人居环境整治实施方案》，为全县农业绿色发展、高质量发展描绘宏伟蓝图，指明发展路径，提供工作遵循。

二、依托支撑项目，为农业绿色发展提供强有力的资金和技术支持

2019—2020 年，奇台县组织实施了整县推进小麦供给侧结构性改革、农业绿色发展先行先试支撑体系建设、小麦绿色高质高效创建、高标准农田建设、旱作农业综合节水技术、化肥农药减施增效技术集成研究与示范、农作物秸秆综合利用整县推进试点、玉米制种大县基地设施建设、奇台面粉国家地理标志建设工程、农村人居环境整治等 27 个中央、自治区、自治州投资项目，投入项目资金近 10 亿元。依托支撑项目，大力提升农田基础设施建设和先进绿色技术运用水平，为农业绿色发展提供强有力的资金支持和科技支撑。立足区域优势和产业优势，强化项目建设，突出品牌效应，打造以“奇台面粉”为主的特色更加鲜明的绿色农业产业强县。

三、创新绿色技术，健全绿色标准，加快农业绿色发展

奇台县依托绿色原料基地建设，编制小麦、玉米、甜菜等 11 个绿色生产地方标准和 1 个有机小麦生产地方标准，总结形成面粉绿色食品生产体系。在 14 个农业乡镇建立现代农业绿色标准化示范园，每个村建立 2～3 个示范点，集中试验、示范和推广绿色农业新技术、新品种和新模式。投入 590 万元建设农业病虫自动测控物联网 3 套，建立太阳能智能化滴灌、有害生物诱控技术应用示范区 4 个，应用面积 0.8 万亩。组建专业化统防统治组织 13 家，农作物病虫害绿色防控与统防统治面积 76 万亩。推广化肥、农药减量 60 多万亩，减少化肥使用量 2 855 吨，减少化学农药使用量 135 吨。高效节水灌溉面积 135.6 万亩，占总播种面积 178.6 万亩的 75.9%。农业物联网及智能化灌溉 4 个示范点智能化灌溉面积 2.5 万亩。“十三五”期间，累计完成深松智能检测作业面积 77.28 万亩，完成卫星导航精准作业面积 105 万亩，无人机飞防 200 万亩次，全县地膜回收率达到 80%，农作物秸秆综合利用率达到 95%。

四、以绿色生态为导向，加快构建农业绿色发展产业体系

奇台县以推进农业供给侧结构性改革为主线，扶持培育经营主体，推进绿色农业规模化、标准

化、产业化发展进程。

一是优化产业结构布局。规划建设 112 万亩优质小麦生产功能区、50 万亩经济作物优势区、1 万亩中药材特色农业优势区。围绕打造全疆最大的优质小麦良种繁育基地，建成九立禾种子产业园，种植强筋小麦 60 万亩以上，占全县小麦种植面积的 59.3%；种植有机小麦 1.64 万亩。以小麦、玉米为主的良种繁育基地面积稳定在 30 万亩以上。

二是扶持壮大农产品加工企业。全县有自治区级农业产业化龙头企业 8 家、自治州级农业产业化龙头企业 8 家，带动 1.1 万农户投入产业化经营。2020 年完成农产品加工业总产值 23 亿元，同比增长 4.4%；完成农产品加工营业收入 21.9 亿元，同比增长 3.2%。

三是提升粮油产业。引导、支持生产经营主体加快开发“拉条子粉”、打馕粉、面包粉、全麦粉、营养粉、麦芯粉、富硒粉、黑小麦粉及麦胚等多品系专用配方粉投入市场。做强“奇台面粉”“腰站子”“儿娃子”“郁浓香”等粮油品牌。年原粮加工能力达 60 万吨，优质面粉产量达到 30 万吨以上，粮油优质品率达到 50%左右。

四是提升规模经营。加快培育现代农业园区、龙头企业、农民合作社、家庭农场成为绿色发展的主力军。全县建成现代农业园区 1 个、家庭农场 40 家、合作社 334 家，培育高素质农民 500 人。创建土地整村流转示范村，全县 80%以上的土地实现规模化、集约化经营，主要农作物订单率达到 92%以上，规模化经营程度达到 60%以上。

五是促进产业融合发展。在自治区内外建设奇台特色产品专营店，在福州市建成“一带一路”奇台特产 O2O 福州体验馆。通过“互联网+”，组织奇台面粉、瓜籽、海棠果干、手工挂面在天猫、阿里巴巴、京东商城平台销售。奇台县丰裕农业服务专业合作社在乌鲁木齐市、昌吉市开设“腰站子面馆”。奇台县美佳食品制造有限公司建成日产 15 吨凉皮、凉面、凉粉加工生产线和农产品展示馆。3 家面粉企业的打馕专用粉进驻新疆国际大巴扎打馕馆和乌鲁木齐馕文化产业园。10 余家企业近 100 种特色产品入驻各大机场“援疆访惠聚”特色产品专营店，将奇台县农产品远销自治区内外 20 多个城市。依托全国供销总社“新网工程”、新疆农资集团电子商务平台“农佳乐网上商城”及各大网络销售平台，把奇台面粉快捷便利地销往全国各地。

五、以绿色标准化生产为导向，实施品牌战略

“奇台面粉”是国家农产品地理标志示范样板，已培育形成全疆最大面粉加工基地。全县面粉年加工量达到 35 万吨左右，生产系列面食产品 200 多种，已将 12 家使用“奇台面粉”地理标志的面粉企业全部纳入国家、自治区农产品质量安全追溯平台，建立质量追溯体系。4 家面粉生产企业和防伪标识制作公司签订制作“奇台面粉”防伪标识协议。制定“奇台面粉”LOGO 并进行注册，给奇台面粉打造华丽名片，让奇台面粉更加自信地走出新疆、走向全国。

六、加强“奇台面粉”品牌宣传和市场营销，推进公用品牌建设

2019 年 11 月“奇台面粉”进入中国农业品牌名录，中国品牌建设促进会评定“奇台面粉”地理标志品牌强度为 791、品牌价值为 11.89 亿元。为在全国打响“奇台面粉”品牌，2020 年 5 月 21 日至 6 月 26 日期间，以广告语“中国麦乡、天山孕育、奇台面粉”选择中央电视台综合、新闻两大频道黄金时段并机播出，广告总接触度达 1.2 亿人次，达到了广度和深度传播，实现了精准对位政府、商企精英等核心目标群体，满足了奇台面粉的品牌需求，为奇台面粉的品牌形象权威背书，提升了品牌影响力，在全国范围打响了“奇台面粉”区域公用品牌。在抖音平台制作推介奇台面粉视频，在县域及疆内主要交通要道显著位置设立 17 个奇台面粉高立柱广告，为全疆各地销售以奇台面粉为原料的 30 个面食店悬挂星级牌并制作宣传册，对奇台面粉进行全方位宣传。

七、强化监管，力推绿色农业持续健康发展

一是依法加强农产品生产经营主体管理。全面落实主体责任，加强农产品生产经营服务指导、监督。强化农产品生产企业和农民合作社100%落实生产记录、质量承诺和从业人员培训制度。严格执行禁限用农（兽）药管理、农（兽）药休药期等规定。全面落实农产品收购储运企业和批发市场100%建立进货查验、抽查检测、质量追溯和召回等制度。建立农产品生产经营主体监管名录和“黑名单”制度，依法公开生产经营主体违法信息。建立健全病死畜禽和不合格农产品无害化处理长效机制。

二是强化农业投入品监管。建立起统一管理的农资经营市场，建立生产经营主体监管名录制度，落实农业投入品生产经营诚信档案及购销台账制度。县域内农业投入品100%纳入平台管理，实现农资产品流向可追溯。建立农业投入品质量常态化监测制度，加强农业投入品使用技术指导。

三是严厉打击违法违规行为。在重点时节、重点环节对重点区域加强执法检查，严厉打击制售假劣农资、生产销售使用禁用农（兽）药、非法添加有毒有害物质等违法违规行为，做到查处率100%、结案率100%。

四是扎实开展农产品质量安全监测。奇台县农产品质量安全检验检测中心通过机构认证复审和计量认证，被列为自治区农产品质量安全追溯7个试点县之一，已具备承检农药残留和非法添加剂两类45项参数的检测能力。2020年共检测农畜18 898个样品，合格率100%。先后投资190万元，建成奇台县农产品质量安全追溯平台、农资监管平台，将178家各类农业生产经营主体纳入平台实现实时监管。引导企业制作产品追溯二维码上市，实现农产品流向可跟踪、质量可追溯、信息可查询。

近年来，围绕生态绿色发展，奇台县已创建为国家农业绿色发展先行区、全国粮食绿色高产高效创建标兵县、小麦良种区域繁育基地县、全国粮食生产先进县标兵、国家高效节水灌溉示范县、“奇台面粉”国家农产品地理标志示范样板，成为新疆农产品品牌创建先进县、农产品质量安全监管示范县、休闲观光农业示范县、粮食供给侧改革试点县。

六、产业篇

中粮集团：以产业化助推农业绿色发展

中粮集团有限公司

党的十九大首次提出了乡村振兴战略，确定了新时代“三农”工作总抓手。《中华人民共和国国民经济和社会发展第十四个五年规划和2035年远景目标纲要》提出了“持续强化农业基础地位，深化农业供给侧结构性改革，强化质量导向，推动乡村产业振兴”的发展目标。2020年中央经济工作会议和2021年的中央1号文件，明确了2021年乡村振兴工作重点，强调保障粮食安全，落实藏粮于地、藏粮于技战略，解决好种子和耕地问题，建设国家粮食安全产业带，加强高标准农田建设，大力发展农业专业化社会化服务。

中粮集团深刻认识到，农业供给侧结构性改革的目的是提高农业生产力，农业产业化是提高农业生产力、增强农业竞争力、促进农业现代化、深化农村改革的必然选择。在实践中，中粮集团积极发挥自身体系优势，探索创新农业产业化模式，助推农业绿色发展，认真履行央企应尽的经济责任、社会责任和政治责任。

一、升级产业链，筑牢发展根基，确保粮食安全

作为具有行业影响力的大型国企，中粮集团从田间到餐桌，从农户到消费者，悉心参与农业生产到食品销售的每一步，不断升级产业链，通过更优的资源配置、更高效的产业协同，努力践行“确保粮食安全，把中国人的饭碗牢牢端在自己手中”的使命，全力维护国家粮食安全。聚焦粮油糖棉核心主业，持续扩大农粮板块市场份额，引领我国农业提升生产效益和产品质量，引导其他经营主体向符合国家调控目标的方向经营，坚决稳定粮油市场。准确把握国内资源环境条件和国际农产品供求趋势，前瞻性拓展海外布局，精准实施跨国并购，提出了到2020年，实现“321155”目标，即经营玉米3 000万吨、大豆2 000万吨、水稻1 000万吨、小麦1 000万吨、食糖500万吨，以及国外一手粮源掌控能力5 000万吨。中粮集团拥有多个国家级优秀品牌，如福临门、蒙牛、家佳康、长城葡萄酒、酒鬼、中茶、可口可乐、中糖、香雪、我买网、大悦城、名庄荟、梅林、孔乙己、五谷丰登、锐科等。中粮集团的综合经济指标处在国际大粮商前列，积极参与政策性业务，配合国家宏观调控，配合政府缓解季节性、区域性、结构性供求失衡或年度丰歉矛盾。截至2019年，

中粮集团年营业收入 4 984 亿元，利润总额 126 亿元。粮油糖棉核心业务经营量迅猛增长，核心业务效益明显提升。

在推动农业供给侧结构性改革中，中粮集团发挥市场主体地位，订单抓粮源，品牌调结构，延伸产业增效益，强化全产业链商业模式，凭借纵向打通、横向协同的整体优势，对从田间到餐桌的关键环节和终端出口进行有效管控，对农业、食品产业链各环节运用绿色农业生产模式整合，提高了行业效率和资源利用率，同时增强了服务我国粮食安全和食品安全的能力。通过实施品牌引领战略，扩大了福临门、蒙牛、家佳康、长城、酒鬼、中茶等品牌的市场影响力，在全国 952 个大中型城市和上万个县、乡拥有 230 万家终端售点，获得了广大消费者的认可。在主要产粮区建立了较完善的农业产业化体系，拥有直属粮库 95 个，总收储能力 2 091 万吨，具备 1 800 万吨港口年中转能力和 6.45 万吨日烘干能力，经营布局遍及我国粮食主要产销区，掌控北良港、江阴港、城陵矶港、防城港等重要物流节点，搭建了“两横三纵”的粮食物流体系，包括长江通道、西江通道、东北港口至华南海运物流通道、东北港口至华东海运物流通道、东北产区至内陆销区物流通道。

二、创新服务模式，助推农业增产农民增收

坚持服务深化农村改革，从传统农贸企业转变为新型生产服务经营主体。提高农业质量效益，实现产出高效、产品安全、资源节约、环境友好的绿色农业是中粮集团的重要使命。通过原料生产基地建设与农户开展合作，搭建联结市场与农户的农业综合服务平台，并发挥资金、品牌、管理、技术等优势，推进互联网、大数据、人工智能与农业的深度融合，创新农业金融服务，推动农业发展向绿色转型，多渠道服务“三农”，推动粮食增产、农业增效、农民增收。探索出“公司＋农户”的订单农业、“生产＋贸易”的互补经济体、“国内＋国外”的互补商业模式。开展订单农业，培育新型农业经营主体，并扶持小农户。围绕“粮食银行＋农业服务”建立粮食回收渠道，加强与农业合作社联系，探索解决农户种什么、怎么种、收好粮、周转难等现实问题。巩固和完善已有的天津、海宁、巢湖、厦门、九江、郑州、黄冈、荆州、东莞、成都、重庆和昌吉等 12 个中粮农业产业园规模，优化以惠农链为代表的品牌农业金融业务模式，开展支农服务，促进产融结合，打造具有中粮特色的农业产业化“生态圈”，落实农业产业化升级，促进绿色农业发展。截至 2019 年，累计服务土地面积超 1 000 万亩、收购农业产业化粮源超 1 000 万吨。

中粮集团旗下的中粮贸易以市场需求为导向，从粮食种植前端切入订单农业，中间嫁接农资等社会资源提供综合农事服务、农业金融服务，后端提供“粮食银行”收储服务，建立业务闭环与服务循环。2019 年创新推出了“种植贷”金融服务。这种以“中粮＋新型农业经营主体＋银行＋担保机构”的农粮供应链金融服务模式，既确保了贷款资金使用安全，又破解了因农业信贷抵押物不足难以贷款的问题。2019 年有 6 家种植合作社获得了“种植贷”1 000 余万元，扩大土地种植面积 3 万亩。“粮圈儿”App 是由中粮贸易大数据农业公司面向“互联网＋农业”推出的综合性农业服务。通过手机安装“粮圈儿”App，农户可以足不出户，了解粮库实施收购情况，可以随时进行结算，既减少了担保、搬倒、霉变的风险和费用，又分享了市场价格波动的机会，粮食可以卖到理论上的最高价。内蒙古自治区兴安盟扎赉特旗年产大米 200 吨，通过“粮圈儿”App，销售单价每 500 克提高了 1.4 元，当地农户年总计增收 560 万元。以区域粮库为主要抓手搭建起的“粮食银行＋”农业综合服务平台让粮库变成农户自己的粮仓，提供代烘干、代仓储等粮食产后服务，解决收粮、储粮、卖粮、清理烘干等诸多难题，有效降低粮食损耗，保证粮食品质，减少售粮中间环节，同时帮助解决粮食销售出口，获得适时适市适价卖粮机会，实现提质减损促增收。2019—2020 年，农业产业化涉农面积达到 1 234 万亩，签署订单农业面积 340 万亩，惠及农户 14.86 万户。2019 年，中粮信托、中粮期货和中粮贸易共同走进黑龙江省宁安市 3 个乡镇的田间地头，为农户宣讲中粮集团的产品、服务及相关的农业金融知识。农户们纷纷感慨“原来粮食还可以这么卖”“农业还可以

这么搞”，农户积极“充电”，农业技能提升明显。

中粮粮谷按照“企业＋合作社＋农户”模式，在河南、山东、内蒙古等地开展订单小麦，并创新开展统一供种、统一播种、统一施肥施药、统一收割、统一回收的“五统一”服务，提高农民种植优质小麦积极性。2019 年通过订单农业模式，种植优质小麦共 30 万亩，为种植户带来直接经济收入 2 300 万元。与此同时，订单大米也大获成功，2019 年订单大米种植面积约 73 万亩，覆盖黑龙江、辽宁、吉林、江苏、安徽、湖南、湖北、江西、广东等区域。

中国纺织利用自身在棉花销售端的优势和影响力，以合作社为单位，向其提供种植资金、生产资料、农事服务等，解决棉花种植中的痛点。2019 年，在新疆已与 5 家合作社合作，投入资金 6 000万元，锁定种植面积 21.3 万亩，锁定皮棉 3 万吨。

中粮肉食在规模化养殖的道路上不断探索，走出了一条饲料-养殖-屠宰-环保-生态循环农业的路径。粪污产生的沼气回收利用，沼液则作为液体农家肥返田，同时沼气采用热电联产技术并网发电，并配套余热回收系统，有效将沼气转化为电能和热能。据测算，中粮肉食这种零排放、高附加值的循环经济模式，每年可发电 1 200 万千瓦时，产生经济效益 800 万元，年处理粪污 80 万吨，减排二氧化碳 14 万吨。

三、依靠科技进步，促进农业全域绿色发展

坚持绿色生态导向，用“绿色产业链、低碳好产品”的理念，持续加强环境管控，通过运用绿色农业生产技术，科学减少化学品使用量，发展生物性肥料、生物性农药等生物环保制品替代化学品，并采用精准施肥、精准灌溉技术，实现对农业投入品控制，减少生态环境污染。中粮集团努力通过农产品全球产业链的整合和效率的提升，高效、低耗地将粮食和食品送到消费者手中，同时降低生产加工对环境的影响，引领行业的可持续发展。2019 年 2 月中粮集团加入世界可持续发展工商理事会，与合作伙伴一起推动建立可持续的全球食品供应链，在减少排放、解决营养不良、提供健康饮食、改善小农生计、提高灾害抵御能力等方面对我国乃至全球的可持续发展产生真正的影响。同时，中粮集团还积极参加该理事会软商品论坛，与全球领先的农商企业一起，与政府、农民、消费者、非政府组织等一致行动，推动诸如巴西塞拉多地区大豆生产中造成森林资源破坏等问题的解决，参与黑龙江省富锦市土壤改良、秸秆的收储及高附加值利用、一手优质粮源的收储等县域农业产业化资源的整合，创建更安全、更可持续的粮食系统，实现农业的可持续发展。2019 年积极响应国家政策，对东北黑土地进行休耕，通过“农企整体规划组织＋东北黑土地保护关键技术节点把控＋全程统一管理＋全产业链”的稻米有机种植模式，实现黑土地保护的低成本、高效率和

可持续运作，助力我国农田质量的保护提升、农业的提质增效、农民的丰产丰收。2019年，中粮集团在吉林省蜡质玉米订单农业项目共签订1.7万吨，基地面积3.5万亩，涉及合作社7个，农户2 000余户，总计为农民带来直接收益1 380万元，间接带动当地经济收入1 656万元。同时，投资建设了以蜡质玉米为原料的全新生产线，生产具有更高技术含量和附加值的特种淀粉、变性淀粉等产品，使蜡质玉米订单农业项目产业链进一步延伸。

发展绿色农业，严格质量安全控制。利用中粮集团全产业链优势，建设全产业链可追溯系统，以科技含量、科技水平和科技控制力，真正实现产品质量好、价格优。推动农产品标准国际化，以最严格的举措确保“舌尖上的安全”。在收购环节深入田间地头，提供收割、运输、临时储存、烘干各环节一条龙服务，实现从田间到工厂的无缝对接，有效减少粮食损失。部分工厂采用优质原粮订单溢价收购措施，直接将补贴发至农民手中，提升农民信任度，调动农户种植优质作物的积极性，提升优质粮源供给。各工厂通过全自动包装系统、装箱系统、码垛系统等的应用，提高各环节生产效率和周转速度，实现远程监控的自动化作业，确保产品质量持续稳定，增加优质粮油产品供给。采用最先进溯源防伪技术，建立统一的防伪查询平台，与各地市质量监督管理部门深度配合，开展检测认证，并在产品包装上增加查询追溯源码，确保“查得出根源，吃得到放心”。依托好粮油检测实验室开展重金属、农药残留、转基因、真菌毒素检测；建立产品标准化生产体系，完善从原料到产品各项质量安全指标；以高精度先进检测仪器为基础，建立完善的检测检验体系，保障从优质原料到优质产品的加工转化，将安全、优质的产品送到广大人民的餐桌上。

四、全员发力，绿色农业遍地开花

截至2019年，中粮粮谷在全国建成43家国际一流、行业领先的现代化农产品加工基地，大米业务年稻谷加工能力达495万吨，位居全国第一。自2009年起，旗下“福临门”品牌大米连续多年蝉联全国大米类市场综合占有率第一位，2019年荣获中国顾客满意度指数大米品类品牌排行榜第一。中粮粮谷小麦加工能力达619万吨，居行业领先地位；年面条生产能力达到19万吨；年面包及糕点产能3 600吨；旗下“香雪”面粉为中国名牌产品。中粮粮谷大麦业务年麦芽加工能力66万吨。内销市场覆盖全国各大啤酒企业，市场占有率超过27%；出口市场集中在东南亚、蒙古、非洲等地，出口量占中国麦芽总出口的45%以上。

中粮油脂共有30家生产企业，遍布全国13个省份。2019年油料加工能力2 035万吨，精炼能力670万吨，主要产品包括散油（豆油、菜籽油、棕榈油等）、粕类（豆粕、菜粕等）、包装油（中包装油、小包装油）、特种油脂等，年销售量约2 100万吨，是“福临门”牌小包装油、“福掌柜”牌中包装油的生产商，还拥有“四海”“喜盈盈”等多个知名粕类品牌。

中粮糖业在国内甘蔗、甜菜制糖领域运营着13家制糖企业，遍布于广西、广东、云南、新疆等优势原料主产区，2019年产糖70万吨。中粮糖业在河北唐山曹妃甸的炼糖厂拥有50万吨/年炼糖能力，在辽宁营口的炼糖厂拥有100万吨/年炼糖能力；在国内重要交通枢纽和主要食糖消费市场拥有21个食糖仓储库，总计200万吨库容；贸销业务年经营量300万吨，占全国消费总量的20%，是服务用糖企业、促进国内食糖流通的主力军。

中茶公司集茶叶种植、生产、加工、研发、销售、文化推广于一体，从源头开始，为茶叶生产提供了天然、绿色、健康、安全的高品质原料，在福建、云南、广西、湖南、浙江等地建有多家大中型生产企业和原料基地，有力地保障了中茶产品的卓越品质。通过“公司＋供应商＋农户”运营模式进行茶园建设，拥有可控茶园7万亩，在西湖龙井、太平猴魁、铁观音、大红袍等名优茶产区建立了茶园基地与生产加工基地，控制优质茶叶资源，拥有国内茶叶企业最先进的、最完备的生产加工技术和设备，专业化程度高，生产标准严格，年生产加工能力5.5万吨。中茶公司生产加工基地遍布全国主要茶产区，积极发挥基地公司示范作用，辐射和带动周边供应商和茶农的茶叶安全生产。

中粮肉食作为全产业链肉类企业，从养殖源头开始，在全国布建80余个高标准生态养殖基地，2个屠宰加工厂，4个肉制品加工厂，4家高科技预混料生产企业，21家饲料全价料生产企业。精选全球优良猪种，生猪养殖和生鲜猪肉规模增长迅速。2019年，生猪养殖产能超过500万头，养殖规模跻身行业前列。旗下肉食品牌“家佳康”“万威客”，通过严苛的“安全五道关”管控，以航天标准锻造肉类产品，在高端生鲜猪肉和肉制品领域处于行业领先地位，是中国航天事业合作伙伴，也是国家体育总局训练局国家队运动员备战保障产品，还为多支国家队和省级体育单位及运动队供应肉食产品。秉持“引领行业安全标准、保障国民肉食安全”的经营理念，向消费者提供品质高端、安全放心、健康营养的肉类产品。中粮肉食饲料产能422万吨，2019年产销规模200万吨。旗下饲料品牌“五谷丰登”着力打造全价料产品，“锐科”聚焦于预混料产品，秉承“生命、科技、幸福”的品牌内涵，以研发创新为核心驱动，持续提升饲料产品“安全环保、营养均衡、专业高效、全程最优”的内在价值。

作为中国最大的国有农粮企业，中粮集团积极履行央企责任，充分发挥旗下多家涉农专业化公司的优势，2019年全面升级农业产业化链条，推行绿色农业发展模式，集成绿色农业生产和农村环保技术，培育和发展绿色农产品市场，建立绿色农业信息、金融服务体系，有效提升了农民收入，有效保护了农村生态宜居的环境。中粮集团一系列的探索实践，有效服务了乡村振兴战略，让农民有了更多实实在在的获得感、幸福感和安全感。中粮人以苦干实干、久久为功的精神，结合自身的优势和特点，充分创新农业产业化工作模式，全方位助力新时代“三农”工作，助力中国绿色农业的全面发展。

中国油莎豆产业发展报告（2021）

中国农业产业化龙头企业协会油莎豆产业发展专业委员会

近年来，油莎豆产业以其“四高三新两不争”的突出开发优势得到绿色农业发展领域的广泛关注。油莎豆具有高产量、高收益、高增值、高生态的作物经济特点，属于新型油料原料、新型饲料原料、新型酿酒原料，不与主粮争地、不与农民争利，具有显著的保障国家粮油战略安全、全产业链兴产富农及促进绿色生态和谐发展的综合价值。

一、油莎豆概述

1. 认识油莎豆

油莎豆，又名虎坚果、铁荸荠、地下核桃，英文名为 Tigernut、Chufa 等，是莎草科一年生块茎类植物，性喜温润，耐旱、耐涝、耐贫瘠、耐盐碱，在沙质土、白浆土、盐碱地、黑土及荒地山坡等低、中、高肥力土地上均可种植，尤其适宜沙壤土。油莎豆主要食用部分为地下块茎，平均每株产 100～300 个块茎，每个块茎 1～2 克。在我国，油莎豆产量一般为 400～600 千克/亩，丰产地产量可达 1 000 千克/亩以上。油莎豆含油量一般为 20%～30%，亩产油量远高于油菜籽、大豆、花生等油料作物，可达 120 千克/亩，而且油脂品质好，不饱和脂肪酸含量 80%以上，油酸、亚油酸等脂肪酸组成与橄榄油、茶油相近，是优质的食用油源。油莎豆的单位面积产量是目前油料作物中最高的，因而被世界各国的农业专家称为“油料作物之王”。

中国粮油学会首席专家、油脂分会名誉会长王瑞元在《一种多用途的新兴油料作物——油莎豆》（《中国油脂》2019 年第 44 卷第一期）中指出，油莎豆是一种集粮、油、牧、饲于一体的，综合利用价值高、开发潜力大的新兴经济作物。油莎豆富含油脂，最高含量可高达 36%，是榨取高端食用植物油的重要原料。油莎豆油 80%以上不饱和脂肪酸中油酸含量 64.12%、亚油酸含量 15.14%，是优质的食用油。油莎豆油油质清醇，食味醇香，其营养价值与花生油相似，维生素 E 含量与山茶油相似且高于橄榄油，如表 1 所示。

表1 油莎豆油与橄榄油、山茶油、花生油的脂肪酸组成及维生素E含量比较

油 品	脂肪酸含量（%）						维生素E含量（毫克/100克）
	油酸	亚油酸	棕榈酸	硬脂酸	亚麻酸	花生酸	
油莎豆油	64.12	15.14	9.32	2.22	2.36	0.41	56.4
橄榄油	84.4	4.6	6.9	2.3	0.5	0.1	16.8
山茶油	75.0	8.0	8.0	1.1	0.51	—	51.0
花生油	53.4	24.9	8.3	6.3	—	2.4	13.9

数据来源：北京市营养源研究所检测报告。

据世界医学界数十年来对人体必需脂肪酸的研究证明：当亚麻酸脂肪酸和亚油酸脂肪酸的比例为1∶4时，人体处于最佳健康状态，各种疾病很难入侵人体。油莎豆油中所含必需脂肪酸的比例最接近1∶4，同人乳相似，且极易吸收。目前，油莎豆油已成为预防和控制糖尿病、肥胖发生的理想食用油，国外有很多健身教练及对形体要求高的人群都在食用油莎豆油。因此，油莎豆作为一种绿色健康的油料作物，对保障我国食用油安全具有重大战略意义。

油莎豆作为新型油料作物，具有亩产量和产油量“双高”的特点，适宜在沙化土壤种植。多年来，我国油料自给率一直徘徊在30%左右；2020年大豆进口达10 033万吨，进口依存度高达84.8%（新华网，2021年1月27日）。我国传统大宗油料单位面积产出率较低，急需产出率高、发展潜力大的替代油源，保障我国食用油供给安全。2016年，油莎豆被列入农业部《全国种植业结构调整规划（2016—2020年）》，并提到“在适宜地区示范推广油用牡丹、油莎豆等，增加新油源”。

油莎豆除了是油料作物中最具竞争力的新型品类，也是集油、粮、牧、饲于一体的新型绿色经济作物。油莎豆抗旱节水，高产稳产，适应我国丰富的沙化非粮边际土地种植，在生态保护、农民增收、产业扶贫等方面发挥了重要作用。近年来，我国油莎豆品种选育和机械化收获等生产关键技术有重大突破，初步具备了规模化发展条件。1亩油莎豆能生产4亩大豆或2亩油菜相当的优质食用油和0.6亩玉米相当的饲料豆粕，植株地上部分可以作为优质饲草，亩产饲草干草500千克，能有效弥补我国冬季草料严重不足的供给。油莎豆产业生态效益和经济效益凸显，初步具有新油源替代潜力，未来具有广阔的发展空间。

2. 油莎豆的由来

2015年，国际植物科学领域杂志《植物学年报》发表的《一项关于油莎豆的起源的分子调查》，通过植物分子学遗传最新研究表明，油莎豆起源于新生代晚期的非洲，最近的共同祖先也有500多万年的历史，是非洲及地中海沿岸地区常见的野生物种。自200万年前开始，非洲的原始人类就以油莎豆为食而生存。

莎草科一年生草本沙生的油莎豆作为人工种植的经济作物考证，是公元前15世纪古埃及第十八王朝宰相莱克米尔的墓穴中发现的一幅反映人们正在称量和处理油莎豆的壁画。从更多的植物考古证据来看，油莎豆在6000年前或更久时期内，便是古埃及很重要的人工种植农作物之一。当时的古埃及人很喜欢吃油莎豆，通常把它晒干磨粉后混合蜂蜜，制成一种当时人们很喜爱的甜点，贵族们则喜欢把它用水煮或烤熟后，蘸着蜂蜜吃。

近年来，随着对油莎豆的营养和保健功能的深入研究，油莎豆被国际上誉为“生命之果”和“21世纪超级食品”。在欧洲，油莎豆市场较为成熟，其中以西班牙为代表，生产出了油莎豆系列产品，包括特色饮品欧洽塔（Horchata）；在非洲，通常制成豆粉、油、坚果小吃等供日常食用；在美国，人们制成糕点、糖果、咖啡代用品和饮料。油莎豆的药用价值也日渐被重视。《新华本草纲要》中记载，油莎豆块茎性辛、甘、温，有疏肝行气、健脾和健胃功效，主治肝郁气滞所致的胁痛、胸闷，脾胃气滞所致的脘腹胀满、胃痛纳呆、脾虚食少、食积停滞、消化不良等症。

我国先后于1952年和1960年从苏联和保加利亚引进油莎豆，在中国科学院植物研究所北京植物园繁育试种成功。20世纪60年代，在全国各地逐渐传播开来。由于油莎豆的适应性强，在我国南北方各地的沙漠、沙滩、滩涂地、盐碱地、丘陵、山坡、林间均可生长。目前，在河北、河南、新疆、内蒙古、山东、云南、陕西等20多个省份都有种植。2000年以后，全国在油莎豆种植栽培和加工方面的研究越加深入，很多学者从科学角度对油莎豆进行了深入细致的研究，研究成果显著，很多产业化的技术开始出现并日臻成熟。

3. 油莎豆作物经济性的比较优势

（1）产量及产能普遍高于其他大田油料作物。油莎豆是目前已知唯一在块茎器官中积累大量油脂的特种经济作物，平均亩产约500千克，规范化种植管理后产量可达到亩产1吨，且尚有较大提升空间。从土地产出价值和单项营养成分上，因单位面积产量大幅高于其他油料作物，油莎豆具有显著的产能优势，如表2所示。

表2　油莎豆与主要油料作物的经济性对比

指　标	油莎豆	油菜	花生（米）	大豆	玉米
亩产量（千克）	500	130	180	120	400
蛋白质含量（%）	8	25	21.7	36.3	8.5
蛋白质产量（千克）	33	32.5	39.1	43.6	34
含油量（%）	25	42	48	18	4.3
油脂产量（千克）	125	54.6	88.4	21.6	17.2
碳水化合物（%）	50		23.8	25	73.2

注：油料作物数据来源于中国农业科学院农业经济与发展研究所《2020年油莎豆产业发展分析报告》（朱立志研究员、博导）。

（2）适应性强。油莎豆根系发达，分蘖强，抗旱耐涝，耐瘠薄，耐盐碱，易种易管，可在沙滩、丘陵、坡地、林地间单种或套种。目前我国南至浙江、海南，北至内蒙古、辽宁等地均有种植。

（3）生育期短，亩产量高。油莎豆从4月初到7月均可播种，全生育期为110～130天，亩产块茎干果400～600千克，产油量平均120千克/亩。

（4）油脂品质好。油莎豆不饱和脂肪酸含量80%以上，与橄榄油、茶油相当，是优质的食用油源，如图1所示。

（5）富含碳水化合物和矿质营养元素。油莎豆含有丰富的蛋白质、氨基酸、多种不饱和脂肪酸、维生素E、胡萝卜素及多种矿物质等营养元素（表3），长期食用对高血压、高血脂等心脑血管疾病有较好的预防作用，是当今植物中最有发展前途的新型油料和小麦粉替代品优质作物之一。油莎豆晒干后磨粉或利用榨油后的豆粕磨粉，营养价值很高，可以代替部分面粉制作糕点、饼干等。油莎豆豆浆的外观与牛奶相似，营养价值却大于牛奶，被美国人形象地称为“使人类震撼的饮料”，欧美国家已有代替母乳的油莎豆婴幼儿饮品问世。油莎豆榨油后剩余的油莎豆粕是酿酒制糖的良好原材料，油莎豆原浆酒开创了中国酿酒工业非主粮作物酿制特殊香型白酒领域的一个新时代。油莎豆晒干后去皮成为食品豆，在美国被誉为“上帝的零食”。

（6）生物能源的优质原料。油莎豆是生产生物柴油（润滑油）的优质基础原料，油莎豆生物柴

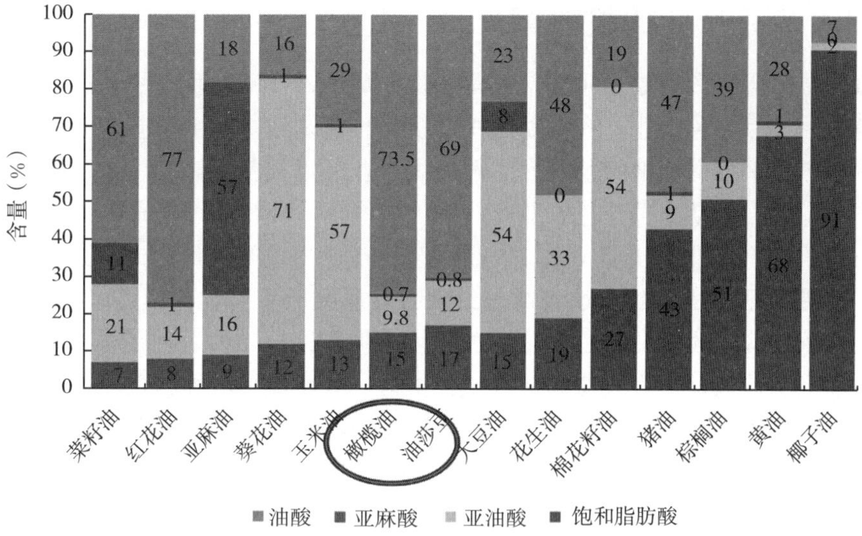

图 1 膳食脂肪比较

数据来源：中国农业科学院油料作物研究所检测报告。

油具备生物能源的可再生性、优良环保性、生物降解性、良好润滑性、可替代性、安全性等优良性能。油莎豆生物柴油可有效减排各种污染物 95%以上，是普通石化柴油的替代品，可大大减少普通柴油使用对大气的污染，对治理雾霾和保护生态环境发挥了积极作用，规模化开发有助于我国碳达峰与碳中和目标的加速实现。

（7）优质的饲料原料。油莎豆的茎叶营养丰富，利用价值高，无论是新鲜的草叶还是干草，都是上乘的饲草（表 3），可直接或打碎后饲养牛、羊、兔、鸡、鸭、鹅、鱼等。油莎茎叶柔软无茸毛，是牛、马、羊、兔等家畜非常喜爱的饲料。油莎豆草产量高，亩产鲜草 750～1 250 千克，1 亩油莎草可供饲养 2 头牛或 10 只羊或 100 只兔或 500 尾鱼。油莎豆榨油后的豆粕及熬糖、酿酒之后的渣料都是喂养畜禽的优质饲料。油莎豆块茎、豆粕饲料是优质的混合饲料产品，可替代目前市场上其他种类混合饲料，是蛋白饲料、水产饲料和其他饲料的替代品。

表 3 油莎豆块茎、茎叶主要成分及含量

项 目	营养物质	含量（干重）	用途
油莎豆	淀粉	25%～40%	食品、食用油料、酿酒、制作面粉等
	油脂	20%～30%	
	糖	15%～20%	
	蛋白质	5%～10%	
	膳食纤维	8%～10%	
	维生素 C、维生素 E	8～14 毫克/100 克	
	矿物质（钾、磷、钠、钙、镁）	—	
油莎草	粗脂肪	7.6%～8.9%	作为畜禽饲料
	糖	10.6%	
	粗蛋白	9.8%	
	粗纤维	19.3%	
	矿物质	10.9%	

数据来源：长春大学农产品深加工吉林省高校重点实验室、吉林大学药学院检测报告。

二、发展油莎豆产业的战略意义

国务院参事室特约研究员、原农业部常务副部长尹成杰在2020年8月油莎豆产业发展论坛上指出，规模化发展油莎豆特色产业，对于助力扶贫攻坚、脱贫致富和乡村振兴具有重大意义。要进一步认真学习贯彻习近平总书记把特色农产品做成大产业的重要指示，加快发展具有特色的、具有优势的油莎豆产业，大力推动中国特色农业产业的加快发展。要加快科技进步与创新来实现油莎豆产业的规模化、集约化、标准化和现代化，提高油莎豆产业的发展质量。

1. 油莎豆产业是我国农业供给侧改革的重大创新与重要抓手

我国农业供给侧结构性改革的核心就是通过种植结构和种植品种、种植模式的改变，提高农业种植作物的品质和经济价值，彻底改变农业种植价值低、效率低、收益低的状况，提高农业种植收入，同时通过发展高品质农业产品来提升我国百姓的健康状况。油莎豆是列入国家长远农业发展项目——《全国种植业结构调整规划（2016—2020年）》的新型、高品质、特种油料、饲料作物品种，具有适合在中国普遍种植、投入产出比远高于其他油料作物、食用油品质高、应用产品开发广泛等特点，是地方政府推进农业供给侧改革、推进农业产业升级强有力的抓手。

作为全面服务"三农"、推动我国农业产业化健康发展的国家一级协会组织，中国农业产业化龙头企业协会率先于2020年8月，组织我国油莎豆产业龙头企业新疆泽惠丰农业科技有限公司等机构，成立了中国农业产业化龙头企业协会油莎豆产业发展专业委员会。该协会会长、全国政协参政议政人才库特聘专家刘身利表示，小小的油莎豆，实际上关系到千家万户生活质量的改善和保障，产业意义非常重大。发展壮大油莎豆产业能够有效缓解对进口大豆等油饲原料作物的高度依存现状，是推动农业供给侧结构性改革的重大创新和重要抓手。同时，油莎豆产业的推广对我国的中西部地区荒漠化治理、走生态可循环之路、巩固脱贫攻坚成果都具有很好的促进作用。在农业领域培育拓展油莎豆产业，对推动国内的农业经济大循环、调整农业产业结构、保障民生生活改善都有重大的意义。油莎豆产业发展专业委员会的正式设立，对我国油莎豆产业发展具有里程碑意义。

2. 油莎豆种植收益高，是巩固脱贫攻坚成果的最佳选择

脱贫攻坚的关键是提高当地农业资源的利用率和推进农业产业升级，油莎豆产业可以有效地解决农民脱贫致富的问题。

（1）油莎豆种植可以大幅度提高农业种植收入。根据目前的数据测算，种植油莎豆每亩的收入可以超过 1 500 元，明显高于其他油料作物和粮食作物的种植收入，同时油莎豆地上部分植物还是上佳的饲料原料，每亩还可以为农民增加 500 元的收入。

新疆生产建设兵团第二师 27 团十连党委书记徐峰表示，团场自 2018 年引进油莎豆，前期在一些沙化的边际土地引种试种，经过实际测产亩产在 300～500 千克，每亩地纯收入达到了 1 000 多元。种植油莎豆对兵团来说，无论是新农村建设，还是带动职工增收致富的渠道，都是一个很好的种植项目，以后一定能给职工群众带来更多的切身利益。

（2）油莎豆作物的种植不需要占用基本耕地。油莎豆可以在沙化土壤和盐碱化土壤上种植，极大地提高了土地资源利用率和沙化、荒漠、盐碱等贫瘠土地的经济产出价值，尤其是对贫困地区特色农业经济培育和农民增收有较强的可操作性。油莎豆在沙性土壤面积大的区域种植比玉米、花生提高 1 倍以上的收入，是优势经济作物。种植在沙地上的油莎豆，可以对沙化土地进行土壤修复和生态治理，达到防风固沙、保持水土的效果。油莎草生长快，生长 2 个月可基本覆盖沙质土地。在收获果实后，地上部茎叶可作为绿肥翻入土中，与残留的根须一道提高土壤肥力。

据新疆生产建设兵团第三师 54 团负责人介绍，团场位于新疆西南边陲、昆仑山北麓、帕米尔高原南缘，地处塔克拉玛干沙漠和布古里沙漠之间，属内陆干燥气候，土地风蚀严重，碱性强，土壤 pH 8.3～9.3。团场耕地面积 3.56 万亩，其中 2.8 万余亩新开垦非红线内耕地全部是沙性土质。2017 年团场成功引种油莎豆后，近年来利用非耕地的盐碱性沙土地，每年种植面积达到2 万余亩，是目前国内集中连片种植面积最大的油莎豆基地，也成为 54 团的主要种植作物。油莎豆在团场长势良好，目前亩产不低于 300 千克，还有很大的增产空间。54 团油莎豆种植基地土地集中连片，油莎豆从种到收实现全程机械化，年生产优质油莎豆 6 000 吨以上，商品率达 95%以上。预计未来 3 年内可辐射带动周边边际土地种植油莎豆规模达到 20 万亩以上。

（3）油莎豆精深加工价值高、发展领域宽广。油莎豆可以加工成食用油、酒类、饲料、食品、保健品等多种用途的产品，通过发展油莎豆产业可以有效地带动当地加工企业的发展，促进地方农业产业升级。

3. 油莎豆是革新我国白酒原料，进一步巩固国家主粮安全的代粮项目

我国白酒（粮食酒）多以含淀粉谷物如高粱、玉米、大麦、小麦、大米、豌豆等，经过原料粉碎、配料、蒸煮糊化、冷却、拌醅、入窖发酵、蒸酒等过程酿造而成。一般用粮食酿造白酒的出酒

率为20%～40%，出酒率按高度原酒65% Vol计算。以茅台酒为代表的优质酱香酒，出酒率约为20%，即2.5千克粮食出500克酒。以汾酒为代表的优质清香型酒，出酒率约为33%，即1.5千克粮食出500克酒。以五粮液为代表的优质浓香型酒，出酒率约为28%，即1.75千克粮食出500克酒。

据中商产业研究院数据库显示，2019年全国白酒产量为785.9×10^7升，同比下降0.8%。按照浓香型1.75千克粮食出500毫升酒的标准，需要粮食2 750.65万吨，这还不算运输或者酿造过程中的损耗。根据国家统计局的数据，2019年全国粮食产量66 384万吨，由此推算酿造白酒至少用掉了全国粮食产量的4.14%。

油莎豆基本成分为蛋白质、脂肪、糖、淀粉、水分，含量分别为8.00%、26.50%、23.35%、23.21%、7.00%，其中淀粉和糖分的含量约50%，是优质酿酒原料，可以部分缓解酿酒产业大量消耗原粮的问题。用油莎豆榨油后的豆粕来替代粮食作为酿酒原料，能进一步巩固我国主粮安全。

目前，业内已开发出“虎赋”“鑫科创”“储润源”等品牌油莎豆白酒。代表性的“虎赋”生态原浆酒，具有油莎豆独特的风味，口感饱满醇厚，酒体清香雅郁，入口芳香柔绵，落口甘甜，饮后余香经久不绝。油莎豆酒投入销售后，市场消费反馈热烈，产品已经出现供不应求的情况。油莎豆原浆酒投豆粕料约500千克，出酒约130千克，酒精度约60% Vol，约合3.85千克油莎豆豆粕酿制1千克白酒，替代原粮的作用明显，可以预测油莎豆作为酿酒原料有很大的发展空间。

受世界性粮食供应紧张影响，2020年已有多家知名酒业公司接洽合作油莎豆主粮替代性新白酒的整体开发，包括陕西国粹凤香酿酒有限公司、湖北巷子深酿酒有限责任公司、赤壁市三国酒业有限公司、江苏洋河酒厂股份有限公司（苏酒集团）、吉林省福丰达酿酒有限公司等酒业生产企业，开始采用油莎豆替代主粮原料试制白酒生产。

4. 油莎豆是高效改良土壤、推进农业可持续发展的绿色项目

随着人口的增长和社会经济的发展，耕地面积逐步减少，土地质量也在下降，世界范围内土地盐碱地问题越来越严重。沙化边际土地、盐碱地均是可利用的资源，其改良与利用已经成为确保我国耕地“红线”不被突破、实现农业可持续发展的重要举措。推进盐碱地资源的生态利用和产业化开发对于建设生态文明，推动绿色发展具有重要意义。

以盐碱化土地为例，我国盐碱地主要分布于西北、华北、东北和滨海地区，总面积3亿～4亿亩。碱化土壤的形成，大部分与土壤中碳酸盐的累积有关，因而碱化度普遍较高，严重的盐碱土壤地区的植物几乎不能生存。通常土壤含盐量在0.2%～0.5%时就不利于植物生长了，而我国不少盐碱地的含盐量达0.6%～1.0%。油莎豆具有耐旱、耐贫瘠、耐盐碱等抗逆性强、适应性好的特点，是提高盐碱地土地改良利用效率和种植效益的良好选择。

2019年，在新疆生产建设兵团27团、54团团场盐碱化土地开展油莎豆种植实验，分别中小规模试种部分耐盐碱油莎豆种源，其中54团团场12 000亩盐碱化土地pH高达9.3。2020年，进一步加大实验面积与盐碱土壤区域，除27团、37团、54团外，还增加了吉林省通榆县、内蒙古自治区科尔沁左翼中旗和扎鲁特旗等3处区域程度不同的中度盐碱土地基地进行种植实验，具体实验参数详见表4。

盐碱土壤利用油莎豆作物耐盐碱特性进行种植实验后，其中有两块土地第二年土壤pH测定出现3%～5%不同程度的降低。据相关种植负责人介绍，按照盐碱地类型划分和耐盐碱作物表现特性，轻度盐碱地pH 7.1～8.5，出苗率70%～80%；中度盐碱地pH 8.5～9.5，出苗率50%～70%；重度盐碱地pH 9.5以上，出苗率低于50%。目前相关实验种植产量基本符合预测产量，后续还将在增加有机质、盐分含量测定等更完整参数基础上持续同步进行基地油莎豆耐盐碱土壤种植测试与新品种繁育工作。

表 4 油莎豆盐碱土壤地区种植明细

序号	种植地址	种植面积（亩）	年份	种植密度（厘米）	土壤类型	土壤 pH 第二年数值	亩产鲜豆（千克）	亩产干豆（千克）
1	新疆生产建设兵团 27 团	450	2019	30×10	碱性地	8.5	1 400	430
2	新疆生产建设兵团 54 团	12 000	2019	30×15	碱性地	9.3	400	130
3	新疆生产建设兵团 54 团	22 000	2020	30×10	碱性地	9	500	150
4	新疆生产建设兵团 37 团	40	2020	30×7	碱性地	8.3	800	260
5	新疆生产建设兵团 27 团	40	2020	30×7	碱性地	8.7	800	260
6	吉林通榆基地	1 450	2020	30×10	碱性地	7.8	1 340	440
7	内蒙古科左中旗基地	3 000	2020	30×10	碱性地	8.2	980	290
8	内蒙古扎鲁特旗基地	1 100	2020	30×10	碱性地	7.9	1 260	378

数据来源：中国农业产业化龙头企业协会油莎豆产业发展专业委员会，2020 年。

综上所述，大力发展油莎豆产业，不仅可以逐步替代大豆进口，保障我国食用油安全，提高绿色食用油料、饲料、绿色原料的自给率，促进生态高质量发展，还可以在优化调整我国农业种植结构的同时，确保国家粮、油、肉、蛋、奶等国民基础生活物资的整体安全水平提升，进一步提高国土资源的价值与高效利用。

三、油莎豆产业发展现状

1. 我国油莎豆产业尚处于发展初期

（1）产业未形成规模化、集约化。20 世纪 60 年代我国从保加利亚等国引进油莎豆，由于缺乏机械化收获技术，发展缓慢。2018 年，我国油莎豆种植面积约 25 万亩，实际亩产 300～400 千克，总产量约 8.75 万吨，主要分布在东北、西北、黄淮和长江流域土壤沙性较重的地区。其中吉林省农安县约 7 万亩，黑龙江大庆约 5 万亩，河北邢台约 3 万亩，新疆昌吉、喀什约 2.5 万亩，内蒙古赤峰约 2 万亩，河南黄河故道约 1 万亩，湖北江汉平原和大别山区约 0.5 万亩，其他地区零星分布 4 万亩。2019—2020 年，受经济放缓与新冠肺炎疫情等因素的影响，油莎豆种植面积有所减少，截至 2020 年年底全国种植总面积约 10 万亩。油莎豆田间作业机械包括播种、割草、搂草、打捆、起豆收获，其中收获是关键环节。油莎豆的收获工艺流程：一是将土壤中的油莎豆块茎挖起，输送到滚筒或振动筛，进行分离和清选作业；二是进行装车；三是进行收获后的处理作业。目前已初步突破机械化收获的技术瓶颈问题，为以后的规模化种植、集约化产业开发奠定了良好基础。

（2）油莎豆种源多渠道，无种质维护。我国油莎豆种植用的种子主要有四类：一是前期我国从保加利亚引进的圆粒豆，主要分布在河北、河南、新疆、内蒙古，占总面积的 50%，含油量 25% 左右，亩产 400～500 千克；二是从非洲引进的大粒圆豆，主要分布在东北地区，约占总面积的 30%，含油量 25%左右，亩产 500～600 千克；三是长粒型种子，种植面积占 10%，亩产比第一类保加利亚引种略高，但不易收获；四是我国农业科研机构自主选育的新品种，主要分布在河南、河北、湖北等产区，约占总面积的 5%，其中中油莎系列品种含油量已达 29%～31%，亩产 600～700 千克，最高亩产达到 1 050 千克。

这四类种源的各品种产量及主要品质不一（表 5），但均未达到商业种源标准的普及，引进后的种源没有进一步的研究、繁育、种质培育，多代自留种种植后不同程度地出现种质退化；自主选育品种由于油莎豆产业链价值尤其是市场终端开发价值没有有效的激活机制，包括豫油莎选1 号、湘油莎选 1 号、中油莎 1 号、中油莎 2 号等选育品种虽初步经过种植测产实验，目前仍处于未实现种业开发的小规模种植和无种质资源维护的初级阶段，更没有建立育繁推一体化的油莎豆种业体系。

表 5　油莎豆各品种产量及主要品质分析

种子来源地	湘油莎选 1 号	豫油莎选 1 号	上海福士兰公司	湖南农科院油料所	中国农科院油料所	河南许昌	呼和浩特沙奶奶农场
引种地产量（千克/亩）	400～800	600～800	500～800	400～800	360～500	600～800	600～800
脂肪含量（%）	29.1	24.5	20	24.5	14.2	21.8	25
蛋白质含量（%）	8.1	7.8	7.3	8.0	7.6	6.8	8.1
淀粉含量（%）	32.3	43.5	40.5	43.4	43	34.5	40.1

注：分析单位为广西壮族自治区分析测试研究中心。

（3）油莎豆亩产量和油饲应用情况。油莎豆含油量一般为 20%～30%，亩产油量 120 千克以上。油莎豆油营养价值高，不饱和脂肪酸含量占比达 80%以上，具有高油酸（68%）和低亚油酸（12%）的特点，品质与橄榄油相似，豆粕含淀粉 45%、糖分 23%、粗蛋白 8%，每亩可折合 0.65 亩的玉米产量；亩产饲草干草 500 千克，含粗蛋白 10%，是草食动物的优质饲草。我国现阶段生产的油莎豆限于未形成有效产能，主要应用集中于当作“非标准种子”销售、榨取食用油和少部分的饲料应用。

2. 油莎豆开发用途多样，消费量总体较小

油莎豆的主要可利用成分为油脂和碳水化合物，直接产品有油莎豆干果、食用油、酒和豆粕余料，衍生产品有油莎豆饮料、无麸质面粉和油莎豆精深加工制品等，目前主要消费端为居民烹饪和养殖业饲料加工。全国油莎豆消费市场也处于开发阶段，消费群体对于油莎豆健康营养价值的认知缺失，产业供应链尚未完善，加工量和消费量体量较小。全国年加工油莎豆油约 1 万吨，销售价格 100～200 元/千克，以产地零售和网络销售为主，用于烹饪用油。年产豆粕约 4 万吨，其中 2 万吨用于加工油莎豆风味酒，剩余主要用于养殖业饲料生产。

3. 油莎豆流通成本较高，加工以油用为主

国内油莎豆产业处于发展初期，油莎豆收获后约半数作为种子进行扩大生产，其余多用于榨油。随着油莎豆种植面积的扩大，油用比例也将会持续增加，规模稳定后油用比例将达到 95%以上。由于没有成体系地按照农业产业化途径进行油莎豆产业链的协作开发支撑，现有油莎豆流通渠道建设相对落后，全国也没有形成成熟的批发零售市场。目前的油莎豆企业通过订单在新疆、内蒙古、吉林等沙性土壤丰富的区域种植，收购后需要运回华北、东北和华中进行加工，运输成本较高。亟待通过“农头工尾”“种养结合”“分工协作”等产业链资源配置进行区域特色经济体培育，才能有望形成油莎豆大产业、全产业结构价值。

4. 油莎豆产业育种科研情况

1976—1980 年，国家专项攻关，油莎豆利用技术与示范。2006—2010 年，国家公益性科研院所专项资金课题“新型能源油料植物优异资源收集、评价与新品种选育”。2010—2015 年，科技部科技支撑计划重点项目“生物质能源植物新品种培育”，对油莎豆育种选育给予支持。2011—2013 年，国家自然科学基金“油莎豆含油量相关基因的关联分析与有效分子标记研究”。2011—2012 年，农业部油料作物生物学重点开放课题“高价值油料作物油莎豆的优异资源挖掘与遗传多样性评估”。2017—2018 年，湖北省现代农业产业技术体系项目“油莎豆品种选育与土壤监测技术”。中国农科院油料所选育的“中油莎 1 号”通过中国作物学会油料作物专业委员组织的品种认定。2019 年，

"中油莎 2 号"在湖北省监利县进行示范，亩产潜力达 1 060 千克（干果）。

5. 龙头企业成为油莎豆产业发展的主力军

油莎豆产业开发主要龙头企业如新疆泽惠丰农业科技有限公司、泽惠丰油莎豆产业发展有限公司、吉林省万龙油莎豆产业发展集团有限公司、吉林省好易收农牧业科技开发有限公司、北京鑫科创油莎豆科技发展有限公司等，积极引导农民发展订单农业，通过"公司＋合作社＋基地＋农户"的经营模式，构成了"市场牵企业、企业带基地、基地连农户"的产业组织形式，实现了农社对接、农超对接、农企对接，既免除了种植户的后顾之忧，又推动了企业快速发展。由于油莎豆收获机具不成熟，加工相对困难，缺乏收购市场，风险较大，生产模式为"企业＋合作社"的订单模式生产，订单规模为 100～1 000 亩，由龙头企业提供机械化收获服务。目前，龙头企业主要推广土地租赁自种模式、订单加服务模式及订单加合作等产业开发模式。

在近年来我国油莎豆产业的发展中，随着农业产业化企业集群组织建设水平的不断提高，逐渐形成以分工协作促进整体产业价值打造，以产业链提升服务创造最大化产业综合价值的开发共识。以泽惠丰油莎豆产业发展有限公司为代表的油莎豆产业开发企业，对油莎豆产业链构建提出了面向价值化导向发展理论。泽惠丰油莎豆产业发展有限公司也是目前国内油莎豆开发企业中唯一把打造消费端品牌价值作为产业开发切入重点的企业，通过开展大量的包括油莎豆健康营养食用油、油莎豆白酒，以及相关油莎豆加工、开发制品在内的高品质价值、品牌价值市场教育工作，为我国油莎豆产业整体扩大了消费端的价值认知，把培育市场、引导消费、打造价值作为油莎豆产业持续发展的源动力。

四、油莎豆产业发展前景

1. 国家日益重视油莎豆产业发展

2016 年，农业部出台《全国种植业结构调整规划（2016—2020 年）》指出：在适宜地区示范推广油用牡丹、油莎豆等，增加新油源。2018 年，中国食品和包装机械工业协会成立油莎豆种植加工及装备技术专业委员会。2019 年，科技部在国家重点研发计划中部署油莎豆科技创新任务。2020 年，国家重点研发计划"典型脆弱生态修复与保护研究"重点专项"北方风沙区油莎豆防风固沙技术研究与示范"项目由科技部公示后正式立项。2020 年 8 月，中国农业产业化龙头企业协会成立油莎豆产业发展专业委员会。

2020 年 12 月 14 日，农业农村部副部长张桃林主持召开油莎豆产业发展专项座谈会，听取了中国农业产业化龙头企业协会及油莎豆企业代表关于油莎豆产业发展情况及有关建议的汇报，农业农村部种植业管理司、种业管理司、农业机械化管理司、科技教育司等相关部门负责人均参加座谈。

会议重点强调，油莎豆产业在我国很有发展前景，而且产业已经形成基础，产业链条已经具备，目前加快推动油莎豆产业发展的重点工作是要有效地解决关键性的制约因素，来完善产业链平衡发展。一是在国家产业政策上作为重点工作列入"多油并举"的发展规划；二是产业发展要以"不与农民争利、不与主粮争地"为基本定位，重点利用边际土地，同时注意对生态系统的保护；三是在产业发展方向上要多功能、多目标，要综合、系列、深入地进行应用产品的开发；四是油莎豆产业发展要走全产业链开发的产业化道路，政府和企业要共同发力来引领产业发展，国家在政策上要对龙头企业给予支持和引导。

对加快推进油莎豆产业发展的农业职能具体工作，会议形成三点建议，一是由相关司局主导推动和扶持，尽快建立起油莎豆品种繁育体系；二是牵头油莎豆全产业发展，尽快在国内选择适合的重点地区进行区域性试验、示范工作，同时积极了解国际油莎豆产业开发的相关成功经验；三是中国农业产业化龙头企业协会要积极加强产业链企业集群建设和生态建设，保障产业的持续、稳定发展。

2. 油莎豆产业发展得到社会各界的认可和支持

油莎豆以其广泛的应用途径，能够在全国各地的区域性特色农业产业发展中更好地形成产业协作经济模式，在拓宽属地价值转化的同时，能够进一步强化壮大区域农产经济，这一点得到众多有识之士的认同。2020年全国两会期间，全国政协常委、黑龙江省人大常委会副主任、民革黑龙江省委主委谷振春提案《在东北农牧交错区发展油莎豆产业替代进口大豆》，全国人大代表、齐齐哈尔大学食品与生物工程学院副院长郭成宇提交了《在黑龙江各地规模化发展油莎豆产业》的议案。2021年全国两会期间，曾任中粮集团有限公司董事、总经理、党组副书记，现任职通用技术集团董事长、党组书记的全国人大代表于旭波提交了《规模化生产油莎豆作为战略油料》的议案；全国政协委员景喜猷的提案提出，“发展油莎豆产业能促进我国沙化土地的利用，有利于沙化地区种植结构调整和少数民族地区致富，发展油莎豆产业对于保障我国油料安全和产业安全具有重要意义。”建议将发展油莎豆产业纳入国家“十四五”农业规划，并出台政策，从国家层面支持油莎豆产业化发展。

油莎豆作为新型的集粮、油、牧、饲于一体的综合经济作物，能够带来显著的生态、社会、经济效益。中国农业科学院农业经济与发展研究所博士生导师、著名农业经济专家朱立志教授指出，油莎豆生产的一个显著特点，是其投入并不高、产出效益比较高。同时油莎豆生态价值也比较高，肥料利用率高，有利于减少面源污染，保护生态环境。油莎豆具有一般油料作物所不具备的天然优点，产出率高，营养含量高，同时有利于发展循环农业，促进农民增产增收。

3. 油莎豆有望成为削减进口大豆的战略性产品

我国油料和食用植物油进口依存度分别高达90%和70%。随着中美竞争而来的外部环境日益复杂，主要油饲原料大豆出口国家巴西、阿根廷和国际四大粮商从种业、技术、资本、资源上受美国影响较大，加之新冠肺炎疫情后发生的世界范围粮荒等效应的叠加，进口大豆价格不断突破历史新高节节上涨，国家粮油安全面临较大隐患。从我国新发展阶段的“保障粮、棉、油、糖、肉等重要农产品的有效供给”的总体要求来看，降低进口依赖，提高油饲原料自主自给能力势在必行。同时基于保障主粮、节约水土、提高土地产出和生态发展的综合考量下，油莎豆节水省肥不占耕地等优势极为显著。如果利用2%的沙化土地（全国约26亿亩），5～8年可形成5 000万亩生产能力，每年可以增加食用油供给600万吨、玉米替代1 900万吨、饲草2 500万吨，可替代1/3进口大豆的油脂生产。

中粮集团原董事长周明臣提出，从保障国家粮油安全战略的角度出发，大力发展油莎豆产业功在当代、利在千秋。周明臣表示，我国对进口大豆的依存度已超70%以上，其中80%以上是美国

转基因大豆种源的产物。作为主要原料的进口大豆依存度过高且为转基因农产品，也对我国粮油、饲料安全形成了明显的不利局面。未来中美将长期处于既合作又竞争的前景预期，我国粮油安全的自力更生、进一步巩固国家主粮安全保障就显得尤为重要，也更为迫切。在国家"十四五"发展规划的总体要求下，将油莎豆产业纳入国家重点产业发展系列，经过5～10年的发展油莎豆产业一定会成为我国粮、油、饲安全的重要战略性支柱产业，并将在缓解我国油饲原料供需矛盾和削减进口替代中发挥重要作用，为我国农业资源补弱增强发展提供内生动力。

4. 油莎豆产业发展的社会投入逐步稳定增长

2010年以前，全国油莎豆种植面积不到1万亩，2018年发展到25万亩，种植规模迅猛发展，产业化推广开始发力。部分龙头企业建立了成熟的加工生产线，订单合作社实现了规模化种植，实践性的油莎豆生产管理逐步成熟，为油莎豆产业快速发展奠定了技术基础。2020年全国已有256家油莎豆开发企业，种植区域已覆盖全国20多个省份。鉴于面向"双循环"新经济格局和"十四五"发展时期的总体要求，更多进入农业发展领域的企业对油莎豆产业认知逐步清晰，预计短期内我国油莎豆产业开发的社会资源投入仍将呈现稳定增长的态势。

5. 油莎豆消费将继续保持稳定增长趋势

相关农业研究机构按照前期调研数据进行的行业预测，未来5年，油莎豆食用油消费群体主要以收入较高的人群消费和礼品油为主，发展方向是替代橄榄油作为高端烹调油，消费将持续保持稳定增长趋势，达到每年3万～5万吨。未来10年，油莎豆消费对象将转向中等收入家庭，发展方向为富含油酸的油莎豆油替代调和油作为健康烹调油，进入快速增长期，消费量增加到每年100万吨左右。

北京瑜舍酒店京雅堂中餐厅（米其林一星）主厨李冬曾就高品质健康油莎豆食用油给出营养烹饪的专业评价，李冬选用中餐中常用的冷拌、煎制、爆炒、油炸等4种烹饪方法测试油莎豆食用油的营养菜品表现。测试结果显示，在冷拌菜中油莎豆油能够突出油莎豆特有豆香，使菜品具有独特香味、口感清爽并呈现菜品的味觉层次感；油品和食材间的融合度高，口感偏淡爽，可有效减少油腻的感觉，使菜品保持清爽，相对来说也更能保持食材原味和锁住营养物质。测试煎制菜品表现，油莎豆油香气醇正无杂味、菜品色泽保持好。中餐最常用的爆炒方式，油莎豆食用油即便在接近260℃仍然只有很少的油烟，李冬认为油莎豆食用油非常适合爆炒烹饪加工，更加适合国人的饮食烹饪习惯，并且油品香味与其他调味料的融合程度较好，对整体菜品品质体现更好。油莎豆食用油在成菜前后的油色对比、无沉淀、残渣等都显示出很好的油品稳定性。油炸烹饪中能直接观察到油莎豆油遇热膨胀较多，因此做油炸菜肴时用油莎豆油可以比常规食用油用量更少、消耗更少，非常符合"少吃油、吃好油"的健康理念；油莎豆食用油里有重要的高抗氧化性成分，在油炸后的保留较好，对人体有诸多益处。

五、绿色油莎豆产业的长远价值

作为我国绿色食品与绿色农业开创人、中国绿色农业联盟主席，刘连馥多年前即开始持续关注我国油莎豆产业发展，对油莎豆和相关产业的绿色基因也有着深刻的理解和独到的评价。刘连馥表示，油莎豆的沙化边际土地种植，集粮、油、牧、饲用途于一体，生态修复与土壤涵养等种植生产特点，符合我国“藏粮于地，藏粮于技”的战略要求，也具备了实施绿色农业生产方式的基础条件，高度符合绿色农业发展理念。以油莎豆为原料开发的系列产品不仅具备很好的绿色食品特质，油莎豆种植生产也符合绿色农业的基础要素，油莎豆产业开发的生态、资源和经济优势十分显著，因此，大力推动油莎豆产业的绿色高质量发展，是功在当代、利在千秋。

1. 油莎豆产业的绿色源头

全球用于商业种植的油莎豆种质资源基本为自然环境的加代繁育，这决定了油莎豆产业的种质安全与种源的天然绿色特性。目前我国具有代表性的油莎豆品种，育种技术主要是通过诱变、提纯复壮及南繁加代穿梭育种方法，在此基础上，已获得了包括高油高产、适应机械化种植等多种多用途的新品种，且繁育技术安全可靠，保障了油莎豆作物技术源头的育种环节绿色安全。

全国目前至少有 1 300 万～1 600 万公顷耕地受到农药的污染，其中多数集中在经济较发达的地区。油莎豆种植地多为非基本农田的沙化、荒漠等边际性土地，土壤被化学污染概率极小。另外，鉴于油莎豆作物不耐肥水的特性，以及非化学肥料技术的不断开发，在质量标准全程控制下进行生产完全可以实现全程绿色无污染的规模化生产种植。

油莎豆非转基因的天然种源、成熟安全的种子选育技术、无化学投入品的种植生产，共同决定了油莎豆产业上游的绿色源头特性，基本符合绿色农业内涵中要求的良好生态环境。油莎豆产业上游源头绿色，为其产业价值奠定了坚实的基础。

2. 油莎豆全系列绿色产品

油莎豆产业源头的绿色属性和丰富的营养成分，决定了其包括粮、油、牧、饲在内的绿色物产供应领域的巨大价值。以油莎豆为原料的健康绿色食品与制品领域非常广泛，主要有代用主粮、优质食用油、健康食品、功能食品、制酒、制糖、食品原料、绿色饲料、生物肥料、药用提取、润滑油脂、生物燃料、沼气原料等。随着我国油莎豆健康营养研究领域的不断提高，还将开发出更多以油莎豆为原料的绿色健康产品，油莎豆产业的价值空间将进一步提升。目前油莎豆产业正处于发展初期，油莎豆系列产品的绿色食品认证工作还相对滞后，但以油莎豆为原料的食品已经基本具备了申报绿色食品认证的品质保证，油莎豆产品绿色认证是品质化、品牌化价值积累的基础，也将成为油莎豆产业链价值营造的重点环节。

3. 油莎豆产业是立足传统农业的新型绿色产业

油莎豆产业有着易种好管、抗旱耐涝、节水少肥等节约能源、资源的生态发展优势，同时以高产、稳产、高效为目标的油莎豆的大规模集约化生产，将进一步推动农业生产力、生产资料的集中高效投入，进一步加快包括5G农业区块链、农业大数据、数据种植管理、农业产业化新模式等在内的现代化农业应用，使油莎豆产业更具有鲜明的时代特征。油莎豆产业以农业产业化为主体，带动林草经济、养殖畜牧经济等同步发展。随着油莎豆全产业链的不断延伸，将形成以油莎豆产业化为核心的农工商、产加销、贸工农、运建服等产业链外延，形成新的绿色农业经济模式。

4. 绿色油莎豆产业是贫困地区脱贫致富的有效途径

我国贫困地区多为生态脆弱地区，主要分布于北方干旱半干旱区、南方丘陵区、西南山区、青藏高原区及东部沿海水陆交接地带。油莎豆抗旱耐涝、省工省肥，在生态脆弱地区种植油莎豆，具有天然防风固沙的作用，油莎草生长2个月可基本覆盖荒地、沙质土地。推广种植油莎豆，除了获得可观的经济效益与产业效益，更重要的是可以大幅改善生态环境，促进治理生态化向生态化和产业化并重的方向发展，以保证逐步恢复贫困地区生态环境治理，实现可持续发展。

油莎豆发展优势区是西北和东北沙化土地地区、黄淮、湖北大别山等缺水干旱农业地区，也是农业结构调整的“镰刀弯”“漏斗区”等重点区域，贫困人口较多。2019年，国家级贫困县和经济欠发达地区的6个县种植油莎豆，累计种植5万亩次，每亩收益600～1 000元，累计带动贫困人口增收3 000万元，油莎豆产业开发也成了贫困地区脱贫致富的有效途径之一。

5. 绿色油莎豆产业亟待支持与保护

农业产业的全程绿色发展，是“绿水青山就是金山银山”发展所引申的生态经济化与经济生态化的具体实践。从某种意义上说，我国倡导的高质量绿色发展道路是对基于“人类命运共同体”概念下，全人类的可持续发展目标实现的基础支撑，生态系统生产总值将成为重点衡量与评判社会经济发展水平最为重要的指标体系。

油莎豆种植特性决定了特定的规模化种植在取得可观经济效益的同时，还将取得包括大面积土壤生态修复的绿色发展生态价值。油莎豆全产业开发将带动土壤生态恢复、增加农业生产土地面积、取得综合及可观的产业经济效益，实现对国内生产总值与生态系统生产总值的双重产业贡献，以及国家粮油安全等战略意义，使油莎豆产业具有优质的绿色生态产业贡献发展价值。

油莎豆产业作为绿色农业基因产业，既是改善土壤生态环境、提高人们健康水平的战略性绿色经济产业，也是需要政策扶持、发展资源支持并加以保护与大力推广的产业。油莎豆产业标准化、集约化和规模化发展是其作为优势绿色农业产业化的未来必然趋势，在质量标准全程控制下进行大规模生产是实现油莎豆产业价值的品质途径。目前还要加快绿色农业产品认证工作，还要依靠科技创新同步进行农业产业化新基建体系的不断完善。因此，实现生态性、优质性和安全性一体化综合目标的油莎豆产业绿色经济，是现阶段需要扶持与保护的新型绿色农业产业。

秸秆太阳能沼气循环利用新技术助力绿色农业高质量发展

江苏省徐州市环能生态技术有限公司　苗　晓

徐州市是中国秸秆太阳能沼气技术的发源地。2001 年，徐州市环能生态技术有限公司在国家、江苏省农业主管部门和有关院校的支持下，在沼气技术专家的带领下，经过 20 年的研究和百余次试验、示范获得成功。截至 2020 年年底，徐州市已经推广 40 多个 1 000 户规模的示范村。该技术研究、示范的 20 年来，先后 4 次通过江苏省级鉴定和验收，8 次被国家知识产权局授予发明和实用新型专利，4 次获得国家、江苏省和淮海经济区科技奖项。

一、研究历程及取得的成果

我国推广沼气技术有着 40 多年的时间，之所以几起几落进展不快，关键是沼气池进出料困难，冬季气温低不能正常产气，沼气标准化不高，沼气池利用率极低。为解决这些难题，徐州市环能生态技术有限公司和同济大学组成科研团队，于 2001 年开始研究秸秆太阳能沼气循环利用技术，并建成了全国首家沼气生态农场和全国首个城市粪便太阳能沼气生态利用工程。

2011 年，徐州市环能生态技术公司在徐州市农委的支持下争取到项目资金 61 万元，并自筹资金 38 万元，在贾汪区马庄村成功试点全国首个秸秆（粪便）太阳能沼气集中供气工程。该工程于 2012 年 4 月建成投产，并向 100 户村民供气。二期工程 2014 年 4 月建成投产，向该村三组、四组共 300 户村民供气。三期工程于 2016 年年底在贾汪区江庄镇建成并运行，建成卧式太阳能厌氧发酵罐 4 000 米^3、湿式贮气柜 2 400 米^3、太阳能温室 1 900 米^2，配套安装了仪表设备和沼气输送管网。年消耗秸秆 11 300 吨、粪便 14 600 吨，年产沼气 168 万米^3，可供 4 600 户农户日常生活使用。

2017 年，公司在睢宁县魏集镇湖畔槐园集中区创新了新农村集中区建设“四个同步”推广沼气的经验，建成供气 1 000 户的秸秆太阳能沼气循环利用示范站。

2018 年 4 月 24 日，公司代表江苏省农委在荆州市召开的全国可再生能源长效运行机制培训会上介绍了徐州推广秸秆太阳能沼气集中供气循环利用技术的经验，受到与会人员的高度评价。2018 年 6 月 12 日，农业农村部在徐州市睢宁县召开了华东片区夏季小麦秸秆综合利用现场观摩会，并

观摩了魏集镇湖畔槐园 1 000 户集中居住区秸秆太阳能沼气集中供气工程。

2019 年，徐州市人民政府发文向全市推广太阳能沼气集中供气循环利用技术。

2020 年，“徐州市美丽乡村配套建设沼气集中供气模式”被农业农村部农业生态与资源保护总站遴选为向全国推广的五大农村能源典型技术模式。

二、示范村建管技术应用

秸秆太阳能沼气循环利用技术以秸秆、畜禽粪便、易腐垃圾、场所粪污为主要原料，通过厌氧发酵生产沼气用于集中供气。同时，将厌氧发酵罐及进出料系统置于日光温室内，利用日光温室作为集热储热的综合体，使温室内温度维持在一定范围，形成一个厌氧发酵罐和日光温室结合的一体化新能源互补系统，有效地利用太阳能来提供沼气工程冬季运行的能耗；所产生沼渣沼液通过固液分离，沼渣用于生产有机肥种植蔬菜和花卉等，沼液通过水肥一体化灌溉技术用于农田施用，从而替代化肥。为了探索沼气示范村的管理经验，公司从建造示范村开始就成立了信息中心，配备管理人员同时管理多个示范村。利用信息化管理手段及时发现沼气示范站在秸秆粉碎、预处理、进料、出料中出现的问题，既节省了管理费用，又保证了建成一个、管好一个、使用一个，使秸秆太阳能沼气循环利用技术在徐州市新农村建设中发挥更大的作用。

三、技术创新及质量管理

徐州市秸秆太阳能沼气技术的推广，从示范村建造就制定了设计、建造、验收和管理的企业标准。为了推进各示范村对技术标准的应用和实施，培养一批标准化人才，公司于 2015—2018 年承担了江苏省质量技术监督局“秸秆太阳能沼气循环农业标准化示范站”项目，并通过了省级验收，取得多项创新成果。

一是利用太阳能增温，全年持续稳定供气能力大幅提升。该模式采用厌氧消化器、太阳能热水器和日光温室结合的一体化新能源互补系统，有效利用太阳能增温保温，在不消耗其他商品能源的情况下，发酵罐温度冬季也能维持在正常产气范围内，保证了冬季的正常供气。该模式解决了北方地区寒冷季节沼气工程因增温保温方式不合理或不采用任何保温措施，无法正常运行的难题。

二是与新村同步配套建设，实现清洁可再生能源供应。该模式可与新建小区施行“四个同步”，避免在建好后的集中居住区再配套建设导致的成本高、工期长、施工难度大等问题。通过全天候为农户提供持续稳定的沼气，可保证农户一日三餐生活用能，实现清洁可再生能源供应，提升农村人居环境质量，是美丽乡村建设的重要配套手段。

三是解决农业有机废弃物利用难题，助力农业绿色发展。该模式以太阳能沼气为纽带，实现了种植、养殖和废弃物资源化利用的有机结合。既能有效解决农业废弃物利用难题，又能生产清洁能源沼气和沼渣沼液有机肥。同时，采用的半干式沼气发酵新技术减少了沼液的产生。通过沼渣沼液固液分离，配套建设农田沼液水肥利用设施，实施沼液水肥一体化灌溉技术，构建了“秸秆、生活有机垃圾、畜禽粪污-沼气-沼肥还田”的闭合循环链，形成以沼气为纽带的循环农业全链条产业，为农业绿色发展提供了可复制的示范样板。

四、技术工艺流程

秸秆太阳能沼气循环利用技术是把大中型沼气技术、太阳能热水器技术、日光温室技术和产业化种植技术有机结合，将外部喷涂太阳能选择性涂料的厌氧发酵罐及进料系统置于日光温室内，利用太阳能给沼气池加温，利用日光温室给沼气池增温保温。其操作流程是：把粉碎后的秸秆或粪便或分类铡碎后的有机垃圾送入预处理池，然后用螺旋提升机提升到半干式进料泵的料斗内，再用半干式进料泵泵入太阳能沼气池内进行厌氧发酵。产生的沼气经脱水、脱硫和计量后，自动进入湿式沼气储气柜储存，直接输送到全村居民家中集中供气，多余的沼气再用于发电。发酵后产生的沼肥，通过固液分离机分离后生产沼渣和沼液。沼渣用来种植蘑菇、绿色蔬菜和花卉等，沼液通过水肥一体化设施用于农田施用，替代化肥和部分农药，较好地就地解决了秸秆、畜禽粪污和有机垃圾处理难题，杀灭了多种寄生虫卵、病原菌，减少了病虫害的发生，极大地提高了农产品质量，产生了良好的能源、生态、社会和经济效益。

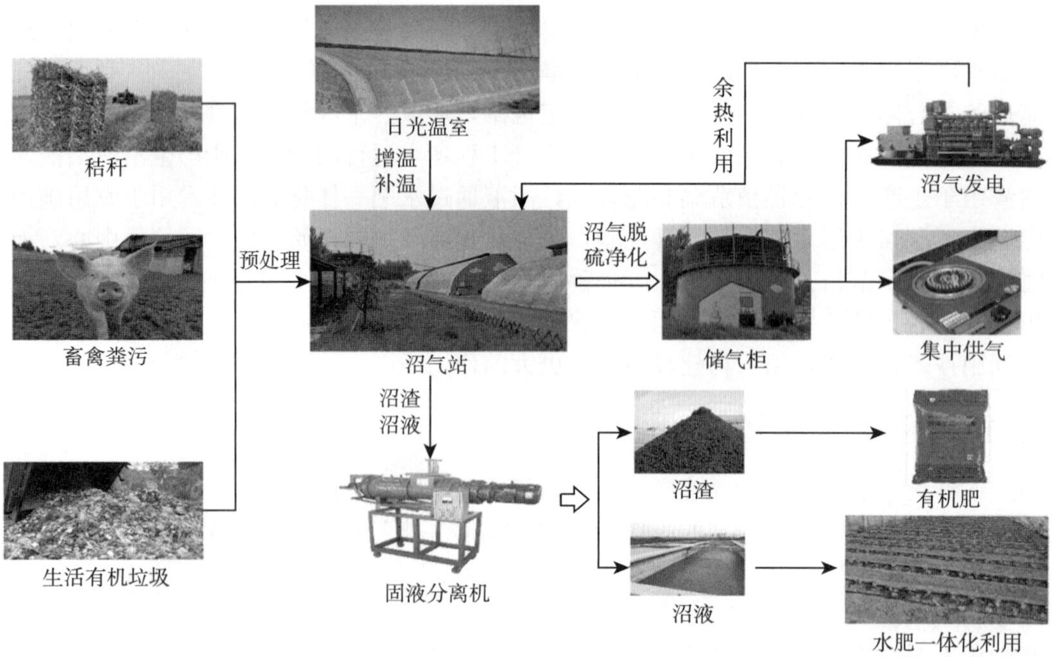

五、适宜范围

秸秆太阳能沼气循环利用模式充分利用太阳能，采用日光温室增温保温，无须人工额外增温，确保冬季正常产气的同时降低了运行成本，在冬季气温低、光照条件好的华北、华中等地区均可推广应用。对农村集中居住区，特别是天然气覆盖不到的地区，能有效解决清洁炊事用能问题，具有较强的推广价值。能有效处理秸秆、畜禽粪污等农业有机废弃物，非常适合在种植业、养殖业发达的地区大力推广。

六、技术检测和产品认证

沼气肥不仅氮磷钾俱全，速效迟效兼备，还含有 17 种氨基酸、肽类物质和多种植物生长调节素，长期施用可提高土壤有机质含量，改良土壤理化性质，能够极大地提高果蔬的品质。2005 年，公司在徐州市南部两山口建成全国第一个城市粪便太阳能沼气循环工程，开始严格按照有机蔬菜种植标准，利用沼肥种植黄瓜、番茄、辣椒等蔬菜，于 2006 年通过中绿华夏有机食品认证中心的有机蔬菜认证。2014 年 8 月，公司利用沼气肥种植的葡萄经农业部农业环境质量监督检验测试中心（南京）检验，各项指标均达到有机葡萄标准。2019 年 1 月 17 日，农业农村部沼气科学研究所对徐州市铜山区棠张村秸秆太阳能沼气站进行检测，其检测结果是太阳能沼气池的池容产气率达到 1.3，是目前全国沼气集中供气工程中产气率最高的。

七、典型示范成效及效应

徐州市马庄村秸秆太阳能沼气集中供气工程，建有厌氧发酵罐 600 米^3，配套日光温室 300

米²、湿式储气柜500米³。经中国农业大学水利与土木工程学院相关研究人员于2014年12月18日至2015年1月8日连续22天监测，日光温室内外温差最高可达26.2℃，日光温室内温度最高达到38.4℃；改进后的半干式太阳能沼气技术经农业农村部沼气科学研究所于2019年1月29日进行检测，池容产气率达到1.3，甲烷浓度53.0%～60.2%。该工程为458户农户全年稳定供气，农户使用沼气后相比使用液化气一年节约700多元。工程全年供应沼气11.7万多米³，可替代标煤83.82吨，减排二氧化碳33.62吨、二氧化硫0.87吨、氮氧化物0.19吨、颗粒物1.27吨，实现了农村清洁绿色供气，减少了化石能源使用。同时，年处理农作物秸秆400吨、畜禽粪污1 036吨、生活有机垃圾100吨，有效解决了当地秸秆垃圾乱堆乱放、粪污乱排乱放造成的环境污染问题，整洁了村庄环境，人居环境质量显著改善。

马庄村模式已安全运行10年，先后示范带动了徐州市睢宁县魏集镇、岚山镇、桃园镇、姚集镇，丰县首羡镇，贾汪区江庄镇，铜山区棠张镇等1 000户规模的试点工程40多处，效果良好。其中，睢宁县魏集镇湖畔槐园集中居住区的秸秆太阳能沼气工程年消化秸秆1 500吨、粪便和餐厨垃圾2 750吨，产沼气50万米³，可向1 200户农户全天候集中供应沼气。同时，加强了畜禽粪污资源化利用，实现了燃气下乡，促进了绿色发展。

秸秆太阳能沼气循环利用模式多次被人民日报、新华日报等媒体宣传报道，影响力不断扩大。目前，江苏全省乃至全国95%以上的秸秆太阳能沼气集中供气循环利用工程都采用徐州市环能生态技术有限公司的发明专利技术，安徽、山东、河南、浙江、吉林、上海等省份及江苏省多个单位到示范村参观考察，并给予很高评价。

农晨生物菌肥强力激活地能

康正辉　林文英

福州钧鼎生物科技有限公司位于福建省福州市高新区海西科技园内，是一家专业从事农用高科技微生物产品研究、开发、推广、利用的高新技术台资企业。公司主营产品农晨生物菌肥的核心技术来自我国台湾，曾荣获台湾农业最高荣誉“神农奖”。在台湾南投，用农晨生物菌肥救治百年枯树，让枯木逢春，起死回生；从20世纪起，广泛应用于蔬菜、花卉、果树、粮油、桑麻等多种农作物，能够从投入品源头上确保产出优质安全农产品。

精明诚信的闽商陈孝灯，早年靠创办工艺美术厂、可降解快餐盒企业积累下资金与创业经验。2004年，在贸易往来中，他结识了台商郭荣振，双方决定联手合作，把这一高效生物菌肥技术引进到大陆。

光阴荏苒，春秋轮回，十几年培土耕耘，农晨拥有怎样的现在与未来？

一、农晨科技密码——微纳米生物菌肥

多年以来，我国农业部门积极实施化肥减量增效和零增长行动，大力推广有机肥替代化肥、测土配方施肥、水肥一体化等技术。各类新特肥年产量已达3 000万吨以上，尤其是生物有机肥、水溶肥、土壤调节剂等，能够增产增效、保护地力、修护环境。大批科技人员与企业家开展创新探索，为此付出艰辛努力。

福州钧鼎生物科技有限公司的科技团队在介绍农晨生物菌肥时，往往要加上微纳米、石墨烯、富硒等前缀，功能性肥料的意味明显。他们历经多年努力，获得《一种石墨烯增效的微纳米生物菌肥制备工艺》《一种石墨烯、钛素协同增效的微纳米生物菌肥制备工艺》《一种石墨烯增效的生物纳米硒生物菌肥制备工艺》等多项国家发明技术专利。

石墨烯增效的微纳米生物菌肥，是由微纳米生物菌肥与石墨烯增效剂复合组成。国内现有涉及石墨烯在农业肥料领域的应用技术，大多将石墨烯成品简单添加到有机肥料中，或与无机肥料复合制成石墨烯增效肥料。由于石墨烯成本较高，很难被企业接受。农晨微生物菌肥把复合微生物菌群发酵降解与物理方法纳米化处理技术相结合，开发出微纳米生物菌肥制备和石墨烯剥离的新技术、新工艺。

公司的技术专家温仁发，从事稀有金属领域的研究几十年，对开发功能性肥料及如何浇灌出功能性农产品有着透彻的领悟。举例来说，富硒食品开发了二三十年，为什么收效甚微？因为土壤中的矿物质、微生物、水分等影响了硒元素的吸收，而富硒叶面肥被叶面角质层上的蜡所阻止造成了大部分的流失。只有通过微生物将无机硒转化成生物纳米

硒，才能达到最佳效果。进入到消费环节，农产品所含的硒元素，应是以氨基酸状态结合的，否则不容易被人体吸收。

农晨生物菌肥里有十几种活性菌，其中复合氨基酸与谷质酸比例、氮碳比等结构非常合理，可耐高温低温、强碱强酸。通过生物菌及加入功能性元素如石墨烯，能够作改良改造土壤用，提高土壤腐殖质。

公司总经理陈孝灯说，农晨微纳米生物液态肥还有一个舍得下本钱的投入——以海洋生物等高级有机物质为营养源，把小杂鱼打碎、破壁，加入菌群，再加入培养基配料，经过60天发酵，液态肥就出来了。

二、农晨推广密码——与农民分享财富

福建省南靖县龙山镇东爱村农民杨明辉在自家承包地上搞多种经营，不同的种植品种全部使用农晨肥料。他说："与常规肥料相比，水稻30天能多长高3厘米。农晨肥料怎么用，生产厂家和技术人员都指导我。黄瓜能延长20天采收期，品质高，口感好，每500克多卖2角钱。毛竹林里长出的竹笋又甜又脆，竹笋罐头出口日本。我家的香蕉林，就是比别家长得绿。用农晨肥料7年了，真是有一点神奇。我家一共种植了十几亩地，每年的纯收入10多万元。"

在我国农资行业，好产品也面临推广难。小农经济分散，农资企业同样分散。十几亿亩的播种面积，看起来广阔天地、大有作为，但是市场严重分割，企业竞争只能八仙过海、各显神通。市场就像生物菌肥的研发、生产、推广过程一样，需要持续发酵。

好肥料要让人信服，必然面临实践检验与市场挑战。在福建省推广成功后，公司选择进军新疆盐碱地、攀上云贵高原、挑战群雄逐鹿的黑土地，分别在新疆、黑龙江、云南设立分公司，扩散推广到全国20多个省份。

在遥远的新疆，库尔勒的香梨告诉你：用过农晨生物菌肥，香梨更香更甜。在库尔勒市阿瓦提乡种植户刘正海的果园里，每年在不同生长季节，前后对果树喷洒或滴灌3次农晨液态肥，不需再施用化肥、打药杀虫，结出的香梨半红半绿、色泽诱人，销售商也主动上门，产量、品质、效益均获得明显提升。

十几年来，陈孝灯总经理跑遍了南疆北疆，考察调研各种农作物的生长环境与立地条件，与当地政府、团场及农技推广部门开展多种形式合作，有针对性地指导种植户施肥。公司在玛纳斯、呼图壁等地的兵团农场，开展棉花、蔬菜、瓜果等示范点、示范片种植，召开现场观摩会，让看得见的收获形成辐射力。目前，在天山南北尤其在巴音郭楞蒙古自治州的焉耆盆地周边盐碱地带，农晨菌肥已得到大面积推广，棉花、玉米等大田作物亩均增产10%以上。

农晨生物菌肥不断完善创新，以适应不同地域、不同农作物的生长需求。现有广谱型菌肥及粮油、棉花、蔬菜、瓜果、药材类等十余种专用菌肥。农晨专利肥料的使用，不受植物种类和土壤类型的限制，适用于大田、果树和蔬菜等。

陈孝灯总经理坚信，农晨生物菌肥是不可多得的土壤改良剂，是农民增收的好帮手。

三、农晨未来密码——藏粮于技十绿色食品

多年来，我国作物亩均年化肥使用量20余千克。由于长期、大量、依赖性地使用化学肥料，将本来健康、肥沃的土地变得板结酸化、瘦弱贫瘠，加之各类污染物的排放，导致部分地力衰退甚至衰竭，进而影响农产品质量，危及国家粮食安全战略。

陈孝灯总经理认为，“藏粮于地、藏粮于技”是确保粮食安全的明智之举、主动之策。要上升到生态理念、绿色农业、环保工程的高度，必须从改善用肥不平衡、增加土壤有机质和微生物含量上狠下功夫，而生物菌肥大有可为。

干旱的新疆农区，目前对农作物普遍采用滴灌的方式，这有利于生物菌肥的施用。因为滴灌将生物菌肥的菌群深入土壤，并快速繁殖，能够消灭有害病原菌，提高肥料的利用率，并将土壤所固定的肥料转化成氮磷钾肥，改良板结的土壤。农晨生物菌肥在新疆的大面积推广，已经雄辩地证明了这种功效。

温仁发说：“农晨微生物菌肥中的有机质营养源、无机质营养源，经有益微生物混合菌群分解发酵后，已经小分子化，再经纳米化处理，能被植物根系和土壤微生物直接吸收利用，具有促长根系、增强多种抗性、提升植物光合速率等作用，这是现代植物全营养肥料的一项重要指标。”

福建省南靖县山城镇三下村农民韩慧祥流转了3亩土地种茄子，用了农晨肥料，土质变得疏松、根系更加发达，每亩增产1 500千克。他说：“单个茄子又长又粗，长得像大丝瓜。不用再追施化肥，亩产量和效益增长近30%。”

陈孝灯总经理说：“对绿色食品的追求，必须以土壤健康作保障。严格意义上讲，微生物菌肥并非作物土壤肥料，但其功能价值却体现为土壤的‘营养师’‘清洁师’。微生物菌肥中的有机质、有益菌群、微量元素等，如果能够被农作物顺利吸收，那么人体的吸收率也会提高。”

面对现实，面向未来，确保国家粮食安全和农产品质量安全，要从生产源头、从农业投入品抓起，我国农业科技人员与农资企业责任在肩又大有可为。

七、机构篇

天津蓟州绿色食品集团有限公司

天津市蓟州区绿色食品发展中心　李宝广　高　艳

天津蓟州绿色食品集团有限公司，成立于2006年3月，注册资金2 000万元。公司坐落在天津市蓟州区经济开发区内，现有职工240人，主要从事蓟州区优质农产品（禽蛋、杂粮、蔬菜、食用油、水产、果品等）的生产、加工、销售，承担天津市“蓟州农品”市场网络建设示范引导工作和蓟州区农产品产供销帮扶任务。天津蓟州绿色食品集团有限公司下设5个全资子公司——天津旺年食品有限公司、天津瑞年农业科技有限公司、天津丰年粗粮食品加工有限公司、天津蓟州津甘农业发展有限公司、天津蓟州青山农业发展有限公司。

公司现有5 000多$米^2$的生产加工车间、6 000$米^2$仓储设施及2 000吨冷藏保鲜库，拥有先进的初级农产品加工设备。2020年，加工销售鸡蛋、果品、粮油、肉类等优质农产品1万多吨，销售市场覆盖北京、天津、河北等地的城市社区。公司成立以来，已在天津市区及滨海新区建成多家蓟州农品连锁店、加盟店，销售网络达100多家，“蓟州”牌商标被确认为天津市著名商标。目前，公司的优质农产品已经成为蓟州区绿色产品的代言。截至2020年年底，公司获证绿色食品达到10个，自有基地1 088亩，发展绿色基地53 125亩，与天津市铁路系统、交管系统、银行系统、建设工程系统等50多家单位建立了稳定的供货关系，年供应蓟州农品5 000多吨，销售额超过1亿元。

2013年4月，公司成立了农产品质量安全检测中心，累计投资600万元，购置了气相色谱仪、气相色谱质谱联用仪、液相色谱仪、原子吸收分光光度计、原子荧光分光光度计等先进检测设备70多台（套）。同时，按照实验室资质认定要求建立了完善的管理体系，通过了计量认证和农产品质量安全检测机构考核，成为目前天津市唯一通过认证的区级农产品质检机构，已认证103个检测项目。

为确保产品质量安全，公司旗下建有3个自主生产基地，严格按照绿色食品生产操作规程进行生产，每个批次生产的产品，均由农产品质量安全检测中心检测，方可进行销售。

上仓瑞年生态农场：位于天津市蓟州区上仓镇现代农业示范园核心区内，紧邻津蓟高速公路上仓出口，交通条件便利。农场占地面积约 350 亩，总投资额 1 000 万元，有温室大棚 60 座、占地面积 15 亩的智能温室 1 座。农场内建有大型沼气罐 2 个，可以消耗内部产生的农林废弃物，利用产生的沼气和沼渣循环利用。在生产蔬菜、果品、禽蛋等方面都严格控制投入品使用，所生产的产品均达到绿色食品标准。同时以上仓瑞年生态农场为样板，引领、示范、辐射、带动周边蔬菜生产。通过签订供需合同的方式，为生产农户提供种子、农药、肥料和生产技术，在确保产品质量的前提下，以高于市场的价格进行收购，解决周边菜农自行生产蔬菜价低卖难问题，以此带动农民增收。

东梁庄百亩绿色蔬菜示范园：坐落于蓟州区杨津庄镇东梁庄村，占地面积 143 亩，拥有 20 个日光温室大棚。2019 年，示范园生产的 20 吨优质大白菜出口加拿大。

东施古镇嘴巴庄农场：位于蓟州区东施古镇嘴巴庄村，占地面积 238 亩，现有温室大棚 30 座。种植规程严格按照绿色食品标准种植，农场内正在试验种植露天五彩旱稻新品种，棚室内各种蔬菜长势良好。

公司在蓟州区委、区政府和区绿色食品中心统一部署下引进国际标准化现代农业示范园项目，倾力打造集数字农业、智慧农业为一体的高端都市型现代农业示范基地，从而带动蓟州区设施农业产业升级。公司通过打通产业链，引导原来分散、无序的传统农业生产向规模化、标准化、品牌化方向发展，积极与广大农户共同探索、实践多种行之有效的利益共享模式，确保农户的利益得到保障。公司大力发展农产品加工及相关服务，提高产业的附加值，形成以特色农业或农产品为基础的地域支柱产业，协助市、区区域打造一张地方经济名片。公司依托电商中心组织实施“互联网＋”农产品出村进城、进社区工程，建立完善适应农产品网络销售的供应链体系、运营服务体系和支撑保障体系，在社区进行线上线下直销和预订配送销售，把蓟州农品品牌做大做强。公司通过各种媒体、互联网传播，积极参加全国各地展销会、洽谈会等，利用各种节日庆典，多渠道、多方位进行宣传，提高蓟州农品知名度、影响力和市场竞争力，从而不断扩大市场覆盖率。

2021 年 3 月，中央电视台《对话 2020》栏目组邀请天津蓟州绿色食品集团有限公司董事长李宝广做客直播间，与主持人朱迅和观众朋友分享了天津市蓟州区及公司的特色农产品。百家媒体相继报道“蓟州农品”，充分印证了“蓟州农品”的品牌影响力。公司将始终以“做真产品、做实基地、做强销售、带动发展”为奋斗目标，为消费者生产绿色、安心、放心的产品，通过示范引领作用，带动蓟州区绿色食品产业更加规范化、标准化，并结合蓟州全域旅游文化产业发展，强化“蓟州农品”区域公用品牌建设，打造蓟州优势农产品产业链，推动以农业为核心的二三产业融合发展。

北大荒农垦集团有限公司九三分公司

北大荒农垦集团有限公司九三分公司　王　醒

九三分公司隶属于北大荒农垦集团有限公司，始建于1949年9月，为纪念抗日战争胜利而得名。九三分公司辖区总控制面积5 657.3千米^2，其中耕地379.1万亩、草原140.2万亩、林地127.2万亩、水面14.2万亩，总人口15万人。下辖11个国有农场、80个农业管理区、112个工业企业和1所三级乙等综合性医院。九三分公司先后荣获“国家现代化大农业示范区”“国家级生态示范区”“中国绿色大豆之都”“中国大豆油之乡”等称号。

九三分公司共经历了国营农场、九三人民公社、九三农垦局、兵团五师、九三国营农场管理局、九三分局、九三管理局（管委会）和九三分公司等10次较大变革。2019年6月27日，北大荒农垦集团有限公司九三分公司正式挂牌成立。经过70多年的开发建设，九三分公司已成为国家重要商品粮基地之一，为保障国家粮食安全、支援国家建设做出巨大贡献，成为中国旱作农业的一面旗帜。

九三分公司自然生态环境优良。地处世界三大黑土地带之一的松嫩平原，土地肥沃，黑土占耕地面积的70%以上，黑土层土体深厚，有机质含量丰富。天蓝、水清、地洁的生态条件为生产绿色有机农产品提供了保障，已有绿色食品基地认证面积302万亩，有机食品认证面积80万亩。农产品质量实现了全程可追溯。

九三分公司现代化大农业成果显著。种植作物以大豆、玉米、小麦、马铃薯、杂粮、苜蓿、中草药等高效经济作物为主。其中，大豆食品专用原料基地、酒用高粱生产基地和绿色有机杂粮基地建设水平领先全国。农机装备实力雄厚，农机总动力55万千瓦，现有大中型农机7 000多台，农业综合机械化率达99.7%，农业科技贡献率达70%。

九三分公司现代畜牧业全省示范。地处世界闻名的黄金奶牛养殖带，已发展成为黑龙江省优质奶牛繁育基地和完达山绿色奶源基地。现有现代化牧场14个，全部为澳大利亚、新西兰进口奶牛，平均单产接近10吨，产奶量高、奶品质好，乳脂率4.5%以上，乳蛋白率3.4%以上。

九三大豆品牌享誉全国。九三大豆是国家地理标志保护产品和农产品地理标志登记产品，品牌价值25.80亿元，名列地理标志产品大豆类全国第一，成为北大荒最具影响力的农业区域品牌。先

后获“全国绿色农业十大最具影响力地标品牌”“中国百强农产品区域公用品牌”等荣誉，入选中国农业品牌目录、首届中国农民丰收节推荐品牌。

九三大豆产业蓬勃发展。闻名全国的九三油脂加工诞生于此。近年来，九三分公司通过大力实施“大豆品种专用化、大豆种植规模化、大豆生产标准化、大豆发展产业化、大豆产业品牌化、大豆经营市场化”的“六化”战略，全面推进大豆产业高质量发展。现有大豆加工企业 21 家，年可加工大豆 10 万吨，以绿色腐竹、休闲食品、笨榨大豆油、豆粉等为主的大豆产业格局初步形成。腐竹产能达 1 万吨，已成为黑龙江省规模最大的绿色腐竹生产基地。

九三分公司特色产业异军突起。九三分公司以特色化、差异化发展为方向，优化产业区域布局，着力构建“一企一业”“一场一特”产业格局。以甜玉米、紫苏油、面粉、食用菌、小浆果、花青素、冻干果蔬、白酒等为代表的绿色食品产业不断发展壮大。其中甜玉米粒加工和菌业发展成为北大荒农垦集团有限公司规模最大的同类企业，冻干腐竹填补了国内产品和企业标准的空白。

九三分公司旅游业方兴未艾。九三分公司旅游资源丰富，现有 AAAA 级景区 1 个、AAA 级景区 2 个、AA 级垦区 3 个。2016 年，以“神农华章”之美誉荣登中国避暑休闲百佳县第 48 位。以红色文化游、知青怀旧游、生态农业游、农业科技游等为主的旅游线路已经形成，并被纳入黑龙江省级旅游规划线路。以建设“全域农旅融合示范区”为目标，正在全面推进农文旅融合，全面叫响“农业奇观 · 美在九三”旅游品牌。

九三经济开发区成为发展新高地。九三经济开发区是黑龙江省 22 个省级重点园区之一，是省级新型工业化食品工业示范园区、省级绿色农副产品产业园。开发区内基础设施完善，建有占地 50 万米^2 的九三物流中心，并建有铁路专用线。园区内入驻各类企业 27 家，其中九三油脂、完达山乳业、中储粮、北大荒薯业等大型企业 7 个。开发区基础设施完备，发展食品加工产业前景广阔。

江苏豚岛食品有限公司

江苏豚岛食品有限公司　张荣平

江苏豚岛食品有限公司坐落在美丽的江苏省扬中市。河豚肉质鲜美柔嫩，是水产品中的极品，集营养和美味于一身，是著名的高蛋白、低脂肪鱼种，其蛋白质、脑黄金、谷氨酸的含量均为鱼中之最。河豚、长江刀鱼、鲥鱼并称为“长江三鲜”，河豚被誉为天下第一鲜。得天独厚的水域环境、传承百年的烹饪技巧，孕育了神奇而深厚的扬中河豚文化，历久弥新，生生不息。2012 年，扬中市被 28 国驻华使节授予“最值得向世界推荐的中国河豚岛”称号。“中国河豚岛”已经成为扬中独有的经济文化名片。

自成立以来，江苏豚岛食品有限公司一直传承“豚岛河豚，豚鲜天下”这一果敢口号，积极进取，不断创新，繁荣河豚美食文化，先后获得了中国水产流通与加工协会颁发的养殖河豚加工企业资格证书，成为扬中市烹饪餐饮行业协会及扬中市河豚协会副会长单位。公司注册资本 2 000 万元，于 2018 年 7 月成立。公司由两个部分组成：第一部分由江苏豚岛食品有限公司与扬中市天正水产有限公司组成，作为粗加工生产企业；第二部分由江苏豚岛食品有限公司独立成立的深加工生产企业。生产总面积约 9 800 米^2，包括仓库和冷库等，其中展区面积约 800 米^2。

江苏豚岛食品有限公司立足扬中地区丰富的水产资源，依托高效务实的技术、工艺团队和先进的经营管理理念，构建产业集团，形成规模经济，拓展了发展空间；公司先后通过了 ISO90001、ISO14001、ISO18001、ISO45001 等管理体系认证，为企业的进一步发展及参与市场竞争奠定了良好的基础。通过有效整合地区资源优势，延伸产业链，提高综合利用水平，增加了产品的高附加值及企业的综合竞争实力；采用国际先进的 PLC（可编程逻辑控制器）自动化加工、包装、金属检测等设备，更好地提升企业效率。

江苏豚岛食品有限公司是目前扬中市河豚深加工及经营领域内唯一取得品牌注册商标，并通过国家相关部门河豚专营资格认证的合法河豚食品企业。企业深加工工厂拥有丰富而独特的河豚产品，以扬中特色河豚文化为主题，与大连天正实业有限公司紧密合作，选择优质“东方红鳍豚”品种为主要原料，致力于河豚的控毒及健康养殖。公司拥有专业的宰杀河豚团队，按照以前宰杀野生河豚的操作进行，从养殖到宰杀都采取无毒管控，出厂并附带毒素检测报告。公司主营产品有河豚佛跳墙、河豚狮子头、红烧和白汁河豚、黄金河豚鱼排、河豚包子和饺子、泡椒河豚等 35 个河豚深加工产品，其中 11 个产品获得了发明专利、12 个产品获得了注册商标。

大连天正实业有限公司是江苏豚岛食品有限公司优质的供应商，也是中国鱼类养殖产业最具影响力的企业之一，不仅拥有国际先进水平的海水养殖基地，更具备强大的产品研发与技术加工实例。大连天正实业有限公司水产加工出口了 10 多年，拥有国际先进的水产品冷冻与精深加工设备，做到了全程低温操作、冷链加工，确保出产的每一个产品符合国际卫生管理标准与质量安全标准。

江苏豚岛食品有限公司拥有“统一目标、统一思想、统一规则、统一行动、统一声音”的先进管理体系，企业的质量体系得到了建设和完善，设立了品质管理部，从采购到销售的每个环节都严格管理，促进了各项管理水平的提高。企业严格执行研发、生产、检验等制度，建立健全各类质量和食品安全管理体系。公司坚持“顾客优先、质量为首”的经营理念，向消费者提供安全、营养、健康、美味的河豚系列食品，受到了社会各界的一致好评，使“豚岛河豚，豚鲜天下”的口碑获得更多的社会美誉度。

江苏豚岛食品有限公司着力培植产品品牌的同时，积极支持地方绿色生态农业的发展，先后与121家水产养殖大户和专业合作社进行战略合作，带动扬中市2万余亩江水养殖产业发展，帮助1 000多农民就业。经过3～5年的发展，扬中河豚产业规模将扩大至8亿～10亿元，推动更多的农民实现再就业，更好地助推乡村振兴战略的成功实施。在收获成功的同时，公司还致力于公益事业，多次无偿捐献公司产品给福利院、敬老院等机构。

湖南金福元食品股份有限公司

湖南金福元食品股份有限公司　杨　硕

湖南金福元食品股份有限公司是一家专门从事豆制品及卤制品生产、销售、研发、原材料种养于一体的大型综合性农业企业。公司成立于2004年6月，坐落在武冈市工业园春光路。现拥有工业园和湾头桥镇同富村两个生产基地，总占地面积62亩，生产厂房达3万余米^2；拥有总资产1.3亿元，职工712人，形成了年产3万吨卤豆制品、5 000吨卤肉制品、年加工30万羽铜鹅的生产能力。2020年实现销售收入3.3亿元，实现利税1 927万元，已成为湘西南最大的豆制品及卤制品生产和研发基地、湖南省级非物质文化遗产武冈卤菜制作技艺传承单位、湖南省农业产业化省级龙头企业。公司开发的主要产品有卤香干系列、卤铜鹅系列、手撕豆干系列、卤肉制品系列等共100余个品种，销售网点遍及全国各地，还得到了东南亚、东欧及北美市场的关注。

先进的技术装备和独特的工艺构成了公司的核心竞争力。公司现已拥有较先进的卤制品生产设备120多台（套）和较为先进的生产线，从原材料投入产品的产出，整个生产流程的每个工段、每个工艺都依靠自己的力量来完成，实现卤制食品全过程一体化。公司通过理念创新、管理创新、产品创新、工艺创新、设备创新、材料创新等渠道，将传统企业打造成了现代化企业。金福元产品根据现代人们的生活观和快节奏的生活方式不断改变调整食品花样、口味，研发出经典快捷的盒装卤制菜品——自热火锅。因新品保持了传统美食原汁原味的特色风格，受到了广大年轻人的喜爱，使他们能在紧张压抑的工作之余回家享受美食的惬意。

质量过硬是金福元产品赢得顾客青睐的关键。公司在成立之初就树立了“以质量求生存、以信誉求发展”的指导思想，严格奉行“优质高效服务、顾客放心食用”的宗旨。通过制定原料检验、工序检验、成品检验、质量奖惩办法等一系列标准和制度，在生产过程中自觉地维护产品质量。公司通过实施质量安全体系管理，在保护食品工业质量安全上取得了良好的成效，实现了企业发展和

产品质量安全齐头并进的局面。公司因质量安全管理出色，连续 10 多年顺利通过了 ISO9001 质量管理体系认证和 HACCP 国际食品安全控制体系认证。

金福元产品始终坚持绿色生态目标，通过创建种植、养殖基地，从实施原料全过程的控制来实现原材料品质的绿色有机化。公司采用“公司＋农户＋订单农业”的模式，先后在武冈市稠树塘镇、邓家铺镇、秦桥镇、双牌镇、水浸坪乡等乡镇建设了大豆种植、辣椒种植、铜鹅养殖、肉牛养殖等基地。公司免费提供种子及土地耕作技术、作物栽培技术、农作物的病虫害防治技术，同时在养殖基地免费提供种源及养殖技术、疾病预防及治疗技术，保证了种养户的产品质量和产量，并使农户在合作过程中掌握了种养技能，使产业得到很好的延伸。同时，公司通过保底价格收购农户产品，解决了农产品滞销的大难题，在一定程度上提高了种养户的收入水平和积极性。公司通过近三年与农户结成产销联结关系，基地建设得到了长足的发展，现已与 8 496 户农户签订了 14 560 亩大豆、辣椒种植回收合同，实现了原材料产品产供销一体化。在与农户的联结中，公司通过产业扶贫，加强与贫困户的互助合作帮扶，提高了贫困户参与生产的积极性，不但促进了农业的综合发展，而且加速了贫困户的脱贫步伐。

品牌是一个企业的灵魂，是现代企业赖以生存的基础。公司自成立之初就一直致力于品牌建设。公司能够迅速地发展壮大，与积极推进名牌名标建设工作是分不开的。公司在产品的质量、技术方面严格把关，建立完善的售后服务体系，还从多方面进行形象宣传，参加海内外的大型展览会等，以质量为口碑建立了“陈氏金福元”品牌，先后获得了湖南省著名商标、湖南省名牌产品和央视网商城优选品牌、湖南省质量信用 AAA 企业等荣誉称号。2019 年，“陈氏金福元”商标通过了马德里商标体系注册的申请。2021 年 1 月，公司荣获“2020 全国绿色农业十佳示范企业”称号。

武冈市青钱柳茶业有限公司

武冈市青钱柳茶业有限公司 陈立清

武冈市青钱柳茶业有限公司是一家集青钱柳茶树繁育、种植、研发、产品加工、销售于一体的生态农业示范企业。公司地处中国最大的原生态青钱柳茶生产基地——湖南省邵阳市，生产的“青钱柳”系列产品经湖南省实验动物中心、湖南省药物安全评价研究中心权威检验，并经过上千名糖尿病患者实践，表明具有显著的降血糖、降血脂、降血压等功效，2020 年 9 月取得绿色食品认证。

公司于 2007 年开始青钱柳茶的研究和开发，已建有青钱柳种植基地 20 个，其中青钱柳野生基地 5 万亩、种植面积 15 万亩，育种、培育基地 3 个，生产加工厂 6 家，销售网络遍及中国的大部分省份及东南亚。公司加强研发队伍建设，现有教授、博士、硕士等技术人员 58 名，与长沙理工大学、湖南中医药大学、湖南农业大学等多所大学建立了长期合作机制，拥有青钱柳生产国家发明专利 4 项；由长沙理工大学李国民教授（享受国务院特殊津贴专家）领军成立了青钱柳茶食用、药用的科研团队，开发了富硒青钱柳茶、青钱柳饮料系列产品。近年来，在省市各级政府的重视和关怀下，公司正全力打造成为国际一流的青钱柳系列产品科技创新型企业。

公司成立以来，以科学发展观为指导思想，按“公司＋基地＋农户”相结合的经营模式，为农户直接创造了万余个就业机会，增加了农民收入，产生了良好的社会和经济效益。公司建有湖南省重点产业扶贫项目示范基地 5 000 亩，连续多年被武冈市政府纳入重点建设和扶植单位，至 2019 年直接帮扶建档立卡扶贫对象 1.1 万人。2014 年公司被授予湖南省林业产业龙头企业、湖南省重点产业扶贫项目示范企业，2015 年被邵阳市政府认定为邵阳市农业产业化龙头企业，2016 年“青钱柳人工繁育种植星创天地项目”被科技部纳入第一批国家级星创天地项目，2017 年被认定为湖南省高新技术企业，2019 年被认定为国家林业重点龙头企业，2020 年被评为全国绿色农业示范企业。2019 年，“武冈青钱柳”成功注册为国家地理标志证明商标。

公司围绕“生态·健康”的发展思路，将食品安全放在企业发展的首要位置，采用国际先进生

产工艺，严格按照 HACCP、ISO9001、ISO14001 标准管理与生产，努力打造青钱柳茶叶、饮料知名品牌，打造“一切为了人类健康”为宗旨的企业文化理念。公司生产经营的“启康”牌青钱柳系列产品在市场上受到广大消费者和商家的热烈欢迎及高度评价，先后荣获中国湖南旅游商品大赛金奖、中国（长沙）国际食品展览会银奖、中国中部（湖南）农业博览会金奖、青钱柳产业最具影响力民族品牌、“一带一路”美食交流大会优质供应商、武冈市十大特产等荣誉。

湖南栀葆堂中药科技有限公司

湖南栀葆堂中药科技有限公司　张永新　王成华

湖南栀葆堂中药科技有限公司成立于2016年12月，坐落在湖南省武冈市工业园区水云东路，是一家集中药材种植、生产、检验、销售、科研、技术指导为一体的现代化企业。公司经营范围包括中药饮片生产及销售，中药材种植及收购，中药材科研及技术咨询，养生保健茶研发、生产、销售，食品汤料生产销售，等等。

公司主要依托武冈市独特的自然条件和悠久的中药材种植及加工传统经验，结合武冈市扶贫产业的发展，通过传统产品的研发与技术改造、节能减排、科技创新，大力发展集中药材种植、初加工、深加工为一体的全产业链，通过产业融合发展提升产业附加值，提高产业产值。采用“公司＋基地＋农户＋科技”的生产模式与农户、专业合作社建立利益联结关系，以高等院校作为技术支撑大力发展栀子、金银花、丹参等中药材种植，解决了农户销售难的后顾之忧，切实提高了农户收入；以中药材种植基地及带动农户种植的中药材为原料，以中药饮片加工生产线为基础，研究中药饮片生产技术，建立中药饮片生产工艺规程并以此指导中药饮片生产；通过检验检测中心对产品质量进行把控，保证所生产品种合格出厂，保证消费者用药安全。

为提高产品附加值，增加产品种类，公司组建专业技术团队研发栀子代用保健茶、炖汤料、药皂、色素、油品及美容护肤品等产品，打造具有市场竞争力的健康产品品牌，配备与生产能力相适应的实验室检验检测设备。公司现已完成良好生产规范认证、食品生产许可认证，现有中药饮片品规150余个、食品生产许可品种10余个。

栀子主产于湖南、江西、湖北、福建、广西、广东、云南、四川、贵州等地。武冈栀子作为2013年度工信部中药材种植扶持项目“栀子规范化种植基地建设项目”，具有独特的优势。

武冈市地处雪峰东麓、南岭山脉北缘，为东西南三面环山、朝北开口的南高北低的倾斜地势，最低处海拔255米，最高处为照面山，海拔1 410米。境内溪河交织，环绕成许多小盆地及波状起伏的低丘。武冈市年平均气温16.6℃，≥10℃的活动积温5 141℃，年平均降水量1 396毫米，年均相对湿度81%，年均日照时数1 520小时，年无霜期277天。昼夜温差大，有利于药用植物栀子

的生长及其有效成分的积累。项目区内，土壤土层深厚、土地肥沃，空气纯净度高，无工业污染。得天独厚的气候条件和土壤环境，是种植药用植物的理想地区。在该地区种植中药材，能产出有效成分多、生物活性强、不受环境污染的地道中药材，可有效保证栀子种植和加工技术的科学化。

栀子的开发利用途径非常广泛。栀子的成熟果实作为常用中药材外，其花、叶、根也有一定的药用价值和营养价值。栀子的花具有较高的观赏价值，为我国传统名花。栀子为中国自古以来主要的染料来源之一，果实中含有类胡萝卜素类的西红花素和西红花酸等成分，含量约占栀子果实重量的10%，是一种经济易得的天然水溶性黄色素，现在已广泛应用于化工、食品、饲料和医药行业。炼油栀子含有较丰富的油脂，含油量为22.03%，与大豆接近，可以作为新油源。栀子花期长、产量较高、香气鲜浓，与茶叶生产季节相吻合，可以作为窨制花茶的原料，栀子花鲜品或干燥后也可单独泡茶饮。栀子花精油属名贵的花香香料之一，其化学成分主要为芳樟醇、石竹烯、香叶醇等，可用于多种香型化妆品、香皂香精及高级香水香精。

公司成立以来，一直致力于科学种植、产品研发、科技创新，取得了一定的成绩。在栀子栽培技术研究方面，总结出了一套系统的栽培技术，编写了《湖南道地药材栀子栽培技术规程》，用于企业和周边农户药材种植指导性手册。在栀子加工技术研究方面，研究了不同采收期、不同加工处理条件和干燥方法，总结了一套适宜湖南的完整加工方法。与传统生产比较，有效控制化肥和农药的使用，合理施用有机肥，使得药材质量大幅提升且保持稳定。在科研技术团队的努力下获得了国家发明专利1个（一种百合免耕栽培的方法），国家实用新型专利3个（一种栀子花树的种植方法、一种补气养血健运脾胃的栀子花颗粒及其制备方法、一种清咽利喉栀子花代用茶及其制备方法）；以栀子规范化种植基地及系列产品全产业链为主题的创新项目，获得了2019年邵阳市创业创新大赛（创客中国）初创企业组二等奖。

公司致力于产业扶贫、精准扶贫。2019年公司加大扶贫工作力度，与贫困村签订帮扶合同，带动贫困村发展产业，增加贫困户收入，确保贫困户利益不受损害。本着公平、诚信的原则，在开展技术服务、安置贫困户就业、收购农产品等方面与12个贫困村达成帮扶协议。公司为贫困户无偿提供种植技术指导培训和产业信息，对种植的中药材实行市场价全额收购，优先安置建档立卡贫困户就业，优先选择贫困户农产品，切实提高农民收入，解决农户后顾之忧。通过技术培训使当地农户掌握了一技之长，达到“扶贫”“扶志”“扶智”的三重效果。公司董事长张永新荣获“2019年度邵阳市最美扶贫人物”“武冈市社会扶贫爱心人士”称号，公司被评为武冈市“大爱同行”社会扶贫先进单位。

广东省海源达水产养殖有限公司

广东省海源达水产养殖有限公司 詹伟杰

广东省海源达水产养殖有限公司成立于2011年10月，注册资本5 000万元，位于全国第二大鲍鱼养殖基地——惠来县前詹镇前詹村麦田场。公司经营范围为工厂化养殖鲍鱼、高位池养殖对虾、石斑鱼，拥有《中华人民共和国水域滩涂养殖使用证》，2个注册商标“鳢源达”“鲍源达”，已在国家农产品质量安全追溯管理信息平台注册，享有唯一的产品追溯码。公司依托优良的自然、资源、地理位置条件，经过近10年的创业和发展壮大，已成长为一个以鲍鱼育苗和养殖为主业的揭阳市农业龙头企业、广东省鲍鱼养殖标准化示范区创建单位，是广东省最大的鲍鱼养殖企业。

公司基础建设、生产设备和运营资质齐全，已承包海水养殖基地600多亩，有养殖池1万多口，分别位于前詹镇岛南村、后方村、港寮村和后墩村，加上合作社土地面积，共计1 000余亩。公司已投资和拟投资24个工厂化鲍鱼养殖场、40万米^{2}工厂化鱼池，在养殖基地建设1万口硬底化鱼池。2020年惠来县临港产业园国有土地审批程序已完成，公司将于2021年在产业园内建设食品加工厂及配套办公楼等，延伸产业链条。2021年，公司于惠来县仙庵镇租借土地400亩，租期30年，将用于建设高位池，可两用于养虾或者养鲍鱼。公司现建有冷冻储备库一间，储备海产品30多吨；成鲍年产量约400吨，鲍鱼苗5.5亿粒，产品销往深圳、广州、福建、山东、辽宁等地。

公司现有固定员工205人，其中专业技术管理人员20人。2019年后成立的惠来县惠前水产养殖专业合作社，已有40多户社员。公司注重与高校进行产学研合作，已联合设立华南农业大学教学科研基地、韩山师范学院水产动物健康养殖产学研示范基地，邀请专家来基地对育苗、养殖和饲料研发等专业技术进行指导，组织员工去科研单位学习专业技能和农业企业管理知识，不断提高员工的专业技能，培养一批年轻的、有创新精神的管理人员。公司注重引进专业高级人才，常年与华南农业大学、广东省农业科学院、广东省科学院等高校和科研机构合作，为科研提供基地、产品和专业技术支持，从而推动技术引进和创新，积极推动揭阳市海洋可持续发展战略和海港建设的进一步发展。

公司制定了一系列的规章制度来管理日常作业，规范流程和生产操作。根据《绿色食品 产地环境技术条件》《渔业水质标准》《无公害食品 海水养殖用水水质》《鲍疱疹病毒病诊断规程》《杂

交鲍 F1 苗种》《杂交鲍育苗技术规范》和其他行业标准，结合惠来县的特征特点，已确定了各环节技术操作规程，并对建立鲍鱼种苗研发、育苗、养殖、收获、加工包装、运输销售等各个环节技术和管理标准，保证水产品质量，保护生态安全。2020 年 3 月，公司成功申报广东省鲍鱼标准化示范区项目。通过标准化基地建设，公司示范区生产经营水平和组织化程度得到了很大提高。通过工厂化科学绿色的海水外循环养殖生产技术的 600 余亩示范区，由示范前的亩产量 1 900 千克、总产量 114 万千克，实现示范后亩产量 2 500 千克、总产量 150 万千克；示范区生产的鲍鱼质量达到了绿色食品标准要求，总产值 1.18 亿元。公司通过对育苗、饲喂、病害防治及收获销售等各个环节进行标准化，实现鲍鱼主产区的规范化和标准化养殖、加工、生产、仓储冷藏功能，使得示范区项目拥有了可复制性。

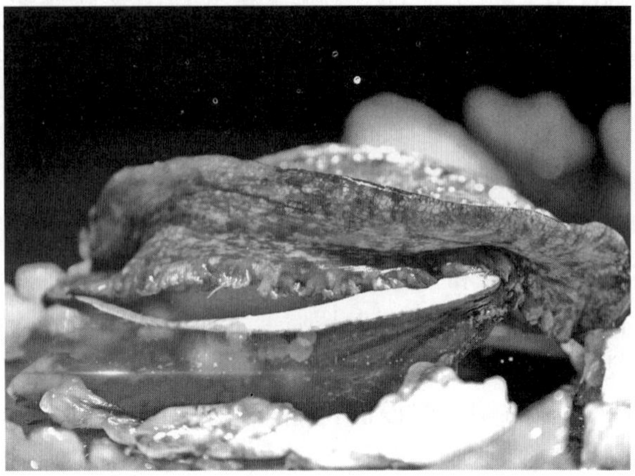

公司所在的惠来县为广东省级贫困县，通过“龙头企业＋基地＋农户”带动模式，由企业牵头，技术指导带动农户从事鲍鱼养殖事业，同时对养殖户的鲍鱼进行收购，帮养殖户打开市场。2019 年，公司成功申报并建设广东省“一村一品”项目。自 2020 年 2 月开始，公司协同惠来县农业农村局开展养殖产业扶贫项目建设，安排贫困户从事饲料装卸、饲料挑选、清洗及鲍鱼投料等工作，增加了贫困户收入，从而基本解决贫困根源，实现造血功能，带动乡村走向富强。公司设有专门的扶贫车间，吸收产业扶贫开发资金，已直接带动建档立卡扶贫人数 2 990 人，间接带动的自主创业或者就业人数超过 7 000 人。

公司实力雄厚，已获得揭阳市市级龙头企业、广东省“菜篮子”基地、广东省科普教育基地、广东省扶贫农业龙头企业、广东省守合同重信用企业、扶贫产业示范基地、广东省“一村一品、一镇一业”项目单位、广东省鲍鱼养殖标准化示范区创建单位等多项荣誉。2019 年 12 月，广东省科学技术协会在公司设立了海外智力为国服务行动计划工作站。2021 年 1 月，公司荣获“2020 全国绿色农业十佳示范企业”称号。

红原牦牛乳业有限责任公司

红原牦牛乳业有限责任公司　税晓燕

红原牦牛乳业有限责任公司位于四川省阿坝藏族羌族自治州红原县，创建于1956年，前身系藏族爱国人士贡唐仓·丹贝旺旭（1926—2000）在党和政府的支持关怀下、个人筹资创办的民族地方工业，现已发展成为集收购、加工和销售为一体的大型牦牛乳制品生产企业，是农业产业化国家重点龙头企业。

1. 整合资源，建设现代化产业基地

红原县是全国五大牧区之一——川西北牧区唯一的纯牧业县，是全国地方优良牦牛遗传资源之一——麦洼牦牛的核心产区。新中国成立前，红原牦牛奶是当地牧民自饮和供给活佛、土司的饮品，真正将红原牦牛奶发扬光大的是红原牦牛乳业有限责任公司。

经过60多年的发展和建设，公司从建厂初期的年产几十吨奶粉发展到目前年产乳制品10万多吨，与美国农业巨头蓝多湖公司、瑞典利乐公司合作，从选址建厂、设备建造到加工生产线，全线引进国际先进乳制品生产体系，已成为全国海拔最高、设备最先进的现代化牦牛乳制品厂，是青藏高原第一个符合国际标准的乳制品加工厂。

公司通过优化升级加工设备，加强牧区奶源建设，扩大产业规模。工厂现占地面积17.36万米^2，建筑面积7.1万米^2，具备年10万吨牦牛鲜奶的处理能力和1.4万吨奶粉生产能力。

在完善自身建设的同时，公司加强牧区基地建设和奶源建设，先后在红原地区修建了2个中心奶站和多个联户牧场、50多个收奶站，形成了以红原县为中心，辐射周边200千米的收奶网络，形成草业、牧业、加工业、产品销售共同发展、互为促进的产业结构框架，全方位、多层次综合开发红原牦牛奶资源，为牧民创造长期稳定的收入来源，对促进红原经济发展，推动藏区科技进步和社会进步，维护民族地区稳定做出了积极贡献。

2. 依托产业优势，打造特色高品质牦牛奶

牦牛是经过几百万年优胜劣汰自然进化而来的古老而强大的冰期物种，是青藏高山草原特有的牛种，也是世界上生活地区海拔最高的哺乳动物。牦牛以超强的耐寒、抗缺氧、抗疲劳、抗紫外线和强免疫力而著称，对高山草原环境条件有很强的适应性，有“雪域之舟”的美称。

红原的空气、水质、土壤、牧草等环境无污染，具有天蓝、水清、空气清新的优势，适宜生产优质安全的绿色有机农畜产品。牦牛采用天然放牧的原生态放养方式，无饲料喂养，无基因改造，不打抗生素和激素，每头牦牛拥有25亩天然草场，世人形容牦牛“吃的是中草药，喝的是矿泉水，住的是风景区”一点都不夸张。红原牦牛独特的养殖方式使得牦牛奶具有其他同类产品所无法企及的优势，是绿色健康之珍品。牦牛奶营养价值极高，被营养专家称为奶品中的“营养冠军”。著名健康教育专家赵霖认为，红原牦牛奶是独特、稀缺的高端营养品，非常符合未来绿色健康的食品发展趋势。

公司始终秉承“因为信仰·所以纯真”的发展理念，在加工生产全过程中坚持“零添加”，不加牦牛奶以外的任何东西，目前主要产品为红原牦牛奶和红原牦牛奶粉，是中国乳制品行业首个获得国家地理标志产品保护的企业，也是中国第一个同时获得中国、美国、欧盟有机产品认证的乳制品企业。

3. 不忘初心，带领牧民脱贫奔小康

牦牛产业是藏区牧民赖以生存的主要产业，也是红原县乃至阿坝藏族羌族自治州的特色优势产业，一直是国家和四川省政府的扶贫重点。公司作为农业产业化国家重点龙头企业和四川省扶贫龙头企业，肩负着维护民族地区稳定和发展民族经济的重任，为当地藏族牧民提供就业机会，响应国家扶贫号召，增收鲜奶帮助藏族牧民脱贫致富。几十年来，公司一直做到：坚持扩大扶贫范围，建立稳固收奶体系；坚持以市场价和保护价就高原则收购牦牛奶，保证牧民稳步增收；坚持培养本地技能人才助力脱贫。

公司坚持以市场价近2倍的价格收购牦牛奶，带动6 000余户牧民稳定生产生活，累计帮扶1 800余户贫困牧民脱贫致富。近年来，发放奶款2.1亿元，贫困户年均增收4 800余元。

在带动就业方面，通过提供工作岗位，近年来先后累计解决贫困户就业近100人，为贫困牧民提供专业技术培训达1 000余人次，贫困员工年均增收2.4万元。

2019年3月，公司的“龙头带动八方联动产业扶贫”案例被国务院扶贫办社会扶贫司、中国社科院企业社会责任研究中心联合课题组入选《中国企业精准扶贫50佳案例》。公司为红原县2019年实现脱贫摘帽做出了重要贡献。

未来，公司在完善基础设施建设和扩大产业规模基础上，将辐射更多牧民，以科技提升产品价值树立品牌形象，不断挖掘和提升牦牛的资源价值，帮助牧民增收，促进乡村振兴，推动草原畜牧业可持续发展。

云南省绿色食品发展中心

云南省绿色食品发展中心　孙海波

云南省绿色食品发展中心于2002年12月经云南省编办批准成立，为云南省农业农村厅下属的全额拨款事业单位。2018年，云南省农业农村厅按照“大产业＋新主体＋新平台”的发展思路，对云南省绿色食品发展中心的机构编制和工作职能进行了大范围调配。

目前中心的主要工作职能及人员基本情况如下：按照《中共云南省委机构编制委员会办公室关于印发〈云南省农业农村厅所属事业单位机构编制方案〉的通知》（云编办〔2018〕215号）文件，云南省绿色食品发展中心（云南省农产品质量安全中心）为云南省农业农村厅直属的正处级公益一类事业单位，核定事业编制30个，其中处级领导职数3个（1正2副），编制结构为管理人员4人、专业技术人员24人、工勤人员2人。主要职责是负责组织农产品绿色生产标准和技术规范研究，指导农产品绿色生产，组织有机农产品、绿色食品和无公害农产品认证等工作。在实际工作中，为配合云南省农业农村厅和中国绿色食品发展中心、农业农村部农产品质量安全中心的相关工作，承担全省部分重点特色产业发展、相关农产品质量安全管理及农产品地理标志登记、绿色食品生产资料认证、绿色食品原料标准化基地创建、农业农村部农产品质量安全中心良好农业规范认证、名特优新农产品名录收集登录、特质农品登录等的组织申报、现场检查、材料审核、证后监管及品牌宣传培训等相关工作。

中心现有在编在职人员26人，其中管理岗聘用2人、正高级岗聘用1人、副高级岗聘用5人、中级岗聘用8人、初级岗聘用6人、工勤岗2人、见习期2人。内设科室7个，分别为综合科负责党建、文秘、人事、劳资、财务、档案、消防安全、法治宣传及其他行政后勤等工作，绿色食品管理科负责绿色食品、绿色食品生产资料、绿色食品标准化原料基地申报及中绿华夏有机食品认证中心有机食品认证的相关工作，农产品质量安全管理科负责无公害农产品、绿色食品证后管理、农业农村部农产品质量安全中心良好农业规范及相关农产品质量安全等工作，品牌发展科负责农产品地理标志、名特优新农产品、绿色（有机）食品品牌宣传推广和绿色食品LOGO等品牌管理相关工作，水果蔬菜科负责水果、蔬菜等产业发展相关工作，茶叶咖啡科负责茶叶、咖啡等产业发展相关工作，药材花卉科负责中药材、花卉等产业发展相关工作。

在云南省委、省政府和云南省农业农村厅党组的正确领导下，经全省各级工作机构的共同努力，云南省“三品一标”工作取得长足发展。截至2020年12月底，全省共有“三品一标”有效获证组织2 213家、产品6 257个。其中，无公害农产品有效获证组织614家、产品1 384个；绿色食品有效获证组织567家、产品2 065个；农产品地理标志有效获证组织79家、产品85个；有机农产品有效获证组织953家、产品2 723个。

2020年12月，云南省绿色食品发展中心获中国绿色食品发展中心扶贫攻坚对口帮扶“三区三州”绿色食品发展工作先进集体表彰。2020年12月，获农业农村部农产品质量安全中心“全国农产品质量安全与优质化业务技术优秀工作机构”表彰。2021年1月，获农业农村部“农业农村系统抗击新冠肺炎疫情先进集体”表彰。

陕西国人菌业科技产业园有限公司

陕西省农产品质量安全中心　王　珏　苟明强

陕西国人菌业科技产业园有限公司位于陕西省宝鸡市陈仓区慕仪镇，园区占地500余亩，分为菌包工厂化生产区、设施栽培出菇区、食用菌观光采摘体验区、生态循环综合利用加工区等7大功能区，资产总额8 000多万元，现有职工110人，其中各类专业技术人员45人，是一家集珍稀食用菌研发、工厂化周年立体栽培、食用菌精深加工及农林废弃物高效循环利用为一体的高新农业产业园区。公司生产的羊肚菌、鲜银耳、猴头菇、香菇、平菇、杏鲍菇等10个产品获得中国绿色食品发展中心颁发的绿色食品证书。公司具有食用菌一级菌种生产资质，先后被认定为农业农村部农村可再生能源开发利用西部示范基地、省级农业产业化经营重点龙头企业、省级现代农业园区，是陕西省食用菌现代农业产业技术体系关中地区专家大院所在地，“国人菌业星创天地”先后被评为市级、省级、国家级星创天地。

陕西国人菌业科技产业园位于陈仓区国家现代农业示范区核心区，是示范区五大新品种、新技术、新模式展示中心之一。园区以种植、加工多品种珍稀食用菌为主，采用“农业物联网＋”的管理运营模式，同时承担着示范区食用菌工厂化生产展示功能。

公司现已建设完成食用菌冷藏保鲜冷链物流体系，并详细制定了控制产品质量安全五大体系。通过原料验收、生产过程控制、成品检测等方式对产品质量进行管控，确保食品安全。通过国家及陕西省农产品追溯系统公开日常生产过程，消费者可通过追溯系统直接查询到销售产品从菌袋制作、培养、出菇管理、采收、运输及检测全环节信息，真正实现了“从农田到餐桌”的全程追溯，提高了响应客户、响应市场的时间和竞争力，也提高了农产品质量安全管理水平。根据《农产品质量安全法》《食用农产品合格证管理办法》等法律法规要求、消费者要求及公司实际情况，在自控自检的基础上开具适于食用菌销售的合格证，确保产品带证上市，以此强化主体责任，推动其树立

质量安全意识，发挥自律作用，更加有效地保障农产品质量安全。合格证的内容与追溯系统信息相符，包括产品名称、数量、编码信息、公司名称、地址信息、联系方式、确保合格的方式等，满足了消费者迫切了解农产品来源、质量安全等信息的需求，有效地将生产者和消费者连接起来，做到了农产品来源可溯、信息可查。

经过多年的生产经营，公司形成了自己的“国人模式”。在食用菌工厂化、标准化、规模化基础上，打造了智能化、数字化、信息化智慧农业生产模式，开创现代农业与传统农耕有机结合的新模式。“国人废菌渣综合循环利用模式”是农业农村部推荐的18个农产品加工副产物综合利用模式之一，其采用“菌-畜-果-沼-肥”的产业化发展思路，是企业实现可持续发展及“变废为宝、化害为利”的最佳途径。公司积极响应政府号召，通过农业物联网建设，采取“龙头企业+扶贫基地+农户（贫困户）”的运营模式，将“国人精准扶贫模式”与贫困地区对接，通过入股保底分红、以原料换菌包、扶贫托管、入园务工等多种形式，切实带动贫困户脱贫致富，实现农户、企业、政府三方共赢的和谐格局。公司重点发展国人食药用菌大健康产业及生态循环产品开发，以国人健康养生理念为核心，通过组合式品牌战略运营及传统电商、微商、人人店等营销模式，打造“一公里配送圈”，实现线上、线下新零售模式，用心打造“好品质、国人造”的良好口碑。

公司以多品种食药用菌的育种、工厂化菌包生产、标准化栽培、精深加工为主营业务，致力于“一核两翼”的发展布局：“一核”为工厂化育种、菌种生产，基地位于宝鸡市陈仓区慕仪镇；“两翼”分别是位于西安市蓝田县的灵芝和羊肚菌有机栽培基地、位于海拔1 560米的太白山反季节有机栽培基地。经过10年的发展，公司在现代农业领域里辛勤耕耘，以“国人菌业造福国人”为宗旨，不忘初心，牢记并践行“国人当自强、强身、强心、强魂，用心做良品、品质、品味、品牌”的企业使命。

环县羊羔肉产业发展集团有限公司

环县羊羔肉产业发展集团有限公司　秦泽民

环县羊羔肉产业发展集团有限公司是以肉羊养殖、繁育、销售、品牌打造，饲草料加工与销售，肉羊产业开发项目的投资、建设、管理、抵押担保等经营项目为主的国有企业，成立于 2018 年 8 月，位于甘肃省庆阳市环县环城镇南滨河路金羊大厦。

公司成立两年以来，积极参与产业脱贫，累计为 33 081 户贫困户完成配股 4.22 亿元，重点用于支持环县草畜产业发展，代贫困户持股并负责分红。公司 2019 年 4 月实施的环县千只湖羊标准化扶贫示范合作社建设项目已全面投产，项目总投资 4.72 亿元，在全县 20 个乡镇建成 124 个湖羊养殖示范合作社（204 个标准化养殖场），项目带动 200 个贫困村和 6 211 户贫困户入股分红，带动 400 名贫困群众务工增收，帮助 1 000 名大学生就业，每年可实现利润 5 000 万元以上。公司于 2019 年 9 月实施的环县车道镇双庙村年出栏 20 万只育肥场项目已建设完成，全面投产后每年可出栏 20 万只优质肉羊，每年实现利润 3 000 万元。

2020 年，公司完成了 3 252 户贫困户配股任务，确保 10%分红；协调完成 158 个村集体 2.48 亿元村集体资金入股到肉羊产业龙头企业并确保 10%分红，发展壮大村集体收入。公司负责筹建了车道镇双庙村年出栏 60 万只育肥场、山城乡八里铺村年出栏 10 万只育肥场、木钵镇殷家桥村 6 万只肉羊繁育场这三个重点项目，已全部投入运营。

车道镇双庙村年出栏 60 万只育肥场位于车道镇双庙村赵渠组，项目占地 1 000 亩，分 A、B、C、D 四个养殖区和一个生活区，投资概算 4.8 亿元，资金来源为村集体和贫困户入股资金。项目完全建成后，可存栏 20 万只，年出栏三批次共 60 万只。该项目已完成第一期建设任务，于 2020 年 7 月 11 日投产经营，存栏 2.6 万只；截至 2020 年年底存栏 4 万只，出栏 1 万只，实现销售收入 1 300万元，实现利润 260 万元。

山城乡八里铺村育肥场位于山城乡八里铺村贾塬组，项目占地 430 亩，投资概算 4 500 万元，是按照“政府投资建设，企业租赁经营”的轻资产模式筹资建办的高科技肉羊制种基地，由甘肃庆环肉羊制种有限公司负责日常经营管理，年可出栏育肥羊 10 万只。该项目的辐射带动周边 12 个合作社及 3 000 多户养殖户应用科学养殖技术，形成区域性技术示范带动效应，吸纳本地贫困人口就业，稳定增收。

木钵镇殷家桥村繁育场位于木钵镇殷家桥村原高速桥梁厂，项目占地 180 亩，充分利用高速废弃桥梁厂进行改造，节约建设成本，投资概算 9 200 万元。繁育场以肉羊制种为核心产业，在全球范围内筛选优秀产肉基因，与湖羊的多羔基因进行优化组合，为产业造就产羔多、产肉多、肉质好、老百姓赚钱多的优势，从而让肉羊产业的扶贫效果更加明显。该场为甘肃庆环肉羊制种有限公司建设，是按照原种场、纯繁场、商品繁育场和育肥场的整体产业繁育体系，建成的父母代繁育场，存栏父母代母羊 2 万只，专门生产用于商品育肥的二元和三元杂交羔羊，年可提供 6 万只二元和三元断奶肥羔。

2019年公司负责在全县创办的124个湖羊养殖标准化扶贫示范专业合作社全部正常运营，羊只存栏140 055只，其中种母羊66 827只、公羊及育成羊73 228只，截至2020年年底羊只存栏可达到16万只，种母羊可达到8万只。示范社的产羔率和成活率分别达到194.5%和93.2%，远超自养户和一般合作社，实现了真正意义上的标准化运营示范带动作用。该项目带动贫困村204个，其中深度贫困村124个、一般贫困村80个，每村入股50万元，每年分红5万元；带动贫困户6 211户，每户入股1万元，每年分红1 000元；现有从业大学生场长及技术员283名，安排贫困家庭大学生60名、群众饲养员257名（其中贫困户65名）。根据示范社目前经营情况及羊畜市场情况，预计到2020年年底基础母羊存栏可达8万只，生物资产价值合计2.95亿元。2020年已出栏羊只20 753只，实现总销售收入3 385万元。其中，向群众投放种公羊5 200只，实现销售收入1 560万元；累计屠宰8 553只，实现销售收入1 195万元；对外销售7 000只，实现销售收入630万元。

2020年，公司成立了负责产品营销的子公司——环县陇羊实业有限公司，专门从事环县羊羔肉品牌宣传、市场营销，提升环县羊羔肉市场影响力和占有量，提升产品附加值和溢价率，倾力打造“环县羊羔肉”地理标志品牌。

2020年，环县羊羔肉产业发展集团有限公司作为主体，发起成立环县羊产业联合会，团结联合13个企业会员及56个个人会员，对内整合肉羊资源，对外宣传“黄土地、天然草、童子羊”理念，扩大产品销售渠道，共同做大做强环县羊产业。公司将金羊大厦打造成全县草畜产业综合服务中心和对外交流窗口，并做好服务工作。截至2020年年底，金羊大厦已入驻中盛、伟赫、庆环等19家草畜产业相关企业、服务机构及科研团队。

新疆泽惠丰农业科技有限公司

新疆泽惠丰农业科技有限公司　刘　林　迦　雯

新疆泽惠丰农业科技有限公司成立于2017年，是一家集科研、种植、技术服务和农业投资等各项业务于一身的专业农业产业供应链服务公司。公司深入油莎豆全产业开发与服务领域，并迅速成长为我国油莎豆产业头部企业之一。

公司是中国农业产业化龙头企业协会常务理事单位，受协会委托牵头成立了我国油莎豆产业化领域公益性产业聚合平台——中国农业产业化龙头企业协会油莎豆产业发展专业委员会，并与泽惠丰油莎豆产业发展有限公司等相关机构联合建立了油莎豆产业发展研究机构、种业科研机构、规模化种植基地、种植种业育繁推一体化与精深加工基地、予农惠全域营销体系与品牌化全系产品开发等，着重由农业科技化、农产品品牌化的产业链两端入手，打造油莎豆产业链开发的生态体系，着力提升油莎豆产业链整体价值和创新产业链价值共享机制。公司自主研发“沁心恒”牌油莎豆食用油及“琥果”系列油莎豆健康食品，包括“虎赋”油莎豆原浆白酒、“虎赋1952”臻品酒、油莎豆代餐粉、特殊膳食、咖啡饮品系列及文化衍生制品，已发展成为我国最具规模的油莎豆产业资源聚合平台之一。

公司油莎豆产业开发的核心思想是致力于油莎豆产业链提升的各项服务，追求产业价值链整体提升后的共享机制，依托农业产业化资源和产业投资的新思维、新模式、新理念，以粮、油、牧、饲优势于一体的战略性农作物油莎豆开发为产业链基础，面向终端导向消费价值趋势，探索油莎豆全产业链符合价值化规律的提升环节，通过提供农业产业化定向服务，优化油莎豆产业链节点价值，打造全产业链品牌价值，完成现代农业发展中油莎豆全产业链价值分配机制建设，推进我国油莎豆产业相关各环节领域的良性循环发展。

公司围绕油莎豆产业价值导向的发展目标，布局推动油莎豆产业链的育、种、产、销、研各环节资源配置与产业服务发展。为打造油莎豆产业链提升的各项服务和产业价值链整体提升后的共享

机制，公司联合泽惠丰油莎豆产业发展有限公司等相关产业机构，合作创立了产业体系开放平台重要组成部分。

油莎豆产业发展研究：依托中国农业产业化龙头企业协会油莎豆产业发展专业委员会，联合国内国际各农业研究机构和产业发展研究机构、食品及人类健康研究机构，对油莎豆产业的各个发展要素进行探讨，建立适合中国油莎豆产业发展的相关标准，探索、完善油莎豆产业发展模式，从产业链层面形成以价值提升为核心的发展架构，依托农业组织资源，打造我国最具影响力的油莎豆产业国际交流论坛，引领产业的合理、有序发展。

油莎豆种业开发：我国各地种植的油莎豆均为自留种，种子退化严重，油莎豆种源问题成为制约产业发展的主要瓶颈。公司着手建立我国第一个专业的油莎豆种质资源库，与相关农业科研机构合作开展种子研发与推广，由油莎豆产业源头的种业环节入手，提升品质化发展价值积累。目前，公司已与中国农业科学院油料作物研究所、中国林业科学研究院荒漠化研究所、中国农业大学等机构开展油莎豆种子研究工作；另外，同步与西班牙油莎豆作物遗传专家组合作开展作为种质资源补充型的高产高油品种“玖泰 1 号”的选育工作。

油莎豆种植推广：种植是决定油莎豆产业化与产业价值的重点基础环节。公司在新疆、内蒙古、黑龙江、湖北、吉林、江西、河北、天津、海南等地大力推动油莎豆合作种植的推广，努力提升我国油莎豆原料产能，为油莎豆产业价值的打造奠定规模与品质基础。通过土地租赁自种、订单加服务模式及订单加合作等模式，目前已开发吉林省大安市月亮泡基地，吉林省白城市通榆县乌兰花种植基地、边昭种植基地，内蒙古自治区科左中旗北柴达木种植基地、扎鲁特旗道老杜种植基地、巴彦淖尔市磴口乌兰布和沙漠种植基地，黑龙江省大庆市杜尔伯特基地，新疆维吾尔自治区且末县 37 团、38 团种植基地（试验地）等 9 处种植基地。

油莎豆农机租赁服务：油莎豆专用农机市场需求与薄弱的购买力形成矛盾，尤其是在油莎豆短短一个月左右的收获期，收获机械的使用决定着油莎豆种植户的经济收益。农业机械化是农业产业化的重要保障，同时，农业机械也是油莎豆产业链上可重点打造的价值服务环节，利于金融、资本、资源进入产业链，共同促进油莎豆整体产业链价值的不断提升。公司联合专用农机生产企业、农业金融服务机构、社会资本，为国内油莎豆种植区域配套提供油莎豆农机金融租赁服务，打造油莎豆产业中“种植户-农机经销商-农机生产企业”的共赢模式，提高油莎豆产业链农机环节价值。

油莎豆应用产品研发与销售：精深加工与产品化是农产品增值的根本途径，有着极具前景、广

阔的价值提升空间。目前公司油莎豆产品开发已涵盖“沁心恒”油莎豆健康食用油系列、“虎赋”油莎豆原浆白酒与“虎赋 1952”臻品酒、油莎豆代餐粉、特殊膳食、油莎豆咖啡饮品系列，另有油莎豆绿色饲料及部分营养健康制品已进入研发阶段。

公司与合作机构联合建立了全域新营销销售体系，全力打造油莎豆产业链终端的品牌价值，最大化地拓展产业链综合价值空间。体系以链上精品、全网销售、通证赋能的思路，建立两大平台、三大系统，以油莎豆产业园为基地，建设线上“予农惠”社交电商平台和线下社区连锁平台的“予农惠新营销体系”，结合会员商城系统、积分商城系统，打造绿色农优品全域销售体系。

在油莎豆产业链价值提升服务的大目标下，公司将持续加大对油莎豆产业的基础生态构建，重点配置产业基础资源，加大产能培育，打造中国油莎豆融合发展百万亩示范园区；组建油莎豆种业与绿色种植服务技术力量，提升油莎豆产业种植、开发价值；通过联合油莎豆相关研究机构、学术团队、开发企业，加快产业标准的不断制定和推出应用，拓展油莎豆产业集约化、标准化、规模化发展领域，提升油莎豆产业链整体价值；以油莎豆产业交流为纽带，大力开拓“一带一路”沿线国家包括引种实验、农业产业资产化合作，以及油莎豆食品与制品特色开发等在内的农业产业化输出与国际油莎豆产业合作交流，开辟油莎豆产业为代表的我国现代农业产业化模式全球发展的远景版图。

八、人 物 篇

张慧玲

河北省农产品质量安全中心　杨朝晖　尤　帅

张慧玲是河北省石家庄市赵县谢庄乡田庄村人。2007年从河北农业大学园艺学院毕业后，先后在香港、山东、北京等多家农业公司从事销售工作，并有着可观的经济收入。2015年，她做出了一个让人震惊的决定，辞去外面高薪的工作，返乡回到赵县老家做起了职业梨农。

谢庄乡是全国闻名的“赵州雪花梨”的主产乡镇之一。田庄村雪花梨栽培历史悠久，当地人祖祖辈辈栽植梨树，在岁月的消逝中积累了丰富的种梨经验，许多农民都是多年的种梨高手。近几年，梨农们为了追求产量大量使用农药和化肥，直接后果就是果园土壤和梨果品质降低。虽然梨农很辛苦，但梨卖不出好价钱，收入也越来越少。

张慧玲凭着自己多年的求学及工作经历，一定要找回赵州雪花梨原始的味道，做出自己独特的品牌，让乡亲们增加收入。当她信心满满地把自己的想法告诉父母时，没想到遭到了全家人的极力反对。家人的不理解让张慧玲很是为难，但是倔强的她认准的事情就一定要干下去。她认为家里的梨园有经济价值，自己做，好好管理，就一定能赚钱的。

怀着对生态梨的美好向往，张慧玲挑起了管理家里梨园的担子。她进园做的第一件事，就是砍掉果园里的部分老树，搞品种改良，在老树桩上嫁接新品种的枝条，每棵树接上30个枝条。可是张慧玲没有料到，那年突如其来的一场暴风雨，把刚刚嫁接上两个月、与老树桩还没完全长在一起的新枝条全部刮断了。夏天不是嫁接的季节，落下来的枝条也接不回去了。张慧玲把希望都寄托在未嫁接的那部分梨树上。可是剩下的梨树却患上了梨小食心虫，这个情况打碎了她最后的希望。

梨小食心虫是世界性的果树害虫，主要以幼虫蛀食梨、桃、苹果等果实。如果梨小食心虫在梨园蔓延，就会造成采收前大量落果，在生产上严重影响梨果的产量和品质，是果树生产的重要防治对象。如果长期使用化学杀虫剂杀灭梨小食心虫，势必会造成环境污染，也无法保证农产品安全。冬季，梨小食心虫会在老树皮里过冬，到了第二年春天，它会变成小蛾子，再产生许多后代。梨小食心虫的越冬代成虫，在赵县的发生高峰期为4月中旬左右，第一代幼虫发生高峰期为5月上旬左右，第二代幼虫高峰期为7月上旬左右，之后各代梨小食心虫形成世代重叠。

要想防治好梨小食心虫，就一定要抓住它的幼虫孵化期及转梢为害时期。可是每年梨小食心虫的发生时间受天气影响各不相同，在防治上很难抓住最佳的用药时期。也正是这个原因，大多数种植户为了保住果实不被梨小食心虫钻果，只能连续多次使用化学药剂来防治，这样往往增加了投资成本，而且增加了农药残留的风险，对生态环境会产生一定的影响。如果不打农药种出的绿色生态梨，口感虽好，但都让虫子吃了，让人确实心疼。有什么办法来弥补呢？张慧玲在梨园里看着被虫子吃过的梨，几天几夜吃不下饭睡不着觉。母亲和朋友看着憔悴的慧玲，心疼地劝她说：“你打点药治治虫吧，要不损失太大了！”倔强的张慧玲坚决不打农药，第一年她种的梨全部都被虫子吃掉落了地。但她没有放弃，经过查资料，走出去请教专家，她最后采用把醋、红糖水、酒精放在一块儿，搅拌均匀成糖醋液装进虫子易进不易出的瓶子里，这样就可以捉虫了。

张慧玲还采用专家给的建议，利用梨小迷向丝防治梨小食心虫。梨小迷向丝又称性诱剂迷向散发器，通过释放高浓度信息素，干扰梨小食心虫的交配，快速降低下一代虫口密度，达到防治害虫的目的。梨小迷向丝大量的强信息素源能够掩盖雌虫信息素气味，其持续的强刺激又能够降低雄虫触角的灵敏度，使雄虫无法找到雌虫，雌虫和雄虫见不了面、交配不了，就会自然死亡。梨小迷向丝是一种新型的绿色、环保、高效、实用的生物防治害虫产品，无毒害、无农药残留，操作简便、成本低，捆扎在树枝上，不受天气影响，持续有效期达 6 个月以上，每亩只需挂 40 根就可以，迷向率达 95%。

为了提高梨果的品质，果园也不施化肥了，而是施有机肥，全部采用酵素液、酵素渣＋菌沃根有机肥种植。正因如此，果园的土壤透气性非常好，即便是上午刚下过大雨，下午就可以下地劳作，一点也不粘脚。

环保酵素，是酵素的一种，是混合了糖和水的厨余鲜垃圾，经厌氧发酵后产生的棕色液体，具有净化下水道、净化空气等很好的环保效果。张慧玲的环保酵素是用菜叶、草和烂水果自然发酵而成，是一种较好的植物性肥料，可刺激植物荷尔蒙，改善蔬果质量和增加产量。连续将环保酵素浇在土地上 3 个月，可改善土质，让土地重现生机。

5 年来，张慧玲在梨园管理中不打农药、不施化肥、不用除草剂和梨果膨大剂，人工疏果，使用红糖、醋、酒精制作诱杀剂，采用微生物菌剂、环保酵素，迷向丝防治病虫害，增施植物源健康有机肥；在果园种上草，等长高了再打掉变成绿肥。经过几年的改良种植，从当年其他梨农对她的这些举动感到十分不解，到现在他们对张慧玲的做法都竖起了大拇指。

张慧玲通过开发深加工产品，把品相不好的梨果加工成了雪梨膏、梨膏糖、雪梨干、雪梨膏棒棒糖等产品，进一步增加了收入。

张慧玲抓住每年的赵县梨花节这一契机，搞起了以梨花为主题的乡村旅游，除了让游客赏花赏景外，她还拿出自家产的酵素梨及雪梨膏等加工产品供游人品尝。她还与相关电商平台进行合作，锁定目标游客群进行精准营销，以户外互动为主，让人们在欣赏美景的同时，充分体验平台购物淘宝的乐趣，增加平台家人们之间的互动，让彼此认识和交流。正是依托这绽放的梨花，打造梨花经济，把乡村旅游开展得有声有色，吸引着全国各地的游客。梨农们办起了农家乐，当地的绿色野菜、大锅菜等民间特色搬进了梨园，在游客欣赏梨花的同时也能够一饱口福。张慧玲介绍说，在梨果产业链条中，梨花观光是附加值的开发，梨加工产品是产业链的延伸，梨果是产业链的核心，保证梨果的产量和品质、提高栽培效益，是调动梨农积极性、发展梨果产业的原动力。

在梨花节期间，众多梨农既卖风景又卖商品。昔日藏在梨园无人欣赏的梨花，在张慧玲的引导下成为梨乡新卖点。在这生态梨园里，到处都能听到蛙鸣和蛐蛐的叫声，采摘的人冲着有机绿色无污染、口感好的梨果而来，张慧玲就借着机会用生态梨做起了广告。她将当年收获的部分生态梨免费送给顾客，希望这样能一传十、十传百，吸引更多的人。这一招果然奏效，光是 2019 年来梨园采摘的游客就达到了上万人之多，采摘收入几乎占梨园当年总收入的一半。

张慧玲的生态梨经过权威部门 190 项农药检测，结果为农药零残留，食品安全有了保障，她也给自己的梨果注册了"丽梨"商标。2019 年，她的"丽梨"获得了国家绿色食品认证，在第 21 届中国绿色食品博览会上荣获金奖，销售价格远远高出市场价。张慧玲说："这两年我的梨还没有下树的时候，订单基本上就被定出去了。像我这里大一点、好一点的精品果，能卖到 20 元钱一个。"拿着丽梨的张慧玲，眼神里充满了对未来美好生活的憧憬和希望。

冯 功

大同市华建油脂有限责任公司 赵东斌

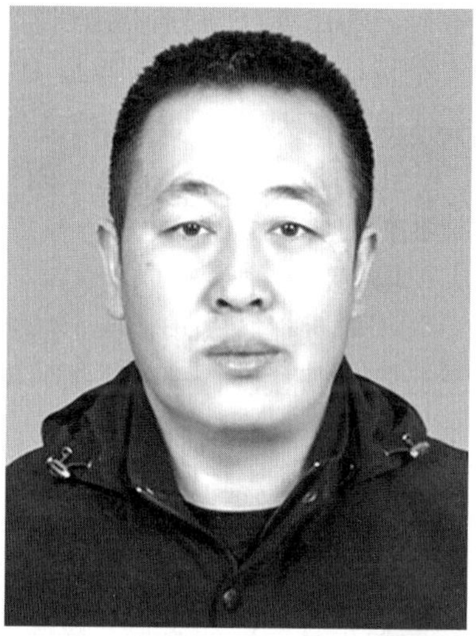

冯功，1972年出生于山西省大同市阳高县，本科毕业于清华大学继续教育学院，中国共产党党员，大同市云冈区第一届党代会代表、第一届政协委员。1996年至今，担任大同市华建油脂有限责任公司董事长。

1. 追求

冯功出生在大同市阳高县的一个农村家庭，1995年从大同煤炭工业学校毕业后的第一份工作便是生产亚麻籽油（俗称“胡麻油”）。在此过程中，他的严谨好学使他快速掌握了亚麻籽油生产工艺的诀窍，而亚麻籽油的营养价值则更深地触动了他敏锐的神经，“让所有人不缺乏α-亚麻酸”的想法悄然于心。同时，凭借着对行业未来发展的嗅觉，他也看到了能够带领乡亲们走出贫困、共奔小康的一条路。1996年，大同市华建油脂有限责任公司正式成立。成立初期，也是公司最艰难的起步阶段，提升产品质量和建立销售渠道都是严峻的挑战。冯功深知这两者的关系，只有严抓产品质量，不断提高品质，得到老百姓的认可，才能真正地打开市场、打开销路。高品质的亚麻籽油便成了他当时最大的追求。

在冯功的带领下，凭借着不断钻研、与时俱进的开拓精神，公司成功开发出三大品牌、六个系列的亚麻籽油，产品优选晋北地区的绿色亚麻籽为原料，采用纯物理压榨工艺，再经过脱杂、脱胶、脱水、脱蜡的物理精炼处理，全过程无任何化学添加剂，采用充氮保鲜技术全面确保油品不易氧化。

公司从一个小油坊逐步升级为专业的大型亚麻籽油生产企业，并自行研发了一套符合自身发展的物理压榨工艺，获得了五项设计专利。每当开始生产亚麻籽油时，周边数百米都可以闻到亚麻籽油的香味。随着产品在当地的热销，公司也获得了不小的名气，在大同的市场占有了一席之地。

2. 进取

随着企业蒸蒸日上的发展，面对逐年增加的利润，冯功并没有满足。他要的不仅仅是自己身边的市场，他要把更好的、绿色的亚麻籽油推向全省乃至全国。因为只有企业发展得更大，才能带动更多就业、帮扶更多贫困，也才会离最初的想法更进一步。

于是，新的一场战役打响了——开拓全国市场。自2006年至今，公司生产的亚麻籽油连续15年获得绿色食品A级认证，为公司开拓全国市场销售渠道奠定了重要的品质基础。经过公司全体员工多年的努力与拼搏，华健亚麻籽油不仅在山西市场开拓了一片天，而且在北京、宁夏、内蒙古等地也拥有了自己的市场份额，建立了直营店和办事处，并与大润发、永辉、新百连超、京客隆、美特好、世纪华联、卜蜂莲花等大型连锁商超建立了深度合作。在餐饮渠道方面也开拓了非常大的市场，餐饮连锁企业西贝莜面村所用的亚麻籽油就是公司专门为其研发生产的餐饮专用油。

随着网络经济的发展，公司在发展线下市场的同时也逐步开拓了线上的营销渠道。自2009年起，先后入驻了阿里巴巴、京东商城、天猫商城、苏宁易购、微信商城等大型电商平台，并建立了官方旗舰店，产品通过网络平台可直通全国各地，直接到达消费者手中。

3. 荣誉

公司发展至今已走过 20 多年，获得了非常多值得骄傲和自豪的荣誉，如最美绿色食品企业、全国绿色农业十佳示范企业、中国亚麻籽油加工企业 10 强、山西省农业产业化省级重点龙头企业等荣誉称号，公司生产的华建诚鑫亚麻籽油入选 2020 年度“中国好粮油”产品。

冯功个人也获得了许多殊荣：2005 年 4 月获得山西省青年科技奖评选委员会、山西省工商行政管理局、山西省工商业联合会、山西省总商会颁发的“山西省青年科技奖”和“山西省青年实业家”称号；2016 年 11 月荣获山西省食品安全委员会、山西省农产品质量安全促进会联合颁发的三晋食品安全贡献个人奖；2017 年 12 月被三晋食品安全论坛组委会授予“2017 三晋食品安全创新奖”；2020 年 5 月担任大同市大同好粮协会副会长；2021 年 1 月被评为“全国绿色农业发展带头人”。

冯功是一个谦虚的人，面对如此多的荣誉称号，他和我们仅仅说了一句：“这样的‘鞭策’，是让我们更加努力!”

4. 感恩

十年创业，十年拼搏，感恩十年，回馈十年。公司一路走来离不开自身的努力，但更离不开的是政策的帮扶、社会的帮助。回馈社会、帮扶贫困，一直是公司的重要理念。现如今，公司每年可加工近 2 万吨亚麻籽，带动 20 万亩亚麻种植的稳定生产，解决农村剩余劳动力 30 余人，并带动 500 户农民实现年增收 1 500 多万元。公司生产的副产品胡麻饼已解决周边 5 000 余户养殖专业户的饲料短缺问题。在脱贫攻坚的道路上，公司也不遗余力，共帮扶 26 户贫困户 71 人成功脱贫。

不论未来怎样，华建人永远拥有着“诚信、拼搏、感恩”的价值观，追求着“做世界亚麻籽油行业领先品牌”的愿景，坚守着“让所有人不缺乏 α-亚麻酸”的初心，这便是卖油郎冯功最初的执着。

张宏双

吉林省扶余市农业农村局　田　俊

张宏双，男，汉族，1968年10月出生，高级农艺师。历任扶余县弓棚子镇农业技术推广站技术员、陶赖昭镇农业技术推广站站长、扶余县绿色食品办公室主任、扶余市农业环保与农村能源管理站站长等职位。现为扶余市农村能源环保监测站站长，承担全市农村能源和农业环境保护工作，同时负责市内“三品一标”、园艺特产等工作。

张宏双对工作兢兢业业，勤奋负责，发挥他专业经验丰富的特长，积极开展创建松原市绿色农业示范基地工作。结合吉林省特色农产品优势区、农业绿色发展先行示范区的有利条件，引导农民种植专业合作社、家庭农场、农业生产企业等新型农业主体申报水稻、马铃薯、花生、蔬菜、糯玉米等绿色农业示范基地，累计创建绿色农产品示范基地53个，总面积达4 833.31公顷。

张宏双积极组织农产品生产主体开展“三品一标”认证工作，并认真指导、帮助认证主体完成认证材料。近4年来，累计认证绿色食品18个、认证面积2 455.03公顷，认证有机食品9个、认证面积961.98公顷，认证无公害农产品26个、认证面积1 474.83公顷。“三品”认证涉及水稻、小米、花生、蔬菜、香瓜、西瓜、马铃薯、糯玉米等各类农产品。在绿色食品认证监管工作中，张宏双带领单位工作人员做了大量工作。他要求大家严格现场检查、环境及产品检测等重点环节工作，把控申报主体资质条件、投入品使用、质量管理体系等，保证认证质量，要求绿色农业示范基地及“三品一标”认证基地全部实现标准化生产。加强证后监管，积极开展绿色食品企业年检，年检率达100%。加大产品抽检力度，配合国家及省级管理部门，对持证产品进行抽检，平均每年抽检3～5个产品，抽检合格率100%。联合扶余市市场监督管理局，开展绿色食品规范用标行为，平均每年出动车辆12台次，出动检查人员50多人次进行专项检查，规范了全市绿色食品市场。加强质量追溯管理，聘请吉林省绿色食品办公室技术人员来扶余市开展一对一的培训指导，认证企业全部在国家和省级农产品质量安全追溯管理信息平台进行注册，保障了产品质量安全，有力推进了全市农业绿色规范健康良性发展进程。

张宏双积极参与“扶余四粒红花生”地理标志保护产品的申报工作。2007年2月14日，国家质量监督检验检疫总局批准对“扶余四粒红”实施地理标志产品保护。张宏双还组织成立了扶余县特产园艺协会，申请注册“扶余四粒红花生”地理标志证明商标。在吉林省、松原市、扶余市工商部门的帮助指导下，经过三年不懈努力，于2010年2月21日获得了国家工商行政管理总局商标局核发的“扶余四粒红花生”地理标志证明商标注册证书，进一步提升了扶余四粒红花生的知名度。为了推动地标品牌建设，张宏双积极宣传，与企业对接，帮助企业向扶余市市场监督管理局提出使用地理标志产品专用标志的申请。经过宣传推动，现已有吉林省增盛永食品有限公司等多家企业使用“扶余四粒红花生”地理标志产品专用标志，大大推动了地标品牌建设，使“扶余四粒红花生”成为扶余市区域公用品牌。

为了更全面助推乡村振兴事业发展，张宏双按照扶余市要求，牵头组织成立了夫余沃禾绿色农产品协会，吸纳了50多个企业会员，其中花生企业11个，全部申请了地理标志产品专用标志。2017年9月18日，扶余市被国家质量监督检验检疫总局批准为国家级出口食品农产品质量安全示范区，扶余四粒红花生拿到了农产品通往国际市场的通行证。

张宏双积极组织全市“三品一标”企业参加第10届至第12届中国绿色食品博览会、第15届至第17届中国国际农产品交易会，以及各类推介活动，取得了良好效果。吉林省增盛永食品有限公司的“扶余四粒红花生”连续3年获得中国绿色食品博览会金奖，为扶余市绿色农产品品牌建设及提升全市绿色农产品全国市场占有率做出了积极贡献。

近两年，为了进一步提升扶余市绿色农业发展水平，张宏双牵头开展相关项目的建设。2019—2020年，充分利用中央财政农业生产发展资金及省级现代农业发展专项资金，开展了花生蔬菜的绿色高质高效项目、测土配方示范及化肥减量增效项目、有机肥替代化肥项目、生物防治水稻二化螟项目、性信息素诱控防治水稻二化螟项目、花生产业重点技术协同推广试点项目、水稻病虫害飞防项目等项目的建设，累计规模87.5万亩，辐射带动400万亩。项目建设主要采取统防统治、绿色防控，测土配方施肥、增施有机肥、水肥一体化、赤眼蜂、性信息素诱控、食诱剂诱控等物理、生物技术集成，示范带动全市种植业转型升级和绿色可持续发展。

近年来，张宏双先后获得“全省‘三品一标’工作先进个人”“全省农业科技教育先进个人”“园艺特产技术推广工作先进个人”“全省农产品质量安全工作先进个人”等荣誉称号；他的“高产稳产高淀粉高粱杂交种选育与推广”成果获2015年吉林省科技进步奖二等奖，“大豆垄上双行栽培技术推广”获2015年度吉林省农业科技推广奖三等奖，“早熟、优质、高产、抗病一挂鞭油豆推广应用”项目获2015年度吉林省农业技术推广奖一等奖，“吉林省早熟、优质超级稻品种配套技术示范与推广”获全国农牧渔业丰收奖三等奖。2019年3月，张宏双获得吉林省人民政府颁发的2015—2017年度吉林省农业技术推广奖一等奖。2020年1月，获得吉林省委、省政府颁发的2019年度优秀基层“三农”工作者荣誉证书。2021年1月，被中国绿色农业联盟、《中国绿色农业发展报告》编委会推选为“2020全国地标农产品优秀推广人”。

张宏雷

北大荒农垦集团有限公司九三分公司　王　醒

张宏雷，1990 年 7 月毕业于黑龙江八一农垦大学农学系作物专业，2006 年获东北农业大学农业推广硕士学位，2019 年获黑龙江八一农垦大学农学博士学位。1990 年 8 月参加工作，先后在牡丹江管理局科研所、黑龙江省八五八农场、兴凯湖米业有限责任公司、八五〇农场、九三管理局工作。2010 年 5 月任黑龙江省农垦九三管理局副局长，2019 年 12 月任北大荒农垦集团有限公司九三分公司党委副书记、总经理，长期主管农业、农机、林业、水利、科技、种子、粮食、阳光保险、新农村建设等工作。

1. 建立健全农业标准化生产管理体系

到九三分公司工作以来，一直致力于打造九三现代农业发展新特色。围绕发展现代化农业和建设旱作农业排头兵，一是以提高种植效益为核心，制定了《主要农作物优质绿色标准化生产技术规程》，囊括了专品种大豆、玉米、小麦、酒用高粱、马铃薯五大主要作物，让农业生产“有标可依”；二是以规范农业生产管理为目标，建立了玉米-大豆两区或玉米-大豆-杂粮三区轮作制度、松-耙-卡少免耕保护性耕作制度、农药及叶面肥使用目录管理制度、农药安全施用制度、成本逆控制度、农艺农机两个“六统一”管理制度，让农业生产“有章可循”；三是以提升农业生产服务能力为目标，建立健全了农业生产标准化管理体系、农业技术推广体系、农产品质量检测体系、多普勒气象雷达预报体系、有害生物预警防控体系、测土配方施肥体系、农作物病虫草害统防统治体系，使农业生产各环节“有序衔接”。

2. 大力组织开展新技术推广应用

到九三分公司工作以来，率先在垦区大力推广应用了种子处理、秸秆还田、大垄密植、精量点播、农作物健身防病、卫星定位与自动驾驶系统等 20 余项新技术，累计推广面积 1 500 万亩，增产粮食 8 亿多千克，创造社会效益 15 亿元。一是重点推广了大豆垄上三行高台密植技术，使大豆栽培降密增匀，解决大豆在九三地区种植容易发生阶段性降水多或是土壤库容小等问题。近三年，全公司大豆种植平均亩产在旱年比 70 厘米的三垄栽培能增产 10%以上，在涝年比其他的大垄密栽培技术增产 8%以上，增加直接经济效益 1.2 亿元以上。二是全力推进了保护性耕作技术示范与应用。近三年来累计推广应用面积 85 万亩，通过深松整地、三区轮作、秸秆还田、减少深翻作业等综合措施，在保证产量的基础上每亩节约作业费 60 元以上，节本增效 5 100 万元。三是开展农业“三减”综合技术应用，推进“精准施药、精准施肥”举措。推广应用播后苗前一次性封闭除草加上后期三遍机械中耕除草作业等农业“三减”综合技术，有效减少了农药使用量；通过判断调整化肥施用期、添加肥料助剂及缓控释制剂等方式提高化肥利用效率，有效降低了化肥投入量。三年来，全局累计减少化肥施用 6 892 吨，创造经济效益 1 791 万元。四是积极实施秸秆综合利用防治水土流失等技术应用。为缓解九三丘陵漫岗地区水土流失严重的问题，结合玉米大面积种植后秸秆处理的难题，在本地区探索出一套通过秸秆打捆离田回填冲刷沟综合治理技术，已进行了多年的技术推广与示范，有效缓解了冲刷沟治理费用大、效果不稳定等问题，2013 年秸秆回填治理的田间冲刷沟至今仍在正常耕作，基本找到了一条缓解水土流失的有效途径。

3. 不断提升农业科技引领示范能力

以“十园两带”为依托推进新品种、新技术的推广应用，积极组织开展新型职业农工培训，年培训 1 000 人，为全局新技术的推广及应用提供了有力保障。同时将“十园两带”作为推动院所合作、促进成果转化的平台，为农业增产和职工增收提供强有力的科技支撑。注重科技创新，在长期工作中根据生产的实际需要对农机具进行自主研发及改装，先后研发制造了组合式限深除草齿盘、动力旋转式中耕起垄单体机，同时对大平原播种机进行小垄播种改装、对收获机玉米割台刀辊进行改装。通过这些机械设备的改装，大大提高了田间作业效率，保证了农业生产的农时标准，对提高作物产量起到至关重要的作用。

4. 学术科研成果

任现职以来，始终把科研工作放在首要位置，立足本地实际，把握现代农业生产高质量发展趋势，先后以第一作者发表论文《兴安岭沿麓优质强筋春小麦高产栽培技术》《优质春小麦新品种北麦 10 号不同密度及施肥量级与产量关系试验研究》《克旱 16 不同密度及施肥量级对产量影响研究》《不同大豆品种适宜种植密度试验研究》《几种叶面肥对大豆增产效果的研究》《几种马铃薯除草剂配方对一年生杂草防治效果及产量的影响》《黑龙江省农垦九三管理局实施黑土区秸秆综合利用防治水土流失的新型方式探索》《提标准强管理 优品质 促营销——全面推动北大荒现代农业高质量发展》《如何提高玉米田间科学管理技术措施》等 9 篇，刊登在《农业开发与装备》《科技致富向导》《大豆科技》《黑龙江农业科学》《农场经济管理》《科学家》等期刊上。

张宏雷任副主编的《农作物栽培学》于 2020 年 7 月由天津科学技术出版社出版，作为编写委员会主任组织编写了多部本地培训教材；撰写九三大豆产业发展报告 2 篇收录在《中国绿色农业发展报告 2019》一书中。张宏雷先后研发制造了组合式限深除草齿盘、动力旋转式中耕起垄单体机两项农业机械，并获得了改装实用新型专利；获 2011—2013 年度全国农牧渔业丰收奖农业技术推广贡献奖 1 项、2015 年黑龙江省农垦总局科技进步奖一等奖 2 项。

顾孝春

黑龙江省嫩江市农业农村局 董德峰

顾孝春，男，1966年5月生人，大专学历，2003年任嫩江市农业农村局局长至今。10多年来，他为嫩江市农业发展努力奋斗，尤其是自2018年开展农业绿色发展示范区先行县创建以来，他把全市农业绿色发展、绿色食品认证和品牌推广放到重中之重的位置上。通过深入研究，顾孝春结合产业发展现状，紧紧依托嫩江市良好的生态优势，积极组织实施农业绿色科技园区建设，狠抓产业示范带动和大豆产业品牌推广等工作，取得了良好的社会、经济和生态效益，受到社会各界的广泛好评和各级领导的充分肯定，为促进嫩江市大豆产业强势发展做出了重要贡献。

1. 提高农业绿色发展示范区创建水平，不断提升全市农业绿色发展优势

顾孝春以深化“农业绿色发展示范区先行县”建设为契机，完成嫩江市农业绿色发展示范区全域实施，标准化绿色种植技术实现全域覆盖。2020年绿色食品认证面积305万亩，大力发展以嫩江大豆为重点的绿色创业项目落地。抓好6个示范点建设和29个“互联网+农业”示范标准化生产基地建设，继续探索和完善适合地域实际的多种作物、多种作业方法的绿色生产模式。化肥、农药、除草剂亩施用量分别比2019年降低了5%，积极推广测土配方施肥面积达到200万亩。

为加快构建绿色农产品精深加工体系，实现绿色增值，鼓励小型化、个性化绿色加工，顾孝春着力解决大豆产业发展产业链条短、附加值不高的瓶颈问题。建立和完善农业绿色发展考核、监督体系，制定绿色方案和考评方案，成立专门工作小组督办农业绿色发展工作。认真落实“预防为主，综合防治”的植保方针，大力开展病虫草鼠害综合防治、病虫草害预测预报等工作。

2. 抓点带面搞园区建设，引导产业健康发展

科技园区是农业技术推广的有效手段。顾孝春以园区示范为抓手，每年亲自抓建示范园。示范园各有特色，有推广新品种、新技术的示范园区，有合作社联盟为典范的繁荣生态科技园，有“互联网+农业示范”的嘉田科技园区，充分发挥了科技园区在农业绿色发展中的榜样作用，成为嫩江市农业绿色发展科技示范新亮点。

3. 重视品牌建设，提升大豆产业市场竞争力

在顾孝春的率领下，在各级领导和农业人的共同努力下，嫩江大豆产业得到迅猛发展。积极落实国家和省、市扶持政策，鼓励企业采取新技术、新设备、新工艺，推动食品企业向中高端迈进，提高产品质量和效益，绿色食品认证种植面积达到300多万亩，常年产量45万吨，年产值逾22.5亿元。积极推广“嫩江大豆”“嫩江小麦”“嫩江芸豆”等嫩江地理标志商标的使用，叫响嫩江绿色品牌，品牌基地建设覆盖面积达到200万亩。嫩江大豆公用品牌成为黑龙江省十大农业品牌之一，大豆产业品牌“十六膳”“四合大豆油”成为全省知名品牌，诺朗福大豆制品远销欧美。绿色农产品专营店不断涌现，嫩江大豆产地销售价格较2019年大幅提高。

4. 提高商业效应，着力打造绿色农业新名片

嫩江市是全国著名的麦豆生产基地、中国大豆之乡、全国粮食生产先进县，这些为全域农业绿色发展提供了先决条件。尤其近 3 年来，以创建农业绿色发展示范区先行县为抓手，积极推进农业高质量发展，落实绿色农业种植面积 648.52 万亩，覆盖率达 100%，通过努力打造“绿色农业”新名片，全方位提升了农业综合效益和农产品的市场竞争力。

保护绿色名片，夯实发展基础。嫩江市农业面大、片长，发展和保护农业绿色名片至关重要。全市上下坚持面上抓统筹、点上做示范、核心抓保护，从最基础环节抓起。全域引导生产主体申报绿色食品标识，严格把控绿色发展“第一环节”，选派精兵强将组成技术指导服务队深入田间地头全程跟踪指导。

巧用绿色名片，提高商业效应。抓实农业绿色发展创建的营销环节，加强与科研院所、大中专院校合作，开展点对点招商，开发即食速食食品、休闲保健食品、特殊功能食品，提高商业效应。积极参加国内展销会，巧用绿色名片加大产品推广力度，围绕打造绿色农产品和绿色功能农产品，拓宽商品的销售渠道、增强品牌影响力和市场竞争力。引导新型农业经营主体合作开发市场，培树嫩江农业绿色发展的知名品牌。

2019 年，嫩江市创建农业绿色发展示范区先行县的做法，在黑龙江省委农村工作会议上得到肯定并示范推广。

徐 峪

黑龙江省嫩江市农业农村局 董德峰

徐峪，女，汉族，中共党员，1971年6月生人。1993年7月毕业于哈尔滨师范大学中文专业，历任黑河市爱辉区人事局毕业生就业管理股股长、黑河市爱辉区旅游局副局长、黑河市爱辉区农村基层组织建设办公室主任、黑河市爱辉区委常委和政府副区长。2016年1月调任黑河市委组织部副部长兼市委“两新”组织工委书记。2017年3月调任嫩江县委副书记、县政府党组书记、县长。2019年8月至今任嫩江市市长。

2018年年初，嫩江市开始创建农业绿色发展示范区先行县，依托全市资源优势，抓机遇、挖潜能，把嫩江传统优势麦豆产业做大做强。徐峪主持完成嫩江三年农业绿色创建工作实施规划，确定十大绿色产业，对申请绿色食品认证实施补贴扶持政策，落实绿色标准化种植面积281万亩。深度开发“原字号”潜力、拓展产业链内容。围绕营养、方便、安全、绿色的食品生产发展趋势，嫩江市研究开发了即食速食食品、休闲保健食品、特殊功能食品等系列产品。深入挖掘龙头企业的优势，以四合大豆、鸿兴面粉、辰鹰乳业等企业为牵动，打造高蛋白非转基因大豆加工基地、优质强筋春小麦加工基地、杂粮杂豆加工基地、乳制品加工基地和肉类加工基地，综合建设绿色农产品加工示范区。推动农产品精深加工，做大做强绿色食品加工业，加快农业第一车间与第二车间的产业融合。辰鹰乳业的绿色发展颇具代表性，其生产加工的“工牧”“智恩康”“辰鹰”3个品牌9个品种取得绿色食品认证，开发出婴幼儿、儿童、学生、中老年等系列产品。

2019年，嫩江市全域开展农业绿色创建工作，重点抓好大豆这个主业。嫩江是名副其实的大豆之乡，域内常年种植大豆约800万亩，绿色标准化种植已全面展开，绿色食品认证和涵盖面积居黑龙江省之首。嫩江大豆产量占国产大豆的1/10，且品质优良。根据盖钧镒院士专家工作站检测，嫩江大豆多项指标都远高于同地区同品种的大豆，总异黄酮、卵磷脂、肌醇磷脂、总低聚糖和纤维素含量高于全国及东北地区平均水平，生理活性物质含量也高于进口大豆。

为巩固提升全市绿色发展优势，在全域绿色种植的基础上，徐峪扎实推进大豆产业振兴工程和强筋小麦提升工程，打造双百万亩大豆、小麦绿色食品原料标准化生产示范基地，建设“互联网+农业”综合服务大厅和3D农产品虚拟展示平台，加大绿色有机食品标识认证力度，绿色食品认证达到57个。实施6个农业绿色科技园区建设，本着每年引进一批、示范一批、推广一批的原则，不断提高农业科技园区建设水平，全市优良品种覆盖率达98%以上。完善农业创新中心建设，建成农业互联网指挥调度中心并投入使用；完成大豆博物馆科研、设计和工程概算，为装修建设打下基础；完成园区观光路建设，为科普、实验和园区参观游览提供方便条件。同时，加强园区科普实验和示范工作，对农业技术推广中心所属的300亩农业科技园区总体规划为15个项目区，引进展示748个品种（系），开展试验示范项目25项，发挥科技示范带动作用，促进全域农业绿色发展。

2020年是不平凡的一年。为消解新冠肺炎疫情的影响，把嫩江市绿色农产品销出去，市政府主动出击，积极借势互联网平台，在抖音直播平台开展主题为“情满嫩江”的系列带货活动，助力全市农业生产。2020年8月31日晚，嫩江市市长徐峪变身“带货官”，跨界直播带货，为观众推荐了20余款特色商品。活动现场，徐峪与网友们积极互动，现场品尝大豆意面、豆浆等特色产品，并为消费者向企业讨福利，引得网友们纷纷称赞，直呼“被市长种草了”“市长好接地气啊”……短短2个小时的直播，徐峪为网友们介绍了德朗福的大豆产品、十六膳谷物饮品、佳嫩的酿造酱油、山河的腐竹等嫩江市最具地方特色的商品，并现场抽奖送出6份好礼。此次直播是“情满嫩江”抖音直播系列活动的良好延续，不仅增加了嫩江市特色农产品销量，同时提升了地标产品的品牌知名度，拓宽了销售思路，有效助力嫩江市电商产业发展，也让更多人因嫩江的产品而了解嫩江、爱上嫩江。

尤兆荣

江苏省高邮市鸭蛋行业协会　赵永高

尤兆荣，男，汉族，1962年2月出生于高邮市卸甲镇，1985年7月扬州大学毕业，推广研究员。历任高邮市畜牧改良站站长、司徒镇党委副书记、高邮市农业委员会副主任、江苏高邮鸭集团董事长、高邮市鸭蛋行业协会会长等职。2016年5月出任江苏高邮鸭集团董事长后，充分发挥高邮鸭种质资源和加工资源两大优势，形成了高邮鸭育种科研中心、炕孵中心、高邮鸭蛋加工中心、包装中心、红太阳物流中心等一体化经营新格局。2017年8月，由江苏高邮鸭集团发起，筹建成立了高邮市鸭蛋行业协会，尤兆荣被推选为会长。

1. 强化组织管理

为了更好地促进高邮鸭蛋产业的发展，他积极做好政府部门的参谋助手，主动出谋划策。在他的努力争取和倡导下，高邮市政府出台了相关发展鸭业经济的政策。

（1）成立领导小组。由高邮市政府分管领导牵头，成立了高邮鸭业经济创新发展领导小组，负责全市鸭业经济的规划、协调、指导、督查、考核和服务等工作；高邮市农业农村局作为领导小组办公室单位，负责日常工作。鸭业经济重点乡镇明确专人分管鸭业经济，协会负责高邮鸭蛋品牌培育与管理。在全市上下形成强有力的组织领导及推广服务体系，进一步提升了高邮鸭业经济的行政推动和组织化程度。

（2）实行资源整合。将高邮鸭产业园区、江苏省高邮现代农业产业园区、江苏省高邮农产品加工集中区进行整合，一套班子，几块牌子。组建集团公司，实行市场化运作，经营范围主要以高邮鸭保种、养殖、产品深加工为重点和方向，巩固品牌，提升形象。

（3）政策扶持，促进产业发展。他积极主导起草了高邮鸭产业发展规划，经高邮市政府批准，规划沿湖、沿运、沿荡等乡镇、园区，把高邮鸭作为发展现代高效农业的重要项目，制定高邮鸭养殖基地的目标任务，制定养殖基地的扶持激励政策。2018年高邮市政府出台文件《关于聚焦富民推动农业结构调整的若干政策意见（试行）》，对全市高邮鸭养殖户、养殖基地进行奖励和补贴，2018年奖补高邮鸭养殖户共170户、奖补资金109.977 2万元，2019年奖补高邮鸭养殖户共295户、奖补资金151.644万元。这些措施极大地调动了广大养鸭户和相关企业的养鸭积极性，高邮鸭饲养规模和数量出现了逐年增加的好势头。

（4）开办保险。经过积极争取，高邮市政府同意将高邮鸭规模化饲养纳入政策性农业保险范围，降低了高邮鸭的饲养风险。全市有1 000多户鸭农参加了保险，保障了鸭农的切身利益。

（5）强化维权执法。成立高邮鸭蛋地理标志证明商标使用维护质量标准审查组、维权执法组，高邮市政府授权高邮市农业农村局、市场监管局及鸭蛋行业协会管理，大力开展高邮鸭蛋市场的督查和整顿工作，定期、不定期地对蛋品加工企业进行质量检测，进一步提高高邮鸭蛋的品质。同时，加强对高邮鸭蛋国家地理标志产品和地理标志证明商标使用情况的监督，加强市场打假和维权工作，为了进一步做好打假维权工作，他又在协会常务理事会上提出请第三方维权的思路，决定委托上海品维知识产权服务有限公司代理网上维权打假。截至2020年年底，已有45起案件送达法院受理，切实保护了“高邮鸭蛋”的品牌和形象。

2. 推动企业发展

为了促进“高邮鸭蛋”证明商标的运用和管理，尤兆荣坚持深入基层，全面了解蛋品加工企业自建的高邮鸭养殖基地情况，并给予技术上指导和帮助；在商标的应用上，他亲自参与起草并出台了《高邮鸭蛋地理标志证明商标使用管理规则》，受到市领导的肯定和表扬。

（1）制定科学合理的行业规则标准。在《高邮鸭蛋地理标志证明商标使用管理规则》实施过程中，对申请使用证明商标的会员企业，严格审查资质，并逐步对企业进行实地考察，公布审核通过地理标志产品贯标企业。严格履行用前申请、程序验收，用时抽查、抽检，以及社会监督。强化全市鸭蛋行业的管理，建立行业自律机制，促进企业公平竞争，对违反行业准则的行为加以制止和惩罚。全面系统有序地规范地理标志证明商标的使用，充分发挥商标品牌的特有效应，推动了高邮鸭蛋产业的发展。

（2）强化品牌管理。高邮市鸭蛋行业协会先后授权给高邮市红太阳食品有限公司、高邮市秦邮蛋品有限公司等43家高邮鸭蛋生产加工企业使用，同时制定了《“高邮鸭蛋”地理标志证明商标使用管理规定》。这些用标企业经过自身的努力和拼搏，创建了“红太阳”“秦邮”“三湖”“邮星”“三宝”等一批中国驰名商标、中华老字号、江苏省著名商标等。

（3）强化网上销售及质量追溯体系建设。为适应市场变化与需求，他引导会员企业相继成立了电子商务部，在淘宝、天猫超市、苏宁易购、京东商城、大润发飞牛网等平台上进行销售。近几年来，网上销售已达会员企业加工量的50%左右，会员骨干企业红太阳、秦邮、邮星等的网上销售量达到生产量的55%～60%。高邮市红太阳食品有限公司高峰时期日发货量达5 000单（约10万只/天），销量位列天猫食品类目全网第一，店铺会员数超10万人。截至2020年年底，高邮鸭蛋43家用标会员企业均在国家农产品质量安全追溯平台上注册，接受各级市场监管部门和各地消费者监督。同时，会员企业为了保障食品安全，由中国人民财产保险股份有限公司高邮支公司承保蛋品安全责任。

（4）强化品牌宣传。在积极配合高邮市政府宣传外，尤兆荣积极组织会员企业参加社会及国家权威部门组织的各种地理标志品牌评选活动，组织会员企业参加国家级、国际级优质畜禽产品展销活动，进一步提高市场知名度和占有率。定期组织会员企业加强相关培训，进行养殖、加工、营销、品牌维护等方面学习，提高会员企业在高邮鸭养殖、蛋品加工、营销、地理标志品牌使用等方面的水平。

（5）农企合作、实现稳定发展。积极推广“公司＋基地＋农户”的饲养模式，引导和鼓励红太阳、三湖、秦邮、三宝等企业，按照产业化经营的模式，发展订单农业，与农户建立紧密、稳定的合作关系，共同抵御市场风险。根据龙头企业订单收购情况，高邮市财政给予政策性贴补和减免税政策。

在尤兆荣的带领下，高邮市鸭蛋行业协会工作出现了崭新的局面，协会人员经常放弃节假日，坚持工作，共同为鸭业经济的发展出谋划策。经过近几年的发展，高邮市的鸭业经济已形成规模，包括养殖、加工、科研、物流、旅游、服装等产业。2020年，全市蛋品加工企业及基地养殖从业人员达5.2万多人，惠及农户3.12万户，带动农民增收2.5亿元；加工各类蛋品11.5亿枚，实现产值18.55亿元，利税3.5亿元。

乔干群

江苏省射阳县农业农村局 陈双双

乔干群，女，1970年6月生，1995年参加工作。现任射阳县委农村工作领导小组办公室主任，农业农村局党委书记、局长，在“2019年品牌农业影响力年度盛典”活动中被推选为全国十大农业品牌影响力人物。

1. 夯实绿色发展基础

一是持续改良土壤成分。射阳地处里下河下游，全县土壤分盐土和水稻土两个大类、26个土种。针对土壤碱性大、盐分高的状况，通过改善排灌条件、实施水旱轮作、河道长效保洁等措施，持续压降土壤盐碱成分。二是完善耕地质量监测网络。综合运用互联网、物联网技术，推广绿色有机种植、建立动态监控平台，建设市级以上耕地质量监测点18个，及时开展数据采集，耕地质量监测点监测到位率100%。三是建立耕地质量等级监测点。建立229个耕地质量等级监测点，通过采集土样，定期检测有机质、氮、磷、钾和微量元素等土壤指标，绘制耕地质量等级指标图，建立耕地质量等级数据库。经过长期坚持不懈的土壤治理和改良，射阳县的水稻生产和中药材种植已成为富民的重要产业，2020年水稻种植面积139万亩，亩产达635千克。

2. 加快绿色技术推广

一是推广绿色防控技术。建立绿色防控示范区，积极推广应用生物防治、理化诱控等防治措施和生物农药及安全高效化学农药，提高了农作物病虫害绿色防控技术覆盖面，实现了化学农药用量负增长。2020年建立病虫害绿色防控示范区6个，农作物病虫害绿色防控产品使用占比达80%以上，化肥用量比2015年削减5%，农作物秸秆综合利用率达95%。二是推广测土配方施肥技术。围绕“测土、配方、配肥、施肥”环节开展工作，在海河、四明、千秋等镇的水稻主产区，建立测土配方施肥示范区2个，推进化肥减量增效行动，试点实施果菜茶有机肥替代化肥，加快推进农药集中采购统一配供，推广高效低毒低残留农药，切实减少农业面源污染。三是推广稻田综合种养技术。发展新型生态种养模式，加快“稻田+”“苗木+”“藕田+”“药材+”等立体种植新模式新业态的示范推广，稳步发展稻渔综合种养，在海通、盘湾、四明等镇新建500亩以上稻田复合种养基地16个，全县绿色、有机稻田复合种养面积达5.6万亩。

3. 推进绿色品牌打造

一是重抓产品质量。以建设省级绿色优质农产品基地为重点，增加绿色优质农产品供给。加大农业标准化建设力度，推进蔬菜园艺、畜禽养殖示范场、水产健康养殖示范场和农业标准化示范区建设，重点推进绿色、有机农业基地建设。现有国家绿色食品原料标准化生产基地1个、总面积37万亩，省级绿色优质农产品生产基地4个、总面积43万亩，有效绿色食品19个、有机农产品11个，绿色优质农产品比重达74.5%。二是实行溯源管理。农产品质量安全追溯是实现质量兴农、绿色兴农和品牌强农的重大举措，是实现农产品质量安全监管体系和监管能力现代化的机制创新。目前，射阳农业大数据实现了射阳大米、洋马菊花、海河西葫芦等农产品全程可追溯。射阳大米首批企业有追溯码防伪合格证的包装产品已进入市场，只要对准追溯码一扫，从田头到餐桌的有机绿色农品就可展现眼前。三是拉长产业链条。以射阳大米特色产业为依托，全力支持服务农业产业化龙头企业，引导全县稻米加工企业严格执行行业标准规范，研发绿色有机新产品、新工艺，提高产品品质，有机米、富硒米、胚芽米、生态米、儿童米、孕妇米、粥米一应俱全。截至 2020 年，全县共有稻米加工企业 68 家，建成 72 条稻米加工生产线，总加工能力达 300 万吨，“射阳大米”品牌价值达 245.32 亿元。

4. 构建绿色发展模式

一是农药包装废弃物回收利用。按照定点回收、分类整理、集中转运、专库储存、无害化处理的要求，采取“规模基地网点回收+零散田块上门回收”的工作机制，保障县域废旧农膜回收全覆盖、无死角。目前，全县共设置县级 1 个集中回收中心、15 个集中回收点，废旧农膜回收利用率达 86%以上，在盐城市率先建成农药包装废弃物回收处置工作的“射阳模式”。二是畜禽粪污资源化利用。不断巩固、放大全国畜禽粪污资源化利用试点县成果，深入开展畜禽规模养殖场粪污治理资源化利用工作，定期开展业务培训，利用各种检查机会开展督查工作，对全县畜禽规模养殖场进行检查认定。全县规模养殖场治理率达 100%，畜禽粪污资源化利用率 96%以上，新创 2 家省级畜牧生态示范场，全县省级畜牧生态示范场达 48 家。三是池塘生态化改造循环利用。编制全县养殖池塘生态化改造方案，对照江苏省《池塘养殖尾水排放标准》进行完善提升，指导推进省级龙头企业孝丰集团自主研发热能转换及生化处理技术，初步实现养殖尾水处理后的循环使用。同时，积极开展水生生物增殖放流，2020 年在射阳近海组织人工放流海蜇苗 1.2 亿只、半滑舌鳎 48 万尾、青蛤 15 吨，有效地促进了生物资源的群体补充和恢复，改善了水质和水域的生态环境。

杨舜琴

江苏省泰州市农业农村局

她，勤思敏学，注重实践，在推动泰州农业绿色发展中勤心耕耘；她，敢于探索，勇于创新，在推动泰州农业绿色发展中精心筹谋；她，敬业爱岗，甘于奉献，在推动泰州农业绿色发展中倾心推进，为泰州农业可持续发展试验示范区建设做出积极贡献。她就是江苏省泰州市农业农村局发展规划处处长——杨舜琴。

1. 学思相融，筹谋绿色发展之法

长期以来，泰州传统农业资源优、基础好、实力强、发展水平高，是全国重要的粮油水产品生产供应基地，是全国有名的“鱼米之乡”。传统优势农业如何在新的发展机遇中突围、在加快农业绿色发展中拔得头筹，成为一个新课题、新任务。

发展规划处是推进全市农业绿色发展的牵头处室。作为发展规划处处长的杨舜琴，长期在局机关综合部门工作，视野宽，知识面广，善于全面思考问题。围绕工作岗位要求，工作之余杨舜琴注重学习与思考，主动加强业务知识的学习，向专家学习、向同事请教、向基层问计，将学到的知识内化于心、外化于行，做到学懂、弄通、做实。进入新的发展阶段后，她根据工作需要，系统学习了习近平总书记生态文明思想，深入掌握了农业绿色可持续发展理论，为推动全市农业绿色发展打下了坚实的知识基础。

近年来，杨舜琴围绕建立供给保障有力、资源利用高效、产地环境优良、农民生活富裕、田园风光优美的农业可持续发展要求，先后组织编制了《泰州国家农业可持续发展试验示范区建设方案》《泰州市推进国家农业可持续发展试验示范区建设的实施意见》《泰州市农业绿色发展先行先试工作方案（2018—2020 年）》等推进农业绿色发展的政策文件，为全市农业绿色发展提供了方向指引。2020 年，杨舜琴又将农业可持续发展纳入全市农业农村重点（特色）工作绩效考核内容，从农业产业园区建设、农业产业化联合体建设、一二三产业融合先导区建设、乡村特色产业发展、农业公共区域品牌建设等 8 个方面明确了具体评估考核细则。通过考核“指挥棒”，传递了压力，落实了责任，推进了工作，实现了农业绿色发展质量的提高。

2. 深入基层，问寻绿色发展之策

基层是创新的源泉，群众是最好的老师。多年来，杨舜琴坚持问策在基层，求计于群众。为推进全市农业绿色发展，全市所有乡镇都留下了她调研指导的足迹，全市所有新建规模农业生产基地都有过她的身影，全市所有新建农业重大项目她都一一到访过。大量基层一手情况的掌握，让杨舜琴对农业绿色发展思路更清、措施更明。

近年来，兴化垛田传统农业系统被联合国粮农组织认定为全球重要农业文化遗产，泰兴银杏栽培系统被认定为全国重要农业文化遗产，姜堰溱湖湿地农业系统被列入全国农业文化遗产名录。这些绿色发展的传统典范，为杨舜琴拓宽了工作思路，明晰了发展重点。坚持“绿水青山就是金山银山”的新发展理念，以生态观念推进乡村休闲农业快速发展，2020 年全市休闲农业经营主体达到 817 个，休闲农业吸纳从业人员 10 万多人，带动农户 12 万户，接待游客 2 113 万人次，年综合经营收入 76 亿元；创成全国休闲农业与乡村旅游示范县 2 个、示范点 1 个、星级示范企业（园区）11 个，获评中国美丽休闲乡村 2 个、“中国美丽田园”农事景观 2 个、江苏最具魅力休闲乡村8 个、省级休闲观光农业示范村 21 个、省级主题创意农园 29 个。

工作中，杨舜琴坚持典型引路，以示范带动农业绿色发展。近年来，她积极投身特色田园乡村建设中。自 2017 年起，全市先后实施了 14 个省级试点和 5 个市级试点，启动实施了 39 个市级创建村庄建设。在示范打造过程中，她始终紧紧围绕布局优化、产业融合、品质提升、绿色发展等重点，结合春耕、夏种、秋播等重要农时，强化对特色田园乡村农业特色产业的培育指导，广泛组织开展技术指导服务活动，推动了特色田园乡村农业结构优化调整和特色产业培育。兴化市千垛镇东罗村、兴化市陈堡镇唐庄村、黄桥镇祁巷村、泰州市姜堰区三水街道小杨村等 9 个省级试点，靖江市马桥镇徐周村、泰兴市宣堡镇银杏村等 3 个创建村通过省级验收，被命名为“江苏省特色田园乡村”。

3. 创新实践，答好绿色发展之卷

绿色发展是现代农业发展的新课题、新要求，更是推进农业农村现代化的题中之义、本质内涵。泰州市作为国家农业可持续发展试验示范区暨农业绿色发展先行区，做出示范、做出样板，责无旁贷。作为牵头处室负责人，杨舜琴在工作中注重研究、积极创新。

杨舜琴聚焦农业可持续发展试验示范区建设的工作要求，坚持可量化、能落地和好操作的原则，把试验示范区建设的重点任务具体化、项目化、工程化，编制了试验示范区 2018—2020 年项目任务计划，在全市重点实施了绿色生态产业、农产品品牌、集约循环农业等 6 大类 23 小类 7 532 个项目建设。在推进项目实施的基础上，立足泰州农业发展实际，她又组织总结了不同行业、不同领域、不同产业的绿色发展模式，编制了《泰州农业可持续发展创新模式 100 例》，在全市范围内推广应用，极大地推进了全市农业绿色可持续发展。

杨舜琴始终坚持以项目建设为抓手，增强农业绿色发展后劲。持续推进农业绿色发展，积极争取市财政设立国家农业可持续发展试验示范区建设专项资金，每年市财政投入 1.5 亿元用于农业可持续发展试验示范区项目建设。近三年市财政累计投入 4.5 亿元，扶持可持续发展建设项目 149 个，总投资 24.85 亿元，带动各类社会投资 180 亿元用于农业可持续发展建设，以项目建设来推动全市园区基础设施、农业产业发展、人居生态环境、农业公共服务平台等不断提档升级，为农业绿色可持续发展注入活力。2020 年，深入贯彻落实全市“农业农村项目突破年”活动要求，积极推动农业农村重大项目建设，纳入省集中调度的 1 000 万元以上重点项目 91 个，总投资 189.1 亿元。2020 年计划投资 69.4 亿元，完成投资 72.7 亿元，年度投资完成率 104.7%。泰州市相关推进经验做法得到江苏省农业农村厅的肯定，并率先在《江苏农业信息》进行刊载，面向全省推广，得到各地好评，多个地区组团来泰州学习取经。

吴 川

江苏省邳州市农业农村局

他朴实、不善言辞，但始终以火一样的热情投身工作实践，在平凡的岗位上尽责奉献；他孩子尚小、双亲需要照顾，但他整日以土地为伍，长期走村串巷推广农技知识；26 年来，他以站为家、以民为友、以农为业、以苦为乐，怀着一份对农业、农村、农民的特殊感情和对农技推广工作的执着追求，始终耕耘在绿色的田野，在当地享有“老黄牛”的美誉。他就是邳州市农业农村局农产品质量安全监管科科长、推广研究员吴川。

1. 立足本职：农民朋友的知心人

自 1995 年毕业分配到邳州市岔河镇农技中心以来，吴川在基层农业第一线从事农技推广工作一干就是 20 余年。他坚持初心不改、任务不减、标准不降，忠实履行一名共产党员和基层农技员的责任，对辖区内每户农民，他都能说出八九不离十；对辖区内每块田地，他了如指掌；对辖区的重点田地，他能够准确说出种植近况、户主的名字、详细住址等。辖区内群众遇到问题总是喜欢找他帮助处理，“有事找吴主任”已然成了辖区群众的口头禅。

“做给农民看，带着农民干，帮助农民赚”是他的真实写照。工作以来，他先后承担部、省科技项目 30 余项，参与实施了《江苏省邳州市标准粮田建设》《江苏省测土配方施肥补贴项目》、部级玉米小麦万亩高产高质创建、邳州现代农业“2030 工程”实施方案，主持完成江苏省农业三新工程等项目，主持完成认证全国绿色食品原料（大蒜）标准化生产基地 49.6 万亩、认证省级绿色优质农产品基地 67.5 万亩，指导 35 家企业 50 余个产品通过绿色食品认证。

2. 爱岗敬业：科技致富的引路人

长年的基层经验让吴川深知，设施农业是现代农业的发展方向，然而，对于祖祖辈辈种惯了稻麦连作的农民来说，日光温室简直就是“天外来客”，投入多、技术不成熟、害怕失败这些因素制约着当地设施农业的发展。为此，他举办科技示范园，培育设施农业基地，树出典型，搞出样板。同时，培育科技示范户，手把手地教，带着农民干，并带领部分积极性较高的种植户外出参观考察，解决思想上的顾虑，第一年在岔河镇落实了 20 个日光温室。从农业示范园的选址设计、棚室建造、育苗嫁接、田间管理、温湿度调控等，吴川放弃节假日，起早摸黑，亲自动手，无论刮风下雨还是积雪严寒，只要打他的电话，定能得到热情的回应。

近年来，岔河镇设施农业已发展到 8 000 余亩，其中日光温室超过 2 200 亩，每亩纯收益超过 4 万元，成为附近闻名的集旅游、休闲、观光于一体的自采园。同时吴川领办了邳州市川永蔬菜种植专业合作社和金蛙植保服务专业合作社，实现风险共担，利益分成，包装上市，辐射带动农户 3 200 户，增加了就业率，还有效地推动了精准扶贫工作，创出很高的经济效益和社会效益。

3. 开拓创新：课题研究的带头人

26 年来，吴川不断加强学习，自身的业务与素养得到了很大的提高，并取得丰硕的成绩。他参与实施国家、部、省级项目工程，宣传强农惠农政策，分析不同时期作物苗情 80 余次，拟发指导性生产技术意见40余篇，撰写试验、示范和科研课题总结报告30余篇，实现了良种覆盖率98%以上，新技术到位率95%以上。他领头创建的小麦丰产方经徐州市验收单产达到680.8千克，玉米丰产方经江苏省级验收单产达到712.5千克，刷新历史最高单产记录。

吴川经常深入生产第一线，搞好农业新技术培训，每一年都举办各种类型培训班10场次以上，参训农民达1.5万余人次。他通过调查研究，撰写了《徐淮地区绿色优质小麦生产技术操作规程》《邳州苔干绿色生产技术》《邳州市绿色优质水稻生产技术规程》《玉米机直播增密高产技术集成》《日光温室黄瓜与水稻栽培模式探讨》等论文20余篇，分别在《中国果菜》《科学种养》《现代农业科技》等国家、省级刊物发表。

4. 精准监管：食品安全的守护人

2015年调入邳州市农业农村局具体负责农产品质量安全监管工作以来，吴川按照“四个最严”的要求，全面推动邳州农产品质量安全监管的各项工作，取得明显成效。全市绿色优质农产品面积占比达到75.3%，农产品质量安全合格率达到98%以上，连续多年荣获江苏省农产品质量安全监管绩效延伸考核一等奖，未发生一起重大农产品质量安全事件，确保人民群众舌尖上的安全。

实际工作中，注重理论联系实践，积极推动学习成果转化运用，探索推行农产品质量安全“三定一考核”量化管理模式，将农产品质量监管工作量化为具体的工作目标进行考核，不断促进监管工作规范化、制度化、常态化，监管对象底数清、情况明，实现了日常巡查、质量抽检等监管记录的规范化、痕迹化；农产品质量安全追溯率达到85%，基本实现产品来源可追踪、去向可查询、责任可追究。结合邳州优势，着力完善生产系列标准和配套标准，先后参与制（修）订农业地方标准5项、企业标准4项，切实推动农业标准化生产。

“宝剑锋从磨砺出，梅花香自苦寒来。”吴川先后获全国农牧渔业丰收奖二等奖、三等奖各1项，江苏省农业丰收奖一等奖2项、二等奖1项，江苏省农业技术推广奖1项，徐州市优质小麦高产栽培竞赛一等奖；荣获江苏省“333高层次人才培养工程”培养对象（中青年学术技术带头人）、江苏省文明职工、徐州市拔尖人才、徐州市“十佳”文明职工、江苏省农林系统先进个人、江苏省最美农技员、徐州市劳动模范、邳州市“十大优秀青年”、邳州市绿色发展先进个人等称号，2016年当选为徐州市第十二次党代会代表，2018年被中国绿色农业联盟评为《中国绿色农业发展报告》优秀作者。

苗瑞福

江苏省徐州市环能生态技术有限公司 张 会

苗瑞福，男，汉族，1953年8月出生，高级工程师。先后在公社、县和徐州市沼气办、徐州市农村能源办公室、徐州市农委环能处工作，历任工程师、高级工程师、副处长等职。2008年退居二线后在徐州市环能生态技术有限公司任首席专家至今。他设计建造了徐州地区第一个户用沼气池、江苏省第一处城市生活污水净化池、全国第一个沼气生态农场和全国第一个秸秆太阳能沼气循环利用示范村；多次在国家、江苏省农村能源技术培训班讲课；2003年被农业部遴选为全国108名沼气专家；在省级以上刊物上发表论文20多篇。

1973年，20岁的苗瑞福看到《科学实验》杂志上刊载四川省大办沼气池的报道后，自己用缸在家搞沼气试验获得成功。从此，他开始钻研沼气技术，一干就是48年。沼气技术是一项涉及多部门多学科的技术，不仅技术要求高，而且是一项又苦又脏又累的工作，推广难度非常大。苗瑞福在铜山县潘塘公社任沼气技术员期间，每天骑着自行车深入各个生产大队进行技术指导，使潘塘公社成为徐州地区第一个沼气化公社。由于他工作成绩显著，技术水平较高，1979年被调到铜山县沼气办从事技术工作，1982年又被调到徐州市沼气办、农村能源办任工程师、高级工程师。1988年，考入东南大学农村能源干部班学习，学习期间加入中国共产党。

2001年，苗瑞福作为首席专家承担了江苏省唯一的一项农业三项工程“猪-沼-菜”循环农业项目。为了早日完成项目，经领导同意，苗瑞福把自己的两套房产抵押贷款用于项目建设，并开始研究太阳能沼气技术。他白天没有时间，只有利用一早、一晚和星期天住在项目基地搞试验。为了研究利用沼气肥种植绿色果蔬技术，他利用3年时间试验利用沼气肥种植的黄瓜、番茄、辣椒的技术，并于2006年通过中绿华夏有机食品认证中心的有机认证，利用沼气肥种植的葡萄经农业部农业环境质量监督检验测试中心（南京）检测也达到了有机标准。

2005年11月20日，苗瑞福的爱人骑电动车在去工地给他送资料的途中，被违章行驶的机动车撞成骨折，住进徐州市第四人民医院。由于家中无人照顾，90多岁的老母亲因牵挂儿媳病情，一周后离开了。失去母亲的他十分后悔，责怪自己“没有尽到一个儿子的责任，对不起老母亲”。这些都没有动摇他研究太阳能沼气技术的决心，继续夜以继日地研究秸秆太阳能沼气循环利用技术，最后获得成功，并通过了省级鉴定。2011年，他在徐州市贾汪区马庄村设计建成了全国首家秸秆太阳能沼气循环利用示范村，并被科技部、住建部列为国家“十二五”科技支撑课题项目向全国推广。2016年12月，他领衔的全国首家秸秆太阳能沼气循环利用示范镇工程在徐州市贾汪区江庄镇建成并正式供气。

2018年4月22日，苗瑞福感觉身体不适准备住院治疗。刚办好住院手续，他便接到江苏省农委的电话，通知他和省农委领导一起到湖北荆州参加全国沼气会议。接到通知后，他马上办理出院手续，连夜准备材料去荆州开会，并在会上代表江苏省介绍了徐州推广秸秆太阳能沼气集中供气循环利用技术的经验，受到与会人员的高度评价。农业农村部领导在会上表示将于近期在徐州召开现场观摩会。散会回徐州后，他不顾身体，又马上投入会议的准备工作。6 月 12 日，农业农村部在徐州市睢宁县召开了“华东片区夏季小麦秸秆综合利用现场观摩会”，并观摩了魏集镇湖畔槐园 1 000 户集中居住区秸秆太阳能沼气集中供气工程。观摩会结束后，苗瑞福又到医院办理住院。经医生诊断，他得的是肺癌，需要马上手术。手术后，他多次往返南京化疗近一年的时间。其间，他仍然坚持多次钻进 1 200 米^3 的太阳能沼气试验池内试验，检测半干式秸秆太阳能沼气技术的启动、发酵、搅拌和进出料等技术数据，检测到了第一手较为完整的技术参数，为徐州市政府推广秸秆太阳能沼气集中供气技术提供了技术保障。

1986 年，苗瑞福因在农村能源建设工作中成绩显著获得江苏省人民政府表彰；1993 年，被国家计委、农业部评为“全国省柴节煤工作先进工作者”；1994 年，获得徐州市人民政府升级奖励。2008 年以来，他带领技术团队研究的秸秆太阳能沼气集中供气技术多次被《徐州日报》《新华日报》《人民政协报》《人民日报》宣传报道；4 次通过江苏省级鉴定和验收，8 次被国家知识产权局授予发明和实用新型专利；4 次获得国家、江苏省和淮海经济区科技奖项。“徐州市美丽乡村配套建设沼气集中供气模式”被农业农村部农业生态与资源保护总站遴选为 2020 年全国推广的五大农村能源典型技术模式。

詹 琳

江苏省射阳县芦苇开发公司 蒋荣国 郭开国

“北有五常，南有射阳”，这是人们对享誉粮食市场上的江苏省射阳县所产射阳大米的评价。有谁知晓，在常年种植着130多万亩优质水稻规模的射阳县，射阳县农牧渔业总公司虽是一个名不见经传、仅拥有4万多亩耕地的单位，但却是种植出优质畅销射阳大米的发源地。而致力优质水稻种植新品种推广、新技术运用、新市场开拓，让“射阳大米”品牌更响亮，给农民带来更多实惠的正是该公司总经理——詹琳。

1. 紧扣优势种水稻

射阳大米的特有品质得益于独特的生态环境、土壤水质。射阳县地处南北气候分界线东端，濒临黄海，系黄淮冲积海相沉积形成的盐渍弱碱性土质，有机质、腐殖质累积量较大，速效钾含量丰富，土壤结构性与蓄水透气性能较好。加之江淮地区气旋大都经射阳入海，春夏季节气温回升较慢，为江苏省独有的“冷窝”，稻谷营养生长期相对延长，造就出硬质粒多、外观晶莹剔透、食味香醇绵甜、直链淀粉和粗蛋白及胶稠度适中品质的射阳大米。“射阳大米”是集地理标志商标、地理标志保护产品和农产品地理标志于一身的国家地理标志产品，先后获得中国农产品百强区域公用品牌、中国大米十大区域公用品牌等殊荣。

创办在一线海堤之外、滩涂之上的射阳县农牧渔业总公司，从刚开始时围垦养殖到后来开垦规模种植，也曾经历过一个漫长的过程。土生土长、熟悉县情的詹琳到任后，为适应市场消费者的不同需求，他带领公司技术人员选点反复试种不同水稻新品种，优劣比较确定后再大面积推广，不断推出新品，满足不同消费者需求，让“射阳大米”品牌叫得更响。仅2019—2020年，射阳县农牧渔业总公司与江苏省农业科学院、南京农业大学及相关种业部门合作，先后引进示范水稻优新品种25个，其中杂交水稻品种20个、常规稻品种5个，为全县农业增效、农民增收和高质量推进实施乡村振兴战略提供了有力支撑。

2. 依靠科技强品牌

射阳县稻米种植历史悠久，早在明朝中叶，射阳地区就有“人烟稀少，临海煮盐，汪田种稻，一年一熟”的记载。1916年，民族资本家张謇来此创办垦殖公司，屯民挖渠，叠坝成田，东部植棉，西部种稻。新中国成立后，党和政府逐步把“风吹盐屑满天白”的盐碱滩，改造成“雨洒田园四季绿”的沃土。

注重市场变化的詹琳，清楚地懂得射阳大米品质与效益不断得以提高，应归功于水稻种植新技术的运用、绿色优质高效关键种植技术的集成与推广。

质优拓市场，规模谋效益。詹琳在注重遴选优质食味水稻新品种的同时，着力加大麦秸机械化全量还田技术、上毡下钵穴盘培育壮秧技术、高密度机械插秧技术、肥药双减大田管理技术及多种稻田复合种养模式技术等方面的突破与应用力度，从而引领射阳大米的绿色品质和种植效益的进一步提升。通过制定水稻种植规程，在辖区内采用测土配方施肥，少用化肥多用有机肥，拒绝使用高残留农药，积极推广生物病虫防治。在全县率先开展无公害农产品、绿色食品、有机农产品认证，将辖区打造成水稻种植标准化示范区。

近年来，詹琳还与多家农业科研部门合作，竭力探索水稻绿色防控新技术，全力打造环境友好型、生物安全又绿色的防控新模式。其中，在水稻田边种植香根草及大田开展稻虾、稻鸭复合种养，就是实施绿色防控的一系列新招，为射阳大米的安全健康生产提供了坚实的保障。

3. 抱团推介拓市场

种植水稻与种植其他农产品一样，没有好的产业链和销售渠道，哪来好的附加值和效益。对此，詹琳在与科研部门合作、组织指导农户选好品种和种好水稻的同时，始终将自身局部融入全县大局之中，当好示范，做好表率。

詹琳时刻不忘国有企业应有的责任担当。在挖掘公司位置、气候、资源等适合大面积、机械化等现代种植水稻优势的同时，积极顺应市场经济变化，转方式、调结构、提品质、促结合，全力构建资源集约、优势互补、价值提升的水稻全产业链增值新型农商融合新模式，将水稻加工成不同品质、不同规格的大米产品推向市场，获取了不错的经济效益。为了聚力发展，公司采取“公司＋农户”的形式，实行订单化生产，对所属农户实施“统一水稻品种、统一技术标准、统一质量管理、统一按单收购、统一依法经营”的“五统一”水稻种植、大米加工、包装销售机制，辖区内农户按订单种植出水稻后，由公司统一收割、烘干、加工、包装、仓储和运输，从源头抓起实行封闭式生产加工。着力提高品种纯度和可供加工量，在种植和加工上维护产品质量，有效保障了射阳大米的质量。

酒香也要勤吆喝，詹琳主动与射阳县大米集团联手，以公司所种植的水稻为主体，参加地理标志商标注册，为射阳县在全国首家注册大米集体商标创造了条件，让之前水稻模糊的产品概念转化为清晰的品牌，将各自为战聚合为整体优势，增强和提升了市场占有率与定价话语权。曾多次在上海、苏州等地成功举办大米品尝会，召开新闻发布会、经贸洽谈会，建立专题网站及运用媒体广泛推介，积极参加农展会、米博会、展销会和具有公信力的品牌、商标、价值评估等活动，助力“射阳大米”先后获得“中国品牌产品”“中国十佳粮食地理品牌”等称号和中国驰名商标的认定，从而使“射阳大米”品牌享誉全国。

傅天龙

福建春伦集团有限公司　张思伟

福建省福州市是茉莉花茶的发源地和主产区，有着“中国春天的味道”之美誉的茉莉花茶，是福州人的伟大创造之一。30多年来，作为茉莉花茶制作工艺六代传人的傅天龙，凭借着对茉莉花茶的热爱与信念，他从年轻时挑着一副担子走街串巷卖茶起步，到创立福建春伦集团有限公司，成功带领公司入选中国茶企百强、中国500最具价值品牌、中国农业企业500强。他本人也先后获得了“福建省技能大师”“福州茉莉花茶传统工艺传承大师”“茉莉花茶非遗传承人”等荣誉称号，是享受国务院特殊津贴的专家。他还受全国茶叶标准化技术委员会花茶工作组的委托，开展茉莉花茶国家标准的修订工作。

1965年，傅天龙出生在福州市仓山区城门镇的一个农户家，13岁开始正式学习制茶，1983年高中毕业后就师从花茶制作第五代传承人傅珠霖，进一步学习茉莉花茶的制作与销售。傅天龙祖上都是做茉莉花茶的，用他的话说就是对茶的挚爱已经成为一种基因融入血脉之中了。

1. 探索绿色发展新道路，做绿水青山就是金山银山的实践者

作为一名现代制茶企业的掌门人，傅天龙身上既保留了传统工匠精益求精的优良品质，又展现出与时俱进创新发展的鲜明特征。为了茉莉花茶的可持续发展，他不急功近利，坚持走绿色发展的道路，努力当好“绿水青山就是金山银山”的实践者。如今，公司在福建省各地建立了10个基地，其中绿色生态茶园基地4.2万亩（其中有机茶园2 110亩），茉莉花园7 000亩，同时建立健全了茶叶质量可追溯体系，确保主要工序采用数字化管理和无尘化生产，将传统茶叶生产引入标准化、无菌化、规模化、产业化的创新之路，从而在源头上确保了“福州茉莉花茶”地理标志原产地品质。

茶产业的绿色发展，实际上是按照茶叶的生态规律，对各种农事资源进行开发并保持农业生态系统的良性循环，然后在此基础上达到的农业资源可持续利用的活动过程。傅天龙高度重视现代科学技术与传统茶产业的嫁接，创办了省级院士工作站，开展农作物互惠共生体系研究，探索各项绿色生态的茶园种植管理措施。例如，在茶行间栽种豆科作物起到固氮和改良土壤的作用，施用绿色生物农药保证水土的质量，改善茶园水利系统，保持水土的不流失，等等。

2. 着眼绿色农业可持续，做共享发展成果的志愿者

感恩于党和国家改革开放的好政策，作为从黑土地上依靠辛勤和创新劳动致富的傅天龙致富思源，情系农村、农业和农民，努力通过实施茶叶精准扶贫，自觉肩负起以工哺农的责任担当。他在总结参与以往扶贫公益事业的基础上，找到了产业扶贫的突破口。

傅天龙他在永泰县尝试实施公益捐款加生产带动、合作开发的综合方式，引导农民科学种植茉莉花，并由公司直接向农民收购茉莉花，每500克茉莉花由原来8元左右的收购价提高到26元左右，仅此一项每年每亩农民至少增收1.5万元。他还通过创建农村合作社、完善利益联结机制等方式，将单户生产的茶农组织起来，建立起覆盖省内10个基地、茶园面积达4.2万亩的规模化生产基地。茶农及花农按照公司统一的生产方式和管理要求，进行茶和花的栽种、采摘，实行集约化生产。这种“公司＋农户”“公司＋合作社”的模式，不但有效增加了10多万茶农的生产收入，而且推动了地理标志商标“福州茉莉花茶”的充分合理使用。

傅天龙的产业精准扶贫的做法得到各级认可与肯定，公司也因此先后获得了“全国社会扶贫先进集体”“全国‘万企帮万村’精准扶贫行动先进民营企业”“全国就业与社会保障先进民营企业”等荣誉称号。

3. 培育绿色产业新业态，做茶文化、茶产业、茶科技的推动者

中国茶文化博大精深，在傅天龙数十年的做茶生涯中，他坚持不断深耕茉莉花茶文化，努力将福州茉莉花茶千年窨制工艺与现代技术进行融合，坚持“生态农业、科技农业、快乐农业”的整体建设，深耕蕴含在茉莉花茶中的文化内涵，并赋予茶行业时尚元素，让茶文化成为市民文化、快销文化，成为有温度、可消费的中国文化。他借助创意产业的植入，精心打造都市观光农业游，创建国家AAA旅游景区——春伦茉莉花茶文化创意产业园，申报福建省中小学生劳动教育实践基地、福建省外经贸干部培训中心外援基地和福州市委党校课外教学基地，建立茉莉花茶博物馆，把花园、茶园、独具特色的福州茉莉花茶生产工艺、茉莉花茶茶艺表演结合起来，使得人们能方便地接近和参观，充分展示出农业遗产的价值。公司每年举办的新茶开春采茶节、茉莉花节，成为福州茶业界的盛事，吸引了大量的游客，带动了当地农业休闲旅游产业发展。公司积极配合福州市政府打造茉莉花茶的城市名片，先后邀请世界各地的茶叶协会来茉莉花茶发源地福州开展实地考察，举办了世界茉莉花茶文化鼓岭论坛，参加了申请入选世界重要农业文化遗产名录的活动，参展上海世博会、米兰世博会、海上丝绸之路博览会等。通过这些方式把中国茉莉花茶文化传播到世界各地，傅天龙为打造茶产业的民族品牌做出了不懈的努力。

除了注重茉莉花茶产品的创新，傅天龙也紧跟时代潮流，在销售渠道、宣传手段等方面不断开拓，开启了线上直播带货等销售模式，为茶叶新零售做新的探索。2020年，面对新冠肺炎疫情的影响，公司的茶叶销售阵地从线下逐渐向线上转移。傅天龙在自家绿色生态茶园进行了福州春茶“云开采”活动，邀请网红大咖来到采茶节现场进行直播，粉丝们通过屏幕体验采茶，了解农民丰收节的盛况。

杨雯茜

新疆泽惠丰农业科技有限公司

杨雯茜，新疆泽惠丰农业科技有限公司董事长，中国农业产业化龙头企业协会油莎豆产业发展专业委员会主任。组织发起油莎豆产业链相关的产业平台、农优品电商平台、种业开发、食品开发、农业技术服务、农业金融等十余家企业，致力于为油莎豆产业提供集科研、种植、技术服务和农业投资等各项业务于一身的专业农业产业供应链服务，为我国油莎豆产业的发展做出了积极的贡献。

2017年，杨雯茜创立了新疆泽惠丰农业科技有限公司，在"一带一路"核心区域的新疆与新疆生产建设兵团第二师合作，先后就共建新疆兵团第二师27团国家新型城镇化示范区、现代农业示范区及开发建设铁门关农业科技园区等项目达成合作。其中，铁门关农业科技园区项目于2018年入选第八批国家农业科技园区公示名单，并顺利通过验收。这也是新疆生产建设兵团唯一一家入围科技部第八批国家农业科技园区的项目。

秉承"泽惠于民，丰收有望"的农业产业化理想，杨雯茜曾专程赴西班牙巴伦西亚地区考察当地较为成熟的油莎豆产业。通过近一年的国内外调研分析，她选定了集粮、油、牧、饲多用途于一体的新型经济作物——油莎豆，作为公司集群的农业产业开发项目。围绕油莎豆产业开发的全产业链生态建设，杨雯茜先后创立农业产业开发、种业开发、食品开发、电商科技、农产品贸易、农业投资等12家企业，秉承"做中国人自己的安全食用油"的产业初心，在国内致力于成体系的油莎豆全产业链重点开发。2019年12月的第四届（全球）楚商大会上，杨雯茜作为湖北省重点招商企业代表之一，与湖北省副省长赵海山等领导在东湖会议中心进行油莎豆产业项目交流。为将国内相关业务与服务"一带一路"相融合，2020年6月中旬，通过渠道对接，杨雯茜将油莎豆正式引种到中亚国家塔吉克斯坦开展实验种植，为后续油莎豆产业国际输出奠定了基础。在积极推进农业区块链技术与应用上，杨雯茜主导与海南自贸区威中杰信息技术有限公司开展"区块链+农业""区块链+电商"技术合作。针对市场端对油莎豆认知度较低的情况，杨雯茜又领导完成了予农惠全域营销体系线上渠道（予农惠全球农优品电商平台）和线下社区渠道的建设。

2019年1月，新疆泽惠丰农业科技有限公司被批准为中国农业产业化龙头企业协会常务理事单位。在该协会的授权下，公司发起筹备并于2020年8月组建了我国第一个专业化组织意义上的油莎豆全产业服务平台——中国农业产业化龙头企业协会油莎豆产业发展专业委员会，由杨雯茜担任主任。首批18家成员企业，均由杨雯茜亲自洽谈引进，同时经多次协商并得到协会支持，开放引进个人油莎豆产业成员。在新冠肺炎疫情期间，杨雯茜响应常态化疫情防控下的复工复产呼吁，赴长江中下游区域的湖北荆门、荆州、宜昌、随州等地的油莎豆种植区，全面考察较成熟的油莎豆产业模式，并与当地各级政府进一步商榷产业进驻相关合作。为构造我国油莎豆全产业链生态，杨雯茜广泛联络农业多领域专家，考察调研我国重点农机装备制造和油莎豆专用农机企事业单位，包括中国农业机械科学研究院、中国农业发展集团成员企业山东巨明机械有限公司、松原市雨为农业机械制造有限公司等，考察调研湖北省大中型食用油加工企业、中国兵器工业第六设计研究院超临界 CO_2 萃取等油莎豆精深加工技术，以及全国中医院中唯一一个专门从事保健食品临床研究的机构——中国中医科学院西苑医院中医药保健研究中心等，并牵头相关油莎豆企业与科研院所、专业机构达成在农机研发、农产品精深加工及油莎豆健康营养功能性应用领域的多项产业科技合作，为产业服务平台汇聚起更广泛的服务能力要素。2020 年 9 月，她带领油莎豆企业家参加百家现代农业产业化龙头企业走进巴彦淖尔，就油莎豆产业发展进行了充分考察调研和合作交流。启动推进油莎豆企业标准化建设后，她又开始推进以中国农业产业化龙头企业协会油莎豆产业发展专业委员会为发起组织的我国首个油莎豆团体标准建设工作。因为身材娇小却能量巨大，杨雯茜在油莎豆行业内获得了“像油莎豆一样的‘全能豆’”的雅号。

在带领企业不断进取的过程中，杨雯茜始终怀着强烈的责任感和使命感，为社会慈善与公益事业尽一份心力。截至 2020 年 6 月，杨雯茜已连续 6 年亲自带队押运捐赠物资上高原，赴甘孜藏族自治州德格县柯洛洞乡门扎寺孤儿院等地捐资助学、扶贫济困。自 2015 年起，杨雯茜即确定了将旗下部分企业的营收利润用于每年定向开展社会慈善公益捐赠行动。2019 年 7 月，杨雯茜作为发起人，通过海南亚合商贸科技有限公司企业捐资 200 万元，设立了中国社会福利基金会“石膏儿童”公益项目。以公共利益为先，让杨雯茜更注重农业生产低价值环节的农户收益，形成了注重产业链价值收益平衡的思想。

2020 年 12 月 14 日，农业农村部副部长张桃林主持召开油莎豆产业发展专题座谈会，听取中国农业产业化龙头企业协会领导关于油莎豆产业发展情况及有关建议的汇报，杨雯茜针对推进我国油莎豆产业更快发展的相关工作与参加会议的领导们充分交换意见。此次油莎豆产业专题会议，是农业农村部在召开全国种业创新工作推进会前，分析研判新形势新要求新任务，研究推进“十四五”及 2021 年种业工作的专项调研会，对于油莎豆产业发展具有重要的转折点意义。

对于油莎豆产业目前的发展重点，杨雯茜认为，在稳步实现产业价值建设的基础上，尤其应重视油莎豆产业与国家“十四五”时期高质量发展规划的联接，把油莎豆土壤适应性强的优势与绿色农业发展紧密结合，在获得可观的农业经济收益的同时，面向我国提出的碳达峰与碳中和目标，进一步取得防风固沙、盐碱地改良等边际土地生态涵养修复的区域生态环境收益。另外，她也希望能有更多的农业企业加入油莎豆产业开发中，同心聚力，砥砺前行，在百年未有之大变局中乘势而上，顺势而为，笃定一个产业信念，共创油莎豆产业千亿元宏图伟业。

詹伟杰

广东省海源达水产养殖有限公司　方赛锦

詹伟杰，男，汉族，1977年8月出生，广东省惠来县前詹镇人。1994年12月参军入伍，2002年12月退役。2003年1月进入鲍鱼养殖行业，2011年10月至今任广东省海源达水产养殖有限公司总经理。

公司前身是前詹镇的一家个体养殖场。20世纪90年代初期，詹伟杰的父亲及家人都是培育虾苗的，开过虾田，后来虾苗行情不好，虾田行情走下坡路。詹伟杰就开始琢磨起养殖鲍鱼，一开始他的想法遭到家里人的反对，因为一直都是培育虾苗、养虾的，从来没有接触过鲍鱼养殖，大家都觉得他没有这方面的经验，会很容易失败，但是詹伟杰下定决心想要试一试。他私下先了解前詹镇的地理位置优势及惠来县传统的鲍鱼养殖，也去各个地方详细了解市场行情，詹伟杰把养殖鲍鱼的前景分析给家人听，终于得到家人的支持。得到家人支持的詹伟杰，信心满满地做好了涉足鲍鱼养殖业的准备。

1996年，詹伟杰和父亲开始筹备资金，在前詹镇建了家里的第一个鲍鱼养殖场，虽然只有100个池，但是这却是詹伟杰打开鲍鱼养殖产业的一把金钥匙。他当时养殖的是台湾九孔鲍，在惠来当地属于新品种。詹伟杰只能摸着石头过河，不分昼夜潜心研究鲍鱼的养殖方法。为了了解鲍鱼的生存环境、生活习性，他经常向周边有养殖鲍鱼经验的人学习，多次往返外省地区向专业人士请教养殖鲍鱼的方法。功夫不负有心人，在接下来的培苗养鲍过程中，都比较顺利，终于詹伟杰赚到了人生第一桶金。

从事鲍鱼养殖行业是非常辛苦的，詹伟杰劝说年迈的父亲退居二线，2003年自己开始进行独立自主创业。创业伊始，举步维艰。詹伟杰既当老板又当工人，起早摸黑，其中的艰辛只有他自己知道。当时养殖场还未通水通电，没有淡水只有咸水，且是荒山野岭，环境极度恶劣。养殖场没有围墙，没有任何安全设施，詹伟杰只能用手电筒，日夜巡场，睡眠不足都是家常便饭。

生产发展期间也是历尽艰难，几度起起落落。詹伟杰印象特别深的是2005年，养殖场遭遇品种退化问题，养殖的九孔鲍突然出现大量死亡，新品种又没能接上，公司投入的资金全部打水漂，随时面临着破产的危机。那段时间，詹伟杰夜不能寐，食不下咽，每天顶着巨大的压力，但是面对家人的时候他没有说一个苦字。他心里知道，苦说出来对事情没有任何帮助，只有想办法改变才能让企业存活下来。

詹伟杰痛定思痛，立马查找原因，分析问题，总结教训，竭力寻求解决问题的办法。他多方奔走，寻找新品种，潜心研究更有效的养殖方法。后来在福建找到一种新品种即皱纹盘鲍，这种新品种抗病力强，生长速度快，生长规律稳定。自新品种引入后，公司有了起色，生产养殖过程也变得顺畅了，公司慢慢步上正轨，稳步发展，规模逐渐扩大。发展到2013年，公司已扩建有10个养殖场。

一帆风顺的日子总是少的，有起有落才是人生常态。2014年，公司遭遇市场行情低迷，大鲍小鲍都卖不出去，但他还是咬紧牙关坚持着，一直支撑到当年 9 月底，鲍鱼行情回暖，公司经营逐渐转好。2018 年 11 月，詹伟杰已经做好投苗准备，就要进行育苗的时候，突然来了个大天灾台风"天兔"，一下子把所有的设备设施都摧毁了，购买的大量种鲍也被海水海沙倒灌。那一刻，他既操心种鲍被海水海沙压埋，又担心工人的生命安全。台风席卷中，合成板屋顶被掀翻，铁片、木片四处飞，海边电房的水泵、气泵全部被海水淹没，所有高压电架被拦腰折断，到处漏电。当时有几个比较得力的工人抬着潜水泵要去抽掉电房里的海水，詹伟杰担心危及生命，立即阻止了他们。其中有一个跟随他多年的老工人不顾阻拦，执意冒着危险下去抢救还没被淹的种鲍。这些种鲍是新品种，非常有价值。在老工人的努力下，抢救了 160 池种鲍，大大减少了公司的损失。台风过后，公司损失了近千万元，濒临破产，那年的年关差点熬不过去。坚持下来后，詹伟杰循序渐进，逐渐扩建，苦心经营，到 2020 年已建有 24 个养殖场，养殖面积 600 多亩，年产值 1 亿多元。

随着公司规模的日益壮大，公司发展得越来越好，詹伟杰开始考虑如何去回馈社会。他是通过鲍鱼养殖致富的，所以他能做的就是把自己的经验传授给身边的村民们，带着他们一起创业。"授之以鱼不如授之以渔"，詹伟杰给大家提供来鲍鱼场、公司学习的机会，以此鼓励他们燃起创业的热情与激情，也能学到实实在在的知识。比如郑文斌和林介苏当时还是打杂小工，收入低微，他们各自的家庭负担都极重，一直都是村里的头号贫困户。詹伟杰就把他们招进鲍鱼场里来，让他们一起先了解学习养鲍技术。经过詹伟杰多次的理论指导和实践示范，他们逐渐领悟了养鲍的技术和要领，然后詹伟杰就鼓励他们去自主创业，并在资金上给予一定的支持和帮助。为了解决他们担心的销售问题，詹伟杰向他们保证，养殖的鲍鱼统一由公司回购销售。就这样，詹伟杰带着他们快速甩掉了贫苦户的帽子，生活慢慢有了起色。他们也把自己的子女带动出来共同创业，毕竟有詹伟杰的公司在这里，大家心里都放心，日子只会越来越好。

2020 年 7 月，詹伟杰荣获"广东省优秀创业致富带头人"称号；12 月，公司被认定为广东省扶贫农业龙头企业。2021 年 1 月，詹伟杰荣获"2020 全国绿色农业发展带头人"称号。

丁德宽

陕西省城固县果业技术指导站

丁德宽，男，1964 年 9 月出生，大学本科，农业推广研究员，现任城固县果业技术指导站站长，兼任国家柑橘产业技术体系陕南柑橘综合试验站站长，汉中市第五届人大代表。作为汉中市果树栽培和技术推广的资深专家，他积极组织实施新品种引进，狠抓产业示范、难题破解、果农培训和城固柑桔品牌推广等工作，普及推广“安全、优质、高效”果树栽培技术，取得了良好的社会、经济和生态效益，受到果农的广泛好评和各级领导的充分肯定。

1. 积极作为敢担当，科技创新闯出一片新天地

柑桔是陕南最具潜力的特色产业，但汉中柑桔产业经过多年发展，生产中逐步暴露出一些问题。特别是近年来老果园增多、作业成本上升、技术滞后、灾害频发，严重制约了产业的发展。丁德宽深入实地跑遍了陕南所有柑桔产区，进行细致的调查研究后，提出的对策方案解决了产业发展的一系列难题。针对我国北缘柑桔产区面临的冻害威胁，他研究制定的“柑桔抗寒防冻与冻后恢复技术措施”，解决了抗冻栽培的关键技术，有效地指导了冻后恢复。由他提出的“果树上山、粮油下川”的战略布局、“节本省力、提质增效”的发展战略，特别是提出创建的汉中柑桔提质增效十大关键技术体系——品种调优、起垄栽培、间伐复壮、开沟排湿、土壤改良、简化修剪、生物防控、平衡施肥、生草覆盖、覆膜增糖，累计在全市推广 26 万余亩，对改善汉中柑桔因种植规划盲目和栽培模式落后造成的不良局面发挥了重要作用。

为着力解决柑桔产业发展技术瓶颈问题，丁德宽围绕柑桔提质增效和省力化栽培模式，先后组织实施了柑桔大实蝇防控、温州蜜柑交替结果、柑桔老果园改造、柑桔缺素症矫治等多项科技创新试验，探索积累了一整套试验数据和经验。

2. 抓点带面搞示范，引导产业健康发展

试验示范是农业技术推广的有效手段，丁德宽以示范办点为抓手，每年亲自抓建 6 个示范园，1/3 的工作时间泡在示范点上。这些示范园规模小的三五亩，规模大的上百亩，各有特色，充分发挥了示范点在农业科技推广中的引导作用。他抓建的城固县原公镇垣山村柑桔高品质栽培示范园，果品可溶性固形物含量达 13%～14%，超过普通果园 4～5 个百分点，销售价格高出普通柑桔价格一倍，达到了提质增效的目的；城固县董家营镇邵家村冰糖桔提质增效示范园，亩均收入超万元，成为当地科技示范新亮点。

城固县多数桔园郁蔽、病虫害滋生严重、桔园管理作务困难，严重影响了柑桔品质和市场竞争力。他通过调查研究，提出实施“密园改稀”技术改良示范，农民亩均增收 400 元左右，仅此一项技术可为全市果农年增加经济效益 4 000 多万元，且降低了劳动强度，减少农药化肥使用量 50%以上，为陕南柑桔找到了一条有效的发展良策。10 年间全市密园改稀 5 万亩，丁德宽由此牵头申报的“柑桔密植园改良技术集成研究与应用”项目获陕西省科学技术进步奖三等奖。

3. 重视品牌建设，提升城固柑桔市场竞争力

在丁德宽的率领下，在各级领导和果业人的共同努力下，城固柑桔产业得到迅猛发展。城固现有柑桔面积 26.8 万亩，常年产量 30 万吨，年产值逾 10 亿元。柑桔产业成为全县农业产业化主导产业和农民增收的支柱产业，全县有 11.3 万农业人口以蜜桔生产为主要经济收入来源，主产区柑桔收入占农民人均纯收入的 70%以上。城固县被陕西省人民政府授予“果业先进县”称号。2008 年 12 月，由他筹备申报的“城固蜜桔”获农业部农产品地理标志登记。2009 年，“城固柑桔”“城固蜜桔”又获地理标志证明商标。2012 年 12 月，“城固柑桔”获得国家工商行政管理总局中国驰名商标认定，这是汉中市第一件地理标志驰名商标。

在商标品牌的引领下，丁德宽通过各种会议、节会、网络、报刊、电视等形式，广泛宣传城固柑桔，有效提高了城固柑桔市场知名度和产品附加值，“城固柑桔”品牌评估价值连年跃升。2013 年，“城固柑桔”品牌评估价值 10.76 亿元。2015 年，荣获“中国果品区域公用品牌 50 强”称号，品牌评估价值达到 13.63 亿元。2016 年 1 月，荣获“2015 全国互联网地标产品（果品）50 强”称号。2020 年，“城固柑桔”品牌评估价值跃升至 25.83 亿元，荣获“全国绿色农业十佳果品地标品牌”称号。

几分耕耘，几分收获。丁德宽先后被评为“全省果业工作先进个人”“汉中市劳动模范”“陕西省优秀科技特派员”“汉中市有突出贡献拔尖人才”“汉中市优秀人才”“陕西省文化科技卫生三下乡先进个人”等称号，多次被陕西农林卫视等电视台和陕西日报、华商报、西安晚报等媒体宣传报道。他先后在国内外专业期刊上发表论文 30 余篇，主编的陕南第一部较全面的柑桔专著《柑橘》及《陕南柑橘》《柑桔标准园生产技术》《果树规模生产与经营》在全国出版发行。2017 年 12 月，丁德宽被人力资源和社会保障部、农业部授予“全国农业先进工作者”荣誉称号。

任静林

陕西省旬邑县果业服务中心 程三虎

任静林，男，汉族，生于1967年10月，1985年9月参加工作，1989年11月加入中国共产党，2016年任旬邑县果业服务中心主任至今。

在任职旬邑县果业中心主任之前，任静林长期担任基层一线领导职务，基层工作经验丰富。任职果业中心主任后，他勤于思考，善于钻研，由一名“门外汉”成为行家里手。先后主导了旬邑县绿色苹果基地、有机苹果基地的申报、续展及年检工作。在他的亲力亲为下，旬邑苹果“两品一标”工作步伐不断加大。2017年旬邑苹果顺利通过农业部农产品地理标志登记，绿色苹果基地面积不断扩大，绿色生产管理技术得到了大范围的普及与推广。截至2020年，全县“两品一标”认证企业（合作社）总数达到9家；新增绿色苹果基地认证企业3家，基地面积4 000余亩。全县绿色苹果基地认证面积达到5.5万余亩，极大地推动了旬邑苹果标准化建设步伐。

1. 聚焦产业短板，助力乡村振兴

任静林说：“乡村要振兴，关键是要发展壮大产业，核心是增加农民收入。因此，如何不断夯实苹果产业基础，推动苹果产业高质量向前发展，是当前和今后一个时期面临的主要问题。”

经过深入调研、科学研判，针对广大果农果园管理“不懂技术不会管、方法不当不善管、粗放经营不精管”等问题，建议组建“土专家”队伍、精心培育、田间会诊、提供“田保姆”式服务等方式，指导群众科学作务，有力助推了旬邑苹果产业发展，取得了良好的效果。具体做法是每个镇、街道设一个果业技术服务土专家队，配备人员4名，每村每30户果农选配1名土专家。目前，全县果业技术服务土专家队伍总人数已达196名，长年扎根农村，直面农户，开展延伸培训和果业科技推广常态化服务，推广应用国内外优良种苗、实用技术和先进工艺，被群众亲切地称为“土专家”“田保姆”。2020年，他积极筹谋，多方争取资金项目，组织召开了全县镇村两级果树土专家观摩培训会，共计培训土专家及果农300余人。充分发挥全县各级土专家的技术培训优势，对全县10个镇办112个行政村进行全覆盖技术培训，累计培训群众和果农1.2万余人次，发放果园管理技术手册1万余份。为来年苹果的增产和群众增收打下了坚实的基础。

2020年，全县苹果总产量达到52万吨，产值16.5亿元，果农人均苹果收入6 346元，比2019年增收2 000万元，农民人均苹果收入增加77元。

2. 着眼产业全局，多方谋划出路

为推动旬邑苹果产业提质增效和转型升级，他积极协调相关部门，促使了西北农林科技大学苹果试验站落户旬邑。试验站的落户，为旬邑苹果不断调整早、中、晚熟苹果种植比例，发展名优稀特品种，适应市场和消费者的需求提供了有力的技术支撑和专业保障，对旬邑苹果的持续健康发展意义深远。他还抢抓机遇、积极筹措、多方协调，主导完成了旬邑苹果农产品地理标志登记的申报工作。在申报过程中，每一份材料甚至每一张图片，他都要亲自过目查看，高标准、严要求把关，保证了旬邑苹果申报资料的高质量完成。在随后的专家评鉴会上，与会专家一致认为："旬邑苹果端庄红艳、脆甜爽口、香气浓郁，极富地方特色"，这些都为旬邑苹果顺利通过国家农产品地理标志登记奠定了坚实的基础。

3. 推动实施"优果工程"，促进产业提质增效

随着社会经济的不断发展，传统的生产关系已不适应生产力发展的需要。单家独户的小农经济严重制约了旬邑苹果产业的健康持续发展，小生产与大市场的矛盾日益凸显。面对新形势，一方面，他努力提高果农的组织化水平，积极扶持发展果农协会，把企业、中介组织、农民经营者、技术人员和果农组织起来，走统一化、机械化、集约化和产业化服务之路，以市场为导向，围绕苹果生产和销售，兴办各类实体，从技术指导、科学作务、病虫害统防统治、市场信息等方面对果农实行全程服务，滚动式发展，提高了果业生产的综合效益；另一方面，倡导实施了《旬邑县苹果产业转型升级实施方案》，紧跟果业发展趋势，确定了"挖、改、接、建"四字技术方针，大力推广绿色苹果生产管理技术，为实现旬邑果业转型升级和提质增效提供了发展目标和前进方向。

1996 年任静林被评为"陕甘子午岭联防会护林先进个人"，1997 年被陕西省农业普查领导小组评为"陕西省第一次农业普查先进个人"，1999 年 11 月 17 日被共青团陕西省委评为"领办科技推广项目贡献奖"，2018 年 9 月 1 日被陕西省果业管理局评为"推进苹果北扩西进工作先进个人"。

张 彦

陕西省旬邑县果业服务中心 程三虎

张彦，男，汉族，1980 年 8 月出生，2003 年获西北农林科技大学园艺学院学士学位，2009 年获西北农林科技大学在职农业推广硕士学位，现为旬邑县园艺站高级农艺师、县果业服务中心产业化股股长。

自参加工作以来，张彦始终以促进果农增收、帮助群众致富为己任，扎根在旬邑农村，行走在田间果园，以实际行动自觉当好旬邑果农的贴心人，以生动实践服务旬邑果业生产，以为民情怀助推旬邑果农奔小康，塑造了新时代旬邑果业干部无私奉献、服务发展、开拓创新的良好形象，赢得了广大果农的肯定和各级组织的认可。

1. 抓重点，促提质，倾情推广果业生产新技术

围绕进一步提高苹果基地管理水平和效益，张彦着重抓好苹果提质增效、“三品一标”苹果基地建设和果园标准化生产推广等重点工作，为广大果农脱贫致富提供了坚实的技术支撑和发展路径。

技术引领，提升作务水平。张彦采取进村入园等形式，切实抓好果农培训，全面提高果业的科技含量。2010 年以来，他结合科技特派员行动及产业扶贫农业 110 活动，共举办培训班 100 余场次，培训果农 1 万余人次，接受果农咨询 2 000 余人次。同时，他结合生产实际，制定生产管理方案，发放《果业生产技术明白卡》，显著提高了果农的科技务果能力。

科学规培，促进提质增效。张彦始终把果园标准化管理、果业转型升级作为工作的重心，严格按照《“咸阳马栏红”苹果标准综合体》技术规程进行生产管理技术培训与推广，将绿色苹果生产管理、水肥一体化、果园覆盖、果沼畜结合、果实套袋、病虫害生物综合防控等现代农业管理技术穿插进每一次下乡培训与技术推广中去，不断加大技术示范推广力度，促进果农生产管理技术和增收水平稳步提高。

示范带动，扩大技术推广。张彦先后负责包抓了郑家、太村、土桥、张洪、清塬等镇的果业生产技术培训、指导、示范园建设等工作，多次为省市县现场会提供现场观摩点。以点带面、点面结合，建立了 4 个市级示范园和 24 个县级示范园，使广大果农亲眼看见了各种果业先进技术的优越性，消除了思想顾虑，产生了良好的示范带动效应。

2. 广调查，深钻研，积极投身果业生产新课题

张彦针对苹果生产中存在和新出现的问题，广泛开展苹果花期冻害等自然灾害及病虫害发生情况、防治效果等调查，在《西北园艺》《吉林农业》《果树实用技术与信息》等省级专业期刊发表论文 6 篇。积极开展试验研究和新技术推广，先后参与和完成省、市、县各类试验推广项目 9 个，其中参与的“旬邑县无公害苹果生产示范县建设项目”顺利通过农业部验收，参与的“苹果四项关键技术研究项目”“苹果巧施肥技术研究项目”分别获旬邑县 2005 年度科技进步奖一等奖和二等奖，“苹果老龄园综合改造示范与推广”项目获旬邑县科学技术奖二等奖；承担的“咸阳市无公害苹果标准化生产技术示范与推广”项目获 2015 年度咸阳市农村科技进步奖一等奖，承担的“陕西省绿色农产品标准化技术推广”项目获2014—2016年度全国农牧渔业丰收奖农业技术推广成果奖三等奖。

强力推进“三品一标”认证，提高旬邑苹果质量安全水平。敏锐把握果业发展新形势及市场和消费者需求变化，全力推进了旬邑县“三品一标”基地认证工作；同时对认证企业加大宣传培训，推广使用农产品质量安全追溯系统。目前，全县已有9家企业（合作社）进入陕西省农产品质量安全监管平台系统，生产销售的苹果全部加贴二维码追溯名片，对推动全县果业生产持续、健康发展起到了良好示范、辐射和带动作用。旬邑优质苹果基地先后被中国绿色食品中心认定为绿色苹果基地，被农业部确定为全国无公害苹果生产示范区。2017年“旬邑苹果”顺利通过国家农产品地理标志登记并荣获“陕西省苹果优秀区域公用品牌”荣誉称号。截至2020年，全县已建成持证绿色苹果基地5.5万亩，出口认证苹果基地3.5万亩，欧盟及国内有机苹果基地认证1.7万亩，其中欧盟有机苹果认证3 200亩，抓建出口注册苹果园3.5万亩，基地认证面积位居全省前列。

3. 抓机遇、创品牌，唱红打响旬邑苹果品牌

近年来，抢抓咸阳市主打“马栏红”苹果品牌的大好机遇，坚持品牌兴果的发展思路，全面加大“旬邑苹果”地理标志产品的品牌宣传推介和培育。先后组织参与了国内多家业内权威评奖机构的评选活动，“旬邑苹果”先后荣获“2018年度中国最受欢迎的苹果区域公用品牌10强”“2018、2019全国绿色农业十佳果品地标品牌”“2020年度中国苹果产业榜样100品牌”等荣誉称号，为进一步提升“旬邑苹果”品牌知名度和市场竞争力发挥了重要作用。

近年来，张彦先后荣获“咸阳市园艺系统先进工作者”“咸阳市农业信息工作先进个人”“咸阳市农产品质量安全工作先进个人”“咸阳市‘千人进千社、千技惠百村’科技行动优秀首席农艺师”“咸阳市产业扶贫精准脱贫技术服务先进个人”“2020年度中国苹果产业风云人物”等称号。

郭邦利

陕西省安康市农业科学研究院

郭邦利，男，生于1977年10月，获西北农林科技大学农学学士学位，高级农艺师，现任安康市农业科学研究院薯类作物研究所所长。自1995年7月在安康市农业科学研究所（现安康市农业科学研究院）参加工作以来，他立足当地资源禀赋和地处秦巴山区生物资源丰富、气候温润的区域特点，践行绿色发展理念，针对安康魔芋产业发展的瓶颈问题，开展技术研究和示范推广工作，解决安康魔芋种植环节中的新品种选育、繁育、病害防控、高产高效栽培技术等技术难题，通过研究示范、技术培训等措施，推动安康魔芋产业持续健康发展。

1. 从事魔芋科研及示范推广工作，业绩卓著

郭邦利主持研发的"魔芋组培快繁技术研发及集成"，创新了魔芋种芋繁育的新方法，为解决安康市魔芋种芋紧缺问题提供新思路，该项目获安康市科学技术奖二等奖。

郭邦利负责薯类作物研究所工作，主持魔芋种植栽培技术研究集成与应用示范推广工作，选育魔芋新品系1个即安魔128，获得魔芋种芋繁育技术发明专利2项，取得技术成果奖2项。"秦巴地区魔芋新品种引进繁育及标准化生产技术研究应用"获陕西省农业技术推广成果奖二等奖。"陕西秦巴地区魔芋新品种及标准化生产技术集成应用"项目成果，五年推广面积180.19万亩，新增纯收益1 345.6亿元，获农业农村部全国农牧渔业丰收奖二等奖。

2. 从事魔芋科技培训及技术服务工作，收效显著

2012年起，郭邦利参与陕西省农业干部培训学校、安康市农业广播电视学校等开展的基层农技员和职业农民培训工作，负责讲解魔芋栽培技术28场次，培训3 000余人。2020年新冠肺炎疫情期间，受邀参加安康市农业宣传信息培训中心、陕西农林卫视开展的春季魔芋播种技术讲解现场直播和线上技术培训工作，点击阅读量达16万余人次。

作为魔芋种植技术指导专家，郭邦利在魔芋生产季节，深入田间地头，指导全市魔芋生产。先后指导安康市白河县安乐魔芋现代农业园区、石泉县官田魔芋现代园区、恒口示范区安康硒谷魔芋现代农业园区、汉滨区茨沟镇建川魔芋示范园区、恒口示范区恒宝农民专业合作社等的魔芋生产。因技术规范标准，魔芋病害发生率低，魔芋生产企业、魔芋种植户增产增收，示范效应显著，技术服务辐射效果好，安康市白河县安乐魔芋现代农业园区、石泉县官田魔芋现代园区、恒口示范区安康硒谷魔芋现代农业园区等3个园区先后被评为市级魔芋园区。2020年，恒口示范区安康硒谷魔芋现代农业园区、汉滨区茨沟镇建川魔芋示范园区、恒口示范区恒宝农民专业合作社魔芋园区被评定为安康市魔芋种芋繁育示范园。

3. 参与精准扶贫工作，完成当年脱贫攻坚工作任务

根据《陕西省农业厅办公室关于做好百名干部包市联县驻村产业扶贫工作的通知》，2017年4月郭邦利进驻石泉县池河镇合心村，开展产业扶贫工作。他与扶贫驻村工作队分析贫困原因，因户因人制定帮扶计划与帮扶措施，精准施策，发展魔芋、辣椒、茶叶等600亩，养蚕210张，发展畜禽养殖 1 500 余头，确保了贫困户收入稳步增长。同时建设完善桥梁、文化广场、医疗室、饮水工程等基础设施，村容村貌焕然一新。按照《陕西省贫困工作退出工作实施细则》的标准和程序，石泉县脱贫攻坚指挥部于 2017 年 11 月 30 日核定公示合心村退出贫困村。

4. 参与"安康魔芋"品牌建设工作，取得初步成效

郭邦利负责承办"安康魔芋"农产品地理标志登记申报工作，召开"安康魔芋"现场核查、"安康魔芋"农产品地理标志目录外审、"安康魔芋"农产品地理标志品质鉴评会议，主持制定撰写"安康魔芋"质量控制技术规范，编撰"安康魔芋"农产品地理标志申报材料，2020 年 12 月 9 日通过国家农产品地理标志评审会专家评审。这为安康市"十四五"期间打造秦巴山区魔芋良种繁育中心、全国魔芋加工中心、全国魔芋产品研发中心、全国魔芋食品电商中心、世界富硒魔芋集散中心和全国魔芋产业建设第一市做出了积极贡献，也为安康魔芋产业实现综合产值 200 亿元的目标产生了巨大的推动作用。

从一名技术员到高级农艺师，郭邦利先后主持参与植物组织培养、马铃薯脱毒、魔芋组培快繁技术研发及集成、魔芋新品种选育、魔芋高产栽培技术研究等科研课题的研究工作，先后取得国家、省、市科研成果奖 12 项，发表学术论文 15 篇，编写专著 2 部，获得国家发明专利 2 项。从 2013 年至今，被陕西省农业厅聘为陕西省现代农业魔芋产业技术体系岗位专家。2017 年 1 月开始兼任中国富硒产业研究院富硒魔芋栽培与生理创新团队的执行专家，还兼任陕西省第一、二届农作物学会理事及安康市魔芋产业联盟副理事长等职务。

韩亚维

陕西省周至县农业农村局

韩亚维，女，1977 年 5 月出生，中共党员，西北农林科技大学本科学历，现任周至县农业农村局果业发展促进科科长。长期从事以猕猴桃为主的果树栽培技术研究、果业项目规划、种植管理和品牌创建工作，为促进周至县果业发展和产业脱贫做出了重要贡献。

1. 牢记使命担当，潜心果业推广，全心全意服务果业产业

周至县南依秦岭，北临渭水，襟山带河，素有“金周至”之美誉。优良的地理气候和生态环境使周至成为猕猴桃的最佳适生区。经过近 40 年的发展，全县猕猴桃种植面积 43.2 万余亩，鲜果产量达 53 万吨。韩亚维坚持深入果业主产镇（街道）、各果业园区，为能更好地分选猕猴桃鲜果，使猕猴桃鲜果经营迈向标准化、市场化，进一步延长猕猴桃鲜果贮藏期，她积极参与《周至猕猴桃鲜果等级标准》和《鲜果贮藏标准》方案的制定，参与撰写的《猕猴桃贮藏保鲜工艺技术研发推广》荣获陕西省政府农业技术推广成果奖三等奖，参与完成的《翠香猕猴桃栽培技术规程》获西安市市场监督管理局批准并印发全市，探索解决了一整套制约全县猕猴桃产业发展亟待解决的技术难题。

韩亚维积极参加省内外果业技术研讨，参与果技专项课题研究，先后撰写了《周至猕猴桃产业现状与区域发展调研》（获西安市优秀农业调研成果奖一等奖）、《猕猴桃大树高接换头方法》等研究文章；参与申请的《猕猴桃微创芽接换头法》《猕猴桃适度环割法》两项国家专利均已推广于生产，获得县内果业园区、果农的一致好评。

2. 重视品牌建设，推进现代农业产业园区，塑造周至猕猴桃金字招牌

“没有标准化就没有现代化，不仅要抱团，还要有品牌。”在周至县委、县政府的大力支持下，在周至县农业农村局党委的正确领导下，韩亚维和全县果业人勠力同心，不断推进周至县现代农业产业园建设及“周至猕猴桃”品牌宣传。她先后在全县指导创建了 2 个省级示范园、8 个市级示范园、8 个县级示范园，均获得省、市、县级部门认定，起到了龙头示范带动作用。同时，完成了周至县省级现代农业产业园项目规划方案的编写，编制规划的《2020 年周至县省级现代农业产业园项目》已获陕西省农业农村厅批复。

近年来，韩亚维积极参与组织周至猕猴桃的宣传营销工作。在首届“中国农民丰收节”西安分会场上，周至县获得周至猕猴桃品牌企业一等奖荣誉；先后带队在北京、上海、广州、重庆、内蒙古等地参加农产品宣传推介会，在第 11 届中国绿色生态农业发展论坛上周至县获“中国猕猴桃之都”荣誉称号；积极参加 2020 年粤陕帮扶，在“粤陕好年货，飞近千万家”活动中她被评选为“推广大使”。通过参加各类猕猴桃宣传推介活动，不但使周至猕猴桃得到国内各大城市消费者的喜爱和认可，增加了市场销售份额，而且她还在宣传推广过程中积累了经验、开阔了视野，有了更多关于猕猴桃宣传营销工作的新思路。2017、2018 年韩亚维被西安市农业农村局评为“先进个人”，2019 年获得周至县妇联“三八红旗手”荣誉称号，2020 年被聘为“西安市科技特派员”，2021 年

1月被中国绿色农业联盟和《中国绿色农业发展报告》编委会推选为“2020年全国绿色农业发展带头人”。

3. 不计得失，默默奉献，扎实开展扶贫帮扶工作

“巾帼扶贫挑重担，初心不改为百姓。”自扶贫工作开展以来，韩亚维排除万难，积极制定帮扶方案，帮助周至县楼观镇肖里村李明社脱贫致富。一是产业帮扶。对李明社进行种植猕猴桃的技术培训和科学化管理园区的指导，并帮助申请生产作务中所需投入的生产物资，使其1.95亩猕猴桃获得高产丰收。二是帮助申请医疗政策。李明社患有糖尿病，每月必须打针吃药，韩亚维及时帮助李明社申请办理了慢性病医疗卡，使其就医得到了保障。三是帮助申请危房改造政策，帮李明社盖起了三间平房，搬进了新家，住进了新房，改善了居住条件。四是协助李明社申请公益性岗位，指导其利用空闲时间打短工，解决了经济困难。帮扶前李明社无钱看病、家庭无收入，通过韩亚维的帮扶，李明社能够自给自足，生活质量得到改善，家庭收入得到提高，重拾了生活的信心。韩亚维的帮扶工作顺利完成，已通过2020年国务院扶贫办抽验考核。

李国智

甘肃省环县羊产业联合会　姜　中　李　靖

李国智，男，汉族，1963 年出生，甘肃农业大学农学硕士，复旦大学工商管理硕士，历任甘肃农业大学讲师、兰州正大公司总经理特别助理、中英合资辽河 ABN 集团人力资源与行政总监、英国 ABN 集团中国区业务发展经理等职。2000 年，李国智响应西部大开发的号召，回到甘肃，组建兰州博亚饲料有限公司，并出任市场总经理，负责公司的市场运营与品牌建设。在将近两年的时间内，他将“谷雨”饲料品牌推广至甘肃、宁夏、青海、内蒙古和陕西等地，获得了广大用户的一致好评。

2018 年，李国智应邀到庆阳市助力当地肉羊产业发展。短短两年时间，在环县山城乡八里铺村这片贫瘠的土地上，他硬是把一块荒塬变成了一个年可饲养 2 万只种羊、10 万只育肥羊，在国内外处于领先地位的现代化肉羊制种企业——甘肃庆环肉羊制种有限公司。

1. 致力引进技术，推广示范应用

为了肉羊产业的高质量发展，李国智到世界各地去了解、学习先进技术。他与澳大利亚 Apaim 公司合作，请来了澳大利亚前胚胎移植协会主席戴维德先生担任公司的技术总监，从羊的腹腔镜人工授精、胚胎移植、精准早期孕检和核心群优质种羊的挑选到新品种的培育等方面，引进了全世界最领先的技术。他从英国请来了羔羊护理方面的专家凯瑞林博士和卓玛女士，对公司所有的技术人员进行了系统的养羊技术培训，推广了“一只配一万、一天配一千，一扫一二三、一变三十六”的现代化养殖技术，使养殖人员开阔了眼界、学到了技术。

2019 年，李国智和外国专家一起在庆阳市西峰区、环县等地举办了肉羊养殖技术培训班 15 场次，累计培训养殖户和贫困户 1 000 多人次。截至 2020 年，养殖场已接待全国各地前来参观学习的人数超过 2 万人次。因为考虑到养殖场的卫生防疫等方面问题，很多专家建议种羊场不能让人直接进里面参观，而且参观人员要配防护服、口罩和鞋套等，仅这笔费用公司年支出就达 10 多万元。可是他却说：“我们不但要发展自己的企业，而且还肩负着肉羊产业的带动发展。要让养殖户自己到现场，实地感受学习现代化养羊技术。有了先进理念和好的想法，对于羊产业的发展是大有裨益的。”

2. 心系整个产业，实现更高效益

很多人都会说，办企业就是为了自己挣钱，很少有人想着做公益、为他人着想。李国智的理念却是不仅要自己发展，而且更要带动整个产业发展。要通过自己不懈的努力，使环县肉羊产业高质量发展。要时刻想着怎么样能够帮助养殖户和合作社取得经济效益，实现共赢局面。看到很多群众用湖羊纯繁来生产羊肉，李国智心里很着急：“杂交利用的是上天赐给我们畜牧生产者最好的礼物，我们要合理地利用好这项技术。”为此，他在羊场开展了湖羊与国外几个优质肉羊品种（南丘羊、白萨福克羊、无角陶赛特羊和杜泊羊）之间的杂交试验，目的是探索出高效经济的肉羊杂交品种，生产出生长快、产肉多、赚钱多的肥羔，使养殖户和合作社的养羊效益更高。

3. 不辞辛苦建羊场，争分夺秒保质量

以质量立足、以科技取胜是李国智始终秉持的理念。2020 年 4 月，在环县政府的建议下，他利用高铁建设的一处废弃场地，规划建设年存栏 2 万只基础母羊的现代化羊场。李国智通过与国外专家网络视频研讨建设方案，进行合理设计规划，与施工方、设备制造方一起讨论设施设备的生产和安装。白天不够用就晚上加班，经常与施工方交流到晚上 12 点。第二天又早早起床，草草吃点早餐，就到施工现场去查看工程进度，解决施工过程中的各类难题。功夫不负有心人，短短两个月，在他辛勤的组织管理下，建成了年存栏 2 万只基础母羊的现代化羊场，实现了养殖效益的增长。

4. 挂念困难群众，彰显学者仁心

自甘肃庆环肉羊制种有限公司成立之日起，李国智便时刻心系困难群众。在贫困户带动方面，不论是安排就业、传授技术，还是入股分红，他一直非常重视。在用工的时候，羊场里招收饲养员也是贫困户优先，并给出了全市同行业饲养员最高的工资。同事说："公司刚成立，花钱的地方多，在贫困户带动方面能不能少花点精力。"可他说："我带领大家来这里，就是为了给老区脱贫攻坚事业出一份力、尽一份心，带动困难群众致富是我们作为有良心的企业义不容辞的责任。他们可能要等着用这些钱去给孩子交学费、去给父母治病，去维持一家人的生计。"到了给贫困户分红的时候，李国智会第一时间把分红资金打到每一位贫困户的"一折统"账号上，并叮嘱财务人员要仔细核对账户，别把钱打错了。截至 2020 年 7 月底，公司共带动贫困户 600 多户，累计给贫困户发放分红 200 多万元。

李国智每天在羊场同技术人员同吃同住同生活，即使工作到晚上 12 点，早上 6 点钟还是准时能在羊圈看到他的身影。他经常说："农户在种植玉米的时候知道每年都更换优质的商品化种子，而在养羊中却买不到优秀的种羊，所以我的愿望是我们的公司要生产出长得快、产肉多、肉质好的种羊，让这些优秀的肉羊基因遍布到环县的每一个合作社和农户家里去，让他们的羊长得更快，产更多的肉，挣更多的钱，早日摘掉贫困户的帽子，过上健康幸福的小康生活。"有位群众说："环县养羊的人都知道，这里有个养羊的老头技术好，还会说外国话。他和老百姓最亲了，没有一点架子。老百姓问他养羊方面的技术，他都会耐心细致的解答。"李国智经常来回奔波于几地，足迹踏遍整个环县，为养羊人传道授业解惑。虽然他快 60 岁了，但依然保持着旺盛的工作状态、学者的风范气质、低调务实的作风，一心一意扎根基层，千方百计推动环县羊产业的高质量发展。

郎建军

甘肃省岷县中药材技术推广站

郎建军，男，汉族，生于1987年2月，甘肃岷县人，2012年6月毕业于甘肃农业大学中草药栽培与鉴定专业，中共党员，高级农艺师。现任岷县中药材技术推广站站长，兼任甘肃省中药材产业体系岗位专家岷县试验站站长、岷县中药材产业协会会长。

2012年7月至2013年5月，受聘于甘肃劲康药业有限公司（现甘肃九州天润中药产业有限公司），任公司质量管理员，主要负责试验室检测、田间记录、栽培、病虫害防治等工作。其间，参与公司当归良好农业规范认证申报，顺利通过国家食品药品监督管理总局认证。

2013年1月至2016年8月，在岷县申都乡政府工作。其间，在乡党委、乡政府的支持下完成了申都乡中药材种植情况调研，并撰写了调研报告。2014年12月借调到岷县中药材产业发展局工作期间，于2015年6月参与完成岷县当归国家级出口食品农产品（当归）质量安全示范区认定工作，使岷县当归成为西北第一个通过认定的示范区；以科技特派员身份派遣到岷县归芪堂药业有限公司，担任质量负责人，负责申报药品生产许可证和良好生产规范认证，在各级部门和公司的不懈努力下先后完成。

2016年8月至今，在岷县中药材技术推广站工作。近年来，承担实施了甘肃省级中药材项目“当归种子种苗提纯复壮繁育和中药材病害防治试验”、国家重点研发计划项目“特色经济作物化肥农药双减增效项目子课题当归化肥农药双减增效项目”的试验示范工作，会同省、市、县专家编制《岷县禁限用农药专项整治行动实施方案》《岷县中药材种植科学施肥指导意见》《岷县中药材病虫害绿色防控技术方案》《岷县开展耕地质量保护与提升行动实施方案》等文件，以及当归、黄芪、党参的标准化绿色种植技术要点，并以岷县县委、县政府文件下发。先后在闾井镇、茶埠镇、梅川镇、麻子川镇、禾驮镇等乡镇开展试验示范100多亩，开展技术培训推广4 530多人次。建立了岷县当归6个品系繁育试验基地10亩，岷归1号、岷归2号提纯复壮繁育基地20亩，当归新品种试验示范基地5亩和新型生物农药、菌剂等农药筛选试验60亩，有机肥筛选试验及配方肥＋有机肥试验38亩，党参、黄芪新品种引进试验示范12亩。指导企业合作社以“企业（合作社）＋基地＋农户＋技术”的模式建设标准化绿色种植67个基地44 300多亩。2019—2020年负责实施“岷县当归地理标志农产品保护工程项目”，通过建设标准化基地展示技术、参加农交会、国道旁树立宣传牌、制作宣传片、制定授权标识等方式，进一步宣传和提升岷县当归品牌知名度，打造千万亿级岷县当归产业。

在各级领导的关心和支持下，郎建军作为主要技术负责人，参与“岷县当归”全国知名品牌创建区建设和国家农产品地理标志登记保护工作。2017年9月，“岷县当归”获甘肃省农业博览会“甘肃十大农业区域公用品牌”；2018年1月，“岷县当归”获国家质量监督检验检疫总局“生态原产地保护产品”；2019年1月，“岷县当归”获农业农村部等九部门认定的“中国特色农产品优势区（第二批）”；2021年1月，“岷县当归”荣获“2020全国绿色农业十大最具影响力地标品牌”

称号。

工作期间，在领导、老师、朋友的支持和关心下，郎建军取得了不少科研成果。2020 年 7 月，“甘肃大宗中药材标准化生产技术研究与栽培模式创新”获甘肃省农牧渔业丰收奖一等奖；2020 年 1 月，“一种党参专用肥及其制备方法和其应用”获甘肃省人民政府颁发的专利二等奖；2019 年 1 月，“一种长效缓释当归专用肥及其制备方法和其应用”获甘肃省人民政府颁发的专利三等奖。2014—2018 年，郎建军连续 5 年获得“全县农牧业先进个人”；2017 年，获得岷县人民政府颁发的“全县优秀科技创新个人”；2019 年 7 月，获得“2018 年度全市农业农村工作先进个人”；2021 年 1 月，荣获“2020 全国地标农产品优秀推广人”。

姜 中

甘肃省环县羊羔肉产业发展集团有限公司 姬鸿图 李武有

姜中，男，出生于1965年，内蒙古赤峰市人，1985年毕业于昭乌达蒙古族师范专科学校化学专业。历任内蒙古草原兴发股份有限公司董事会秘书、甘肃天玛生物科技股份有限公司副总裁、甘肃环县中盛羊业发展有限公司副总经理兼营销总监等职。2019年11月，任环县羊羔肉产业发展集团有限公司副总经理兼环县陇羊实业有限公司总经理。2020年4月，任环县羊产业联合会理事长。

1. 推动环县羊羔肉从高原走向全国

2016年，受环县人民政府的邀请，姜中在环县成立相关企业，综合开发环县羊产业。2017年，担任环县中盛羊业发展有限公司营销总监。他根据当时市场实际，确定产品生产形式、产品规格与生产标准。经过考察，选择具有国际设计先进水平的北京尚凡设计团队对产品包装进行整体设计，产品一经投放市场，引起了全国广大经销商的高度关注，行销北京、上海、南京、厦门、济南、深圳、西安等城市。2018年7月，首次出口香港，当年实现销售收入1.45亿元，出口额1 150万元；环县羊羔肉首次参加中国牛羊肉大会，获得“行业新锐奖”。

2018年5月，甘肃省省长唐仁健考察环县中盛，姜中汇报了环县羊羔肉市场开发进展情况。唐仁健省长对中盛产品拿到出口香港订单表示高度赞赏，他说：“产品出口香港，是甘肃农产品一张亮丽的名片。”

2. 加强环县羊产业文化建设

环县羊羔肉产业发展集团有限公司是一家专注于羊产业设计、规模养殖、产品策划、营销推广的大型国有企业，已建设1 000只至10 000只标准化养殖场124个，真正在中国羊产业发展史上实现了“统一培育品种、统一组织防疫、统一管理饲草、统一生产标准、统一收购加工、统一集中出售”，为实现环县羊羔肉标准化生产提供了物质基础。

要把环县羊产业做强做大，就要把环县羊产业资源集中整合起来，集中力量打歼灭战。2020年4月，环县羊羔肉产业发展集团有限公司董事长姬鸿图、环县中盛羊业发展有限公司董事长陈延锋、环县庆环制种有限公司总经理李国智、环县羊羔肉产业发展集团有限公司副总经理姜中作为发起人，成立了环县羊产业联合会。在环县羊产业联合会第一届理事会上，姜中当选为理事长，姬鸿图等11人当选为副理事长。

环县羊产业联合会利用自身行业优势，充分发挥桥梁与纽带作用，积极组织全国优质客户与环县羊产业相关企业进行对接，降低企业运营成本，提高行业内知名度。2020年4月，环县羊产业联合会与陕西省清真食品商会在西安举行项目对接会，签订战略合作仪式，两地龙头企业签订了长年供货合同，环县羊羔肉正式进军西安清真市场。

3. 两手抓，两手都要硬

环县羊产业联合会在做好产业发展的同时，更注重环县羊产业文化建设。成立《金羊通讯》编辑部，编辑出版发行《金羊通讯》期刊，截至2020年年底已发行14期。协助环县县委宣传部，参与策划环县羊文化展示馆，对各企业展厅进行统一布局、整体规划，共组织全县羊产业骨干企业13家入驻，为广大企业提供了更为广阔的展示平台。

环县羊产业发展路径是“不断延伸全产业链，均衡提升全价值链，无缝对接全循环链”。2020年10月，在环县羊产业联合会的指导下，环县羊羔肉产业发展集团有限公司专为2021年春节订制了“山城宝”系列产品礼盒，产品投放后，在中国羊肉传统消费地区——京津冀市场产生强烈反响，甘肃籍、庆阳籍企业家把“山城宝”作为春节礼品赠送给客户，收到良好的客情联谊效果，坚定了环县羊羔肉产业发展集团有限公司延伸产业链的信心。

4. 系统总结环县羊产业发展理念

经过近10年的发展，环县羊产业在生产实践中不断总结，不断前进，形成了一整套符合环县生产实际的环县羊产业发展理念。作为环县羊产业发展的代言人，姜中对此做了系统的总结和阐述：

环县羊产业发展决心：众口一词念羊经，一心一意兴羊业，千家万户发羊财。

环县羊产业发展方针：好地好肥种好草，好草好方配好料，好产好种育好羊，好羊好厂出好品，好品好评卖好价。

环县羊产业发展战略：行业规模化，产品标准化，品质差异化，产业品牌化。

环县羊产业发展措施：不断延伸全产业链，均衡提升全价值链，无缝对接全循环链。

环县羊产业发展路径：高发起点设计，高标准生产，高质量营销，高效益运营。

环县羊产业发展思想：有所学习，学习是出发点；有所创新，创新是着力点；有所突破，突破是落脚点；有所超越，超越是立足点。

环县羊产业发展办法：统一培育品种，统一组织防疫，统一管理饲草，统一生产标准，统一收购加工，统一集中出售。

环县羊产业发展形象：黄土地，天然草，童子羊。

环县羊产业作为环县主导产业，在脱贫攻坚与精准扶贫中发挥了至关重要的作用。环县羊羔肉质细嫩、膻味极轻，给全国消费者留下了深刻印象。2019年“环县羊羔肉”被中国农业博鳌论坛评为上榜品牌，2020年被评为中国农业博鳌论坛指定产品；2019—2020年“环县羊羔肉”两度被中国绿色农业联盟、《中国绿色农业发展报告》编委会推选为“全国绿色农业十佳畜牧地标品牌”。

徐武宏

甘肃省静宁县文体广电和旅游局　王小龙

2009 年，面对静宁县蓬勃兴旺的果业发展趋势，时任县领导的张自杰、徐永宏等不约而同地提出了相同的看法，“是该到给静宁苹果起一个响亮名字的时候了”，即申报注册“静宁苹果”地理标志证明商标。

徐永宏找来县工商局商广科科长徐武宏说：“老同学，电脑我给你配最好的，钱我拉下脸给你四处化缘，注册商标的事你得给咱抓紧做。这不是你我两个人的私事，而是全县人民期盼已久的大事！”

自 1960 年静宁县火柴厂注册“鹿”牌商标以来，几十年间静宁商标注册量逐年上升，但地标商标一直处于空白。生性执着的徐武宏揽下了这份额外的差事，不干则已，要干就要干出个名堂。

查法规、找资料、问部门，去平凉、跑兰州、上北京，徐武宏像一个拧紧发条的闹钟，不知疲倦地奔波着。有过和甘肃省工商局处长争论学术观点、争辩申报材料的尴尬，有过长达两个月住在北京月坛宾馆的清苦，有过数年 30 多次坐火车、飞机的疲惫，有过面见原国家工商行政管理总局局长刘敏学时的激动，有过被原农业部路明副部长指点迷津而茅塞顿开的轻松释然……

从 2009 年至 2012 年，在雄辩有据 20 多万字佐证论述材料的基础上，经过 11 位国家部委专家的严格评审，“静宁苹果”于 2011 年成功注册为地理标志证明商标，2012 年被认定为中国驰名商标，从而实现了全县地标商标零的突破。

一花引来百花开。在“静宁苹果”这块金字招牌的影响下，从胸怀全局的甘肃省委书记林铎到驰骋赛场的中国女排队员王媛媛，从能言善辩的独立经济学家马光远到走遍神州的著名品牌策划人贾枭，不论籍贯莫问经历，都成了静宁苹果的代言人和策划者。2020 年，“静宁苹果”品牌价值 158.95 亿元，仅次于山东烟台苹果，稳居全国苹果品牌第二位。

宝剑锋从磨砺出。十余年间，徐武宏就像辛勤的筑路工，倾心聚力，一锹一镐地书写着静宁苹果品牌的成长轨迹。从拟定《中国地理标志产品品牌评估体系》《中欧地理标志保护技术规范》到入编 2018、2019《中国绿色农业发展报告》《中国工商行政管理年鉴》，从《中国果菜》杂志系列专题、静宁苹果宣传推介全国行到国际商标节、中央电视台、中央人民广播电台的宣传报道，从《走进甘肃地理标志产品》宣传册到《静宁苹果品牌保护使用管理手册》，十几年来，徐武宏共编著、撰写静宁苹果文本资料 30 余册（本）、近 200 万字，在国家级书刊刊发品牌宣传文章 19 篇，其中《独特品质赢得广泛市场，地标品牌引领县域发展》等 5 篇获优秀作者奖，《中国地理标志产品“静宁苹果”品牌价值评价材料编辑目录》（2015 年版）被国家质量监督检验检疫总局作为范本下发各省参照执行。2021 年 1 月，被中国绿色农业联盟、《中国绿色农业发展报告》编委会推选为“2020 全国地标农产品优秀推广人”。

姬鸿图

甘肃省环县羊羔肉产业发展集团有限公司　彭玉琛　秦泽民

姬鸿图，男，汉族，1978年12月生人，大学本科学历，高级会计师。1996年6月参加工作，历任环县财政局股长、县财政局会计核算中心主任、县财政局副局长；2018年，任环县审计局副局长兼扶贫办副主任；2019年7月至今，担任环县羊羔肉产业发展集团有限公司董事长。

近年来，姬鸿图通过技术创新、培训管理、完善服务等形式，努力结合实际情况，在环县县委、县政府的正确引导下，立足环县的天然草场优势，整合各种资源，探索出一条"党支部＋协会＋合作社＋养殖户"的产业化经营之路，有效推动了环县羊产业的发展，全力构建"三羊开泰"的羊产业发展布局。

1. 敢为天下先，率众谱新篇

2019年，姬鸿图负责在全县建办的124个湖羊养殖标准化扶贫示范专业合作社全部正常运营，羊只存栏140 055只，其中种母羊66 827只、公羊及育成羊73 228只，截至2020年年底羊只存栏达到16万只、种母羊达到8万只。示范社的产羔率和成活率分别达到194.5%和93.2%，远超自养户和一般合作社，实现了真正意义上的标准化运营示范带动作用。该项目带动贫困村204个，其中深度贫困村124个、一般贫困村80个，每村入股50万元，每年分红5万元；带动贫困户6 211户，每户入股1万元，每年分红1 000元；现有从业大学生场长及技术员283名，安排贫困家庭大学生60名、群众饲养员257名（其中贫困户65名）。2020年已出栏羊只20 753只，实现总销售收入3 385万元。其中，向群众投放种公羊5 200只，实现销售收入1 560万元；累计屠宰8 553只，实现销售收入1 195万元；对外销售7 000只，实现销售收入630万元。

2020年，姬鸿图领导完成了3 252户贫困户配股任务，确保10%分红；协调完成158个村集体24 800万元村集体资金入股到肉羊产业龙头企业，并确保10%分红，发展壮大村集体收入。

为延伸产业链条，补齐环县肉羊产业发展无专业育肥技术的短板，姬鸿图领导建立科学先进的肉羊繁育和育肥体系，建设标准化、规模化、现代化的繁育育肥场所。2020年，他负责筹建了车道镇村双庙年出栏60万只育肥场、山城乡八里铺村年出栏10万只育肥场、木钵镇殷家桥村6万只肉羊繁育场等3个重点项目，目前已全部投入运营。

2. 提升产业链，打开畅销路

姬鸿图积极帮助县内养殖企业做好布病防控工作，为124个养殖示范合作社编印科普类宣传册《环县集约化肉羊养殖标准》，为广大养殖户做了表率和带头作用。为了打开市场，并向市场提供高端羊肉，姬鸿图说："养殖标准化是羊产业发展的前提条件。在实施标准养殖的企业、合作社、养殖户中，我们应该降低料肉比，提高综合效益。优质优价收购活羊，这样才能为环县羊羔肉成为高端品牌打好基础。"他提出要为广大养殖户养好羊提供环县标准，降低准入门槛，实行"傻瓜式养羊"。

姬鸿图全心全意为合作社谋划未来，把合作社带到科学养殖、自强不息的致富之路上来。正如姬鸿图自己所言："'授人以鱼不如授人以渔'。学会专门的养殖技术，才能从根本上拔掉穷根子，走上致富路。"

2020 年，姬鸿图在环县羊产业联合会的配合下引进了中国农业科学院、甘肃农业大学、宁夏大学、西北农林科技大学、甘肃省农业科学院等科研院校的全国羊产业知名专家学者，组成专家咨询委员会，编写了环县羊产业发展十年规划、五年规划，成立了研发团队，对环县羊肉产品进行升级换代。目前，环县羊肉主要是冻品向全国经销商出售，附加值低，难以形成强势品牌。在环县羊产业联合会的帮助下引进专家，研发冷冻熟食产品供应家庭消费，研发调理产品供应专业酒店，研发即食性产品供应新生代消费者，引领环县羊产业向更深层次发展。

"环县羊羔肉"是国家地理标志品牌、知名商标，姬鸿图注重加强品牌建设，引进全国农业品牌策划团队，利用一切可用的资源，努力把"环县羊羔肉"建设成中国肉类一流品牌，让"环县羊羔肉"走出环县、走出中国、走向世界，让环县羊产业链上的每一个环节都能实现合理利润，千家万户发羊财。

鲍彦鹏

甘肃省静宁县委报道组　李娟淑

苹果产业已成为静宁县富民强县、发展县域经济的主导产业。2020年，“静宁苹果”品牌价值达到158.95亿元，稳居全国苹果品牌第二位。“静宁苹果”能在全国苹果市场异军突起，除了全县48万名为之夙夜奋斗的干部群众外，还离不开一个人长期的倾情奉献和专注努力。他，就是静宁果业功臣之一——静宁县市场监督管理局局长、静宁县苹果产销协会会长鲍彦鹏。

翻开“静宁苹果”的发展历程，鲍彦鹏如数家珍。每一个日期、每一处地点、每一项荣誉，他都铭记在心。自2010年担任静宁县工商局（现为静宁县市场监管局）局长以来，鲍彦鹏的人生就只为“品牌”而战，缔造静宁苹果的品牌神话，为“静宁苹果”品牌的无上荣誉奋斗。

从2011年“静宁苹果”注册为地理标志证明商标，到2012年被认定为中国驰名商标，到2015年被评为“首届消费者喜爱的100件甘肃商标品牌”，到2016年被评为“中国果品区域公用品牌价值十强”，到2017年被评为“中国果品区域公用品牌价值英雄”，到2018年荣获“中国最受欢迎的果品领域公用品牌10强”，到2019年被评为“全国绿色农业十大最具影响力地标品牌”……在塑造“静宁苹果”品牌和打假维权的路上，他走过几十个大大小小的城市，与成百位果业专家或果业界官员交流过，处理过与“静宁苹果”相关的打假案件39起，走过约15万千米的行程。他先后组织参加了全国60多次静宁苹果产品博览会、推介会和经验交流会，为“静宁苹果”争取到“全国最具影响力地标品牌”等15项国家级大奖和“中国驰名商标”等8张国家级名片。

作为静宁县市场监管局局长的他，在静宁苹果品牌建设上勇当先锋，带领相关科室积极开展工作，在静宁苹果地标认证、品牌申报、品牌宣传推介上狠下功夫。同时，成立静宁县苹果产销协会，推动建成全县果品包装、加工、贮藏、营销等各类龙头企业及合作社169家，发展静宁县产销协会会员企业辐射到全县20多个乡镇，有力地延伸了产业链条，推动了静宁苹果产业整体上规模、增效益。通过持续加强品牌建设，县内各企业依托“中国苹果之乡”地域品牌、地理标志保护产品认证及“静宁苹果”驰名商标，先后涌现出了“红六福”“陇原红”等16件甘肃省著名商标、11件平凉市知名商标，最大化保护了全县近30万果农的利益，让“静宁苹果”品牌的知名度越来越高，让“静宁苹果”成为产业扶贫的“头号功臣”，为全县3.1万户15.4万人实现稳定脱贫贡献巨大力量。

2019年3月，鲍彦鹏被中华商标协会授予2018年度“全国地标工作十大人物”荣誉称号，新华社、中央电视台等20余家媒体进行了专题采访报道。2021年1月，被中国绿色农业联盟、《中国绿色农业发展报告》编委会推选为“2020全国绿色农业发展带头人”。

九、品牌篇

涉县连翘

河北省涉县农业技术推广中心 贾和田 王海飞 王玉霞

涉县位于河北省西南部，属全山区县，森林覆盖率达到57%，被誉为“太行山最绿的地方”。诸多的山区生态小环境，适合中药材生长，所产药材色香味浓，品优质佳，享誉全国。连翘是涉县的道地药材，在涉县栽植和利用的历史较长，自明代就有记载。涉县自古就有黄花山、黄花岭、黄花脑等地名，在民间流传有采摘连翘治病的真实案例，也有采摘连翘叶做茶的传统。良好的自然资源和人文环境，造就涉县连翘产业的发展。

涉县连翘是太行山道地品种，是国家基本药物，是《中华人民共和国药典》(2015年版）规定的木犀科连翘属植物。连翘为灌木，高2～3米。茎丛生，枝条细长，开展或下垂，着地生根。小枝梢呈四棱形，节间中空，仅在节部具有实髓，表面浅棕色，皮孔明显。单叶对生，或偶有三出小叶，叶片卵形、宽卵形或椭圆状卵形，长2厘米，宽1.3厘米，无毛，先端锐尖或钝，基部圆形或宽楔形，边缘有不整齐的锯齿。花先叶开放，1至数朵，腋生。花萼基部合生成管状，上部4深裂；花冠黄色，直径约3厘米，裂片4，卵圆形，花冠管内有12条橘红色的条纹；雄蕊2个，着生于花冠基部；花柱细长，柱头2裂。蒴果狭卵形，稍扁，木质，外有散生的瘤点，2室，长约2厘米，成熟时2裂似鸟嘴样。种子多数，棕色，扁平，一侧有薄翅，歪斜。花期3—5月，果期7—8月。

连翘是适合山区生长的中药材品种，涉县规模达20万亩，其中人工栽植、抚育规模10.3万亩。涉县依托中药材企业，建设连翘规模化基地，建成省级示范园区3个，省级连翘现代园区1个。其中，石家庄以岭药业股份有限公司在涉县建立了全资子公司——涉县以岭燕赵中药材有限公司，在偏城镇流转山场10万亩，建设连翘野生抚育基地，用于制作连花清瘟胶囊的药源地。

近年来，涉县农业农村局大力扶持中药材产业发展，推广连翘生态种植，采用“四不”管理，即不用灌溉，节水率100%；不施化肥，有机肥使用率100%；不用化学防治病虫害，绿色防控率

100%；不用农膜，土壤绿色利用率100%，保持土壤有机质2.0%以上。涉县成为全国连翘三大产区之一，年产2 000～3 000吨，年产值1.68亿元，加上连翘初加工和茶艺制作的收入4 300万元，整个连翘产业的产值超过2.1亿元，达到全县种植业产值的22.3%，成为涉县的农业主导产业。全县308个行政村，182个村从事连翘种植，包括58个省级扶贫重点村，参与农户3.2万户，参与农民8.6万人，农户种植连翘平均亩产鲜青翘150千克，亩效益2 400元，亩均增收1 540元。

2016年，“涉县连翘”获得国家质量监督检验检疫总局地理标志产品保护。2017年，涉县以岭连翘现代园区获得“河北省十大道地中药材现代园区”。2018年，“涉县连翘”获得河北省十大道地药材。2019年，“涉县连翘”获得国家知识产权局的地理标志证明商标。2020年，“涉县连翘”获得“全国绿色农业十佳中药材地标品牌”荣誉称号。国家、省级品牌的创建，提高了涉县连翘在全国的知名度。涉县连翘的销售主渠道是石家庄以岭药业，年需求1 500吨以上，占到全县产量的50%；涉县还是邯郸摩罗丹药业、吉林敖东药业、黑龙江葵花药业的连翘供应基地。同时，涉县连翘通过中药材天地网这一网络平台，全年销售1 000多吨，成为全国最大的连翘网络销售平台，产品远销省内安国市和省外亳州、广州等地。

涉县连翘是石家庄以岭药业生产的连花清瘟胶囊的主要原料，该药被列为国家基本药物目录、中药保护品种。2011年，“中药连花清瘟治疗流行性感冒研究”获得国家科学技术进步奖二等奖。在2020年新冠肺炎疫情防控时期，连花清瘟胶囊（颗粒）被列入国家卫健委《新型冠状病毒肺炎诊疗方案（试行第六版）》。2020年4月，国家药监局下发的《药品补充申请批件》显示，石家庄以岭药业生产的连花清瘟胶囊“在新型冠状病毒肺炎的常规治疗中，可用于轻型、普通型引起的发热、咳嗽、乏力”。在新型冠状病毒肺炎防治上的巨大作用，使连花清瘟胶囊成为国际药物，已在巴西、印度尼西亚、加拿大、莫桑比克、罗马尼亚、泰国获得上市许可，也使得“涉县连翘”的市场前景更加广阔。

（地理标志保护产品　批准文号：2016年第128号）

（地理标志证明商标　商标注册号：26205934）

张北马铃薯

河北省张北坝上马铃薯产业协会　侯志臣

马铃薯是张北县一大特色作物。全县自上而下建立健全了县、乡、村、户四级脱毒马铃薯繁育推广体系，在马铃薯品种改良、种薯繁育方面已走在了全国前列，繁育的种薯抗病性强、品质好、种性优、产量高，马铃薯产业逐渐发展成为富民强县的特色支柱产业。1990 年，张北县被国家计委和农业部批准为全国脱毒马铃薯种薯生产基地；2002 年 3 月，河北省农业厅授予张北县“河北省马铃薯之乡”称号；2018 年 2 月，“张北马铃薯”取得农产品地理标志登记；2018 年 3 月，“张北马铃薯”获准注册为地理标志证明商标；2020 年 7 月，“张北马铃薯”入选第二批中欧地理标志协定保护名录。

张北县拥有十几家优秀种薯企业，在组培脱毒苗培养、微型薯规模化生产、原种和一级种薯生产等方面都具有一定规模，处于国内先进水平，深受国内收购商的喜爱。张北县有几百个马铃薯种植大户、马铃薯专业种植合作社、马铃薯种植公司，种植面积均在 1 000 亩以上，所生产的马铃薯商品性好、品质高，销往全国各地，得到国内消费者的认可。近年来，张北县从张家口市农业科学院及中国农业科学院、山西省农业科学院、内蒙古农牧业科学院等科研单位引进、示范、推广了新优品种 20 多个，重点发展芽眼浅、薯形好、表皮光滑、还原糖低、干物质高的优良品种，淘汰老品种和劣质品种，使全县马铃薯品种实现了更新换代，并达到了脱毒化、规模化生产。

张北县降水量少、蒸发量大，严重影响马铃薯产量。为此，张北县依托张家口市农业科学院、中国农业大学、河北农业大学和河北北方学院，经多年生产试验，研究出适合当地自然条件的高效节水栽培技术模式。此技术不但提高了全县马铃薯生产水平和产量，而且大大节省水资源，处于国内领先水平。

为适应国内外市场和客户的需求，张北县按照早、中、晚熟品种相配套，食用型和加工型品种相结合的薯种结构发展模式，来调整马铃薯品种结构。经过多年的推广，张北马铃薯品种基本实现了不同用途、不同肥水条件，早、中、晚熟品种相配套，种薯、商品薯和加工薯相结合的品种结构。全县有坝源薯业、燕北薯业、盛源薯业、大农种业、奇志种业等十几家种薯生产企业，原种和一级种生产面积 8 万亩，年产 20 万吨。

张北县拥有地窖 257 座（储存量高达 22 万吨）、恒温库（储存量达 12 万吨）、先进的气调库和气调制冷库（储存量达 23 万吨），为马铃薯的全年供应提供了有力的保障。在组培脱毒苗培养及温室微型薯生产方面，拥有自动化和智能化设备，为马铃薯种薯生产提供科学数据，使得种薯生产更加规范。在马铃薯田间生产方面，具有先进的机械设备和灌溉系统，基本实现了全机械化生产，为提高马铃薯生产效率提供了现实条件。在马铃薯加工方面，拥有十几家淀粉和全粉深加工企业，以及马铃薯主食产品的研发企业，为推动张北马铃薯产业发展做出了巨大的贡献。

经过10多年的发展，张北县已与粤、桂、川、苏、湘、黔、京、津、陕、晋等省份建立了广泛的种薯和商品薯供销关系，销售市场延伸至东南亚、俄罗斯、朝鲜等国际市场，形成了较为稳定的销售网络。每年可稳定提供一级以上种薯25万吨、商品薯100万吨，仅销往北京的鲜薯就达25万吨。同时，还利用"互联网+"模式新思维，充分利用马铃薯专业信息网站，利用电商平台京东、淘宝、一亩田等，建立微信公众号和网站，宣传、推广和销售本地产品。与全国各大商超如永辉、超市发、天元、银座、百盛等，建立了稳定的合作关系。与全国各大连锁饭店如中央厨房、海底捞、云水谣等，建立了长期的供应关系。

张北县已打造了集组培种薯繁育及商品薯生产、仓储、加工为一体的马铃薯全产业链条。2020年，全县马铃薯种植面积35万亩，生产效益处于行业内较高水平。其中，包括8万亩优质种薯生产基地，年产优质原种、一级种20万吨，平均2 600元/吨，产值5.2亿元；2 300亩微型薯生产基地，年产5亿粒，按市场平均价格0.4元/粒计算，产值2.0亿元；27万亩优质商品薯种植基地，基地良种利用率高达90%，商品薯商品化高达80%，平均产量2吨/亩，按常年平均1.4元/千克计算，产值5.6亿元。全县年产1.5万吨淀粉，按6 000元/吨计算，产值9 000万元；年产2万吨全粉，按9 000～11 000元/吨计算，产值1.8亿～2.2亿元；年产马铃薯净菜等初级加工品，产值约5 000万元；年产脱毒组培苗680万瓶，每瓶8元，产值5 440万元。2020年，张北县马铃薯产业总产值达15.56亿元。

（农产品地理标志　登记证书编号：AGI02246）
（地理标志证明商标　商标注册号：21653447）

隰县玉露香梨

山西省隰县果业局 段兰虎

隰县地处晋西吕梁山南麓，临汾市西北部，是国家级出口水果质量安全示范基地县、国家生态原产地产品保护示范县、玉露香梨中国特色农产品优势区、全国电子商务进农村示范县、国家数字乡村试点地区。2020 年，全县有果树面积 38 万亩，其中玉露香梨 23 万亩。隰县 80%的土地种植果树，80%的农民从事果业生产，80%的农业收入来源于果树，以玉露香梨为主的梨果产业已成为全县农民脱贫摘帽的主导产业。

1. 坚持融合发展，提升产业链供应链现代化水平

产业规模化奠定发展基础。实施果业标准化生产、老果园改造，通过高接换优、有机旱作、管理奖补等措施，全面提高果业产能，建成万亩以上玉露香梨规模化生产基地 4 个。组织县域 22 家知名企业和合作社成立供应链联盟，实行统一标准和统一标识，使农产品从生产端直达消费末端，减少流通额外成本，实现经营主体和消费者互利共赢。已建成省级及以上农业产业化龙头企业 6 家，县级托管公司 7 家，农民专业合作社 408 家。新型经营主体的不断发展壮大，提高了香梨产业的规模化经营水平，适度规模经营率由 2018 年的 80%提高到 2020 年的 85%。

仓储加工提升增值效益。在加工环节上，围绕主导产业形成集玉露香梨分选分级、包装，果汁、果醋、果干冷冻食品加工，果框、果袋、果箱配套服务加工，果枝粉碎、蚯蚓粪肥、菌棒、有机肥加工等多元化加工格局。引进山西好乐佳食品有限公司，实施果蔬冷冻和果汁精深加工项目，被评为全省标杆企业；培育玉露香梨智能分选加工企业 3 家，建成数字化自动分选分装生产线 3 条，农产品初加工转化率达到 93%，果品深加工能力达到 6 000 吨，主导产业农产品加工业产值与农业总产值比值达到了 3.4∶1。在仓储环节上，支持经营主体，奖补冷库建设，提高仓储能力，延伸产业增值。共建设恒温库 91 座，农产品冷库库容达到 6.34 万吨。在运输环节上，实行冷链物流，订单合作，与顺丰速运签订冷链物流服务协议，确保果品保鲜运输。2020 年，玉露香梨的冷

链流通率达 60.2%。

电商营销领军市场销售。建成电子商务一条街，整合资源要素，搭建创业平台，孵化电商人才。与浙江迅维集团合作，组建丽水电商学院隰县分院，加大电商人才培养力度，电商大军由 2018 年的千余人增加到 2020 年的 2 万多人，电商创业团队 1 140 个，京东、淘宝网店达到 138 家。建设农产品溯源体系，扫描二维码可追溯玉露香梨原产地，可链接原产地电商平台线上交易，每年印制二维码上亿枚，宣传效应和裂变效应使玉露香梨走上互联网、梨产业对接大市场。同时，建成城乡物流配送服务中心，实现快递 48 小时到村、一天达省、三天通全国，破解了农产品进城最初一公里和工业品下乡最后一公里物流瓶颈。2020 年通过京东、淘宝、抖音等 10 个平台，农产品网络销售额达到 1.25 亿元，比 2018 年增长 3 倍。

农旅融合带动产业提档。坚持每年举办梨花节、采摘节、梨王争霸赛、梨乡文化展等活动，持续提质增效，改善设施，美化环境。新建产业路、循环路、观光路 257 千米，新建梨园高灌灌溉提水工程 7.5 万亩，建成占地 500 亩梨博园，建设休闲农业与乡村旅游点 7 个，挖掘整合梨乡风韵、佛国净土、地质公园、红色老区等旅游资源，组合打造农旅融合旅游带 120 千米。2020 年，联手东方卫视“我们在行动”节目组，助推隰县玉露香梨宣传销售，玉露香梨品牌知名度明显提升。2020 年，休闲农业与乡村旅游营业收入达到 2.2 亿元。

2. 创新科技支撑机制，赋能产业高质量发展

创新科技研发机制。与山西农业大学深度合作，在隰县设立山西农业大学隰县玉露香梨产业发展研究院，围绕品种改良、良种繁育、栽植技术模式、新设施、新装备方面开展研究、试验、示范推广等。与国家梨产业技术体系、国家农业信息化工程技术研究中心、清华大学、中国农业大学、北京市农林科学院、河北农业大学等 6 家省级及以上科研院校建立合作关系，开展技术攻关，强化科技支撑。2019 年和 2020 年安排新品种新技术研发推广经费 400 万元，加快玉露香梨产业的创新发展与研究。

创新数字应用机制。创新驱动数字化转型，智能引领高质量发展，推动农业可视化表达、数字化设计、信息化管理，构建隰县现代农业发展新模式。建成“一心六核”智慧梨园项目：“一心”即 1 个数字化管理服务指挥中心，借助农业云平台，打造县域梨果产业中枢大脑，提升农业综合管理服务能力；“六核”即在 6 片梨果产业核心区建成 3 700 亩智慧梨园。建成水利自动化集成灌溉系统1 处，自动化灌溉面积 2.6 万亩。通过物联网监测，自动收集梨园生长信息；通过数据分析，指导果农科学生产和自动灌溉；通过灾情预警预报，指挥防灾减灾作业。开展了云直播、云定制、云认养服务，革新销售模式，开拓市场空间。

创新科技推广机制。组建了县、乡、村三级梨果技术推广服务体系，坚持每年开展实用技术培训和技术指导服务 1 万人次。引进省力栽培、绿色防控、天空地一体化监测、墒情虫情天情智能化传输等 18 项新技术。推广应用果园弥雾机、土壤改良和施基肥机械等山地农机设备，研发了果园开沟施肥机、果树施肥机、多用途锄草覆膜机等 3 个新装备，并获得国家实用新型专利。2020 年农作物综合机械化率达到 81%。探索推广节水控水、生物防治、防雹增雨等防灾减灾综合管理技术 6 项，创新研发“三位一体”（防风、防冻、防雹）技术集成。截至 2020 年，新建节水灌溉果园 7.01 万亩，累计达到 13.65 万亩。建成防雹增雨作业点 11 座、作业炮 18 台、果园防霜机 3 台，“三位一体”防灾试验推广 1 159 亩。

3. 推广绿色生产方式，打造优质高效安全区域公用品牌

重点在标准化生产、农业废弃物资源化利用、品牌创建三方面下功夫。

全面推行标准化生产。出台了《隰县玉露香优质生产技术规程》《隰县玉露香梨质量要求》《隰县玉露香梨三字台账技术要点》等省级标准规范和《关于有机旱作农业发展指导意见》《隰县农药、化肥使用量零增长行动实施方案》等政策措施。通过示范点建设带动标准化生产，建成 50 座标准化管理示范园，辐射带动全县果业高质量发展。通过“两品一标”认证推动标准化生产，隰县梨获得国家农产品地理标志登记保护；“两品一标”农产品认证数量达到21个，“两品一标”农产品产量10.66万吨，占比达到48.3%。开展化肥和农药零增长行动，严格控制化肥和农药使用量，农药化肥使用强度为4.5千克/亩，农药化肥利用率40%。标准化生产技术普及应用，正向绿色有机方向强力挺进。

全面开展农业废弃物资源化利用。引进扶持隰县正浩农业科技有限公司、山西绿图生物科技有限公司和隰县泉林生态农业发展有限公司，开展废弃枝条粉碎还田、有机肥及蚯蚓粪肥加工，强化农业废弃物资源化利用，鼓励发展种养加循环农业。2020年畜禽粪污资源化利用率达到81%，秸秆综合利用率达到92.7%，农业废弃物综合利用率达到85.7%。

全面创建区域公用品牌。实施《隰县玉露香梨区域公用品牌发展战略规划》，与浙江农本品牌管理咨询有限公司开展品牌战略合作，创建“隰县玉露香梨”区域公用品牌，取得国家知识产权局“隰县玉露香梨”地理标志证明商标注册，农产品质量安全抽检合格率99%，品牌价值达到87.43亿元。开展了“县长带货、飞机带梨、明星代播”等系列营销活动，扩大品牌影响力。2020年联合临汾尧都机场开展隰县玉露香梨伴您飞行·航旅直销品鉴活动，推动玉露香梨通过“新空间”走向全国各地。

2019年，“隰县玉露香梨”成功进驻“人民优品”优质农产品，入选第17届中国国际农产品交易会发布的中国农业品牌目录；“隰县梨”入选农业农村部地理标志农产品保护工程。2020年，“隰县玉露香梨”荣登山西省级农产品区域公用品牌，荣获第22届中国中部（湖南）农业博览会中国中部知名农产品品牌。2021年1月，“隰县玉露香梨”荣获“2020全国绿色农业十佳果品地标品牌”称号。

（农产品地理标志　隰县梨　登记证书编号：AGI01062）

（地理标志保护产品　隰县玉露香梨　批准文号：2017年第90号）

（地理标志证明商标　隰县玉露香梨　商标注册号：20824877）

呼伦贝尔草原羊肉

内蒙古呼伦贝尔农牧业投资发展有限责任公司　李　强

呼伦贝尔市总面积25.3万千米^2，地域辽阔，旅游资源极其丰富。呼伦贝尔高原、大兴安岭、松嫩平原三大板块共同汇聚了丰富而独特的原生态自然资源；13万千米^{2}森林、8万千米^{2}草原、3万千米^{2}湿地、500多个湖泊、3 000多条河流，构成了目前中国规模最大、最为完整的生态系统，也成就了世界四大草原之一的呼伦贝尔大草原。

1. 中国的好羊肉

呼伦贝尔独特的自然环境、气候和游牧历史，造就了草原羊肉卓越的品质。在呼伦贝尔大草原上游牧，每天行走十几千米，采食草原优质牧草，因此呼伦贝尔草原羊肉肉质鲜美、无膻味，高蛋白、低脂肪，瘦肉率高，肌间脂肪分布均匀，富含人体所需氨基酸和脂肪酸，其干物质的含量最高可达51.97%，比一般羊肉高4.59个百分点。

2. 大美草原孕育

呼伦贝尔大草原是目前世界上保存最好的天然草原之一，拥有丰富的草种资源，有碱草、针茅、苜蓿、冰草等120多种营养丰富的牧草，更有上百种天然中草药，被誉为“牧草王国”。为了保证呼伦贝尔大草原的生态平衡，呼伦贝尔草原羊的养殖以草原生态为底线，以草定畜，平均1公顷草场养一只羊。

3. 稀有血统延续

远在旧石器时代蒙古高原一带便有游牧民族聚居，绵羊是饲养的主要畜种之一。蒙古羊这一比较原始的具有综合生产性能的绵羊品种，就是在蒙古高原这种历史条件和当地宜牧草原高寒、多风等生态条件下，以及北方各族人民以牧为生的特定社会经济条件下，经过长期自然选择和人工选育形成。呼伦贝尔草原羊继承了蒙古羊的古老血统，一年只生一胎，一胎多产一羔，由于产量有限而更显珍贵。

4. 传统游牧放养

呼伦贝尔以其丰饶的自然资源孕育了中国北方诸多的游牧民族，是“中国北方游牧民族成长的历史摇篮”、中国草原文明的发祥地之一。东汉初年，生活在大兴安岭深山密林中以狩猎为生的拓

跋鲜卑人南迁至呼伦贝尔大草原，呼伦贝尔丰美的水草促使生产方式的转变，逐水草而居的游牧业不断壮大。如今，在呼伦贝尔草原上，仍延续着传统的游牧方式，呼伦贝尔羊依然在大草原上游牧，传承着传统的游牧文明。

5. 清水煮出奶香

呼伦贝尔草原羊肉品质极佳。据内蒙古农牧业渔业生物实验研究中心检验，呼伦贝尔草原羊肉中所含脂肪酸的不饱和程度较低，脂肪品质很好；肌肉的脂肪酸含量较高，主要由豆蔻酸、软脂酸、硬脂酸、油酸和亚麻酸组成；各种氨基酸含量较高，特别是相对于其他品种的羊肉，其天门冬氨酸和谷氨酸的含量较高，使呼伦贝尔草原羊肉鲜美可口，口感极佳，清水可煮出幽幽奶香。

6. 健全的追溯体系

在呼伦贝尔草原羊肉区域公用品牌创建的同时，还为呼伦贝尔草原羊肉建立健全溯源监管体系，确保从草场到餐桌的全过程可追溯，实现“来源可查、去向可追、责任可究”，为产品的质量提供有力支撑。消费者可通过微信、支付宝等扫描终端产品的溯源信息二维码验证真伪，在呼伦贝尔草原羊肉的自媒体、电商品牌店、品牌官网等平台亦可查询产品信息，充分保障消费者对羊肉品质和质量安全的知情权。

7. 规范化的生产加工

依托呼伦贝尔草原羊肉技术支撑体系，引进牧区适用的现代化管理方法及加工设备，在入厂检验、屠宰加工、羊肉排酸、分割冷冻、贮藏保鲜等方面，通过质量安全追溯系统和日常抽检，对羊肉生产进行全过程监管，并对进入市场流通的羊肉产品实行不定期抽查检验，严防假冒伪劣。在羊肉生产加工方面执行严格的分级分割标准，满足多元化烹饪需求；先进的冷链物流技术，锁住新鲜羊肉的营养和口感。

8. 种类丰富的优质产品

依托国内先进的生产流水线和精细化分割加工技术，满足呼伦贝尔草原羊肉的高端品质和市场需求，开发出了种类丰富的优质草原羊肉产品，主要产品有草原羔羊肉卷、七骨羊背、八骨法排、十二骨法排、方切羊肩、带骨羊腿、羊排卷、羊肩卷、羊肉板、无骨羊腿、羊腿腱等，副产品有心、肝、肚、肺、头、蹄、各类羊油、骨类产品等。羊肉分割产品可根据用户的需要进行生产。

9. 高端消费市场的宠儿

目前，国内消费已经从实现量的满足转向追求质的提升，农产品市场也进入消费升级阶段，消费者对吃的要求从“吃得饱”向“吃得好”“吃得安全”“吃得健康营养”转变。一方面，由于经济水平的提升，人民的肉食消费结构发生变化，以高蛋白、低脂肪为特点的羊肉等畜产品的消费呈快速增长态势；另一方面，对农畜产品高品质、多样性的需求日益旺盛，对农畜产品产地的要求日益严苛，产自特定区域的高端畜产品因营养价值和口感上的突出优势，是受北京、上海、广州等高端消费市场青睐的绝佳产品。2020 年，呼伦贝尔草原羊肉荣获“全国绿色农业十大最具影响力地标品牌”称号。

（地理标志证明商标　商标注册号：38288453）

呼伦贝尔黑木耳

内蒙古呼伦贝尔农牧业投资发展有限责任公司　李　强

呼伦贝尔市境内大兴安岭林地总面积 1 353 万公顷，其中柞、桦混交林 180 万公顷，柞木和桦木资源分布面广，有着开发和生产绿色食用菌得天独厚的资源优势。呼伦贝尔黑木耳是具有悠久历史的地方特色产品，大致分为五种，分别为黑木耳、银耳、金耳、金顶侧耳及毛木耳。因呼伦贝尔地域辽阔，山清水秀，空气清洁，广泛分布着生产木耳的柞木资源。柞木含有丰富的纤维素，为呼伦贝尔黑木耳的生长发育提供了良好的营养来源，造就了呼伦贝尔黑木耳不可比拟的品质和口感，其含有丰富的蛋白质和多种维生素、矿物质及微量元素，是天然的补钙、补铁食品。不仅营养丰富，药用价值也极高，能提高人体免疫力，且具有保健功能和美容功效，为高级营养补品。黑木耳是呼伦贝尔市历史悠久的特色产品，成为呼伦贝尔特有山珍中的一个代表品种，名气享誉东北，被誉为“素中之荤”，在国内外市场享有盛誉。

1. 植物学特征

黑木耳又名木耳、耳子、黑菜，木耳科木耳属。子实体胶质，浅圆盘形耳形或不规则形，直径 2～12 厘米，新鲜时初软，干后收缩。子实层生于里面，光滑或有纹，红褐色或棕褐色。外面有短绒毛，青褐色。孢子无色，光滑，常弯曲，腊肠形。黑木耳性喜温，耐湿，好气。平均气温在 16～32℃、空气相对湿度在 90%左右的夏季才能正常生长，最适宜温度为 20～25℃。夏、秋雨季生于柞、桦、榆、槐、杨等阔叶林枯木及伐桩上，密集成长。乡村庭院中的柞、桦等阔叶树腐木上也有生长。6—8 月当子实体长到最大时，及时采摘，晾干或烘干、压缩。黑木耳的质量，以春耳为最佳，于小暑前后采收，表面青褐色或灰黑色，有光泽，朵大肉厚，吸水膨胀率大，肉层坚韧有弹性，无泥沙虫蛀，无卷耳、拳耳。伏耳质量较差，于小暑至立秋前采收，朵大肉薄，膨胀率小。秋耳为较好，立秋以后采收的，色泽暗褐，朵小肉厚，吸水膨胀率中等。

2. 黑木耳菌包培养

目前生产黑木耳菌包所使用的原料主要为柞木木屑、桦木木屑及小麦秸秆、玉米秸秆等配料。大部分菌包厂的一级菌从外面采购，然后自己繁育二、三级菌。每年元旦前后开始制作菌包，配料打菌完成的菌包进入育菌室进行育菌，育菌室需要保持在 20～25℃，育菌时间 3 个月左右，4、5 月份开始种植黑木耳。由于育菌时间较长，需要大量的育菌室进行培育，所以菌包厂生产规模一般都在百万袋左右。

3. 黑木耳种植

黑木耳种植现在主要分为地摆式与吊带式两种。地摆式就是将菌包直接摆放在地上，每亩地可以摆放 1 万袋，具有成本低、易操作的特点，缺点是地摆式比较浪费土地，亩产量低，且抵抗灾害（尤其是水灾）能力差。吊袋式是将菌包竖向串起来，每串 6～7 包，串好后挂在大棚内，每亩地可以悬挂 3 万包左右，与地摆式相比，成本略高，操作也更为复杂，优点是能大幅度节约土地，有效增加亩产量，由于悬挂在大棚内，也拥有更好抵抗自然灾害的能力。2020 年，受新冠肺炎疫情影响，黑木耳菌包生产不及时，严重地影响了各旗县的菌包种植数量。全市黑木耳菌包种植数量约 2 600万袋，其中鄂伦春旗受影响最为严重，黑木耳菌包种植数量从 2019 年的 6 000 万包锐减至 600 万包。除受疫情影响外，自然灾害也导致黑木耳减产，大风和暴雨使一部分黑木耳种植合作社受到损失。

4. 黑木耳加工企业

呼伦贝尔市现有的黑木耳加工企业分布在岭东各旗县，其中以扎兰屯市、鄂伦春自治旗比较集中，较大型的黑木耳加工企业有森宝、森通、诺敏绿业、绿天缘等。黑木耳加工产品以简单晾晒而成的干货黑木耳进行包装销售为主，另有少量销售往市外面粉厂等进行深加工。

呼伦贝尔黑木耳个大肉厚，品质优良，特别是产自扎兰屯的黑木耳成为全国首批获得欧盟保护的地理标志产品。呼伦贝尔黑木耳年生产能力 1.8 万吨，年产值 1 亿元。2020 年，呼伦贝尔黑木耳获得“全国绿色农业十佳蔬菜地标品牌”“中国农产品百强标志性品牌”称号，并入选内蒙古农牧业品牌目录。

（地理标志集体商标　商标注册号：46684693/6990994）

扶余四粒红花生

吉林省扶余市农业农村局　孔令成　田　俊　芦　悦　杨泽文　卞雨晴　周凤玲

扶余市是全国花生生产百强县，是四粒红花生原产地，是吉林省四粒红花生特色农产品优势区，全国80%的四粒红花生产于扶余市。花生是扶余市第二大主导作物，2019年种植面积达到11万公顷，年产优质花生45万吨左右，产值达19.23亿元，扶余四粒红花生特色产业总体收入占农业总收入的21.5%。2020年扶余市花生种植面积为7.6万公顷，平均每公顷产量4吨左右，每公顷产值达到2.2万元以上，比同期玉米、水稻等大宗农产品每公顷增收2 500～4 000元，具有可观的经济效益。

1. 品质特色

扶余市地处吉林省北部、松嫩平原腹地、吉林和黑龙江两省交界处，全市1/5以上耕地是江河淤沙土质，加之温度、雨量等气候条件，形成了中早熟花生的最佳生长环境。生产的扶余四粒红花生果仁鲜红，果实饱满，粒度均匀，有光泽，味道醇香可口、脆而不硬、油而不腻，越嚼越香。扶余四粒红花生铁含量远超国家标准，同时富含脂肪、蛋白质、碳水化合物、维生素E、钙、锶等，还含有人体必需的各种氨基酸和白藜芦醇，具有促进人体发育、降低胆固醇、预防高血压和动脉硬化等功效。

2. 标准化生产

2019年，扶余市在花生主产区的10个乡镇创建扶余四粒红花生特色农产品原料生产基地暨出口花生质量安全示范区50万亩，生产四粒红花生25.6万吨。扶余市对地标产品推行绿色、有机种植模式，通过统一采购花生叶面肥、生物质农药组合套餐等物化补贴方式发放给种植户；在花生主产区以村为单位，全力推进扶余四粒红花生3万亩绿色示范基地建设。扶余市现有花生绿色农业生产基地8个，面积达到1.5万亩以上。

2020 年，吉林省市场监督管理厅与扶余市市场监督管理局、扶余市农业农村局、新型经营主体、企业代表等相关人员对扶余四粒红花生地方标准进行了修订，使得标准更加严格，更具有指导意义。扶余市对地标产品生产实行全程监管，建立农业投入品公示制度，指导农户科学合理地选择和使用农药、化肥，实行四粒红花生质量可追溯制度，从源头上保证花生的质量安全。

3. 市场拓展

扶余市以四粒红花生大数据平台、阿里巴巴“村淘”项目、益农信息社、“互联网＋”农产品出村进城试点县项目建设、“吉粮联”线上线下销售为载体，引导扶余四粒红花生特色品牌线上宣传和销售，促进电子商务与传统产业快速融合。吉林三井子杂粮杂豆（粮油）产业园项目以“产业链＋互联网＋金融资本”三位一体为核心模式，着力打通农产品产区和中心城市的销售渠道。2020 年 11 月，吉林三井子杂粮杂豆（粮油）产业园与浙江众农联集团联合打造的粮食领域产业互联网平台“吉粮联”正式上线，平台交易额已突破 1.1 亿元。

2017 年，扶余市被国家质量监督检验检疫总局评为国家级花生出口质量安全示范区；同年，代表中国参加欧盟组织的花生检测，受到一致好评。2019 年，扶余市花生出口 2 万吨，出口额达到 2.27 亿元，占全国花生出口量的 70%以上。2018、2019 年，成功举办了两届中国扶余花生（四粒红）及杂粮杂豆产业博览会，参展商达到 200 家，提高了扶余农产品国际及国内的影响力。2020 年 11 月，扶余市与山东省临沂市莒南县举办了杂粮杂豆产销对接会，意向交易额超 10 亿元。

4. 产业带动和发展愿景

扶余市积极推动花生食品加工项目发展，现有吉林省增盛永食品有限公司、吉林省德润食品有限公司、吉林省喜得宝食品有限公司、吉林可富可食品有限公司等花生加工企业。2017 年，山东鲁花集团投资 7.5 亿元建设的 10 万吨花生油加工及 6 万吨花生仓储和筛选项目成功落户扶余，使扶余花生逐步迈向全产业链发展。扶余市把地标产品产业发展和做强龙头企业、精深加工、品牌建设、提高农民组织化程度紧密结合，采取“龙头企业＋合作社（家庭农场）＋基地＋农户＋标准化”的运行模式，2020 年使建档立卡贫困人口 245 人成功脱贫，花生产业已然成为扶余花生产区 7.5 万户、近 30 万名农民增收的重要来源。

扶余市成立了四粒红花生开发研究中心，并创建了扶余市四粒红花生提纯复壮绿色基地，与吉林农业大学、吉林省农业科学院花生研究所等建立了长期稳固的合作关系。扶余市把新品种培育和技术创新作为提升特色农产品市场竞争力的战略措施，经过多年种植和品种研发，形成了特有的扶余四粒红系列花生品种。最新品种“扶花 7 号”2020 年通过国家审定。同时，全力推进扶余四粒红花生种子提纯复壮科研项目成果应用，到 2021 年改良的良种覆盖率达到 35%以上，预计产量增幅在 10%以上。“十四五”期间，扶余市将深入推进特优区绿色食品、有机农产品建设，扩大特色农产品绿色农业基地规模，集中创建扶余花生产业集群；促进“吉粮联”平台平稳运行；深化与莒南县的合作，联合打造花生产业融合发展新平台；进一步发挥扶余特色农产品资源优势，以现有农产品生产基地为基础，推进特色优质农产品加工重点企业延长产业链；大力引进一批产业链长、带动能力强的特色农产品加工产业投资项目，全力推进“扶余花生”地标产品全产业链集群建设。

（地理标志保护产品　批准文号：2007 年第 28 号）

（地理标志证明商标　商标注册号：7572005）

黑垦二九〇红小豆

黑龙江省二九〇农场　李兆法　王海文　张　磊

黑龙江省二九〇农场始建于1955年，位于祖国东北边陲的绥滨县境内、黑龙江、松花江两江汇合处的三角洲地带。建场初期，主要以种植小麦、大豆和玉米为主，改革开放后种植红小豆以来，拓宽了农场种植领域，增加了职工的收入，更为人们提供了一种健康且营养丰富的绿色食品。2013年4月，农业部批准对“黑垦二九〇红小豆”实施农产品地理标志登记保护。

1. 地理优势

二九〇农场位于中纬度地带，属大陆性寒温带气候，北靠素有寒极之称的西伯利亚，温度比较低，年平均温度为1.6℃。农场无霜期平均在130天左右，一般初霜期9月25日左右，终霜期5月16日左右。光照时数平均为2 453.3小时左右，最多时数达2 758.8小时，最少的光照时数为2 239.9小时。土壤的类别以棕色森林土、草甸土和白浆土为主。历经60多个春秋的开发建设与发展，二九〇农场实现了由北大荒到北大仓的历史巨变，成为国家重要的商品粮基地、绿色食品原料基地和国家生态农业示范区，先后被授予“中国民间文化艺术之乡”“省级文明单位标兵”“黑龙江省环境优美乡镇”等多项荣誉称号。

2. 产品品质

黑垦二九〇红小豆是一种高蛋白、低脂肪、多营养的小杂粮，全部选用“龙垦红”优质品种，在当地气候条件下，能保证成熟、优质、高产、抗病。该品种生育天数为85～90天，活动积温1 800～1 900℃，株高56厘米，茎粗、秆强、叶浓绿，株型收敛，分枝较多，叶心圆形，花淡黄色。成熟期一致，不炸荚。籽粒饱满，含沙量高，是生产豆沙的优质原料。含水量≤13.06%，杂质率≤0.5%，不完善粒含量≤2.2%。种粒深红色，白脐，皮薄，籽粒饱满，粒形整齐，大小均匀，百粒重15～17克。水分含量低，营养成分高，粗脂肪含量0.56%，粗纤维含量4.71%，粗淀粉含量54.21%，每百克含蛋白质不低于20克。

3. 标准化生产

（1）生产环境及管理体系。种植基地选择在草甸土，黑土层为 20～25 厘米，垦前有机质 3.5%、全氮 0.23%、全磷 0.12%，适耕性较广，属一、二类土壤，土壤肥沃、有机质丰富、保肥性良好。生产过程管理中，红小豆栽培技术由农场绿色食品办公室和农业生产部具体负责监督管理。农药、化肥等生产资料统一供应，农药使用严格按照《绿色食品　农药使用准则》执行，在生产中不使用剧毒、高毒、高残留农药。肥料使用严格按照《绿色食品　化肥使用准则》，以有机肥为主，辅以其他肥料；以多元复合肥为主，单一元素肥料为辅；以施基肥为主，追肥为辅。尽量限制化肥施用，最后一次追施化肥在收获前 40 天进行。

（2）产品收获及产后处理。每年 9 月中旬开始收获，采用机械直收或人工分段收获。机械直收通过调整机车行进速度和脱粒滚筒的转速，降低破碎率；在早晨或傍晚进行采收，严防在烈日下作业，避免机械性炸荚。人工收获在荚变黄、叶片全部脱落前进行。收获后作业站统一存放，按户标记。

粮食收购时，做好交售记录，收购后做好仓储记录，与种植基地做好记录传递，对不同种植单元的产品进行分批单独存放管理，并进行标识，确保农产品在储藏过程中不造成混合。包装后，成品入库储藏严格遵循卫生安全、不浪费资源、按批次储藏原则。运输时按品种、品质实行专项运输，专人管理，严格禁止与其他有毒、有害物质及有腐蚀性、有异味的物品混载，防止运输过程中的二次污染。通过科学贮运，防止了收获过程中对品质的影响和贮运过程中的霉变污染。

（3）质量追溯体系建设。建立质量追溯体系，要求全过程建立生产记录，作业站建立绿色食品红小豆种植生产档案，负责记录包括种子、化肥、农药的使用时间、用量、来源，收获时间、地块、农户，临时仓储等信息。粮食处理中心负责原粮收购、原粮仓储、加工、包装、成品储存、运输、销售过程中的信息记录。

2010 年，二九〇农场参加农业部农垦局农产品质量追溯体系建设，8 万亩 1.4 万吨红小豆从生产、加工到销售全程可追溯，最大限度地满足消费者对所食产品的知情权。“界江红”牌红小豆达到了从种植到销售的全程可监控、可追溯，为企业品牌的树立创造了良好的基础。

4. 产品荣誉

2009 年，“界江红”牌红小豆荣获“黑龙江名牌农产品”称号。2013、2015、2017 年，黑垦二九〇红小豆均入选全国名特优新农产品目录，产品主要销往辽宁、天津、北京、山东、江西、浙江、江苏、河北等地。2017 年，“界江红”牌红小豆荣获“第三届消费者最喜爱的黑龙江 100 种绿色食品”。2020 年，黑垦二九〇红小豆荣获“全国绿色农业十佳粮油地标品牌”称号。

（农产品地理标志　登记证书编号：AGI01076）

九三大豆

北大荒农垦集团有限公司九三分公司　张宏雷

北大荒农垦集团有限公司九三分公司位于黑龙江省西北部，旱作农业资源优势明显，素有“中国绿色大豆之都”的美誉。近年来，作为国家现代化大农业示范区、国家级生态示范区，九三分公司以维护“国家农业安全、粮食安全、生态安全、产业安全”为己任，以建设“中国大豆食品专用原料生产基地”为依托，加快大豆全产业链发展，把大豆精深加工业作为经济发展的第一支柱产业，推动产业向价值链中高端迈进，努力做好“九三大豆”这篇大文章。

1. 九三大豆生产情况

（1）大豆品种专用化。九三分公司区域内国产大豆种质资源丰富，适宜种植的大豆品种有100余个，90%以上属于高产、高蛋白、高脂肪品种，使九三大豆拥有了更广泛的市场空间和选择。目前，大豆主栽品种主要有黑河43、黑河52、蒙豆36、北豆53和龙垦310，百粒重在18～22克，籽粒大小在0.5～0.8厘米，粗脂肪含量为19%～23%，粗蛋白含量为38%～45%。为适应市场需求，九三分公司每年都引进种植一批具有特殊用途的专用大豆品种。2019年，九三分公司种植黄大豆、黑大豆、双青豆、芽豆等专品种大豆140万亩。为了保证大豆原料的专用性和标准化，九三分公司充分发挥大豆生产组织化、机械化、集约化程度高的优势，100%进行专品种种植、专品种收获、专品种贮藏和专品种销售。在销售上，对大豆进行分级筛选，按照不同规格、不同等级进行分类销售，坚定不移地走大豆食品原料专用化道路。

（2）大豆生产规模化。九三分公司农业生产始终坚持统一种植结构调整、统一大机械作业、统一生产物资采购使用、统一农艺措施应用、统一粮食收储和销售，大豆生产从整地、播种、田间管理、病虫草害防治、收获等已经实现全程机械化。九三分公司大豆种植规模每年稳定在200万亩以上，平均单产200千克/亩左右，年生产优质大豆40万吨以上，商品率达90%以上。

（3）组织管理集约化。多年来，九三分公司以建立大豆生产档案、农业投入品监管、大豆检验检测及市场准入等机制为切入点，构建大豆质量安全标准体系；以开展技术培训、技术服务、发挥核心示范区辐射带动作用为推广手段，把绿色大豆标准化生产技术落到实处。推行家庭农场联户规模经营管理模式，实现了两个“六统一”：农艺“六统一”即统一轮作、统一供种、统一配方施肥、统一植保措施、统一技术标准、统一田间作业；农机“六统一”即统一机具停放管理、统一农机作业计划、统一组织机械调动联合作业、统一田间作业操作规程、统一作业质量标准、统一农机作业收费标准。通过实行连片集中作业的生产方式，提高了生产效率，保证了大豆品质，实现了大豆生产集约化。

（4）栽培技术模式化。目前，九三分公司已探索出适合本地区的一整套综合栽培生产管理先进技术，在国内处于领先水平。该技术采用两区或三区轮作制度、松耙卡少免耕耕作制度、秋起大垄、增匀降密、垄上三行、精量点播、垄底深松、垄体分层侧深施肥、化学除草、航化作业、机械收获等综合配套技术。该栽培模式抗旱、抗涝能力较强，增产效果好，对九三分公司大豆优质高产起到了极为关键的作用。

（5）科技服务体系化。九三分公司充分发挥农业生产标准化管理体系、农产品质量检测体系、多普勒气象雷达预报体系、有害生物预警防控体系、测土配方施肥体系、农作物病虫草害统防统治和智能化数字农业应用等体系的科技支撑作用，使大豆种植综合生产能力得到有效保证。

（6）大豆生产绿色化。多年来，九三分公司大豆生产始终坚持“打绿色牌，走特色路”，严格执行绿色食品行业标准，建立完善了“九三大豆”绿色生产技术规程，全力推进绿色生产。目前，九三分公司绿色食品大豆认证面积 145.2 万亩，有机农产品大豆认证面积 51.4 万亩，绿色有机大豆认证面积合计 196.6 万亩，占大豆种植面积的 82%；绿色大豆产品认证数量 12 个，有机大豆产品认证数量 10 个。九三分公司还建立了 39 个“互联网＋”绿色有机种植示范基地，通过手机 App 终端可实时对田间作业情况、作物生长情况进行监控，实现了“环境有检测、操作有规程、生产有记录、产品有监督、上市有标识”的全程绿色标准化生产。

2. 九三大豆销售情况

近年来，九三分公司各农场建立粮食贸易公司，加快现代营销体系建设，通过“订单＋托市收购”实现了粮食贸易的市场化运营。

（1）积极拓展市场，实现大豆订单销售。积极组织各农场有限公司主动对接拓展市场签订订单，粮食销售从“产后销”向“种前销”转变，实现销在种前，以销定产。通过多年努力培育了一批竞争优势明显、抵御风险能力和带动力强的订单主体。与杭州祖名、安徽燕之坊、福建达利集团等国内知名深加工企业合作，在九三分公司建立了大豆专供原料生产基地，此外还与大连兴龙垦、大连盛方、哈尔滨良鑫、九三油脂等企业及周边市、县粮食收储企业建立了稳固的订单合作关系。2019 年九三分公司大豆订单面积 168 万亩，占大豆总播种面积的 70%，通过拓展市场扩大订单销售，实现统一经营，促进企业增效。

（2）通过“托市收购”，做实粮食经营。2019 年，九三分公司 11 个粮食贸易公司共经营九三大豆 26.12 万吨。各粮食贸易公司以高于同期市场价格的方式托市收购种植户的大豆产品，既解决种植户卖粮难和售价低的问题，同时稳控粮源，实现粮食市场化经营。通过“订单销售＋托市收购”实现职工增收，企业增效。

3. 九三大豆品牌建设情况

（1）提升九三大豆影响力。积极参加各种展销会、洽谈会，围绕九三大豆差异化、专用性的特点，集中推介不同系列大豆专用产品。适时组织“振兴大豆产业·建设绿色豆都”发展论坛、九三

大豆品牌故事征集、摄影大赛等系列活动，丰富九三大豆品牌内涵。积极与知名豆制品企业、大豆产业协会、科研院所开展联合、联盟、联营、联销活动，进一步提高九三大豆知名度和影响力。

（2）全面推进九三大豆品牌建设。进一步叫响“九三大豆”品牌，深入推进品牌建设。2017年，“九三大豆”成功入选“黑龙江省农产品地理标志十大区域品牌”和“中国百强农产品区域公用品牌”。2018年，“九三大豆”荣获“全国绿色农业十大最具影响力地标品牌”称号；作为唯一大豆品牌入选首届中国农民丰收节100个农产品品牌名单；作为唯一大豆品牌荣获中国百强农产品区域公用品牌最佳品牌故事，位居中国区域农业品牌影响力排行榜粮油类第2名。2019年，“九三大豆”荣获中国首届农产品区域公用品牌神农奖；作为全国唯一入选的大豆品牌，在中国品牌价值评价信息发布暨中国品牌建设高峰论坛上，“九三大豆”以品牌价值22.91亿元入选中国品牌价值评价区域品牌（地理标识产品）110强，排第87位；同年11月，“九三大豆”入选农业农村部地理标志农产品保护工程。

［地理标志保护产品　黑龙江大豆（九三垦区）　批准文号：2013年第55号］

（农产品地理标志　九三大豆　登记证书编号：AGI02077）

嫩江大豆

黑龙江省嫩江市农业农村局　董德峰

嫩江市地处松嫩平原连接大兴安岭、小兴安岭山地的过渡地带，位于黑龙江省西北部、黑河市西部，因境内的嫩江而得名。嫩江市属寒温带大陆性季风气候，无霜期短，年平均降水量480～512毫米。冬季漫长、干燥，最低气温为－47.3～－43.7℃；夏季雨热同季，光照充足。嫩江土地肥沃，林海浩瀚，水草丰富，是农牧业生产的黄金地带。域内耕地面积1 200万亩，是全国著名的麦豆生产基地、中国大豆之乡、全国粮食生产先进县，素有“北国粮仓”之美誉。

1. 产业优势

嫩江的大气、土壤、水资源无污染，是黑龙江省生态农业示范县。耕地开发年限短，土壤以暗棕壤和黑土为主，潜在肥力高，有机质含量3%～10%，所产大豆产量高、品质好。独特的土地资源和环境优势，为建设优良的非转基因大豆基地奠定了坚实的基础，为嫩江发展绿色、有机大豆产业提供了得天独厚的条件。

作为中国大豆生产重中之重的核心地带，嫩江市一直致力于打造“嫩江大豆”品牌，建立从种植收获到加工销售的产业链，大豆生产已达到世界同纬度高寒地区的先进水平。全市大豆种植面积800万亩，占我国大豆种植面积的10%，是我国大豆种植面积、产量最大的县（市），且全部为非转基因大豆。嫩江市拥有100万亩国家级绿色食品大豆原料生产基地。

2. 品质特色

嫩江大豆产自于优良的生态环境，这里冬季漫长，半年耕地是冰冻休耕状态，适合大豆生长的时间仅85～120天，化肥使用量极少，病虫害发生极轻，大豆全生育期不用任何杀虫剂、杀菌剂。多年来，检测机构随意在商品粮市场抽检，嫩江大豆100%符合绿色食品标准。

中国工程院院士盖钧镒、国家大豆产业技术体系首席科学家韩天富等9位专家的大豆研究报告显示，嫩江大豆的总异黄酮、卵磷脂、肌醇磷脂、总低聚糖和纤维素含量高于全国及东北地区平均水平，生理活性物质含量也高于进口大豆，是名副其实的“金豆子”。嫩江大豆水溶性蛋白含量略

高于东北平均水平；甘氨酸和脯氨酸含量高于全国及东北地区平均水平，分别是全国平均水平的1.35倍和1.32倍；亚麻酸含量明显高于全国及东北中南部地区平均水平；淀粉、膳食纤维含量分别为6.75%和4.93%，均高于全国及东北中南部地区平均水平。

嫩江大豆籽粒外观色泽金黄，饱满圆润，整齐一致，商品性好，市场竞争力强。嫩江市生产的大豆种类丰富：一是优质量产商品豆，以蛋白质含量40%的优质品种为主，生产出的商品豆色泽金黄、粒粒饱满均匀；二是青仁黑豆、黄仁黑豆、青仁大豆、芽豆为代表的特用大豆，可以满足不同需求。

3. 生产发展

嫩江市自2018年始创建农业绿色发展示范区先行县，现已全域开展农业绿色标准化种植。嫩江大豆生产所需的整地、起垄、播种、中耕、喷药、收获机械基本配套齐全，田间机械化水平达到99%以上。大豆连片种植，可大批量、均质供应优质大豆，使得嫩江大豆平均产量高于全国平均水平。2020年，全市大豆种植面积达到803.66万亩，产量99.8万吨。

嫩江市不断夯实农业基础，严格黑土地保护，以全程绿色监管为保障，制定推广农作物绿色标准化生产规程和栽培模式，以创建农业绿色化、有机化、特色化、品牌化为核心，以合作社、农业企业等新型经营主体为载体，加大对新品种引进和培育、绿色和有机农产品生产加工认证、农产品品牌培育、市场营销等方面的奖励扶持力度。拓展延伸产业链条，拉长加工产业链，大豆加工向豆粉、大豆食品多品系延伸，整体推介"嫩江大豆"地理标志商标，绿色食品品牌如"十六膳杂粮""四合大豆"等影响力逐年提升。建立"嫩商网"销售平台，建立嫩江绿色农产品销售线下体验馆，入驻绿色农产品六大类128个品种。

4. 品牌建设

2013年2月，"嫩江大豆"地理标志证明商标经国家工商行政管理总局核准注册，"嫩江大豆"逐步发展成为嫩江农业的一个靓丽品牌。

为了宣传推广嫩江大豆，提高嫩江大豆知名度，提高广大农民的效益，2020年10月至2021年3月在中央电视台《第一时间》栏目播出嫩江大豆地标宣传。此外，中国经济周刊、东北网、黑龙江旅游食品网、澎湃新闻、龙闻发布等媒体，都先后对嫩江市大豆产业的发展做出了积极评价。

2018年，嫩江市被财政部、国家粮食和物资储备局确定为中国好粮油大豆示范县；2019年，"嫩江大豆"获得黑龙江省十大农产品区域公用品牌；2020年，"嫩江大豆"荣获"全国绿色农业十大最具影响力地标品牌"称号。

（地理标志证明商标　商标注册号：11372033/11372034）

依兰北药

黑龙江省依兰县农业技术推广中心 王立学 吴相团

近年来，依兰县紧紧抓住农业供给侧结构性改革的契机，把发展北药产业作为调整种植结构、促进农民增收、壮大农业经济的重要抓手，采取“政府引导、市场运作、企业投入、产学研结合”的发展模式，全县北药产业发展劲头足，势头旺，“关东药都”的美誉越叫越响。

1. 依兰地理位置独特

依兰县位于黑龙江省哈尔滨市东部，面积 4 616 千米^2，总人口 40.61 万人，其中农业人口 27.65 万人。依兰县东接完达山西麓，北、西属小兴安岭山脉，南汇入张广才岭，野生药材储量及发展人工栽培的林地、耕地空间巨大。县内有松花江、牡丹江、倭肯河、巴兰河等四水环绕，森林覆盖率达到 42%，是国家级生态示范区。依兰县属寒温带大陆性季风气候，受内陆和海上高、低季风交替影响，有明显的季节变化，松花江、牡丹江流域干燥度指数为 0.84～0.90，属半湿润地区。自然条件适宜，年平均日照时数 2 536.2 小时，年平均气温 3.1～3.6℃，无霜期 141 天左右，降水量平均为 555.6 毫米。土壤为沼泽土、草甸土、草甸暗棕壤、潜育暗棕壤、白浆土，结构多为疏松富含腐殖质的砂质壤土，对赤芍、桔梗、苍术、白鲜皮等北药的生长十分有利。

2. 依兰北药资源丰富

三山对峙、四水交汇的独特地貌为依兰孕育了丰厚的自然资源，地貌和气候等条件决定了植被类型、生物物种多样性丰富。依兰县野生药材资源有赤芍、桔梗、苍术、茵陈蒿、山蒲扇（射干）、地龙、葶苈、石花、黄芪、公藤（勾藤）、贯众、鹤虱、石苇、蒲公英、黄柏、穿地龙、柴胡、苍耳、地榆、苣荬菜、车前子、虻虫、卷柏、桑椹、茨菇、百合、蓖麻、木贼、大活、防风、莲子、黄芩、槲寄生、白芍、松子、艾叶、苦参、白苣、芸薹、狼毒、韭菜籽、龙胆草、细辛、五味子、刺五加、平贝母、北重楼、牛蒡子、蒲黄、芦根、茅根及山药等，北药资源极为丰富。

3. 依兰具有发展人工栽培药材的林地、耕地空间

中药材的药用价值，除取决于药材外观质量外，另一重要特性是道地性，即产地的正宗。依兰县大力发展的赤芍、桔梗、苍术、人参、防风、柴胡、五味子、刺五加、黄芩、黄芪、西洋参、平

贝、穿山龙、龙胆、桔梗、白芍等中药材，符合产地的地道性要求。依兰野生药材贮量及发展人工栽培的林地、耕地空间巨大，有各种地势、地貌的耕地，也有各种土类的耕地。不同耕地类型分别适合于根、根茎、果实、种子类药材的发展。龙胆、防风、板蓝根、桔梗、白芍、赤芍可在耕地发展；废弃的坡耕地可建设五味子人工园、大规模栽培青蒿；废弃的老参地可建设为黄芩、黄芪生产基地；大豆田可发展平贝母，利用平贝母早春植物特征，实现套种的二熟制；较旱地块可发展防风、柴胡、条叶龙胆、黄芩、黄芪等。依兰县林地面积 178 426.35 公顷，刺五加、五味子、穿山龙、人参、西洋参等可在稀疏林下发展。依兰县大面积发展药材生产，药粮争地矛盾不明显。在黑龙江省调整种植结构的今天，以药调结构，能达到种植增收、加工产业增效的目标。

4. 依兰药材地理标志品牌建设突出

依兰县拥有“依兰赤芍”“依兰苍术”“依兰桔梗”“依兰红菇娘”等国家地理标志证明商标，拥有“依八味”“三姓庄”“三姓府”“三姓堂”“三姓药业”“五国头城”等企业药材商标，共计 30 件注册商标。通过实施依兰道地北药知识产权保护，为提高市场知名度和产品竞争力打下了坚实基础，对促进北药产业不断做大做强意义重大、影响深远。使用“依兰赤芍”“依兰桔梗”“依兰苍术”地理标志证明商标商品的栽培范围位于东经 129°11′50″～130°11′40″、北纬 45°51′40″～46°39′20″，分布在全县 9 个乡镇和 9 个林场境内。

5. 未来发展前景广阔

药材生产讲究“产之有地、采之有时”，古老的中医药学非常注重药材的道地性。依兰县围绕赤芍、桔梗、苍术、白鲜皮等重点发展品种，坚持特色开发，建设规范的道地药材生产基地，种植面积已发展到 8.9 万亩，种植赤芍、刺五加、刺老芽、人参、桔梗、苍术、红菇娘、灵芝、白鲜皮、五味子等 30 余个道地品种，主要以赤芍、桔梗、苍术、红菇娘为主，年产量 5 万吨左右，产值 15 亿元左右。规划近几年全县中药材种植面积达到 20 万亩，到“十四五”末期力争全县中药材种植面积达到 30 万亩。同时，从中药农业、中药工业、北药食品（药食同源食材）、保健品、外消毒用品、饲料添加剂、中兽药、植物源农药、化妆品产业发展等方面进行全方位规划和目标设定。

（地理标志证明商标　依兰苍术/依兰红菇娘/依兰赤芍/依兰桔梗）

（商标注册号：20418352/20418354/20594900/20594901）

东台西瓜

江苏省东台市农业技术推广中心　陈　成
江苏省东台市黄海原种场　袁小燕

金东台，好味来。经过多年的培育发展，“东台西瓜”已成为“东台大粮仓”“好味连台”区域公用品牌中最具地域特色的金字招牌、最具影响力的富民产业。东台作为首个“中国西瓜之乡”，拥有全国最大的大棚西瓜生产基地，2019 年 1 月被农业农村部、中央农办、国家林草局等九部委联合认定为“中国特色农产品优势区（第二批）”。“东台西瓜”先后获得地理标志证明商标注册和农产品地理标志登记，被评为第一个瓜类中国名牌农产品，先后入选中国农业品牌目录 2019 农产品区域公用品牌、江苏省十强区域公用品牌，获得全国首单地理标志被侵权损失险。以西瓜为主导产业的江苏省东台市现代农业产业园，2017 年被命名为首批省级示范园，2019 年被获批创建国家现代农业产业园，2020 年 12 月通过国家部委认定。东台西瓜产业发展经验被中央电视台《焦点访谈》等平台专题报道。在 2019 年 10 月苏陕扶贫协作高层联席会议上，江苏省委书记娄勤俭点赞东台西瓜落户铜川市耀州区。

1. 千年传承，赋能东台西瓜特色优势

东台自古有“高田好种瓜，低田能放鸦”的谚语。传说天宫的七仙女下凡与董永结为夫妻时，将私藏的瑶池仙瓜种子种在东台西溪东南角的高地上，很快就结出了乌绿滚圆的西瓜，经过一代代东台人的培育，成为享有盛名的东台西瓜，称之为“佳蜜瓜”。有史料记载，范仲淹任西溪盐仓监时，范母喜食西瓜，他便从汴京买来西瓜孝敬母亲，瓜种由此在东台西溪引种成功。20 世纪 90 年代，东台西瓜已畅销上海市场。21 世纪开始，东台加大力度推进西瓜规模化、产业化种植。东台西瓜种植范围涉及东台镇、三仓镇等 11 个镇（区），共 237 个村（居），弶港、新曹等农场，成为全国著名的西瓜产区。2020 年全市种植西瓜近 30 万亩，年产值逾 30 亿元，规模江苏第一，小果型精品西瓜规模全国第一。在政府的支持下，跨区域建成南至广西、北至黑龙江的西瓜特色种植基

地，实现了周年生产、常年供应，更在缅甸、老挝等国家建立西瓜生产基地，在日本建成西瓜精品种植区。

2. 生态栽培，成就东台西瓜卓越品质

东台根据自然禀赋优势，积极推进西瓜生产标准化、优质化。堤东地区夜潮土疏松的结构，加上适宜的温度和光照、充沛的雨水，对西瓜生长和糖分积累极为有利。东台积极引进推广国内外西瓜良种，已建成全省最大的工厂化育苗中心、全国首条西瓜无损测糖分拣加工中心、年产种苗超1亿株的种苗繁育中心，以西瓜为主题的特色民宿正在加快建设。东台主推小果型红瓤、小果型黄瓤、中果型红瓤三大系列品种。“超越梦想”“全美4K”两个品种先后荣获全国擂台赛冠军。与日本朝日农园联合出品的“夜须·王炸”西瓜深受日本市民喜爱，与郑州果树研究所联合选育的西瓜新品种“三笑”“三彩”通过新品种权初审。坚持科技兴农，与国家西甜瓜产业技术体系紧密合作，成立吴明珠院士工作站，制定推广的技术规程成为江苏省地方标准。在全国首创生态、节约的经济适用型大棚，率先应用多层覆盖和生产过程数字化管理系统，有效保障了本地西瓜的提早上市。皮薄籽少、汁多肉嫩、入口即化，已成为东台西瓜最具吸引力的独特品质。

3. 同向发力，丰富东台西瓜富民内涵

加强政策引领、市场培育和技术指导，促进政府有形之手、市场无形之手、农民勤劳之手同向发力，西瓜产业成为带动10万农民增收的富民支柱产业。建立“企业＋合作社＋农户”等多形态联农带农机制，开展育苗、生产、包装、运输、销售全产业链服务，发展西瓜专业合作社54家、本地经纪人1 000多人，错峰上市的东台西瓜亩均收入突破万元，总产值近50亿元，纯效益30亿元。同时，东台西瓜“远嫁”陕西耀州，成为当地脱贫攻坚的新兴产业，架起东耀扶贫协作的桥梁，甜透两地瓜农的心窝。

4. 多维营销，打响东台西瓜金字招牌

在加强“东台西瓜”主品牌推广的同时，积极引导企业和大户注册子品牌，形成一主多副的品牌营销格局，满足市场多样化的需求。从20世纪甜透大上海，到如今畅销长三角，远销十几个省份，东台西瓜汇入时代洪流，越叫越响，越销越俏。每年举办“瓜儿熟了”旅游季等系列推介活动，多次在上海、南京举办展示展销会，在世界地理标志大会、亚洲果蔬产业千人峰会上进行推介。自2020年8月被确定为全国“互联网＋”农产品出村进城工程试点县以来，积极推广以西瓜产业为主的融合发展，建立西瓜产业合作平台，从技术到市场开展全方位服务，与北京网库信息技术股份有限公司合作建立西瓜电子商务中心，开展线上销售。在全国率先探索直营直销路径，与本来生活、顺丰等多个销售平台合作，打造一流的多元化销售渠道，已在全国建立直销窗口800多个，畅销盒马鲜生、百果园等数千家连锁门店。主持人汪涵、农友会创始人李芳华纷纷在直播带货节目中推介东台西瓜，东台西瓜多次登上湖南卫视《天天向上》的舞台。“东台西瓜”先后被评为江苏省著名商标、江苏省地理标志产品20强、我最喜爱的江苏商标50强、江苏十大人气地理标志产品、全国绿色农业十佳果品地标品牌。

（农产品地理标志　登记证书编号：AGI02821）

（地理标志证明商标　商标注册号：3729507）

高邮鸭蛋

江苏省高邮市鸭蛋行业协会 赵永高

高邮市拥有全国第六大淡水湖——高邮湖，还拥有东部的里下河荡区。高邮湖荡区有着丰富的动植物资源，盛产螺蚬、泥鳅、小鱼、小虾等，为高邮鸭提供了蛋白质含量高的天然动物性饲料。高邮湖荡区还盛产菹草，菹草含有大量维生素和胡萝卜素，特别是胡萝卜素含量达 550 毫克/千克之多，高于玉米、麦麸、红萍、绿萍，是高邮鸭良好的维生素来源。菹草的维生素、胡萝卜素与高邮鸭蛋蛋黄的色质有着高度的相关性，使得高邮鸭蛋的蛋黄更红。

高邮鸭的传统养殖方式以放养为主，但随着耕作制度的改革和环境保护的要求，放养方式也在不断变化。目前高邮鸭仍以自然放养为主，同时推广鱼鸭混养、稻鸭共作等半放养方式：即实行立体养殖，鱼池水上养鸭，水下养鱼，鸭粪喂鱼；稻田抽穗前放养一定量的高邮鸭，鸭捕食稻田里的蚯蚓、昆虫和杂草，鸭粪肥田，实现生态环保养殖，以保持高邮鸭蛋优良的品质。高邮鸭在野外放养、半放养状态下能够采食更多的钙源性饲料如螺蛳、鱼虾等，使得蛋壳强度大，个头也大，平均蛋重 78 克左右，双黄蛋达 100～120 克。2017 年 6 月，以高邮鸭特色资源为主的江苏高邮湖泊湿地农业系统，被农业部批准为第四批中国重要农业文化遗产。

高邮鸭蛋是由高邮特有家禽品种高邮鸭所生的蛋。高邮鸭 2006 年被农业部列入《国家级畜禽遗传资源保护名录》，属于蛋肉兼用型麻鸭，体形较大，体态结构紧凑匀称，行动敏捷，其生长快、善于潜水、觅食性强、耐粗饲、适应性强。由于饲养环境多为水网湖荡湿地，高邮鸭不仅生长快、蛋肉品质好、产蛋性能优，而且善产双黄蛋，有时还能生出三黄、四黄蛋等蛋中珍品，民间流传着“天上月亮太阳，高邮鸭蛋双黄”的赞语。高邮鸭蛋一般以咸鸭蛋的形式显现在消费者面前。

高邮鸭蛋蛋黄色质（罗氏比色）为 13 级以上，蛋黄比例占全蛋的 35%以上；蛋白质≥12.60%，浓蛋白含量高；其中水分 60%～70%，脂肪≥12.9%，锌 15.1～19.2 毫克/千克，锰 0.4～0.5 毫克/千克，铜 1.3～1.5 毫克/千克，铁 30.0～32.4 毫克/千克，钙 647～662 毫克/千克，硒 0.23～0.27 毫克/千克。高邮鸭蛋蛋黄饱满，密度高，颜色偏橘色；蛋清色泽透亮，浓稠度高。高邮咸鸭蛋腌制煮熟后，食用口感爽滑，质嫩无腥味，色香味俱佳。高邮咸鸭蛋“蛋白鲜细嫩、蛋黄红沙油”和高邮松花蛋“晶莹剔透、色如蜜蜡、纹似松针”的品质特征深入人心，备受称道。

高邮鸭蛋的出名不仅依靠其内在的品质，也离不开其传统的加工方法。高邮咸鸭蛋的制作工艺已列入江苏省非物质文化遗产目录，正在积极申报国家级非物质文化遗产。高邮鸭蛋的腌制方法分泥基腌制与料液腌制两种，而以泥基腌制为佳。泥基腌制的基本工艺流程为选蛋、配制泥基（或料液）、鲜蛋入泥（俗称“滚泥”）、草灰翻滚（俗称“滚灰”）、装缸成熟，滚泥、滚灰是高邮特色，配制泥基（或料液）是重点，完成加工后，再在特定的环境温度下放置30～40天，成熟后食用。料液腌制是按特定的配方配制好料液，将选好的鸭蛋放入其中，在特定的环境温度下放置30～35天，成熟后食用。2002年6月24日，国家质量监督检验检疫总局批准对高邮鸭蛋（即高邮咸鸭蛋）实施原产地域产品保护；2007年11月20日，“高邮鸭蛋”被国家工商行政管理总局批准注册为地理标志证明商标；2020年12月25日，“高邮鸭蛋”获得农业农村部农产品地理标志登记保护。

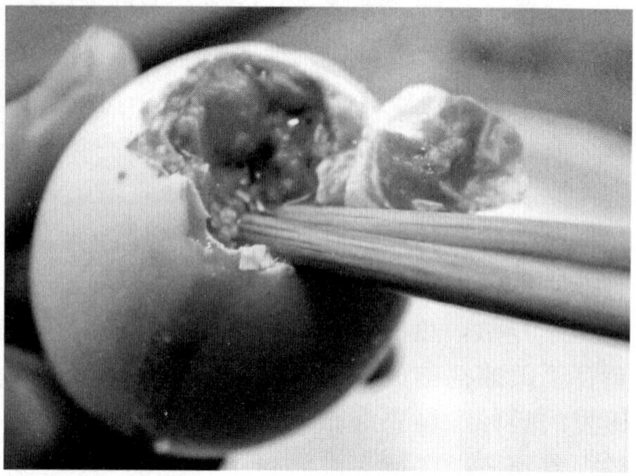

高邮咸鸭蛋具有独特的品质，也有深厚的文化底蕴。北宋婉约派词人秦少游是高邮人，熙宁十年（1077），其业师苏轼自密州移知徐州，秦少游前往拜谒，带的礼物就是高邮咸鸭蛋。清代诗人袁枚在《随园食单·小菜单》里有“腌蛋”的描述：“腌蛋以高邮为佳，颜色红而油多，高文端公最喜食之。席间，先夹取以敬客，放盘中。总宜切开带壳，黄白兼用；不可存黄去白，使味不全，油亦走散。”这是高邮咸鸭蛋席间待客的一种吃法。当代知名高邮籍作家汪曾祺，在《端午的鸭蛋》这篇文章中生动地描述了平常吃法，“平常食用，一般是敲破‘空头’用筷子挖着吃。筷子头一扎下去，吱——红油就冒出来了”，这篇文章被选入教育部人教版八年级下册语文教材。1957年3月，在北京人民大会堂举办的第二届全国民间音乐舞蹈会演中，以王兰英为首集体演唱了原生态民歌《数鸭蛋》，受到周恩来总理的亲切接见。2011年4月，高邮市委、市政府携手相关龙头企业、科研机构、高等院校投资近6 000万元，建成了全国唯一的中国鸭文化博物馆。前国务委员唐家璇亲自为中国鸭文化博物馆题写了馆名，多名院士、领导为博物馆题字题词。自1993年起，高邮市委、市政府每两年举办一届高邮双黄鸭蛋节，截至2020年已成功举办了16届。

高邮鸭多，高邮鸭蛋加工企业也多。全市共有高邮鸭蛋加工企业112家，占江苏省鸭蛋加工企业2/3，申请高邮鸭蛋注册商标509件，2020年加工各类蛋品11.5亿枚，实现产值18.55亿元，利税3.5亿元。高邮鸭蛋类制品拥有绿色食品证书11件、有机食品证书2件，拥有中国名牌农产品1个、江苏省著名商标3个、江苏省名牌产品4个。高邮鸭产业化程度相对较完善，从高邮鸭的育种、保种到农户的养殖，加之“公司＋农户”的生产模式，不断推进高邮鸭和高邮鸭蛋向更高层次跃进。

2015年，在中国农产品区域公用品牌价值评估中，高邮鸭蛋列第25位，品牌价值达40.76亿元；2017年，高邮鸭蛋被评选为江苏省地理标志产品食品类第一名；2019年，荣登首届江苏省十强农产品区域公用品牌大赛榜首；2020年，荣获“全国绿色农业十大最具影响力地标品牌”称号。

（农产品地理标志　登记证书编号：AGI03126）

（地理标志保护产品　批准文号：2002年第57号）

（地理标志证明商标　商标注册号：3721793）

邳州苔干

江苏省邳州市农业农村局　吴　川

邳州苔干具有悠久的栽培历史，始见于秦，迄今已 2 200 多年。据《邳州志》记载，公元前 218 年，张良刺秦始皇失败后，逃匿邳州，于圮桥遇到黄石公。黄石公见张良肌黄面瘦，让其生食苔菜，张良食后容颜焕发、气色红润。张良为西汉军师后，仍不忘苔菜之美味，因此命地方官将苔菜进贡汉高祖刘邦品尝。刘邦食后甚是喜欢，将这种“苔菜”赐名为“邳州苔干”。另一种说法则是清乾隆年间苔菜被当贡品进了宫，因此被称为“邳州苔干”。后来，乾隆皇帝六下江南时，都要品尝用苔菜做的菜肴。

1949 年 10 月，徐州解放成立专区后，为巩固扩大邳州苔干种植面积，曾抽调大批人员入驻各乡推广邳州苔干，其独特的地理依赖性最终只在邳县大面积种植成功。2013 年，“邳州苔干”被列为国家地理标志保护产品。

1. 独特自然生态环境

（1）气候条件。邳州市位于黄淮海平原的南缘，处于湿润与半湿润交界，属暖温带季风气候，四季分明，日照充足，冬干冷，夏温热，年平均气温 13.9℃，年平均日照 2 318.6 小时，无霜期约 211 天，年平均降水量为 867.8 毫米，为 2 年三熟或 1 年两熟制地区，最适宜苔干生长。

（2）水文条件。邳州苔干种植区域属淮河流域，地处沂沭泗流域下游，系沂河、沭河、泗河冲积及洪积平原富水区。境内河流纵横交错，运河、沂河、邳洪河三条流域性河道纵贯南北，汇水面积达 5 万千米^2，地下水资源丰富。

（3）土壤条件。邳州苔干种植区域属黄淮平原，以黄泛平原为主体，地势平坦，土层深厚，土壤为黄河、沂河冲积土，以黄潮土、棕潮土（淤土、两合土和夹砂土）为主，土壤肥沃，有机质含量 12.3～13.4 克/千克，全氮含量为 1.02～1.20 克/千克，速效磷≥60 毫克/千克，速效钾≥126.5毫克/

千克，土壤 pH 7.5～8.5，适于根茎类蔬菜生长。

2. 邳州苔干风味独特

邳州苔干色泽鲜绿，形状细长，组织致密，肉质肥厚，质地脆嫩，营养丰富，含有人体必需的10多种氨基酸、维生素和矿物质，具有食疗健体之功效，有天然保健食品之称。

质地筋脆：邳州苔干无论是油炸或是在沸水中煮30分钟以上，不烂不面，依然筋脆，而其他地方的苔干100℃的沸水中煮10分钟以上，既烂又面，筋脆风味丧失。

理化指标：蛋白质含量≥12%，可溶性糖含量≥25%，粗纤维≥5.0%，钙≥0.25%，铁≥55毫克/千克，锌≥12毫克/千克，β胡萝卜素≥0.12毫克/千克，维生素E≥6毫克/千克。邳州苔干还含有抗癌物质稀有元素硒≥0.04毫克/千克。

3. 产业发展现状

(1) 种植基地基本稳定。近年来，邳州市苔干复种面积维持在1.6万亩左右，年产鲜苔干4.8万吨，折干量4 000吨，是全国较大的苔干生产基地之一。

(2) 品种结构逐步优化。邳州市农业部门先后从邳州地方苔干品种中系统选育出邳苔1号、邳苔2号（群众把邳苔2号称为“青不老”），并经徐州市农作物品种审定委员会审定后推广种植。邳苔2号每季产干菜120千克/亩左右，一年两种两收，是一个产量高、效益好的地方蔬菜新品种。

(3) 栽培模式不断优化。多年以来，围绕“高产、优质、高效、安全”目标，集中示范良种良法配套、轻简育苗、平衡配方施肥及防灾减灾等配套栽培技术，形成了“苔干-西瓜-苔干”“苔干-西瓜-苔干-蔬菜”等立体种植高产高效栽培模式。《邳州苔干生产技术规程》通过江苏省质量技术监督局评审，并颁布实施为省级地方标准。

(4) 加工营销体系初步建立。全市苔干加工企业主要有徐州晶贝食品、三宝食品等企业，开发出脱水贡菜、清水贡菜、红油贡菜、保鲜贡菜、水煮苔干、礼盒苔干等10余个品种，产品销往上海、广州等10余个大中型城市。从事苔干销售的经纪人30余个，与上海、广东、安徽等地客商建立稳定的合作关系，基本保障了现有苔干生产的正常销售。

(5) 品牌建设稳步提升。徐州晶贝食品、三宝食品等5个苔干制品被评为徐州市知名产品。邳州苔干的美誉度和市场占有率不断提高。

20世纪80年代，邳州苔干因其特有的品质和丰富的营养价值被江苏省人民政府列入江苏省十大名优特产。从1998年起，多次荣获国内外大奖，并被中国绿色食品发展中心认定为绿色食品、人民大会堂指定绿色国宴佳肴。2007年，“邳州苔干”被邳州市政府列入邳州市第一批非物质文化遗产代表作名录。“邳州苔干”被中华特产网收录为中华地方名优特产。

（地理标志保护产品　批准文号：2013年第55号）

射阳大米

江苏省射阳县大米协会 邓成新

射阳大米产于我国南北地理分界线东部起点，《一个真实的故事》音乐中故事的发生地、世界珍禽丹顶鹤越冬地、国家级生态示范区、全国粮食生产先进县、全国农业（水稻）标准化示范县、中国优质粳稻之乡——江苏省射阳县。

射阳大米是集地理标志商标、地理标志保护产品和农产品地理标志于一身的国家地理标志产品，中国农产品百强区域公用品牌，被《新华日报》多次刊文誉为长三角地区“米中之王”，特别受到上海等地消费者的青睐。

1. 品质至臻至上

根据史料记载，射阳成陆 300 多年，土地为海相沉积平原，土质与众不同，蓄水透气性好，土壤 pH7.3～8.5，是典型的弱碱性土壤，每公顷土壤速效钾含量高达 125～250 毫克，最适合粳稻生长。射阳县是亚热带和暖温带的过渡地带，南北冷暖气流交汇，光照充足，雷雨多，无霜期长，有利于水稻干物质积累。射阳生态环境优越，境内河网密布，新洋河、射阳河、运棉河、利民河、黄沙河、运粮河等六大水系横贯东西，淡水资源十分丰富。因独特的地理环境、独异的土壤质地、独优的水稻品种、独具的栽培方式，所产射阳大米的品质与众不同：香醇绵甜，筋道润滑，绿色营养，食味绝佳。射阳大米检测出的直链淀粉、胶稠度、食味评分值、蛋白质含量等多项理化指标，均优于国家优质大米标准。参加国内国际评比评选，可与日本越光大米媲美，行业领导会上会下评价中国优质大米为“北有五常，南有射阳”。射阳大米有机米、富硒米、胚芽米、生态米、儿童米、孕妇米、粥米等品种齐全，包装计量实行 0.5、1、2.5、5、10、20、25 千克，有编织袋包装、真空塑料袋装、礼品盒等多样化包装。

2. 质量安全稳定

射阳大米坚持高质量发展、标准化栽培、精致化加工、数字化储藏，坚持强化恒温储存、低温保鲜。全县高标准低温库容 80 万吨，社会总仓储能力达 150 万吨。坚持绿色生产、绿色发展，开发了大面积稻鳅、稻蛙、稻蟹、稻虾复合种养模式，农药残留、化肥用量上远低于国家安全食品指标。坚持质量标准，制定了地方标准《地理标志产品　射阳大米》（DB32/T 1580—2019），强化优

选品种，保证食味、口感、营养、质量安全。严格产品质量溯源管理，加工企业全部登录国家质量追溯平台，全面实行全程追溯“双码”管理，产品包装正面右下角无“双码”标识的不是正宗射阳大米。全力推动商标准用“五挂钩”、质量溯源、绿色证书持有、ISO认证体系等四个全覆盖，射阳大米质量安全有保障。

3. 三链协同发展

射阳大米长期实施品牌化引领、标准化生产、数字化管理、产业化经营、规模化发展的“五化联动”战略，注重产业链、供应链、价值链协同推进。23万稻农、906家小农场种植的160万亩粳稻和200家烘干企业、62家稻米加工企业融合贯通、联耕联种联营，与沃尔玛、家乐福、百联、大润发、欧尚、世纪华联、好又多、苏果、苏宁易购、荣辉等28家大型商超，以及3 000多个连锁超市经营门店携手共进、合作经营，在天猫、京东、拼多多、诚信通等平台开设网店12家。射阳大米年加工能力10万吨以上企业已达10家，营销已进入商超联营、直销连锁、智慧零售新阶段，有效实现了一二三产业融合发展，年产销量百万吨，产值超百亿元。

4. 品牌成效卓著

“射阳大米”品牌是中国驰名商标，先后荣获第14届、第16届中国国际农产品交易会金奖，第18届中国国际农产品交易会最具影响力品牌，第15至18届中国国际粮油交易会金奖，第四届中国国际（上海）道米解香争霸赛金奖，第21届中国绿色食品博览会金奖，2016、2018中国大米十大区域公用品牌，2017中国农产品百强区域公用品牌，2017中国消费者最喜爱的100个农产品区域公用品牌，2018行业最具影响力的农产品品牌，2018、2020年中国十大好吃米饭，2019全国绿色农业十大领军地标品牌，2020全国绿色农业十大最具影响力地标品牌等40多块国家级奖牌，获得江苏品牌紫金奖、江苏省十强农产品区域公用品牌、连续14年上海市食用农产品“十大畅销品牌”等50多块省级奖牌。

2020年9月，在中国农村杂志社、中国农产品市场协会主办的农产品区域公用品牌热销暨中国品牌农产品展销庆丰收活动中，发布射阳大米品牌价值为245.32亿元，影响力指数为76.14。射阳大米可谓翘楚长三角，享誉全中国，香飘国内外，已成为射阳县农业增效、农民增收的支柱产业，成为乡村振兴的闪光亮点。射阳大米正以高质量、个性化、特色化、品牌化，融入射阳新发展格局。

（农产品地理标志　登记证书编号：AGI02180）
（地理标志保护产品　批准文号：2008年第138号）
（地理标志集体商标　商标注册号：3265993）

兴化香葱

江苏省兴化市农业农村局　朱会林

"兴化香葱"是20世纪50年代从传统种植的香葱中系统选培出的优良品种，2002年经江苏省泰州市农作物品种审定，定名为"兴化香葱"。兴化市于2004年被中国农业区域布局与产业化高层论坛组委会命名为"中国香葱之乡"，2005年被国家标准化管理委员会授予"香葱栽培国家农业标准化示范区"称号。"兴化香葱"于2006年经国家质量监督检验检疫总局批准为地理标志保护产品，2009年注册为地理标志集体商标，2018年国家质量监督检验检疫总局考核评定为生态原产地保护产品，2020年入选第三批中国特色农产品优势区，并成为首批受欧盟保护的中国100个地理标志产品。

兴化香葱株高400～500毫米，根为白色弦状须根，无根毛，入土浅，主要分布在20厘米的土层中；分蘖性强，较少抽薹开花，采用分株繁殖；叶鞘圆管形，呈白色，叶身呈管状，新叶呈青绿色，成龄叶呈深绿色；越冬、越夏不休眠，生长缓慢，春秋二季生长快。兴化香葱主要生长于垛田中，垛田是兴化先民在湖荡沼泽地区，通过人工开挖网状深沟，扒取湖荡、沼泽泥土堆垒形成的，多面环水、水田交错、形态各异的垛状农田，以及与之相关的传统农业系统、生态系统和文化自然景观。2013年"兴化垛田传统农业系统"成为首批中国重要农业文化遗产，2014年被联合国粮农组织列入全球重要农业文化遗产名录。

作为"兴化垛田传统农业系统"中的重要农产品，垛田四周环水的独特自然地理环境，尤其是垛田土质优、易浇灌、通风好、光线足的生产特点，加之悠久的耕种历史，造就了兴化香葱香味浓郁的优良品质。兴化香葱含有特殊的丙烯硫化物，具有增进食欲、预防心血管等疾病的保健功能，在国内外市场享有很高的美誉，更是保鲜、脱水加工的理想原料和健康食品中不可缺少的调味品。经冷冻干燥加工成的"FD香葱"，保持了其原有的色、香、味、形，且营养不流失，食用复水快、口感好，成为统一、康师傅等方便面首选的脱水香葱，在国际市场上获得了"兴化香葱世界通用"的美誉。

近年来，兴化市践行绿色发展理念，深入挖掘"兴化垛田传统农业系统"这一全球重要农业文化遗产的生态、生产、生活优势，不断推进兴化香葱生产的基地化、标准化、产业化、信息化，制

定并颁布了《地理标志产品 兴化脱水香葱》(DB32/T 606—2009)、《地理标志产品 兴化香葱(鲜葱)》(DB32/T 618—2009)省级地方标准，实施“公司＋基地＋农户”，建成2.6万亩以香葱种植为主的国家级出口食品农产品质量安全示范区，强化农产品质量安全监管，规范农业投入品的使用，认证了一批绿色、有机产品，促进了兴化香葱产业的不断发展和壮大。

2020年，兴化香葱种植面积15.3万亩次，种植主要集中在垛田、兴东等乡镇（街道)，总产量75万吨，其中经脱水加工的数量为40万吨，产成品2.8万吨，实现年销售收入15亿元，销售量占全国总量的40%以上。脱水香葱产品畅销欧盟、美国、韩国、日本、俄罗斯等五大销售市场共计50多个国家和地区，年出口量1万多吨，出口额8 000多万美元，年出口量占江苏省出口蔬菜总量的60%以上。“兴化香葱”地理标志集体商标经浙江大学CARD农业品牌研究中心持续跟踪与系统量化研究，2017年度农产品公用品牌评估价值为38.15亿元，在全国374个农产品公用品牌价值评估中排名第37位。兴化市已成为全国乃至亚洲最大的香葱种植、加工、出口基地，是全国果蔬脱水加工第一县。

兴化香葱的种植、加工、销售加快了三产融合发展，兴化市成为江苏省农业对外开放合作试验区和全国农村一二三产业融合发展先导区。兴化香葱平均每季可产鲜葱4.5吨/亩、每吨销售价1 200元，葱农每季香葱种植收入达5 400元，年收入达1万元/亩以上。通过“公司＋基地＋农户”带动农户3万多户，年农民收入增加7.5亿元；以兴化香葱为主的兴化蔬菜种植与深加工被列为江苏省科技先导型支柱产业，并提升为国家科技富民强县专项行动计划项目，促进了兴化脱水蔬菜产业的发展。全市82家蔬菜脱水加工企业直接吸纳农村就业人员2.8万人，年发放工资15亿多元，并带动了城乡运输业、建筑业、服务业等第三产业的综合发展。2020年，“兴化香葱”荣获“全国绿色农业十大最具影响力地标品牌”称号。

（地理标志保护产品　批准文号：2006年第194号）

（地理标志集体商标　商标注册号：6020918）

长兴紫笋茶

浙江省长兴县茶叶行业协会　钟心尧

长兴县自然环境优越，茶文化底蕴深厚，是茶圣陆羽撰写《茶经》和我国历史上第一座皇家茶厂——大唐贡茶院所在地，有“中国茶文化之乡”的美誉。紫笋茶来自陆羽，自唐至明连续进贡800多年。20世纪70年代末以来，在长兴县委、县政府的高度重视和浙江省、湖州市有关部门的大力支持下，茶产业的整体水平和效益不断提升，成为长兴县农业七大特色产业之一，紫笋茶也进入长兴县九大优势农产品行列。

长兴县是“全国重点产茶县”，先后4次被评为浙江省茶树良种化先进县。全县共有产茶乡镇13个，茶园总面积15万亩，全年春茶总产量2 500吨，一产产值14.7亿元。其中紫笋茶核心产区茶园面积3.7万亩，主要分布在水口乡、泗安镇、小浦镇等乡镇，主要品种有紫笋群体种、龙井43、浙农系列、中茶系列、鸠坑种等茶树优良品种，年产量约600吨，总产值4.5亿元。

长兴紫笋茶的历史源远流长，是贡茶中的极品，被誉为“中国贡茶之最”，主要体现在以下5个“最”：一是进贡时间最早。长兴紫笋茶于唐大历五年（770）被正式列为贡茶，迄今已有1 200多年，是历史上记载最早的贡茶。二是进贡规模最大。长兴县拥有我国历史上第一座皇家茶厂——贡茶院，当时烘焙加工场所有100多处，采茶工人3万多人，制茶工匠超过1 000人。三是贡茶品质最好。1 200多年来紫笋茶盛誉不衰，主要是因为其品质超群。据《新唐书》等史料记载，唐代贡茶较广，而顾渚紫笋茶最为著名，乃贡茶中的上品。四是贡茶历史最长。长兴顾渚紫笋茶从唐代宗广德年间（763—764）就开始进贡，唐大历五年被正式列为贡茶，在唐代连续进贡100多年，一直到清朝顺治三年（1646）才停止进贡，连续进贡时间长达876年。五是贡茶数量最多。紫笋茶深受帝王喜爱，贡茶数量连年增加。到了唐武宗会昌年间（841—846），贡茶数量达到9 200千克。上海市茶叶学会副秘书长刘秋平曾这样评价长兴紫笋茶：“唐宋元明清，从古喝到今。”

长兴县紫笋茶加工企业从2010年的56个增加到2020年的85个，从业人数约2.5万人。其

中，省级标准化名茶厂3个，自动化连续化加工流水线8条，日加工能力达20吨。

长兴县全力推进省级标准化名茶厂和名优茶连续化自动化生产线建设。《紫笋茶》标准于2004年被批准为农业行业标准，此外还制定了《紫笋茶标准化种植管理技术规范》等地方标准。现有县级以上龙头企业15家（其中省级1家、市级2家），基隆坞茶场是浙江省特色优势农产品生产基地。长兴县先后被评为浙江省茶厂改造重点示范县、浙江省初制茶厂优化改造工作先进县。

近年来，长兴县政府狠抓茶叶品质，通过常年外聘专家、举办生产技术培训、开展名茶评比和优胜茶企评比等有效举措，聘请浙江省农业农村厅、浙江大学和中国农业科学院茶叶研究所专家进行生产指导，大幅提高了紫笋茶品质。通过实施一批农业、科技项目，极大地改善了重点基地设施条件，提高了茶叶科技应用水平。通过举办茶文化节系列活动、参加茶博会及展销会等，紫笋茶影响力显著提高。浙江茶乾坤食品股份有限公司聘请了中国茶叶学会名誉理事长、国际茶叶协会副主席陈宗懋院士为技术顾问，于2011年成立院士专家工作站，在全省开创了产学研新模式。

“长兴紫笋茶”1982年获浙江省级名茶称号，同年6月评为中国名茶；1985年获农牧渔业部颁布的“全国名茶”称号；1989年农业部复评再获部优产品，并把紫笋茶列为部优农产品基地开发项目；1999年获农业部中国国际农业博览会名牌产品；2001—2007年连续七次被浙江农业博览会评为金奖；2003—2006年连续四年被上海国际茶文化节组委会评为金奖；2005—2007年连续三届获中国国际茶业博览会金奖。“紫笋”牌紫笋茶2001—2011年连续被浙江农业博览会评为金奖，自2002年连续被评为浙江名牌产品和浙江省著名商标。2014年至今长兴紫笋茶产品连续多年被评为浙江绿茶博览会金奖，2017年被评为中国国际茶叶博览会金奖。

2020年，“长兴紫笋茶文化系统”申报全国重要农业文化遗产；同年建成长兴紫笋茶品种园，同时完成紫笋茶实物标准样参考样的制定。

2010年，长兴紫笋茶获得农业部农产品地理标志登记保护，被中国国际茶文化研究会授予“中华文化名茶”称号，被认定为第二批“浙江老字号”。2011年，“长兴紫笋茶制作技艺”被列入第三批国家级非物质文化遗产名录。2020年，长兴紫笋茶荣获“全国绿色农业十佳茶叶地标品牌”称号。

（农产品地理标志　登记证书编号：AGI00352）
（地理标志证明商标　商标注册号：23116716）

缙云茭白

浙江省缙云县农业农村局　施德云　马雅敏

缙云县素有“浙江茭白之乡”“中国茭白之乡”的美誉，茭白产业是缙云农业主导产业和农民增收致富的重要途径。2016 年，缙云茭白栽培系统入选全国农业文化遗产普查名录。2017 年，缙云茭白全产业链被评为浙江省农业示范性全产业链。2019 年，“缙云茭白”取得国家农产品地理标志登记保护。

1. 生态环境优

缙云县境内地势高低悬殊，因此形成了“一山有四季、山前山后不同天”的垂直气候特征，四季分明，日照充足，雨量充沛。多样化的气候资源为茭白产业发展提供了得天独厚的条件，同时优良的空气和水质条件为生产优质茭白提供了保障。

2. 种植模式全

缙云县直接从事茭白种植人数 3.5 万余人，现有茭白产业龙头企业 2 家，茭白专业合作社（家庭农场）50 余家。缙云县茭农的种植效益相对稳定，产业发展平稳有序，主要得益于多模式发展道路，为产业发展拓展了空间。一是高山单季茭白种植模式，产品在 7—8 月上市。二是单季茭白一种两收种植模式，该模式是缙云县首创的种植模式。三是双季茭白种植模式，产品上市时间集中在 6 月和 9 月。四是设施茭白种植模式，利用大棚使双季茭夏茭提早上市。种植模式的多样化，使缙云县做到从 4 月至 12 月均有茭白上市，配合冷库贮放调节，基本实现周年供应。

3. 监管工作严

以生态为主题，实现茭白产业绿色提质。一是茭白专用肥实现一肥双补。与科研院所合作，实施茭白专用化肥研究项目，确定 48%茭白专用配方肥（20－10－18），每亩纯氮、纯磷用量减幅分别达 13.8%、22.3%，化肥亩用量减少 17.5 千克，实现一肥双补。二是生态防控实现减排增效双赢。大力推广应用绿色防控技术，全面推广应用杀虫灯、性诱剂、生物农药、种养结合等病虫害生态调控技术，减少化学药物防治次数和农药用量。三是加强农资市场的监管。按照“农业部门牵头、乡镇（街道）负责、相关部门配合、协调联动”的工作机制，全面开展高毒残留农药停销工作，通过政府引导、奖励和监督，2014 年就已实现所有高毒残留农药和限用农药在全县范围内零销售。

4. 产业链条长

转变传统单一的经营模式，实现茭白产业链延伸。一是努力推进茭白贮藏冷库建设工作，建成冷库 16 300 米^3，全年可贮藏茭白 16 500 吨，年贮藏保鲜产值达 9 200 万元。二是做好茭白产品加工和茭白叶综合利用，开发茭白软包装、即食食品加工，以及开发茭白农副系列新产品；引进和集成茭白叶工艺品加工工艺，通过晒干防腐保色等工序，将茭白叶编结成各类工艺品，产品远销日本。三是轮作套养模式创新应用。推广“茭白-鸭”“茭白-芥菜”“茭白-生姜”“茭白-芋”等轮作、套养模式，既丰富茭田产品产出、增加经济收入，又减轻面源污染、提升地力。

5. 销售渠道宽

全县建有大型茭白交易市场 4 个，分别位于茭白主产乡镇即前路乡、壶镇镇、新建镇和大洋镇，零散交易点 50 多个，从事茭白的销售人数 1 000 人以上。缙云茭白以省内外农贸市场批发及直供超市销售为主，省内主要销往杭州、宁波、温州、台州等城市，省外主要销往广州、泉州、长沙、南昌、成都、武汉、上海等城市，省外市场销量占 50%以上，鲜品市场占有率全国第一。同时，积极开拓海外销售渠道，茭白通过欧盟严格的农药残留检测，出口到西班牙、意大利、法国等国家，茭白罐头出口美国市场。

6. 区域品牌响

全力打造“缙云茭白”地理标志品牌，同时做好“丽水山耕”品牌对接，以母子品牌的形式提升缙云茭白的知名度，使广大缙云茭农同享公用品牌成果。缙云县分别在 2013 年和 2017 年承办了第三届、第四届浙江·丽水茭白节，2011—2017 年累计获得丽水茭白节质量评比 12 个金奖，多次荣获浙江省蔬菜精品展销会金奖。缙云县已建成茭白绿色食品认证基地 2 个、无公害农产品基地 5 个。2020 年，“缙云茭白”荣获“全国绿色农业十佳蔬菜地标品牌”称号。

2020 年，缙云县茭白种植面积 6.6 万亩，产量 12.7 万吨，全产业链产值 15 亿元，种植面积居浙江省第一。全县 18 个乡镇（街道）均有茭白种植，缙云县已成为全国最大的茭白生产基地，茭白种植面积占全国总面积的 8%。

（农产品地理标志　登记证书编号：AGI02682）

丰城富硒大米

江西省丰城市农业农村局　金辉华
江西省丰城市乡意浓富硒生态科技有限公司　胡燎原

江西省丰城市是一片神奇、秀美、富饶的土地，是一片蕴含着机遇与发展的沃土。在这千古灵秀之地开发出了一种新的资源——硒壤，它已经成为镶嵌在丰城版图上一颗璀璨的明珠。2017 年 12 月，丰城市被农业部等八部委列入第一批国家农业绿色发展试点先行区。

丰城市隶属江西省宜春市，位于江西省中部、赣江中下游、鄱阳湖盆地南端，总面积 2 845 千米^2，其中富硒土壤资源分布面积达 524.70 千米^2，主要分布在董家、荷湖、泉港、尚庄、梅林、洛市、秀市、桥东、丽村、铁路等 10 个乡镇（街道）。全市充分利用富硒土壤资源，以富硒种养产业为依托，以富硒加工产业为支撑，以富硒高新技术转化为突破，打造集富硒产品生产、加工、旅游为一体的生态富硒产业集群——中国生态硒谷。2009 年 9 月，中国营养学会和中国食品科学技术学会联合向丰城富硒产业基地授予“中国生态硒谷”殊荣；2013 年 7 月，中国老年学学会授予丰城市“中国长寿之乡”称号。

目前，中国生态硒谷已初步建成了有机富硒大米生产基地。为强化高新技术支撑，丰城市与南昌大学在中国生态硒谷内合作共建 4 个中心（富硒文化中心、食品研究中心、产业发展中心、技术交流中心）、2 个示范工程（零排放无抗生素养猪工程、肝油生产工程）和 1 个气象站，将为富硒产业的发展插上腾飞的翅膀。

硒是人和动物活动中最重要的微量元素之一，科学界研究发现血硒水平的高低与癌的发生息息相关，科学家称硒为人体微量元素中的“抗癌之王”。另外，硒还具有以下重要作用：清除自由基，增强人体免疫力；防止白内障；预防心脑血管疾病；防止克山病、大骨节病、关节炎；抵抗有害重金属；抗辐射；防治肝病，保护肝脏；等等。丰城富硒大米以其米粒细长、晶莹剔透、口感佳、硒

元素丰富等特点，成为人们天然补硒、抗氧化、增强人体免疫的食补佳品。

丰城富硒大米播种时间为 4 月 15—20 日（旱育秧或水田湿润育秧）。病虫害防治采用生物农药、饲养释放天敌和灯光色板诱杀进行防治。在抽穗期和成熟期进行田间人工除草，禁用除草剂。9 月下旬至 10 月上旬为收获季节。采收实行分收、分晒，脱粒扬净后晒干储存；加工工艺为稻谷→清理→脱壳→碾米→精选→入库等。

丰城富硒大米走特色化、市场化、规模化的经营之路，形成了产品提优、销路提宽、效益提升的良性经济循环发展模式。为了保护和推广丰城富硒大米，丰城市通过制定《丰城富硒大米生产技术规程》来规范大米生产要求，并为产前、产中、产后提供技术保障。引进了包括丰城市乡意浓富硒生态科技有限公司为示范的一批市场前景好、综合实力强的农业龙头企业，由丰城市中国生态硒谷现代农业管委会对企业实行统一品牌、统一包装、统一检测、统一标准、统一管理，引导提升企业产品的含金量，增加其市场份额。

丰城富硒大米一直以来注重品牌建设，已经组织完成了以丰城市“乡意浓”品牌为代表的富硒品牌企业申报富硒产业示范基地，取得了“两证一码”“三品一标”的认证工作，提升了“乡意浓”富硒大米的影响力和竞争力。同时，鼓励企业开展富硒产业龙头企业申报工作，已有 3 家企业取得江西省富硒龙头企业认证。

“乡意浓”有机富硒米是乡意浓有机米系列产品之一。该产品利用种植基地土壤富含天然硒的特点，土地经过 4～6 年改造，然后进行有机测试，空气、土壤、水质均达到有机标准方可种植。通过有机农业生产技术，全过程由华南农业大学昆虫生态研究室实施技术监制，选用未经基因改造的优质稻种，生产过程杜绝一切化学合成的肥料、农药。“乡意浓”有机富硒米是应用生态技术吸收土壤中的天然硒、符合国家标准《大米》（GB/T 1354—2018）的大米，大米中硒含量在 0.07～0.3 毫克/千克，煮饭、煮粥口感都很好。“乡意浓”有机富硒米成功开辟了人体补硒的新渠道，是关注环保、善于养生的有识之士的最佳选择。

“乡意浓”富硒大米产品足迹遍布全国各地及东南亚、欧美等地，入驻各大商超、政府机关食堂、学校食堂、农批市场、电子商务平台（如天猫、京东）、消费帮扶江西馆等。2019 年，丰城市富硒大米实现总产值 75 亿元，分别占全市 GDP 的 15.8%和农业总产值的 73.7%，带动农民就业 6 万人，帮助农民增收 13.5 亿元。2021 年 1 月，丰城富硒大米荣获“2020 全国绿色农业十佳粮油地标品牌”称号。

（地理标志保护产品　批准文号：2013 年第 6 号）

广昌白莲

江西省广昌县白莲产业发展局
揭志辉　邹东旺　李　通　杨良波　徐金星　郑兴汶　唐记平　李丰平　赖克强

广昌县是著名的“中国通芯白莲之乡”“中国优质白莲之乡”“中国莲文化之乡”。广昌白莲种植始于唐仪凤年间，距今已有1 300多年历史，盛产的白莲色白、粒大、味甘、清香、营养丰富、药用广泛，具有香、甘、纯、绵等特点，被誉为“莲中珍品”，是历代皇室贡品。近年来，广昌县依托区域资源优势，强化政策扶持、科技创新、品牌建设，强力推进一二三产业深度融合发展，全力把广昌白莲产业打造成县域脱贫攻坚、乡村振兴、生态文明建设的支柱产业，积极助推广昌县社会经济高质量跨越式发展。

1. 产地环境优越

广昌县地处江西省东部、抚州市南端、武夷山西麓，是江西抚河的源头，山清水秀，风光旖旎，生态优美，森林覆盖率达69.5%。广昌县属亚热带季风气候，气候温和湿润，四季分明，雨量充沛，具有冬短、冬暖、春早、秋迟等特点。广昌县河流众多，盱江河自南向北流贯全境，水资源充足，水质长年保持在Ⅱ类以上。全县土壤有机质含量高，耕作层深厚，土质达二级标准。

2. 区域优势凸显

(1) 地理位置优越，交通便利，广昌白莲生产经营占据“地利人和”。广昌县是联结粤、闽、浙、沪经济发达地区的重要交通枢纽，处在东西产销半径的最佳位置，交通便利。广昌县农业人口18万人，耕地面积29.56万亩，为广昌白莲生产经营提供了充足的人力和土地资源。

(2) 当地政府重视，扶持有力，为广昌白莲产业发展提供了有力保障。当地政府历来高度重视广昌白莲产业发展，专门出台了《关于进一步加快广昌县白莲产业发展意见》，组织编制并实施了《广昌白莲产业规划》，每年从县财政安排300万元作为白莲发展基金支持白莲产业发展，并整合多方政策和资金向广昌白莲产业倾斜，为广昌白莲产业发展提供了有力的政策和资金保障。

(3) 科研基础雄厚，创新能力强，为广昌白莲产业发展提供源源动力。广昌县先后成立了广昌县白莲科学研究所、广昌县白莲产业发展局等专门机构，成功组建了广昌县白莲科技博览园、江西省白莲工程技术研究中心、国家特色蔬菜产业技术体系广昌综合实验站、广昌县白莲科学研究所院

士工作站、江西广昌白莲科技小院等科技创新平台，并拥有一支以中国农业科学院蔬菜花卉研究所方智远院士领衔的一流科技研发队伍，科技创新能力强劲，可为广昌白莲产业发展提供持续动力。

3. 产品品质优异

广昌白莲品质优良。李时珍《本草纲目》中“莲藕”条目，引三国时期药学大家李当之的话写道：“所在池泽皆有，豫章、汝南者良。”三国时的豫章郡，治南昌，辖今广昌县境在内的16个县。由此可见，远在三国时期，广昌一带就以产莲而名扬海内了。日本间谍机构东亚同文会编纂的《支那省别全志》一书赞誉广昌白莲为“莲中珍品”，是历代的朝廷贡品。广昌白莲的优良特性总结归纳为“香、甘、纯、绵”四字。香：富含芳香油，芳香物质高达2.4%，在所有的莲子中含量最高，清香味独特；甘：广昌白莲粒粒通芯，无苦味，吃后喉底回甘；纯：味道纯正，炖煮易烂，烂而不糊，汤清而不浑；绵：煮后软烂如琼浆，入口即化，口感绵软醇香。

4. 历史文化厚重

广昌县种植白莲历史悠久，据文字记载至今已有1 300多年历史。北宋理学家周敦颐在任虔州（今江西省赣州市）通判时，钟爱广昌一带的莲花，写下了千古绝唱《爱莲说》。南宋绍定元年（1228）广昌县令谢觉之在白莲池旁建“莲香堂”，并时常邀请乡贤墨客赏莲吟诗。后“莲香堂”在民间广为流传，因民间口语中“香”与“乡”谐音，广昌便有了“莲乡”之美誉。广昌县赤水镇大禾村的莲神太子庙供奉着莲神七太子，每年农历六月二十四至二十六，当地村民都会举办酬莲神、庆丰收的庙会活动，八方宾客云聚。当代荷花摄影名家马元浩曾说：“全国处处有莲花，唯独广昌有莲神。”在广昌县驿前镇集镇区域内至今还保留着明清古建筑60多栋，古建筑的石雕、砖雕、木雕中有大量的荷花图案、荷花照景、寓荷寓莲的成语故事等，这些无不见证着广昌世代人民爱莲、护莲、敬莲之情。因这丰富多彩、厚重悠长的莲文化，2008年“广昌白莲生产技艺与习俗”被列入江西省第二批非物质文化遗产，2013年广昌县被中国民间文艺家协会命名为“中国莲文化之乡”，2017年“广昌莲作文化系统”被列入第四批中国重要农业文化遗产名单。

5. 产业发展迅速

近些年，在新一轮国家农业产业结构调整下，在市场和政府双轮驱动下，广昌白莲产业蓬勃发展，成为广昌县域第一大农业支柱产业。全县常年种植面积在11万亩以上，年产通芯白莲9 000吨，产值达7亿元，通心白莲种植面积和产量均居全国县级榜首。目前，全县有白莲系列产品开发加工企业24家，省、市级农业产业化龙头企业4家，白莲生产专业合作社80家，拥有自主品牌注册商标60余个；产品包括通芯白莲、莲藕粉、莲心茶、莲子汁饮料等10余类别70余个，以及深加工产品及全自动白莲剥壳脱皮一体机、鲜莲子烘干机、剥蓬机等一系列加工机械。另外，广昌县还依托莲花生态优势，打造了全国知名的莲景观旅游线、莲文化体验区、莲文化精品地，推进产业延伸发展。2016年驿前镇“姚西莲海”获吉尼斯世界纪录“世界最大莲池”称号，2017年驿前镇姚西村被农业部推介为“中国美丽休闲乡村”，驿前镇被住房和城乡建设部认定为全国第二批特色小镇，2018年广昌县姚西莲花景区列入国家4A级景区。广昌白莲产业通过一二三产业深度融合，发展迅速，年综合产值达20亿元以上。

6. 品牌建设有力

广昌县委、县政府长期以来十分重视品牌建设，大力推行广昌白莲品牌化发展战略，并取得显著成效。

（1）占产业前端，抢品牌。依托广昌县白莲产业发展局和广昌县白莲科学研究所，在全国率先开展了白莲航天育种，截至2020年已开展了5次航天搭载，选育出的太空莲系列品种已成为全国子莲产区的当家品种，种植面积占全国子莲产区的80%。“太空莲”享誉全国，深入人心，成为广昌县最靓丽的一张名片。

（2）标准化生产，树品牌。成功创建了全国第一个绿色食品原料（广昌白莲）标准化生产基地，制（修）订了国家标准《地理标志产品　广昌白莲》、江西省地方标准《广昌白莲》和《广昌白莲　绿色食品生产技术规程》。组织白莲系列产品加工企业开展质量追溯体系建设，在国家质量安全平台实现扫码追溯。目前，广昌白莲获有机白莲认证产品5个，有绿色食品标志用标企业4家。“广昌白莲”是国家地理标志保护产品，先后获得地理标志证明商标、农产品地理标志、中国名牌农产品、江西省名牌农产品等。“广昌白莲”于2017获评中国农产品区域公用品牌100强和最受消费者喜爱的中国农产品区域公用品牌，品牌价值达19.8亿元；2020年广昌县被认定为“广昌白莲中国特色农产品优势区（第三批）”，“广昌白莲”荣获“全国绿色农业十佳蔬菜地标品牌”称号。

（3）大力宣传，强品牌。每年组织白莲系列产品加工企业参加全国各类展示展销会，“广昌白莲”区域公用品牌连续3年在中央电视台《新闻联播》节目前的黄金时段做广告宣传，2017年成功举办中国·广昌白莲产业高峰论坛，2019年成功举办子莲新品种新技术展示暨学术交流会，大力宣传推介广昌白莲，进一步促进了“广昌白莲”品牌做大做强做优。

7. 社会贡献突出

广昌白莲是广昌县农业的主要支柱性产业，常年从事白莲种植农户有约11万人，还有3万白莲经纪人活跃在全国白莲交易市场上。全县有20余家白莲系列莲产品加工企业、4家莲加工机械生产企业、80余家白莲专业合作社及70余个电商销售网点，为当地及返乡创业人员提供了2万余个工作岗位。广昌白莲产业的发展还带动了旅游、包装、餐饮、运输等相关产业发展，年综合产值可达20亿元以上。尤其近几年，广昌白莲成为当地的重要扶贫和乡村振兴产业，贫困户年种植面积1.5万亩左右，户均增收约1.9万元，带领约2 700户贫困户1万余人成功脱贫致富，为广昌县脱贫摘帽和乡村振兴做出了突出贡献。

（农产品地理标志　登记证书编号：AGI00430）
（地理标志保护产品　批准文号：2004年第147号）
（地理标志证明商标　注册号：2016455）

修水宁红茶

江西省修水县茶叶协会　吴东生

宁红茶是我国最早的工夫红茶之一，产区包括江西省九江市修水县和武宁县、宜春市铜鼓县三县，以及湖南省岳阳市平江县和浏阳市。修水是主产县，因修水县古称为义宁州，所产红茶称为“宁州工夫红茶”，简称为“宁红茶”。

1. 产地环境

修水县地处湘、鄂、赣三省交界处，居幕阜山脉和九岭山脉之间，是“八山半水一分田、半分道路和庄园”的山区县，面积 4 504 千米^2。修水县属于亚热带湿润季风气候，气候温和，雨量充沛，年平均气温 16.5℃，年均降水量 1 617 毫米，平均无霜期 247 天。县境四周群山起伏，县内丘陵广布，四季云雾缭绕，处处清流潺潺。境内有种子植物 2 000 多种，构成茶园生态系统食物链的鸟类 41 种，构成茶园生态系统食物链的蜘蛛有 17 科 82 种。

2. 产品特性

宁红茶外形紧结圆直，锋苗挺拔，色泽乌黑油润，内质香高持久，滋味醇厚甜和，汤色红艳明亮，金圈夺目，以“红亮、香郁、味醇、形美”四绝著称，是工夫红茶中的佼佼者。我国茶叶审评专家、中国农业科学院茶叶研究所研究员沈培和对宁红茶的品质概括为：“宁红的品质与祁红很接近，高档茶叶，外形紧结，苗锋修长，色泽乌润，汤色红亮，甜香高长，滋味甜醇，叶底红亮。”

3. 历史文化

修水产茶始于唐，名于宋，而盛于清。据《宋史·食货志》记载：“嘉泰四年（1204），隆兴府惟分宁县（今修水县）产茶，他县无茶。”宁红茶创制于清乾隆五十年（1785），至清光绪年间，修水宁红茶产销进入鼎盛时期。光绪十七年（1891），修水县漫江茶商罗坤化开设的厚生隆茶行所产的白字号宁红茶 100 箱（每箱 25 千克），在汉口以每箱 100 两白银售给俄商，游历来华的沙皇太子尼古拉·亚历山德罗维奇赠予“茶盖中华，价甲天下”匾额，“宁红太子茶”因而得名。光绪十八年（1892），宁红茶年出口已达到 20 万担①，成为我国红茶出口的主要基地。清宣统二年（1910），漫江郭敏生开设的义泰祥茶行所产的宁红贡品，在南洋劝业会上陈列，经农工商部总长核定，被评为超等奖。

1915 年，宁红茶在美国旧金山巴拿马太平洋万国博览会上荣获甲级大奖章（比金奖高两个等级）。1933 年，修水茶叶改良场技术员冯绍裘主持改良的红茶，色、香、味超过祁红和印度、斯里兰卡红茶，颇受外商青睐。1936 年，修水茶叶改良场场长方翰周主持试制的宁红“明蕊”茶，以每担 120 块大洋在上海脱售。1940 年，修水茶叶产销合作联社产制的“白露芽”宁红茶 154 箱

① 担为非法定计量单位，1 担=50 千克。——编者注

（每箱 25 千克）评得 100 分，获财政部贸易委员会江西办事处嘉奖；同年在香港口岸博得“宁红不到庄，茶叶不开箱”之美誉。

从 1950 年到 1985 年间，宁红茶不仅是我国出口红茶中的驰名品牌，而且是我国拼配红茶的原料主体。美国学者威廉·乌克斯在《茶叶全书》中称：“宁红外形秀丽、紧结、色乌，汤色红艳引人，在拼配茶叶中极有价值。”当代茶圣吴觉农题词：“宁红、祁红，并称世界之首”“宁红早于祁红 90 年，先有宁红，后有祁红”“宁州红茶誉满神州，努力革新永葆千秋”。

4. 产业发展

自 2002 年修水县被评为首批全国无公害茶叶生产示范基地县起，到 2015 年宁红茶成为江西省“四绿一红”重点支持品牌中唯一的红茶品牌，宁红茶产业得到了快速恢复性发展。截至 2020 年年底，宁红茶的茶园面积达 19.5 万亩，均达到绿色无公害茶生产示范标准，规模生产基地达到 362 个。修水县现有茶叶企业 130 家，其中国家级龙头企业 1 家、省级龙头企业 9 家、市级龙头企业 16 家，以及茶叶专业合作社 56 个、家庭农场 102 个。2020 年，完成新扩和低改茶园 1.2 万亩、产量达 1.05 万吨，茶业综合产值达 21 亿元。

“百年宁红，王者归来”。2015 年，宁红茶荣获米兰世博会百年世博中国名茶评比公共品牌金奖、企业品牌金骆驼奖，获中国（上海）国际茶业博览会百年品牌金奖。2020 年，修水县被评为“全国茶业百强县”，“修水宁红茶”荣获“全国绿色农业十佳茶叶地标品牌”称号。修水县加强了与浙江大学 CARD 农业品牌研究中心联系，有效提升且完善了“宁红茶”品牌价值评估指标，“宁红茶”品牌价值评估稳步提升，2020 年品牌价值达到 16.82 亿元，为全国茶叶百强品牌之一。

5. 社会贡献

随着宁红茶品牌的崛起，修水县连续被农业农村部认定为“全国无公害茶叶生产示范基地县”，中国茶叶学会和农民日报社联合授予修水县人民政府“中国茶产业发展政府贡献奖”，中国茶叶学会授予修水县“中国名茶之乡”“科技示范基地”，中国茶叶流通协会授予修水县“全国重点产茶县”“全国特色产业县”“全国十大生态产茶县”，中华茶人联谊会授予修水县“中华生态文明茶乡”，江西省农业厅授予修水县“江西省园艺作物标准园创建先进县”“全省茶叶生产十强县”。

宁红茶品牌的发展，不但为修水县乃至宁红茶区企业产生了很好的经济效益，为宁红茶区绿色农业发展起到了巨大的推动作用，而且为修水县的旅游、运输、加工、服务等第二、三产业发展注入了活力，为老百姓提供了家门口就业的更多机会，带动了地方经济的可持续发展，成为当地脱贫攻坚中强有力的支柱产业。宁红茶也必将为正在实施的乡村振兴战略产业发展做出更大的贡献。

（农产品地理标志 登记证书编号：AGI00783）

政和白茶

福建省政和县茶业管理中心　余华珠

福建，是中国重要的茶叶生产省，也是中华茶文化发源地之一。从古至今，闽茶以其独树一帜的品质和魅力，赢得世人的赞誉，并灿然绽放在国际舞台。闽茶是当之无愧的国茶代表，政和白茶亦是闽茶发展重要的组成部分。

政和是“中国白茶之乡”“因茶得名第一县”“世界白茶核心产区”，已有 1 000 多年种茶历史。政和县地处福建北部、建溪上游。在北宋咸平三年（1000）立县之前，其半数以上疆域为建州所辖。从五代至宋、明时期，政和大部分茶区包含在皇家北苑御茶园范围之内，故政和茶叶的历史与建溪茶叶的历史有一脉相承的关系。从 20 世纪 40 年代开始，茶界泰斗张天福便与政和的茶叶结缘，曾多次到政和进行指导。2003 年 4 月，张天福再次来到政和，品尝政和白牡丹时，深感其优异品质，挥毫写下“政和白牡丹名茶形、色、香、味独珍”。

政和县山川毓秀，森林覆盖率高达 81%，植被茂密，多次入选“中国百佳呼吸小城”。境内东高西低，火山熔岩地貌广布，昼夜温差大。独特的二元地理气候、优异的生态环境及精湛的加工技艺，造就了政和白茶香高味浓、鲜爽醇厚的独特品质。全县 10 个乡镇（街道）均有种茶，茶园面积 11 万亩，茶树品种主要是政和大白茶、福安大白茶，以及少量金观音、梅占、福云 595、福鼎大毫、福云 6 号等品种。全县年产茶叶 1.63 万吨，产值 16.22 亿元，其中白茶 8 700 吨、产值 13.85 亿元。作为千年白茶县、中央苏区县、革命老区、廖俊波精神发源地，茶产业是政和县农民脱贫致富的支柱产业，也是落实乡村振兴战略的重要途径之一。

政和县现有白茶制作企业 315 家，其中通过食品生产许可认证企业 101 家、省级龙头企业 3 家、规模以上企业 19 家、中国白茶十强企业 3 家；获得授权使用“武夷山水”区域公用品牌企业 23 家；获中国驰名商标 2 个、福建省著名商标 9 个。全县茶行业从业人员 2 万人，从事种茶农户占农户总数的 75%以上，直接解决就业人数 12.7 万人，带动区域内相关产业解决就业人数 4.3 万人；茶农户均年茶叶收入 5 万元，茶产业已成为全县农民致富和乡村振兴的支柱产业。2018 年，“政和白茶”品牌价值达 46.17 亿元；2019 年 12 月，“政和白茶”被认定为中国驰名商标，同年获评“全国绿色农业十大领军地标品牌”。

福建省农业农村厅于 2018 年组织开展茶叶全程绿色标准化生产示范基地建设，政和县率先开展茶叶全程绿色高质高效发展试点。在政和县委、县政府的统一部署下，由政和县茶业管理中心具体负责，项目建设经过 1 年的努力，已完成并于 2019 年 10 月通过验收。该项目的实施以绿色发展为导向，以优化供给、提质增效、农民增收为目标，通过研究制定政和县茶叶绿色高质高效创建项目实施方案，示范推广茶园绿色高质高效技术模式，引领茶业生产方式转变，提升茶业供给体系的质量和效率。项目实施辐射带动周边同类生产组织农产品标准化生产率达到 80%以上、核心示范区周边将实现 3 倍以上面积实现规模标准化生产。

2018 年以来，政和县绿色高质高效创建项目建设总面积共计 18 783 亩，县内茶园土壤、生态环境得到有效改善，茶叶品质显著提高，茶叶病害虫害得到有效防控。通过整县制推进茶叶绿色高质高效创建工作，打造了万亩茶叶标准化示范基地，把保护良好的生态环境和实现绿色产业发展同步协调起来，坚持绿色发展理念，为进一步推广政和白茶公用区域品牌打下了坚实的基础。推动茶叶绿色品牌化发展，申请绿色食品或有机产品认证，做好溯源体系建设。全县茶企纳入农产品质量可追溯平台管理，茶叶产品抽样 100%合格，新增食品生产许可认证企业 28 家。

近年来，政和县着力打造政和白茶品牌，多渠道推介政和白茶，先后获“产茶明星县”“中国白茶之乡”“中国茶业百强县”等称号。总投资 5 亿元的中国白茶城项目 2021 年春茶前投入使用。建成后的白茶城以白茶交易为核心，多品种茶叶交易相融合，是集茶叶展示交易、智能仓储、检测认证、信用担保、期货拍卖、金融服务、白茶价格指数发布及茶文化旅游等功能为一体的“一站式”全国白茶集散中心。总投资 2 亿元的中国白茶博物馆项目正稳步推进。总投资近 9 亿元的政和县白茶标准化产业园（5 个白茶加工区）建设有序推进，助推白茶产业发展。这些项目的建成，必将提高政和县白茶产业规模，提升政和白茶品质。

（地理标志保护产品　批准文号：2007 年第 55 号）

（地理标志证明商标　商标注册号：6228806/7667932/26080812）

胡阳西红柿

山东省费县胡阳镇人民政府
孙友刚　杨小康　袁冬学　孔祥普　张　宁

胡阳镇位于山东省临沂市费县东北 12 千米处，辖 17 个行政村，4.6 万人，总面积 76 千米^2，耕地面积 6.7 万亩。胡阳镇北靠风景秀丽的沂蒙山，南临源远流长的祊河，属山前冲积平原，土壤肥沃，富含有机质，境内水质纯净、光照充足，非常适合温室西红柿的生产。近年来，胡阳镇利用土地、水利、交通等资源优势，加大产业结构调整力度，发展以温室西红柿、大棚西甜瓜、秋延迟辣椒为主的反季节蔬菜，种植规模逐年扩大，效益不断增加。

1. 温室西红柿产业发展历程

胡阳西红柿种植历史悠久，自 20 世纪 40 年代开始零星种植，为群众自发引进种植。1949—1980 年，逐步走向规模化、产业化发展道路，以露地种植为主，经济效益逐步凸显。

1982 年春，首次使用塑料薄膜小拱棚。1983 年，开始使用大拱棚。1992 年，随着地膜栽培和大、小塑料拱棚的推广应用，当地政府逐渐通过技术培训、试验示范引导群众发展大小拱棚生产，经济效益较好，逐步向高效栽培模式发展，推广面积 2 000 亩左右。1992 年开始使用土温室越冬栽培，到 1996 年开始使用发展高效日光温室西红柿。经过 10 多年的发展，温室西红柿产业逐步形成，种植面积达到 5 000 亩，经济效益有了很大提高。

2012 年开始，胡阳镇党委、镇政府因势利导在全镇大力推广温室西红柿，形成了以镇领导包工作区、机关工作人员包村、村“两委”成员包户的责任明确、层层落实责任的工作机制。同时，看到胡阳西红柿产品产量和品质虽好但是市场知名度不大的实际，开始筹划举办胡阳西红柿节，邀请省、市、县电视台及报社等新闻媒体进行宣传报道。截至 2020 年，已连续成功举办了 8 届西红柿采摘节、3 届西红柿产业发展论坛，和临沂大学美术学院合作成立临沂大学大学生写生基地，并成功举办西红柿绘画大赛。多次到北京、寿光、上海、长沙、兰陵等地参加西红柿展销推介会，通

过系列的宣传推介，特别是2016年与上海市商务委员会合作建设了上海市外延蔬菜生产基地，胡阳西红柿成功进驻上海市高端市场，胡阳西红柿产品知名度逐步提高。

目前，胡阳镇温室西红柿已形成了拱棚、温室等多种栽培模式，实现了西红柿的周年供应，种植面积已达2.7万亩。现已拥有中研168、欧贝、圣罗兰3686、圣罗兰3689、凯德6810、罗拉、凯德冬冠、汉姆七号等100多个品种，西红柿年产量可达27万吨，总产值达到19.6亿元，农民人均年增收6 000余元。

2. 西红柿产业发展经验

近年来，胡阳镇党委、镇政府紧紧围绕费县县委、县政府建设富裕和谐美丽幸福新费县的部署，大力发展温室西红柿生产，胡阳西红柿在规模、产量、效益上实现了快速发展。

（1）坚持“强化基础”，提升产业发展水平。2016年，胡阳镇党委、镇政府对全镇西红柿主产区进行规划建设，总投资2 000万元，实施核心区农业基础设施建设，围绕“农业观光、科技推广、休闲采摘”一体发展的思路，规划西红柿产业园路、桥、渠、湖等基础设施建设。先后投资7 000多万元，实施了万亩土地整理项目，整理土地2万亩。胡阳镇西红柿生产基地达到了“旱能灌、涝能排、田成方、渠相连、路相通”的农业标准化基地建设标准，为西红柿产业发展提供了坚实的硬件基础。

（2）坚持“科技带动”，提高产业发展质量。邀请省、市、县的农业专家进行西红柿栽培技术的培训，2012年以来累计开展各类技术培训班次120余场次，引进推广了秸秆反应堆技术、生物有机基质栽培技术等，推动了胡阳西红柿向绿色食品发展。每年组织种植户到寿光等地参观学习，引进新品种，学习新技术，确保西红柿产品质量紧跟市场需求。

（3）坚持“旅游引领”，打造现代农业品牌。全力推动西红柿旅游产业发展，以发展农业观光旅游为目标，举办西红柿采摘节暨优质农产品推介会、胡阳西红柿产业发展论坛，推广西红柿采摘游。已累计接待游客10万余人次，有效促进了农民增收。

（4）坚持“市场引领”，打通全方位销售渠道。胡阳镇党委、镇政府重点抓住销售市场这一重要环节，一是不断开拓销售市场。胡阳镇党委、镇政府成立了胡阳西红柿产品市场推广工作组，带领种植户、销售经纪人入住北京、苏州、南京等大城市农产品物流公司、蔬菜批发市场，通过现场推广的方式占领市场。二是积极与蔬菜集团合作。2016年，重点与上海蔬菜（集团）有限公司建立合作关系，正式成为上海外延蔬菜基地，达成胡阳西红柿销售合作协议。2020年，与北京丰景惠农信息服务有限公司达成合作意向并建立了农产品溯源体系。

通过推动西红柿产业的发展，胡阳镇先后被评为全国青少年农业科普示范基地、全国一村一品专业示范镇、山东省一村一品西红柿专业示范乡镇和临沂市第一批现代农业示范区；2018年入选农业农村部全国农业产业强镇示范建设名单，获批山东省第一批省级现代农业产业园；2020年被山东省农业农村厅评为省级农业产业强镇。“胡阳西红柿”已拥有8个绿色食品证书，2013年获得农业部农产品地理标志登记；2015年被评为全国互联网地标产品（蔬菜）50强，在2015年中国农产品区域公用品牌价值评估中品牌价值为2.47亿元；2016年被评为全国果菜产业十佳质量信誉地标品牌、全国果菜产业百强地标品牌；2020年被农业农村部农村社会事业发展中心评为全国乡村特色产品，荣获“全国绿色农业十佳蔬菜地标品牌”称号。

（农产品地理标志　登记证书编号：AGI01306）

泌阳花菇

河南省泌阳县食用菌技术服务中心　张明星

泌阳县位于河南省驻马店市西南部，南阳盆地东缘，属浅山丘陵区。境内伏牛山山脉和大别山山脉南北交汇，长江与淮河两大水系东西分流，新阳高速、焦桐高速、沪陕高速纵横交错，交通便利。全县总面积 2 335 千米^2，其中山区丘陵面积占 83.3%，耕地面积 145 万亩，呈现出“五山一水四分田”的总体格局。全县辖 22 个乡镇（街道），352 个行政村，90 万人。境内有铜山、白云山、盘古山、铜山湖、泌水湖等风景名胜旅游区，大中小水库 70 多座，蓄水量达 7.5 亿多米^3。泌阳县土地肥沃，涵养丰富，大陆季风气候，四季分明，光照充足，雨量充沛，有霜期短。全县林木资源丰富，宜林面积 172 万亩，森林覆盖率 43.3%，有天然氧吧之美誉。独特的地理位置、适宜的气候环境条件和丰富的林业下脚料，为泌阳花菇的生长繁育提供了得天独厚的天然条件和自然环境，成为栽培泌阳花菇的天然宝地。

1. 泌阳花菇品质特性

泌阳的花菇光滑细腻、质密肉厚、香气浓郁、爆花自然、朵形圆整、色泽纯正、外形美观、口感脆嫩爽滑、味道鲜美独特，备受世人青睐。泌阳花菇是香菇中的珍品、极品，富含易被人体吸收的蛋白质、多糖、膳食纤维、多种微量元素及人体必需的 8 种氨基酸。其中，粗蛋白含量 20.2 克/100 克，粗多糖含量 10.3 克/100 克，粗纤维含量 9.3%，磷元素含量 435 毫克/100 克，铁元素含量 3 毫克/100 克，钙元素含量 9.9 毫克/100 克，锌元素含量达到 3.8 毫克/100 克。常吃花菇可增强人体免疫力，有降脂的功效，是低脂肪、高蛋白的健康长寿食品，被称为“素中之荤”“蔬菜之王”。泌阳花菇以其独特的色、香、质、味、形、花而驰名中外，“泌阳花菇甲天下”“泌阳花菇　世界一绝”“泌阳花菇冠天下”等美誉赞不绝口，受到世人的喜爱。

2. 泌阳花菇产业发展

香菇产业是泌阳县的传统优势产业，也是泌阳县潜力大、前景好、可持续发展的农业支柱产

业。1992 年，泌阳县委、县政府制定了“以菇（香菇）为主，多品发展，常年种植，精深加工”的发展思路。此后，经过 20 多年的探索努力，泌阳人民创造出大袋、立体、小棚的栽培方法，探索出了适合北方气候环境条件的花菇栽培方法，使香菇的花菇率由原来的 20%提高到 80%以上，产品质量得到大幅度提高。泌阳花菇以一流的品质、显著的效益，受到了国内知名食用菌专家的高度赞誉。袋料香菇种植方法在国内著名食用菌专家考察后，被誉为“泌阳模式”，被中国食用菌协会认定为“中国袋料香菇生产发展史上的第三次革命”，泌阳县成为“中国南菇北移的先导和桥头堡”。

2006 年 7 月 12 日，国家质量监督检验检疫总局批准对“泌阳花菇”实施地理标志产品保护。2008 年 12 月 28 日，《地理标志产品　泌阳花菇》顺利通过国家质量监督检验检疫总局和国家标准化管理委员会的验收，泌阳花菇标准被认定为国家花菇标准，填补了中国没有花菇标准的空白。2015 年 9 月，“泌阳县国家级出口食品农产品（食用菌）质量安全示范区”顺利通过国家质量监督检验检疫总局的验收，泌阳县成为国家级出口食用菌质量安全生产基地。

2020 年，泌阳县栽培泌阳花菇 8 000 万棒，年产鲜品 8 万吨，产值 24 亿元，经济效益达 18 亿元；花菇生产遍布全县 20 个乡镇（街道）350 个村委，1 万余户栽培种植，带动了 3 642 户贫困户脱贫增收，户均增收 13 200 元，取得了良好的经济效益和社会效益，成为山区农村脱贫致富的有效途径。

3. 品牌建设和社会评价

泌阳县先后被中国食用菌协会评为“全国食用菌行业十大主产基地县”“全国黑木耳主产基地县”“全国小蘑菇新农村行动优秀团体”“全国食用菌行业优秀基地县”“全国食用菌文化产业建设先进县”“全国食用菌产业化建设示范县”“全国食用菌优秀主产基地县”。2016 年 11 月，泌阳县获得“全国香菇出口优秀基地县”称号。2017 年 9 月，泌阳县获得“河南省食用菌生产先进基地县”称号。2018 年 6 月，泌阳县获得“中国绿色食品（食用菌）产业基地”认定。

2014 年，“泌阳花菇”入编农业部全国名特优新农产品目录。2016 年 1 月，“泌阳花菇”被第 13 届中国果菜产业论坛暨全国互联网 + 现代果菜产业发展年会组委会评为“2015 年全国互联网地标产品（蔬菜）50 强”。2021 年 1 月，“泌阳花菇”荣获“2020 全国绿色农业十佳蔬菜地标品牌”称号。

（地理标志保护产品　批准文号：2006 年第 97 号）

恩施土豆

湖北省恩施土家族苗族自治州农业技术推广中心　李求文　尹　鑫　谷　勇
湖北省恩施土家族苗族自治州农业农村局　于斌武　李雪晴　赵锦慧
湖北省恩施土家族苗族自治州农业科学院　沈艳芬　高剑华

恩施土豆又称恩施小土豆、恩施马铃薯，达到含硒标准的也称恩施硒土豆，是利用恩施土家族苗族自治州（以下简称“恩施州”）境内良好的生态及含硒、富硒土壤优势生长的新鲜土豆，主要品种有米拉、鄂马铃薯10号、鄂马铃薯13、鄂马铃薯16等。恩施土豆生长期长，个体适中，一般单薯重50～200克，呈长椭圆形，薯块芽眼较浅，表皮较光滑，黄皮黄肉，口感软糯香绵，适宜主食加工、鲜食菜用及与更多美食混用。恩施土豆内在营养丰富，维生素C含量大于80毫克/千克，蛋白质含量1.3%～2.5%，淀粉含量10.0%～21.9%，可溶性糖含量0.3%～0.8%，硒含量0.015～0.15毫克/千克。

“恩施土豆”农产品地理标志地域保护范围为恩施州，全域面积2.4万千米^2，包括恩施、利川2市及建始、巴东、宣恩、咸丰、来凤、鹤峰等6县，共有88个乡镇（街道）、2 627个村（居）、23 510个居民小组，覆盖全州马铃薯生产基地。2020年，全州土豆种植面积达到157.5万亩，总产量147.5万吨，综合产值达70亿元，居湖北省第一位；全州从事土豆种植、加工、市场营销的企业（含专业合作社、家庭农场）达到248家，获得“恩施土豆”农产品地理标志授权的有95家，恩施土豆已成为恩施州稳定粮食生产、增加农民收入、助力乡村振兴的支柱产业。

近年来，恩施州着力推进土豆全域绿色化发展，先后制定发布了《恩施硒土豆生产技术规程》《绿色食品恩施土豆生产技术规程》《恩施土豆质量控制技术规范》《恩施土豆团体质量技术标准》《恩施土豆授权使用管理办法》等。恩施州是中国南方马铃薯研究中心所在地，湖北省农业农村厅在恩施州挂牌设立了湖北省马铃薯晚疫病监测预警指挥中心，恩施州已建成全国一流的马铃薯晚疫病监测预警系统及远程视频监控系统，并在全国率先开展了马铃薯质量追溯体系建设。

随着“恩施土豆”品牌的不断提升，鲜土豆市场供不应求，连续4年成为国内销售火爆的网红土豆和土豆王国中的奢侈品。“恩施土豆”授权企业品牌“小猪拱拱”鲜土豆在北京盒马、大润发等超市售价达到21.6元/千克。“恩施土豆”授权企业品牌“慢土豆”鲜土豆在杭州盒马等超市售

价 31.8 元/千克，香港市场销售达到 152 港币/千克。2018 年 4 月 23 日，恩施土豆在贝店网上平台销售 24 小时销售量达到 298 329.5 千克，获得吉尼斯世界纪录证书。目前，恩施土豆已成功走进全国 20 多个省份城市人群的健康消费生活，并通过良品铺子出口到日本、韩国等国家。

恩施土豆种植面积和效益逐年提升，土豆收购价格已由 2015 年的 0.8～1.2 元/千克提升至 2020 年的 1.8～2.6 元/千克，5 年时间收购价格翻了一番多，农民种植土豆亩收益在 2015 年基础上每亩平均增收 1 200 元以上，其收入占全州农民可支配收入的 15%左右，在土豆主产乡镇约占 50%。部分土豆专业乡镇还打造了土豆旅游线路和土豆花儿开文化节等，为乡村农文旅融合发展积累了新经验。

恩施州全力打造“恩施土豆”区域公用品牌，成功组织召开了 2015、2016 两届南方（恩施）马铃薯大会和 2019 年第 21 届中国马铃薯大会暨世界硒都（恩施）马铃薯博览交易会。近年来，在中央电视台、东方卫视、浙江卫视、天津卫视、湖北卫视等媒体均有推介。“恩施土豆”广告先后投放到北京西站、杭州东站、汉口站及恩施州机场、车站等。2020—2021 年，“恩施土豆”公益宣传片先后在恩施州电视台、湖北广播电视台和中央电视台纪录频道等持续播出。

2017 年，“恩施马铃薯”获得国家质量监督检验检疫总局地理标志保护产品；2019 年，“恩施土豆”获得农业农村部农产品地理标志登记保护；2020 年，“恩施土豆”获得国家地理标志证明商标，并启动“恩施硒土豆”国家地理标志证明商标申报工作。

2016 年以来，土豆花儿开文化艺术节、高山土豆云销节、云上恩施土豆节、恩施硒土豆健康行、恩施硒土豆美食节等活动成为“恩施土豆”品牌建设的重要载体。目前，恩施硒土豆全席、农家土豆宴已成为恩施旅游及对外宣传的一张靓丽新名片，恩施硒土豆馆成为恩施展览馆的固定展馆之一，“恩施土豆”逐步成为恩施州最具标志性的地标名片。

2018 年以来，恩施土豆美食“富硒土豆烧”“宫廷桃酥”等先后获得全国马铃薯主食加工十大主食产品、十大休闲食品。2018 年，“恩施炕土豆”荣登武汉东湖国事活动食谱和外交部全球推介湖北的 25 道风味菜品之一，2019 年入选湖北十大楚菜名点和湖北特色好食材。

2015 年 12 月，“恩施硒土豆”被中国优质农产品开发服务协会评为 2015 最受消费者喜爱的中国农产品区域公用品牌。“恩施土豆”授权的企业子品牌“小猪拱拱”连续在第 18、19 届中国绿色食品博览会上获得金奖，2019 年成为中国农产品百强标志性品牌。2019 年 9 月，“恩施硒土豆”在首届湖北地理标志大会暨品牌培育创新大赛中获得金奖，并成为湖北地理标志名片。2021 年 1 月，“恩施土豆”荣获 2020 我最喜爱的湖北品牌电视大赛金奖、2020 全国绿色农业十大最具影响力地标品牌。

（农产品地理标志　恩施土豆　登记证书编号：AGI02562）

（地理标志保护产品　恩施马铃薯　批准文号：2017 年第 98 号）

（地理标志证明商标　恩施土豆　商标注册号：36072582）

张家界大鲵

湖南省张家界市畜牧水产事务中心　陈海涛　彭　红

大鲵是张家界市宝贵的战略资源，在连续几届市委、市政府的高度重视下，大鲵种质资源得到了有效保护。“张家界大鲵”品牌影响力不断提升，已成为美丽张家界的新名片，大鲵产业也得到了快速发展。

1. 生产环境和历史

张家界市位于湖南省西北部，地处武陵山脉腹地，是澧水的发源地，地貌独特，气候宜人，森林覆盖率达 69.6%。境内中国大鲵资源十分丰富，历史上几乎呈全域性分布，是中国大鲵的主要原产地之一。1972 年，桑植县大鲵研究所成立。1978 年，首次获得大鲵人工繁殖成功。1996 年，建立全国第一个国家级大鲵自然保护区。1998 年，规模化工厂化人工驯养大鲵技术成功。2010 年，“张家界大鲵”获得国家地理标志产品保护，仿生态繁殖技术成功。2012 年，中国野生动物保护协会水生野生动物保护分会授予张家界市“中国大鲵之乡”称号。2013 年，“张家界大鲵”获得国家地理标志证明商标。2017 年，获得湖南省十大农业区域公用品牌。《张家界大鲵　产品质量》《张家界大鲵驯养技术规范》《张家界大鲵繁殖技术规范》先后成为湖南省地方标准。

2. 品质特性

大鲵对栖息地环境要求高，特别是大鲵繁殖时对水质要求极高，大鲵又被称为良好生态环境的指示剂。张家界大鲵活体体型健壮，匀称口大，头扁宽，皮肤色泽光鲜，多有虎纹或铜钱纹。张家界大鲵肌肉蛋白质含有 18 种氨基酸，氨基酸总量、必需氨基酸总量、鲜味氨基酸都高，分别为 17.10%、6.93%、7.46%，非常符合人体的需要。

张家界大鲵不饱和脂肪酸含量为 71.43%，多不饱和脂肪酸含量为 35.80%。肌肉中脂肪含量虽然不高，但脂肪中必需脂肪酸含量高，亚油酸、亚麻酸与花生四烯酸分别为 799、286、446 毫克/千克。特别是二十二碳六烯酸（DHA）含量丰富，可达 1 463 毫克/千克，具有与深海鱼类相似的必需脂肪酸组成和较高 DHA 含量的特点。DHA 俗称“脑黄金”，是一种对人体非常重要的多不饱和脂肪酸，对婴儿智力和视力发育至关重要，具有预防心肌梗死、心律不齐、高血脂、动脉粥样硬

化、冠状动脉硬化及抗氧化清除自由基、抗衰老等功能。

张家界大鲵肌肉中钾、镁、钙和锌的含量均高于鲍鱼、海参和甲鱼，矿物质营养水平高于其他地区大鲵及鲍鱼、海参和甲鱼。张家界大鲵肌肉中硒含量为0.91微克/克，高于甲鱼，已经达到富硒标准（0.2～2.0微克/克）。

3. 产业发展

（1）扶持政策已成体系。2011年以来，张家界市委、市政府先后印发了《关于大鲵资源保护与产业发展意见》《张家界市农业产业提质升级“523”行动计划》《关于加快推进五大农业特色产业的实施意见》等文件，投入财政资金8 000多万元，集中人力、物力和财力，优先发展大鲵产业，打造“张家界大鲵”品牌；制定并实施了《张家界大鲵产品质量》《张家界大鲵驯养技术规范》《张家界大鲵繁殖技术规范》等地方标准，在全国率先建立大鲵防伪溯源系统和推行大鲵养殖保险试点，建成了全国首家大鲵质量安全检验检测中心。

（2）产业规模不断加大。从2013年开始，张家界市大鲵养殖规模每年以20%的速度增长。2020年，全市大鲵养殖规模达到300万尾，约占湖南的90.6%、全国的11.6%。全市现有15家企业从事大鲵产品研发，先后获得30多项国家专利技术，开发系列产品达120多种。全市年销售大鲵50万尾以上，每年销售量增长15%以上；全市80%以上的餐饮酒店经营大鲵菜品，大鲵美食形象店达200家，开发大鲵系列菜品30多种。张家界金鲵生物工程股份有限公司等3家公司已上市，张家界大鲵产品销往全国38个大中型城市，实现综合产值20亿元。大鲵企业为建档立卡户采用托养等方式，带动农户3 200户、1.2万人，人均年收入可增收8 600元，大鲵已成为全市脱贫攻坚的重要产业和特色产品。张家界已逐步成为全国大鲵产品的集散地和消费中心。

（3）品牌影响力不断提升。经过多年人工培育的子二代以上商品大鲵——张家界大鲵，因良好的生态环境、成熟的养殖技术和优良的品质，先后获得国家地理标志产品保护和国家地理证明商标。目前，张家界大鲵在北京、上海、广州、深圳、长沙等大中型城市及东南沿海主流消费市场获得了消费者的青睐，同样规格的商品大鲵，张家界大鲵的售价要比其他地方的高出50%以上。“张家界大鲵”成为张家界市传递给世界的又一张新名片。

（地理标志保护产品　批准文号：2010年第144号）

（地理标志证明商标　商标注册号：10159626）

大竹香椿

四川省大竹县香椿产业协会　刘成文　袁思安　施海霞　魏和军

大竹县隶属四川省达州市，位于四川省东部、达州市南部，东邻重庆市，系北纬30°川东第一城，唐武则天久视元年（700）始置县，迄今有1 300多年历史，因“竹多竹大”而得名。大竹县素有“中国苎麻之乡”“中国醪糟之都”“中国糯米之乡”“川东绿竹之乡”“中国香椿第一县”之美誉，全县辖区面积2 076千米^2，总人口112万人。大竹香椿栽培已有500多年的历史，2020年栽植面积达12万亩以上，占全国蔬菜用香椿种植面积的20%左右，分布在全县20个乡镇324多个行政村，其中规模化种植7万亩，“巴山红”香椿良种使用率超90%。

神奇的北纬30°和境内“三山两槽”的地形，形成了大竹县区域独特的亚热带季风小气候。夏无酷暑、冬无严寒、气候温和、雨量充沛，造就了大竹香椿叶肉肥厚、颜色红艳、香味浓郁的三大鲜明特点。近年来，大竹县始终坚持“生态建设产业化、产业发展生态化”原则，将香椿产业定位为“改善环境的生态工程、富民强县的支柱产业、展示大竹的城市名片”，紧紧围绕“扩大种植面积、加强基地建设、坚持品牌战略、强化科技支撑”的思路发展香椿产业。

1. 规模化、标准化、品牌化的产业发展之路

规模发展是特色农业产业化发展的基础。为做大做强香椿产业，大竹县委、县政府确定了发展的基本思路：控制新增面积、强化管护责任、加强科技培训、推进品改技改、壮大基地规模、做强品牌效应、拓宽市场渠道、提高椿农收益。主要目标为：到2022年，全县香椿栽植和有效管护面积15万亩以上，香椿产业总产值实现6亿～8亿元，其中香椿农户平均直接收益达到6 000元以上。

制定行业标准提升产业品质。依托大竹县香椿产业协会搭建大竹香椿产业发展行业标准体系，开展大竹香椿产业内部改造升级，淘汰落后生产方式与传统陈旧观念，积极引入具有实用性、适用性新型技术提升香椿种植技术，在全县范围内大力推行香椿树体矮化、合理密植、鲜芽采收、产品分级等关键技术措施，规范化管理香椿种植过程。构建大竹香椿产业部门、乡镇、种植户“三级培

训”机制，全方位、立体式、多角度指导全县香椿产业标准化建设。

创立品牌、锻造价值。重点打造“大竹香椿”国家地理标志产品和“中国香椿第一县”品牌，全县范围内统一组织、统一实施，加大品牌保护力度，全面推广、保护大竹香椿这一优质地方名品。组织开展大竹香椿产品品牌形象重塑，在全县范围内向社会各界征集大竹香椿品牌LOGO、包装等设计，扭转以往产品固有低端、粗放印象，重塑大竹香椿崭新面貌。加大“大竹香椿”品牌宣传推介，在全县范围内重要交通要道的大型广告牌、户外宣传栏等展现大竹香椿品牌全新形象，提升产品的知名度；充分利用报纸、电视、新媒体、微信公众号等手段全面宣传、推广大竹香椿。

2. 建好示范园，延伸产业链

重点打造大竹县优质红香椿示范园区。全面提升产业园区内农业基础设施建设力度，着力推动冷链物流建设，提高冻库存储容量，满足现有需求，实现大竹香椿产品错峰上市以此稳定市场价格，避免出现价格波动；推动农村土地流转、托管、入股，积极鼓励园区内开展香椿连片规模化种植，提升示范作用；打造集香椿销售、仓储、运输于一体的贸易集散中心，拓展中心功能、提供优质服务、延伸销售渠道，致力于将贸易集散中心打造成为西南乃至全国首屈一指的香椿产品交易地。

积极延伸产业链，完善配套产业，组织开展对大竹香椿产业的升级改造。积极探索打通香椿全产业链条，促进一二三产业有效联动。开发休闲农旅项目、拓展农业业态，积极探索将农事科普、农事教育、休闲采摘等内容与香椿产业相结合，丰富产业结构。提升大竹香椿精深加工能力，大力发展香椿酱、香椿花生酱、香椿茶等配套加工业，提升香椿产品附加值和综合经济效益。完善香椿生产配套产业发展，合理规划、有效布局香椿产品销售用包装箱、包装袋、运输用冰块等配套物资生产企业。

3. 坚持农产品质量安全底线思维

农产品质量安全是特色农业产业化发展不可逾越的底线。大竹香椿坚持走露天栽培、有机栽培之路。严格管控农业投入品使用，提倡使用有机肥、农家肥等，建立大竹香椿禁限用农业投入品清单，从源头保障农产品质量安全。建立大竹香椿产品详细检验检测计划，提升现有县级检测水平与村镇、企业（合作社）农药残留快检能力，配备农药残留快检设备，提升大竹香椿产品检验检测覆盖面积保障产品质量安全水平。完善大竹香椿农产品质量安全信息追溯机制，将大竹香椿农产品质量安全信息纳入四川省农产品质量安全追溯网中，实现香椿育苗、栽种、管理、采收、包装、销售等全过程信息的可追溯，构建消费者对于大竹香椿产品的认可度与忠诚度。

大力提升大竹香椿国家地理标志保护产品专用标志的使用率，积极鼓励引导全县香椿种植户申报、使用地理标志专用标志，同时对于专用标志使用情况进行有效监管。建立大竹香椿产品准出制度，杜绝外地香椿冒充大竹香椿、损害大竹香椿产业的情况发生。依托大竹香椿产业的深厚积淀，完善香椿母本园功能，建立县级保障性苗圃和根蘖苗繁育基地，为拓展香椿面积、品种淘劣换优提供充足种苗供应。

4. 拓展市场，综合发展

强化大竹县香椿产业协会作用，积极引导成立合作社、家庭农场等提升香椿种植组织化、规模化程度，培育具有市场竞争力的香椿种植、加工龙头企业，形成示范带动作用，全面协调，综合发展。鼓励大竹香椿产业走高端优质路线，提升产品的市场认可度与占有率。实施有机认证，积极引导大竹香椿走有机生产路线，提升产品的品质与质量，在重点核心区域大力发展香椿有机种植。拓宽销售渠道，组织大竹香椿参加在国内外开展的农产品博览会、展销会、推介会等，将大竹香椿展示给各界消费者，同时支持建立网络销售平台，拓宽香椿产品销售渠道，建立实体销售与网上销售相结合的销售体系。

规范引导，带动乡村产业振兴。2020 年，大竹县鲜销椿芽达 1.1 万吨，产值突破 3.5 亿元，占全国总产值的 30%，香椿全产业链产值超 7 亿元；实现种植户人均香椿年收入 3 800 元以上，涉及行政村 100 多个，10 余万人吃上了“香椿饭”，其中扶贫解困 30 个贫困村、1.8 万贫困户、5.25 万人。香椿产业已成为大竹县第一特色经济作物和最靓丽的“产业下乡名片”，产品已销往全国主要大中型城市，并远销日本、韩国、新加坡等国家。

强化品牌打造和科技创新。2009 年，大竹县被中国经济林协会授予“中国香椿第一县”称号，并取得四川省无公害蔬菜生产基地认证。2010 年，“大竹香椿”被审核批准为国家地理标志保护产品。2011 年，在大竹县本土选育的“巴山红”香椿被认定为四川省林木良种；同年，“巴山红”香椿芽被评为第二届中国国际林业产业博览会暨第四届中国义乌国际森林产品博览会优质奖。2019 年，“大竹香椿”被中国绿色农业联盟、《中国绿色农业发展报告》编委会评选为“2019 全国绿色农业十佳蔬菜地标品牌”。

（地理标志保护产品　批准文号：2010 年第 134 号）

内 江 猪

四川省内江市农业农村局 张 强
四川省内江市种猪场 陈 谦 胡 晓

内江猪是我国四大优良地方猪种之一，是全国首批、四川省第一个纳入《国家级畜禽遗传资源保护名录》的地方猪种。内江猪遗传性能稳定、配合力好、适应性强、耐粗饲、母性好、抗病力强、肉质佳，先后获得全国科学大会重大贡献奖和国家标准科技成果奖、3 次获得四川省科技进步奖一等奖。2011 年，“内江猪”获得农业部农产品地理标志登记保护；2012 年，“内江猪”获得国家工商行政管理总局地理标志证明商标注册；2015 年，内江市被中国畜牧业协会猪业分会授予“中国黑猪（内江猪）之乡”称号；2019 年，国家知识产权局批准注册“内江黑猪”（“内江黑猪”是以内江猪为基础培育形成的系列黑猪的统称）地理标志证明商标。内江猪肉品质细嫩不油腻、香味纯正、回味浓郁，是做回锅肉、烧白等传统川菜的理想食材之一。

近年来，内江市按照“六个一”（一个内江猪种保种体系、一个“内江黑猪”配套系、一批龙头企业、一批家庭牧场、一个屠宰暨食品加工厂、一批产品专卖体验店）的工作思路和工作目标，大力推动内江猪的保护和产业化开发工作，并取得明显成效。

1. 品种保护能力强

从单一国家保种场保种，发展为国家保种场保种、备份场保种、企业合作保种和冷冻精液、冷冻体细胞、冷冻胚胎等多层次的保种体系。除国家保种场有 150 多头核心保种群体外，与企业合作建设了 2 个备份场，核心保种群体增加到 3 个备份、400 多头；与四川农业大学、四川省畜牧科学研究院、重庆市畜牧科学院等科研院所合作，完成了 3.2 万剂内江猪精液、60 头内江猪体细胞、61 枚内江猪胚胎的冷冻保存，构建起“内江猪”品种的多层次保种体系。

2. 开发体系逐步构建

按照政府引导、企业主导、农户实施、保险保障、金融支持的原则，坚持以龙头企业为主体，启动了 100 万头“内江黑猪”全产业链建设，明确构建育、繁、养、宰、加、销一体化融合发展新格局，形成规模养殖与加工经营相互促进、配套成龙、产业化发展的良性循环。按照“政府引导＋科研院所＋龙头企业”模式，引进四川德康、四川恒通、新希望、正邦等生猪龙头企业，建设内江猪研究所 1 个、内江黑猪研究所 1 个，建成投产存栏 1 000 头能繁母猪的内江猪祖代场 1 个、存栏 3 000 头能

繁母猪的内江黑猪扩繁场 1 个，存栏 4 000 头能繁母猪的内江黑猪选育扩繁场也即将建成投产，年供应内江黑猪母猪 2 万头以上的种业体系已初步建立，为 100 万头内江黑猪产业奠定了基础。

3. 生产水平快速提升

采取“龙头企业＋家庭农场”模式，坚持“以养定种、以种定养”的原则，培育新型经营主体，大力发展标准化、规模化、绿色化“种养循环、种养平衡”的内江黑猪生产体系。2020 年，已累计开工内江黑猪种养循环家庭农场 663 个单元，完工投产 381 个单元，内江黑猪存栏增长了 1.5 倍，年产能从 8 万余头上升到 25 万余头。

4. 品牌影响力不断增强

充分利用“中国黑猪（内江黑猪）之乡”国字招牌，以内江市“甜城味”区域公用品牌为统领，从标准制定、体验店、专卖店、文化挖掘等方面入手，全力打造“内江黑猪”单品区域品牌，形成了“黑德香”“弘济黑猪”“潴源润”“黑溜宝”等产品品牌。2020 年，“内江猪”荣获“全国绿色农业十佳畜牧地标品牌”称号。

制定了《内江黑猪回锅肉烹饪工艺规程》《内江黑猪商品猪生产技术规程》等地方标准，邀请中央电视台拍摄内江猪回锅肉纪录片，在成都、重庆等地开设内江黑猪特色菜品体验馆、产品专卖店 89 个。

5. 产业效益大幅提高

建立“政府引导＋龙头企业＋养殖户（专业合作社）＋银行＋担保公司＋保险公司”的六方联动产业发展金融保障机制，发展代养、寄养等利益联结、效益兜底的合作生产，形成了统一生产、统一服务、统一营销、技术共享、品牌共创的产业发展模式，构建起了龙头企业、专业合作社与养殖户的利益共同体。目前，“内江黑猪”产业已带动就业 2 000 余人，养殖户每代养 1 头内江黑猪可获得 400～700 元的代养收益，内江黑猪肉的市场均价稳定在 96 元/千克以上，每头平均产值从 4 000 元上升到 1 万余元。2020 年，全市生产内江黑猪 18 万头、产值 18 亿元，内江黑猪产业促进农民增收效果明显。

（农产品地理标志　内江猪　登记证书编号：AGI00633）

（地理标志证明商标　内江猪　商标注册号：9666054）

（地理标志证明商标　内江黑猪　商标注册号：32638533）

仪陇大山香米

四川省仪陇县农业农村局　黄　海

仪陇县位于四川盆地东偏北部丘陵区、嘉陵江中游，属中亚热带湿润季风气候，气候温和，具有冬暖、夏长、霜期短、四季分明、雨量充沛的特点，土壤肥沃，植被茂盛，物产丰富，作物四季均能生长，是一个典型的农业县、传统的农业大县，年产仪陇大米40万吨左右。

1. 自然资源

（1）气候条件优良。仪陇县面积1 788千米^2，耕地面积109.6万亩，海拔309～793米。年降水量达1 173.8毫米，四季分配极为不均匀，5—10月降水量占全年的80%～86%，11月至次年4月降水量占全年的14%～20%。年均气温在17℃，日照时数1 500小时左右，无霜期299天以上。

（2）水资源充足。仪陇县境内有一江、三河等主干河流，一江指嘉陵江干流，流经新政镇境内，河道长23千米，嘉陵江流域面积454.4千米^2，占全县的25.37%；三河指仪陇河、新寺河、消水河，均属渠江水系，为渠江右岸一级支流江河上游支流，三条河流所属渠江流域面积1 336.6千米^2，占全县的74.63%。水系间建有中、小、微型水利工程17 349处，其中中型水库2座、小Ⅰ型水库9座、小Ⅱ型水库107座。全县共有可利用灌溉水量约2亿米^3。

（3）土壤肥沃。仪陇县境内土壤深受成土母岩影响，在特定气候环境下，形成了以紫色土（石灰紫色土）、水稻土为主的土壤系列。紫色土约占全县耕地面积的50%，水稻土约占49.24%，潮土约占0.2%，黄壤约占0.56%。紫色土壤结构良好，疏松透气，微生物多，宜种性广。

仪陇县优良的资源条件有利于柑橘、蔬菜、养殖业和山区特色产业的发展，特别适合仪陇大米等绿色循环产业发展。

2. 文化特色

仪陇县是朱德元帅的故乡、四川客家大县，拥有浓郁淳朴的客家文化、三乡文化和历史遗留的红色文化。

（1）客家文化。仪陇县客家文化源于清康熙十年（1671）前后开始大规模向四川移民、定居所致。作为四川的客家大县，如今18种姓氏的客家人主要分布在周河、丁字桥等乡镇，共计11万

人。这里有保存完好的客家方言、客家风俗和客家民居。

（2）三乡文化。仪陇县民风淳厚，文化兴盛繁荣，是川北大木偶艺术的发源地。以剪纸、篆刻、书法为主体的三乡文化日益繁荣，被文化和旅游部命名为“中国民间艺术之乡”“剪纸之乡”，仪陇县剪纸被列入南充市首批非物质文化遗产保护行列。

（3）红色文化。仪陇县红色文化底蕴深厚，在此诞生了朱德元帅、培育了为人民服务的光辉典范——张思德。仪陇县作为第二次国内革命战争时期川陕革命根据地的重要组成部分，红军文化丰富浓厚。2005 年，仪陇县被纳入全国红色旅游精品线，其中朱德故居纪念馆被列入全国 100 家爱国主义教育基地，是全国红色旅游重点发展的 30 条精品线路中的重要节点。

3. 品质特性

适宜的气温、肥沃的土质和独特的光热条件，为水稻生长发育提供了较好的环境，也造就了仪陇大山香米的独特品质。仪陇大山香米是中籼米，其米粒大小均匀，坚实丰满，粒面光滑、完整；米粒油润晶莹，呈半透明状；米饭馨香浓郁，口感细腻醇正，黏柔粘唇；煮时和蒸煮后都具有持续稳定的清香，外香入鼻，内香入腹，回味悠长。仪陇大山香米精米率 70%以上，整精米率 65%以上，蛋白质 7.8%以上，直链淀粉 15.5 左右，胶稠度 99 毫米左右，香味综合评定指数 70 以上。

4. 产业发展

仪陇县于 2010 年获得 18 万亩油菜和 25 万亩水稻“全国绿色食品原料标准化生产基地”认证。通过规范引种，科学管理，2010 年起水稻亩均单产就超过了 580 千克，2017 年亩均单产 705 千克。仪陇县水稻生产过程实行“五统一”的规范模式，即统一优良品种、统一栽培模式、统一投入品管理、统一技术规程、统一收获。仪陇县制定了《绿色食品原料（水稻）标准化生产技术规程》，生产过程中肥料使用严格按《绿色食品　肥料使用准则》（NY/T 394—2013）要求进行，农药使用严格按照《绿色食品　农药使用准则》（NY/T 393—2013）要求进行，坚持农业生物防治为主、化学防治为辅。

仪陇县农业农村局从种源供应、水稻栽培技术指导入手，开展“三品一标”认证工作。仪陇县市场监管部门对品牌创建予以支持，积极参与品牌维护、监管工作。仪陇县粮食部门积极对四川仪陇县大山米业有限公司进行技术指导，全程参与仓储设施建设、大米产品的宣传推介活动。仪陇县宣传部门、报社、电视媒体及时地报道、宣传仪陇大山香米。仪陇大山香米全程实行农产品质量追溯制度，已建立起从水稻种植到大米加工的一整套生产档案，及时录入到国家农产品质量安全追溯管理信息平台，做到生产有记录、信息可查询、流向可追踪、质量可追溯。

5. 品牌创建

为了进一步促进稻米产业的发展，仪陇县依托农产品电商平台，建设农特产品大数据平台，借助“互联网+”拓展绿色、有机、地理标志农产品品牌市场；搞好绿色、有机和地理标志农产品冷链物流建设，提升农产品品牌影响力和市场竞争力。2006 年，“仪陇大山香米”获得地理标志产品保护后，先后制定了《仪陇大山香米地理标志产品专用标志管理办法》和《地理标志保护产品仪陇大山香米》产品专用标准、《A 级绿色食品稻谷生产技术规范》专用种植技术规范、《A 级绿色食品稻谷加工技术规范》专用加工技术规范。

通过引进新品种，推广新技术，优选水稻良种旌优 781、千香优 677、花优 357 等大力发展绿色农产品，仪陇大米远销广东、四川、湖北等地区的大中型城市，市场发展潜力巨大。得天独厚、极其良好的自然条件孕育的品质优良、享誉省内外的仪陇大山香米，已成为仪陇人的骄傲和自豪，也成为仪陇县的一张靓丽名片和品牌代言。

（地理标志保护产品　批准文号：2006 年第 142 号）

贵州绿茶

贵州省绿茶品牌发展促进会　徐嘉民　蒋照俊

1940年2月1日，民国中央实验茶场正式在贵州省湄潭县成立，开始研制“湄绿”等系列产品。1953年，贵阳茶厂在“湄绿”工艺的基础上，生产“黔绿”系列产品。1959年，“黔绿”产品已开始外销欧美等国家和地区。“湄绿”“黔绿”就是“贵州绿茶”的前身。

近年来，在贵州省委、省政府的高度重视和各级有关部门的大力支持与推动下，贵州茶产业强势发展，已成为助农增收、精准扶贫和地方区域经济发展的支柱产业。其中，作为具有广泛市场发展潜力的贵州绿茶，随着品质的不断提升和企业集群的逐步形成，已进入发展快车道，为贵州省品牌强农探索出了一条有效的发展途径。

1. 地理标志创建

2015年12月，贵州省人民政府批准贵州省绿茶品牌发展促进会为“贵州绿茶”农产品地理标志申请人。2017年1月，“贵州绿茶”成为全国省级茶叶类第一个农产品地理标志登记保护产品，开创了全国省级茶叶类地标品牌保护的先河。2018年11月，在长沙举办的第16届中国国际农产品交易会上，“贵州绿茶”获得了中国绿色食品发展中心颁发的“国家级农产品地理标志示范样板”称号。2019年5月，“贵州绿茶”被国家市场监督管理总局所属的中国品牌建设促进会评定品牌价值达129亿元。

根据农业农村部的划定，“贵州绿茶”农产品地理标志地域保护范围为贵州省61个县（市、区）和贵安新区，地理坐标东经103°36′～108°35′、北纬24°55′～29°13′，保护面积约1 162万公顷。在此区域内，具有生产资质的茶叶企业，选用适制绿茶的中小叶种如湄潭、石阡、贵定、都匀等地方群体良种、福鼎大白茶等品种，按照特定生产方式，生产加工出茶叶水浸出物≥40%，感官品质具有“翡翠绿、嫩栗香、浓爽味”鲜明特点，并经贵州省绿茶品牌发展促进会授权生产销售的绿茶产品，即为“贵州绿茶”。

2. 独特品质打造

贵州独特的自然生态环境，孕育出贵州绿茶“翡翠绿、嫩栗香、浓爽味”独一无二的品质特色，具有高海拔冷凉云雾绿茶的典型性，明显有别于贵州以外产区生产的绿茶。

贵州绿茶的原料选用一芽一叶、一芽二三叶为主的茶树鲜叶，产品类型主要有扁形、卷曲形、颗粒形绿茶。扁形绿茶以乌江以北的“湄潭翠芽”为代表，外形扁平直、色泽黄绿润；卷曲形绿茶以乌江以南的“都匀毛尖”为代表，紧细较卷，白毫显露；颗粒形绿茶以覆盖全省的“绿宝石”为代表，圆结重实呈粒、含芽团抱，毫中透绿。

贵州绿茶宜用“贵州冲泡”方法——高水温，多投茶，快出汤、茶水分离，不洗茶。高水温：沸水冲泡，可使茶叶内含物质浸出更多，有利于激发香气；多投茶：茶水比例控制在 1∶25～1∶38，即 150 毫升水投茶量（5±1）克，茶汤更鲜、更浓、更爽；快出汤、茶水分离：冲泡（出汤）时间在 20～30 秒，茶汤整体品质展现优越程度显著；不洗茶：源于贵州干净茶的自信。贵州茶园从源头上杜绝重金属污染，并率先在全国提出全面禁用催芽素、草甘膦和水溶性农药，每年在农业农村部质量安全监测中合格率均达 100%。

3. 品牌建设维护

为了推进贵州绿茶地理标志的有序、有效管理，实现贵州绿茶产业化的带动性和发展性，在各级茶叶主管部门的支持和参与下，分别在贵州的湄潭、凤冈、余庆、黎平、石阡、思南、江口、水城等 28 个县（区）和北京、上海、济南等贵州绿茶主销区，相继设立贵州绿茶地理标志使用管理办公室，共同监督指导“贵州绿茶”地理标志的规范使用，形成了齐抓共管的良好局面，使贵州绿茶地理标志在市场销售中发挥了积极的引导作用。

2018 年以来，为提升贵州绿茶加工水平，加快企业用标、推进标准的宣贯和实施，贵州省绿茶品牌发展促进会先后邀请中国工程院院士刘仲华、湖南农业大学教授黄建安、贵州省农业科学院茶叶研究所副研究员潘科等省内外专家深入湄潭、凤冈、余庆等 20 个产茶县及省外北京、上海、济南、青岛等主销区，重点围绕地标的意义、价值、标准、品牌培育、知识产权保护等方面的内容开展培训，共培训涉茶部门工作人员和茶叶企业负责人 2 000 余人次。

两年来，贵州省绿茶品牌发展促进会先后编印“贵州绿茶”宣传册，拍摄制作“贵州绿茶”宣传片，设计制作“贵州绿茶”茶水分离杯、盖碗杯、评审杯，并多次邀请中央及省级媒体赴贵州绿茶产区探源、采访、报道；为落地推介“贵州绿茶”，借助中国摩洛哥友谊论坛、中国地理标志高

峰论坛、东盟茶文化高峰论坛、香港国际茶展、贵州国际茶产业博览会、贵阳国际特色农产品交易会等契机，组织“贵州绿茶”授权企业在摩洛哥、北京、深圳、香港、杭州、济南、青岛、兰州、长春、贵阳等地举办了20余场“贵州绿茶”品牌推介会，贵州省有关领导分别出席推介活动。贵州茗之天下茶叶有限公司等一批新兴绿茶企业进入国际市场，成为“黔茶出山”“黔茶出海”的出口典范。两年来，各项推介活动现场销售额达2亿元，签订“贵州绿茶”购销合同达20亿元。

4. 产业发展及社会贡献

近年来，秉承“在全省绿茶中找共性，在全国绿茶中创个性”的思路，“贵州绿茶”涌现了绿宝石、兰馨、栗香、正德号等一批优质绿茶企业品牌。截至2019年年底，全省茶叶企业（含合作社）5 705家，茶叶总产量40.1万吨，其中绿茶31.67万吨，占比78.9%，同比2017年增长了10%。2019年，贵州绿茶出口额1.3亿美元，比上年同期增长了50%。

截至2020年5月，贵州省绿茶品牌发展促进会依据《贵州绿茶地理标志使用管理办法（试行）》的规定，已分5批次共授权277家企业使用“贵州绿茶”地理标志，同比2017年用标企业增长了30%。授权使用企业涉及茶园面积60万亩，产品市场零售价格较2017年提高10%以上，零售价格超过同类产品20%以上，带动近10万茶农脱贫致富，涉茶人员年人均收入达到9 287.5元。随着产业化程度的不断加快，贵州绿茶对外影响力和知名度与日俱增，为贵州坚定发展优质绿茶产区、做强做优绿茶产业增强了底气和动力，为助推贵州省农村经济发展、助力脱贫攻坚发挥了引领作用。

（农产品地理标志　登记证书编号：AGI02055）

安康富硒茶

陕西省安康市农业农村局　孙自余

茶产业是安康市的传统产业、优势产业，也是安康市的生态产业、富民产业。近年来，安康市委、市政府坚持“绿水青山就是金山银山”的发展理念，走现代生态富硒循环发展之路，持续聚力良种繁育、基地建设、主体培育、品牌创建、科研创新，安康茶产业取得长足发展。

1. 资源环境

安康市是同纬度生态气候最佳、最适合茶树生长的地方，是中国北方久负盛名的生态茶区。安康地处秦岭淮河南北生态气候过渡带，气候温润，雨量充沛，冬无严寒，夏无酷暑，森林覆盖率65%，好生态好气候出好茶。安康北靠秦岭，南依巴山，长江最大支流汉江穿境而过，“两山夹一川”的地形地貌，终年多雾，高山云雾出好茶。安康是南水北调中线工程的主要水源涵养区，是国家功能定位限制开发面积最大的地方，是生产生态有机茶的好地方。南水北调中线工程水源地丹江口库区68%以上的水量来自安康。全市有91.9%的面积属于国家禁止和限制开发区，按照“一江清水供北京”的要求，所有农作物全部禁止使用化肥和农药。安康是全国最大的天然富硒区，被誉为“世界硒源”“中国硒谷”，是全国产富硒茶的好地方。安康富硒面积大、地层厚，硒储量大、浓度适中、非常适宜开发利用，属于全世界难得的土壤富硒且易被植物吸收的“优质、环保、安全”的富硒区域，全市2/3土壤富含硒元素。原生态的富硒环境铸就了安康富硒茶“肥嫩壮实、色泽翠绿、栗香浓郁、醇厚回甜”的独特品质。

2. 生产传统

安康市是陕西省茶叶主产区之一，9县（区）产茶，先后选育出紫阳群体种和陕茶1号两个国家级良种。安康产茶始于西周，盛于唐宋，名扬古今，距今已有3 000多年历史。据东晋《华阳国志·巴志》记载：“土植五谷，牲具六畜……其果实之珍者：树有荔芰，蔓有辛蒟，园有芳蒻、香茗，给客橙、葵。”其中香茗即指茶叶。唐代陆羽《茶经》对山南茶区划分涵盖“金州生西城、安康二县山谷”。《新唐书·地理志》载：“金州汉阴郡（故址在今安康市老城）……本西城郡，天宝元年曰安康郡，至德二载更名。土贡：麸金、茶牙、椒、乾漆、椒实、白胶香、麝香、杜仲、雷丸、枳壳、枳实、黄檗。”朝廷将茶叶列为安康郡仅次于麸金（沙金）的第二位贡品。“一代茶宗”

陈椽在《紫阳茶业志》的序中写道："清代，紫阳毛尖已成为中国十大名茶之一。"《西乡县志》记载："至清代，陕南唯紫阳茶有名。"新中国成立初期，安康地区有茶叶3万亩，产茶640吨。20世纪七八十年代以来，生产加工的"陕青茶"成为西北茶区的主要产品，尤其是1987年在杭州召开的国家茶叶学术会议公布的安康地区紫阳县茶叶含硒调查报告，开创了安康富硒茶产业发展新纪元。1990年7月3日，在北京人民大会堂成功召开了安康地区紫阳富硒茶专家评议会，著名营养学家、陈云夫人于若木同志称赞"国饮新秀天然富硒紫阳茶"，第七届全国人民代表大会常务委员会副委员长习仲勋题词"健康佳品，驰誉神州"。

3. 产业发展

按照"品种优良化、建设标准化、发展园区化、设施配套化"的思路，安康市狠抓良种繁育、园区建设和生态茶园建设，每年新建和低改茶园5万亩以上。全市已建设省级现代农业园区9个、市级132个，已建成市级茶树良种繁育示范园10个、县级茶树良种繁育示范园10个，基本做到了产茶县区良种繁育体系全覆盖；汉滨环瀛湖茶产业带、紫阳山地茶园观光带、平利长安生态观光茶园基本建成，全市15座茶园被评为全国或全省美丽茶园。安康市以经营主体"十百千万"培育工程和产业扶贫"千村千园"工程为抓手，不断强化专业村镇建设，加大龙头企业、合作社培育力度，进一步优化密切茶企与强村大户的利益联结机制，大力推进茶产业联合体建设，由点及面带动茶产业发展。截至2020年年底，全市茶产业创建国家级龙头企业1家、省级龙头企业21家，工业产值达100亿元；已创建各级茶产业联合体16家，其中申报认定省级产业联合体6家。安康市与中国农业科学院研究制定的《天然富硒茶》成为农业农村部行业标准，《安康生态茶叶生产技术标准》《安康富硒茶团体标准》陆续颁布实施。2015年安康市政府与安康学院成立了安康富硒茶研究院，2016年中国（安康）富硒产业研究院和安康富硒茶技术研究工程中心相继成立。尤其是安康市政府与云南农业大学合作，研究发现安康绿茶不伤胃、红茶好睡眠，打开了安康富硒保健茶开发思路。近5年争取国家、省、市立项涉茶科技项目40余项，申请发明专利25项，获得省级成果奖3项、市级科技成果奖10项，安康富硒茶产业进入创新发展新阶段。

4. 市场品牌

"安康富硒茶"于2018年6月成功注册为国家地理标志证明商标。近年来，安康市委、市政府将"安康富硒茶"品牌整合作为推动全市茶产业实现跨越式发展的重要举措。为此，安康市政府印

发了《安康富硒茶品牌整合方案》，按照统一质量标准、统一品牌管理、统一宣传推介、统一包装标识、统一营销模式等“五统一”的要求，充分整合市县区资源，不断提升“安康富硒茶”地理标志证明商标商业价值，做优产品、做亮品牌、做大市场。截至2020年年底，全市共授权164家企业使用“安康富硒茶”地理标志证明商标。安康市已完成“安康富硒茶”中欧地理标志合作协定第二批清单推荐申报工作，为安康富硒茶商标国际化奠定了基础。安康富硒茶成为陕西省唯一入选2019中国农产品区域公用品牌目录的茶叶公用品牌。在2020中国茶叶区域公用品牌价值排行榜上“安康富硒茶”位居全国20强，品牌综合评估价值达29.94亿元，位居陕西省第一。

近年来，安康市政府统一部署，加大“安康富硒茶”品牌宣传推介力度，精心策划了系列宣传展销、专场推介、项目招商、茶文化展演和名优茶评选等国内外宣传推介和茶事活动100余场次，市县区拍摄茶叶专题宣传片11部。安康市先后组织南水北调中线节点城市、东北地区、西北地区营销活动，2016年安康富硒茶科研成果发布会在北京人民大会堂召开。2020年以来，安康市组织策划安康富硒茶（富硒农产品）3年百市百店千点送健康招商推介系列活动。通过政策支持，茶企走出去取得显著成效，安康茶企开店覆盖全国30个省份、573个县级以上城市，建立安康富硒茶（富硒农产品）专卖店28个，设立商超专柜、代销点150个，新增茶叶网店及电商平台300个，茶企线上线下两个市场销售格局初步形成。

（地理标志证明商标　商标注册号：20203953）

安康魔芋

陕西省安康市农业科学研究院 郭邦利

安康市位于陕西省东南部，北依秦岭，南靠巴山，汉江横贯东西，河谷盆地居中，形成了两山夹一川的地形地貌。夏代时属于梁州，春秋时为秦、楚、巴国辖治。西晋太康元年（280），取“万年丰乐，安宁康泰”之意，改安阳县为安康县，“安康”由此得名。安康是南水北调中线工程的核心水源区，承担着一江清水供北京的光荣使命和政治责任，同时也是我国魔芋自然生长分布的最北沿地带。

魔芋，又名蒟蒻、鬼芋等，为天南星科多年生草本植物，富含葡甘露聚糖等有效成分，广泛应用于食品、医药、化工等领域。魔芋在我国主产于西南山区，以安康为中心的秦巴山区为全国最大种植区域和优势种植区。安康魔芋保护区域涉及安康市汉滨区、镇坪县、岚皋县、平利县、紫阳县、石泉县、汉阴县、宁陕县、白河县、旬阳县，总计10个县（区）101个镇（街道）390个村。保护范围为东经108°01′～110°09′、北纬31°42′～33°39′，东至白河县中厂镇，南至镇坪县华坪镇，西至紫阳县瓦庙镇，北至宁陕县江口镇，总面积63 620公顷，年产魔芋104.32万吨。

1. 独特的产地环境

安康魔芋生产区域主要是安康市境内的秦岭、巴山间的林地、坡地。区域内峰峦叠嶂，森林覆盖率56.5%，为安康魔芋生长提供了凉爽荫翳、通风透水、空气清新的自然生长环境，有利于魔芋的健壮生长和球茎膨大。保护区属于北亚热带大陆性季风气候，年平均气温15～17℃，年平均降水量1 050毫米，且多集中在5—10月，空气湿度为75%，雨热同季，与魔芋生长季同步，有利于魔芋生长及葡甘聚糖的合成积累。保护区土壤以黄棕壤、棕壤为主，pH为6.1～6.7，中性偏酸，地处山坡，利于排涝，符合魔芋喜湿怕旱怕涝的习性，为安康魔芋球茎的膨大提供了良好的土壤条件。

2. 悠久的种植历史

安康产魔芋，文献记载可上溯至东晋。常璩的《华阳国志·巴志》中记载："其果实之珍者：树有荔芰，蔓有辛蒟，园有芳蒻、香茗，给客橙、葵。"其中"芳蒻"释义为"蒟蒻"，即魔芋，说明魔芋在东晋时期就已园植。安康地区盛产魔芋，农民素有种植习惯。20 世纪 70 年代以前，多为自种自食。1983 年政府开始扶持发展，2000 年全市种植达 9 万亩以上。"安康魔芋"四个字最早出现在《陕西农业科学》2001 年第 1 期的《安康地区魔芋病害发生与危害调查研究》一文中，距今已 20 年。

3. 特定的生产方式

安康魔芋主栽品种为当地传统的花魔芋。

（1）优选良种。精选健壮、无病斑、无损伤、无虫口、无冻伤的具有花魔芋品种鲜明特征的魔芋球茎，晒种 1～2 天，杀菌消毒后做种芋，以利苗齐、苗壮。

（2）合理施肥。以底肥为主，追肥为辅。底肥占总施肥量的 80%以上，以有机基肥为主，混合氮磷钾复混肥（氮：磷：钾为 18：18：18，40～60 千克/亩）沟施、穴施。魔芋换头期结束，根据苗情适时适量追肥，以氮磷钾复混肥（氮：磷：钾为 18：18：18，10～15 千克/亩）为主，穴施或雨前均匀撒施。

（3）遮阴种植。安康魔芋采用自然林木和间作高秆作物遮阴种植。

自然林木遮阴种植：选择自然林地及退耕还林地，在每年 11 月至次年 3 月农闲季节整地，清除石块、杂草等，适度剃除树枝，保证荫蔽度在 60%左右，结合施用农家肥（有机肥）深翻 30 厘米，以满足魔芋生长过程中需要的半荫蔽、土壤肥沃疏松的自然环境，保证魔芋植株健壮生长。

间作高秆作物遮阴种植：前茬非魔芋，腐殖质含量高，质地疏松，不易积水地块，整地培肥、开沟播种覆土垄作后，适时在垄沟边播种玉米、蓖麻等高秆作物，为魔芋遮阴，以适应魔芋对光照的要求。

外界气温稳定回升到 12℃以上时即可播种，行距为种芋直径 7～8 倍，株距为种芋直径 5～6 倍，开沟或挖"鱼鳞坑"，将种芋顶芽向一个方向倾斜 45°放置，覆土 10～20 厘米，理出畦沟做成垄，形成厚实通透的土壤环境，利用魔芋根系生长和球茎膨大。

（4）适时采收。一般每年 10 月中下旬，魔芋地上叶子生长停止枯黄自然成熟倒苗后采收。采

收时保证魔芋球茎的完整，避免球茎受损。

（5）分级处理。500 克以上的魔芋球茎做商品芋出售；余下的经预干燥（15～20℃通风避雨下风干），待皮层干爽、重量损失 15%后，按重量大小分级后贮藏，来年用作种芋。50 克以下的球茎，用作繁殖生产种芋；50～500 克的球茎，用作生产商品芋的种芋。

4. 产品品质特色

（1）外在感官特征。安康魔芋鲜芋近球形，表皮棕褐色，顶芽粉色锥状，芽窝较浅，切开呈乳白色，有黏液，伴有白色细小结晶。

（2）内在品质指标。安康魔芋鲜芋含水量 80%以上，葡甘露聚糖含量≥4.9%，淀粉含量≤2.5%，还原糖含量≤0.7 克/100 克。

5. 产业发展现状与前景

魔芋是安康市五大重点特色农业产业之一。安康市政府主抓魔芋产业，久久为功，安康市农业部门连续 8 年下发《安康市魔芋产业建设考核办法》的通知文件，明确目标，夯实任务，确保全市魔芋产业建设有序推进。安康魔芋每年以新增 5 万亩以上的面积稳步发展，2020 年达到 55 万亩，综合产值 70 亿元，成为安康市最大、陕西省第二大出口创汇农产品。“十四五”期间，安康市将以打造秦巴山区魔芋良种繁育中心、全国魔芋加工中心、全国魔芋产品研发中心、全国魔芋食品电商中心、世界富硒魔芋集散中心和全国魔芋产业建设第一市为目标，力争“十四五”末，安康魔芋产业综合产值实现 200 亿元，让安康魔芋产品真正走向全国、走向世界，实现农民增收、农业增效，为巩固脱贫攻坚成果和实施乡村振兴战略再建新功。

城固柑桔

陕西省城固县果业技术指导站　张　波

城固县素有“中国柑桔之乡”的美誉，是举世闻名的“丝绸之路”开拓者——张骞的故里。境内山清水秀，生态环境优越，柑桔无检疫性病虫害威胁，十分有利于绿色、有机果品的生产。现柑桔主栽品种为兴津、宫川、日南1号、大浦、山下红、城固冰糖桔、少核朱红桔等。截至2020年年底，全县柑桔总面积达到23万亩，年产量30万吨，年产值逾10亿元，已成为全县农业产业化主导产业和农民增收的支柱产业。全县11.3万农业人口以柑桔生产为主要经济收入来源，主产区柑桔收入占农民人均纯收入的70%以上。现有10万亩柑桔获得国家绿色食品生产基地认证、3 000亩柑桔获得欧盟良好农业操作规范认证、2 000亩柑桔获得国家有机柑桔生产基地认证，成为我国柑桔北缘地区面积最大、产量最高、效益最好的优质生产基地。

近年来，城固县把柑桔作为农业增效、农民增收的龙头产业来抓，充分利用资源禀赋，坚持走无公害、绿色、有机食品发展之路。在加大与中国农业科学院柑桔研究所、华中农业大学、国家柑橘产业技术体系陕南柑橘综合试验站等科研单位技术合作，加快新技术新成果吸收转化利用的同时，积极倡导以生态种植提升柑桔品质，引进并大力推广“品种调优、起垄栽培、开沟排湿、土壤改良、间伐复壮、简化修剪、平衡施肥、生草覆盖、绿色防控、覆膜增糖”等提质增效十项关键技术，使全县柑桔优果率达到90%以上。生产的柑桔果品色泽鲜艳、化渣、多汁，酸甜适度，风味浓郁，可溶性固形物含量高，品质极优，被农业农村部柑桔及苗木质量监督检验测试中心评定为优质果品。由于品种以早熟和特早熟温州蜜柑为主，成熟着色早，较南方主产区早上市15～20天。果品畅销东北、西北、华北等区域20多个省份的60多个大中型城市，每年出口俄罗斯、哈萨克斯坦、吉尔吉斯斯坦等中亚国家约5.6万吨。

在销售过程中，实施统一质量、统一品牌、统一包装的“三统一”措施，引导30余家柑桔企业、合作社统一标识。由于“城固柑桔”的品牌效应，有效提高了城固柑桔产品的附加值，提升了城固对外宣传的影响力，增强了城固柑桔的竞争实力。2015—2020年，城固柑桔产地价高出周边产区0.6～1.2元/千克，且在当年11月底前就销售一空，带动旅游、餐饮、加工、运输、服务等行业发展，又增加了就业率，实现综合效益20多亿元。2019年城固县柑桔喜获丰收，销售形势喜

人，创历年来柑桔收购价新高，有效地促进了农民增收与当地产业脱贫致富。

为提升城固柑桔的知名度和市场影响力，城固县采取了一系列宣传推介好举措：一是连续举办陕西·汉中柑桔旅游文化月活动，邀请中央电视台、新华社、凤凰网、陕西日报、陕西电视台、汉中日报等媒体来城固采访，以节为媒促进柑桔销售。二是坚持每年举办一届柑桔推介会，每年开辟一个大中型城市销售市场，已分别在哈尔滨、乌鲁木齐、呼和浩特、银川、喀什等地成功举办10多届。目前，新疆、青海、宁夏、黑龙江等省份的果商在全县设柑桔收购摊点200余个。三是加强信息互通。依托城固政府网、农业信息网等媒体平台，开辟柑桔销售信息专栏，为农户和客商提供及时准确的市场供求、产销趋势、价格走向等最新动态信息，并建立“绿色通道”快速办理外销柑桔的检验检疫。四是强化销售服务工作。城固县年年举办果品销售经纪人培训、果农培训、出口柑桔业务培训等学习班，加强经纪人培训培养，引导果农树立诚信经营意识，遵循市场规律，精选分级，按级销售，克服惜售心理，科学采摘。五是规范“城固柑桔”中国驰名商标管理使用办法，全面强化品牌意识，实施统一质量、统一品牌、统一包装的“三统一”措施，不断扩大“城固柑桔”对外知名度，提高城固柑桔影响力和附加值。六是不断延伸产业链条。近年来，不断培育果业龙头企业、农民合作社，积极争取省、市项目，帮助龙头建设柑桔分选生产线。全县培育龙头企业3家，其中省级龙头企业2家，柑桔专业合作社30余家，取得柑桔出口资质的企业、合作社达到11家。

城固柑桔先后在中央电视台、陕西新闻、农林卫视、汉中新闻、各级政府网站、西安晚报、华商报、汉中日报、中国果业信息等平台进行多渠道宣传。2008年，“城固蜜桔”获农业部农产品地理标志登记。2009年，成功注册“城固柑桔”“城固蜜桔”地理标志证明商标。2011年，“城固柑桔”品牌经中国农产品价值评估理论模型评估价值达到8.56亿元，跻身2011消费者最喜爱的中国农产品区域公用品牌百强。2012年，“城固柑桔”被国家工商行政管理总局认定为中国驰名商标。2013年，“城固柑桔”品牌评估价值为10.76亿元。2015年，“城固柑桔”荣获中国果品区域公用品牌50强，品牌评估价值达到13.63亿元。2016年1月，“城固柑桔”荣获“2015全国互联网地标产品（果品）50强”称号。2018年，“城固柑桔”品牌评估价值为20亿元。2020年，“城固柑桔”品牌评估价值跃升至25.83亿元，荣获“全国绿色农业十佳果品地标品牌”称号。以上这些评价为汉中果业品牌走向全国、走向世界奠定了良好的基础。

（农产品地理标志　城固蜜桔　登记证书编号：AGI00113）

（地理标志证明商标　城固柑桔　商标注册号：6573408）

（地理标志证明商标　城固蜜桔　商标注册号：6573409）

富平尖柿

陕西省农产品质量安全中心 王 璋 林静雅

富平县是陕西省人口第一大县，有60余万人从事农业生产，是人口众多的国家级贫困县。富平地处“八百里秦川”东北部的渭北高原，昼夜温差大，地势平缓，土壤肥沃，光照充足，石川河两侧是世界闻名的柿子优生区。每年秋季，柿子挂满枝头，金灿灿、红彤彤，漫山遍野，一棵树一幅画，一片林一抹景。尤其是霜降过后，柿子颜色愈加俊俏，表面有一层白色的蜡质保护膜，此时的柿子已经完全熟了，糖分充足，酸涩褪去，剥开一个小口，柔软的汁液吸到嘴里又凉又甜，那是天地精华的凝结，是美好岁月的馈赠。

富平县根据当地实际，充分发挥得天独厚的柿子资源优势，走绿色发展之路，扩大产业规模，延伸发展链条，想方设法改良品种、提升品质、打造品牌，以柿子产业带动贫困户脱贫、带动农民增收，将柿子产业做成了脱贫致富的黄金大道。

1. 品种是根基，让富平尖柿走得更稳

柿树原产中国，千年以来形成了丰富的地方品种。富平柿子品种有升底尖柿、重台柿、珠柿、方柿、四不像柿等10多个品种，形状不一、品质各异。以升底尖柿为主栽品种，果大，平均重225克，呈心脏形或纺锤形，四周呈方形凸起，蒂片青褐色，果柄粗壮，果皮果肉橙色，软后橙红色。富平尖柿营养丰富，其中糖分和维生素含量均高于其他水果，柿子的根、树皮、叶等部位都有药用价值。现代医学证明柿果含有大量的酚类物质，具有抗氧化、抗肿瘤、保护心脑血管和质量免疫缺陷等多种药理作用。富平尖柿加工品品质上乘，除供鲜食外，还可加工成柿饼、柿脯、柿酒、柿醋、柿汁、柿酱、柿蜜、果冻等。由富平尖柿制作的柿饼果肉饱满，柿霜雪白，咬一口绵软沙甜，从舌尖直甜到心里。富平全县推广高接换头、砧木嫁接、枝条繁育等技术，统一品种为升底尖柿，为延展产业链打好了坚实基础。

2. 品质是保障，让富平尖柿走得更好

富平县借助科技力量，积极与中国园艺学会柿分会、西北农林科技大学、陕西科技大学等单位

密切合作，定期对农户进行培训和田间指导，并进行病虫联防联治管理。聘请专家团常年指导柿子产业发展，总结推广富平柿子作物管理技术，编发富平柿子标准化管理技术资料，加大技术培训力度，使广大柿农切实掌握以柿树嫁接、整形修剪、水肥管理、病虫害防治为主的丰产栽培管理技术。针对新栽幼园、初挂果园、盛果期园和衰老园、病害园提出切实可行的管理方案，不断提高管理水平，实现标准化生产。根据病虫害发生规律，贯彻"预防为主，综合防治"的方针，利用生物、物理和农业措施为主，化学防治为辅来防治病虫害。为便于沟通和解决实际问题，专门建立微信交流群，定期发布柿树管理及柿子加工有关知识，随时随地解答农户问题，大大地提高了农户的管理水平，提升了富平尖柿的品质。

3. 品牌是翅膀，让富平尖柿走得更远

俗话说瓜熟蒂落，但是柿子大大的蒂却一生与果相伴。传说元末明初，朱元璋曾在饥寒交迫之时用柿子填饱肚子得以活命，后封柿树为"凌霜侯"。在民间，柿子象征吉祥、如意、圆满，红红火火，事事如意。

2013 年 9 月，"富平尖柿"以其悠久的历史、厚重的文化、鲜明的地域特色获得国家农产品地理标志登记保护，"富平柿饼制作技艺"被列入陕西省非物质文化遗产保护名录。2016 年 11 月，富平县骐进生态农业科技开发有限公司的"骐进柿饼"获得绿色食品标志许可。2020 年，陕西富平大方天玺绿色农业发展有限公司获得绿色食品标志许可，还有 5 家企业都在积极申请绿色食品。"柿子红了""柿柿红""洋阳柿饼""柿饼哥""柿柿如意""合柿"等品牌通过新闻媒体和各种展会走近万千消费者。"互联网＋"使富平柿子和柿饼走出了家门，销往全国各地。中国 500 强企业永辉超市到富平县投资 2 亿元，建设集规模化种植、科技研发、产品销售、文化传播为一体的柿子产业生态链，带动全县柿子产业健康发展。

截至 2020 年，富平县柿子栽植面积达 13 万亩，年产鲜柿 5 万吨，可加工柿饼 1 万吨，总产值达 6.5 亿元。据不完全统计，全县从事柿子产业的有 5 000 多户 2 万多人，年纯收入在 10 万元以上的达 95 户，已有 2 100 多户贫困户依托柿子产业实现了脱贫。富平县政府就柿子产业制定了帮扶措施和奖补政策，贫困户享受到了产业奖补，群众的日子越来越好。脱贫户们高兴地说："原来几分钱一斤的柿子都没人要，现在能卖到 3 块钱，加工成柿饼能卖到近百元，柿子让我们真正富了起来。"

（富平尖柿　农产品地理标志　登记证书编号：AGI01228）

商洛核桃

陕西省商洛市林业局　舒淑珍　陈新乐

商洛市位于陕西省东南部、秦岭东段南麓，是中国核桃最佳适生区之一，面积和产量位居全国地市级前列、陕西省首位。近年来，商洛市委、市政府立足商洛核桃生态优势，做大做强特色产业，成功地将商洛核桃打造成为商洛产业发展的“助推器”和群众脱贫增收的“金钥匙”。截至2020年年底，全市核桃产业基地面积达到348.6万亩，年产量16.5万吨，综合产值达50亿元。其中，核桃良种基地面积215万亩，核桃挂果面积196万亩，重点基地镇达50多个，产业覆盖90%以上的农户。2020年，全市农民核桃收入人均1 910元，占人均总收入的20.3%。

1. 政策保障

商洛市委、市政府印发了“十三五”《关于加快核桃产业提质增效的意见》，市委办公室、市政府办公室印发了《关于鼓励扶持核桃产业发展的实施意见（试行）》《关于大力推进核桃产业规模化经营的实施意见（试行）》《关于“三书三长”包抓核桃产业示范点活动的实施方案（试行）》《关于开展核桃产业达标创建活动的实施方案（试行）》等4个意见方案，细化核桃产业发展政策措施、经营机制，推进核桃产业规模化、集约化经营，推动全市核桃产业转型升级、提质增效。在投入机制保障上，分别建立了市、县（区）政府核桃产业发展基金，落实市级每年预算安排1 000万元，商州、洛南、山阳、丹凤4县（区）每年预算安排1 000万元，商南、镇安、柞水3县每年预算安排不少于500万元产业发展基金，专项用于核桃产业扶持和以奖代补等。商洛市成立了市核桃产业发展领导小组，强化了市县核桃产业发展管理机构，将核桃产业发展目标任务纳入年度绩效考核指标。

与此同时，陕西省林业厅、财政厅加大对商洛核桃产业的扶持力度，2016—2019年度共计扶持下达商洛市核桃产业扶持资金达1.1亿元，年均2 750万元，有力地促进了全市核桃产业的快速发展。

2. 科技支撑

1973年，商洛率先成立了全国首个地市级核桃研究所。各县（区）分别建立了核桃科技服务

机构，建立了科技服务体系和人才队伍。目前，全市共有专业科技人员100多人，其中高级职称12人、国家及省级专家3人，农民技术人员达1 000多人。深化校地合作，与西北农林科技大学合作建立山阳核桃试验示范站，共建“中国·商洛核桃研究所”，签署深化核桃产业发展科技合作协议，共建商洛核桃技术研究中心，开展了多层次全方位的核桃生产科研合作。商洛市政府与陕西省林业厅签署合作共建核桃产业发展示范市框架协议，与陕西省质监局签署推进商洛核桃标准化建设工作合作备忘录，与陕西省林业科学院合作成立首个核桃研究分院，全面开展深度合作。

近40年来，全市核桃科技工作者围绕核桃生产先后开展各种试验研究50余项，有13项鉴定为技术成果，20多次受到部、省、市级奖励。2012年，商洛市核桃研究所王根宪参与完成的“核桃增产潜势技术创新体系”项目获国家科技进步奖二等奖，商洛市核桃研究所被中国林业产业联合会、中国经济林协会授予林业产业突出贡献奖。2014年，商洛市核桃研究所研制的“核桃无公害高效专用肥”获得国家发明专利和国家林业局第三届中国林业产业创新一等奖，并在生产中大量推广应用。2019年，“核桃关键栽培技术研究与应用”项目获得陕西省十大林业科技成果奖。

3. 产业发展

商洛目前有洛南、丹凤、山阳共4个国家级核桃示范基地，12个省级核桃示范基地，示范基地面积达1.7万亩，水、电、路、讯、网等基础设施齐全。核桃标准化管理基地面积达100万亩，占总面积的29.3%；良种面积达215万亩，占总面积的63%；核桃果品产值50亿元，占农牧渔业（林业）总产值的27.8%。商洛拥有完善、成熟的核桃良种繁育技术体系，建立核桃良种采穗圃600亩，种质资源收集圃100亩，被国家林业局命名为首批国家良种核桃基地。全市已发展核桃加工企业12家，加工产品10多个系列40多个品种，年加工能力达10万多吨，具有良好的市场发展前景。丹凤、洛南、商州等集散交易市场已逐渐成为陕西乃至西北地区颇具影响力的核桃原产品流通、交易的枢纽，年核桃原果交易达50万吨，是商洛核桃年产量的3.2倍。

2016年，商洛市林业局印发《关于进一步明确核桃产业生态标准园创建工作目标任务的通知》，在全市建设核桃绿色生态示范园50个、面积为7.6万亩，全面推广生物防治、物理防治、科学用药、无害化处理废弃物等绿色防控措施。同时，积极扶持商洛盛大公司、丹凤民乐公司，开展核桃壳等副产品的加工利用，年利用核桃壳6.2万吨，年生产活性炭等产品0.6万吨，核桃壳利用量占总量的60%。

4. 品牌建设

商洛核桃具有深厚的品牌文化积淀。1957年9月，商洛地委、专署向全区人民发出了“每户种一升核桃”的号召。1958年1月31日，毛泽东主席在《工作方法六十条》中作出“陕西商洛专区每户种一升核桃，这个经验值得各地研究，可以经过鸣放辩论取得群众同意后，将这个经验推广

到种植果木、桑、柞、茶、漆、油料等经济林木方面去”的重要批示。《人民日报》《陕西日报》先后报道，向全国推广商洛发展核桃生产的经验。1958 年 9 月，由林业部主持的全国 16 省份核桃生产现场会在商洛召开，会上为丹凤县“八一”人民公社颁发了由周恩来总理签发的奖状。1985 年 10 月 22 日，时任中共中央总书记胡耀邦视察商洛时指出：“你们这里搞核桃最保险，商洛核桃皮薄、仁饱、味香……你们可以大搞核桃。”目前，商洛正在努力打造国家红仁核桃示范基地，创建“商洛红仁核桃”特色品牌。

为了加强“商洛核桃”品牌管理，商洛市核桃产业协会印发了《“商洛核桃”地理标志证明商标使用管理规则》，并组织开展核桃质量监督管理工作。近年来，商洛市委、市政府先后成功举办了商洛核桃高端论坛、第二届中国核桃大会暨首届商洛核桃节、第二届和第三届商洛核桃节、“一县一品”商洛核桃展销推介会，在北京举办了中国核桃之都·陕西商洛核桃推介会，成功举办了第 23 届中国杨凌农业高新科技成果博览会商洛核桃专题展和商洛核桃专场推介签约会。2019 年 8 月，在西安举办新华·全国核桃价格指数发布会。

2011 年 8 月，中国林业出版社出版的《中国核桃种质资源》中收录了商洛 1 号至商洛 6 号等 6 个地方核桃品种。2013 年 8 月，国家工商行政管理总局核准注册“商洛核桃”地理标志证明商标。2015 年，商洛良种核桃通过气候品质“特优”等级认证。商洛市先后被中国经济林协会命名为“中国核桃之都”，被陕西省林业厅命名为“陕西省核桃产业强市”。“商洛核桃”被中国优质农产品开发服务协会授予“2015 最受消费者喜爱的中国农产品区域公用品牌”。2017 年，被农业部、国家发改委、财政部等九部委认定为首批中国特色农产品优势区。2019 年，在洛南建成了中国·商洛核桃文博馆，成为全国唯一的核桃主题博览馆。2020 年，“商洛核桃”荣获“全国绿色农业十大最具影响力地标品牌”称号。

（地理标志证明商标　商标注册号：11421789）

延安苹果

陕西省延安市果业研究发展中心　刘永林　任利萍

延安位于陕西省北部，是中国优势农产品布局规划的优势苹果产业带核心区和世界著名的苹果优生区，是首批以整市命名的国家现代农业示范区。延安地处黄土高原丘陵沟壑区，总土地面积3.7万千米^2，平均海拔1 200米，年均无霜期170天，年均气温9.9℃，年均降水量550毫米，属高原大陆性季风气候区。延安土地资源丰富，耕地面积555.56万亩，耕地土质疏松，土层深厚，光照充足，昼夜温差大，所产苹果果形端庄、色泽艳丽、蜡质丰厚、风味浓郁、肉质细脆、营养丰富、极耐贮运，深受国内外消费者的青睐。

“延安苹果”为区域公用品牌，2018年1月7日被国家工商行政管理总局审定为地理标志证明商标。生产地域范围为延安市所辖的12个县（区、市），主要包括富县、黄陵、黄龙、宜川、延长、志丹、甘泉、吴起、延川等9县，以及宝塔、安塞2区和子长市，地理坐标介于东经107°41′～110°31′、北纬35°21′～37°31′。

多年来，延安市立足资源禀赋和地理优势，坚持把苹果产业作为脱贫致富奔小康的支柱产业，大力发展以苹果为主的现代农业，加快苹果生产基地建设，提升果业质量效益，走出了一条“小苹果、大产业、大带动”的特色农业发展之路。苹果产业已成为延安规模最大、覆盖面最广、持续效益最长的农业第一主导产业。截至2020年年底，全市苹果种植面积达到400万亩，产量370万吨，产值180亿元。苹果种植面积居全国地级市之首，约占世界的1/20、全国的1/10、陕西的1/3。全市农民经营性收入的55%来自苹果，南部县（区）农民经营性收入90%以上来自苹果。

近年来，延安一直践行绿色高质量发展理念，严控农产品质量安全。制定了“延安苹果”生产技术标准，发布了标准综合体，严格按照国家绿色标准，全面实施“双减”行动。目前，认定绿色食品和有机农产品基地120多万亩、良好农业规范生产基地30多万亩、出口基地14.5万亩，有富县、宜川县、宝塔区整县（区）通过国家绿色食品和良好农业规范生产基地认证，其余县（区）通过了无公害农产品认证。全市现已建成苹果大数据平台和二维码质量安全追溯体系，实现了延安苹

果生产销售有了身份证、电子档案。

延安坚持用工业化理念推动现代果业发展，加快苹果产业后整理工作，建设以智能选果线、冷气库、品牌直营店为重点的后整理现代装备体系，拉长产业链、完善供应链、提升价值链，让果农在全产业链上实现增收。全市建成 4.0 智能选果线 103 条，对苹果颜色、大小、糖度、硬度、霉心病精准分选，每小时选果能力达到 350 吨以上；精深加工能力达到 40 万吨以上；冷气调库贮藏能力达到 147.3 万吨；冷链运输公司 8 家，拥有各型冷藏车 135 辆，高端市场实现了冷链配送全程鲜。

为了提升"延安苹果"品牌知名度和市场影响力，维护"延安苹果"商标形象，发挥品牌附加值和市场竞争力，延安市确定延安市果业研究发展中心为"延安苹果"地理标志证明商标的持有人。延安市果业研究发展中心人才队伍齐全，职工综合素质高，工作氛围浓厚，为"延安苹果"品牌发展提供雄厚人才和智力支持。该中心设立产业信息科专门负责"延安苹果"地理标志证明商标的使用授权、宣传推荐、品牌创建、品牌管理工作、产业后整理及果品营销工作。截至 2020 年 10 月 30 日，"延安苹果"品牌授权企业、合作社达 1 567 家，全国各大城市设立"延安苹果"直营店 339 家。一亩田、淘宝等平台开设了延安苹果馆，入驻企业 88 家；京东、天猫等平台开设了延安苹果旗舰店、延安苹果农场。天猫、京东、淘宝、拼多多、微店等平台开设了大量网店，快手、抖音等平台有大量的主播对"延安苹果"进行宣传销售。

2019 年，中华商标协会评估"延安苹果"地理标志品牌价值为 69.58 亿元；2020 年，中国果品流通协会、浙江大学 CARD 农业品牌研究中心联合发布的《中国果品区域品牌价值评估报告》显示，"延安苹果"品牌价值达到 73.62 亿元，列全国苹果类第三位。"延安苹果"荣获 2020 年度中国苹果产业榜样 100 区域品牌、2020 苹果区域公用品牌声誉十强和十佳区域公用品牌形象塑造奖、2020 全国绿色农业十佳果品地标品牌，品牌价值和知名度大幅提升，成为全国消费者最喜爱的果品区域品牌之一。

近年来，先后在中央电视台 15 个频道多批次播出"延安苹果"广告，中央电视台、农民日报等 50 多家媒体对延安苹果进行了深入报道，延安苹果走进《朝闻天下》《焦点访谈》等重点栏目，延安苹果标准化生产工艺剪纸图谱、电影、歌曲、小品说书、剪纸、动漫等文化产品纷纷与全国各地观众见面，社会反响强烈。"延安苹果"经过 70 多年的全方位高质量发展，已成为陕西苹果和中国苹果的闪亮名片、世界苹果的聚焦点，成为老区人民脱贫攻坚和乡村振兴的摇钱树、幸福树。

（地理标志证明商标　商标注册号：23166443/23993874）

周至猕猴桃

陕西省周至县农业农村局 何恒春 宋平生 韩亚维

周至县是陕西秦岭北麓百万亩猕猴桃产业带的核心区，被命名为“中国猕猴桃之乡”，获得了国家地理标志认证。经过40多年的发展，周至已成为全国乃至世界最大的优质猕猴桃生产基地。近年来，全县紧紧围绕习近平总书记提出的“果业强、果农富、果乡美”的总体要求，按照“产业兴旺、果农增收”的总体目标，立足“质量兴果、品牌强果”的主旋律，把握“扩规模、提品质、创品牌、争效益、促增收”的目标，全力推进猕猴桃产业化进程。

1. 优越的自然条件

周至县位于秦岭北麓冲积平原，土壤中性偏酸，土质松散，通透性好，腐殖层深厚，养分含量高，蓄水能力刚好供应猕猴桃的养分供给，非常适宜猕猴桃的自然生长，是世界公认的猕猴桃适生区。周至县属暖温带大陆性季风气候，冬无严寒，夏无酷暑，四季分明，雨量较为充沛，年平均降水量826.7毫米，为猕猴桃生长提供了良好的气候条件。秦岭北麓光照充足，年日照时数为1 994小时，昼夜温差大，这使猕猴桃光合形成产物多，夜晚消耗少，积累就多，糖分高，甜度高，果实风味极佳。

周至山区蕴藏着丰富的猕猴桃种质资源，是我国最大的猕猴桃天然基因库，1998年被农业部认定为国家级野生猕猴桃保护区。周至先后培育和引进了翠香、秦美等8个优良品种，在成熟期、产量等方面各有特点。周至猕猴桃果个大，果形均匀、整齐，果实浅褐色，茸毛多，果内翠绿，维生素E含量高，口感酸甜，果肉细而多汁，富含微量元素，尤其以维生素C含量高，有“水果之王、维生素C之冠”的美誉。

2. 产业发展优势

（1）种植面积最大，产量最大。目前，周至县猕猴桃种植面积43.2万亩，产量53万吨，8.5万农户从事猕猴桃生产种植，猕猴桃生产、贮藏、加工、销售人员达30万人。全县猕猴桃主栽品种为海沃德、徐香、翠香等，有猕猴桃“一村一品”专业村96个；拥有猕猴桃贮藏库2 618座，其中千吨以上高档气调库26座，库容量35万吨；深加工企业22家，年加工能力10万吨。周至猕猴桃销售已由单一的鲜果销售发展到果干、果酱、果酒、果汁等深加工产品并存的多样化格局，猕

猴桃鲜果及加工品远销俄罗斯、泰国等国家。

（2）企业带动，销售形式多元化。全县注册猕猴桃电商企业 4 000 多户，形成了覆盖猕猴桃鲜果、果干、酒等产品的专业化、区域化特点明显的电子商务平台，周至成为中国猕猴桃电商发展最快、最为集中的区域之一。在 2020 年“双十一”电商销售中，周至猕猴桃在 100 个国家级贫困县电商销售数据 TOP20 中列位第 14 位，网络销售额达 754.44 万元。周至县先后成立了猕猴桃产业发展、贮藏、加工、种植、花粉、营销、包装等 7 个协会，果业专业合作社 1 007 个。已创建周至县果业省级龙头企业 2 个，市级龙头企业 9 个。协会、合作社、龙头企业在全县猕猴桃发展中发挥了示范带动作用，周至县华茂果品专业合作社、周至县长扬果品专业合作社、周至县富余果业专业合作社、周至县秦人果业专业合作社、周至县爱民果品专业合作社等 5 家荣获陕西省农民专业合作社百强示范社。

（3）科技研发体系健全，标准化种植程度高。周至县拥有得天独厚的猕猴桃种植资源优势及与中国航天基金会合作的空天合作技术优势，利用陕西佰瑞猕猴桃研究院有限公司科研优势，开展猕猴桃种植资源保护与品种研发选育工作，建成猕猴桃种植资源圃 20 亩，收集最具价值的种质 120 个，为周至乃至中国猕猴桃产区品种更新提供了丰富的资源。周至县政府与西北农林科技大学签订“十百千人才培训计划”，3 年完成培养 1 110 名猕猴桃科技人才，全县在果业基地每年开展技术培训 1 万人次以上，提高果农生产管理水平。因地制宜制定、修订了《周至县猕猴桃鲜果等级标准》《周至县猕猴桃贮藏技术规范》《翠香猕猴桃栽培技术规范》，形成具有周至特色的技术标准体系，推进生产标准化，推广优质、安全、高效、生态、省力关键技术。

周至县以“生产标准化、管理科学化、贮藏规范化、销售品牌化”为果业发展目标，始终把果品质量视为产业的生命线，按照“稳基地、提质量、树品牌、增效益”的要求，始终把园区建设作为主抓手，认真实施“五治一品”及“配方施肥、定量挂果、生物防治、果园生草、果实套袋”等 16 项规范化栽培管理措施，周至猕猴桃优果率达 90%以上，并制定了首个地方猕猴桃鲜果等级标准、贮藏标准。周至先后与西北农林科技大学、中国科学院武汉植物园和新西兰皇家植物与食品研究院、新西兰佳沛公司等国内外研究机构合作，实施猕猴桃供应链试验。陕西省猕猴桃工程技术研究中心、中国猕猴桃技术创新战略联盟等相继落户周至。

（4）配套实施完善。现有 2 个猕猴桃品种开发科研机构，已形成 50 亩园有一名农民技术员、100 亩园有一名专业技术人员的技术推广网络体系，建有猕猴桃资源圃，已收集、选育、引种猕猴桃新优品种 103 个。建立占地 600 亩的集猕猴桃冷藏、运输、质量检测、批发交易为核心的

猕猴桃冷链物流中心。同时，在猕猴桃集中栽植的乡镇，化肥、农药、器械、农机、运输、餐饮、住宿、中介服务、劳务等商业服务经营实体密布，能满足客户的各种需求，水、电、路、讯延伸至全县猕猴桃产业的各个角落，基础设施完备。

（5）产业链健全。周至县共有猕猴桃专业合作经济组织165个，省、市、县猕猴桃协会会员覆盖全县，加工企业共38个，生产能力强，已建立起包装、运输、信息服务等门类齐全的相关配套产业。周至县从事猕猴桃及相关产业的农户达6.2万户30万人，销售网络遍及全国及26个国家和地区，销售人员达1.5万多人，猕猴桃系列产品多达8大类20余种，猕猴桃年总产值达50亿元。

3. 健全质量安全监管，果品质量不断提升

2007年，“周至猕猴桃”被国家质量监督检验检疫总局认定为地理标志保护产品。周至县成立了农业行政综合执法大队，联合周至县农检中心、周至县市场监管局等多部门执法，强化监管工作。组织周至县市场监管、农业、公安等部门进行联合执法检查，加强商品花粉抽检公示，整顿净化农资市场，印发监管公告，出动宣传车辆，悬挂宣传横幅，设立举报电话，建立果品质量追溯体系。落实果业产业化龙头企业及有品牌的果业企业合作社实施果品质量二维码追溯体系建设，形成生产信息可查询、流向可追踪、责任可追溯、产品可召回的机制，实现信息化全程监管，让消费者放心消费。目前，周至县已有10万亩猕猴桃获得国家绿色食品认证，1万亩猕猴桃获得欧盟良好农业操作规范认证，1万亩猕猴桃生产基地获得有机食品认证。

4. 依托区域品牌，打造企业品牌

联合浙江大学CARD农业品牌研究中心，制定周至猕猴桃区域公用品牌战略规划，为周至猕猴桃制定统一标识、用语、宣传推介等，“周至猕猴桃、鲜甜自有道”“终南山下、道地好果”区域品牌宣传用语统领周至猕猴桃走向世界。依托与中国航天基金会合作，积极整合现有的种植、包装、贮藏、销售等方面优势资源，打造航天品质知名品牌。采取“请进来”“走出去”等方式，每年在一线、二线城市举办周至猕猴桃专场推介会，邀请相关猕猴桃经销商、媒体等参加推介会，让更多消费者了解周至猕猴桃；定期举办西安·周至猕猴桃主题年会，邀请全国各地猕猴桃经销商、果业技术专家、媒体等参加年会，展示周至猕猴桃发展情况。在中央电视台等媒体宣传周至猕猴桃，让更多群体了解周至猕猴桃。

周至选育的秦美、哑特、华优、翠香等品种荣获国内外10多项大奖，被评为中国名牌产品、中国名优产品畅销奖。2007年3月，“周至猕猴桃”被国家质量监督检验检疫总局认定为地理标志保护产品。2015年11月，“周至猕猴桃”荣获“华东地区最受欢迎十大果蔬品牌”。2015年，中国猕猴桃技术创新战略联盟在周至县挂牌成立，京东周至馆开通运营。2016年12月，在全国果菜产业质量追溯体系建设年会暨第14届中国果菜产业论坛上，周至猕猴桃荣获“2016全国果菜产业百强地标品牌”和“2016全国果菜产业十大最具影响力地标品牌”两项殊荣。周至县的翠香、华优、瑞玉等3个品种猕猴桃成功搭载我国首颗微重力科学实验卫星“实践十号”进行航天育种，开启了新品种研发选育新的里程碑。2018年9月，“周至猕猴桃”获农业农村部农产品地理标志登记保护。2019年11月，“周至猕猴桃”获中国县镇经济交流促进会“全国特色产业百佳县”称号。2020年9月，“周至猕猴桃”在中国农产品区域品牌价值评估中以51.74亿元连续7年荣列猕猴桃类第一位。2021年1月，“周至猕猴桃”被中国绿色农业联盟和《中国绿色农业发展报告》编委会推选为“全国绿色农业十大最具影响力地标品牌”。

（农产品地理标志　登记证书编号：AGI02513）
（地理标志保护产品　批准文号：2007年第44号）
（地理标志证明商标　商标注册号：27653043）

环县羊羔肉

甘肃省环县羊产业联合会　姜　中

环县羊羔肉是一种独特的地方风味美食，其特色在于独特的山羊品种、独特的生长环境、独特的加工方法、独特的药膳滋补价值。环县羊羔肉已形成5大类20多个系列产品，主要有爆炒、蒸、煮、烤、炖等10种食用方法，以调料、药材相佐，具有温中补气、健胃益肾之功效。

1. 产地环境

环县地广人稀，干旱少雨，土壤和山泉水呈弱碱性，且工矿业几乎为零，天然无污染。境内生长着1 100多种天然牧草，包括地椒、甘草、秦艽、远志、麻黄等600多种中药材，而这些都是小羊喜爱的食物。日食药草，夜饮矿泉，造就了肉质细嫩、味道鲜美的环县羊羔肉。

2. 营养价值

经甘肃省草原生态研究所、兰州大学分析测试中心、甘肃农业大学食品工程系、甘肃省绿色食品办公室等单位检测分析和研究证明：环县羊羔肉营养丰富，具有保健功能。蛋白质含量丰富，氨基酸生物学效价高，符合人体氨基酸需要量的平衡模式；富含钙、磷、铁等矿物质及各类维生素等多种营养性元素；属低脂型肉品，且大理石花纹良好，胆固醇含量低；营养素配比合理，是集营养、滋补、保健于一体的优质肉食品。

3. 历史渊源

先秦时期的环县，属于义渠戎国统治。这里地域广阔，地势较陡，难以耕作，却是上好的牧场，适宜养羊。环县人的先祖曾是游牧戎族，牧牛放羊成为环县人维持生存的活计。秦始皇统一六国后，环县归治北地郡，很快接受了农耕文明的洗礼，传统的游牧生活被半农半牧的生活方式取代，但养羊的传统被继承了下来。乾隆版的《甘肃通志》记载：庆阳府人“好稼穑务本业，有先王遗风，陶复陶穴以为居，于貉为裘以御寒”，这正是对环县人半农半牧生活的真实写照。

从历史烟云中走出的环县羊，成为环县经济社会发展的主要支撑和人民生活改善的主要依靠。它支持红色边区走向人民政权的发展壮大，支持环县人饱暖之后踏实追寻美好生活的梦想。环县羊文化，扎根在历史沃土，茁壮于生活旷野，绚烂于产业高地。

4. 生产情况

近年来，环县羊肉建成了从种草、育种、养羊、屠宰到加工成产品的标准化全产业链条，建立了肉羊质量安全溯源体系，产品供应链健全。环县建设有全国规模最大、质量最优的肉羊生产基地（100万只肉羊深加工项目、35万只基础母羊繁育项目、100万只育肥羊养殖项目、5万吨精饲料生产项目、20万吨饲草收储加工及15万吨有机肥生产项目、100万亩饲草种植项目），建成了两条国内最先进的肉羊屠宰生产线（100万只肉羊屠宰生产线、15万只山羊生产线），配置全进口设备，按照国际肉品市场标准屠宰加工、精细分割。

环县请来了澳大利亚前胚胎移植协会主席戴维德，从羊的腹腔镜人工授精、胚胎移植、精准早期孕检和核心群优质种羊的挑选到新品种的培育等方面，引进了全世界最领先的养羊技术。从英国请来了羔羊护理方面的专家，对环县的技术人员进行了系统的养羊技术培训，推广了“一只配一万、一天配一千，一扫一二三、一变三十六”的现代化养殖技术，使养殖人员开阔了眼界、学到了技术。截至2020年，环县引进基础母羊1.2万余只，引进萨福克、杜泊等其他品种与湖羊进行杂交，发挥杂交优势，降低料肉比，提高产业经济效益。

环县已基本形成一有龙头企业、二有协会、三有基地、四有餐饮业、五有营销组织、六有市场的产业化经营格局。

5. 产品荣誉

2006年，在第二届中国餐饮业博览会上，环县羊羔肉荣获“中国名宴”称号。2013年，“环县滩羊”被农业部登记为农产品地理标志。2014年，“环县羊羔肉”被国家工商行政管理总局批准注册为地理标志证明商标。2019年，在第16届中国羊业发展大会上，“环县羊羔肉”荣列全国十大羊肉品牌之首；同年，荣获2019全国绿色农业十佳畜牧地标品牌。2020年，“环县羊羔肉”荣获第五届中国农业博鳌论坛指定产品称号，荣获“全国绿色农业十佳畜牧地标品牌”称号。

（农产品地理标志　环县滩羊　登记证书编号：AGI01356）

（地理标志证明商标　环县羊羔肉　注册号：13068168）

岷县当归

甘肃省岷县中药材技术推广站　郎建军

岷县是“千年药乡”“中国当归之乡”，位于甘肃省南部，地处青藏高原、黄土高原和西秦岭交汇地带，生态复杂多样，气候复杂多变，特殊的高寒阴湿生态环境造就了当归、黄芪、党参等310多种优质中药材的生长。岷县当归品质优、产量大，俗称“岷归”，有1 700多年的药用历史和1 500多年的种植历史，远销港澳台、东南亚及欧美等30多个国家和地区。当归被中医界誉为“妇科圣药”，岷县当归是世界当归中的上品，素有“中华当归甲天下、岷县当归甲中华”之美誉。2019年，当归作为调味香料类纳入食药同源目录。

岷县海拔2 100～3 750米，年平均温度5.7℃，无霜期95～120天，年平均降水量660毫米，年平均日照时数2 229小时。岷县辖18个乡镇、300个村、10个社区，总人口49.84万人，总面积3 578千米^2，总耕地面积119.9万亩。2020年，全县中药材种植面积达到62.58万亩，其中当归30.5万亩。

当归为伞形科当归属植物。鲜品当归表皮光滑，主根明显、短粗、肉质肥大、汁浓气香。干品长20～30厘米，单株重量40～120克，根头（归头）有残存的芽痕及叶柄基部，直径1.5～4.0厘米，具环纹。

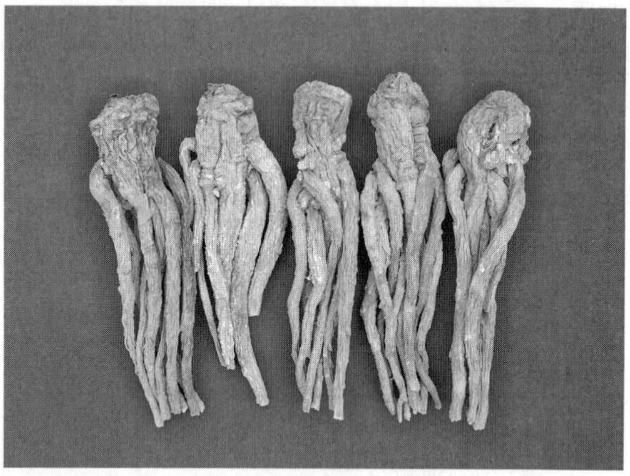

岷县当归主根表面凹凸不平，呈黄棕色或棕褐色，上端圆钝，具纵皱纹、横长皮孔样突起和数个明显突出的根茎痕；支根直径0.3～1.0厘米，上粗下细，多扭曲，全根呈马尾状；质地紧密、柔韧，断面黄白色，韧皮部厚，有裂隙和多数棕色点状分泌腔，木质部颜色较淡，形成层环黄棕色。

岷县当归具有独特的浓郁香气，味甘、辛、麻、微苦，有补血活血、调经止痛、润肠通便、祛瘀生新、补肝肾、美容、降压等功效，主治贫血、月经不调、闭经、痛经等疾病，还可用于食品、保健品、化妆品，是煲汤、泡茶、调味的上等佳品。

岷县当归，俗称“岷归”，成分复杂，含量丰富，经研究证明，有挥发性和水溶液性物质106种。

岷县当归挥发油成分及含量：当归根的挥发油有37种成分，其中中性挥发油19种，占挥发油总量的88%，主要成分为藁苯内酯，占55.7%，比我国其他地区当归及欧洲当归含量分别高出10.7%和20.7%，比日本当归高出21倍；酚性油12种，占挥发油含量的10%，其中香荆芥酚为主要成分，占64.7%；酸性油6种，占挥发油含量的2%。

岷县当归非挥发性成分：一是含有当归多糖，占原料的40%左右；二是含有阿魏酸、新当归内酯等18种成分，其中14种成分尚未见过报道；三是含有水解氨基酸19种，其中缬氨酸等8种人体自身不能合成，还有羟基脯氨酸、鸟氨酸、天门冬氨酸是岷县当归所独有的，我国其他当归不含有，胱氨酸等3种是岷县当归含有而日本当归不含有的；四是含有锰、镍、钼等15种微量元素；

五是含有维生素 A、维生素 B_{12}、维生素 E 等。

岷县当归提取物主要为当归油，有抗胆碱作用、抗氧化和清除自由基的作用，可抑制子宫收缩。其对子宫的作用具有双向性，水溶性非挥发物质能兴奋子宫肌，使收缩加强；挥发性成分则能抑制子宫，减少其节律性收缩，使子宫松弛。当归有抗维生素 E 缺乏症的作用；能降低心肌的兴奋性，对心房纤维震颤有治疗作用，同时对心脏的收缩幅度及频率均呈抑制；能降低血压，血脂轻度下降，对主动脉的病变具有保护作用，对动脉粥样硬化有一定的功效。

岷县当归所含成分具有不同的功效，有很高的药用、食用价值，应用范围十分广泛，在中药配方中有“十药九归”之说。

近年来，岷县全域推进中药材绿色标准化种植，相继印发了《岷县开展耕地质量保护与提升行动实施方案》《岷县禁限用农药专项整治行动实施方案》《岷县中药材种植科学施肥指导意见》《岷县中药材病虫害绿色防控技术方案》，以及当归、黄芪、党参绿色标准化栽培技术要点等系列文件，树立“量质并重”和“用养结合”理念，科学合理地推进中药材绿色、道地、生态、可持续发展，推行“两证两品一标”（农产品准出征、产品质量合格证、绿色食品、有机农产品、农产品地理标志）质量追溯体系，建立完善的当归全产业链开发体系。2020 年，全县中药材种植面积 62.58 万亩，其中当归 30.5 万亩、黄芪 19.4 万亩、党参 11.6 万亩、其他中药材 1.08 万亩；全县中药材总产量 16.8 万吨，其中当归总产量 7.7 万吨、黄芪总产量 5.7 万吨、党参总产量 2.7 万吨、其他产量 0.7 万吨。按照目前市场价格计算，全县中药材总产值 42 亿元，其中当归产值达 21 亿元，人均药材纯收入 6 155 元；中药材收入占贫困户人均纯收入的 60%以上，主产区中药材收入占人均纯收入的 90%以上。岷县当归为主的道地中药材产业已经成为岷县增加农民收入的战略性主导产业、促进县域经济发展的首位产业和富民强县的支柱产业。

（农产品地理标志　登记证书编号：AGI02003）

（地理标志证明商标　商标注册号：3352037）

平凉苹果

甘肃省平凉市林业和草原局　何鹏峰

平凉市地处陕甘宁三省份交汇处，与山东苹果主产区一样，同处北纬35°的苹果“黄金生产带”上，海拔890～2 857米，年均气温8.5℃，年降水量450～650毫米，年日照总时数2 144～2 380小时，无霜期156～188天，土壤有机质含量超过2%，加之人工修建的410万亩梯田，没有重工业污染，没有过度开发，得天独厚的地理优势和良好的光、热、水、土条件，具备生产优质苹果的资源禀赋。

40年来，平凉市委、市政府坚持一张蓝图绘到底，一届接着一届干，全力推进扩量提质创牌增效，苹果产业加速向现代化方向迈进。聚全市之力，集各方资源，全力构建苹果产业“四大体系”，实施全产业链开发，探索走出了一条以寒旱农业为特征的现代苹果产业发展路子。

1. 突出基地规模化、生产标准化，着力构建生产管理体系

针对不同立地条件，平凉市因地制宜，分类施策，集中连片规划，整村整乡整区域推进，锲而不舍扩规模、建基地、调结构、促转型。2020年，全市苹果栽植面积达到219.53万亩，年产量231.6万吨，产值95亿元以上。

区域布局上，在西部干旱山区的庄浪、静宁两县，集中发展以中晚熟品种为主的乔化短枝果园，果树栽到了海拔1 800米以上的山区；在东部地势平坦、有灌溉条件的川塬地，集中发展以自根砧为主的矮化密植果园；在没有灌溉条件的山台地和川塬地，集中发展以中间砧为主的矮化密植果园。因此，形成了优生区全覆盖、适宜区适度发展、乔矮互补、早中晚品种搭配的格局，发展果园万亩乡镇85个、千亩村1 063个，建成了西部葫芦河流域、东部泾汭河流域两个百万亩优质果品生产片带。

生产组织方式上，坚持龙头企业引领、合作社带动、种植大户示范，探索推广了“龙头企业＋合作社＋基地＋果农”“合作社＋基地＋果农”“国有农发公司＋合作社＋基地＋果农”等经营模式，有效提高了苹果产业组织化程度。联合56家涉果企业，组建了集果品生产加工、贮藏运输、

金融保险、市场营销为一体的平凉苹果产业联盟，引进了陕西海升等行业领军企业，培育静宁常津果品、德美地缘等国家级及省级重点龙头企业 13 家；以“三变”改革为抓手，组建果品专业合作社 161 家，引导农户将承包土地、精准扶贫贷款入股参股，推广分户出资、规模种植、固定分红的模式，促进了小农户与大市场的紧密联结；通过合理流转土地、集中产业用地，引导致富能人、产业大户和民营企业规模建园 38.5 万亩，发展 50 亩以上种植大户 5 520 户。

标准化管理上，制定了苹果标准化生产技术规程及质量标准体系，大力推广肥水耦合、果园覆盖、人工授粉、单果管理、节水滴灌、有害生物综合防控、机械化应用等技术管理措施，加快绿色标准化果品基地、出口创汇基地、全球良好农业规范认证基地建设，建成标准化生产基地 160 万亩，创建国家级标准园 4 个，认证绿色果品基地 80 万亩，良好农业规范基地 1.5 万亩。

2. 突出技术集成化、绿色循环化，着力构建科技支撑体系

坚持把科技创新作为发展现代果业的关键措施，大力推广新品种、应用新技术、催生新模式，不断提高苹果产业科技含量。

扶持建办优质苗木基地。按照市场化、企业化、专业化运作模式，扶持建成苗木繁育基地 5 120亩，年出圃优质苗木 1 200 万株，成功选育了具有自主知识产权的成纪 1 号、静宁 1 号等新优品种，累计引进推广烟富优系、瑞雪、瑞阳、蜜脆等优质品种 21 万亩。

推广应用先进栽培技术。制定苹果矮化密植技术规范，推广“矮砧大苗、立架密植、水肥一体、生态有机”现代果业栽培技术，建成矮化密植果园 20 万亩，改造低产果园 18 万亩，苹果优果率达到 80%、商品率达到 95%以上，优等果地头收购价连续 16 年居全国前列。

大力实施人才兴果战略。加强与高校、科研院所合作，建立了甘肃省首家苹果院士工作站，成立了国家苹果产业技术体系陇东矮砧苹果试验示范中心，柔性引进 9 名国内果业顶尖专家，解决产业发展关键技术难题。推行市县乡三级领导和技术干部“行政＋技术”责任制，组建市县乡三级果业技术服务队，聘用农民技术员 2 000 多人，年培训果农 20 万人次。

积极创新生态循环果园模式。把果产业与草畜产业、食用菌栽培、有机肥生产相链接，嵌入到生态农业大循环中，探索形成了“旱作农业-肉牛养殖-粪污入沼-沼渣种果”“肉牛养殖-有机肥加工-肥料种果”“果树废枝-菌棒基质-食用菌生产-废渣还田”等果产业循环链条，建成生态示范果园 65 万亩，有效推动了果业生产投入品减量化、废弃物资源化、产业生态化。

3. 突出产业链条化、营销品牌化，着力构建经营服务体系

坚持以工业化理念谋划果产业，全力强龙头、延链条、聚集群、创品牌，强化产、运、加、贮、销全过程服务，加快推动苹果产业向仓储保鲜、冷链物流、精深加工、采摘体验、苹果文化创意等多业融合发展，不断提高产业链、供应链现代化水平。

围绕构建供应链，扶持建设分拣、清洗、包装等商品化处理生产线 23 条，培育保鲜贮藏企业 180 家，果品年仓储能力 106 万吨；兴建果品包装企业 28 家，年生产纸箱 2 亿米^2、发泡网 180 亿个、果袋 100 多亿个，静宁县成为西部最大的纸制品包装产业基地。

围绕拉长产业链，建成果品加工企业 24 家，年加工果汁、果酒、果醋、果片等系列产品 16.4 万吨；建成静宁县 35°苹果谷景区等以苹果为主题的景区景点和乡村旅游示范村，采摘体验、休闲观光等衍生经济蓬勃发展。

围绕实施品牌战略，聚力打造区域公用品牌，“平凉苹果”先后取得国家地理标志产品保护、中国驰名商标、全国出口苹果质量安全示范区等 7 张国家级名片，荣获中国果品区域公用品牌最有价值 10 强。“静宁苹果”获“2018 全国绿色农业十大最具影响力地标品牌”称号、“平凉金果”获“2020 全国绿色农业十大最具影响力地标品牌”称号等，“静宁苹果”进入首批中国 100 个地理标志受欧盟保护名单，评估价值达到 158.95 亿元。通过实行证明商标与商品商标“双商标”管理，有效提升了苹果产业的知名度和影响力。

4. 突出政策协同化、服务社会化，着力构建支持保障体系

成立了平凉市现代果业发展领导小组，把苹果产业发展纳入市县经济社会发展总体规划和党政领导干部政绩考核，建立了目标责任制，实行清单化管理，形成了政府引导、市县联动、部门协作、全社会广泛参与的苹果产业发展机制。

政策扶持方面，平凉市委、市政府制定出台了《关于加快果产业转型升级的实施意见》《关于深入实施商标品牌战略的实施意见》等政策性文件，编制平凉市现代果业发展总体规划，从标准化示范园区建设、新品种新技术引进、苗木繁育基地建设、科技研发、基地认证及宣传推介、品牌保护等方面给予重点扶持，对流转土地规模建园给予支持，开展赛园赛果赛技术活动，对样板园、优质果品、示范户、务果能手、经销大户给予表彰奖补，举全市之力推动苹果产业做大做强。

资金投入方面，牢牢抓住国家持续加大扶贫投入、脱贫不脱政策的机遇，近五年整合项目资金10多亿元投向苹果产业；市县财政每年列支苹果产业发展专项资金2亿元以上；积极争取林业贷款中央财政贴息资金，撬动社会资本20.6亿元；筹资6 000多万元建立了市级农业信贷担保风险基金和小微企业互助贷款风险补偿担保基金，累计发放苹果产业担保贷款52.6亿元。聚焦打造西北地区现代果业发展示范基地，申请国家政策性金融贷款15亿元，启动实施黄河流域平凉市林草生态扶贫建设项目，建设高标准矮化密植苹果园3.52万亩。

质量监管方面，实行产地准出和市场准入制度，完善果品品牌经营登记备案制度，健全果品质量安全可追溯体系和果品质量安全数据库，建立了果品质量安全监督管理平台和一批专业质检中心，初步实现了从果园到餐桌的果品质量安全全过程监管。

风险防范方面，建立了气象灾害灾前预警、防范应对和灾后管理、生产自救工作机制，实施了“期货+保险”县域全覆盖项目，全面落实果产业政策性农业保险，大力推广灾害保险和目标价格保险，投保果园35万亩，年签单保费1亿多元。

平凉苹果浓缩了黄土地的精华和情怀，苹果产业承载着平凉几代人脱贫致富奔小康的梦想。通过40年的努力，“小苹果”变成了“大产业”，为决战脱贫攻坚、决胜全面小康、推进乡村振兴提供了有力支撑，铺就了贫困乡村致富路，鼓足了农民群众“钱袋子”，主产区农民人均果品收入达到6 000元以上，20万农家子弟依靠苹果圆了大学梦，70万贫困人口依靠苹果实现了脱贫致富，取得了良好的经济效益、社会效益和生态效益。

（地理标志保护产品　平凉金果　批准文号：2006年第208号）

（地理标志证明商标　平凉金果　商标注册号：4242078）

雪多牦牛

青海省河南蒙古族自治县人民政府 孙 辉
青海省河南蒙古族自治县有机产业科技园区管理委员会 公保东智

河南蒙古族自治县是青海省唯一的蒙古族自治县，俗称“河南蒙旗”，地处被联合国教科文组织誉为“全球四大无公害超净区”之一的青藏高原东南部地带，平均海拔 3 600 米以上，属高原亚寒带湿润气候区。雪多牦牛是河南蒙古族自治县地方特色品种，与高原牦牛、环湖牦牛并称为青海省三大牦牛地方品种。

1. 名称来源

雪多牦牛是由河南蒙古族自治县赛尔龙乡当地野生牦牛经千百年自然选择和人工驯化发展而成的。“雪多”为蒙古语，是赛尔龙乡的一个地名，意为“沼泽多”。20 世纪 50 年代末期，“雪多牦牛”最早被当地牧民称为“像黑帐篷的黑牦牛”。随着青海省内及甘肃、新疆等地商人的频繁来往，常以牦牛生活的地名来称呼和区别各地牦牛，“雪多牦牛”的名称即由此出现并一直沿用至今。

2. 生产生活方式

河南蒙古族自治县草原属典型的高寒草甸型草场，2004 年被列入“三江源”自然保护区范围。全县拥有 932 万亩可利用天然有机草场，且产草量大。雪多牦牛属于纯天然放牧，自由采食。犊牛在 2 周龄后即可采食牧草，3 月龄左右时可大量采食。暖季（6—10 月）早出牧、晚归牧，宜延长放牧时间，多采食、饮水，天气炎热时在凉爽的地方反刍和卧息。冷季（11 月至次年 5 月）晚出牧、早归牧，晴天放较远的山坡和阴山，风雪天禁牧，保证充足的饮水。雪多牦牛一般 3.5 岁初配，成年母牛多两年一产，自繁自育为主。根据当地疫病的种类和规律、流行情况，定期进行预防注射，接种疫苗，卫生防疫。河南蒙古族自治县牦牛追溯体系建设较为完善，建立了养殖信息数据库和有机畜牧产业大数据平台，一牛一耳标一码，与农业农村部数据库衔接，保障了产品质量及安全。

3. 产品品质特色

雪多牦牛体形深长，骨粗壮，体质结实。头较粗重显长，额宽而短，鼻梁窄而微凹，嘴唇宽厚。眼大，眼珠略外突，圆而有神。耳小且较短。多有角，公牛角基处较粗，角茎粗圆而长，角间距宽，呈双弧环扣不密闭圆形，少数角尖向后弯，呈对称开张形。母牛角茎较细较短，角环大且尖内屈，无角母牛颅顶隆突。躯干发育良好，肢势较正，筋腱坚韧。蹄圆而坚实，悬蹄分开距离较其他品种大。被毛纤维较粗、垂顺、亮泽，鬃毛短，裙毛四季均有分界线且清晰。被毛绝大多数为黑褐色，少有黄褐色、青色、青花色，白色极少。甲毛多为褐红色，少数牛甲及背线处、眼、唇及鼻周围呈灰白或青白色。成年公、母牛体高约为 130 厘米、115 厘米，体长约为 139 厘米、135 厘米，胸围约为 194 厘米、175 厘米，体重约为 376 千克、291 千克。雪多牦牛经谱尼测试检测：蛋白质、氨基酸含量高，含有丰富的钙、铁、磷、硒等微量元素及维生素 E、叶酸和烟酸。鲜肉肉色暗红，弹性好，肌肉纤维纹路清晰粗长，脂肪呈黄色。煮沸后，汤汁清澈，有浓郁香气；晾凉后，表面有橙黄色油脂飘起；熟肉味道鲜香，韧性好，有嚼劲。

4. 品牌建设

2010 年至今，作为青海省对口帮扶县，农业农村部高度重视河南蒙古族自治县雪多牦牛产业发展。截至 2020 年年底，先后支持河南蒙古族自治县落实总投资 6 900 万元畜禽粪污资源化利用整县推进项目、总投资 1 500 万元的雪多牦牛保种场建设项目、总投资 1 300 万元优势特色农产品产业集群项目，对大幅提高河南蒙古族自治县草原土壤肥力、畜禽粪污综合利用率，有效拉长生态有机畜牧产业链条，叫响雪多牦牛产品品牌，高质量发展有机畜牧产业发挥了重要作用。

2007 年，河南蒙古族自治县获得由中绿华夏有机食品认证中心颁发的有机牛羊产品、贸易、基地三个“通行证”，并已连续 14 年通过再认证。2018 年，“雪多牦牛”顺利通过国家畜禽遗传资源委员会鉴定，成为国家级畜禽遗传资源保护品种。2019 年 1 月，“雪多牦牛”品牌登场中国长三角地区有机高端推介会，河南蒙古族自治县县长阿琼为“雪多牦牛”代言，推介会当日签约金额达 1.23 亿元；7 月，荣获第八届全国烹饪技能竞赛（内蒙古赛区）暨内蒙古牛羊肉厨王争霸赛“雪多牦牛金牌全牛宴”称号。2020 年，中国绿色食品发展中心将河南蒙古族自治县确定为国家有机牦牛藏羊生产基地，“雪多牦牛”通过农业农村部组织的农产品地理标志登记专家评审。

截至 2020 年年底，河南蒙古族自治县有机雪多牦牛产业体系初步形成，完成了 2 个有机畜产品生产基地、10 处特色标准化养殖示范场建设；开发出有机牛肉、奶酪奶贝、骨肽骨粉等新产品，产品系列拓展到 33 种；推出“三江牧场”“青清海”“阿米雪”等一批在青海省内具有较高认可度

和名气的绿色有机产品品牌，目前正在逐步推向全国。

5. 发展前景

多年来，雪多牦牛因个体大、产肉多、肉质好、极耐粗饲、抵抗力强等多个优点而深受当地牧民喜爱，是青海省高海拔地区牦牛类群中极具特色的一支，是培育牦牛、肉牛新品种（系）及发展牦牛的优良种源和重要资源基础，也是发展高原绿色生态养殖业和特色畜产品产业的宝贵材料，其推广应用前景被普遍看好。此外，在高原生物类群研究中牦牛类群的迁徙、进化及生物多样性等方面，具有一定学术研究价值。

下一步，河南蒙古族自治县政府将按照乡村振兴战略的各项部署和要求，高质量发展以“雪多牦牛”为代表的有机畜牧产业，加大“雪多牦牛”畜种保护和产品开发力度，采取“走出去、引进来”的举措，努力实现有机品牌和国家地理标志品牌效益向经济效益的转化，促进特色品牌产业向集群化、规模化发展，提升河南蒙古族自治县雪多牦牛特色产业品牌市场占有份额，实现有机畜牧业大县向高端有机畜牧业强县转变，叫响“天赐蒙旗·全域有机”产业品牌，让广大牧民更多地享受到发展有机畜牧产业带来的成果。同时，吸引全国各研究机构在河南蒙古族自治县建立高原牦牛研究中心、产品研发中心，并积极引进民间资本在“纯净河南·幸福蒙旗”投资兴业，在更高的层次、更广的领域实现共赢发展。

（农产品地理标志　登记证书编号：AGI03444）

沙坡头苹果

宁夏回族自治区中卫市农产品质量安全检验检测中心　魏晓琴　孔祥明
宁夏林权服务与产业发展中心　夏道芳

中卫市沙坡头区靠近沙漠，属半干旱气候，具有典型的大陆性季风气候和沙漠气候的特点，春暖迟、秋凉早、夏热短、冬寒长，风大沙多，干旱少雨。借引黄河灌溉之便利，沙坡头区土地肥沃，物产丰饶，土壤中有机质及速效养分含量高，富含多种人体必需的矿物质微量元素，含硒量达到每千克 0.179 毫克，非常适宜苹果种植。独特的地理区位、气候条件和肥沃的土壤，为苹果积聚大量天然葡萄糖、维生素、氨基酸和多种微量元素提供了自然条件，使这里出产的苹果绿色天然、糖分充足、口感独特、品质上乘。

随着沙坡头苹果品质的提高、种植面积的增加，产业化发展已成趋势。2004 年中卫撤县设市后，市委、市政府在广泛调查研究、科学论证分析的基础上，立足资源，发挥优势，突出特色，科学决策，将沙坡头苹果确定为中卫市特色优势产业，出台了各项政策对沙坡头苹果产业的发展给予支持。截至 2020 年，沙坡头区苹果种植面积达到 16.01 万亩，产量 15 万吨，产值突破 6 亿元，占宁夏苹果种植总面积的 28%，成为宁夏最大的苹果生产基地。主栽品种 90% 为红富士，其余为嘎拉、红元帅、金冠、秦冠等。苹果产业已成为沙坡头区名副其实的优势产业、特色产业、生态产业和富民产业。

1. 产业发展成效

为了进一步保护“沙坡头苹果”这一地域农产品品牌，维护好“沙坡头苹果”公共品牌资源，促进地域品牌的传承发展，近年来，中卫市按照生态立市、绿色崛起、产业支撑的战略思路，把苹果产业作为发展现代农业、助推脱贫攻坚的主导产业，促进了产业可持续健康发展。

（1）种植规模化。截至 2020 年，沙坡头区苹果种植面积达到 16.01 万亩，基本形成了以南山台扬灌区为主的苹果种植基地。引进了国内先进矮砧密植栽培模式，率先在万齐集团、弘兴达公司、沙坡头果业进行推广示范，已发展矮砧密植苹果基地约 2 万亩，为沙坡头区苹果产业扩规提质树立了典型样板。

（2）生产标准化。制定并印发了《沙坡头苹果产业工作计划》《沙坡头苹果绿色标准化生产技术规程》《富硒苹果标准化生产技术规程》，组织召开富硒苹果栽培技术培训班及苹果施肥、修枝、剪枝（冬剪、夏剪）示范园区现场会，全面推行绿色标准化生产技术，大力推广增施富硒有机肥等关键生产管理技术，完成2万亩富硒苹果标准化生产基地、5个苹果高标准示范园区建设。

（3）采后商品化。建立质量追溯体系，实施质量全程控制，既是保障苹果质量安全的国际通行做法，也是高品质苹果生产的重要实现路径，更是提振消费者对苹果购买信心的重要举措。经质量检测，苹果含硒量每千克高于0.01毫克，含糖量108～140毫克/克，可滴定酸0.21%～0.58%，可溶性固形物含量13.00%～16.33%，甜酸适度，芳香浓郁。盛果期果园平均每亩收入8 000元左右，精品富硒苹果示范园平均每亩收入1万元以上，果农人均纯收入的80%来自苹果，90%农户通过种植苹果走上了富裕之路，促农增收效果明显。

（4）销售品牌化。以“富硒”为突破口，优先打造“富硒苹果”单品冠军，转变市场定位，进军高端市场。通过培育品牌，全面提升沙坡头苹果市场竞争力。苹果加工及市场销售服务体系也得到相应发展和完善，涌现出宁夏沙坡头果业有限公司、宁夏南山阳光果业有限公司、宁夏弘兴达果业有限公司等龙头企业10家；共注册苹果相关商标55个，先后培育了“沙坡头”“南山阳光”“香麓”等知名品牌7个。销售区域逐年扩大，沙坡头苹果出口尼泊尔、越南、蒙古等20多个国家，国内销往北京、内蒙古、上海、江苏、浙江、福建、广东、海南、四川、云南、西藏等地区。

（5）经营产业化。目前，沙坡头区年销售商品苹果50吨以上经纪人48人，经销大户185户，建有果品相关企业10多家，其中浓缩果汁加工企业2家、年贮藏保鲜能力1万吨以上的冷链配送企业5家。年加工苹果30万吨，年生产浓缩果汁4万吨，产品运销至欧美市场，实现产值5.76亿元，出口创汇7 200万美元。

2. 品牌保护措施

（1）授权使用标志。根据农业农村部《农产品地理标志管理办法》有关规定，经企业自愿申请，中卫市苹果产业协会组织专家评定，宁夏沙坡头果业有限公司等8家企业生产的苹果符合《农产品地理标志质量控制技术规范　沙坡头苹果》（AGI 2018-01-2372）要求，授权使用沙坡头苹果地理标志，对不符合要求的一律不准使用。

（2）规范市场秩序。近年来，随着沙坡头苹果知名度的提高，在生产基地，执法人员发现标有“新疆阿克苏”字样的苹果包装箱。为了保护“沙坡头苹果”品牌，当地林业行政主管部门建立企业诚信档案和农产品地理标志异地维权打假保护协作机制，规范沙坡头苹果包装箱上标注“沙坡头”苹果标志，并标明产品名称、品种、等级规格、产地、包装日期、生产单位、数量等质量追溯信息，从而杜绝了各类扰乱市场公平交易的行为，有效保护了“沙坡头苹果”的品牌和声誉。

（3）加强品牌宣传。通过参加第 22 届中国农产品加工业投资贸易洽谈会、中国绿色食品博览会，展示了沙坡头苹果优良的品质；举办了首届宁夏苹果大赛暨沙坡头苹果节，吸引了来自上海、北京、浙江、江苏、福建、黑龙江等地的 50 余家苹果客商，将沙坡头苹果品牌推向全国；在苹果生产基地举办中卫市苹果采摘比赛，通过舞蹈、小品、采摘苹果、吃苹果比赛等丰富多彩的活动，大力宣传沙坡头苹果；组织富硒苹果营销推介会，参加国内外农产品博览会，开拓富硒苹果营销渠道，持续提升“沙坡头苹果”品牌知名度、美誉度及产品价值。

“沙坡头苹果”2013 年被中绿华夏有机食品认证中心认证为有机食品；2015 年通过 ISO9001、HACCP 认证；2017 年荣获“最受消费者喜爱的中国农产品区域公用品牌”；2018 年通过农业农村部农产品地理标志登记保护、被中国绿色食品发展中心认证为绿色食品、荣获宁夏十大农产品区域公用品牌；2019 年纳入全国名特优新农产品名录、入选中国农业品牌目录 2019 农产品区域公用品牌、荣获第 22 届中国农产品加工业投资贸易洽谈会金奖；2020 年荣获“全国绿色农业十佳果品地标品牌”称号。

（农产品地理标志　登记证书编号：AGI02372）

中卫硒砂瓜

宁夏回族自治区中卫市农业技术推广与培训中心　王　雪　陈　佳

中卫市位于宁夏回族自治区中西部、黄河前套之首，水土光热等农业资源禀赋独特，发展特色农业优势明显。中卫硒砂瓜种植主要集中在中卫市砂砾淤积丰富的环香山积洪扇区域，包括沙坡头区香山、兴仁、常乐、永康，中宁县鸣沙、徐套，海原县关桥等乡镇。压砂种植西甜瓜是当地农民在极其干旱条件下创造出的一种旱作种植模式，至今已有300多年的历史。在干旱的山坡地上，覆盖一层厚度达10～15厘米的颗粒砂石，既合理地利用了光热资源，避免风蚀、水蚀，减少水土流失，又最大限度地发挥了干旱条件下砂地节水、增温和保墒的作用，因此在这种压砂地上种出的西瓜被称为“石头缝里长出的西瓜”，又因其富含硒元素而得名“硒砂瓜”。中卫硒砂瓜糖分含量高，营养元素丰富，瓜瓤粉红，果肉鲜嫩、汁多，味道甘甜爽口，深受全国各地消费者的喜爱。

1. 产业发展

自2004年建市以来，中卫市用5年时间建成了百万亩硒砂瓜产业带，小西瓜做成大产业。2019年，硒砂瓜总产量达180万吨以上，实现销售收入20亿元以上，瓜农人均来自硒砂瓜销售的收入达到7 000多元，惠及全市干旱山区20个乡镇141个村6.9万户28万群众。随着产业链进一步延伸，带动了当地餐饮、住宿、物流等服务业的快速发展，实现了一二三产业深度融合。

2020年，为推进硒砂瓜产业可持续健康发展，全市围绕发展富硒功能农业的目标，推行硒砂瓜“三年休耕轮作”制度，落实硒砂瓜种植面积69.9万亩，创建硒砂瓜标准化种植基地42万亩，重点推行休耕轮作、机械深松、直播点种和自根苗种植、严格控水控肥、统防统治、示范引领等6项“硬核”技术措施，推广标准化生产技术，确保硒砂瓜原有风味品质，保护中卫硒砂瓜品质品牌。

2. 生产基地

中卫硒砂瓜推行“大产业、小产区”运行模式，严格“五统一”（统一种苗、统一施有机肥、统一定植密度，统一水肥管理、统一销售）标准。科学规划定方向，建设富硒产业“一中心、三基地”，打造“中国塞上硒谷”的基本框架，由龙头企业和合作社牵头，每年建设品种

优、技术优、管理优、品质优、价格优的“五优”硒砂瓜标准化生产示范基地，实现订单生产、质量可控、优质优价收购。同时，筛选具有一定经济实力、销售渠道、组织带动能力强的企业（合作社）、农户，逐级逐个开展硒砂瓜标准化生产培训教育，建立“公司＋合作社（农户）＋基地＋标准化＋定价收购”运行管理机制，确保按标生产、产品优质、达标。2019、2020年，中卫市开展中卫硒砂瓜地理标志农产品保护工程建设，创建500亩地理标志农产品示范基地（点）6个。为保证硒砂瓜锁鲜“最后一公里”，支持合作社改善生产设施条件及配套仓储保鲜设施，建设分级分拣设备，逐步建立标准化生产。同时，强化质量追溯打假维权，充分利用“互联网＋”信息平台，全面推行“一瓜一标、一年一印”防伪溯源制度，建立防伪溯源监控平台，实现产地、渠道、终端合力保护品牌。

3. 绿色认证

中卫硒砂瓜生长在海拔1 500～2 300米的环香山地区，远离工厂、城市，没有废水、废气、废渣等有害物质污染，又不施用化肥。2005年，经中国绿色食品发展中心监测，产品质量符合绿色食品要求，被认证为A级绿色食品；2008年，取得有机产品认证证书。截至2020年，中卫硒砂瓜地理标志农产品获绿色食品认证4家、有机认证1家、良好农业规范认证2家、入选全国名特优新农产品名录8家。2019年，中卫硒砂瓜亮相四川眉山地理标志农产品展会，见证全国地理标志农产品保护工程项目启动。

4. 宣传推广

聚焦“中国塞上硒谷”“中国硒砂瓜之乡”和“中卫硒砂瓜”农产品地理标志，中卫市立足中卫硒砂瓜特色农业的大品牌优势，克服国内大宗西瓜量大滞销、同质竞争和低温多雨寡日照的气候影响，着力定规划、建基地、抓标准、引龙头、大招商、拓渠道，为实现好产品卖上好价格。充分挖掘硒砂瓜独特生长环境、生产模式形成的文化属性，以“富硒礼品、巨好吃”打开高端消费市场，在富硒硒砂瓜生产基地举办多场宁夏中卫硒砂瓜（富硒）推介会，特邀国内知名网络达人、客商、新闻媒体现场推广报道。同时，通过全国21个大中型城市58家专营店和天猫、淘宝、京东、拼多多等4大平台30多家电商进行了政府授权，在北京、上海、广州、香港、重庆等30多个城市召开富硒硒砂瓜推介发布会，助推富硒“礼品硒砂瓜”热卖。每年95%的西瓜外销全国各地，并进入永辉、沃尔玛、华润万家、家家悦、新华百货等十余家大型连锁超市。

5. 品牌建设

2007年，国家质量监督检验检疫总局批准对“香山压砂西瓜”实施地理标志产品保护。2008年第29届北京奥运会和2010年第41届上海世博会将硒砂瓜指定为专供产品。2010年，“香山硒砂瓜”被认定为中国驰名商标。2016年，“香山硒砂瓜”被第二届中国农业产业发展论坛评为全国“一村一品”十大知名品牌。2017年，荣获中国优质农产品开发服务协会颁发的最受消费者喜爱的中国农产品区域公用品牌，荣获宁夏回族自治区农产品品牌建设领导小组颁发的宁夏农产品区域公用品牌。2018年，“中卫硒砂瓜”获农业农村部农产品地理标志登记保护，“中卫香山硒砂瓜”入选第二批中国特色农产品优势区名单。2019年，“中卫硒砂瓜”获评中国农产品区域公用品牌，入选中国农业品牌目录。2020年，中国品牌价值评价信息公布，“中卫硒砂瓜”入选区域品牌（地理标志产品）排行榜第68位；“中卫硒砂瓜”荣获“全国绿色农业十佳果品地标品牌”称号。

（农产品地理标志　中卫硒砂瓜　登记证书编号：AGI02445）

（地理标志保护产品　香山压砂西瓜　批准文号：2007年第137号）

十、案例篇

扶贫 832 平台：依托政府采购助力消费扶贫

中国供销电子商务有限公司 何 颖

为贯彻国务院办公厅《关于深入开展消费扶贫助力打赢脱贫攻坚战的指导意见》（国办发〔2018〕129 号），根据财政部、国务院扶贫办《关于运用政府采购政策支持脱贫攻坚的通知》（财库〔2019〕27 号）有关规定，2019 年 8 月财政部、国务院扶贫办和中华全国供销合作总社联合印发了《政府采购贫困地区农副产品实施方案》（财库〔2019〕41 号），确定运用政府采购这一财政调控手段，由中华全国供销合作总社依托中国供销电子商务有限公司建设运营贫困地区农副产品网络销售平台（以下简称“扶贫 832 平台”）。2019 年 10 月 17 日，在我国第六个扶贫日时扶贫 832 平台上线试运行，2020 年 1 月 1 日起正式上线运行。

1. 基本情况

扶贫 832 平台是集交易、服务、监管功能于一体的消费扶贫平台，采用“平台＋合作社＋农户”的帮扶模式，旨在运用政府采购政策鼓励预算单位通过预留采购份额的方式采购贫困地区农副产品，推进消费扶贫行动，助力农户增收。平台坚持“零收费”原则，除按商业原则由扶贫平台代收的通道费、第三方服务费及履约保证金外，不向供应商收取入场费、平台使用费等相关费用，不向预算单位收取交易服务费。

截至 2020 年 12 月底，已入驻预算单位超 40 万家，实现对 832 个国家级贫困县的全覆盖，上线活跃供应商 9 000 多家，上架贫困地区农副产品近 9 万多种，帮助贫困地区销售农副产品突破 82.5 亿元，累计帮扶贫困户超百万户。中央电视台各频道、人民日报、新华社在内的国家级媒体先后对平台进行全面介绍与报道，社会反响强烈，对消费扶贫起到积极作用。

2. 主要做法

（1）广开渠道，加速推进供应商入驻及商品上架。在平台运营初期，重点落实《国家级贫困县重点扶贫产品供应商名录》的对接工作。为缓解新冠肺炎疫情影响带来的贫困地区农副产品滞销问题，平台上线“保供给，防滞销”专区，通过协助物流保障、产销专项对接服务等方式，拓宽贫困地区农副产品销售渠道，帮助农户减少损失。为对接帮扶贫困地区供应商上线，平台工作人员分赴西藏、甘肃、内蒙古、贵州、江西、陕西等省份的 80 多个贫困县，组织线上线下培训 100 多场，

通过远程电话、微信、视频等多种形式帮扶超20万人次，在克服了贫困地区通信交通不便、网络操作水平低及新冠肺炎疫情的影响，2020年6月28日终于实现了对832个国家级贫困县全部覆盖。

（2）提升服务，推动预算采购单位入驻与采购。通过组建采购人服务团队，对接中央预算单位及各省财政主管部门，推进区域性的落地配套政策。同时，多途径强化客服能力，组织运营和技术人员直接参与客服工作，建立50多个采购人服务微信群，提供7×24小时在线服务。为应对新冠肺炎疫情带来的影响，平台积极开展线上培训，高效解决预算单位的各类问题。对于采购人反馈的问题及时分类汇总并迅速寻找解决方案，提高平台服务的针对性与有效性。多维度鼓励各预算采购单位在平台上进行采购，做到采购需求明确、采购数据透明、帮扶结果精准，扎实践行政府采购政策，开展消费扶贫行动。

（3）加强组织，有效开展平台运营促进消费扶贫。2020年，是脱贫攻坚的收官之年，也是全面抗击新冠肺炎疫情积极奋进的一年。为加强预算采购单位以消费扶贫的方式对贫困地区的帮扶力度，平台多次组织需求调研，充分听取供货方和采购方的意见建议，有针对性地开展各项运营工作。立足平台，围绕贫困县农副产品销售，组织系列针对性的对接活动。

2020年2月23日，习近平总书记在统筹推进新冠肺炎疫情防控和经济社会发展工作部署会议上强调“要组织好产销对接，抓紧解决好贫困地区农畜产品卖难问题”。为落实总书记重要指示精神，平台上线“保供给，防滞销”专区，通过加快产品上架审核、协助物流保障、专项服务采购单位等方式加强产销对接，拓宽贫困地区农副产品销售渠道，活动销售滞销农产品2亿元。

围绕2020年3月6日习近平总书记在决战决胜脱贫攻坚座谈会上的讲话中提到未脱贫的52个贫困县，平台运用自身政策优势及供销社的体系与规模优势，组织上线“52决战收官”专题活动，做好52个未摘帽贫困县的对接工作，并主动撮合预算单位进行采购，让这52个贫困县顺利地将当地农副产品卖出去，加快未摘帽贫困县脱贫步伐，打响“52决战收官”，达到可持续性消费扶贫的目的。

为响应党和国家“拉一把”湖北的要求，拓宽湖北应季农副产品销路，配合湖北省恩施土家族苗族自治州政府组织恩施春茶采购消费扶贫活动，平台在2020年4月初上线“恩施农副产品专区”活动，一方面组织专项团队，开设恩施采购人注册审核绿色通道，加快审核进度；另一方面积极组

织跟进经恩施消费扶贫工作专班办公室审定的供应商快速入驻，春茶商品快速上架。运用政府采购政策，切实做好采销两端对接，销售恩施春茶近亿元，为恩施茶农增收、茶企增效再添助力。

针对2020年6月北京市新冠肺炎疫情防控出现的新变化，平台第一时间响应号召，紧急沟通河北、内蒙古、山西、河南等环北京地区的供货商，联合承诺“保质保量、不提价”，上线“直供北京”活动，发挥农副产品产地直供的优势，确保做好北京地区农副产品的安全供应，为首都预算单位提供了优质产地直供的通道。活动进行了一个多月，为北京地区各预算采购单位提供了有力保障。

3. 消费扶贫案例

（1）因地制宜，推动多种消费扶贫模式落地。通过预算单位在扶贫832平台采购、供应商帮扶贫困群众的方式，政府采购贫困地区农副产品工作取得了很好的带贫益贫成效，并在各地探索出不同模式。一是贫困户在扶贫企业务工赚取薪酬。例如，龙家湾村作为四川省凉山彝族自治州最大贫困户移民安置点之一，有223户贫困户，盐源县龙洞湾苹果专业合作社分批安置该村贫困户到种植基地和包装车间务工，旺季的时候每天务工360～400人次，年带动务工约9 000人次。二是订单种植，供应商以保护价收购贫困户的产品。例如，四川省越西县扶贫企业凉山州福银苦荞食品有限公司定点基地带动种植苦荞贫困户1 000户，带动贫困户自主经营131户。三是直接分红，让贫困户受益于企业增长。例如，四川省盐源县天味食品有限公司自2017年起每年拿出12万元分给社员，每年惠及126户贫困户。

（2）聚焦发展，流通带动产业升级。贫困县供应商通过平台销售的商品，大部分与当地特色优势农产品有关。截至2020年11月中旬，盐源县在平台销售的1 000多万元中，以当地重点产业苹果为主（盐源县重点发展苹果、核桃、花椒三大农业产业），达到50%；木里县销售的近500万元农副产品中，80%是该县重点农产品食用菌类。通过扶贫832平台及其他电商平台销售农副产品已经是当地重要的流通渠道，如盐源县55万吨苹果有50%通过电商销售。这也带动了当地电商物流园项目和物流配送体系的建设落地，加速相关农产品的标准化、品牌化进程，进一步良性促进农产品的销售，扩大企业、农户的收益。

（3）成果显著，收获贫困县良好反馈。有了政府的支持和平台的拉动，消费扶贫的订单源源不断飞进大山，土特产走出山旮旯进入大市场。湖北省大悟县三里娘娘米业有限责任公司负责人说：“自入驻扶贫832平台以来，公司累计销售大米超过150万元。尤其在2020年新冠肺炎疫情过后，平台针对湖北地区农产品加大产销对接力度，帮助大米产品销售在全国遍地开花。如今，回头客越来越多，订单发往北京、江苏等全国各地，为当地群众稳定增收打下了坚实的基础。”新疆维吾尔自治区察布查尔锡伯自治县县长关桂珍说：“政府采购政策为我县的农副产品拓宽了销路，也让我

们当地的农牧民对脱贫致富充满信心。”中南大学湘雅三医院一位医生在收到贫困地区农副产品时感慨地说：“让买的人吃得健康，让种的人奔向小康，这种以购代捐扶贫活动搞得很好！”

扶贫832平台协助国家税务总局共同推动消费扶贫工作，支持在平台开设国税帮扶专区，面向全国国税系统下所有预算单位，帮扶对象重点为湖北省国家级贫困县、税务系统对口帮扶贫困县，涉及全国19个省324个贫困县，已实现超过1亿元的帮扶采购。

4. 经验启示

经过300多个日日夜夜，在各级财政、扶贫、供销等部门的通力支持下，扶贫832平台已取得初步成效。实践证明，运用政府采购这一财政调控手段、优先采购贫困地区农副产品，是通过消费扶贫方式支持打赢脱贫攻坚战的有效、有力举措。未来，在财政部、国务院扶贫办、中华全国供销合作总社的指导下，平台将积极探索在帮助解决相对贫困方面继续发挥作用的长效机制。

（1）促进产销对接，助力产业升级转型。指导贫困地区优化产品结构，鼓励和引导米面粮油等大宗产品供应商入驻平台，做到产品更丰富、结构更匹配。同时，加强贫困地区农副产品品牌塑造，推动“一县一品”产业发展，助力贫困地区农业产业升级，打通产业扶贫和消费扶贫的堵点与痛点。

（2）加强质量监管，引导农业绿色发展。充分发挥平台交易监管作用，对平台上架商品实施准入管理，加大对商品相关资质审核力度，完善平台各项监管制度。同时，在重点地区建设产地仓，引导商品入仓检测。以市场为导向，结合平台质量监管体系，提升贫困地区农副产品质量，进而加速引导农业向绿色发展转型，提高农业质量效益竞争力。

（3）坚持精准扶贫思路，发挥政策红利作用。加大采购支持范围，拓宽政策支持范围，更大范围地调动扶贫资源。加强对供应商和产品产地来源把关，通过产品溯源等手段精准识别来自贫困地区的产品和服务，采购人只要通过网络销售平台采购，就可以确保政策红利精准滴灌到贫困地区和贫困人口。

（4）鼓励全社会参与，加大采购力度。在做好政府采购的基础上，进一步动员和鼓励社会力量，包括国有企业、民营企业、社会团体、国家工作人员、离退休老同志、社会各界爱心人士等，以个人消费扶贫方式采购贫困地区农副产品，助力贫困地区农民增收脱贫。

（5）做好脱贫巩固与乡村振兴的有效衔接。持续引导脱贫地区农副产品生产、收购、加工、经营等企业，以消费需求为导向，延伸产业链，提升价值链，促进一二三产业融合发展，提升脱贫地区农副产品标准化、规模化、集约化生产能力，大力培育和打造区域乃至全国有知名度和影响力的优质农副产品品牌，实现从消费帮扶到产业帮扶转变，促进脱贫攻坚成果巩固与乡村振兴的有效衔接。

中粮集团：发挥全产业链优势，打造精准扶贫样板

中粮集团有限公司

中粮集团认真贯彻落实习近平总书记扶贫重要论述和中央脱贫攻坚决策部署，坚持以产业扶贫为抓手，立足多年深耕现代农业的综合优势，努力将解决贫困群众脱贫与企业发展相统一，全产业链参与，探索形成了有效带动贫困群众脱贫致富的中粮精准扶贫方案。作为中国最大的国有农粮企业，中粮集团是和农业农村打交道最多的企业之一，其所承担的扶贫任务之多在中央企业中仅次于中石油，排名第二，共承担6类帮扶任务，超过20个地区及系统。

通过统筹规划、加大投入、发挥特色、狠抓落实，中粮集团培育和形成了一批具有中粮特色的产业扶贫项目和模式，如“公司＋合作社＋农户，让贫困户当股东”的绥滨模式、“订单＋种植＋品牌”的延寿模式、“种植基地＋扶贫车间”的修水模式和“养殖＋种植”的洛扎模式等。2019年，中粮集团投入资金8 000余万元，成功助力四川甘孜和石渠、黑龙江延寿、广西隆安、江西修水、新疆乌什等6个贫困县脱贫摘帽，继续巩固西藏洛扎、青海门源、黑龙江绥滨等3个贫困县脱贫攻坚成果，实现7个定点扶贫县及2个对口支援县全摘帽、全退出。中粮集团扶贫工作获得国务院扶贫开发领导小组定点扶贫工作成效考核“好”的评价等次。

1. 绥滨县：让贫困户当股东

黑龙江省绥滨县是农业大县，农民主要收入来源依靠种植业。由于地理位置偏远、缺少龙头企业带动，种粮贵、储粮难、变现难、优质优价难等问题成为农民增收的主要制约瓶颈。

缺乏品质检验检测能力是贫困县农产品很难“走出去”的关键堵点。为此，早在2016年，中粮贸易就在绥滨提前布局，帮助地方提高自身的检验检测能力，捐助150万元引进了多台现代化的检测设备，夯实了“硬实力”。2019年又依托中粮营养健康研究院对绥滨质检分院业务人员进行全方位的技术培训，提升了“软实力”。这样不仅全面加强了绥滨县农产品检验检测能力，打造了黑龙江省东部地区唯一具备省级资质的质检分院——黑龙江省质量监督检测研究院绥滨分院，而且在保障食品安全、创建区域品牌、提升农产品市场竞争力、解决农产品销售难题等方面发挥了重要的先导作用，也为绥滨县农副产品未来实现市场化运营奠定了基础。

为解决绥滨县粮食质优价低、供需失衡、农民持续增收困难等困难，经共同研究、多方参与，由中粮贸易黑龙江有限公司与绥滨县政府发起，联合绥滨县民富疆滨农业有限公司及其他两家企业，共同出资于 2018 年 9 月 16 日正式组建了中粮贸易（绥滨）农业发展有限公司（以下简称“绥滨公司”），实现了央企市场、资金、品牌、团队等优势与绥滨生态、土地、粮食等资源的有机结合，构建了“贫困户带地入社、合作社以地入企、企业以资入股”的利益链接机制，也为绥滨县优质粮食开启了全国市场的大门，为贫困户持续增收打下坚实保障。

绥滨公司由于定位精准、发力精准，在一年内就实现了盈利，有效带动了绥滨县贫困户增收。2019 年，绥滨公司稻谷收储量完成 33.4 万吨，出口大米加工稻谷 3.6 万吨，玉米贸易 2.2 万吨，实现利润总额 1 862 万元，完成业绩指标的 116%。2019 年，绥滨公司先后两次召开股东分红大会，第一次分红 700 万元，第二次分红 200 万元，作为公司股东的县属企业和所有贫困农户在农业产业扶贫中得到了实实在在的红利。

走出去才能打开市场。2017 年，针对绥滨大米品牌不强、推广宣传乏力等问题，绥滨公司捐助扶贫资金 50 万元，对绥滨大米产品进行包装设计、制作宣传片，加强了“三品一标”认证，实施企业双体系管理，建立全程可追溯系统，积极推动绥滨大米品牌强化宣传推广力度。

2019 年，在中粮粮谷的指导下，绥滨公司按照福临门大米生产标准，对生产加工各环节进行了全面梳理和整改，完成了 67 项整改任务，7 项技术改造任务，并对各环节人员进行了全面培训，通过了 ISO9001:2015 质量管理体系及 ISO22000:2005 食品安全体系管理体系认证，经验收绥滨公司生产条件满足“福临门”产品生产标准。

通过“福临门”品牌引领，着力打造绥滨县生态稻米品牌经营体系，推动绥滨县生态稻米增值，促进农户增收。福临门绥滨大米在京东、我买网等电商平台上市，一周多售出 1.8 万袋，市场销售火爆。

2018 年，绥滨县顺利退出贫困县序列，建档立卡贫困人口由 2017 年的 11 058 人减少至 768 人，贫困发生率降至 0.82%。

2. 延寿县：订单农业种出好大米

群山环绕，森林茂密，松花江的重要支流蚂蜒河自西南向东北横穿延寿县全境。虽然拥有得天独厚的自然条件，延寿大米却始终未能取得与其品质相匹配的市场地位，产品市场认可度比较低，农民种植大米的收入很不理想。

结合延寿县资源禀赋的特点，中粮集团以订单农业推进当地水稻技术、种植、加工、品牌打造及基础设施建设。中粮集团前期投入 60 万元推进水稻覆膜田项目，助力其提高产量，达到有机水稻品质，从而提升水稻溢价。中粮粮谷下属大米加工厂与当地合作社合作，建设了 2 万亩水稻种植基地，按照市场需求种植优质水稻，并保证收购，保障和增加了农户收入，惠及贫困人口 2 000 多人。

针对延寿县发展大米产业的优势和劣势，中粮粮谷专门成立中粮延寿县扶贫工作推进小组，充分发挥中粮全产业链优势和市场开拓能力，从种植结构调整、标准基地建设到产品的加工和储运，全程加强质量控制。同时以旗下“福临门”品牌为载体，充分挖掘产品竞争力，结合延寿当地历史典故，将“来自长寿乡的大米”作为宣传重点，打造符合市场需求的特色大米品牌。在产品包装设计方面也将市场推广与产业扶贫紧密结合，通过主画面憨厚淳朴的老农民形象，委婉表达精准扶贫的意义，背景则巧妙地将延寿县标志性地标“寿山”与稻田结合，传达出长寿乡好大米的概念。

2019 年 4 月，中粮粮谷与延寿县政府、阿里巴巴合作，推出了一款“福临门 & 淘乡甜”延寿大米，共同在线上线下销售，帮助延寿打造大米品牌，提高产品溢价，增加农品收入。中粮粮谷将延寿大米作为重点推介的福临门大米新品，在家乐福、华润万家、沃尔玛等商超渠道和中粮粮谷自有经销网络推广销售，实现延寿大米的多渠道分销，激发贫困地区生产活力。为强化对延寿县的帮扶力度，中粮为延寿大米产品设置扶贫公益金，让卖出的每一袋大米都形成一笔爱心善款，用于延寿贫困户的扶贫项目，帮助贫困户增收脱贫。

截至2019年年底，延寿县建档立卡贫困人口为8 680户16 492人，已脱贫8 166户15 645人，贫困发生率降至0.44%，46个贫困村全部脱贫出列，提前一年解决了区域性整体贫困问题。

3. 修水县：基地+农户实现“自我造血”

针对中国优质特色茶叶资源与贫困县分布高度契合的行业特点，中粮集团旗下中国茶叶股份有限公司积极发挥自身产业、品牌、技术和渠道优势，把挖掘、扶持贫困县茶叶资源作为精准扶贫切入点，不断探索茶产业消费扶贫的新模式。

坐拥宜茶生态环境的江西省修水县，自古以来就是著名的产茶基地，宁红茶便产自修水。中国茶叶立足修水县资源优势和生态优势，利用茶叶收益期长、效益高的效应，积极推进茶产业扶贫工作。一方面，定期派出茶叶专业管理和技术人员，指导修水县茶企提高原料质量、茶园管理、工厂管理及产品质量安全认证，强化红茶、双井绿茶两大品牌产品标准与中国茶叶股份有限公司标准对接，在确保农药残留指标符合国家标准的前提下，指导其控制生产成本，形成与市场接轨的价格机制。另一方面，指导当地政府通过“企业+基地+合作社+农户”的模式，把建档立卡贫困户切入产业发展的链条中，使贫困户直接分享增值收益。

通过建立帮扶对接机制，2019年中国茶叶股份有限公司在修水县采购的合格茶叶原料较2018年提升787.2%，直接带动56个建档立卡贫困户209名贫困人口增产增收。

在茶叶以外，依托修水县优势野生茶、樱桃等资源，中粮集团助力当地开展特色农产品种植，实现自我造血。中粮集团投资80万元，在布甲乡洞上村、横山村援建樱桃产业基地，流转土地共350余亩，栽种嫁接商品樱桃树5 500余株，砧木苗1万株，并套种茶叶，以村集体领办的方式建立合作社，基地带动当地劳动力就业。中粮集团还在修水县布甲乡横山村投资30万元，以当地能人领办、村集体参股形式组建合作社，种植高山野生茶，鼓励村民上山采茶，车间收购鲜叶支付劳动报酬，带动当地百姓和贫困户增收。

4. 洛扎县：“养殖+种植”良性循环助脱贫

产业带就业，就业促增收，增收助脱贫，是中粮援藏扶贫的主要方式。2014—2019年，中粮集团投资2 500万元打造洛扎县养殖、种植循环农业项目。将藏鸡养殖、黄粉虫养殖、蔬菜种植有机结合，以虫喂鸡、虫粪鸡粪还田、种菜喂虫喂鸡，在提升藏鸡产品内在品质和附加值的同时，实现养殖和种植业之间良性循环，“巴桑姥爷”牌藏鸡蛋口感香醇、营养丰富，被誉为“西藏最好的藏鸡蛋”。这一项目年产藏鸡蛋30万枚，2019年销售收入突破100万元，帮助当地13户34人实现脱贫。

同时，为解决当地就医难的问题，中粮集团还开展医疗扶贫，2013—2019年投资2 100万元用于提高当地医疗水平，包括建设覆盖全县的25个村级卫生室、打造标准化乡镇卫生院等措施，最大限度减少居住偏远的农牧民因病致贫、因病返贫现象的发生。

2019—2020年，中粮集团追加计划外援助资金4 000万元，全力配合在洛扎县洛扎镇嘎波居委会协其村开展边境小康村建设。截至2020年年底，全村72户281人彻底告别老式砖石结构住房，住上了新房。

多年来，中粮集团聚焦产业扶贫、就业扶贫、消费扶贫、志智双扶、金融扶贫、科技扶贫、干部扶贫等多种模式，聚焦深度贫困地区脱贫攻坚，为贫困县巩固脱贫成果，做出了贡献，形成了一批具有中粮特色、可持续的扶贫工作新模式，在实施乡村振兴战略的工作中发挥了表率作用，为推进农业农村现代化建设贡献了力量。

2021年2月25日，全国脱贫攻坚总结表彰大会在北京召开，习近平总书记庄严宣告我国脱贫攻坚战取得全面胜利。中粮集团党组书记、董事长、集团扶贫工作领导小组组长吕军参会。中粮集团援藏挂职干部、西藏自治区山南市洛扎县委副书记李国伟获评全国脱贫攻坚先进个人，并作为中央企业获奖代表上台领奖；中粮贸易扶贫办公室、中粮家佳康（吉林）公司获评全国脱贫攻坚先进集体。

创业能手马占南的绿色黄韭梦

河北省农产品质量安全中心 杨朝晖 尤 帅

2020年11月，在厦门市举行的第21届中国绿色食品博览会传来好消息，河北省深州市安庄金良黄韭专业合作社“安庄马家”牌黄韭再次荣获金奖，这是全国农民专业合作社在绿色食品同类产品中获得的最高荣誉。

深州黄韭栽培历史悠久，可追溯至汉代，是当地著名特产，主要集中在深州市东安庄乡西安庄村一带，以茎白叶黄、娇嫩馨香、味鲜色美而闻名于世，享有“菜中珍品”的美誉。

马占南生于西安庄村，自幼跟随长辈种植黄韭，对家乡特产黄韭有着深厚的感情。后来虽然从事过医药工作，但他心中始终装着一个梦想，那就是打造一个绿色生态的黄韭品牌，让家乡的特产享誉全国。2017年，马占南在西安庄村流转土地150多亩，利用其中80多亩开始发展规模黄韭种植。马占南说：“只有绿色种植模式，才能种植出高端的黄韭，才能让黄韭受到消费者青睐，更好地走向全国。”

马占南牵头成立了金良黄韭专业合作社，在黄韭种植过程中全程使用有机肥和生物农药，同时采用人工锄草、松土等传统模式，大力发展绿色无公害黄韭产业。马占南说：“这样做虽然每亩增加了3 000多元的成本，但是最大限度地降低了土壤板结，减少了韭菜中的农药残留。”

创业路程并非一帆风顺。每年秋后，村民们将当年生韭菜根刨出，选取粗壮的放在半地下式温室大棚里，精心实施遮光无土栽培，元旦至春节期间黄韭便可面世。由于经验不足，马占南选取的韭菜品种不对，当年种植的黄韭以失败告终。马占南毫不气馁，认真总结经验。2018年，在种植品种、管理模式上进一步更新完成，他终于种植出理想中的绿色生态黄韭——“安庄马家”牌黄韭，获得中国绿色食品发展中心颁发的绿色食品证书。在此基础上，成立了深州市安庄马家农业科技发展有限公司，进一步推进了黄韭产业品牌化运作、市场化营销。

在深州市农业农村、文化旅游等部门和东安庄乡政府的大力支持下，马占南带领自己的团队，创品牌、提品质、促增收，在黄韭追梦路上展翅高飞，连续参加了第20届和第21届中国绿色食品博览会并获金奖。

“培育出的黄韭，每500克能卖到20元左右，比普通的高出了一倍，带动农民增收100余万元。”马占南介绍说，“黄韭规模种植常年提供10多个务工岗位，农忙时节达三四十个，仅务工一项每年还能带动村民增收40多万元。”在此基础上，合作社围绕市场需求，进一步拓展销售模式，推出盆栽黄韭，受到城市居民欢迎。谈及下一步的打算，马占南充满信心地说：“在党的好政策的引领下，自己的绿色生态黄韭产业一定会取得更大发展，带动更多群众增收致富，为乡村振兴贡献更大力量。”

内蒙古自治区巴彦淖尔市：行稳致远进而有为，绿色崛起势头强劲①

巴彦淖尔日报社　王紫丁

新发展需要新思路，新思路呼唤新作为。

巴彦淖尔，一座因绿色农畜产业高速发展而顺风疾行的城市。2019 年，全市地区生产总值增长 5.2%，城乡居民人均可支配收入分别增长 7%、10.7%；一般公共财政预算支出突破 300 亿元，新增城镇就业 1.1 万人，农牧民转移就业 13 万人；脱贫攻坚“清零达标”专项行动十项任务全部完成，贫困人口全部脱贫；乌梁素海流域山水林田湖草生态保护修复国家试点工程加快实施，全面开展农业“四控”行动；供给侧结构性改革不断深化，政府机构改革全面完成，营商环境评价连续两年全区排名第一；“天赋河套”授权的 12 家企业 53 款产品实现溢价 25%以上，带动全市农畜产品整体溢价 10%以上……一系列数据，蕴含着巴彦淖尔市行稳致远的新思路，也见证了全市高质量发展的强劲势头。

“良好的生态环境是实现巴彦淖尔绿色发展的根基和命脉，而绿色发展又是推动生态环境治理的治本之策，只有两者统筹推进，才能实现生态产业化、产业生态化，让绿水青山变成金山银山。我们坚决保持战略定力，坚持生态优先、绿色发展，全力建设绿色产业集聚区、生态文明示范区、乡村振兴样板区、对蒙开放先行区、美好生活共享区，努力建成现代化生态田园城市，奋力实现塞上江南、绿色崛起目标！”市委书记常志刚如是说。

1. 守住绿水青山底色，做足“金山银山”成色

近年来，巴彦淖尔市认真贯彻“绿水青山就是金山银山”的理念，在乌兰布和沙区开展了一系列“绿水青山就是金山银山”转化工作的探索，取得一定成效，守住了“绿水青山”，做活了“金山银山”，长效化机制不断健全。

巴彦淖尔市全面推进河套全域绿色有机高端农畜产品生产加工服务输出基地建设，年粮食生产能力稳定在 300 万吨，形成了独具特色的小麦、葵花、蜜瓜、番茄、枸杞、肉羊、有机奶等名优产品，成为国家重要的优质农产品生产基地。全市获得无公害农产品认定的企业有 82 家，产品 180 个；绿色食品认证企业 44 家，产品 174 个；有机食品认证企业 10 家，有机产品 48 个。全市有中国驰名商标 7 个，自治区著名商标 68 个，知名商标 131 个，17 个产品获得农业农村部地理标志产品登记保护。

目前，全市年销售收入 500 万元以上的农牧业加工企业 293 家，农畜产品加工转化率达到 75%，农企利益联结覆盖率达到 80%以上，辐射农畜产品加工转化率达到 75%，20 万户农牧民进入产业化经营链条。全市有农牧民专业合作社 5 593 家，入社成员 6.1 万多人，基本涵盖了种植业、养殖业、加工业、社会化服务、流通、林业及渔业等传统优势特色产业，成为助推农牧民增收致富的重要力量。农产品出口贸易额连续 10 年居自治区首位。

2. 打好脱贫攻坚战，在全面小康路上奋力奔跑

五原县膘肥体壮的金草胡羊成为贫困户的致富羊，临河区 18 个扶贫产业项目迸发无限活力，

---

① 资料来源：《巴彦淖尔日报》，2020 年 6 月 8 日，原题为《行稳致远进而有为　绿色崛起势头强劲——我市大力推进绿色高质量发展综述》。

杭锦后旗实现产业扶贫由输血型向造血型、单一型向多样型转变。2019 年，巴彦淖尔市各级各部门认真贯彻精准扶贫、精准脱贫基本方略，坚持“摘帽不摘责任、摘帽不摘政策、摘帽不摘帮扶、摘帽不摘监管”，始终把脱贫攻坚放在优先位置来抓，年度脱贫目标任务顺利完成。

“两不愁”已经解决，“三保障”基本解决。2019 年，全市 220 户、512 人年内如期实现脱贫（含自然减少），正常脱贫的贫困人口得到持续巩固，年度脱贫目标任务顺利完成。全市义务教育阶段无因贫辍学的现象，130 所义务教育学校全部实现标准化建设，薄弱学校改造项目完成率 100%。建档立卡贫困人口全部参加了基本医疗保险，实现了基本医保、大病保险、医疗救助全覆盖。建立健全了建档立卡贫困户危房动态清零长效机制，实现了建档立卡贫困户危房清零。

产业扶贫长效机制基本构建。围绕河套全域绿色有机高端农畜产品生产加工服务输出基地建设，粮油、果蔬、乳肉绒、饲草、蒙中药材、生物质能六大优势特色产业及“天赋河套”品牌建设，高标准规划建设扶贫产业示范园，7 个旗（县、区）累计打造了 100 个特色鲜明、带动力强的扶贫产业示范园，带动贫困人口 7 088 户、13 463 人，人均年增收 1 000 元以上；“天赋河套”10 款授权产品成功列入北京市消费扶贫名录；充分发挥产业指导员精准助力产业扶贫作用，全市共组建扶贫技术专家组 52 个、186 人，选聘产业指导员 822 人，累计培训产业指导员 1 880 人次，贫困户产业发展台账已覆盖 10 522 户、19 865 人；40 兆瓦光伏扶贫项目已完成首批收益分配工作。全市建档立卡易地扶贫搬迁户全部搬迁入住，已全部落实帮扶措施。推动“530”扶贫小额信贷政策全面落实，截至 2019 年 11 月底，全市累计向建档立卡贫困户发放扶贫小额贷款 7 102 户、49 158.617万元。社会救助兜底脱贫作用充分彰显，符合条件的 16 074 名建档立卡贫困人口全部纳入农村牧区低保范围；835 名建档立卡贫困人口纳入特困供养范围；享受临时救助 2 002 人，发放临时救助金 189.59 万元。

培育懂扶贫、会帮扶、作风硬的扶贫干部队伍。制定了年度脱贫攻坚培训方案，将脱贫攻坚列入党校主体班次教学内容，全市分级分类培训各级扶贫干部 2 万多人次。深入推进五级书记遍访贫困对象行动，各旗（县、区）党委书记遍访了全市 162 个贫困村，遍访率 100%。明确了 18 个脱贫攻坚专项工作推进组职责，全市 9 578 名帮扶责任人与贫困户实现无缝对接，全市驻嘎查村工作队 399 支、917 人始终坚守脱贫攻坚一线。

3. 建设“天赋河套”品牌，引领现代农牧业发展

习近平总书记在黄河流域生态保护和高质量发展座谈会上指出，河套灌区等粮食主产区要发展现代农业，把农产品质量提上去，为保障国家粮食安全做出贡献。

实践证明，“天赋河套”品牌的发展建设是落实总书记重要指示精神的生动实践，“天赋河套”品牌的发展思路完全契合中央决策部署和自治区党委具体要求，完全符合巴彦淖尔市实际，符合全市人民对美好生活的新期待。

2018 年 9 月，“天赋河套”农产品区域公用品牌强势登场。两年来，巴彦淖尔市以“天赋河套”品牌为引领，全力建设河套全域绿色有机高端农畜产品生产加工服务输出基地，优质农产品大幅溢价、农牧民持续增收、农牧业加快转型、生态建设成效显著，绿色高质量发展之路越走越宽。今天，“天赋河套”品牌已成为推动全市高质量发展的强大引擎，正引领巴彦淖尔走向以生态优先、绿色发展为导向的高质量发展新路子。

品质决定一个品牌的高度。在“天赋河套”品牌建设过程中，巴彦淖尔市坚持把提升产品品质作为品牌发展的第一要务，着力推进农畜产品品牌化体系、标准化体系、可追溯体系“三大体系”建设，让贴有“天赋河套”标签的优质安全放心农产品，从田间地头源源不断走向百姓餐桌，让“天赋河套”成为高品质农产品的代名词：着力打造“天赋河套”“航母舰队”，围绕六大优势特色产业，系统推进全产业供应链输出、全过程标准化追溯、全区域品牌化运营、全覆盖互联网商务、全方位云仓储物流、全品类市场化营销、全领域大数据共享七大体系建设；制定了“天赋河套”团体标准 93 项、绿色有机标准 183 项，所有受权使用“天赋河套”品牌的生产经营主体必须使用标准规范的农产品生产过程，确保农畜产品安全优质，实现农畜产品生产加工有标可依、产品有标可检、执法有标可判的目标；全市有 157 家企业入驻国家农产品追溯平台，实现上市农畜产品“一箱一码、一品一码”全程可追溯。

今天，实施“天赋河套”品牌大引领行动，已被列入巴彦淖尔全力推动河套灌区农牧业高质量发展七大行动中。未来，巴彦淖尔将全面提升“天赋河套”品牌影响力，力争 3 年内品牌价值达到 300 亿元，2025 年品牌价值达到 400 亿元。同时以品牌化倒逼农产品质量提升，力争 3 年内，授权产品质量保证保险履约率达到 100%，农畜产品溢价 30%以上。“天赋河套”寄托着巴彦淖尔人的希望，承担起引领巴彦淖尔现代农牧业发展的使命，为全市绿色高质量发展注入了强劲动力。

4. 深化政务服务改革，让群众的事更好办更快办

巴彦淖尔市已建成覆盖市、旗（县、区）、乡镇、村（社区）四级的“互联网＋政务服务”平台，实现了与国家、自治区在线政务服务平台一体化对接。目前全市政务服务平台共录入政务服务事项 2 812 项，实现“应上尽上，全程在线”。现在，在政务服务微信公众号、政务 App、政务 QQ 群等的支撑下，手机办事、移动支付成为群众办事新常态。巴彦淖尔市政务服务局还开发了智慧政务服务终端，汇集了 20 多个便民服务事项，逐步将智慧政务服务终端覆盖到全市基层政务服务场所。

近年来，巴彦淖尔市坚持以深化审批服务便民化改革为主线，立足“马上办、网上办、就近办、一次办”，深入推进“一门一网一次一号”政务服务改革，打造“好又快、不见面、创一流、心贴心”的工作模式。

巴彦淖尔市供给侧结构性改革不断深化，政府机构改革全面完成，“放管服”改革深入推进，启动运行“巴事快办”平台，开通 12345 政府服务热线，群众诉求一号响应，广受百姓好评；营商环境评价连续两年全区排名第一，获评“2019 年浙商最佳投资城市”，企业开办时限在全区率先压缩到 1 个工作日，工程建设项目审批时限压缩到 100 个工作日以内；综合行政执法改革入选中组部《贯彻落实习近平新时代中国特色社会主义思想在改革发展稳定中攻坚克难案例》，五原县村民小组“微治理”入选全区普法依法治理创新案例；农村牧区集体产权制度改革基本完成。全市外贸进出口总额完成 275.9 亿元，居自治区首位；甘其毛都口岸“七进七出”矿能通道、通关服务指挥中心建成投用，全年进出口货运量突破 2 100 万吨，海关税收 35 亿元，创历史新高；自治区中西部第一家保税物流中心（B 型）封关运营；编制了高质量发展招商引资项目库，与伊利集团、蒙牛集团、中植企业集团等一批大企业签订了战略合作协议。

谋定而后动，决胜在千里。踏上高质量发展道路的巴彦淖尔，呈现了这个时代生动的剪影、最美的姿态；聚力高质量发展的巴彦淖尔，必将迎来更加光辉灿烂的未来！

黑龙江省：通过“五抓”推动绿色食品标准化基地高质量发展

黑龙江省绿色食品发展中心　胡广欣　孙德生

绿色食品标准化原料生产基地指产地环境质量符合绿色食品有关技术条件要求，按绿色食品技术标准、生产操作规程、全程质量控制体系实施生产和管理，并具有一定规模的种植区域或养殖场所。早在 2004 年，黑龙江省就在全国率先创建了标准化生产基地，经过十几年探索实践，已成为全国最大的标准化生产基地省份。截至 2020 年年底，全省已建成标准化生产基地 147 个，总面积 6 463.5 万亩、总产量 3 005 万吨，分别比 2004 年增长 6.3 倍、7 倍；涉及县（市、区）94 个，涉及粮食作物、经济作物和水果蔬菜等优势农产品 15 种。总结多年尤其是 2020 年标准化生产基地的经验做法，主要体现为以下“五抓”：

1. 抓责任落实

主要是强化三个责任，确保标准化生产基地工作层层有人抓，事事有人管。一是强化县级政府的主体责任。通过建立健全组织领导体系、制度体系，明确各级政府尤其是县（市、区）政府是标准化生产基地建设和管理的第一责任单位，政府领导是第一责任人，全省自上而下形成了快捷、有效的组织领导、监督管理和政策支持体系。二是强化农业部门的组织责任。引导县（市、区）农业行政部门把标准化生产基地确定为农业生产的工作重点，科学安排，并按照资源状况，确定基地发展的类别和规模，不断优化资源配置。全省已建成水稻基地 64 个、玉米基地 32 个、大豆基地 33 个。三是强化业务部门的实施责任。各地市、县（市、区）都设立了基地管理机构，全省从事标准化基地管理的专职和兼职工作人员达到 1 100 多人。

2. 抓标准化实施

能否落实好标准化生产，事关基地建设的成败。一是健全标准化体系。按照标准化基地建设的

质量标准和技术要求，省级制定各类绿色食品技术操作规程 70 多个，县级按照规程制定“明白纸”“操作历”，下发各个基地，确保农户能懂会用。二是大力开展技术培训。按照“省训师资、市训骨干、县训农户”的模式，全省年培训基地农户 2 万人次以上，有效地将先进技术转化为基地创建的生产力。在基地生产关键环节，采取召开现场会、举办培训班等多种形式推进工作，总结推广各级各类典型，以点带面，促进整体上水平。三是推动适度规模经营。引导基地农户联合合作，大力提升基地建设的组织化程度，全省基地合作社和家庭农场等新型农业主体发展到 5 万多个，经营面积占基地总面积的 40%以上，有力地促进标准化的落实。

3. 抓农企对接

一是引导企业扩大生产规模。除了运用优惠政策对参与基地创建的企业给予扶持外，还采取现场办公、简化程序等措施，鼓励大型企业扩大绿色食品生产规模，拉动基地健康发展。目前，全省联接原料标准化生产基地的龙头企业达到 397 户，其中产值亿元以上的企业 77 户、10 亿元以上的企业 5 户，拉动基地面积 2 500 万亩以上。二是创新联结机制。引导农企大力探索和创新联合合作、订单合同、股份合作、农户以承包经营权入股等多种形式的产销对接，2020 年全省基地总体农企对接率达到 90%以上。这种紧密型对接免除了农民销售的后顾之忧，在给基地农户带来丰厚收入的同时，也使企业有了稳固的“第一车间”，通过原料提质大幅增效。三是大力强化对接服务。组织专业人员以承包形式进入重点企业和原料生产基地，有针对性地开展技术咨询指导、培训，搞好双方对接的各项服务。同时，定期召开企业与基地对接会议，不断提高对接水平。

4. 抓全程质量监管

一是狠抓源头控制。定期对标准化生产基地土壤、水两大类的 21 项指标进行全面检测，把住源头质量关。加强标准化基地产品抽检，重点对蔬菜、食用菌等高风险基地产品进行抽检，年均抽检产品 1 000 个，合格率保持在 99%以上。二是狠抓投入品监管。联合有关部门坚持对农业投入品市场进行监督检查，全力把好投入关。由各地农业行政执法机构开展全面监管，对违规使用问题及时查处，以儆效尤。特别是建立了投入品专供点，集中区域，统一管理，联合控制，确保标准化生产基地投入品安全。三是狠抓管理制度建设。坚持把着力点放到机制建设方面，健全完善了各项规章制度。最近两年，根据标准化基地建设的需要，以黑龙江省农业农村厅的名义下发《关于推动绿色食品产业高质量发展的意见》等文件，组织开展“全省绿色、有机食品基地管理提升行动”，在

标准化基地的基础建设、生产管理、农企对接特别是质量监管方面不断细化措施，增强可操作性。

5. 抓品牌培育推广

以市场为导向，由偏重田间地头向研究市场端头转变，倒逼标准化生产基地种得更好。充分发挥各地绿色食品销售中心的渠道作用，积极拓展标准化生产基地产品销售市场。组织基地产品参加中国国际农产品交易会、中国绿色食品博览会等大型展销活动，特别举办了黑龙江（北京）绿色食品年货大集，直接推动基地产品与市场深层次、多层面对接。采取“基地＋电商”等模式，组织开展线上销售，每年直接销售基地产品 50 亿元以上。2020 年，以绿色食品事业 30 周年纪念和重大活动为契机，通过报纸、电视、网络等多种手段，利用专版、专题报道等形式大力宣传基地建设取得的重大成就，培育叫响基地品牌，扩大基地影响力。最近两年，全省依托标准化基地引进新加坡益海、中粮生化、上海光明等 15 家国内外知名企业落户黑龙江开发绿色食品，标准化基地已成为黑龙江省对外招商引资的金字招牌。

浙江省宁海县："四合"聚力，推进农业绿色发展

浙江省宁海县农产品质量安全管理站 陈英子 胡远党 孙 辉

浙江省是"绿水青山就是金山银山"理念的发源地。浙江的生态优先、绿色发展之路，通过规模化、特色化、集群化、品牌化建设，在有效推进绿色农业持续健康发展的同时，也为各地区提供了绿色食品发展的成功模式和先进经验。宁海县依托浙江省绿色食品高质量发展目标，通过资源整合、产业融合、要素结合、体制契合，绿色食品和绿色农业得到进一步发展。

1. 强化资源整合，统筹规划促创建

宁海县委、县政府高度重视浙江省农业绿色发展先行县创建工作，将其列入县委、县政府年度重点工作内容，专题研究部署，建立月报通报制度，确保农业绿色发展工作落到实处。结合全县涉农资金整合改革，以绿色农业为导向，优化调整资金使用方向，以项目为载体，多渠道、多层次、多元化加大对优质农产品的投入。加大对商品有机肥、秸秆资源化利用，沼液、废旧包装及农膜回收，病虫害绿色防控等绿色农业生产措施的县财政补贴力度，支持农业废弃物综合利用，实现重点扶持、滚动作用，不断提高财政资金使用效率。

助力培育绿色消费市场，扩大品牌宣传。2019、2020 年，分别对上一年度内新获得绿色食品、绿色食品原料标准化生产基地认证或续展、有机农产品认证或续展认证、新获得无公害农产品证书或通过复查换证、新获得农产品地理标志登记的，按照农业产业化补助相关政策给予补助；对上一年度内，参加中国绿色食品博览会、农产品地理标志品牌推介会等国内外宣传推介展示展销活动的主体，按照相关政策给予补助。

2. 强化产业融合，推进全产业链发展

聚焦"十四五"农业农村现代化形势，围绕主导特色产业，按照"项目共推、设施共建、服务共享"的要求，按照"一产业一规划一政策"方向，编制完成柑橘、香榧、白枇杷、西甜瓜等特色

优势农产品专项规划。积极打造农业全产业链，推进一二三产业发展深度融合，发展精深加工、冷链物流，建成茶叶、柑橘省级 2 条及水产养殖市级 1 条示范性农业全产业链，力争打造 5 亿元级以上畜禽市级示范性农业全产业链。

2020 年，依托地理标志农产品保护工程，“地理标志＋绿色食品”融合发展，国家地理标志农产品宁海白枇杷登记保护面积 1.5 万亩，其中已获得绿色食品认证面积 2 089 亩。23 家生产主体（含企业、合作社、家庭农场等）申报的宁海白枇杷产品，已通过中国绿色食品发展中心的初步评审，预计 2021 年获证。

3. 强化要素结合，推广绿色循环农业

自浙江省启动实施农药购买实名制、化肥使用定额制（以下简称“肥药两制”）以来，宁海县出台《宁海县“肥药两制”改革试点主体培育工作实施方案》《宁海县“肥药两制”改革示范农资店创建实施方案》《宁海县主要农作物定额制施用技术指导意见》等文件，不断优化调整农业绿色发展的空间布局、生产方式和生产环境，大力推进肥药定额施用、测土配方施肥等绿色生产技术应用。依托浙江省“肥药两制”改革数字化管理系统，通过配备扫码枪、读卡器等硬件设施，普及信息化技术，落实完成 13 家改革示范农资店创建。绿色经济不断壮大，化肥、农药施用量连续多年实现负增长，进一步推动绿色农业和绿色优质农产品的发展。

4. 强化体制契合，调整经营机制增动能

按照“扩大总量、整合存量、提高质量”要求，创新土地流转模式，推进整组整村整镇委托流转和土地股份合作，引导农户以土地承包经营权入股组建土地股份合作社，支持土地经营权入股发展农业产业化经营。实施新型经营主体培育工程，加快培育新型农业经营主体队伍，重点扶持“农创客”“新农人”等大学生在家庭农场、现代农业庄园、共享农庄等领域创业创新，为农业绿色发展注入新的动能和活力。

截至 2020 年年底，宁海县绿色食品生产主体（含企业、合作社、家庭农场）25 家、获证产品 27 个，认证面积 2.7 万亩，核定产量 8 051 吨。绿色产品类型主要包括生鲜水果、香榧、笋及笋干制品、茶叶等。全县优质农产品种植面积 30.1 万亩，占全县主要农产品种植面积的 60.94%，较 2019 年增长了 3.18 个百分点。

今后，宁海县绿色食品发展将按照“稳存量、优结构、增总量”的要求，不断优化企业结构、产品结构，重点组织农业产业化龙头企业、大型食品企业、农民专业合作社和示范社发展绿色食品，加快推进畜禽、水产和加工食品发展，推动县域绿色农业持续健康发展。

永福高山茶：探索“地理标志+绿色食品”品牌发展模式

福建省龙岩市农业农村局 范光南 刘富杭

2019年中央1号文件提出大力发展绿色优质农业；2020年中央1号文件提出继续调整优化农业结构，加强绿色食品、有机农产品、农产品地理标志认证和管理。“永福高山茶”产业根据中央1号文件精神，积极开拓绿色发展之路，提升“永福高山茶”产业质量，加快茶产业转型，通过成片推进11家生产企业、合作社开展绿色食品认证，打造高质量的“永福高山茶”，探索“地理标志+绿色食品”品牌发展模式，从而推动“永福高山茶”产业绿色发展，助力乡村振兴。

1. 选准特色产业，积极开展地理标志登记保护工作

永福镇位于福建省漳平市西南部，东临厦门、漳州、泉州“金三角”，南与南靖县和溪镇毗邻，北可直通三明市，西和龙岩市接壤，是福建省最南端的高山盆地，有“高山花园”和“小庐山”之美誉。全镇土地面积535.5千米^2，耕地4.3万亩，人口4.6万人，平均海拔800米，是著名的茶乡、花乡，是中国大陆面积最大的台湾高山茶生产基地。因其纬度、特殊地貌和独特的山地气候等与台湾的茶叶主产区阿里山相近，成为台商投资的热土、创业的福地，被台商、台农亲切誉为“大陆阿里山”。同时，还拥有“中国杜鹃花之乡”“中国最美樱花圣地”等殊荣。2014年，永福镇被农业部认定为第四批全国一村一品示范村镇；2018年，“漳平永福台品樱花茶园”创建首批全国绿色食品一二三产业融合发展示范园。

20世纪90年代初，众多台资茶叶企业先后落户永福镇，将青心乌龙品种引进该地种植，选择生态条件良好的基地建立高标准生态茶园，实施现代化的茶园配套管理技术，生产的高山茶具有条索紧卷圆结、呈球形或半球形、干茶翠绿鲜活、汤色蜜绿显黄、香气淡雅清长、滋味厚重及耐冲泡等优异品质，形成了花果香高山韵突显的“永福高山茶”特性。2005年，因其优异品质被评为“福建名茶”。目前，“永福高山茶”种植面积约5.5万亩，年产干茶3 000多吨，主要以软枝乌龙、

金萱、翠玉、四季春等茶树品种种植加工生产而成。为更好地加快两岸经济文化交流，2006 年7 月成立了漳平台湾农民创业园，2008 年升格为国家级台湾农民创业园，为国家级海峡两岸科技产业合作基地成员单位。2018 年 8 月，《台式乌龙茶》和《台式乌龙茶加工技术规范》两项国家标准审定会在漳平台湾农民创业园顺利举行，明确规定了我国台式乌龙茶加工技术规范要求，有助于推动海峡两岸乌龙茶加工技术的进步与融合发展。自此，“永福高山茶”农产品地理标志的条件与要素基本形成。在福建省绿色食品发展中心的指导下，经龙岩市人民政府与漳平市人民政府两级领导多次组织专家研究，认为“永福高山茶”是龙岩市乃至福建省的特色产业，具有很强的区位优势，必须将“永福高山茶”纳入农产品地理标志登记保护申报工作，确保产业健康发展。2020 年 4 月，“永福高山茶”成功获得农产品地理标志登记保护。

2. 选准成熟企业，成片开展绿色食品认证工作

为进一步推进“永福高山茶”产业健康发展，上大台阶，漳平市人民政府、漳平台湾农民创业园、永福镇人民政府等各级有关单位领导高度重视，决定成片推进“永福高山茶”绿色食品认证工作。一是成立了以漳平市副市长为组长，漳平台湾农民创业园主任、漳平市农业农村局局长、永福镇镇长为副组长的绿色食品认证推进工作领导小组。将具有食品生产许可认证且符合绿色食品认证条件但尚未认证的 8 家成熟企业、合作社纳入推进认证工作范围，做到统一指挥、步调一致，加强绿色发展理念宣传，明确茶产业发展的指导思想、发展目标、建设标准和保障措施，有利成片推进建设工作开展。二是出台各项扶持政策。2019 年龙岩市政府出台《关于加快“三品一标”特色产业发展五条措施》，对当年新认证绿色食品每个产品给予 2 万元补助，单个企业补助不超过 5 万元；对新认证地理标志农产品给予 5 万元奖励补助。漳平台湾农民创业园出台对每个成功申请认证绿色食品企业给予实报实销的扶持政策。惠企扶持政策的出台大大提高了企业申报绿色食品积极性。

为提高企业绿色发展理念，漳平市农业农村局严格按照绿色食品生产质量控制规程规范种植、加工生产，一是积极组织绿色食品专业培训。多次邀请福建省绿色食品发展中心专家采取集中现场教学方式开展绿色食品专业知识培训，指导企业法人代表、责任人、内检员等有关人员掌握生产规程，做好生产、销售等台账记录，鼓励施用有机肥，少施无机氮肥，按照双减半原则施用氮素肥料，确保持续发展等目标落到实处。同时，漳平市农业农村局每年在永福镇举办茶园病虫害绿色防控示范技术培训班，让茶农掌握茶园绿色防控技术基本要点，严把技术措施落实，做到“统一技术措施、统一生物制剂、统一防控时间、统一投放天敌、统一安装诱虫板”的“五统一”，并定期组织专业人员检查防治效果，为永福高山茶绿色食品的认证提供了技术保障。二是加大宣传力度。在茶叶生产旺季，组织科技人员走村入户宣传茶叶质量安全，发放《绿色食品农药使用准则》《如何安全有效防治地下害虫》《茶园禁用农药目录表》等茶叶安全生产技术手册资料。同时，通过今日头条等网络平台拍摄宣传小视频，结合线上线下，加强“永福高山茶”绿色食品品牌宣传，全方位提高茶企、茶农、消费者等绿色发展意识，倍增绿色食品品牌效应。

3. “地理标志＋绿色食品”品牌发展成效显著

为大力推进海峡两岸绿色品牌农业建设，进一步加强海峡两岸农民农业交流，2019 年起，龙岩市农业农村局将漳平台湾农民创业园永福高山茶绿色品牌建设纳入龙岩市重点农业工作范畴，积极申报“永福高山茶”农产品地理标志登记保护，成片推进“永福高山茶”绿色食品认证工作。2020 年 9 月，漳平市 8 家“永福高山茶”生产企业、合作社顺利获得绿色食品标志使用权，绿色食品成片认证工作初显成效。截至 2020 年年底，漳平市已有 11 家具有食品生产许可资质的永福高山茶生产企业、专业合作社，共计 6 546 亩茶园获得绿色食品认证，永福核心生产区茶叶品质优质率大大提升。据绿色食品认证的茶企反映，尽管受新冠肺炎疫情影响，自 2020 年 9 月获得绿色食品标志使用权后，“永福高山茶”线上销售额比 2019 年同期增长 50%，“永福高山茶”产业绿色品牌效益和品牌影响力得到进一步提升，“地理标志＋绿色食品”品牌发展成效显著。

山东省寿光市：突出产业优势，不断推动“寿光模式”创新提升①

中国山东网　韩蓓蓓

2020年，是决胜全面建成小康社会的攻坚之年，是人居环境综合整治三年行动计划的收官之年，更是寿光市农业农村高质量发展、创新提升“寿光模式”的关键一年。

寿光市农业农村局以实施乡村振兴战略为契机，在创新提升“寿光模式”中勇攻坚、当排头，坚持高点定位，主动融入潍坊国家农业开放发展综合试验区建设，突出产业优势，奋力担当作为，不断推动“寿光模式”创新提升。

1. 把牢“品质”关键，由增产导向向提质导向转变

（1）推进农业园区“智能改造”。坚持大区域布局产业带、聚集区，总投资15亿元的蔬菜小镇、总投资8.5亿元的现代农业高新技术试验示范基地等一批现代化园区成为潍坊国家农业开放发展综合试验区的重点支撑项目，全面推广大型水肥一体机、智能温控、自动补光等新技术和区块链全程追溯系统，由赵春江院士领衔规划设计的占地8万米^{2}的中国寿光型智能玻璃温室，应用120多项专利技术，可比“荷兰模式”的温室降低耗能一半以上。在所有园区全面推行“六统一”服务，使每个大棚、每个园区都成为一个“绿色车间”“绿色工厂”。

（2）坚持走绿色化发展之路。市财政每年拿出近3 000万元资金，深入开展设施蔬菜“沃土工程”，推广微生物肥料、秸秆还田、绿色防控等七大土壤改良模式，目前累计推广水肥一体化21.2万亩，推广土壤改良技术30万亩，每年推广绿色防控技术1万多亩，蔬菜秸秆年处理量达100多万吨，构建起了肥沃、安全的蔬菜产地环境。

（3）推进农产品质量“智能追溯”。按照潍坊市委“着力推进绿色兴农质量兴农”的要求，在全省率先推广了食用农产品合格证制度，探索建立了二维码信息追溯体系，健全完善农产品质量安全领域“红黑名单”管理和信用评级分类监管制度，将全市划分为28个监管网格，配备56名监管员，开发完善智慧监管服务平台，对全市蔬菜大棚、合作社和农资门店进行GIS精准定位，网格化监管实现数字化、智慧化，蔬菜生产、农药实名制销售、蔬菜质量检测、蔬菜交易等大数据资源实现互联互通、智慧分析，蔬菜质量实现全程可追溯。截至2020年11月底，共抽检蔬菜样品10.6万批次，农药576批次，肥料230批次，蔬菜抽检合格率稳定在99.6%以上。

2. 坚定“市场”引领，占领价值链最高端

（1）打造寿光蔬菜“金字招牌”。大力实施蔬菜品牌化战略，编制了品质蔬菜产业发展规划，聘请专业机构对“寿光蔬菜”品牌进行了顶层设计，“寿光蔬菜”成功注册为地理标志集体商标，成立了“好品山东乡村名品”潍坊云仓，寿光蔬菜被农业农村部确定为全国首批50个特色农产品优势产业集群之一，粤港澳大湾区“菜篮子”产品认证基地达到41家、3.13万亩，数量和面积居全国县市之最。2020年11月21日，正大寿光国际蔬果智慧产业园在寿光市举行开工奠基仪式，将全力打造“国际一流、国内领先”的蔬果产业园。

（2）推进农民合作社“规范提升”。全面实施提升农民合作社水平专项行动，深入开展“空壳社”“回头看”专项清理。截至目前，全市2 128家果蔬类合作社，已创建国家级示范社3家、省

---

① 资料来源：中国山东网，2020年12月31日，原题为《潍坊寿光市突出产业优势　不断推动“寿光模式”创新提升》。

级示范社17家、潍坊市级示范社48家；已申报注销“空壳社”335家，另有520家达到规范提升要求。在整顿提升的基础上，寿光市创新发展了合作联盟组织，组建了寿光市蔬菜合作社联合会，107家合作社申请为市联合会会员单位，15个乡镇（街道）全部组建了镇街联合会分会，共有340家合作社加入分会。下一步，寿光市将依托蔬菜合作社联合会，积极推进合作社生产基地智能化，对符合标准的统一加贴“寿光蔬菜”区域公用品牌追溯二维码，对寿光蔬菜品牌进行整体打造提升。

（3）打造产业融合发展中心。坚持多业态嫁接提升现代农业，加快推动云计算、大数据、物联网等新一代信息技术与农业深度融合，探索“互联网+”发展新模式。与京东物流、阿里巴巴签订战略合作协议，在天猫开设寿光蔬菜旗舰店，阿里巴巴全国首个“数字农业产业带”落户寿光，5 000多种蔬菜、种苗、农资实现了网上销售。

3. 紧扣“种子”核心，抢占现代农业制高点

（1）主动扛起潍坊“加快建设全国种子硅谷”的责任担当，打造“中国蔬菜种业硅谷”。主攻育种研发，先后与10多个国家级科研院所建立了深度合作关系，中国农业科学院寿光蔬菜研发中心、农业农村部蔬菜种子质量监督检验测试中心寿光分中心等一批国字号平台相继落户，探索了院地合作实体化运行新模式，中国科学院沈阳生态应用研究所、中国农业科学院蔬菜花卉研究所每年派40名专家和研究生，常驻寿光开展科技创新和成果转化。省级种业技术研发中心达7家，自主研发蔬菜新品种达140个（其中获得植物新品种权保护的有82个），国产蔬菜种子市场占有率达到70%以上。

（2）借助每年举办的菜博会、设施蔬菜品种展等高端展会平台，集中展示推广优良蔬菜品种和新技术、新模式。2020年，面对新冠肺炎疫情影响，寿光市创新思路、提前谋划，将种博会和菜博会在网上同期举办，展示了405家科研机构的4 280多个蔬菜新品种。12月8日，举办了秋季种博会，展示了400多家企业的3 300多个品种。全市年繁育蔬菜种苗达17亿株，成为山东省第一批区域性良种繁育基地和全国最大的种苗繁育基地。

4. 聚焦“宜居”目标，打造美丽宜居的新乡村

（1）全面完成三年行动目标任务。打破原有分工，对农村人居环境统一管理，统筹开展了农村改厕、农村生活污水治理、村容村貌、户户通、美丽庭院等提升工程。新增3 836户农厕改造和283个农村公共厕所建设任务全部完工，全市累计完成改厕10.4万户；217个“户户通”村庄基本完工，农村道路“户户通”实现全覆盖；美丽庭院示范户建成率达13.9%，超额完成潍坊建成率10%的目标；496个村庄完成农村生活污水治理任务，治理率达到58%，高出省、市任务8个百分点；全市村庄规划编制实现应编尽编。按照“六化十二提升”要求，高标准打造了300个示范村和15个特色示范片区。

（2）全力解决资金保障问题。创新融资模式，建立了政府投、镇村筹、群众捐、社会助的多元化资金保障机制。2020年，市财政投入资金5亿元对农厕改造、示范村、“户户通”进行补助，群众自发捐款达1.2亿元，部门、企业“双百”帮扶行动累计到位资金1 700万元，极大地缓解了资金压力，形成了强大合力。

（3）健全工作推进机制。构建了横到边、纵到底的工作推进体系。建立了市、镇、村三级长效管护机制。住建、交通、农业农村、生态环境等部门按照各自职责分别建立了长效管护机制；环卫、园林等国有企业对厕污、公厕、道路等进行全域全环节托管，实行专业化管护；各乡镇（街道）根据各村村情制定村规民约、落实街巷长制度等建立了长效监管机制。2020年3月，被中央农村工作领导小组办公室、农业农村部表彰为全国村庄清洁行动先进县，为全省4个入选县（市、区）之一。

广东省江门市：创新种养模式，推动绿色农业发展[①]

江门日报社　陈方欢　敖转优　周晓营　毕松杰

种养结合，是将畜禽养殖产生的粪污作为种植业的肥源，种植业为养殖业提供饲料，并消纳养殖业废弃物，使物质和能量在动植物之间进行转换的循环式农业。加快推动种养结合循环农业发展，是提高江门市农业资源利用效率、保护农业生态环境、促进农业绿色发展的重要举措，有利于打造粤港澳大湾区高质量农业合作发展平台。

《江门市种养循环发展规划（2019—2025 年）》将全市种养结合循环农业布局为东部现代休闲农业发展区、中部现代高效种养生态循环区、西部生态种养业高质量发展示范区“三片区”，其中西部生态种养业高质量发展示范区范围为台山市、开平市、恩平市。台山的“禾蟹共生”项目，海水稻让“青蟹之家”更生态优质；开平的“鱼菜共养”项目，养鱼不换水，种菜不施肥；恩平的“鸭稻共育”项目首造水稻喜获丰收，“以蛇治鼠”项目生物链治理鼠害新模式收到实效……日前，记者对台山、开平、恩平探索生态种养项目、发展循环农业进行了实地探访。

1. 布局：打响地方特优农产品生态品牌

江门是粤港澳大湾区重要的“米袋子”“菜篮子”，粮食、蔬菜产量分别占珠三角的 1/5、1/3，为实施生态循环种养奠定了重要的产业基础。同时，江门市高标准推进现代农业产业园建设，建设有市级以上现代农业产业园 27 个，其中国家级 1 个、省级 7 个，初步形成国家级、省级、市级现代农业产业园体系和梯次发展新格局，助力农业产业在区域尺度上实现种养生态大循环。

强有力的品牌建设，助推农业产品质量和档次不断提升，有利于发展江门特色品牌种养循环农业。目前，江门市累计培育农产品地理标志 15 个、“三品”农产品 195 个、国家名特优新农产品 2 个、省级特色农产品优势区 6 个、区域公用品牌 48 个，位居广东省前列。此外，江门市农业经营主体富有活力，累计培育市级以上重点农业龙头企业 84 家、省级重点龙头企业 42 家、农民专业合作社 1 678 家、家庭农场 76 家，强大的农户带动能力有利于推广和发展种养循环农业。

2020 年上半年出台的《江门市种养循环发展规划（2019—2025 年）》提出，力争 2025 年全市基本构建完成农牧结合、资源循环、养殖健康、高效生态、协调发展的现代种养业新型产业体系。该规划将全市种养结合循环农业布局为东部现代休闲农业发展区、中部现代高效种养生态循环区、西部生态种养业高质量发展示范区“三片区”。其中，西部生态种养业高质量发展示范区范围为台山市、开平市、恩平市，将全面实施推广畜禽养殖污染物减量工程和粪污资源化利用工程，积极推进规模场、养殖小区和现代农业产业园建设，因地制宜推广畜禽养殖废弃物资源化利用模式，依托开平国家现代农业示范区、开平市家禽现代农业产业园、恩平市丝苗米现代农业产业园等农业园区，建设一批绿色生态种植示范园、特色畜禽健康养殖示范园和生态循环设施农业示范园等，推进开展果菜茶有机肥替代化肥行动，打响地方特优农产品生态品牌，实现种养业高质量发展。

2. 禾蟹共生：一半种水稻，一半养青蟹

七八月是丰收的季节，进入台山，醉人的稻香扑鼻而来。烈日下，在台山中国农业公园里，万亩良田宛如铺上金黄色的地毯，一台台联合收割机来回穿梭，一粒粒饱满的稻谷哗啦啦流入路旁的

① 资料来源：《江门日报》，2020 年 8 月 14 日，原题为《禾蟹共生、鱼菜共养、鸭稻共育……我市多地创新种养模式，推动绿色农业发展——生态循环种养的“江门实践”》，策划/统筹：黄鹏。

运粮车厢，奏响了悦耳动听的丰收乐章。

而在稻田附近的滩涂地，刚刚完成蟹塘改造的蟹农王剑锋却开始育秧备耕，他说："我们一年只种一造水稻。"王剑锋说的水稻，指的是海水稻。

从 2016 年开始，王剑锋开始尝试不同种养品种的共生共存，不过，之前的种养模式探索均以失败告终。

2018 年，王剑锋申请了一个项目，与另一名蟹农一起尝试"禾蟹共生"生态种养模式。他们将水稻种在以前的"蟹岛"上，一半种植水稻，一半养殖青蟹。这一模式，得到海水稻专家陈日胜及江门市农业科学研究所、南海水产研究所等科研机构的技术支持，在当地形成了项目示范。该项目同时得到宁波大学海洋学院执行院长王春琳的青睐，他多次带队来台山交流。

2019 年，"禾蟹共生"生态种养模式获得成功，选用的水稻为海水稻。海水稻是在沿海滩涂等盐碱地生长的特殊水稻。据初步调查，江门全市海洋滩涂可垦复水田种植海水稻近 5 万亩。

"海水稻具有净化水质的功能，使青蟹养殖的生态条件更加优质。"据王剑峰介绍说，"海水稻稻梗粗壮，稻叶细长至 1 米有余，可以帮助青蟹防害遮阴；收割后的水稻头可以调水至肥沃程度，还可以使青蟹的口味更佳，产量增长 5%"。

"禾蟹共生"生态种养模式的成功，让王剑锋看到发展水产生态健康养殖的前景。2020 年，他引进了立体生态混养模式，让虾、青蟹在稻田里混养。

3. 鱼菜共养：养鱼不换水，种菜不施肥

炎炎夏日，在开平市"鱼菜共养"循环农业有机蔬菜种植基地，嫩绿的蔬菜夺人眼球。这些蔬菜是水培的，涓涓细流通过循环系统，在水池与管槽间流转。往水池抛下一把干蝇蛆，一群草鱼跃出水面，争相进食。

据悉，"鱼菜共养"项目团队由 3 名"90 后"青年组成。2016 年，他们来到开平，在相关政策的支持下，免费获得面积 400 米^2 大棚作为基地，将"鱼菜共养"技术与气雾栽培技术结合，填补了华南地区"鱼菜共养"基础应用数据的空白。

"养鱼不换水，种菜不施肥，'鱼菜共养'是一个循环农业项目。"据项目负责人介绍说，"该项目利用立体栽培模式对蔬菜进行气雾栽培，既提高了产量，也降低了种植成本。经实验，蔬菜年亩产为 16 吨，鱼类工厂化集约式养殖密度可达 80 千克/米^3。"

"'鱼菜共养'项目，是在温室内通过水循环系统，将集约式养鱼产生的富营养水体，转化成为蔬菜可吸收的营养，从而种植有机水培蔬菜。"上述负责人介绍说，"水循环系统的过滤池里放着陶粒，底下养着蚯蚓，经陶粒和蚯蚓处理过的水通过管道流到蔬菜区。每一棵菜苗生长在一块小海绵上，根部透过海绵吸收管道里的水。水在管道里不断流动，又回流到鱼池中。"

据悉，在节水方面，"鱼菜共养"项目长期无须换水，仅需补充蔬菜吸收和自然蒸发的水分。经实验，每亩蔬菜种植每月用水 15 吨，仅相当于一家三口家庭的生活用水量；在节能方面，相对于同业生产，省去了多种耗能设备；在节肥方面，蔬菜所需的营养均来自养殖水体。

据统计，该基地坚持基础科学研究，连续实验 4 年，采集水质数据超过 1 万组，实验培育蔬菜品种超过 220 种，申请国家发明专利 4 项、国家实用新型专利 3 项，已成为国内研究时间最长、科研成果最丰富、知识产权完全自主的"鱼菜共养"项目之一。

据悉，"鱼菜共养"项目团队已成立广东天菜农业有限公司运营该项目，具备了资金和渠道，将于 2020 年年底在粤港澳线上线下销售有机蔬菜。

4. 鸭稻共育：稻在水中长，鸭在水里游

稻在水中长，鸭在水里游，这样动静结合的画面，是恩平市"鸭稻共育"生态种养模式的生动写照。

2020 年春耕，恩平市丝苗米产业园牵头实施主体——广东丰穗米业有限公司在沙湖镇那梨村

50 亩水稻田投放了 50 只水鸭，首度尝试“鸭稻共育”生态种养模式。“从早造收割情况来看，每亩产量大约 300 千克，效果不错。”广东丰穗米业有限公司总经理谢国良说。

所谓“鸭稻共育”，是在秧苗栽插后将幼鸭全天 24 小时放入稻田，直至水稻抽穗时再收回鸭子，是一项种养结合、安全生态的综合技术，集社会效益、经济效益和生态效益于一体。

近日，水稻收割的同时，水鸭也长大，恰好适合投入市场。谢国良通过微信朋友圈转发，并邀请亲朋好友试吃全鸭宴，50 只水鸭在一个星期内被抢购一空。水鸭好卖，50 亩“鸭稻共育”试验稻也一早被识货的人提前预订完毕。“市场反应不错，完全不用担心销路，试验稻比其他水稻更受青睐，价格也更高。”谢国良说。

据恩平市农业农村局农技人员介绍，“鸭稻共育”最大的好处，是实现了绿色种植。除了虫子和田螺，水鸭还喜欢吃禾本科以外的植物和水面浮生杂草，因此，稻田不能使用农药，对土质、水质不会造成污染。水鸭好比是田间的管理员，在田间游走的时候，把水稻周边的杂草幼苗也踩死了，大大减少了杂草的产生，使稻田透光率增加，促进水温提升，有利于水稻根系生长。鸭群在田中排粪尿，还可以成为水稻的有机肥料，从而减少化肥的施用。

5. 以蛇治鼠：一条长标蛇，管好五亩田

2020 年早造水稻迎来丰收，连日来，恩平市恩城街道谭冲村的种植大户冯水生忙于加工稻谷。近年来，随着水稻产量攀升，长期困扰当地种植户的鼠害问题也得到有效解决。

“今年早造种了 50 亩水稻，因鼠害损耗的有 1 亩左右，相比前几年 50%的鼠害损耗，好转了许多。”冯水生告诉记者，“过去，他尝试过许多治理鼠害的方式，比如下毒药、放老鼠夹，但收效甚微，还增加了成本。”

2017 年，恩平市农业农村局因地制宜，争取世界银行贷款及广东农业面源污染治理项目办公室的支持，大胆地制定了“以蛇治鼠”项目方案。

“人们见到蛇一般是避而远之。”恩城街道农业综合服务中心农艺师梁玩广说，“经过农技人员的推广和解释，以及村委会干部做通思想工作，石青、石联和锦岗村委会八成以上农户同意实施‘以蛇治鼠’项目。”

2017 年 10 月，恩平市正式实施“以蛇治鼠”项目，在石青村委会投放了首批 100 条长标蛇。项目实施近 3 年，当地流传着这么一个说法：“一条长标蛇，管好五亩田。”村民们都说，老鼠越来越少，农作物收成也翻了番。

“以蛇治鼠是一种生物防治手法，能有效减少田间防治老鼠的毒药用量，达到环保要求，是一种治理鼠害的新途径。”梁玩广说，“经过多年经验累积，以蛇治鼠彰显了功效。”

2020 年，当地农业农村部门计划继续对恩城街道的耕地范围投放 750 条长标蛇，巩固“以蛇治鼠”项目的生物治理效果。

6. 方向：生态种养模式值得推广

在作为西部生态种养业高质量发展示范区的台山市、开平市、恩平市，一个个生态种养的“奇思妙想”让人赞叹，绿色、低碳、可持续等成为亮眼的关键词。

尝试“禾蟹共生”生态种养模式获得成功的台山蟹农王剑锋说：“我们为了保证青蟹的生长，海水稻种得比较稀疏，所以每亩产量只有 100 多千克，陈教授那边的产量比我们高。”王剑锋说的陈教授是陈日胜，他在海宴镇种了 5 000 多亩海水稻，如今迎来了收割。

“受新冠肺炎疫情影响，我们早造插秧的时间推迟了，所以收割的时间也相应推迟。不过，按照时间推算，不会耽误晚造种植。”陈日胜说，“稻田里的海水稻长势良好，应该会有一个好收成。”

在等待海水稻收割的同时，陈日胜在微信朋友圈卖起了虾。“水稻的利润不是很高，开展虾蟹稻共作的生态种养才能提高利润，更好地推广海水稻。”陈日胜说，“目前他销售的虾都是在种植海水稻的稻田里养大的。海水稻有净化水质的作用，在稻田里养虾不用担心会对环境造成破坏。台山市农业部门十分关注虾蟹稻共作的生态种养模式，未来有机会大范围推广。”

在开平市国家现代农业示范区，园区管委会副主任谭健龙介绍，“鱼菜共养”项目全过程不添加农药、化肥、激素和抗生素，防止了传统农业生产对生态环境和食物链的污染。鱼的排泄物及饲料残渣是蔬菜生长的天然养料，经蔬菜吸收过滤后，水又能为鱼所用，循环往复，是一种可持续循环型的低碳生产模式。

“生态种养是现代农业的发展方向，鱼菜共养就是很好的例子，鱼、菜能在标准化环境里种养，而且尽可能地模仿自然环境。”开平市农业农村局农产品质量安全与科技交流股股长杨国威表示，“这一立体化种养技术提高了单位面积产量，同时节省了人力、物力及管理成本，可复制推广。”

在谭健龙和杨国威看来，这种可循环的生产模式既符合国家鼓励农业绿色发展的要求，也满足了消费者对食品安全的需求。

而恩平市正将生态元素有效应用到农业生产中，做到绿色、生态、环保，提升农业产业品牌内涵的附加值。近年来，当地农业农村部门、农业龙头企业不断在生态种养上尝鲜，探究更多“生态+农业”发展可能性。

南门红糖：重庆新农人的情怀与坚守

MTT 旅文智脑乡村旅游指导站　刘　聪
重庆市开州区南门镇人民政府　谭　林

莲池村是重庆市开州区南门镇下辖的行政村，位于浦里河畔，毗邻集镇，开岳公路贯穿境内。全村辖区面积 4.62 千米^2，辖 9 个村民小组，耕地面积 3 361 亩（其中田地 2 168 亩、林地 1 193 亩）。2020 年，全村有农户 1 423 户 4 351 人，其中建档立卡贫困户 35 户 98 人，人均可支配收入 16 250 元；全村外出务工人数 2 450 人，占总人口的 56%。除去老人和孩子，村里主要劳动力大半都外出打工。

2016 年，经开州区招商引资，重庆市开州区大丫口农业开发有限公司入驻南门镇莲池村。公司流转土地 1 000 亩，打造浦里庄园，发展甘蔗种植、红糖加工、农旅融合的现代农业。截至 2020 年年底，公司已投入资金 2 000 多万元，建设了红糖加工厂、生态餐厅，种植 700 亩甘蔗、100 亩葡萄、80 亩枇杷，通过多种形式带动了莲池村集体和群众增收致富。

重庆市开州区大丫口农业开发有限公司成立于 2013 年 4 月，是一家主要从事花卉生产加工销售和休闲农业为一体的民营农业公司，公司董事长是贺选梅女士。社会人士响应党和国家的号召，基于乡村振兴和扶贫济困的国家战略，下乡创业和置业，既要有情怀，又要有经济实力，还得有专业能力（农业生产与农产品加工、农村电商推广与销售、休闲农业与乡村旅游），更要有克服重重困难、遇阻不辍、百折不挠的坚守精神，尤其是在新冠肺炎疫情肆虐的这一年多，在贺选梅身上体现得尤为典型。

1. 贺选梅来了

采访当地乡民得知，贺选梅介入之前，莲池村土地空置了大概 10 年。贺选梅来了之后，当地 50～70 岁的乡民在家门口有了打工机会，村里家庭增收几千元到一万多元。公司雇乡民干农活、

熬红糖、做保洁等，一年为当地乡民支付劳务工资 60 多万元，土地流转费 90 多万元，惠及周边 9 个村，让乡民守着自己的家门口就有打工赚钱的机会。现场采访时，乡民们说了特别具有代表性的话："贺选梅来了以后，我们在村里走的路都是好路了。"

乡民王爷爷说："我 80 多岁了，能看到我们村五六十岁的人在家门口打工挣钱，这是我们以前怎么也不可能想到的事。贺选梅把脱贫致富的钥匙拿来了！"

2. 创业真艰难

在莲池村创业这几年，贺选梅经历过太多的失败与曲折。回顾这几年的创业历程，她止不住泪水盈满眼眶。

南门红糖产业基地项目，前期已经投入 2 000 多万元，用于整理土地、修围墙、修沟渠、建房子、购种源、请技术……由于前期投资大，回报周期长，中间出现过资金短缺，有过两三个月拖欠农民土地款的情况，也曾发生过一些纠纷，到了该砍甘蔗制糖的季节，个别乡民到田里阻止砍甘蔗。季节不等人啊，耽误时间红糖就会变味，耽误一季就是耽误一年，甚至闹到派出所出警的地步。贺选梅哭了，都要给村民下跪了，多数乡民还是通情达理，出面帮助疏通。

刚开始生产的红糖由于技术不过关，有时候产品不合格。贺选梅坚决表示，不合格产品不得上市，大量残次品就这样被销毁、倾倒了，连当地乡民都觉得痛心。2018 年的"大棚房"问题专项整治行动也波及贺选梅，她在长沙镇投资的紫海云天香草园，被拆了 1 000 多米^2，贺选梅的创业之路走得异常艰难。

2019 年年关，贺选梅的爱人急症入院手术，贺选梅为了给乡民筹钱付土地款，急忙把爱人送到医院后，就连夜返回基地。在贺选梅创业最困难的时候，有的乡民主动凑钱借给她，让她早日走出困境，恢复生产。

3. 翻身首先惠乡民

贺选梅的红糖生产逐步走向正轨，包装经过多次修改调整获得了消费者和商家的广泛认可；销售渠道打通了，品牌影响力扩大了；开州"南门红糖"上了中央电视台，产品供不应求，标准化加工增加了产品附加值，价格在同行业中居上。翻身首先惠乡民，贺选梅付清了工人们的工资、报酬，清偿了土地租金和各种欠款。这几年，她还把那些一时用不上的闲置零星土地，鼓励当地乡民进园子开荒种地，不收租金，让土地增了收，农民受了益。

重庆市开州区大丫口农业开发有限公司入驻莲池村 5 年来，在不断壮大自身产业的同时，培育壮大了集体经济。一是通过资产收益配股分红模式，红糖加工厂、生态餐厅每年向莲池村集体经济组织分红 1.7 万元。二是统筹 6.15 万元分红资金，用于莲池村失能弱能对象的困难补助，或者开发公益岗位，聘请贫困户务工，增加贫困户收入。三是南门镇 80 户贫困户出资 399 万元投入到公司参与生产经营，每户每年获得参与生产经营的分红收入 3 500 元。四是公司基地常年有 60 余人参与季节性务工，其中贫困户 6 人，人均年收入近 7 000 元；固定管理工 5 人，人均年收入 4 万元。五是莲池村 1 社至 6 社流转了土地的群众有 400 户，每年获得土地流转收入共 92 万元。

4. 推动红糖产业提质增效

由重庆市开州区大丫口农业开发有限公司牵头，与西南大学食品科学学院合作，办理南门红糖食品生产许可证，并注册了商标，切实解决南门红糖生产加工、上市销售难等问题。在开州区委、区政府、宣传部、农业农村委、商务委、市场监管局等部门的大力支持下，"南门红糖"的美誉度、知晓度及影响力得到进一步提升，销售渠道已走向全国，已在淘宝、京东、惠游重庆、拼多多等开设销售平台，与重庆市开州区梅里农业有限公司北京办事处签订托底销售意向性协议，并与新加坡、马来西亚各签订 20 吨销售意向性协议。

公司重视产品质量，追求绿色生态。按照南门红糖的行业协会规章制度，种植上严禁使用化肥、除草剂，加工上注重环境卫生、限用氧化钙、禁用区外甘蔗。严守南门传统古法熬制，结合现代技术，遵循市场需求，牵头开发多品种、多口味、精包装、易使用等系列产品，满足不同消费群体的需求。

开州区大丫口农业开发有限公司现有两条标准化红糖加工厂生产线，2020 年生产红糖 150 吨，全部销售一空，款项全部及时到位。2020 年，公司营业收入 600 万元，纯利 240 万元。除自身的甘蔗原料加工外，贺选梅还帮助周边种植甘蔗的农户进行标准化红糖加工 100 吨，帮助群众获纯利 150 万元。

新农人贺选梅在乡村振兴的战略背景下，在各级党委、政府的扶助关怀下，在西南大学及其他高校、研究院所专业人员的帮扶支持下，经过自己的不懈努力，本着创业的情怀和社会担当精神，终于写出了“南门红糖”的精彩创业史。在 MTT 旅文智脑刘聪教授的指导建议下，贺选梅致力于通过甜度分级、食品嫁接，把传统的南门红糖开发成未来的休闲食品、休闲小吃，开拓红糖食品的新领域，真正把南门红糖开发成名副其实的“东方巧克力”。

西充黄心苕："四大机制"护航地理标志商标规范化使用

四川省西充县农业科学研究所　田　波　仲晓惠

西充县位于四川盆地东北部，辖区面积 1 108 千米^2，辖 23 个乡镇（街道），总人口 68 万人，是典型的丘区农业县。西充土壤肥沃，气候温和，雨量充沛，自然生态好，森林覆盖率高，是首批国家农产品质量安全县、首批国家有机食品生产基地建设示范县（试点）、首批国家有机产品认证示范区。西充史称"苕国"，甘薯（红苕）是主要的农作物。西充黄心苕是西充县农业科学研究所培育的甘薯品种，具有薯块圆形、薯皮光滑、外皮红色、肉红黄色、熟食肉质柔和、味甜、食味好、β胡萝卜素含量高的特点。2011 年获得农业部农产品地理标志登记，2013 年获得"中国绿色食品博览会畅销产品"称号，2017 年成功注册"西充黄心苕"地理标志证明商标，2018 获得"中华品牌商标博览会金奖""全国绿色农业十佳粮油地标品牌"称号。

商标持有人——西充县农业科学研究所建立了以"准入机制、鼓励机制、考核机制、退出机制"四大机制为核心的《西充黄心苕地理标志证明商标使用管理规则》，授权符合条件的企业、专业合作社等，在其产品或包装上使用地理标志证明商标，取得了显著的社会效益和经济效益。

1. 准入机制：严格把关、从严审核

一是严格准入条件。严格按照《西充黄心苕地理标志证明商标使用管理规则》的使用条件，同时满足地域范围、特定品质、种植、管理、收获、加工、贮藏过程中的特殊要求、加工标准等条件的产品生产者、经营者，方可申请使用"西充黄心苕"地理标志证明商标。

二是严格申请程序。建立"生产经验者申请—所属乡镇政府审核—薯业协会审核—商标持有人核验"四步申请法，严格商标申请程序。具体程序为：申请单位（人）向商标持有人递交西充黄心苕证明商标使用申请书，同时提供申请单位（人）名称、联系电话、地址、基地面积（产量）、申请单位（人）诚信承诺、村社基地证明（企业、专业合作社、家庭农场同时提供有效的营业执照复印件、组织机构代码证复印件、税务登记证复印件或三证合一新营业执照，法定代表人授权书原件、授权代表和法定代表人身份证复印件），经所属乡镇政府审核、薯业协会审核后，报商标持有人核验审批。

三是严格准入审核。商标持有人根据申请单位（人）提供的证明材料，进行申请资料核实，实地查验基地建设、生产规模、生产管理水平、近 3 年甘薯生产农事记载（土壤培肥、合理轮作、培育壮苗、科学起垄、绿色防控等措施）、安全贮藏设施，查验加工企业生产规模、生产加工品种、质量安全管控、产品包装等内容和销售情况，产品抽检和综合审查后，做出书面审核意见。符合使用条件的，双方签订西充黄心苕地理标志证明商标使用许可合同，申请人领取西充黄心苕地理标志证明商标准用证和西充黄心苕地理标志证明商标标识。一个准用周期（3 年）届满后，使用者重新申请地理标志证明商标的使用。

2. 鼓励机制：宣传推介、政策扶持

一是大力宣传推介，提高认知度。利用国家知识产权局地理标志保护数据管理系统和西充县国家农产品质量安全追溯平台管理中心等专用平台和电视、报纸、广播、网络等媒体，深入开展地理标志证明商标宣传活动，形成良好社会认知，提高消费者对地理标志产品、地理标志证明商标的认知度和美誉度。

二是政策优惠优先，重点扶持发展。西充黄心苕地理标志证明商标使用者优先享受西充县政府出台的优惠政策，优先上报省、市等有关项目，优先推荐参加展会及评优评先等活动。

三是建设品牌专栏，集中宣传展示。建设西充黄心苕地理标志证明商标品牌专栏，作为县重点对外宣传推介西充黄心苕的窗口。目前，全县已有“薯宝宝”等 9 个品牌进入专栏。

3. 考核机制：强化监管、定期考核

一是规范商标使用。商标使用人首次获批使用西充黄心苕地理标志证明商标，由西充县薯业协会提供种源，之后由商标使用人自行留种。为确保西充黄心苕品质，商标使用人种薯使用满 3 年后不再自行留种，由西充县薯业协会提供经提纯复壮的新种源。商标使用人必须严格执行《农产品地理标志质量控制技术规范　西充黄心苕》（AGI2011－03－00696）、有机地方标准及有机农业产业协会团体标准，进行种植、生产、贮藏、加工。规范使用西充黄心苕统一包装图案、标签标识，包装箱（袋）必须按照标签规范进行印制。强化流通领域的检查，对日常巡查和专项行动中发现的擅自使用、假冒、伪造西充黄心苕地理标志专用标志，或者使用与西充黄心苕专用标志相同或近似商标的，依法查处。

二是加强技术培训。对西充黄心苕证明商标使用人及其工作人员、从业者，薯业协会定期开展地理标志保护制度和法律法规、国家标准、行业标准、地方标准（有机食品标准），以及生产技术规程、实用技术和品牌提升等相关培训，提升业务水平。

三是定期开展考核。每年年终对商标使用者进行考核，主要考核证明商标使用人投入品管控是否到位、基地管控是否规范良好、包装印制使用是否规范、台账建立是否完整等，定期考核情况作为延续准用证明商标资格的重要依据。对商标准用企业每 3 年（一个准用周期）开展一次综合测评，综合测评依据日常监管及年终考核结果进行，不合格的企业责令限期整改；未能按期完成整改的，取消其西充黄心苕地理标志证明商标准用资格，且 3 年内不得重新申请西充黄心苕地理标志证

明商标。

4. 退出机制：实时监测、一票否决

一是强化日常质量监测。建立县农产品质检中心、乡镇质检站、企业检测室三级联动的农产品质量安全检测网络，实行优胜劣汰动态监管机制，筑牢质量防线。商标使用人在种苗生产、生产资料采购、投入品管理制度、使用制度、日常生产管理、包装印制、标识台账建立等方面，必须严格按照国家、行业标准及政府规定等要求进行，随时接受监督检查；对不符合商标使用规范的使用人按照1次蓝牌提醒、2次黄牌警告、3次红牌罚下的原则严格处理。

二是严肃查处质量安全问题。凡被抽检到质量不合格的企业，由质量安全监管部门顶格处罚，同时制定整改措施，责令限期整改；若整改期内再出现次质量抽检不合格，收回其地理标志证明商标准用证，收回已领取的证明商标标识，终止地理标志证明商标使用许可合同，取消其西充黄心苕地理标志证明商标准用资格。

三是建立公众监督举报制度。宣传发动社会公众对准用企业开展全民监督，举报违规违法行为，对核实存在质量安全问题或以次充好、以假乱真的使用者实行一票否决、坚决清退，对举报单位和个人给予奖励。

小甘薯承担起大事业，成为西充县农业经济的增长点。2020年，西充黄心苕种植面积已达1.2万余亩，年产值1.2亿元。西充黄心苕地理标志证明商标已有万年山种养殖专业合作社、洞宾山薯业专业合作社等多家新型经营主体及3 200余户保护区农民使用，通过品牌带动，为新型经营主体年增收2 400万元，种植户人均年增收2 600元，效益十分显著。

时木茶厂：立体生态茶园的绿色实践探索

云南省普洱市茶叶和咖啡产业发展中心　杨显鸿

普洱市思茅区时木茶厂成立于1996年，拥有130亩的立体生态茶园，是“大国茶匠”肖时英与爱人张木兰经过20多年艰辛探索建成的。茶园聚合立体农业和生态农业的优势特点，综合运用立体茶园开垦、多品种组合种植、茶树不同修剪方法、茶园间种林木、茶园铺草施肥、茶树病虫害防控等多项绿色发展技术，构建成以茶为主，茶、林、花果和养殖结合的人工生态经济系统，具有自身维持和物质良性循环功能，可获得比单一生产茶叶的常规茶园更好的综合经济效益、生态效益和社会效益，被评为国家级立体茶园建设标准化示范区。

1. 绿色发展主要做法

1996年，从普洱市茶树良种场技术室主任位置退休的肖时英，要把在职时尚未实现建设茶园的新理念、新思想、新设计、新技术加以验证和实现，自费租用山地，开展生态茶园建设试验研究。经过多年的努力探索，时木茶厂建成了立体生态茶园。

一般茶园中的茶树修剪成平面采摘面树形，使得茶树之间比较拥挤，互相争夺光热水肥，采摘面小，产量低，而立体生态茶园中的茶树，经过一系列的修剪，使得茶树的采摘面向空间扩展，形成较平面树形大一倍以上的立体采摘面树形，从而大幅度提高了产量和效益。

一般新建茶园不种树不养草，茶园生态条件易退化，而立体生态茶园沿着茶园分区道路种植可再生的乔木树种，构成网络化的防护林带，起到防风防寒作用。在茶园中配植果树和花木，既改善和美化了生态环境，又增加了经济收益。

现在云南省推广茶树良种，新建的无性系良种茶园采用单株单行方式种植单一的品种，而立体生态茶园实行多品种组合栽培，即在同一个梯级平台上栽种两个茶树品种，这种多品种搭配栽培方式，提高了茶园整体抵抗病虫害的能力。

一般的茶园只能靠生产茶叶提供经济收益，而立体茶园的园林化环境为生态养殖创造了良好条件，茶农在茶园中散养土鸡和旱鸭，还可养羊、养兔，可在茶园间种果树，获得比单一种茶更高的综合经济效益。同时，茶园养鸡还能有效防治茶树害虫。

时木茶厂的立体生态茶园采用符合绿色食品和有机食品要求的技术措施管理茶园，形成了一套独具特色的技术措施。例如，坚持施用有机肥，改良土壤；雨季不中耕只刈草，防止水土流失；冬季修剪茶树的一半树冠，春茶采后再修剪另一半树冠，培养立体采摘面；每年只在冬季修剪后或春茶采后的停采期，喷1～2次绿色食品允许使用的农药防治病虫害。

立体生态茶园以人为本，注重技术培训。茶厂重视改善员工生活，无偿提供住房，提供茶地和猪厩用地，修建自来水、太阳能淋浴室和硬化道路。为保证不乱施化肥农药，肥料农药由茶厂统一购买，免费供给员工施用。结合生产需要，对员工进行技术培训。

2. 立体生态茶园的主要技术措施

针对云南省大叶种茶叶生产中存在的弊端，时木茶厂探索茶叶生产可持续发展，通过20多年的摸索，总结出一套改革、创新和行之有效的生态茶园建设技术：

一是种植方式由原来双行距、小行距40厘米，扩大到双行距、大行距80厘米或120厘米，由单一品种种植改为多品种组合栽培。在同一个梯级平台上，在梯台里侧栽早发芽品种、外侧栽晚发芽品种，早发品种先采、晚发品种后采，有效错开春芽萌发高峰，调剂采茶劳动力，实现均衡生产，保证增产增收。

二是在茶树修剪上，树冠修剪由平面修剪改成一个平面和一个斜面组合的“厂”字形立体采摘面，茶树采摘面较平面树形增加 1 倍以上，1 亩立体生态茶园的产量相当于 1.5～2 亩平面化茶园的产量。在同一台面茶行种植 2 个以上品种、培育茶树立体采摘方式成为国内首创。

三是在生态茶园建设上，沿茶园分区道路种植可再生乔木树种，构成网络化的防护林带，茶园中套种千余株樱花、桃树、香椿、羊奶果树、梨树、杉树、樟树、灯台叶等，散养土鸡、旱鸭等畜禽，绘成一幅花果飘香、四季常绿、鸡鸣虫叫的优美生态立体画，有效防风、防霜、防杂草、遮阴、防虫，保证产出的茶叶绿色、安全、优质。

四是在茶园管理上，用人工机器割草或拔除行间杂草；雨季不中耕只刈草，防止水土流失；茶园中耕施肥，以施有机肥为主；部分茶园铺草，改良土壤；每年只在冬季修剪后或春茶采后的停采期，喷一次绿色食品允许使用的农药防治病虫害，确保产出的茶叶符合绿色食品标准。

3. 取得成效

第一，立体生态茶园建设采取在同一块茶园中配植多个品种组合的栽培方式，采用符合绿色食品要求的生态茶园建设技术措施进行茶园管理，建立“茶-林-鸡”生态系统维护茶园生态平衡，将茶树培养成具有立体采摘面的树形，从而调剂采摘高峰期，降低了茶园对环境、土壤的破坏，以及农产品中的农药残留对人体的危害，大幅提高了土地利用率和茶叶产量、品质。

第二，总结立体生态茶园建设经验编写成《立体生态茶园建设技术规程》，已申报并编制发布成普洱市地方农业规范，实现共享技术标准，为普洱市乃至其他地区发展绿色有机茶叶提供了科技支撑，实现标准引领茶产业发展。

第三，立体生态茶园建设能有效调节采茶劳动力，不仅可获得茶叶增产增质的收入，还可获得在茶园养鸡、种果和林木的收入，大大提高了综合经济效益，为企业增产增效提供了新途径。

立体生态茶园包含有立体农业和生态农业的内涵，是茶树栽培新模式，为传统种植模式提升丰富了新内容。推广立体生态种植技术，将为云南茶产业发展注入新动力，利于茶农增收，促进云南茶产业转型升级，推动实现云茶成为高原特色现代农业的支柱产业。

陕西省：科技支撑，品牌引领，提高绿色食品基地建设水平

陕西省农产品质量安全中心　王　璋　王转丽　王　珏

在推进全国绿色食品原料标准化生产基地创建工作过程中，陕西省以“质量兴农，绿色兴农，品牌强农”为核心，以保障农产品质量安全为抓手，以现代农业科技为支撑，以品牌建设为引领，坚持绿色创建和规范管理并重原则，不断提高绿色食品基地建设水平，促进农业产业健康持续发展、农民持续增收。

1. 立足资源禀赋，推进绿色创建

（1）依托优势产业建基地。陕西省地处我国西北内陆、黄河中游，横跨中温带、暖温带和亚热带三个气候带，有明显的季风性气候特征。北部长城沿线风沙区和黄土高原丘陵沟壑区占全省土地面积的40%，日照充足，昼夜温差大，土地资源丰富，适合多种作物生长发育，为绿色食品基地创建奠定了良好的基础，洛川县、宝塔区已创建共100万亩全国绿色食品原料（苹果）标准化生产基地。白水县地处渭北黄土高原，海拔较高，其气候、土壤和地理位置，与生产优质苹果的生态环境完全吻合，属世界公认的苹果优生区，已创建55万亩全国绿色食品原料（苹果）标准化生产基地。眉县南依秦岭，北跨渭河，气候温和，雨量适中，土层深厚肥沃，是猕猴桃最佳优生区，已创建30万亩全国绿色食品原料（猕猴桃）标准化生产基地。

（2）推进特色产业求发展。围绕陕西省政府提出的“3＋X”特色产业工程建设，突出发展具有地域本色的名、特、优、新产业。在继续发展苹果、猕猴桃产业的基础上，发展多种粮食作物和经济作物。陕西南部秦巴山区约占全省土地面积的36%，横跨长江流域，属暖温带半湿润气候，土地肥沃，雨水充沛。区域内生态环境良好，具有发展茶产业、食用菌产业的独特资源优势，有利于绿色食品原料基地创建和发展。关中平原面积约占全省土地面积的24%，是陕西省农业相对发达的地区，农耕文化相对较高，麟游县、武功县、长武县等地的玉米、小麦均连片大面积种植，发展绿色基地具有得天独厚的条件。

2. 科学统筹规划，提升产品质量

目前，陕西省已建成洛川县、白水县、宝塔区3个全国绿色食品原料（苹果）标准化生产基地、眉县绿色食品原料（猕猴桃）标准化生产基地，开展了卓有成效的工作。

（1）开展科技引领，推广绿色基地发展新技术。

①政府牵头，校县合作，组建高精尖科研团队。依托西北农林科技大学，分别建成了洛川县洛川苹果试验站、眉县猕猴桃试验站、白水县白水苹果试验站。试验站坚持用现代科学技术引领果树产业发展，紧密围绕“果园-餐桌”全产业链中的关键技术需求，集成多学科专业优势，组成研发团队。试验站具备科学研究、教学培训、示范推广、人才培养、野外观测等职能。每个试验站都配

备教授（研究员）、副教授（副研究员）、科研助理等数十人，重点开展苹果、猕猴桃种质资源保存与利用、遗传育种、抗逆生理、果园病虫害、果园土壤与营养、果实品质与贮藏保鲜等方向的科学研究。

②研究配套，示范引导，推广现代绿色果业技术。充分发挥前沿农业科技优势，各试验站专家团队结合当地产业实际组织协作攻关，配套组装最新果业生产技术进行示范引导，迅速转化成各产业的主推技术进行普及推广。以洛川县洛川苹果试验站为例，该试验站针对黄土高原苹果生产特点，先后开展了容器大苗繁育及大苗重茬建园研究示范、矮砧栽培不同砧穗组合及不同树形的栽培试验示范、肥水高效利用及土壤管理技术研究、果业气象研究等科研项目，为生产高品质苹果提供技术依据。在此基础上提出了苹果基地建设“育、挖、建、提、创”五字方针（即以培育优质苹果大苗为支撑、挖除低效益残败老园、推广新型栽培模式、改造提升密闭中低产园、创建苹果标准园），促进果业技术改造和转型升级，推动绿色基地向高质量、高效益发展。

③培训宣传，科技入户，提高技术推广应用效率。以建设标准化示范园为突破口，把新技术转化成绿色食品生产操作规程，试验站科研人员和地方政府、农技体系、生产企业、果农密切合作，全方位开展培训宣传，进村入户。以农业综合防治、物理防治、生物防治为主的果园病虫害绿色防控技术，水肥一体化技术，果园生草覆盖、农药肥料减量使用、苹果双矮苗木繁育、猕猴桃果实套袋技术，建设“果-畜-沼”配套循环利用生态果园等一大批配套实用节能增效新技术得到广泛应用，县域内果品产业呈现高标准、高质量、高效益态势。技术进步驱动产业发展，也带动了信息技术、电商平台、物流等现代服务业的发展，基地产业水平又提升了一个新高度。眉县制定了《眉县猕猴桃标准化生产技术规程》《标准化生产十大关键技术》等技术规范进行全面普及推广，建立了20名专家、百名农技干部、千名乡土人才为骨干的技术队伍，每年抓建科技示范园10个，建成标准化示范园10万亩，实施科技入户1 000户，有力地推进了绿色基地产业发展。

（2）创新监管方式，提高绿色基地追溯管理水平。

①强化投入品管控，推广绿色生资。在投入品管控上实行各基地县统一管制，积极推广绿色生资。一是依托农业综合行政执法机构，对县域内所有农业投入品经营单位的经营资格、经营条件、管理制度、服务质量等方面进行全面整顿，严格农业投入品经营标准。二是实行绿色食品禁用农药专柜定点销售制度，要求经营企业对《绿色食品生产允许使用农药清单》中的农药进行分类销售，对目录外农药实行定点专柜销售，并必须对购买者信息、使用用途进行登记；其他农业投入品经营单位不得经营销售。三是要求绿色投入品门店营业面积达到规定标准，店面使用绿色农业投入品销售专营店标识、牌匾、横幅，一般门店设立绿色农资经营专柜，销售商品贴有标签，门店经营人员要求具备初级职业农民以上职称。

②健全投入品销售备案制度。规范农药经营单位进货渠道，要求各农业投入品经营企业要按照《绿色食品生产允许使用农药清单》进货，优先选择带绿标的绿色食品生产资料。农业投入品经营单位购进的农药品种必须在当地县农业行政综合执法大队登记备案，其他单位和社会组织自行购买向农民发放的农药也必须在县农业行政综合执法大队登记备案，在销售农药时通过向购买者提供书面使用指导或告知等形式，提供农药使用的作物范围、使用方法和注意事项，指导农民科学用药。

③探索建立示范引导机制。以洛川苹果为例：一是示范推广绿色农资服务管理系统。示范果园在日常生产管理的同时，建立规范统一的生产档案记录，记录数据上传绿色农资服务管理系统，实现生产动态消息在网站及其他相关媒体实时发布。生产过程结束后，绿色农资服务管理系统的数据也完成收集汇总，并与苹果质量安全溯源系统实现数据共享，生成对应的二维码，做到苹果质量安全追溯到每一户果园。对示范果园在投入品价格上享受一定优惠。二是试行农资购买一卡通会员制。基地在实行“五统一”生产管理的基础上，农户实名注册获得会员卡，农户持农资一卡通会员卡购买投入品，并做到投入品购买、使用、生产环节、收获、销售、农户信息等网上查询和追溯，

逐步实现生产的网络化、信息化管理。

（3）规程进企入户，提升绿色基地标准化建设水平。

①推行标准，确保行之有据。2019 年，陕西省承担了全国绿色食品生产操作规程进企入户示范行动试点工作，结合绿色食品原料标准化生产基地创建工作，大大提高了基地县的标准化生产水平。开展示范行动的 3 个县（区）都以绿色食品生产操作规程为依据，制定了内容简洁清晰、通俗易懂、操作性强的种植和加工技术规程。眉县编制了《眉县猕猴桃绿色标准化栽培技术周年历》《果园管理操作手册》，将周年历和操作手册在各示范企业及基地显著位置张贴宣传；宝塔区印发了《宝塔区绿色食品苹果生产技术操作规程》《创建绿色食品苹果生产基地县区周年管理历》，累计为农户印制发放 6 万多份。

②鼓励认证，实现标准化生产。围绕绿色食品生产操作规程进企入户示范行动，全年带动各基地县（区）积极申报绿色食品。截至 2020 年年底，眉县有 14 家生产经营主体、宝塔区有 17 家生产经营主体、洛川县有 6 家生产经营主体已经开展了绿色食品认证，已有多家材料上报并获证。同时，坚持证前审查和证后监管并重，严格基地年度检查和企业年检、基地内产品抽检、市场监察等监管制度。

③以点带面，做优做强产业。充分发挥“两品一标”在产业发展中的作用，多措并举，建设绿色食品原料标准化生产基地、标准化园区。眉县在指导猕猴桃生产中重点加大有机肥的施用，减少化肥使用量，禁止施用未经腐熟的农家肥、不合格和假冒伪劣的商品有机肥及化肥；病虫害防治以预防为主，以农业防治为基础，综合利用物理、生物、化学等防治措施，减少农药的使用。宝塔区制定了符合山地发展的技术操作规程，重点在全区 14 个果业乡镇（街道）43 个示范点推进，在每个乡镇（街道）确定示范村和企业作为示范行动的实施主体，全区共培育示范户 300 余户，示范带动生产操作规程进企 20 多家、入户达 8 万余户。

3. 实施品牌引领，提高产品竞争力

基地立足本地实际，遵循品牌经济规律，以提高质量和效益为中心，以发挥品牌引领作用为切入点，充分发挥市场、企业、政府、社会在品牌建设中的决定作用、主体作用、推动作用和参与作用，加大政府财政支持力度，多措并举，聚力突破。

（1）制定战略规划，全力打造区域公用品牌。眉县县政府制定了《眉县猕猴桃产业发展规划》，

重点实施眉县猕猴桃区域公用品牌战略，聘请专业机构制作了《眉县猕猴桃区域公用品牌战略规划》，确立了“眉县猕猴桃，酸甜刚刚好”的公用品牌六大价值支撑，出台了《关于眉县猕猴桃品牌建设的意见》等系列文件，高点定位发展，2019 年“眉县猕猴桃”品牌价值达 128.33 亿元。洛川县出台了《洛川苹果“百亿产业”建设规划》，唱响了“中国第一，世界品牌”的口号，2019 年“洛川苹果”品牌价值达到 687.27 亿元。同时，各基地县积极开展各项全国性果业示范创建活动，不断增加品牌内涵，提升影响力。

(2) 培育市场主体，做优做强企业品牌。充分发挥农业产业化龙头企业在品牌建设中的主体作用，支持企业品牌发展，打造了一大批品质优、形象佳、信誉好，在国际、国内市场上有一定知名度的企业品牌。“美域高”洛川苹果，以其“果形美、口感美、生态美”“来自革命老区、黄土高原”“营养价值高、品牌价值高、社会评价高”“带皮吃的苹果”等标志性推介，产品享誉国内外。眉县“齐峰”“金桥”“秦旺”等猕猴桃企业品牌快速壮大，陕西齐峰果业有限责任公司注册的“齐峰缘”牌猕猴桃获中国果品百强品牌，覆盖到全国 20 多个大中型城市，公司被认定为国家级农业产业化龙头企业、中国果业百强品牌企业。眉县猕猴桃公用品牌带动了企业产品品牌的蓬勃发展，全县注册猕猴桃鲜果及加工品商标 85 个，其中省级著名商标 7 个，“眉香金果”“秦旺”“鹏盛达”“合德堂”“秦美源”等猕猴桃鲜果和加工产品商标享誉国内外。通过扶持企业“造船出海”，引领品牌向纵深拓展，基地产品身价倍增。

(3) 开展品牌营销，产业综合效益显著提升。陕西省充分利用各种媒体、会展、会议等宣传资源，通过投放大屏广告、制作宣传片、举办大型推介活动等手段，政府搭台，企业唱戏，组织开展形式多样、丰富多彩的品牌推介和产品营销活动。组织基地企业产品，积极参加中国国际农产品交易会、中国绿色食品博览会、中国国际茶叶博览会和西安国际茶业博览会等全国性展会。“白水苹果”连续多年请影视明星代言，广告全方位投放，举办了中国白水蒲城国际苹果酥梨文化节等活动。“洛川苹果”远销 30 多个国家和地区，获得北京奥运会专供苹果、上海世博会指定苹果、广州亚运会专用苹果等 30 多项冠名权；眉县连续 8 年承办中国·陕西（眉县）猕猴桃产业发展大会，2017 年成功举办了世界猕猴桃产业发展大会，眉县猕猴桃鲜果销售已经覆盖全国所有省会城市和 80%的中小型城市，出口 20 多个国家和地区。宝塔区“延安苹果”主推红色革命圣地路线，策划的“延安有我一棵（亩）苹果树”主题推介系列活动，在延安红色景点轮番开展。这些宣传推介活动，有效地提高了陕西特色农产品的知名度，品牌效应、综合效益显著提升，为打造绿色品牌奠定了坚实的基础。

甘肃省武威市：加强“三品一标”建设，推动农业高质量发展

甘肃省武威市农产品质量安全监督管理站　赵起武

近年来，武威市认真实施品牌带动战略，围绕沿山、沿川、沿沙三大特色产业带，发展牛、羊、鸡、菜、果、菌、薯、药八大产业，提升特色优势农产品质量，全力推动农业高质量发展。

1. 切实推进政策引导扶持

武威市政府出台了《关于深入推进产业脱贫富民工程的实施方案》《关于进一步加强两个“三品一标”建设打造区域知名农产品品牌工作方案（2019—2023年）》，对农业品牌和“三品一标”认证工作提出了具体目标，明确了奖励政策。2019年，全市兑现奖补资金134.6万元。2020年，已申请奖补资金560万元，拟对新获得“两品一标”的农产品分别奖补1万～2万元，对获得国家级、省级金奖产品等品牌荣誉的农产品再奖励2万～5万元，促进全市以“三品一标”为主体的农业品牌快速发展。

2. 深入开展全域质量安全县创建

2017年，武威市凉州区、民勤县被分别确定创建国家级农产品质量安全县和省级农产品质量安全县。凉州区围绕标准化、全程监管、监管体系建设和社会共治的4个样板区，2019年11月被命名授牌为“国家级农产品质量安全县”；民勤县省级农产品质量安全县试点创建工作已通过市级验收、第三方评估和省级验收认定。古浪县、天祝藏族自治县列入第三批省级农产品质量安全县创建试点单位。

3. 加快“三品一标”培育和认证力度

截至2019年年底，全市有效累计认证“三品一标”333个（其中无公害农产品32个、绿色食品257个、有机农产品26个、农产品地理标志18个），认证产品基地面积138万亩，年增幅保持在10%以上。武威酿酒葡萄等6个农产品被农业农村部登记为农产品地理标志；凉州羊羔肉等12个农产品被国家市场监管总局认证为地理标志保护产品；天祝白牦牛等4个农产品入选“甘味”知名农产品品牌。天祝白牦牛、民勤蜜瓜被确定为国家地理标志农产品保护工程项目。培育了“威龙”“莫高”“皇台”等一批葡萄酒品牌，“红太阳”“甘青”“金穗”等面粉品牌，“中天”“黄羊河”“顶乐”等深加工农产品品牌，“诚坤”“沼然绿”“西凉魂”等鲜活农产品品牌。充分发挥“三品一标”产品在产业扶贫、品牌扶贫、市场扶贫等方面的资源优势，优先支持天祝藏族自治县和古浪县两个贫困县积极发展绿色有机食品，促进企业增效、农民增收。

4. 积极推进标准化生产

武威市先后颁布无公害农产品地方标准60余项、绿色食品标准20余项、有机农产品标准2项，制定并推行出口农产品生产技术规程50项。严格备案基地监督管理，全市累积备案出口农产品生产经营主体173个，备案基地面积达82.65万亩。凉州区是全国生猪调出大县、全省肉牛产业大县、肉羊产业强县、全国北方冬春重要的设施蔬菜规模化生产基地、国家现代农业示范区、第

一批省级农产品质量安全示范县、第二批国家农产品质量安全县。民勤县2017年被认定为甘肃省首批有机产品认证示范区，2018年年底通过国家有机产品认证示范创建区现场答辩。民勤蜜瓜、民勤羊肉、民勤沙葱等9种农产品荣获中国首届小产区产品示范基地。民勤县苏武镇蔬菜基地为第三批粤港澳大湾区菜篮子生产基地。古浪县积极创建国家枸杞示范基地和省级绿色食品蔬菜标准化生产基地，古浪六道沟戈壁示范园为第四批粤港澳大湾区菜篮子生产基地。天祝藏族自治县被（国家）食品行业生产力促进中心命名为“中国高原藜麦之都”“中国高原食用菌之乡”“中国高原夏菜之乡”，已建成国家级绿色食品原料标准化生产基地和省级高原夏菜绿色食品生产示范区。

5. 加强全过程监管

一是对申报主体科学评价，严格审查把关，规范现场实地检查，对发现的问题告知企业负责人和内检员限期整改，对抽检不合格产品不予续展，维护绿色食品的公信力。二是强化证后监管，组织开展绿色食品市场检查，督促企业结合食用农产品合格证制度实施，规范标志使用，健全生产档案，控制投入品使用，进一步落实企业主体责任。三是强化产品抽检，在配合完成部、省级监督抽检的同时，强化市级监督抽检力度，重点对采收期开展监督抽检，对发现的隐患问题反馈企业整改，对存在问题的产品严厉查处，实现部、省、市三级对绿色食品监督抽检全覆盖。

6. 强化宣传教育

结合食品安全宣传周等活动，通过集中宣传、现场品鉴等形式，组织绿色食品企业多形式、多渠道开展宣传推介活动，提高群众对绿色食品的认知度。加快走出去步伐，组织企业参加中国国际现代农业博览会、中国绿色食品博览会等展会，“甄程”牌分割羊肉、“西凉仙紫”牌葡萄、“旦马”牌雪花牛肉等产品荣获中国绿色食品博览会金奖。

甘肃省张掖市：规范认证监管，维护品牌价值

甘肃省张掖市农畜产品检验检测中心　郭　鹏

近年来，张掖市认真贯彻“质量兴农、绿色兴农、品牌强农”的工作要求，“三品一标”工作取得了较好的成绩。截至2020年6月，全市有效期内“三品一标”产品221个，“三品一标”农产品种植面积192.96万亩，养殖数量213.56万头（只、羽）。其中，有效期内无公害产品49个，面积78.07万亩，养殖数量25.7万头（只、羽）；绿色食品101个，面积67.79万亩，养殖数量0.37万头（只）；经中绿华夏有机食品认证中心认证的有机产品63个，面积37.35万亩，养殖数量3.31万头（只）；农产品地理标志8个，面积9.753万亩，养殖数量184.18万头（只）。

1. 加大扶持力度，做好推介工作

质量兴农是加快推进农业由增产导向转向提质导向的必由之路，也是农业实现高质量发展的标志性要求，确保农产品质量安全是深入推进质量兴农最重要的内容，也是最基本的底线。近几年，张掖市大力发展绿色优质农产品，推进农业由增产导向转向提质导向，支持农产品生产企业积极开展无公害、绿色、有机产品的产地认定、产品认证和地理标志农产品登记，实施绿色有机农产品品牌战略，积极打造“绿色张掖”“品牌张掖”，全面提升农产品品牌形象和市场竞争力。2019年张掖市委、市政府出台《关于实施“十强双百”企业振兴计划的意见》，对新认证的有机产品和新获得地理标志证明商标、地理标志保护产品，一次性给予30万元奖励；2014—2020年，各县（区）政府先后以1号文件的形式出台激励政策，对认证的无公害农产品、绿色食品、有机农产品及农产品地理标志每获得1个证书分别奖励1万～3万元、3万～5万元、5万～10万元、5万～10万元，截至2018年全市累计补助达700多万元。用政策引导、激励农产品生产企业、合作社自觉以绿色食品、有机农产品的标准要求组织生产管理，积极进行产品认证。张掖市委、市政府连续5年举办了丝绸之路国际生态产业博览会暨绿色有机产品（张掖）交易会、绿色有机产品推介会、陇商回家乡绿色有机产品项目对接会等交流平台，推介张掖优质特色农产品，同时积极响应上级业务部门号召，组织开展“春风万里，绿食有你”和“质量万里行”宣传活动，大力宣传绿色有机生活理念，

推介全市绿色有机产品。

2. 制定工作计划，严把工作时效

每年年初制定下发全市无公害、绿色食品认证、年检、续展（复查换证）、抽检及市场监察等各项工作安排，明确各项工作完成时限，保证年度工作任务全面完成。及早对当年拟申报产品进行摸底汇总，企业初步提出现场检查时间，由县（区）机构统一上报至张掖市农产品质量安全监督管理站，市级工作机构审核后确定现场检查时间计划。充分利用市、县、乡工作机构人员力量，形成无公害、绿色食品申报咨询服务体系，由乡镇、县级机构对企业申报材料进行初审，市级工作机构进行审核，提升全市申报材料的质量，提高上报材料审核通过率。

3. 强化基层职能，监管关口前移

随着绿色食品品牌的社会认可度进一步增强、已获证企业的示范带动及相关政策的推动，全市农产品企业绿色食品认证的积极性明显提升，产品认证数量逐年增加。为此，市级工作机构逐步将工作职能下放，监管关口前移，充分发挥县（区）工作机构的职能，将工作任务由轻至重、由简至繁逐步向县（区）移交，由县（区）统筹安排绿色食品认证工作，便于管理和服务，提高工作效率。市级机构工作重点由修改审核逐步转向监督检查和审核把关。通过传导监管压力，进一步加强了全市绿色食品产品的监管力度和水平。

4. 组织材料会审，开展交流检查

规范检查员材料审查和现场检查工作程序，统一各县（区）检查员审查标准，提高工作质量。2016 年以来，张掖市连续 4 年组织无公害农产品、绿色食品注册检查员参加全市无公害农产品、绿色食品申报材料会审工作，对当年申报材料统一会审。现场检查环节抽调县（区）检查员参与其他县（区）现场检查活动。2018—2019 年，张掖市申报绿色食品企业 76 个、申报产品 176 个。为避免无效（或不符合）申报活动对企业及工作机构造成人力及时间的浪费，抽调县（区）检查员组成检查组对各县（区）拟申报绿色食品企业资质、规范管理和产地符合性进行检查，对符合条件的积极组织上报，对不符合条件的建议企业暂缓当年上报，进一步提高工作效率。

5. 加强宣传培训，提升工作水平

连续举办工作机构人员和企业内检员培训，先后承办了甘肃省绿色食品检查员、监管员暨企业内检员培训班（张掖）等全省培训会议。张掖市农产品质量安全监督管理站连续 5 年举办了全市“三品一标”认证及监管培训班。通过培训，进一步规范工作机构的监管能力和企业自律，形成上下一体、全程监管，抓生产、求质量、创品牌的发展模式。2019 年 5 月初，举办了全市绿色食品企业内检员培训，进一步强化了绿色食品企业农产品生产者的主体责任意识，提高了企业产品质量管理水平，推动了全市“三品一标”认证工作稳步顺利开展。

甘肃省徽县：依托产业扶贫带动，大力发展绿色农业

甘肃省徽县农产品质量安全监督管理站　山利军

近年来，徽县“三品一标”工作按照一手抓认证、一手抓证后监管的总体思路，以“四个最严”为标准，以确保全县农业向标准化、规模化、产业化发展为核心目标，紧紧围绕甘肃省政府办公厅印发的《关于进一步加强两个“三品一标”建设打造“甘味”知名农产品品牌的实施方案（2019—2023）》的具体要求，有计划、有步骤地推进绿色食品的服务能力和制度机制建设，取得了一定的成效。

1.“三品一标”工作基本情况

徽县位于甘肃省东南部，地处西秦岭南麓、嘉陵江上游的徽成盆地腹心地带，是陇南市最重要的农业县份之一，也是陇东南最大的商品粮生产基地县之一。作为农业县，徽县始终坚持把农产品质量安全问题摆在重要位置，把农业标准化生产作为做大做强农业特色产业的基础工程，不断加快绿色食品机构和制度机制建设，有效促进了“三品一标”农产品的发展。

（1）“三品一标”认证品种多、覆盖率高。通过近年来的不懈努力，徽县“三品一标”认证工作取得了良好的成效，种植业“三品一标”农产品覆盖率达到60%以上，畜牧业“三品一标”畜禽产品覆盖率达到50%以上。全县已认定无公害农产品产地13个，使大宗畜产品无公害产地认定实现了整县覆盖，大宗粮油作物无公害产地认定实现了重点产区覆盖，特色蔬菜产地实现了川道河谷区全覆盖；认证无公害农产品8个、认证绿色食品31个，登记国家地理标志保护产品3个。

（2）积极培育年度认证目标。围绕全县精准扶贫、产业扶贫战略的实施，依托特色产业开发和农业全产业链质量提升，立足徽县资源优势，指导企业积极推行标准化生产，按照成熟一个认证一个的工作思路，大力培育认证目标。2019年徽县认证绿色食品15个，2020年又有8家企业的25个产品正在积极申报中，保持了良好的认证势头。

（3）严格开展绿色食品证后监管工作。“三品一标”证后监管是维护认证企业利益、保护认证产品社会公信力的根本保障。徽县组织相关技术人员和执法人员积极行动，多层次开展技术指导和执法检查，规范了生产企业的生产过程和用标行为，保持了“三品一标”规范良好的发展局面。

2. 主要工作经验

通过多年来的不断探索总结和努力实践，徽县的“三品一标”工作整体平稳，认证工作实现了

从动员企业认证到企业自己找上门要求认证的反转。之所以出现这样良好的工作局面，归纳起来主要有以下几方面的原因：

（1）领导高度重视，绿色食品工作机构健全。徽县县委、县政府非常重视“三品一标”工作，2010年就建成了徽县绿色食品管理办公室，核定编制5人。同时，按照“有办公场所、有牌子、有人员、有编制、有办公设备、有工作经费”标准，结合2010年乡镇机构改革，建成乡镇绿色食品工作机构15个。2019年，乡镇工作机构共有工作人员46人。通过几年的运行，全县绿色食品知晓率得到大幅度提高，广大农产品生产企业和消费者对绿色食品的概念及意义都有了明确的认识，生产企业对开展认证的认识越来越明确，认证积极性越来越高，群众在消费过程中对绿色食品选择的意识越来越强。

（2）产业扶贫推动，“三品一标”的身份成为产业发展的宠儿。开展精准扶贫工作以来，徽县把“三品一标”认证指标写入“123带动百千万”产业扶贫战略中，把“三品一标”认证作为发展农民专业合作社、壮大特色产业、增加农民收入、带动贫困户脱贫致富的重大举措。每年县政府拨付“三品一标”专项工作经费10万元，用于“三品一标”农产品认证、品牌培育和证后监管工作。坚持以品牌建设为依托，以工业化思维谋划农业，坚持走“一村一品”“一户一策”的发展路子，取得了显著效果，2019年5月徽县成功实现了脱贫摘帽。

（3）工作思路明确，把“三品一标”认证作为品牌建设的基础工程来抓。徽县县政府制定印发了《徽县加快推进农产品品牌战略的实施方案》，立足全县实际确立了徽县蜂蜜、徽县紫皮大蒜、大宗粮油、畜禽养殖、林果、中药材等六大支柱产业，确定了建设责任单位和工作目标，把“三品一标”认证作为确保农产品质量安全、提高全县农业标准化生产水平的基础工程来抓，明确提出“三品一标”认证至2020年要实现扶贫重点企业的全覆盖。在统一思路的引领下，徽县绿色食品管理办公室制定了详细的认证计划，指导企业组织标准化生产，努力减少企业在认证过程中的实际困难和后顾之忧，有效提高了认证企业的热情。对已认证的企业，及时组织参加各类节会，宣传“三品一标”农产品，扩大品牌影响力，使生产企业对认证的意义有了更为深刻的认识。

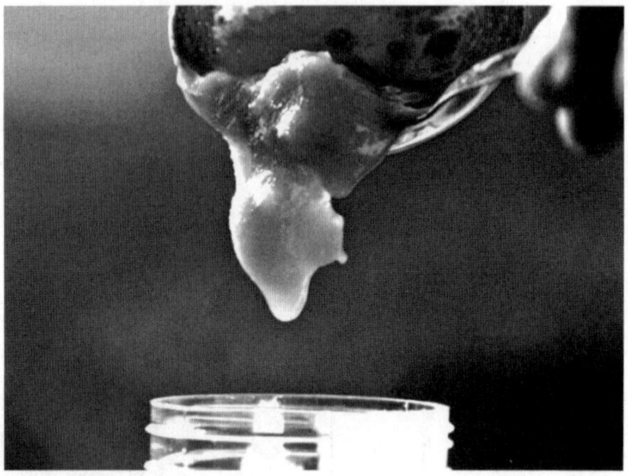

（4）企业意识转化，把“三品一标”认证作为打造生态旅游产业的必经之路对待。多年来，徽县绿色食品管理办公室始终坚持把“三品一标”宣传贯彻到各项工作中去，利用日常巡查检查、各类培训活动和专题宣传活动，大力宣讲“三品一标”基本知识，使广大消费者和农产品生产经营者真正知晓什么是“三品一标”、为什么要认证“三品一标”和怎样认证“三品一标”。生产企业真正认识到强大的农产品品牌的形成，必须依靠“绿色、生态、环保、质量安全”的发展理念来支撑，作为农产品生产企业，不开展“三品一标”认证就没有质量安全保证，就形不成强大的品牌优势，产品面向市场和消费群体时也就没有诚信和竞争力可言。

（5）树立绿色意识，打造优质安全的农产品成为企业文化发展的必然选择。随着广大人民群众对农产品质量安全问题关注度的提高，农产品生产企业的产品能不能经受住质量安全的检验，成为企业发展最重要的课题。把绿色发展意识融入心中，把质量安全意识贯穿于整个生产过程，成为发展现代化农产品生产企业的重大课题。强大的企业文化是引领企业前进方向的灵魂，要想把绿色发展意识融入血脉，就要教育每一名职工都要有绿色发展意识，所以打造绿色食品品牌成为企业文化的重要组成部分，也是企业赖以生存发展的命脉所在。

甘肃省天水市麦积区：发挥“三品一标”品牌优势，促进农业持续健康发展

甘肃省天水市麦积区农产品质量安全监测中心　汪国峰

天水市麦积区位于甘肃省东南部，秦岭山脉北麓、渭河流域，属大陆半湿润季风气候，气候温和，四季分明，日照充足，降水适中，耕地土层深厚，多为沙黄绵土和沙壤土，光热资源丰富，非常适宜瓜果、蔬菜的生长发育，是全省农产品优势主产区。2020年，全区严格按照《甘肃省2020年农产品质量安全监管工作要点》，在农产品质量安全监管、“三品一标”质量安全认证、证后监管、品牌宣传、质量安全追溯等方面取得了长足发展。

1. 推行“三品一标”标准化生产模式

在“三品一标”生产方面，全区严格按照“环境有监测、操作有规程、生产有记录、产品有检验、上市有标识”的要求，全程按照标准化生产模式进行；在管理制度和技术措施上全部落实“五统一”即统一标准、统一投入品、统一技术管理、统一收购、统一销售，实现了从产地环境、生产过程、投入品使用、产品质量全过程的有效监管，既保障了“三品一标”农产品质量安全水平，又提高了标准化生产的水平和能力。全区以城郊南山万亩花牛苹果、三阳川万亩鲜食葡萄生产基地为标准化生产示范区，带动了马跑泉、甘泉、花牛等9镇120家的龙头企业、合作社、种植大户的果园、蔬菜基地严格执行标准化生产。同时，在企业、合作社大力推行“执行一个标准、确定一个主体、培育一个品牌、统一一个生产模式、建立一份生产档案”的“五个一”要求，创建了省级绿色食品（花牛苹果）标准化生产示范基地3处，面积达7 624.5亩。截至2020年年底，全区累计申报“三品一标”认证总数达到158个，认证面积达65.73万亩，其中无公害农产品产地认定14个、绿色食品申报认证136个（新申报认证51个）、有机农产品4个（新申报认证1个）、农产品地理标志4个（新申报1个）。

2. 建立“三品一标”农产品质量保障模式

在“三品一标”农产品质量安全方面，全区以“技术标准为基础、质量审核为形式、商标管理为手段”的保障模式，严格依据“三品一标”技术标准和审核程序，出台了《天水市麦积区绿色食品新认证（续展）管理办法》《天水市麦积区市场经营主体绿色食品申报受理流程细则》，对标准化生产和管理体系、产品质量进行了规范检查、有效审核和公正评定。推行企业年检、产品抽检、市场监察、风险预警、企业内检等五项基本监管制度，有效地保证了“三品一标”农产品的质量安全。全区“三品一标”农产品通过国家、省、市农产品质量安全监管部门的监督抽查和绿色食品工作机构的跟踪监测，结果表明质量抽检合格率稳定在99%以上，确保了从农田到餐桌的质量安全。在元龙、新阳创建了2个省级乡镇农产品质量安全监管示范站，在花牛、马跑泉、中滩、渭南等镇建立了9个省级农业经营主体追溯示范点，在众兴菌业、天水民达等18家企业建立了18个

市级农产品质量安全追溯监测示范点，在石佛、元龙等镇建立5家区级农产品质量安全监测追溯示范点和20个食用农产品合格证示范点。全区“三品一标”市场经营主体全部纳入农产品合格证（试行）范围，13个镇65家生产经营主体全部实现了农产品质量安全全程追溯（试点），建立生产档案记录108份，签订安全生产责任书68份。同时，制定了麦积区农产品质量安全应急预案、专项整治方案、追溯制度、检测制度、内检员职责、禁限用农药规程、允许使用农药目录等25项制度，制作各种制度牌248块。对全区18家企业、20个农产品实现了质量追溯，生产过程在线得到全程监测。

3. 创新绿色食品产业化发展模式

近年来，全区秉承“品牌是绿色食品的核心竞争力，基地是绿色食品品牌的载体，企业是发展绿色食品的主体，农户是绿色食品生产的基础”的发展理念，大力推行绿色食品产业化发展模式，提高了农产品社会化服务水平，延长了绿色农产品产业链条，提高了农产品附加值，强化了企业与农户的利益联结机制，实现了企业增效、农民增收。为了进一步持续健康发展“三品一标”产品，组建了天水市麦积区绿色食品协会，让协会充分发挥企业与政府间的桥梁和纽带作用，为绿色食品企业搭建了交流平台、合作平台、服务平台，得到了区委、区政府的肯定和广大企业、合作社的支持。目前全区已建成“三品一标”标准化生产示范基地32个，涵盖了花牛苹果、麦积花椒等16个地方特色农产品；修订了地方标准1个，制定了企业标准5个，全区标准化生产达到60%以上。

4. 品牌化建设和政策扶持助推农业产业化快速发展

近年来，在各项强农、惠农、富农政策的有力推动下，麦积区顺应形势发展需要，把农产品品牌建设作为发展高效特色农业、提升农业竞争力和增加农民收入的重要措施来抓，全区农产品品牌工作呈现出良好的发展态势。

全区紧紧围绕果品、蔬菜、畜牧三大产业发展，狠抓农产品地理标志认证和农产品质量安全认证及证后监管工作，培育出“花牛苹果”“下曲葡萄”“元龙花椒”等具有地方特色的知名品牌。“麦积花椒”取得农业农村部农产品地理标志登记保护，“花牛苹果”列入农产品地理标志资源普查备案名录并通过目录外审定和鉴评，“下曲葡萄”“花牛苹果”入选2015年全国名特优新农产品目录，苹果、花椒、核桃、葡萄等19个绿色产品获得第16届至20届中国绿色食品博览会金奖，“花牛苹果”获得中国驰名商标认定。麦积区被认定为省级“绿色食品优势主产区”，产品销往浙江、广东等28个省份和东南亚、欧盟等15个国家，2020年全区农产品年销售量达76.75万吨，产值达40.55亿元。

甘肃条山集团：积极发展绿色食品产业，打造优势农业产业龙头

甘肃条山农工商（集团）有限责任公司 孙玉明

甘肃条山农工商（集团）有限责任公司（以下简称“条山集团”）隶属于甘肃省农垦集团有限责任公司，是以绿色农产品生产、加工、流通为主业的现代龙头带动型农业企业，拥有土地面积10万亩，资产总额13亿多元。条山集团从1993年就开始实施绿色食品的生产与认证的基础性工作，在生产实践中，认识到农产品的质量安全水平对于企业长远发展的重要性，先后将啤酒大麦、大接杏、早酥梨、黄金梨、黄冠梨、红富士苹果、马铃薯、洋葱、枸杞、杏酱、番茄酱等11个产品认定为绿色食品。

条山集团所处的位置是白银市景泰县，远离大中型城市和大型厂矿企业，相对优良的自然生产环境和完善的农产品管理体系，使条山集团成为生产绿色食品理想的基地。从2004年起先后被认定为国家A级绿色食品果品生产基地、全国绿色食品示范企业、甘肃省农业产业化重点龙头企业、甘肃省现代农业示范区、全国农垦现代农业示范区，“条山”被认定为中国驰名商标。

1. 合理规划，将企业的组织优势和资源优势转化为绿色食品发展的产业优势

（1）通过组建商贸公司，实施农资材料统一采购。一是在机关设立职能部门，实施农资投入品审批业务和监管业务，依据绿色食品生产要求，对农药和化肥的使用进行预先审批和全程监管，确保用药安全；二是组建现代农业发展子公司，在进行区域农资材料经营的同时，专门负责为集团内部农林单位统一采购所需的农资材料，不仅降低了成本而且保证了农资投入品的质量。

（2）通过组建农林产业专业公司，实施农林产业专业化生产。按照现代农业规模化、集约化、专业化、标准化和组织化生产的要求，先后组建起了林果公司、农业公司、内蒙古新天绿公司等3个农林业专业化生产子公司，改革了一家一户承包或租赁经营的小农生产模式，使集团农林业生产的组织化、机械化、集约化、规模化和产业化程度进一步提高，生产能力和经营效益明显增强，农产品质量安全管理水平得到显著提升。

（3）设立农业、林业科学研究所，为农林产业的发展提供技术支撑。农业、林业科学研究所一方面负责针对农林产业发展存在的问题进行调查、汇集、分析及制定具体的解决方案，及时解决生产遇到的技术瓶颈；另一方面依据当地气候条件，积极引进新的品种进行试验和技术储备，为集团的长期发展奠定基础。

（4）建立质量管理体系。通过引入ISO14001环境管理体系、ISO9001质量管理体系和良好农业操作规范，在条山集团农林产品的生产全过程建立完善的质量管理体系，大力提升条山集团农产品质量安全管理水平。

2. 持续完善绿色食品质量安全管理模式，不断提升绿色食品产品质量

由于所处特殊的地理环境，条山集团长期以来致力于将农业产业与区域生态环境建设融合发

展，积极倡导生态农业理念。在进行环境工程建设的同时，条山集团一直都高度重视农产品质量安全管理工作，在“生产有标准、过程有记录、产品有检测”的总体要求下，确保“条山”牌绿色农产品质量安全。

按照集约化、专业化、标准化的总体要求，统一农资采购标准、统一技术标准、统一产品质量检测标准、统一产品品牌、统一销售，实施模块化、标准化生产。

（1）全程推行绿色食品标准。主要执行标准有《绿色食品　产地环境质量标准》《绿色食品　产品标准》《绿色食品　包装标签标准》《绿色食品　贮藏、运输标准》《绿色食品　生产技术标准》。另外，依据《绿色食品　生产技术标准》制定了《白银市绿色食品早酥梨生产技术规程》《白银市绿色食品黄冠梨生产技术规程》《白银市绿色食品红富士苹果生产技术规程》《白银市绿色食品大接杏生产技术规程》等甘肃省地方标准，作为企业生产标准执行。

（2）建立农产品质量追溯体系。对生产基地进行分区编码，实行数字化管理，对生产过程及其投入品、产品收获存储、产品销售等环节进行全程详细记录、存档，利用包装箱标签、产品标签为载体，将包括全程信息的追溯码应用于包装箱和产品上，消费者可以利用电话、短信、网络手段对“条山”牌农产品的生产、存储及销售全程信息进行即时查询，同时对问题产品能够进行及时、精确的追溯。

（3）积极尝试现代生态农业模式。在肥料投入方面，以“用养结合”的土地利用观念，利用作物秸秆还田、有机肥、生物菌肥逐渐代替单一的化肥，改善土壤微结构，增加土壤有机质含量，利用有益菌抑制有害菌，达到减少病害的目的。在病虫害防治方面，采用瓦楞纸树身缠绕的方法阻断虫害的越冬路线、大面积利用防虫粘板防治越冬害虫、果品套袋等物理防治方法进行防治，减少农药使用量。

通过组建企业内部检测室和外部检测相结合的方式，确保土壤、水、农资投入品的安全使用和农产品质量安全。其中集团内部检测站项目总投资 400 万元，目前已经实施集团内部产品出场前的检测业务。

3. 以优质的绿色食品为依托，积极打造绿色食品品牌，形成产业和品牌相互促进的良好发展局面

在品牌建设方面，公司始终认为品牌不仅是企业或其产品良好的外在形象，更是企业内在品质的体现，是维系企业和广大消费者信赖关系的纽带。因此，公司长期以来严格按照“外树形象、内铸品质”的总体思路，本着对广大消费者负责的态度，以“绿色条山，健康之源”的品牌理念，在确保农产品质量安全的基础上，通过多种形式广泛宣传。

一是对“条山”主商标进行系统的策划，充实和完善“条山”绿色农产品品牌内涵，进行统一

的管理和维护；二是通过有效监管，确保在产品包装上正确、有效、规范地使用绿色食品标识和企业信息编码；三是通过电视、网络、报纸、杂志、宣传片等多种形式，特别是积极参加由中国绿色食品发展中心和甘肃省绿色食品办公室组织的各种绿色食品交流会和博览会，对“条山”绿色食品品牌理念进行广泛的宣传，不断提升“条山”绿色农产品品牌的知名度；四是通过“条山”绿色农产品品牌形象店和生产基地的现代农业休闲、观光旅游项目，让消费者真实地体验“条山”绿色农产品所倡导的“绿色、优质、生态、安全”的经营管理理念，提升“条山”绿色农产品品牌美誉度。

4. 经过几十年的不断发展，形成了林果和马铃薯两大优势明显的绿色食品主产业

林果产业是条山集团效益最好的产业，现有果园 1.5 万亩，其中苹果 3 000 亩、杏 2 000 亩、梨 1 万亩。区域内配套恒温库 2 万吨；苹果、梨盛果期亩产值超过 1 万元，亩均利润超过 5 000 元。生产过程大量采用有机肥、粘虫板、杀虫灯、养蜂授粉等绿色生态环保措施，果品品质优良，在园艺博览会和绿色食品博览会上多次获得金奖，生产基地被中国绿色食品发展中心批准为国家 A 级绿色食品果品生产基地。经过不断打造，公司果品价格较周边省份普遍高出 30%左右，良好的产品品质深受广大经销商和消费者的青睐。与此同时，在条山集团林果产业的带动下，景泰县紧紧围绕“生态立县，打造绿色景泰”的发展目标，把林果产业作为兴林富农和新农村建设的主要任务来抓，出台优惠政策，整合项目资金，借助条山集团的技术及品牌优势，集中连片，规模发展。截至目前，景泰县已建成经济林近 15 万亩，年产各类果品约 45 万吨，人均增收预计在 2 万元以上。

马铃薯产业是条山集团机械化发展水平最高的产业项目，种植规模 2 万亩（内部 1 万亩、外部 1 万亩），主栽品种有大西洋、夏坡蒂、布尔班克、费乌瑞它等，全部采取集约化种植、公司化运营、项目化管理模式。近年来，条山集团累计投资 2 000 余万元，从德国、美国和荷兰引进了先进的拖拉机、播种机、起垄机、喷药机、联合收获机等设备 80 余台（套），基本实现了全程机械化生产和标准化作业，极大地提高了生产效率。同时，条山集团通过集成现有技术优势，组建了马铃薯良种繁育公司，有效解决了日益紧缺的马铃薯种薯问题。完善的产业链、优质的马铃薯品质使条山集团成为百事食品（中国）有限公司和上好佳（中国）有限公司国内最佳原料种植基地，形成了长期、稳定的合作关系。在“跳出条山、发展条山”思路的指引下，条山集团在内蒙古建立万亩马铃薯生产基地，成功探索出了一条适合集团进行跨区域发展的现代农业新模式，有效突破了区域有限土地资源的限制。

新疆天山面粉：从田头到餐桌的绿色之旅

新疆天山面粉（集团）有限责任公司　吴兴文　樊　健　常玉梅　王　华

新疆天山面粉（集团）有限责任公司作为国家重点农业产业化龙头企业，目前是新疆规模最大的小麦粉加工企业，共辖4家全资子公司、控股及实际控制3家公司，分布于乌昌、塔城、巴州、喀什等地区。新疆天山面粉（集团）有限责任公司依托国际、国内先进制粉自动化设备、先进的研发管控能力和得天独厚的自然条件，生产出的小麦粉具有蛋白质含量高、色泽好、天然麦香味浓郁等特点。"天山面粉、天天见面"已成为新疆拉面的代言词，深深印入广大消费者心中。"天山面粉"已连续9年获得"中国小麦粉加工企业50强"称号，2020年加工小麦量首次突破50万吨，收入13.9亿元。近两年还获得"专精特新"中小企业、"国家绿色工厂"等荣誉称号，2020年入围"国家级粮食应急保障企业"。"天山面粉"2020年被新疆维吾尔自治区粮食协会、中国粮食协会按照"优中选优"原则遴选为"新疆好粮油""中国好粮油"产品。"天山"牌系列产品连续20年被中国绿色食品发展中心认定为A级绿色食品。2018年上榜工信部第三批绿色制造绿色工厂名单。2020年天山面粉集团被评为"全国最美绿色食品企业"称号，是新疆唯一一家入选的面粉企业。

1. 绿色标准

新疆天山面粉（集团）有限责任公司在新疆拥有7家子公司，年加工面粉达40万吨，各公司在生产加工过程中严格统一执行标准化、规范化的管理和操作。已通过《质量管理体系》（GB/T 19001—2016）、《食品安全管理体系》（ISO22000：2018）、《环境管理体系》（GB/T 24001—2016）3个体系认证，生产加工全过程严格按照体系要求控制运行，以"发展绿色营养食品，提供零缺陷质量保证；保护环境，资源综合利用"为管理方针。面粉产品质量执行的是严于国家标准的企业标准《专用小麦粉（高筋面粉）》（Q/TSMF0001S），各项指标均优于国家标准。

2. 绿色种植

依托新疆得天独厚的自然优势、热量资源充足、日照时间长、昼夜温差大、病虫害较少等特点，推广小麦绿色种植技术，提高小麦生产的整体质量和效益；通过绿色种植技术，改善农业种植过程中对环境的破坏，提高农作物自身的品质。在伊犁、昌吉、塔城、阿克苏等地，创建了多个全国绿色食品原料标准化（小麦）生产基地。作为国家重点农业产业化龙头企业，公司长期以来一直在昌吉、塔城、巴州等地致力于推进优质小麦品种生产基地建设工作，引导农户优选种子，追求品质农业，稳定小麦特别是冬小麦新冬22、新冬18、新春26、新春37等品种的种植面积，稳步提高粮食综合效益。自收购制度改革以来并实施以市场为导向的"政府引导、市场定价、优粮优购、优质优价、优粮优加、应急托市收购"的小麦收储机制，全年订单种植面积42万亩，收购订单小麦16万吨，带动农户数共约6 010户。企业实施小麦基地建设对农户收益的增加起到了一定的推动作用，产业化经营过程中的企业与农户的利益关系更为紧密。

3. 绿色储存

小麦成熟后，收割储存也是绿色面粉生产加工的重要环节。近年来，新疆投资超3亿元用于粮库智能化升级改造和省级粮食管理平台建设，改造升级后的粮库不仅具备粮食信息可视化、粮情在线监测等智能化管理功能，还借助科学储粮技术，全面提升了行业安全储粮、科学储粮、绿色储粮水平。根据气候特点，推广内环流控温等储粮技术，充分利用冬季冷源，实现低温、准低温绿色储粮。同时，推进以食品级惰性粉防虫技术为代表的病虫防治技术，取代传统化学药剂熏蒸办法，大幅降低了化学药剂使用量，提高了绿色储粮水平。

4. 绿色加工

（1）优秀技术团队。公司有高级工程师4名，取得国家粮油行业颁发的高级、中级检验师资质的检验人员6名，专业的技术团队为天山面粉的品质提供保障。

（2）先进生产设备。采用世界著名的瑞士布勒公司最新型号的MDDP磨粉机、MQRF清粉机等先进的制粉设备，同时运用世界一流的西门子S7－400PLC自动控制系统，全分散、双向传输控制，功能强大，运行稳定可靠，实现了对生产线内所有设备运行、状态监测、生产过程监控、数据采集处理、产成品的质量追踪查询，提供系统的远程监控和维护。

（3）先进检测设备。用制粉行业最先进的德国布拉班德粉质仪、降落数值仪、高级型近红外谷物分析仪、Alvcolab全自动吹泡仪（新疆唯一一台）、SDmatic损伤淀粉仪、CD1实验磨粉机、Agri-TR水分容重仪检测设备等先进检测实验仪器，通过严密科学的检测手段，准确、高效地为产品生产提供检测数据，保证质量合格和稳定。

（4）全程严格检验。采购的小麦通过抽样检测，品质优良的才能进入钢板仓；根据各种面粉的不同品质要求进行小麦搭配，进入生产车间加工。产品经过14项检验，层层把关，质量合格才能出库，进入市场；不合格产品绝不出厂。

（5）产品售后服务。公司供应的产品均是取得绿色食品认证的小麦粉，质量安全，天然营养健康。售后服务体系完善，承诺用户对产品不满意可无条件退货。

天山面粉始终秉承“绿色、营养、健康”的发展理念，通过实施改制上市，将不断激发企业活力、增强企业竞争力，发挥国有大型粮食企业的示范带动作用。企业新发展理念将升级品牌形象，完善品牌内涵，引领大战略，夯实跨区域的优质粮油生产、收储、加工、营销示范体系，整合存量，扩充增量，形成大粮食产业发展格局，推动企业可持续发展，打造从田间到餐桌的绿色全产业链，迅速成长为国内一流、西部领先、全国前10名的粮食加工企业。

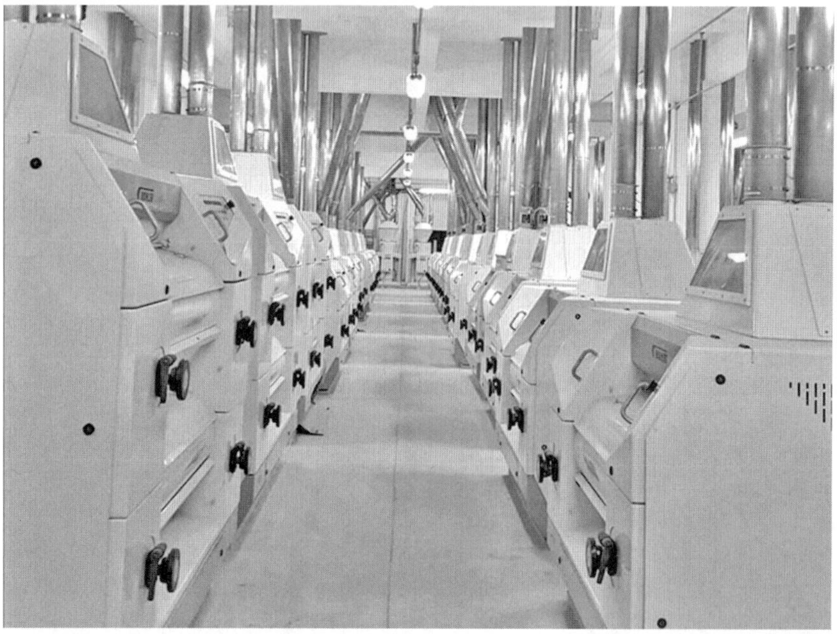

新疆四方实业：夯实原料工作，加强绿色原料基地建设

新疆四方实业股份有限公司　李文清　吴　婧　孔春玲

新疆四方实业股份有限公司是中粮糖业控股股份有限公司旗下的子公司，注册资金 5 000 万元，设计加工能力 6 000 吨/日。公司属于季节性生产，从每年的 10 月开机到次年的 1 月左右，生产期 24 小时三班运转，生产期的长短由收购甜菜总量及设备安全运行状况、日均达到的生产能力等因素决定。

公司的发展需要充足、优质、稳定的原料供应。多年来，公司把甜菜基地建设作为企业生存的基石，一直注重加强与农民建立良好的利益链关系，积极建立和规范企农利益联结机制，精心做好为农服务，切实维护好农民的利益，使基地建设逐步达到长效、稳定、可持续的健康发展，在企业经济发展的同时，带领广大甜菜种植户实现致富目标。

1. 农业种植资金扶持

公司在制定每一阶段的发展蓝图时，首先是将甜菜种植基地建设作为一项重要的规划，在保障农民利益的前提下，确保企业原料供应。为实现这一目标，公司充分发挥订单农业的优势，采取“公司＋基地＋农户”“公司＋专业合作社＋农户”的原料种植供应模式，根据农作物市场变化趋势和企业产品市场走势，采取措施切实降低广大菜农的种植风险，最大限度地让利于农户。

促进土地流转是农业发展规模化、机械化的重要途径之一，土地流转过程中大额的资金需要一直困扰着很多有丰富种植经验但资金不足的农民。为此公司对种植甜菜的农民提供苗前预付款、赊欠甜菜种子款、发放苗后预付款等资金扶持。苗前预付款帮助农户解决部分土地租赁费，苗后预付款帮助农户解决中期田管用工支出，每亩地最高可提供 700 元的资金支持，等待甜菜收获后再从结算款中扣除。甜菜交售后立即给农户兑付甜菜款，确保种植甜菜无后顾之忧。

2. 积极引进优良品种，坚持绿色可持续化发展

以霍城县10万亩全国绿色食品原料标准化生产基地为标杆，将标准化基地的生产管理模式和种植经验向公司的其他原料种植地推广，积极配合当地农业农村局及农业技术推广部门，举办甜菜种植技术讲座，组织德国专家到田间地头进行培训，指导农民学习掌握甜菜高产、高糖栽培技术和甜菜病虫害防治措施、绿色原料种植规范，引导和帮助农民通过甜菜种植实现增收目标。

推广膜下点播、裸播种植模式，转化无地膜甜菜种植面积5万亩，每年减少地膜在甜菜种植中的使用量500吨，降低土壤中地膜的残留污染。鼓励农户秸秆还田，使用有机肥及生物菌肥，通过测土配方实现氮磷钾肥料的科学使用，减少土壤营养流失，保证产量的同时调节种植土壤结构。

为提高甜菜品质，根据气候和土壤的特点，按照不同片区土壤结构和农民种植甜菜品种习惯的差异，公司积极联系引进适宜当地种植的BETA580、BETA218及进口ADV0412等产量高、抗病性强的优良甜菜品种，受到农户的欢迎。与此同时，公司积极宣传测土配方施肥技术，通过农技部门对土壤养分的测定，由农业专家提供科学施肥技术和适宜种植的品种，不仅减少投入，而且提高土地利用率。公司努力实现甜菜稳产高糖目标，降低农民种植成本，提高土地收益。

3. 甜菜种植机械化及其自动化

甜菜是伊犁河谷地区种植面积最大的经济作物。作为伊犁甜菜加工能力最大的农产品加工企业，公司种植基地覆盖察布查尔县、霍城县、伊宁县和巩留县。抓好甜菜制糖产业链的发展，对实现伊犁经济持续健康发展、农民脱贫致富、社会稳定和谐，都具有重要的现实意义。

公司支出近170万元从丹麦引进苗床整地机4台，实现甜菜播种地块苗床平整度好、出苗整齐，保苗率高，为甜菜高产提供基础保证。与此同时，公司从苏格兰引进甜菜专用精量播种机，自带GPS导航和精准报警系统，不受白天黑夜影响，播行端直，初步实现无人驾驶精准作业，平均日播种面积600亩，播种效率较常规播种机提高10倍；公司引进德国全自动采收机及清洁装载设备实现甜菜采收、拉运、交售全程一体化服务，甜菜种植户只需对收获过程验证，再也不用雇佣大量劳力加班加点在田间劳作。

4. 农业团队为农民全程提供优质的服务

公司农业技术服务人员在各乡镇网格化布局驻乡服务，聘请国内外专家团队到田间地头开展技术培训，指导提升种植管理水平；发挥“互联网+现代农业”管理服务模式，微信平台组建“甜菜技术学校”，使用农聚通App，全程为甜菜种植户进行技术指导服务，从种植选地、田间管理、采收拉运到甜菜款结算，随时随地帮助农民解决各种困难。

多年来，公司在宣传公司原料收购政策的同时，协调种源、指导种植，积极参与当地农技部门举办的各类培训讲座，向广大农民讲解甜菜种植和病虫害的防治技术，公司农业技术人员深入田间地

头指导农民，帮助解决种植环节的困难，让农民真切感受到公司的优质服务。

5. 通过公司补贴降低种植成本，保证产业链发展

公司为使用苗床整地机的农户补贴 5 元/吨，平均每年作业 3 万亩以上，直接补贴 30 万元。新式甜菜专用精量播种机收费 18 元/亩，较常规播种 30 元/亩直接节约 12 元/亩。扶持社会农机资源，扩大农机服务系统。公司给予购买播种机的农机户穴盘补贴 500 元/盘。联系有资质的专业化除草技术公司开展化学除草示范、培训、指导，每亩降低人工拔草成本 100 元以上，8.5 万亩除草节约人工成本 850 万元。

在做好甜菜种植产前、产中服务的基础上，不断规范公司的收购管理制度，通过对收购相关员工的严格培训考核，把优质服务贯穿到整个收购环节。为降低运输费用，公司积极联系协调运输车辆以平价为菜农拉运甜菜。在化验、过磅、检查质量和结算等环节，执行“三公两监督”即公开糖度化验结果、公平磅秤计量、公正检查质量和结算，接受伊犁技术监督局和广大菜农的监督。采用与农户协商的方式进行扣杂，坚持以质论价、优质优价。为切实降低农民人工卸菜成本，近年来公司继续加大机械卸菜力度，增加甜菜堆垛机数量，提高了卸菜速度和卸菜质量。在企业与各级政府和农户的共同努力下，公司所属片区甜菜种植面积逐年提高，平均甜菜亩产 3.5 吨以上，带动了近 1.5 万户农民实现 2 亿多元的经济收入，户均年收入在 1 万元以上。

公司始终把“发展产业链、带动产业群、提高工农综合效益”作为发展产业化的目标，现已初步形成由农户、制糖企业，以及其他加工企业、养殖业、运输业构成的较完善的产业链。当地从事养殖业的农户每年以甜菜废粕育肥牛、羊，带来了可观的经济效益；农家肥返回甜菜种植基地改良土壤，增加了土壤有机质含量，降低了种植成本。每年甜菜收购期，甜菜运输车辆需求数量大，通过拉运甜菜，有力地促进了当地运输行业的发展。甜菜收获季节投入的大量劳力，既增加了农民收入，又解决了当前农村的富余劳动力，形成了良性的互动产业链。

新疆四方实业股份有限公司于 2002 年 12 月被认定为农业产业化国家重点龙头企业。“四方”牌白砂糖 2004 年 9 月被评为“中国名牌”、2016 年获得“新疆农业名牌产品”称号。2020 年 5 月，公司获得中国绿色食品发展中心颁发的“最美绿色食品企业”称号。

中粮糖业：甜菜糖产业的绿色发展实践

中粮糖业控股股份有限公司　魏学军　王世录　庹冰玉

近年来，立足新疆得天独厚的自然优势、日照时间长、昼夜温差大、有灌溉条件、土质肥沃、病虫害较轻的特点，中粮糖业控股股份有限公司（以下简称“中糖糖业”）不断改进种植技术，推广可降解农膜及无膜化种植，减少肥料的施用量，推广双管滴灌的节水灌溉模式，采用机械化、信息化等技术，推动新疆甜菜糖产业跃上国内较高水平。

1. 推行标准化、规范化种植

为了提升甜菜原料的产量，同时对原料品质进行有效控制，促进甜菜农业的可持续发展，中粮糖业在种植模式和种植技术等方面推行标准化和规范化的管理，施行统一提供优良品种，统一技术服务，统一病虫害防治，统一机械化管理。

中粮糖业制定并印发了《甜菜良好农业操作规范》《甜菜田除草建议手册》《甜菜控氮工作管理办法》等一系列用于规范农户田间作业的制度和文件，引导农户按照统一的标准和模式进行绿色甜菜种植，从而保证甜菜原料的质量得到有效的控制。

（1）推广可降解农膜及无膜化种植。新疆地处内陆，蒸发量较大，为保持土壤墒情，农业薄膜在新疆地区被广泛应用且呈逐年增长趋势。农膜进入土壤环境后，由于其很难降解，会造成长期的、深层次的生态环境问题。甜菜田里的废农膜长期残留在田中，会影响甜菜对水分、养分的吸收，抑制甜菜的生长发育，造成减产。为了降低农膜残留对土壤及甜菜的危害，推动甜菜农业的绿色可持续发展，中粮糖业已全面推广可降解农膜和无膜化种植技术。

（2）减少肥料的施用量。几十年来，为了增加农作物产量，人们大量地使用化肥，且使用方法不当，导致耕地的质量不断下降，这成为农业可持续发展过程中的巨大问题，过多施肥不但会增加甜菜农户的种植成本，同时也会影响甜菜品质。鉴于此，中粮糖业在控制甜菜种植户的肥料使用上进行积极的管理和控制，大力开展控氮工作，主要目的是为了减少甜菜田氮肥的过量使用。2016 年中粮糖业制定《甜菜控氮工作管理办法》，对氮肥的使用量提出了严格的标准，要求甜菜全生育期的纯氮使用量不得超过 13 千克/亩。

（3）推广双管滴灌的节水灌溉模式。新疆气候干旱，降水稀少，蒸发强烈，绝大多数的农业种植都需要灌溉。据统计，新疆农业用水占新疆总引水量的 95%。中粮糖业甜菜原料基地多分布在农业灌溉区域，要实现甜菜农业可持续发展，必须大力发展和推广甜菜田节水灌溉技术。从 2015 年开始，中粮糖业在甜菜田推广双管滴灌的新型节水灌溉技术，可以有效减少灌溉时间的同时提高灌溉效率，2016 年此项技术已经在原料基地推广。

2. 加强品种控制及种子管理

中粮糖业通过自行引进和推广优秀的甜菜品种对甜菜种植用种进行管理和控制，通过近几年的发展，已经对新疆甜菜种子市场做到了有效的掌控。目前，公司自行销售的甜菜品种有23个，种子销量占公司甜菜用种总量的75%。

3. 大力推广全程机械化

农业机械化是农业可持续发展的必要条件和重要力量。中粮糖业一直致力于甜菜农业机械化的推广，从2006年开始先后采购了一体式、分体式甜菜采收机多台，总价值超过1.2亿元，可为甜菜田提供机械采收服务。通过中粮糖业的引导和推广，社会上为甜菜种植进行服务的农业机械也得到了大力发展。目前，中粮糖业甜菜从种到收全程机械化的农业发展模式在全疆33个甜菜种植县市已经全面普及。2015年，中粮糖业机械化播种的比例高达99%，机械化采收的比例超过了80%。

4. 大力推广测土施肥工作

测土施肥是促进农业可持续发展的一项关键措施。为充分掌握中粮糖业甜菜原料基地土壤的养分状况，对甜菜种植户的肥料施用进行针对性的指导和服务，公司从2014年开始推广甜菜田测土施肥工作，对甜菜种植的原料合同大户，免费为其进行测土配方，并为其肥料的使用提供依据和建议。2016年以来，中粮糖业已经对299个种植大户的甜菜田进行了测土配方施肥。通过3～5年的引导和推广，将实现对甜菜种植地块50%的面积实施测土配方施肥。

5. 农药残留检测及规范农药的使用

从2010年开始，中粮糖业每年对甜菜原料基地的土壤、灌溉水和甜菜块根进行农药残留监测。中粮糖业按照《食品中农药最大残留限量》的规定，制定《甜菜种植推荐使用农药清单》和《甜菜种植禁止使用的农药清单》，明确了允许在甜菜上使用的农药种类、用药量、施药方法、每年最多使用次数和最高残留限量，同时严禁一些高毒、高残留农药在甜菜上使用。

6. 甜菜农业信息化建设

中粮糖业通过开发农业大数据管理平台（农聚通 App）、农业服务平台（甜菜超市）及甜菜农业专业化教育平台（甜菜学校信息指导系统），建立甜菜农业信息化管理体系，实现甜菜原料生产全程的信息化管控与服务。同时，将公司百亩以上大户全部纳入甜菜学校进行线上的交流和提升，建立信息化大户档案与农机档案，实现对农户种植过程的信息化管控与指导，为甜菜种植户提供免费的农业信息资讯服务，提升农户科学种田意识，并提高种植水平。

将甜菜种植户的田间档案由线下转变为线上，不仅降低了管理成本，而且提高了管理效率。对土壤基础肥力、种植环节、犁整地、播种、除草、水肥管理、病虫害防控、采收等环节进行记录与统计，为农业大数据的积累和分析奠定基础，中粮糖业甜菜绿色农业的可持续发展方面已经具备了一定的基础。

十一、附　录

关于印发《中国特色农产品优势区管理办法（试行）》的通知①

农办市〔2020〕9号

各省、自治区、直辖市农业农村（农牧）、畜牧兽医、农垦、渔业厅（局、委），林业和草原、发展改革、财政、科技、自然资源、水利主管部门，新疆生产建设兵团农业农村局，黑龙江省农垦总局、广东省农垦总局，内蒙古、吉林、龙江、大兴安岭、长白山森工（林业）集团公司：

根据《特色农产品优势区建设规划纲要》的要求，为推进中国特色农产品优势区规范化管理，农业农村部、国家林业和草原局、国家发展改革委、财政部、科技部、自然资源部、水利部研究制定了《中国特色农产品优势区管理办法（试行）》，现印发给你们，请贯彻执行。

农业农村部办公厅　国家林业和草原局办公室
国家发展改革委办公厅　财政部办公厅
科技部办公厅　自然资源部办公厅　水利部办公厅
2020年7月15日

中国特色农产品优势区管理办法（试行）

第一章　总　则

第一条　为加强中国特色农产品优势区（以下简称“中国特优区”）管理，做大做强特色农业产业，塑强中国农业品牌，提升农业竞争力，促进农民增收致富，助力乡村振兴，根据《中共中央、国务院关于实施乡村振兴战略的意见》《乡村振兴战略规划（2018—2022年）》《特色农产品优势区建设规划纲要》等文件要求，制定本管理办法。

第二条　中国特优区立足区域资源禀赋，以经济效益为中心、农民增收为目的，坚持市场导向、标准引领、品牌号召、主体作为、地方主抓的原则，以发展特色鲜明、优势集聚、产业融合、市场竞争力强的农业产业为重点，打造“中国第一，世界有名”的特色农产品优势区。具备以下特征：

——比较优势明显，特色主导产业资源禀赋好、种养规模适度、市场化程度高，安全、绿色、品牌产品比例高；

——产业融合发展，特色主导农产品生产、加工、储运、销售集群式发展，全产业链开发水平较高；

——现代要素集聚，土地、资本、人才、科技、装备等要素集聚，劳动生产率、土地产出率、资源利用率较高；

——利益链条完整，企业、协会、农民合作社、农户形成紧密利益联结关系，合理分享产业发展收益；

① 资料来源：农业农村部网站，2020年07月20日。

——运行机制完善，形成政府引导、市场主导、主体多元、协会服务、农民参与的齐抓共建、协同推进的发展格局。

第三条　中国特优区所在地政府应加强组织领导，可将当地农业特色产业纳入本地经济建设重点，制定相应扶持政策。农业农村、林草等部门牵头负责做好规划建设。

第四条　鼓励农业产业化龙头企业、林业重点龙头企业、农民合作社和协会等主体积极参与，承担相关工作，推进特色产业高效发展，构建紧密型的利益联结机制，有效带动农民增收致富。

第五条　本办法适用于农业农村部、国家林草局、国家发展改革委会同有关部门组织认定的中国特优区，各省级特优区可参照执行。

第二章　申报与认定

第六条　原则上以县（市、区，林区，垦区）为单位申报。区域内特色主导品种相同、获得同一地理标志认证（登记）的地级市可单独申报，地级市区域内的部分县（场）也可联合申报。对“三区三州”地区认定标准适当放宽。

第七条　各地以《特色农产品优势区建设规划纲要》对重点品种（类）和区域布局的总体要求为指导，立足本地产业实际，充分挖掘资源优势，综合考虑市场需求，统筹兼顾粮经产品、园艺产品、畜产品、水产品和林特产品等五大类特色农产品，自主选择品种。

第八条　凡申报中国特优区应具备以下条件：

（一）产业竞争力突出。产业资源特色鲜明、品质优势明显、生产历史悠久，产品市场认可度高，特色主导产品在全国具有较强代表性和竞争力，产量或产值在全国同级地区位居前列，具备发展“中国第一，世界有名”的基础条件。

（二）市场建设有力。产加销、贸工农一体化协调推进，特色主导产品市场供销稳定，市场主体创新能力强，管理机制健全，拥有较高影响力的农（林）产品区域公用品牌。

（三）推进措施务实。地方人民政府高度重视特色产业发展，在产业扶持政策、土地保障、金融支持、人才引进、价格机制和品牌创设等方面措施有力，取得较好成效。

（四）示范作用明显。在特色产业生产基地、加工基地、仓储物流基地、科技支撑体系、品牌与营销体系、质量控制体系等方面示范作用明显，具有较强带动作用。

（五）符合相关法律法规和国家政策要求。特色农产品种养要符合农业、森林、草原、环境保护、耕地保护和永久基本农田保护等法律法规，以及国土空间规划、产业发展等方面的政策要求。

第九条　中国特优区按照“地方人民政府自愿申报，省级农业农村、林草、发展改革会同有关厅局组织推荐，农业农村部、国家林草局、国家发展改革委会同有关部门组织专家评估认定”的程序开展。申报主体和省级农业农村部门、林草部门按要求填写报送相关材料。

第十条　农业农村部、国家林草局会同有关部门成立中国特优区认定专家委员会，依据标准对各地申报材料进行评审，提出中国特优区认定建议名单。经农业农村部、国家林草局等部门同意后，公示中国特优区认定建议名单。公示无异议后，农业农村部、国家林草局、国家发展改革委会同有关部门发文认定。

第三章　组织与管理

第十一条　由农业农村部、国家林草局牵头负责中国特优区规划，制定有关政策。省级农业农村、林草部门牵头负责指导本省（自治区、直辖市）中国特优区的建设，跟踪与监管运行情况。

第十二条　由农业农村部、国家林草局牵头负责中国特优区评价认定、组织管理及监测评估等工作。

第十三条　中国特优区认定专家委员会对中国特优区的创建、申报、认定、监测、评估等开展技术支撑和咨询论证。

第四章　监测和评估

第十四条　中国特优区实行“监测评估、动态管理”的管理机制。由农业农村部、国家林草局牵头负责中国特优区的监测和评估，省级农业农村、林草部门牵头负责跟踪与监管本地区中国特优区运行情况。

第十五条　建立中国特优区动态监测制度。中国特优区所在地人民政府组织农业农村、林草等相关部门，按照监测指标体系，采集、整理、报送有关数据，每年将中国特优区总结报告和监测数据于 11 月底前报送省级农业农村和林草部门。省级农业农村、林草部门于12 月中旬前将审核后的总结报告及监测数据分别报送农业农村部、国家林草局。农业农村部、国家林草局牵头组织有关单位对中国特优区报送的数据和材料进行分析，发布发展报告。

第十六条　建立中国特优区综合评估制度，每四年评估一次。农业农村部、国家林草局牵头组织有关单位对中国特优区发展情况进行综合评估，对评估达标的中国特优区，继续保留资格。对评估不达标的中国特优区给予警示并限期整改，整改后仍不能达标的，撤销“中国特色农产品优势区”称号，并通过媒体予以公告。

第十七条　对特色主导产业非农化严重，特色品牌使用特别混乱，发生严重侵犯农民利益、重大生态环境破坏、重大生产安全和质量安全事件等情形的中国特优区，经农业农村部、国家林草局、国家发展改革委等部门联合研究，撤销已经认定的“中国特色农产品优势区”称号，且 3 年内不得再次申报。

第五章　附　　则

第十八条　中国特优区及申报中国特优区的地区应按要求如实提供有关材料，不得弄虚作假。如存在舞弊行为，一经查实，经农业农村部、国家林草局、国家发展改革委等部门联合研究，撤销已经认定的“中国特色农产品优势区”称号；未经认定的取消申报资格，3 年内不得再行申报。

第十九条　本管理办法适用于中国特优区，各省、自治区、直辖市农业农村部门会同有关部门可根据本办法，制定省级特优区管理办法。

第二十条　本管理办法自公布之日起实施。

农业农村部关于印发《全国试行食用农产品合格证制度实施方案》的通知[①]

农质发〔2019〕6号

各省、自治区、直辖市及计划单列市农业农村（农牧）、畜牧兽医、海洋渔业厅（局、委），新疆生产建设兵团农业农村局：

为深入贯彻落实《中共中央　国务院关于深化改革加强食品安全工作的意见》，中共中央办公厅、国务院办公厅《关于创新体制机制推进农业绿色发展的意见》有关要求，推进生产者落实农产品质量安全主体责任，农业农村部决定在全国试行食用农产品合格证制度，现将试行方案印发给你们，请认真贯彻执行。

农业农村部

2019年12月17日

全国试行食用农产品合格证制度实施方案

农产品质量安全是农业高质量发展的基础，农产品种植养殖生产者是农产品质量安全的第一责任人。近些年，农产品质量安全水平不断提升，但是使用禁用药物、超范围超剂量使用农药兽药、违反农药安全间隔期和兽药休药期规定等行为仍然存在。为推动种植养殖生产者落实质量安全主体责任，牢固树立质量安全意识，农业农村部决定在全国试行食用农产品合格证（以下简称“合格证”）制度。特制定如下实施方案：

一、总体思路

深入贯彻落实习近平总书记关于农产品质量和食品安全“四个最严”指示精神，按照《中共中央 国务院关于深化改革加强食品安全工作的意见》和中共中央办公厅、国务院办公厅《关于创新体制机制推进农业绿色发展的意见》有关要求，落实《市场监管总局 公安部 教育部 农业农村部关于在“不忘初心、牢记使命”主题教育中开展整治食品安全问题联合行动的通知》整治措施，进一步创新完善农产品质量安全制度体系，在全国范围试行合格证制度，督促种植养殖生产者落实主体责任、提高农产品质量安全意识，探索构建以合格证管理为核心的农产品质量安全监管新模式，形成自律国律相结合的农产品质量安全管理新格局，全面提升农产品质量安全治理能力和水平，为推动农业高质量发展、促进乡村振兴提供有力支撑。

二、基本原则

（一）坚持整体推进、因地制宜。按照全国“一盘棋”要求，在全国范围内统一试行、统一合格证基本样式、统一试行品类、统一监督管理，实现在全国范围内通查通识。各地根据实际，探索行之有效的推进办法。

① 资料来源：农业农村部网站，2019年12月18日。

（二）坚持突出重点、逐步完善。在试行主体上，选择农产品市场供给率高、商品化程度高的种植养殖生产者，在试行品类上，选择消费量大、风险隐患高的主要农产品先行开展试行。边试行、边改进，取得经验后逐步放大。

（三）坚持部门协作、形成合力。农业农村部门负责督促指导合格证开具和出具工作，同时与市场监管部门做好协调配合，逐步实现合格证制度与市场准入有效衔接。

三、试行范围

（一）试行区域：全国范围。

（二）试行主体：食用农产品生产企业、农民专业合作社、家庭农场列入试行范围，其农产品上市时要出具合格证。鼓励小农户参与试行。

（三）试行品类：蔬菜、水果、畜禽、禽蛋、养殖水产品。

四、开具要求

食用农产品合格证是指食用农产品生产者根据国家法律法规、农产品质量安全国家强制性标准，在严格执行现有的农产品质量安全控制要求的基础上，对所销售的食用农产品自行开具并出具的质量安全合格承诺证。

（一）基本样式：全国统一合格证基本样式（附件），大小尺寸自定，内容应至少包含：食用农产品名称、数量（重量）、种植养殖生产者信息（名称、产地、联系方式）、开具日期、承诺声明等。若开展自检或委托检测的，可以在合格证上标示。鼓励有条件的主体附带电子合格证、追溯二维码等。

（二）承诺内容：种植养殖生产者承诺不使用禁限用农药兽药及非法添加物，遵守农药安全间隔期、兽药休药期规定，销售的食用农产品符合农药兽药残留食品安全国家强制性标准，对产品质量安全以及合格证真实性负责。

（三）开具方式：种植养殖生产者自行开具，一式两联，一联出具给交易对象，一联留存一年备查。

（四）开具单元：有包装的食用农产品应以包装为单元开具，张贴或悬挂或印刷在包装材料表面。散装食用农产品应以运输车辆或收购批次为单元，实行一车一证或一批一证，随附同车或同批次使用。

五、实施步骤

（一）抓紧部署启动。本方案自发布之日起实施。各省级农业农村部门结合本地实际，进一步细化实施方案，抓好动员部署，推动县、乡两级抓好组织发动、指导服务等工作。

（二）建立主体名录。各地农业农村部门抓紧建立健全本辖区种植养殖生产者名录数据库，包括种植养殖生产者名称、地址、类型、生产品种等信息，确保试行范围规定的主体全面覆盖。有条件的地方可以结合现有信息化手段实现电子化管理。

（三）加强培训指导。农业农村部编写培训教材，制作教学视频，开通合格证制度网络课程。各地农业农村部门要充分发挥村“两委”和村级协管员作用，将合格证制度告知书、明白纸发放给辖区内所有种植养殖生产者，做好对食用农产品生产企业、农民专业合作社、家庭农场等开具主体的指导服务，推动合格证制度全面试行。组织开展合格证制度大培训，实现试行主体全覆盖，确保合格证填写规范、信息完整、真实有效。试行初期，有条件的地方可根据需要印制合格证，免费供生产者领取使用。

（四）强化监督检查。各地农业农村部门要将开具并出具合格证纳入日常巡查检查内容，既要检查种植养殖生产者是否按要求开具并出具合格证，也要核查合格证的真实性，严防虚假开具合格证、承诺与抽检结果不符等行为。对于虚假开具合格证的，要纳入信用管理。对于承诺合格而抽检不合格的农产品，要依法严肃查处，同时帮助种植养殖生产者查找原因、整改问题。要通过合格证制度的试行，做好与《食用农产品市场销售质量安全监督管理办法》实施的工作衔接。

（五）集中宣传引导。各地农业农村部门要开展合格证制度宣传，特别是在生产基地、农村主要路口等显著位置摆放宣传展板、张贴相关宣传彩图，做到醒目易懂。要在地方电视媒体制作播放合格证宣传片，实时报道合格证制度试行工作进展情况，充分发挥社会监督作用，营造全社会共同落实合格证制度的共治氛围。

六、保障措施

（一）加强组织领导。合格证制度是农产品质量安全管理的一项重大制度创新，也是“不忘初心、牢记使命”主题教育中整治漠视侵害群众利益问题农产品质量安全专项整治的重要举措，各地农业农村部门要高度重视试行工作，切实提高思想认识，主要负责同志要亲自研究部署，成立合格证制度试行推进工作领导小组，2020 年 1 月 10 日前要印发本省实施方案，明确具体措施，细化任务分工，确定时间进度，建立试行工作责任制，保障工作抓紧落实。

（二）加强保障支持。各地农业农村部门要将合格证制度试行纳入年度重点工作，加大经费投入，加强工作力量，强化人员保障，要积极争取将所需经费纳入农产品质量安全工作财政预算；要进一步提升农产品质量安全监督执法、技术服务、农产品认证等相关人员的业务能力水平，定期组织开展合格证制度宣讲和业务培训，逐步构建职业化检查员队伍，确保合格证真实开具、有效使用。

（三）加强绩效考核。合格证制度试行工作将作为重点内容纳入食品安全考核评议、质量工作考核、农业农村部延伸绩效考核。各省级农业农村部门要建立考评机制，将合格证制度试行纳入当地绩效考核内容，各地农业农村部门要落实属地管理责任，确保试行措施落实到位，责任落实到人。

（四）加强总结提升。各省级农业农村部门在试行过程中，要注意跟进基层试行情况，分析总结经验成效、存在的问题和对策建议，不断完善合格证制度，分别于 2020 年 5 月 15 日、8 月 15 日、12 月 15 日前形成书面报告，报送至农业农村部农产品质量安全监管司，并抄送农业农村部农产品质量标准研究中心。

附件：食用农产品合格证基本样式

食用农产品合格证
食用农产品名称：
数量（重量）：
生产者盖章或签名：
联系方式：
产地：
开具日期：
我承诺对产品质量安全以及合格证真实性负责：
☐ 不使用禁限用农药兽药
☐ 不使用非法添加物
☐ 遵守农药安全间隔期、兽药休药期规定
☐ 销售的食用农产品符合农药兽药残留食品安全国家标准

中国特色农产品优势区名单（第三批）[①]

1. 四川省广元市朝天核桃中国特色农产品优势区
2. 辽宁省大连市大连海参中国特色农产品优势区
3. 山西省临猗县临猗苹果中国特色农产品优势区
4. 黑龙江省齐齐哈尔市梅里斯达斡尔族区梅里斯洋葱中国特色农产品优势区
5. 辽宁省大连市大连大樱桃中国特色农产品优势区
6. 四川省通江县通江银耳中国特色农产品优势区
7. 四川省凉山州凉山桑蚕茧中国特色农产品优势区
8. 山西省大同市云州区大同黄花中国特色农产品优势区
9. 山东省肥城市肥城桃中国特色农产品优势区
10. 云南省勐海县勐海普洱茶中国特色农产品优势区
11. 安徽省六安市六安瓜片中国特色农产品优势区
12. 贵州省湄潭县湄潭翠芽中国特色农产品优势区
13. 河北省兴隆县兴隆山楂中国特色农产品优势区
14. 安徽省宁国市宁国山核桃中国特色农产品优势区
15. 广东省清远市清远鸡中国特色农产品优势区
16. 广西壮族自治区恭城瑶族自治县恭城月柿中国特色农产品优势区
17. 河北省隆化县隆化肉牛中国特色农产品优势区
18. 湖南省衡阳市衡阳油茶中国特色农产品优势区
19. 广西壮族自治区苍梧县六堡茶中国特色农产品优势区
20. 山西省隰县隰县玉露香梨中国特色农产品优势区
21. 吉林省通化县通化蓝莓中国特色农产品优势区
22. 湖北省赤壁市赤壁青砖茶中国特色农产品优势区
23. 吉林省集安市集安人参中国特色农产品优势区
24. 湖北省通城县黄袍山油茶中国特色农产品优势区
25. 河南省西峡县西峡猕猴桃中国特色农产品优势区
26. 广西壮族自治区容县容县沙田柚中国特色农产品优势区
27. 山东省胶州市胶州大白菜中国特色农产品优势区
28. 山西省安泽县安泽连翘中国特色农产品优势区
29. 广西壮族自治区田阳县百色番茄中国特色农产品优势区
30. 陕西省眉县眉县猕猴桃中国特色农产品优势区
31. 浙江省庆元县、龙泉市、景宁畲族自治县庆元香菇中国特色农产品优势区
32. 重庆市永川区永川秀芽中国特色农产品优势区
33. 河北省巨鹿县巨鹿金银花中国特色农产品优势区
34. 江苏省兴化市兴化香葱中国特色农产品优势区

---

① 资料来源：农业农村部、国家林业和草原局、国家发展改革委、财政部、科技部、自然资源部、生态环境部、水利部《关于认定中国特色农产品优势区（第三批）的通知》（农市发〔2020〕1号），2020年2月21日。

35. 广西壮族自治区全州县全州禾花鱼中国特色农产品优势区
36. 四川省宜宾市宜宾早茶中国特色农产品优势区
37. 陕西省紫阳县紫阳富硒茶中国特色农产品优势区
38. 湖北省蕲春县蕲艾中国特色农产品优势区
39. 江西省上饶市广丰区广丰马家柚中国特色农产品优势区
40. 湖北省洪湖市洪湖水生蔬菜中国特色农产品优势区
41. 江苏省无锡市惠山区阳山水蜜桃中国特色农产品优势区
42. 浙江省磐安县磐五味中药材中国特色农产品优势区
43. 重庆市万州区万州玫瑰香橙中国特色农产品优势区
44. 辽宁省铁岭市铁岭榛子中国特色农产品优势区
45. 广东省德庆县德庆贡柑中国特色农产品优势区
46. 贵州省麻江县麻江蓝莓中国特色农产品优势区
47. 福建省平和县平和蜜柚中国特色农产品优势区
48. 内蒙古自治区呼伦贝尔市呼伦贝尔草原羊中国特色农产品优势区
49. 山东省烟台市烟台苹果中国特色农产品优势区
50. 内蒙古自治区乌海市乌海葡萄中国特色农产品优势区
51. 广东省广州市从化区、增城区广州荔枝中国特色农产品优势区
52. 贵州省威宁彝族回族苗族自治县威宁洋芋中国特色农产品优势区
53. 江西省广昌县广昌白莲中国特色农产品优势区
54. 内蒙古自治区阿拉善左旗阿拉善白绒山羊中国特色农产品优势区
55. 浙江省常山县常山油茶中国特色农产品优势区
56. 安徽省滁州市南谯区、琅琊区滁菊中国特色农产品优势区
57. 广东农垦湛江菠萝中国特色农产品优势区
58. 宁夏回族自治区盐池县盐池黄花菜中国特色农产品优势区
59. 青海省共和县龙羊峡三文鱼中国特色农产品优势区
60. 河北省深州市深州蜜桃中国特色农产品优势区
61. 新疆生产建设兵团第五师双河葡萄中国特色农产品优势区
62. 江苏省溧阳市溧阳青虾中国特色农产品优势区
63. 江苏省宝应县宝应荷藕中国特色农产品优势区
64. 贵州省盘州市盘州刺梨中国特色农产品优势区
65. 黑龙江省讷河市讷河马铃薯中国特色农产品优势区
66. 上海市嘉定区马陆葡萄中国特色农产品优势区
67. 甘肃省陇南市武都区武都花椒中国特色农产品优势区
68. 北京市怀柔区怀柔板栗中国特色农产品优势区
69. 河南省焦作市怀药中国特色农产品优势区
70. 陕西省商洛市商洛香菇中国特色农产品优势区
71. 陕西省韩城市韩城花椒中国特色农产品优势区
72. 福建省安溪县安溪铁观音中国特色农产品优势区
73. 黑龙江省伊春市伊春黑木耳中国特色农产品优势区
74. 吉林省前郭县查干湖淡水有机鱼中国特色农产品优势区
75. 山东省夏津县夏津椹果中国特色农产品优势区
76. 黑龙江省虎林市虎林椴树蜜中国特色农产品优势区

77. 天津市西青区沙窝萝卜中国特色农产品优势区
78. 福建省连江县连江鲍鱼中国特色农产品优势区
79. 长白山森工集团有限公司长白山桑黄中国特色农产品优势区
80. 青海省祁连县祁连藏羊中国特色农产品优势区
81. 新疆维吾尔自治区英吉沙县英吉沙杏中国特色农产品优势区
82. 西藏自治区亚东县亚东鲑鱼中国特色农产品优势区
83. 海南省东方市东方火龙果中国特色农产品优势区

中国特色农产品优势区名单（第四批）①

1. 黑龙江省通河县通河大榛子中国特色农产品优势区
2. 湖南省洪江市黔阳冰糖橙中国特色农产品优势区
3. 山西省绛县绛县山楂中国特色农产品优势区
4. 江西省遂川县遂川狗牯脑茶中国特色农产品优势区
5. 湖南省邵东市邵东玉竹中国特色农产品优势区
6. 海南省海口市火山荔枝中国特色农产品优势区
7. 湖南省炎陵县炎陵黄桃中国特色农产品优势区
8. 江西省吉安市井冈蜜柚中国特色农产品优势区
9. 湖南省南县南县小龙虾中国特色农产品优势区
10. 江西省进贤县军山湖大闸蟹中国特色农产品优势区
11. 江西省樟树市樟树中药材中国特色农产品优势区
12. 吉林省桦甸市桦甸黄牛中国特色农产品优势区
13. 四川省威远县威远无花果中国特色农产品优势区
14. 河北省宽城县宽城板栗中国特色农产品优势区
15. 湖南省保靖县保靖黄金茶中国特色农产品优势区
16. 安徽省潜山市天柱山瓜蒌籽中国特色农产品优势区
17. 福建省福安市福安葡萄中国特色农产品优势区
18. 河南省汝阳县汝阳香菇中国特色农产品优势区
19. 广西壮族自治区荔浦市荔浦砂糖桔中国特色农产品优势区
20. 云南省彝良县彝良天麻中国特色农产品优势区
21. 广西壮族自治区容县霞烟鸡中国特色农产品优势区
22. 广西壮族自治区南宁市武鸣区武鸣沃柑中国特色农产品优势区
23. 贵州省水城县水城红心猕猴桃中国特色农产品优势区
24. 四川省三台县涪城麦冬中国特色农产品优势区
25. 河南省卢氏县卢氏连翘中国特色农产品优势区
26. 吉林省集安市集安山葡萄中国特色农产品优势区
27. 四川省雅安市名山区蒙顶山茶中国特色农产品优势区
28. 河北省辛集市辛集黄冠梨中国特色农产品优势区
29. 湖北省罗田县罗田板栗中国特色农产品优势区
30. 甘肃省渭源县渭源白条党参中国特色农产品优势区
31. 河北省遵化市遵化香菇中国特色农产品优势区
32. 四川省会理县会理石榴中国特色农产品优势区
33. 贵州省石阡县石阡苔茶中国特色农产品优势区
34. 山西省右玉县右玉羊中国特色农产品优势区

① 资料来源：农业农村部、国家林业和草原局、国家发展改革委、财政部、科技部、自然资源部、水利部《关于认定中国特色农产品优势区（第四批）的通知》（农市发〔2020〕5号），2020年12月1日。

35. 安徽省青阳县九华黄精中国特色农产品优势区
36. 河北省昌黎县昌黎葡萄中国特色农产品优势区
37. 陕西省澄城县澄城樱桃中国特色农产品优势区
38. 湖北省丹江口市武当蜜桔中国特色农产品优势区
39. 福建省龙岩市福建百香果中国特色农产品优势区
40. 河北省邢台市信都区、内丘县邢台酸枣中国特色农产品优势区
41. 湖北省麻城市麻城福白菊中国特色农产品优势区
42. 浙江省武义县武义绿茶中国特色农产品优势区
43. 广东省英德市英德红茶中国特色农产品优势区
44. 江苏省高邮市高邮鸭中国特色农产品优势区
45. 广西壮族自治区灵山县灵山荔枝中国特色农产品优势区
46. 山东省平邑县平邑金银花中国特色农产品优势区
47. 陕西省汉中市汉中仙毫中国特色农产品优势区
48. 四川省渠县渠县黄花中国特色农产品优势区
49. 吉林省蛟河市蛟河黑木耳中国特色农产品优势区
50. 山东省曹县曹县芦笋中国特色农产品优势区
51. 陕西省定边县、靖边县榆林马铃薯中国特色农产品优势区
52. 重庆市黔江区黔江桑蚕茧中国特色农产品优势区
53. 甘肃省天水市麦积区天水花牛苹果中国特色农产品优势区
54. 山西省岚县岚县马铃薯中国特色农产品优势区
55. 浙江省安吉县安吉冬笋中国特色农产品优势区
56. 河南省兰考县兰考红薯中国特色农产品优势区
57. 重庆市石柱县石柱莼菜中国特色农产品优势区
58. 福建省古田县古田银耳中国特色农产品优势区
59. 山东省乐陵市乐陵金丝小枣中国特色农产品优势区
60. 安徽省天长市天长龙岗芡实中国特色农产品优势区
61. 广西壮族自治区三江县三江高山鲤鱼中国特色农产品优势区
62. 陕西省佳县佳县油枣中国特色农产品优势区
63. 福建省福州市福州茉莉花茶中国特色农产品优势区
64. 湖北省嘉鱼县嘉鱼甘蓝中国特色农产品优势区
65. 辽宁省新民市关东小梁山西瓜中国特色农产品优势区
66. 河南省宁陵县宁陵金顶谢花酥梨中国特色农产品优势区
67. 湖北省宜昌市宜昌红茶中国特色农产品优势区
68. 贵州省锦屏县锦屏茶油中国特色农产品优势区
69. 山东省昌乐县昌乐西瓜中国特色农产品优势区
70. 云南省临沧市临沧坚果中国特色农产品优势区
71. 海南省万宁市万宁槟榔中国特色农产品优势区
72. 西藏自治区白朗县白朗蔬菜中国特色农产品优势区
73. 新疆维吾尔自治区莎车县莎车巴旦木中国特色农产品优势区
74. 青海省乌兰县乌兰茶卡羊中国特色农产品优势区
75. 内蒙古自治区开鲁县开鲁红干椒中国特色农产品优势区
76. 宁夏回族自治区银川市贺兰山东麓酿酒葡萄中国特色农产品优势区

77. 广东省江门市新会区新会陈皮中国特色农产品优势区
78. 广东农垦湛江红江橙中国特色农产品优势区
79. 大兴安岭林业集团公司北极蓝莓中国特色农产品优势区

2020年绿色食品统计年报①

中国绿色食品发展中心

绿色食品发展总体情况

指　标	单位	数量
当年获证单位数	家	8 075
当年获证产品数	个	16 863
有效用标单位总数	家	19 321
有效用标产品总数	个	42 739
国内年销售额	亿元	5 075.65
出口额	亿美元	36.78
产地环境监测面积	亿亩	1.56

注：产地环境监测面积包括农田、果园、茶园、草原、林地、水域面积。

绿色食品产品结构

（按产品类别）

产品类别	产品数（个）	比重（%）
农林及加工产品	34 313	80.28
畜禽类产品	1 786	4.18
水产类产品	648	1.52
饮品类产品	4 186	9.79
其他产品	1 806	4.23
总计	42 739	100.00

注：其他产品指方便主食品、糕点、糖果、果脯蜜饯、食盐、淀粉、调味品、食品添加剂。

分类别绿色食品获证产品数与产量

（按5大类57小类产品）

产品类别	产品数（个）	产量（万吨）
农林产品及其加工产品	34 313	
小麦	192	178.39
小麦粉	992	518.54
大米	6 143	1 518.70
大米加工品	79	11.79
玉米	381	417.27
玉米加工品	240	72.17

① 资料来源：中国绿色食品发展中心网站，2021年06月21日。

（续）

产品类别	产品数（个）	产量（万吨）
大豆	321	123.29
大豆加工品	283	58.73
油料作物产品	178	20.15
食用植物油及其制品	454	70.22
机制糖	80	359.66
杂粮	635	122.35
杂粮加工品	554	46.64
蔬菜	11 330	1 946.35
冷冻蔬菜	83	16.03
蔬菜加工品	151	17.22
鲜果类	9 327	1 489.62
干果类	455	29.43
果类加工品	245	14.57
食用菌及山野菜	866	277.33
食用菌及山野菜加工品	42	0.83
其他食用农林产品	1 141	530.46
其他农林加工品	141	99.13
畜禽类产品	1 786	
猪肉	332	4.62
牛肉	435	4.65
羊肉	320	1.99
禽肉	119	8.25
其他肉类	6	0.85
肉食加工品	102	0.93
禽蛋	145	13.14
蛋制品	78	2.68
液体乳	41	14.13
乳制品	26	1.49
蜂产品	182	1.73
水产类产品	648	
水产品	531	13.32
水产加工品	117	2.14
饮品类产品	4 186	
瓶装饮用水	98	404.78
碳酸饮料		
果蔬汁及饮料	125	43.75
固体饮料	22	0.10
其他饮料	49	11.31

（续）

产品类别	产品数（个）	产量（万吨）
冷冻饮品	14	0.24
精制茶	3 286	11.43
其他茶	218	3.12
白酒	161	7.44
啤酒	41	86.17
葡萄酒	59	2.25
其他酒类	113	9.04
其他产品	1 806	
方便主食品	278	35.32
糕点	170	3.94
糖果	26	0.32
果脯蜜饯	99	6.13
食盐	592	1 385.42
淀粉	215	222.56
调味品	426	87.41
食品添加剂		
总计	42 739	

绿色食品主要类别获证产品数与产量

产品名称	产品数（个）	产量（万吨）
大米	6 143	1 518.70
小麦粉	992	518.54
玉米	381	417.27
大豆	321	123.29
食用植物油及制品	454	70.22
机制糖	80	359.66
蔬菜	11 330	1 946.35
鲜果	9 327	1 489.62
食用菌及山野菜	866	277.33
猪肉	332	4.62
牛肉	435	4.65
羊肉	320	1.99
禽肉	119	8.25
禽蛋	145	13.14
蜂产品	182	1.73
液体乳	41	14.13
乳制品	26	1.49
水产品	531	13.32

（续）

产品名称	产品数（个）	产量（万吨）
精制茶	3 286	11.43
白酒	161	7.44
啤酒	41	86.17
葡萄酒	59	2.25
食盐	592	1 385.42
调味品	426	87.41

分地区有效用标绿色食品单位数与产品数

地　区	单位数（家）	产品数（个）
北　京	52	232
天　津	53	159
河　北	373	1 045
山　西	527	896
内蒙古	529	1 447
辽　宁	543	1 015
吉　林	419	1 101
黑龙江	1 172	3 108
上　海	876	1 578
江　苏	1 693	3 708
浙　江	1 097	1 574
安　徽	1 973	3 849
福　建	491	897
江　西	474	942
山　东	1 702	4 083
河　南	756	1 367
湖　北	777	1 937
湖　南	1 139	2 528
广　东	326	565
广　西	363	493
海　南	75	123
重　庆	988	2 712
四　川	750	1 737
贵　州	241	377
云　南	567	2 065
西　藏	32	45
陕　西	230	370
甘　肃	670	1 539
青　海	108	379

（续）

地　区	单位数（家）	产品数（个）
宁　夏	106	264
新　疆	215	599
境　外	4	5
总　计	19 321	42 739

注：境外包括美国、德国、韩国、泰国、印度尼西亚等国家。下同。

分地区当年绿色食品获证单位数与产品数

地　区	单位数（家）	产品数（个）
北　京	16	43
天　津	23	65
河　北	137	356
山　西	296	489
内蒙古	243	600
辽　宁	193	331
吉　林	158	426
黑龙江	483	1 299
上　海	318	533
江　苏	590	1 223
浙　江	449	620
安　徽	861	1 465
福　建	189	322
江　西	255	525
山　东	669	1 584
河　南	370	610
湖　北	298	778
湖　南	541	1 159
广　东	123	207
广　西	234	323
海　南	22	31
重　庆	437	1 202
四　川	267	616
贵　州	92	138
云　南	189	618
西　藏	21	29
陕　西	120	171
甘　肃	296	548
青　海	54	167
宁　夏	49	113
新　疆	82	272
境　外		
总　计	8 075	16 863

绿色食品产地环境监测面积

产　地	单位	面积	比重（%）
农作物种植	万亩	8 033.68	51.49
粮食作物	万亩	6 641.80	42.57
油料作物	万亩	351.62	2.25
糖料作物	万亩	233.12	1.49
蔬菜瓜果	万亩	802.95	5.15
其他农作物	万亩	4.20	0.03
果园	万亩	923.36	5.92
茶园	万亩	419.34	2.69
林地	万亩	358.79	2.30
草场	万亩	3 173.11	20.34
水产养殖	万亩	523.55	3.36
其他	万亩	2 171.47	13.92
总计	万亩	15 603.29	100.00

注：其他指蜜源植物、湖盐等面积。

全国绿色食品原料标准化生产基地建设情况

指　标	单位	数量
创建单位	个	516
基地数	个	742
种植面积	亿亩	1.71
对接企业	家	2 994
带动农户	万户	2 246.5

分产品类别绿色食品原料标准化基地建设情况

产品类别	基地数（个）	面积（万亩）	产量（万吨）	带动农户（万户）
粮食作物	374	10 527.1	5 844.2	1 321.2
油料作物	94	3 070.1	554.1	279.2
糖料作物	3	85.0	138.5	2.7
蔬菜	90	1 195.1	2 089.3	287.6
水果	109	1 348.5	1 742.9	195.8
茶叶	35	353.7	113.1	64.4
其他	37	482.8	147.2	95.6
总计	742	17 062.25		2 246.5

注：其他类包括枸杞、金银花、坚果等产品。

分地区绿色食品原料标准化生产基地数与面积

地　区	基地数（个）	面积（万亩）
北　京	2	13.5

（续）

地　区	基地数（个）	面积（万亩）
天　津	1	11.2
河　北	13	131.6
山　西	4	27.5
内蒙古	44	1 678.4
辽　宁	12	163.3
吉　林	18	339.9
黑龙江	150	6 274.3
上　海	2	33.34
江　苏	64	1 719.8
浙　江	5	50.4
安　徽	51	888.4
福　建	15	144.1
江　西	48	854.3
山　东	27	541.6
河　南	9	240.3
湖　北	23	303.3
湖　南	42	624.2
广　东	6	57.4
广　西	3	28.4
四　川	68	870.2
云　南	1	6.66
西　藏	1	5
陕　西	4	184.6
甘　肃	18	242.7
宁　夏	14	157.3
青　海	8	109.2
新　疆	88	1 316.2
重　庆	1	45.17
总　计	742	17 062.3

全国绿色食品生产资料获证企业数与产品数

产品类别	企业数（家）	产品数（个）
肥料	86	191
农药	37	153
饲料及饲料添加剂	32	248
兽药	1	1
食品添加剂	11	16
总计	167	609

分地区绿色食品生产资料获证企业数与产品数

地 区	企业数（家）	产品数（个）
北 京	3	14
天 津	1	1
河 北	5	12
山 西		
内蒙古	7	34
辽 宁	4	11
吉 林		
黑龙江	12	32
上 海	6	38
江 苏	16	46
浙 江	8	34
安 徽	5	7
福 建	3	25
江 西		
山 东	24	83
河 南	13	30
湖 北	5	15
湖 南	7	10
广 东	10	63
广 西	5	11
海 南		
四 川	6	59
贵 州		
云 南	7	43
西 藏		
陕 西	2	5
甘 肃	3	7
青 海	7	7
宁 夏		
新 疆	1	6
重 庆		
境 外	7	16
总 计	167	609

2020 年有机食品统计数据①

中国绿色食品发展中心

有机产品发展总体情况

指　标	单位	数量
获证单位总数	家	1 228
获证产品总数	个	4 466
颁发证书数	张	1 789
新申报单位	家	246
新申报产品	个	686
新颁发证书	张	311
认证面积	万亩	5 870.93
种植业	万亩	235.4
畜牧业	万亩	5 101.97
渔业	万亩	320.9
野生采集	万亩	212.39
酒类及饮料	万亩	0.27

注：认证面积中，种植业、畜牧业、渔业、野生采集认证面积分别含其加工产品面积；畜牧业认证面积包括饲料、饲草种植认证面积；渔业认证面积包括淡水、海水养殖认证面积。

有机食品分类产品发展情况

产品类别	产品数（个）	产量（万吨）	认证面积（万亩）
种植业	2 312		232.86
粮食作物	523	26.98	60.15
薯类	31	3.27	2.62
油料作物	47	6.47	29.65
豆类	173	2.79	24.75
棉花	1	0.002	0.01
糖料	4	10.42	3.65
蔬菜	178	3.6	6.62
水果和坚果	255	22.33	31.24
茶叶	971	2.99	17.72
中草药	50	0.87	9.66
饲料原料	79	66.29	46.79

① 资料来源：中国绿色食品发展中心网站，2021 年 06 月 21 日。

（续）

产品类别	产品数（个）	产量（万吨）	认证面积（万亩）
畜牧业	122		5 099.69
肉类	101	260.53	5 099.08
禽蛋类	21	0.07	0.61
渔业	271	23.39	320.84
野生采集	111	8.61	212.39
加工业	1 650		5.15
粮食加工	532	8.76	0.91
米、面制品制造	140	0.45	0.05
饼干及其他焙烤食品	8	0.000 1	0.000 2
其他淀粉制品	8	0.08	0.05
食用油	106	4.33	0.81
制糖	8	1.02	0.31
水果坚果加工	273	2.64	0.41
畜产品加工	202	1.68	0.15
乳品加工	187	53.78	2.13
渔业产品加工	64	2.69	0.06
酒类	91	6.4	0.18
饮料	31	0.46	0.09
总计	4 466		5 870.93

有机食品产品结构

产品类别	产品数（个）	比重（%）
种植业	3 387	75.84
畜牧业	511	11.44
渔业	335	7.5
野生采集	111	2.49
酒类及饮料	122	2.73
总计	4 466	100

注：种植业、畜牧业、渔业产品分别含其加工产品。

分地区有机食品发展情况

地　区	单位数（家）	产品数（个）	认证面积（万亩）
北　京	16	41	8.63
天　津			
河　北	45	143	11.48
山　西	40	129	13.28
内蒙古	73	230	75.47
辽　宁	20	90	31.53

（续）

地　区	单位数（家）	产品数（个）	认证面积（万亩）
吉　林	32	144	55.15
黑龙江	132	829	232.64
上　海	18	34	9.5
江　苏	75	189	6.38
浙　江	10	25	0.28
安　徽	32	69	8.55
福　建	47	257	15.59
江　西	25	115	24.27
山　东	61	159	13.92
河　南	14	32	0.86
湖　北	80	203	36.87
湖　南	77	268	16
广　东	33	131	2.95
广　西	42	138	27.47
海　南	8	14	0.19
重　庆	48	113	11.42
四　川	31	65	337.74
贵　州	7	15	6.34
云　南	20	60	4.74
西　藏	9	28	4.7
陕　西	7	10	0.62
甘　肃	55	230	318.85
青　海	19	144	4 161.45
宁　夏	23	47	4.94
新　疆	11	39	77.76
台　湾	4	25	0.02
境　外	114	450	351.34
总　计	1 228	4 466	5 870.93

2020 年农产品地理标志统计数据①

中国绿色食品发展中心

2020 年农产品地理标志登记产品总数

单位：个

省 份	合计	种植业	畜牧业	渔业
北 京	15	13	2	
天 津	9	9		
河 北	47	42		5
山 西	161	141	19	1
内蒙古	127	79	34	14
辽 宁	97	57	11	29
吉 林	24	23	1	
黑龙江	149	112	12	25
上 海	15	11	4	
江 苏	98	77	10	11
浙 江	115	102	7	6
安 徽	92	73	7	12
福 建	98	80	11	7
江 西	97	72	18	7
山 东	336	245	36	55
河 南	139	130	2	7
湖 北	173	143	16	14
湖 南	97	75	14	8
广 东	50	39	6	5
广 西	147	98	33	16
海 南	37	28	8	1
重 庆	62	53	7	2
四 川	184	145	36	3
贵 州	131	98	31	2
云 南	85	58	26	1
西 藏	25	12	12	1
陕 西	109	102	7	
甘 肃	124	89	35	
青 海	66	33	33	

① 资料来源：中国绿色食品发展中心网站，2021 年 06 月 21 日。

（续）

省　份	合计	种植业	畜牧业	渔业
宁　夏	60	44	14	2
新　疆	121	98	21	2
总　计	3 090	2 381	473	236

2020 年当年农产品地理标志登记产品数

省　份	合计	种植业	畜牧业	渔业
北　京	2	1	1	
天　津	1	1		
河　北	5	5		
山　西	6	6		
内蒙古	10	7	3	
辽　宁	2	2		
吉　林	1	1		
黑龙江	9	8		1
上　海	1	1		
江　苏	26	24		2
浙　江	26	22	1	3
安　徽	23	19	2	2
福　建	17	11	2	4
江　西	3	3		
山　东	6	6		
河　南	20	19		1
湖　北	19	18		1
湖　南	17	15	1	1
广　东	11	10		1
广　西	21	19	2	
海　南	7	7		
重　庆	9	9		
四　川	8	6		2
贵　州	31	25	5	1
云　南	2	2		
西　藏	5	2	3	
陕　西	6	6		
甘　肃	15	11	4	
青　海	3	1	2	
宁　夏				
新　疆				
总　计	312	267	26	19

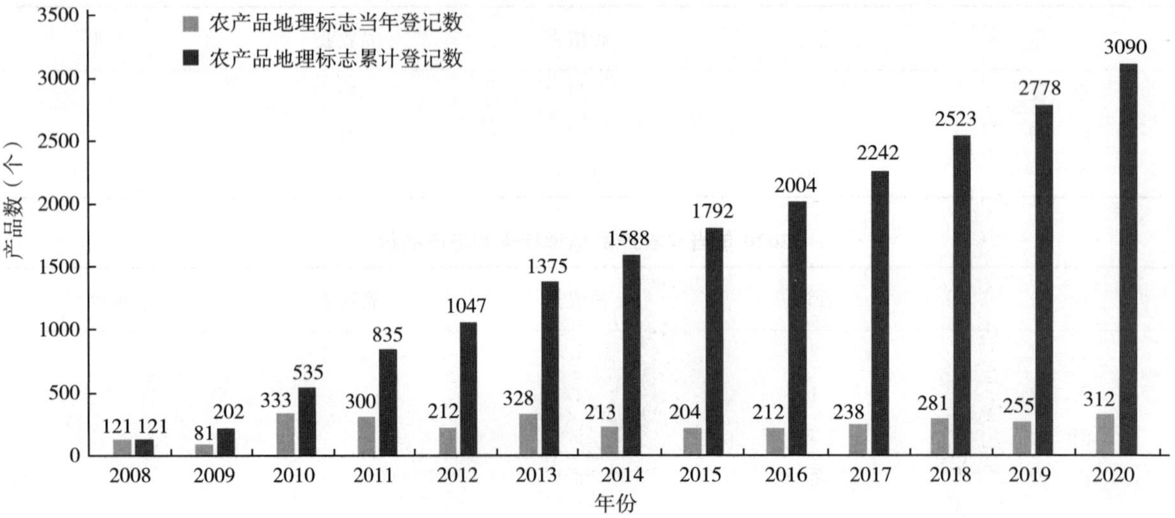

2008—2020 年当年和累计登记农产品地理标志产品数柱状图